纪晓岚全集 第八卷

刘金柱
杨 钧 主编

中原出版传媒集团
中原传媒股份公司
大象出版社
·郑州·

目 录

纪评文心雕龙

编校说明 …………………………………………………………… 2

《南史》本传 ……………………………………………………… 3

序 …………………………………………………………………… 4

例　言六条 ………………………………………………………… 6

文心雕龙元校姓氏 ………………………………………………… 7

卷第一 ……………………………………………………………… 8

原道第一 ……………………………………………………… 8

征圣第二 ……………………………………………………… 11

宗经第三 ……………………………………………………… 13

正纬第四 ……………………………………………………… 17

辨骚第五 ……………………………………………………… 20

卷第二 ·· 26

  明诗第六 ·································· 26

  乐府第七 ·································· 32

  诠赋第八 ·································· 38

  颂赞第九 ·································· 42

  祝盟第十 ·································· 46

卷第三 ·· 52

  铭箴第十一 ································ 52

  诔碑第十二 ································ 56

  哀吊第十三 ································ 59

  杂文第十四 ································ 62

  谐隐第十五 ································ 67

卷第四 ·· 72

  史传第十六 ································ 72

  诸子第十七 ································ 79

  论说第十八 ································ 85

  诏策第十九 ································ 91

  檄移第二十 ································ 96

卷第五 ·· 101

  封禅第二十一 ······························ 101

目录

　　章表第二十二 …………………………………………… 104

　　奏启第二十三 …………………………………………… 107

　　议对第二十四 …………………………………………… 111

　　书记第二十五 …………………………………………… 116

卷第六 ………………………………………………………… 125

　　神思第二十六 …………………………………………… 125

　　体性第二十七 …………………………………………… 127

　　风骨第二十八 …………………………………………… 129

　　通变第二十九 …………………………………………… 130

　　定势第三十 ……………………………………………… 133

卷第七 ………………………………………………………… 135

　　情采第三十一 …………………………………………… 135

　　镕裁第三十二 …………………………………………… 137

　　声律第三十三 …………………………………………… 138

　　章句第三十四 …………………………………………… 141

　　丽辞第三十五 …………………………………………… 143

卷第八 ………………………………………………………… 146

　　比兴第三十六 …………………………………………… 146

　　夸饰第三十七 …………………………………………… 148

　　事类第三十八 …………………………………………… 150

　　练字第三十九 …………………………………………… 153

隐秀第四十 ……………………………………………… 156

卷第九 …………………………………………………… 159

　　指瑕第四十一 …………………………………………… 159
　　养气第四十二 …………………………………………… 162
　　附会第四十三 …………………………………………… 164
　　总术第四十四 …………………………………………… 166
　　时序第四十五 …………………………………………… 167

卷第十 …………………………………………………… 179

　　物色第四十六 …………………………………………… 179
　　才略第四十七 …………………………………………… 181
　　知音第四十八 …………………………………………… 186
　　程器第四十九 …………………………………………… 189
　　序志第五十 ……………………………………………… 193

跋 ……………………………………………………………… 196

史通削繁

编校说明 ……………………………………………………… 198
序　一 ………………………………………………………… 199
序　二 ………………………………………………………… 200

卷　一 ……………………………………………………… 201

　　内　篇 …………………………………………………… 201

六家 … 201
二体 … 211
本纪 … 214
世家 … 216
列传 … 217
书志 … 220
论赞 … 227
序例 … 229
题目 … 231
断限 … 233
编次 … 236
称谓 … 238
采撰 … 241
载文 … 246
补注 … 251
因习 … 254
邑里 … 256

卷二 … 260

言语 … 260
浮词 … 264
叙事 … 266
品藻 … 275
直书 … 279

曲　笔	282
鉴　识	286
探　赜	289
模　拟	292
书　事	294
人　物	299
核　才	301
序　传	305
烦　省	308
杂　述	312
辨　职	317
自　叙	320

卷　三 ……………………………………326

外　篇 ……………………………………326

史　官	326
正　史	338
惑　经	364
申　左	371
杂说上	379
春　秋	379
史　记	380
诸汉史	383

卷 四 ·· 386

杂说中 ·· 386

诸晋史 ·· 386

宋 略 ·· 388

北齐诸史 ·· 390

周 书 ·· 393

隋 书 ·· 394

杂说下 ·· 395

诸 史 ·· 395

别 传 ·· 398

杂 识 ·· 402

《汉书·五行志》错误 ·· 404

第一科 ·· 404

第二科 ·· 406

第三科 ·· 408

第四科 ·· 411

《五行志》杂驳 ·· 414

暗 惑 ·· 418

忤 时 ·· 425

删正帝京景物略

编校说明 ·· 430

原 叙 ·· 431

序 ·· 433
略　例 ·· 434

卷之一

城北内外 ·· 438

　　太学石鼓 ·· 438
　　文丞相祠 ·· 439
　　水　关 ·· 440
　　定国公园 ·· 441
　　金刚寺 ·· 441
　　英国公新园 ··· 441
　　三圣庵 ·· 442
　　崇国寺 ·· 442
　　古墨斋 ·· 443
　　龙华寺 ·· 443
　　十刹海 ·· 444
　　千佛寺 ·· 444
　　火神庙 ·· 445
　　英国公园 ·· 445
　　大隆福寺 ·· 446
　　满　井 ·· 446

卷之二

城东内外 ·· 447

于少保祠	447
吏部古藤	448
泡子河	449
成国公园	449
宜园	449
灯市	450
曲水园	451
东岳庙	451
春场	452
三忠祠	458
蒯文通坟	458
将台	459
黄金台	460

卷之三 461

城南内外 461

关帝庙	461
药王庙	462
金鱼池	462
明因寺	463
李皇亲新园	464
法藏寺	464
隆安寺	464
报国寺	465

长椿寺 ………………………………………… 465

悯忠寺 ………………………………………… 466

草　桥 ………………………………………… 467

胡家村 ………………………………………… 468

韦公寺 ………………………………………… 470

弘仁桥 ………………………………………… 470

南海子 ………………………………………… 471

聚燕台 ………………………………………… 472

白云观 ………………………………………… 472

观音寺 ………………………………………… 473

天宁寺 ………………………………………… 474

卢沟桥 ………………………………………… 474

卷之四 ……………………………………… 476

西城内 ……………………………………… 476

首善书院 ……………………………………… 476

天主堂 ………………………………………… 476

石镫庵 ………………………………………… 477

李文正公祠 …………………………………… 478

双塔寺 ………………………………………… 479

城隍庙市 ……………………………………… 480

鹫峰寺 ………………………………………… 484

灵济宫 ………………………………………… 485

显灵宫 ………………………………………… 485

万松老人塔 ·· 486

嵇山会馆唐大士像 ······································ 486

帝王庙 ·· 487

白塔寺 ·· 487

朝天宫 ·· 488

卷之五 ·· 490

西城外 ·· 490

高梁桥 ·· 490

极乐寺 ·· 491

白石庄 ·· 491

惠安伯园 ·· 491

真觉寺 ·· 492

万寿寺 ·· 492

西域双林寺 ·· 493

利玛窦坟 ·· 494

慈慧寺 ·· 495

摩诃庵 ·· 495

钓鱼台 ·· 496

皇姑寺 ·· 496

慈寿寺 ·· 496

海　淀 ·· 497

黑龙潭 ·· 498

温　泉 ·· 498

法云寺 …………………………………………………… 498

卷之六 ………………………………………………………… 500

西山上 ………………………………………………………… 500

　　香山寺 …………………………………………………… 500

　　碧云寺 …………………………………………………… 501

　　洪光寺 …………………………………………………… 501

　　卧佛寺 …………………………………………………… 502

　　水尽头 …………………………………………………… 502

　　中峰庵 …………………………………………………… 503

　　晏公祠 …………………………………………………… 503

　　卢师山 …………………………………………………… 504

　　平坡寺 …………………………………………………… 504

　　嘉禧寺 …………………………………………………… 505

　　罕　山 …………………………………………………… 505

　　石景山 …………………………………………………… 506

卷之七 ………………………………………………………… 507

西山下 ………………………………………………………… 507

　　西　堤 …………………………………………………… 507

　　功德寺 …………………………………………………… 507

　　玉泉山 …………………………………………………… 508

　　瓮　山 …………………………………………………… 509

　　戒　坛 …………………………………………………… 509

潭柘寺 …………………………………………………………… 511

雀儿庵 …………………………………………………………… 512

仰　山 …………………………………………………………… 512

滴水岩 …………………………………………………………… 513

百花陀 …………………………………………………………… 513

卷之八 …………………………………………………………… 515

畿辅名迹 …………………………………………………………… 515

狄梁公祠 ………………………………………………………… 515

刘司户祠 ………………………………………………………… 515

九龙池 …………………………………………………………… 516

屿屿崖 …………………………………………………………… 516

银　山 …………………………………………………………… 517

驻跸山 …………………………………………………………… 518

上方山 …………………………………………………………… 518

云水洞 …………………………………………………………… 519

石经山 …………………………………………………………… 520

红螺岭 …………………………………………………………… 521

贾岛墓 …………………………………………………………… 522

楼桑村 …………………………………………………………… 522

督亢陂 …………………………………………………………… 523

郦　亭 …………………………………………………………… 523

张华宅 …………………………………………………………… 524

彭小仙墓 ………………………………………………………… 524

燃灯佛塔 …………………………………………………… 525

盘　山 ……………………………………………………… 525

千像寺 ……………………………………………………… 526

汤　泉 ……………………………………………………… 527

延祥观柏 …………………………………………………… 527

沙岩寺塔 …………………………………………………… 528

种玉田 ……………………………………………………… 528

红螺山 ……………………………………………………… 529

跋 …………………………………………………………… 530

纪评文心雕龙

〔梁〕刘勰 撰
〔清〕黄叔琳 注
〔清〕纪昀 评

编校说明

纪氏评《文心雕龙》以清代黄叔琳《文心雕龙辑注》为底本，今以道光十三年两广节署刊本（江苏广陵古籍刻印社1997年影印本）为底本，以《文心雕龙辑注》（中华书局1957年版）为参校本。

《南史》本传

刘勰,字彦和,东莞莒人也。父尚,越骑校尉。勰早孤,笃志好学。家贫,不婚娶,依沙门僧祐居,遂博通经论,因区别部类,录而序之。定林寺经藏,勰所定也。

梁天监中,兼东宫通事舍人。时七庙飨荐,已用蔬果,而二郊农社,犹有牺牲。勰乃表言二郊宜与七庙同改。诏付尚书议,依勰所陈。迁步兵校尉,兼舍人如故,深被昭明太子爱接。

初,勰撰《文心雕龙》五十篇,论古今文体。其《序》略云:"予齿在逾立,尝夜梦执丹漆之礼器,随仲尼而南行。寤而喜曰:大哉,圣人之难见也,乃小子之垂梦欤!自生灵以来,未有如夫子者也!敷赞圣旨,莫若注经,而马、郑诸儒,弘之已精,就有深解,未足立家。唯文章之用,实经典枝条,五礼资之以成,六典因之致用。于是搦笔和墨,乃始论文。其为文用四十九篇而已。"既成,未为时流所称。勰欲取定于沈约,无由自达,乃负书候约于车前,状若货鬻者。约取读,大重之,谓深得文理,常陈诸几案。

勰为文长于佛理,都下寺塔及名僧碑志,必请勰制文。敕与慧震沙门于定林寺撰经。证功毕,遂求出家,先燔须发自誓。敕许之,乃变服,改名慧地云。

序

刘舍人《文心雕龙》一书，盖艺苑之秘宝也。观其苞罗群籍，多所折衷，于凡文章利病，抉摘靡遗。缀文之士，苟欲希风前秀，未有可舍此而别求津逮者。若其使事遣言，纷纶葳蕤，罕能切究。明代梅子庚氏为之疏通证明，什仅四三耳，略而弗详，则创始之难也。（眉批：《宋史·艺文志》有辛氏《文心雕龙注》，书虽不传，亦宜引为缘起，不得以子庚为创始也。）又句字相沿既久，别风淮雨，往往有之。虽子庚自谓校正之功五倍于杨用修氏，然中间脱讹，故自不乏，似犹未得为完善之本。

余生平雅好是书，偶以暇日，承子庚之绵蕞，旁稽博考，益以友朋见闻，兼用众本比对，正其句字。人事牵率，更历暑寒，乃得就绪。覆阅之下，差觉详尽矣。适云间姚子平山来藩署，因共商付梓。方今文治盛隆，度越先古，海内操奇觚弄柔翰者，咸有腾声飞实之思。窃以为刘氏之绪言余论，乃斯文之体要存焉，不可一日废也。夫文之用在心，诚能得刘氏之用心，因得为文之用心。于以发圣典之菁英，为熙朝之黼黻，则是书方将为鱼兔之筌蹄，而又况于琐琐笺释乎哉！

时乾隆三年，岁次戊午，秋九月，北平黄叔琳书

此书校本，实出先生；其注及评，则先生客某甲所为。先生时为山东布政使，案牍纷繁，未暇遍阅，遂以付之姚平山。晚年悔之，已不可及矣。

长山聂松岩云:此注不出先生手,旧人皆知之。然或以为出卢绍弓,则未确。绍弓馆先生家,在乾隆庚午、辛未间,戊午岁方游京师,未至山东也。

例　言 六条

黄叔琳昆圃述

一、此书与《颜氏家训》，余均有节钞本，颜书已刻在前。细思此书，难于裁节。上篇备列各体，一篇之中，溯发源、释名目、评论前制、后标作法，俱不可删剃者；下篇极论文术，一一镂心钵骨而出之，真不愧雕龙之称，更未易去取也。今仍录全文，中加圈点，则系节钞之旧，读者可一览而得其要。

一、诸本字句，互有异同，择其义之长者用之，仍于本句下注明一作某，或元作某字、从某改；或元脱、从某补。另刻元校姓氏一纸于卷首。

一、《隐秀》一篇，脱落甚多，诸家所刻，俱非全文，从何义门校正本补入。（眉批：此篇出于伪托，义门为阮华山所欺耳。）

一、梅子庚音注，流传已久，而嫌其未备。后得王损仲本，援据更为详核。因重加考订，增注什之五六，尚有阙疑数处，以俟博雅者更详之。

一、升庵批点，但标辞藻，而略其论文之大旨。今于其论文大旨处，提要钩玄，用〇〇于其辞藻纤秾新隽处，或全句，或连字，用、于其区别名目处；用△△以志精择。（编者按：全书统一作...）

一、此书分上下二篇，其中又自析为四十九篇，合《序志》一篇，篇共五十。今依元本分十卷，注释例于每篇之末。偶有臆见，附于上方。其参考注之得失，则顾子尊光、金子雨叔、张子实甫、陈子亦韩、姚子平山、王子延之、张子今涪及诸同学之力居多。

文心雕龙元校姓氏

杨　慎 字用修	焦　竑 字弱侯	朱谋埠 字郁仪	曹学佺 字能始	王一言 字民法
许天叙 字伯伦	谢兆申 字耳伯	孙汝澄 字无挠	徐　𤊾 字兴公	沈天启 字生予
柳应芳 字陈父	俞安期 字美长	王嘉弼 字青莲	王嘉丞 字性凝	张振豪 字俊度
叶　遵 字循甫	许延祖 字无念	钟　惺 字伯敬	商家梅 字孟和	钦叔阳 字愚公
龚方中 字仲和	许延襗 字无射	郑胤骥 字闲孟	陈阳和 字道育	程嘉燧 字孟阳
李汉烶 字孔章	徐应鲁 字宗孔	曾光鲁 字古狂	孙良蔚 字文若	来逢夏 字景禹
王嘉宾 字仲观	后学儒 字醇季	梅庆生 字子庚	王惟俭 字损仲	

卷第一

(眉批：据《时序》篇，此书实成于齐代。今题曰梁，盖后人所追题，犹《玉台新咏》成于梁，而今本题"陈徐陵"耳。)

原道第一

(眉批：自汉以来，论文者罕能及此。彦和以此发端，所见在六朝文士之上。文以载道，明其当然；文原于道，明其本然，识其本乃不逐其末。首揭文体之尊，所以截断众流。)

文之为德也大矣，与天地并生者何哉？夫玄黄色杂，方圆体分；日月叠璧，以垂丽天之象；山川焕绮，以铺理地之形：此盖道之文也。仰观吐曜，俯察含章，高卑定位，故两仪既生矣。惟人参之，性灵所钟，是谓三才。为五行之秀，实天地之心。一本"实"上有"人"字，"心"下有"生"字。心生而言立，言立而文明，自然之道也。

傍及万品，动植皆文：龙凤以藻绘呈瑞，虎豹以炳蔚凝姿；云霞雕色，有逾画工之妙；草木贲华，无待锦匠之奇。夫岂外饰，盖自然耳。(眉批：齐梁文藻，日竞雕华。标自然以为宗，是彦和吃紧为人处。)至于林籁结响，调如竽瑟；泉石激韵，和若球锽。故形立则章成矣，声发则文生矣。夫以无识之物，郁然有彩；有心之器，其无文欤？

人文之元，肇自太极；幽赞神明，《易》象惟先。庖牺画其始，仲尼翼其终。而《乾》《坤》两位，独制《文言》。言之文也，天地之心哉！(眉批：此解《文言》，不免附会。)若乃《河图》孕乎八卦，《洛书》韫乎九畴，玉版金镂之实，丹文绿牒之华，谁其尸之？亦神理而已。(眉批：解《易》者，未发此义。)(眉批：何晏《论语注》引孔安国之说，谓河图即八卦，与此"孕乎八卦"语相合。知五十五点之伪图,彦和未见也。洛书配九宫,北齐卢辨注《大戴礼》已有是语,则其说起于南北朝,故彦和亦云然。)

自鸟迹代绳,文字始炳。炎皞遗事,纪在《三坟》,而年世渺邈,声采靡追。唐虞文章,则焕乎始冯本作"为"。盛。元首载歌,既发吟咏之志;益稷陈谟,元作"谋",杨改。亦垂敷奏之风。夏后氏兴,业峻鸿绩;九序惟歌,勋德弥缛。逮及商周,文胜其质;《雅》《颂》所被,英华日新。文王患忧,繇辞炳曜;符采复隐,精义坚深。重以公旦多材,振元作"褥",朱改。(眉批:"褥",疑作"缛"。《说文》:缛,繁采色也。《玉篇》:缛,饰也。)其徽烈;剬(眉批:"剬",即"剸"字,《说文》训为"齐",言切割而使之齐。与诗义无涉。古帖制字多书为"剬"。此"剬"字疑为"制"字之讹。《史记·五帝本纪》:依鬼神以剬义。注曰:剬有制义。是三字相乱已久,不必定用本训也。)诗缉颂,斧藻群言。至夫子继圣,独秀前哲。镕钧六经,必金声而玉振;雕琢情性,组织辞令,木铎起而千里应,席珍流而万世响;写天地之辉光,晓生民之耳目矣。

爰自风姓,暨于孔氏;玄一作"元"。圣创典,素王述训,莫不原道心以敷章,"以敷"一作"裁文",从《御览》改。研神理而设教。取象乎河洛,问数乎蓍龟,观天文以极变,察人文以成化。然后能经纬区宇,弥纶彝宪,发辉疑作"挥"。事业,彪炳辞义。故知道沿圣以垂文,圣因文而明道,(眉批:此即载道之说。)旁通而无滞,一作"涯",从《御览》改。日用而不匮。《易》曰:"鼓天下之动者"者"字从《御览》改。存乎辞。"辞之所以能鼓天下者,乃道之文也。

赞曰:道心惟微,神理设教。光采玄圣,炳耀仁孝。龙图献体,龟书呈貌。天文斯观,民胥以效。

玄黄 《易》:夫玄黄者,天地之杂也。天玄而地黄。

方圆 《大戴礼记》:天道曰圆,地道曰方。

日月叠璧 《易坤灵图》:至德之萌,日月若联璧。

炳蔚 《易》:大人虎变,其文炳也。又曰:君子豹变,其文蔚也。

庖牺画其始 《易·系辞》：包牺氏之王天下也，仰则观象于天，俯则观法于地，观鸟兽之文与地之宜，近取诸身，远取诸物，于是始作八卦，以通神明之德，以类万物之情。

仲尼翼其终 《易通卦验》：孔子作《上彖》《下彖》《上象》《下象》《上系》《下系》《文言》《说卦》《序卦》《杂卦》，为"十翼"。

（眉批：此等皆童而习之之典，能读《文心雕龙》者，不患其不知。此数条不免于赘设。）

《河图》 《易正义》：伏羲氏有天下，龙马负图以出于河，遂法之画八卦。（眉批：《河图》不应以《正义》为根柢。）

《洛书》 《周书·洪范》：天乃锡禹洪范九畴。《注》：《易》言河出图，洛出书，圣人则之。盖治水功成，洛龟呈瑞。

玉版 王子年《拾遗记》：帝尧在位，圣德光洽，河洛之滨得玉版、方尺，图天地之形。

丹文绿牒 《宋书·志序》：握河括地，绿文赤字之书，言之详矣。（眉批：玉版、丹文、绿字，散见纬书。《拾遗记》《宋书》皆非根柢。）

鸟迹 许氏《说文序》：黄帝之史苍颉，见鸟兽蹄远之迹，知分理之可相别异也，初作书契。

代绳 见《征圣》篇"象夬"注。

《三坟》 书久亡。元吴莱《三坟辨》：三坟书，近出伪书也。世或传，大抵言伏羲本山坟而作《连山》，神农本气坟而作《归藏》，黄帝本形坟而作《乾坤》。无卦爻，有卦象，文鄙而义陋，与周官太卜所掌异焉。（眉批：此宜先注《三坟》，而以书亡伪托之说附于后。且书出毛渐，宋人已言之，不得引元人之说。）

元首载歌 见《章句》篇。

陈谟 《书》有《益稷》篇。

九序惟歌 《书·大禹谟》篇文。

弥缛 王充《论衡》：德弥盛者，文弥缛。

文王患忧 《易传》：夏商之末，《易》道中微。文王拘于羑里，系以彖辞，

《易》道复兴。

繇辞 繇,音宙。杜预《左传注》:繇,卜兆辞也。《续文章缘起》:繇,夏后作铸鼎繇。繇,卜辞也。

剬诗缉颂 剬,《韵会》:多官切,整饬貌。《书》:周公居东二年,乃为诗以贻王,名之曰《鸱鸮》。王亦未敢诮公。《国语》:周公之为颂曰:思文后稷,克配彼天。(眉批:此言"缉颂",不言"作颂",引《国语》非是。)

斧藻 扬子《法言》:吾未见好斧藻其德,若斧藻其楶者。

镕钧 《董仲舒传》:犹泥之在钧,唯甄者之所为;犹金之在镕,唯冶者之所铸。颜师古曰:钧,造瓦之法,其中旋转者。镕,谓铸器之模范也。

千里应 《易·系辞》:君子居其室,出其言善,则千里之外应之。

席珍 《礼记》:儒有席上之珍以待聘。

风姓 《史记》:伏羲氏以风为姓。

玄圣 班固《典引》:县象暗而恒文乖,彝伦斁而旧章阙,故先命玄圣,使缀学立制。《注》:玄圣,孔子也。(眉批:此"玄圣"当指伏羲诸圣。若指孔子,于下句为复,且孔子亦非僻典也。)

素王 《拾遗记》:夫子未生时,有麟吐玉书于阙里。文云:水精之子,继衰周而为素王。

征圣第二

(眉批:此篇却是装点门面。推到究极,仍是宗经。)

夫作者曰圣,述者曰明。陶铸性情,功在上哲。夫子文章,可得而闻,则圣人之情,见乎文辞矣。先王圣化,布在方册;夫子风采,溢于格言。是以远称唐世,则焕乎为盛;近褒周代,则郁哉可从:此政化贵文之征也。郑伯入陈,以文一作"立"。辞为功;宋置折俎,以多文元作"方",孙改。举礼:此事迹贵文之征也。褒美子产,则云:"言以足志,文以足言。"泛论君子,则云:"情欲信,辞欲巧。"此修身贵文之征也。然则志元作"忠",谢改。足而言文,情信而辞巧,乃含章之玉牒,秉文之金科矣。(眉批:此一段证实征圣,然无紧要。)

夫鉴周日月,妙极机疑作"几"。神;文成规矩,思合符契。或简言以达旨,或博文以该情;或明理以立体,或隐义以藏用。故《春秋》一字以褒贬,丧服举轻以包重,此简言以达旨也。《邠诗》联章以积句,《儒行》缛说以繁辞,此博文以该情也。书契断决以象夬,文章昭晰以象离,此明理以立体也。四象精义以曲隐,五例微辞以婉晦,此隐义以藏用也。(眉批:繁简隐显,皆本乎经。后来文家,偏有所尚,互相排击,殆未寻其源。)故知繁略殊形,隐显异术,抑引随时,变通会适,(眉批:八字精微,所谓文无定格,要归于是。)征之周孔,则文有师矣。

是以子元脱,杨补。政论文,必征于圣;稚圭劝学,四字元脱,杨补。必宗于经。《易》称:"辨物正言,断辞则备。"《书》云:"辞尚体要,弗惟好异。"故知正言所以立辩,体要所以成辞;辞成无好异之尤,辩立有断辞之义。虽精义曲隐,无伤其正言;微辞婉晦,不害其体要。体要与微辞偕通,正言共精义并用:圣人之文章,亦可见也。(眉批:通人之论。作文如此,乃无死句;论文如此,乃为神解。)

颜阖以为:"仲尼饰羽而画,徒《庄子》作'从'。事华辞。"虽欲訾圣,"訾"字一作"此言"二字,误。弗可得已。然则圣文之雅丽,固衔华而佩实者也。天道难闻,犹或钻仰;文章可见,胡宁勿思?若征圣立言,则文其庶矣。

赞曰:妙极生知,睿哲惟宰。精理为文,秀气成采。鉴悬日月,辞富山海。百龄影徂,千载心在。

文辞为功 《左传》:郑子产献捷于晋。晋人问陈之罪,子产对之。仲尼曰:志有之,言以足志,文以足言。晋为伯,郑入陈,非文辞不为功,慎辞哉!

多文举礼 《左传》:宋人享赵文子,司马置折俎,礼也。仲尼使举是礼也,以为多文辞。《注》:举,谓记录之也。

情欲信,辞欲巧 《礼记·表记》篇文。

玉牒 左思《吴都赋》:玉牒石记。《注》:玉牒石记,皆典策类也。

金科 扬雄《剧秦美新》:金科玉条。《注》:谓法令也。言金玉,侫辞也。

(眉批:注为王莽而言,此引以赞孔子,则不必存"佞辞"一句。当引李善注曰:言金玉,贵之也。)

几神 《易》:惟几也,故能成天下之务;惟神也,故不疾而速,不行而至。

褒贬 杜预《春秋序》:《春秋》以一字为褒贬。

丧服举轻包重 如举缌不祭,则重于缌之服,其不祭不言可知;举小功不税,则重于小功者,其税可知。皆语约而义该也。

《邠诗》 《诗传》:周成王立,年幼不能莅阼,周公以冢宰摄政。乃述后稷、公刘之化,作诗以戒,谓之《豳风》。(眉批:《诗传》非根柢。)

《儒行》 《礼记·儒行》篇:哀公问曰:敢问儒行?孔子曰:遽数之不能终其物,悉数之乃留,更仆未可终也。

象夬 《易·系辞》:上古结绳而治,后世圣人易之以书契。百官以治,万民以察,盖取诸夬。

象离 《易》:离,丽也。日月丽乎天,百谷草木丽乎土,重明以丽乎正,乃化成天下。项安世曰:日月丽乎天而成明,百谷草木丽乎土而成文,故离为文,又为明。

四象 《易·系辞》:易有四象,所以示也。朱子《本义》:四象,谓阴、阳、老、少。(眉批:彦和之时,尚不以阴、阳、老、少为"四象"。此真郢书而燕说矣。)

五例 《春秋序》:为例之情有五:一曰微而显,二曰志而晦,三曰婉而成章,四曰尽而不污,五曰惩恶而劝善。(眉批:此杜预《春秋传序》,不可谓之《春秋序》。)

子政 《汉书》:刘向,字子政。

稚圭 《汉书》:匡衡,字稚圭。成帝即位,上疏劝经学。

颜阖 《庄子》:哀公问于颜阖曰:吾以仲尼为贞干,国其有瘳乎?曰:仲尼方且饰羽而画,从事华辞,夫何足以上民?

宗经第三

(眉批:本经术以为文,亦非六代文士所知。大谢喜用经语,不过割剥字句耳。)

三极彝训，其书言经。经也者，恒久之至道，不刊之鸿教也。故象天地，效鬼神，参物序，制人纪；洞性灵之奥区，极文章之骨髓者也。皇世《三坟》，帝代《五典》，重以《八索》，申以《九丘》。岁历绵暧，条流纷糅。自夫子删述，而大宝咸一作"启"。耀。于是《易》张十翼，《书》标七观，《诗》列四始，《礼》正五经，《春秋》五例。义既极乎性情，辞亦匠于文理。故能开学养正，昭明有融。然而道心惟微，圣谟元作"谋"，改"谟"。卓绝；墙宇重峻，而吐纳自深。譬万钧之洪钟，无铮铮之细响矣。

夫《易》惟谈天"夫"字从《御览》改。入一作"人"，从《御览》改。神致用。故《系》称旨远辞文，元作"高"，孙改。言中事隐。韦编三绝，固哲人之骊渊也。《书》实记言，而训诂茫昧；通乎《尔雅》，则文意晓然。故子夏叹《书》："昭昭若日月之明，离离如星辰之行。"言昭灼也。《诗》主言志，诂训同《书》；摛风裁兴，藻辞谲喻；温柔在诵，故最附深衷矣。《礼》以一作"贵"。立体，一本下有"宏用"二字。据事剬（眉批：此"剬"字如从本训，亦不可通，知必当为"制"也。）范，章条纤曲，执而后显，采掇生疑作"片"。（眉批："生"字疑"圣"字之讹。）言，莫非宝也。《春秋》辨理，四句一十六字元脱，朱按《御览》补。一字见义；五石六鹢，以详略成文；雉门两观，以先后显旨。其婉章志晦，谅以邃矣。《尚书》则览文如诡，而寻理即畅；《春秋》则观辞立晓，而访义方隐。（眉批：四语括尽两经。然此上疑脱数句。）此圣人之殊致，表里之异体者也。

至根柢槃深，枝叶峻茂，辞约而旨丰，事近而喻远。是以往者虽旧，余味日新。后进追取而非晚，元作"晓"。前修文一作"运"。用而未先，可谓太山遍雨，河润千里者也。

故论说辞序，则《易》统其首；一作"旨"。诏策章奏，则《书》发其源；赋颂歌赞，则《诗》立其本；铭诔箴祝，则《礼》总其端；纪传铭朱云当作"移"。檄，则《春秋》为根：（眉批：此亦强为分析，似钟嵘之论诗，动曰源出某某。）并穷高以树表，极远以启疆，所以百家腾跃，终入环内者也。若禀经以制式，酌雅以富言，是仰山而铸铜，煮海而为盐也。故文能宗经，体有六义：一则情深而不诡，二则风清而不杂,三则事信而不诞,四则义直而不回,五则体约而不芜,六则文丽而不淫。扬子比雕玉以作器,谓五经之含文也。夫文以行立,行以文传;四教所先,符采相济。励德树声,莫不师圣。而建言修辞,鲜克宗经。是以楚艳汉侈,流弊不还。正末归本,不其懿欤!(眉批:承学之徒,辄轻言西汉而后无文章,直至韩退之始起八代之衰耳。亦思八代中固有具如许眼力,能为如许评论者乎!)(眉批:此自善论文耳。如以其文论之,则不脱六代俳偶之习也。此评不允。)

赞曰:三极彝道,训深稽古。致化归一,分教斯五。性灵镕匠,文章奥府。渊哉铄乎,群言之祖。

三极 《易》:六爻之动,三极之道也。孔颖达《疏》:是天、地、人三才至极之道。

《三坟》《五典》《八索》《九丘》 孔安国《尚书序》:伏羲、神农、黄帝之书,谓之《三坟》,言大道也。少昊、颛顼、高辛、唐虞之书,谓之《五典》,言常道也。八卦之说,谓之《八索》,求其义也。九州之志,谓之《九丘》。丘,聚也。言九州所有,土地所生,风气所宜,皆聚此书也。(眉批:宜先引《左传》于前。)

纷糅 《楚辞·九辩》:惟其纷糅而将落乎。《注》:纷糅,众杂也。

十翼 见《原道》篇。

七观 《尚书大传》:六《誓》可以观义,五《诰》可以观仁,《甫刑》可以观诫,《洪范》可以观度,《禹贡》可以观事,《皋陶》可以观治,《尧典》可以观美。

四始 《诗序注》:《关雎》者,风之始;《鹿鸣》者,小雅之始;《文王》者,大雅之始;《清庙》者,颂之始。《诗纬泛历枢》:大明在亥,水始也。四牡在寅,木始也。嘉鱼在巳,火始也。鸿雁在申,金始也。

五经 《礼记·祭义》:礼有五经,莫重于祭。五经,谓吉、凶、军、宾、嘉。

五例 见《征圣》篇。

养正 《易》:蒙以养正,圣功也。

万钧 《西京赋》:洪钟万钧。《注》:三十斤曰钧。

铮铮 《刘盆子传》：铁中铮铮。《说文》曰：铮铮，金声也。铁之铮铮，言微有刚利也。

入神致用 《易》：精义入神，以致用也。

旨远辞文，言中事隐 《易·系辞》：其旨远，其辞文，其言曲而中，其事肆而隐。

韦编 《汉书》：孔子晚而好《易》，读之韦编三绝，故为之传。

骊渊 《庄子》：夫千金之珠，必在九重之渊，而骊龙颔下。

《尔雅》 《尔雅序》：尔雅者，所以通训诂之指归，叙诗人之兴咏，总绝代之离辞，辨同实而异号者也。《释诂》一篇，周公所作。《释言》以下，或言仲尼所增，子夏所足，叔孙通所益，梁文所补。

子夏叹《书》 《尚书大传》：子夏读《书》毕，见于夫子。夫子问焉：子何为于《书》？子夏对曰：《书》之论事也，昭昭如日月之代明，离离若参辰之错行。上有尧舜之道，下有三王之义。商所受于夫子，志之于心，弗敢忘也。

谲喻 《诗序》：主文而谲谏，言之者无罪，闻之者足以戒。

五石六鹢 《春秋》：僖公十六年正月，陨石于宋五，六鹢退飞过宋都。《公羊传》：曷为先言殒而后言石？殒石记闻，闻其磌然，视之则石，察之则五。曷为先言六而后言鹢退飞？记见也。视之则六，察之则鹢，徐而察之则退飞。

雉门两观 《春秋》：定公二年五月，雉门及两观灾。冬十月，新作雉门及两观。《公羊传》：雉门及两观灾何？两观微也。然则曷为不言雉门灾及两观？主灾者两观也。时灾者两观，则曷为后言之？不以微及大也。

婉章志晦 见"五例"注。

太山遍雨，河润千里 《公羊传》：触石而出，肤寸而合，不崇朝而遍雨乎天下者，唯太山尔。河海润于千里。《春秋考异邮》：河者，水之气，四渎之精，所以流化，故曰河润千里。

扬子 《汉书》：扬雄，字子云，著《法言》。（眉批：扬子不必另注一条。）

雕玉 《法言》：玉不雕，璠玙不作器；言不文，典谟不作经。

是篇梅本"《书》实记言"以下有"而训诂茫昧,通乎《尔雅》,则文意晓然"云云,无"然览文"以下十字。"章条纤曲"下有"执而后显,采掇生辞,莫非宝也。《春秋》辨理"云云,(《注》:四句十六字元脱,朱从《御览》补)无"观辞立晓"以下十二字。"谅以邃矣"下有"《尚书》则览文如诡,而寻理即畅;《春秋》则观辞立晓,而访义方隐"云云。按:《尔雅》本以释《诗》,无关《书》之训诂。(眉批:《尔雅》释《书》者不一。)且五经分论,不应独举《书》与《春秋》,赘以"览文"云云。郁仪所补四句,辞亦不类,宜从王惟俭本。(眉批:此注云从王本,而所从仍是梅本。)

癸巳三月,与武进刘青垣编修在四库全书处,以《永乐大典》所载旧本校勘,正与梅本相同,知王本为明人臆改。

正纬第四

(眉批:此在后世为不足辨论之事,而在当日则为特识。康成千古通儒,尚不免以纬注经,无论文士也。)

夫神道阐幽,天命微显;马龙出而大《易》兴,神龟见而《洪范》耀。故《系辞》称:"河出图,洛出书,圣人则之。"斯之谓也。但世复文隐,好生矫诞;真虽存矣,伪亦凭焉。

夫六经彪炳,而纬候稠叠;《孝》《论》昭晰,元作"哲",许改。而钩谶葳蕤。按经验纬,其伪有四:盖纬之成经,其犹织综,丝麻不杂,布帛乃成。今经正纬奇,倍摘(眉批:"摘"疑作"适","倍适"犹曰"背驰"。)千里,其伪一矣。经显,圣训也;纬隐,神教也。圣训宜广,神教宜约。而今纬多于经,神理更繁,其伪二矣。有命自天,乃称符谶,而八十一篇,皆托于孔子,则是尧造绿图,昌制丹书,其伪三矣。商周以前,图箓频见;春秋之末,群经方备;先纬后经,体乖织综,其伪四矣。伪既倍疑作"掊"。摘,(眉批:此"倍摘"疑作"备摘"。)则义异自明;经足训矣,纬何豫焉?

原夫图箓之见，乃昊天休命，事以瑞圣，义非配经。故河不出图，夫子有叹；如或可造，无劳喟然。（眉批：此驳分明。）昔康王河图，陈于东序，故知前世符命，历代宝传，仲尼所撰，序录而已。于是伎数之士，附以诡术：或说阴阳，或序灾异，若鸟鸣似语，虫叶成字，篇条滋蔓，必假孔氏。通儒讨核，谓起哀平；东序秘宝，朱紫乱矣。

至于光武之世，笃信斯术。风化所靡，学者比肩。沛献集纬以通经，曹褒撰谶以定礼，乖道谬典，亦已甚矣。是以桓谭疾其虚伪，尹敏戏疑作"臧"。其深瑕，张衡发其僻谬，荀悦明其诡诞：四贤博练，论之精矣。

若乃羲农轩皞之源，山渎钟律之要，白鱼赤乌之符，黄金紫玉之瑞，元作"理"，孙改。事丰奇伟，辞富膏腴，无益经典，而有助文章。（眉批：至今引用不废，为此故也。）是以后来辞人，采摭英华。平子恐其迷学，奏令禁绝；仲豫惜其杂真，未许煨燔。前代配经，故详论焉。

赞曰：荣河温洛，是孕图纬。神宝藏用，理隐文贵。世历二汉，朱紫腾沸。芟夷谲诡，糅其雕蔚。

纬候　《后汉·方术传》：纬候之部。纬，七纬也。候，尚书中候也。

葳蕤　司马相如《封禅文》：纷纶葳蕤。《注》：言众多也。

八十一篇　《隋·经籍志》：《河图》九篇，《洛书》六篇，云自黄帝至周文王所受本文。又三十篇，云九圣之所增演。又七经纬三十六篇，并云孔氏所作，合为八十一篇。

绿图　《河图挺佐辅》：黄帝至于翠妫之川，鲈鱼折溜而至，兰叶朱文，以授黄帝，名曰绿图。

丹书　《尚书帝命验》：季秋之月甲子，赤爵衔丹书止于酆，集于昌户。其书曰：敬胜怠者吉，怠胜敬者灭。《大戴礼》：武王召尚父问曰：黄帝、颛顼之道存乎？尚父曰：在丹书。王欲闻之则斋矣。

图箓　《后汉·方术传》：光武尤信谶言，士之赴趣时宜者，皆驰骋穿凿，争谈之也。故王梁、孙咸名应图箓,越登槐鼎之任,郑兴、贾逵以附同称显,桓谭、尹敏以乖忤沦败。又《谢夷吾传》:综校图箓。

东序 《书·顾命》:河图在东序。

符命 《扬雄传》:爱清静,作符命。《翰林志》:董景真曰:吾闻帝王之兴,必有符命。

历代宝传 《书·顾命》传:河图八卦。伏羲王天下,龙马出河,遂则其文,以画八卦,谓之河图,历代传宝之。

序灾异 《隋·经籍志》:汉末郎中郗萌集图纬谶杂占为五十篇,谓之《春秋灾异》,宋均、郑玄并为谶律之注。然其文辞浅俗,颠倒舛谬,不类圣人之旨。

鸟鸣似语 《左传》:鸟鸣于亳社,如曰嘻嘻。甲午,宋大灾,宋伯姬卒。

虫叶成字 《汉书》:昭帝时,上林柳树断。一朝起立,生枝叶,有虫食叶成文字,曰:公孙病已立。宣帝本名病已,盖帝将膺大位之征。

假孔氏 《隋·经籍志》:说者曰:孔子既叙六经以明天人之道,知后世不能稽同其意,故别立纬及谶以遗来世。其书出于前汉。

起哀平 《书·洪范》疏:纬候之书,不知谁作,通人讨核,谓起哀平。

秘宝 班固《典引》:御东序之秘宝,以流其占。

光武 《东观汉记》:光武避正殿读谶,坐庑下,浅露中风,苦咳也。

风化所靡 《隋·经籍志》:光武以图谶兴,遂盛行于世。诏东平王苍正五经章句,皆命从谶。俗儒趋时,益为其学,篇卷第目,转相增广,言五经者皆凭谶为说。

沛献 《后汉书》:沛献王辅好经书,善说《京氏易》《孝经》《论语传》及图谶,作《五经论》,时号之曰《沛王通论》。

曹褒 《后汉书》:曹褒受命次序礼事,依准旧典,杂以五经谶记之文,撰次天子至于庶人冠婚吉凶终始制度,以为百五十篇。

桓谭 《后汉书》:帝方信谶,多以决定嫌疑。桓谭上疏曰:观先王之记述,咸以仁义正道为本,非有奇怪虚诞之事。

尹敏　《后汉书》：帝令尹敏校图谶，敏对曰：谶书非圣人所作，其中多近鄙别字，颇类世俗之辞，恐疑误后生。

张衡　《后汉书》：自中兴以后，儒者争学图纬。张衡上疏曰：立言于前，有征于后，谓之谶书。自汉取秦，莫或称谶。若夏侯胜、眭孟之徒，以道术立名，其所述著，无谶一言。刘向父子领校秘书，阅定九流，亦无谶录。成哀之后，乃始闻之。殆必虚伪之徒，以要世取资。宜收藏图谶，一禁绝之，则朱紫无所眩，典籍无瑕玷矣。

荀悦　《后汉书》：荀悦作《申鉴·俗嫌》篇曰：世称纬书仲尼所作，臣叔父爽辨之，盖发其伪也。有起于中兴之前，终张之徒之作乎？

山渎　颜延之《曲水诗序》：晷纬昭应，山渎效灵。

钟律　《汉·艺文志》：有《钟律灾应》《钟律丛辰日苑》《钟律消息》。

白鱼赤乌　《史记》：武王渡河，中流，白鱼跃入王舟中。王俯取以祭。既渡，有火自上复于下，至于王屋，流为乌，其色赤，其声魄云。

黄金　《礼斗威仪》：君乘金而王，其政平，则黄金见深山。

紫玉　《洛书》：王者不藏金玉，则紫玉见于深山。

未许煨燔　荀悦辨纬书为伪，或曰燔之。曰：仲尼之作则否，有取焉则可，曷其燔？（眉批：此亦《申鉴》之文，漏其书名。）

荣河　《尚书中候》：帝尧即政，荣光出河，休气四塞。

温洛　《易乾凿度》：帝盛德之应，洛水先温，九日乃寒。

辨骚第五

　　《离骚》乃《楚词》之一篇。统名《楚词》为《骚》，相沿之误也。

（眉批：词赋之源出于《骚》，浮艳之根亦滥觞于《骚》，"辨"字极为分明。）

　　自《风》《雅》寝声，莫或抽绪，奇文郁起，其《离骚》哉！固已轩翥诗人之后，奋飞辞家之前；岂去圣之未远，而楚人之多才乎！昔汉武爱《骚》，而淮南作《传》，以为《国风》好色而不淫，《小雅》怨诽元作"谤"，许改。而不乱，若《离骚》者，可谓兼之。蝉蜕秽浊之中，浮游尘埃之外，皭然涅而不缁，虽与日月争光可也。班固以为露才扬己，忿怼沉江；羿浇二姚，与《左氏》不合；昆仑悬—作"玄"。圃，非经义所载。然其文辞丽雅，为词赋之宗，虽非明哲，可谓妙才。王逸以为诗人提耳，屈原婉顺。《离骚》之文，依经立义：驷虬乘翳，则时乘六龙；昆仑流沙，则《禹贡》敷土。名儒辞赋，莫不拟其仪表，所谓金相玉质，百世无匹者也。及汉宣嗟叹，以为皆合经术；扬雄讽味，亦言体同《诗》雅。四家举以方经，而孟坚谓不合传。褒贬任声，抑扬过实，可谓鉴而弗精，玩而未核者也。

将核其论，必征言焉。故其陈尧舜之耿介，称汤武之祗敬，典诰之体也；讥桀纣之猖披，伤羿浇之颠陨，规讽之旨也；虬龙以喻君子，云蜺以譬谗邪，比兴之义也；每一顾而掩涕，叹君门之九重，忠怨之辞也：观兹四事，同于《风》《雅》者也。至于托云龙，说迂怪，丰隆求宓妃，鸩鸟媒娀女，诡异之辞也；康回倾地，夷羿彃元作"蔽"，孙改。日，木夫元作"天"，谢改。九首，土伯三目，元作"足"，朱改。谲怪之谈也；依彭咸之遗则，从子胥以自适，狷狭之志也；士女杂坐，乱而不分，指以为乐，娱酒不废，沉湎日夜，举以为欢，荒淫之意也：摘此四事，异乎经典者也。

故论其典诰则如彼，语其夸诞则如此。固知《楚辞》者，体慢元作"宪"，朱据宋本《楚辞》改。于三代，而风雅于战国，乃《雅》《颂》之博徒，而词赋之英杰也。观其骨鲠所树，肌肤所附，虽取镕经意，亦自铸伟辞。故《骚经》《九章》，朗丽以哀志；《九歌》《九辩》，绮靡以伤情；《远游》《天问》，瑰诡而惠巧；《招魂》《招隐》，冯云《招隐》，《楚辞》本作《大招》，下云屈宋莫追，疑《大招》为是。耀艳而深华；《卜居》标放言之致，《渔父》寄独往之才。故能气往轹古，辞来切今，惊采绝艳，难与并能矣。

自《九怀》以下，遽蹑其迹，而屈、宋逸步，莫之能追。故其叙情怨，则郁伊而易感；述离居，则怆怏而难怀；论山水，则循声而得貌；言节候，则披文而见时。是以枚、贾追风以入丽，马、扬沿波而得奇，其衣被词人，非一代也。故才高者菀其鸿裁,中巧者猎其艳辞,吟讽者衔其山川,童蒙者拾其香草。若能凭轼以倚《雅》《颂》,悬辔以驭楚篇,酌奇而不失其真,玩华而不坠其实,(眉批:酌奇玩华而失坠真实者,李昌谷之歌诗也。故曰:"少加以理,则可奴仆命《骚》。")则顾盼可以驱辞力,咳唾可以穷文致,亦不复乞灵于长卿,假宠于子渊矣。

赞曰:不有屈原,岂见《离骚》?惊才风逸,壮志烟高。山川无极,情理实劳。金相玉式,艳溢锱毫。元作"绝益称豪",朱考宋本《楚辞》改。

《离骚》 《屈原列传》:原,名平,楚之同姓也。为楚怀王左徒,王甚任之。上官大夫谗之,王怒而疏屈平,故忧愁幽思而作《离骚》。离骚者,犹离忧也。

轩翥 班固《典引》:甘露宵零于丰草,三足轩翥于茂树。《注》:轩翥,飞貌。(眉批:班固一条失注,王逸一条亦失注。此并列在《楚词》,而失之目睫。)

楚人多才 《左传》:惟楚有才,晋实用之。

淮南 《汉书》:淮南王安好书,武帝使为《离骚传》,旦受诏,日食时上。

蝉蜕 《淮南子》:蝉饮而不食,三十日而蜕。

羿浇 《离骚》:羿淫游以佚田兮,又好射夫封狐。浇身被服强圉兮,纵欲而不忍。《注》:羿,有穷之君,夏时诸侯也。因夏衰乱,代之为政。娱乐田猎,信任寒浞,使为国相。浞杀羿而取羿妻,生浇,强梁多力,纵放其欲,不能自忍也。

二姚 《离骚》:及少康之未家兮,留有虞之二姚。《注》:有虞,国名。姚姓,舜后也。昔寒浞使浇杀夏后相,少康逃奔有虞,虞因妻以二女。

昆仑玄圃 《天问》:昆仑悬圃,其尻安在?《注》:昆仑,山名,其巅曰悬圃。

王逸 《后汉书》:王逸,字叔师,为侍中,著《楚辞章句》行于世。

驷虬乘鹥 《离骚》:驷玉虬以乘鹥兮,溘埃风余上征。

时乘六龙 《易·乾》象辞。

昆仑流沙 《禹贡》:昆仑析支渠搜。又曰:余波入于流沙。《离骚》:忽吾行此流沙兮。

陈尧舜 《离骚》:彼尧舜之耿介兮,既遵道而得路。

称汤武 《离骚》:汤禹俨而祗敬兮,周论道而莫差。

讥桀纣 《离骚》:何桀纣之昌披兮,夫惟捷径以窘步。

虬龙 《涉江》:驾青虬兮骖白螭。《注》:虬螭,神兽,宜于驾乘,以喻贤人清白可信任也。

云蜺 《离骚》:飘风屯其相离兮,帅云蜺而来御。《注》:飘风,无常之风,以兴邪恶。云蜺,恶气,以喻佞人。

掩涕 《离骚》:长太息以掩涕兮。

君门 《九辩》:岂不郁陶而思君兮,君之门以九重。《注》:闱闼扃闭,道路塞也。

云龙 《离骚》:驾八龙之婉婉兮,载云旗之委蛇。《注》:言己德如龙,可制御八方;己德如云雨,能润施万物也。

丰隆求宓妃 《离骚》:吾令丰隆乘云兮,求宓妃之所在。《注》:丰隆,云师,一曰雷师。宓妃,神女也,以喻隐士。

鸩鸟媒娀女 《离骚》:望瑶台之偃蹇兮,见有娀之佚女。吾令鸩为媒兮,鸩告余以不好。《注》:有娀,国名,谓帝喾之妃,契母简狄也。配圣帝,生贤子。以喻贞贤也。鸩,运日也。羽有毒,可杀人,以喻谗贼。言我使鸩鸟为媒,以求简狄。其性谗贼,还诈告我,言不好也。

康回倾地 《天问》:康回凭怒,地何故以东南倾?《注》:康回,共工名。怒触不周山,地柱折,故倾。

夷羿弹日 《天问》:羿焉彃日,乌焉解羽。《注》:《淮南》言尧时十日并出,草木焦枯,尧命羿仰射十日,中其九日。日中九乌皆死,堕其羽翼。《说文》:彃,射也。

木夫九首 《招魂》:一夫九首,拔木九千些。《注》:有丈夫一身九头,强梁多力,从朝至暮,拔大木九千株也。

土伯三目　《招魂》:土伯九约,其首觺觺些。参目虎首,其身若牛些。《注》:土伯,后土之侯伯也。其貌如虎,而有三目,身又肥大,状如牛也。

彭咸　《离骚》:愿依彭咸之遗则。《注》:彭咸,殷贤大夫,谏其君不听,投水而死。则,法也。

子胥　《橘颂》:浮江淮而入海兮,从子胥而自适。

士女杂坐,乱而不分　《招魂》句。《注》:言恣意调戏,乱而不分别也。

娱酒不废,沉湎日夜　《招魂》句。《注》:言昼夜以酒相乐也。

博徒　《信陵君传》:公子闻赵有处士毛公,藏于博徒。

《九章》　王逸曰:屈原放于江南之野,复作《九章》。章者,著明也。言己所陈忠信之道甚著明也。

《九歌》　王逸曰:昔楚南郢之邑,其俗信鬼而好祀,其祠必作歌乐鼓舞。屈原因为作《九歌》之曲,托以讽谏。

《九辩》　王逸曰:宋玉,屈原弟子,闵惜其师忠而放逐,故作《九辩》,以述其志。

《远游》　王逸曰:《远游》者,屈原之所作也。屈原履方直之行,不容于世,遂叙妙思,托配仙人,与俱游戏。

《天问》　王逸曰:《天问》者,屈原之所作也。屈原放逐,忧心愁悴,彷徨山泽,经历陵陆,见楚有先王之庙及公卿祠堂,图画天地山川神灵,及古贤圣怪物行事,因书其壁,呵而问之,以渫愤懑,舒写愁思。

《招魂》　王逸曰:宋玉怜哀屈原厥命将落,作《招魂》,欲以复其精神,延其年寿。

《大招》　王逸曰:《大招》者,屈原之所作也。或曰景差,疑不能明也。屈原放流,恐命将终,所行不遂,故愤然大招其魂。又曰《招隐士》者,淮南小山之徒,闵伤屈原,虽身沉没,名德显闻,与隐处山泽无异,故作《招隐士》之赋,以章其志也。

《卜居》　王逸曰:《卜居》者,屈原所作也。原放弃,乃往太卜之家,卜己居世,何所宜行。

《渔父》 王逸曰:《渔父》者,屈原所作也。渔父避世时遇屈原,怪而问之,遂相应答。

《九怀》 王逸曰:《九怀》者,王褒之所作也。怀者,思也。褒读屈原之文,追而愍之,故作《九怀》以裨其词,遂列于篇。褒,字子渊。

枚、贾、马、扬 《汉·艺文志》:楚臣屈原离谗忧国,作赋以讽,有恻隐古诗之义。其后宋玉、唐勒,汉兴枚乘、司马相如,下及扬子云,竞为侈丽闳衍之辞,没其讽谕之义。又《贾谊传》:谊为长沙王太傅,意不自得,及渡湘水,为赋以吊屈原。

乞灵 《左传》:愿乞灵于臧氏。

长卿 《汉书》:司马相如,字长卿。

假宠 《左传》:君若苟无四方之虞,则愿假宠以请于诸侯。

卷第二

明诗第六

大舜云："诗言志，歌永言。"圣谟所析，义已明矣。是以"在心为志，发言为诗"，舒文载实，其在兹乎！诗者，持也，持人情性；三百之蔽，义归"无邪"，持之为训，有符焉尔。（眉批：此虽习见之语，其实诗之本原莫逾于斯。后人纷纷高论，皆是枝叶工夫。"大舜"九句是发乎情，"诗者"七句是止乎礼义。）

人禀七情，应物斯感，感物吟志，莫非自然。昔葛天氏乐辞云，《玄鸟》在曲；黄帝《云门》，理不空绮。朱云：当作"弦"。至尧有《大唐》一作"章"。之歌，舜造《南风》之诗，观其二文，辞达而已。及大禹成功，九序惟歌；太康败德，五子咸怨：顺美匡恶，其来久矣。自商暨周，《雅》《颂》圆备，四始彪炳，六义环深。子夏监绚素之章，子贡悟琢磨之句，故商赐二子，可与言《诗》。自王泽殄竭，风人辍采，《春秋》观志，讽诵旧章，酬酢以为宾荣，吐纳而成身文。逮楚国讽怨，则《离骚》为刺。秦皇灭典，亦造《仙诗》。

汉初四言，韦孟首唱；匡谏之义，继轨周人。孝武爱文，柏梁列韵；严、马之徒，属辞无方。至成帝品录，三百余篇，朝章国采，亦云周备。而辞人遗翰，莫见五言，所以李陵、班婕妤见疑于后代也。（眉批：观此，则以苏、李为伪，不始于东坡矣。）按《召南·行露》，始肇半章；孺子《沧浪》，亦有全曲；《暇豫》优歌，远见《春秋》；《邪径》童谣，近在成世。阅时取证，一作"征"。则五言久矣。（眉批：此与钟嵘之说，亦大同小异。）又古诗佳丽，或称枚叔，其《孤竹》一篇，则傅毅之词。比采一作"类"。（眉批："类"字是。）而推，两汉之作乎？观其结体散文，直而不野，（眉批："直而不野"，括尽汉人佳处。）婉转附物，怊怅切情，实五言之冠冕也。至于张衡《怨》篇,清典一作"曲",从《纪闻》改。(眉批:是"清曲","曲"字作"婉"字解。)可味;仙诗缓歌,雅有新声。

暨建安之初,五言腾踊。文帝、陈思,纵辔以骋节;王、徐、应、刘,望路而争驱。并怜风月,狎池苑,述恩荣,叙酣宴,慷慨以任气,磊落以使才。(眉批:是建安。)造怀指事,不求纤密之巧;驱辞逐貌,唯取昭晰之能:此其所同也。乃正始明道,诗杂仙心;何晏之徒,率多浮浅。唯嵇志清峻,阮旨遥深,故能标焉。若乃应璩《百一》,独立不惧,辞谲义贞,亦魏之遗直也。

晋世群才,稍入轻绮。张、潘、左、陆,比肩诗衢,采缛于正始,力柔于建安。或析文以为妙,或流靡以自妍,此其大略也。江左篇制,溺乎玄风,嗤笑徇务之志,崇盛亡机之谈。袁、孙已下,虽各有雕采,而辞趣一揆,莫与争雄。所以景纯《仙》篇,挺拔而为俊矣。宋初文咏,体有因革。庄、老告退,而山水方滋;俪采百字之偶,争价一句之奇,情必极貌以写物,辞必穷力而追新:(眉批:谢客为之倡。)(眉批:齐梁以后,此风又变,惟以涂饰相尚,侧艳相矜,而诗弊极焉。)此近世之所竞也。

故铺观列代,而情变之数可监;撮举同异,而纲领之要可明矣。若夫四言正体,则雅润为本;五言流调,则两"则"字从《御览》增。清丽居宗:(眉批:此论却局于六朝习径,未得本原。夫雅润清丽,岂诗之极则哉!)华实异用,唯才所安。故平子得其雅,叔夜含其润,茂先凝其清,景阳振其丽。兼善则子建、仲宣,偏美则太冲、公幹。然诗有恒裁,思无定位,随性适分,鲜能通圆。若妙识所难,其易也将至;忽之为易,其难也方来。至于三六杂言,则出自篇什;离合之发,则明于图谶;回文所兴,则道原为始;联句共韵,则柏梁余制。巨细或殊,情理同致,总归诗囿,故不繁云。

赞曰:民生而志,咏歌所含。兴发皇世,风流二《南》。神理共契,政序相参。英华弥缛,万代永耽。

葛天氏乐词,《玄鸟》在曲 《吕氏春秋》:葛天氏之乐,三人摻牛尾,投足以歌八阕：一曰《载民》，二曰《玄鸟》，三曰《遂草木》，四曰《奋五谷》，五曰《敬天常》，六曰《达帝功》，七曰《依地德》，八曰《总万物之极》。

《云门》 《周礼》：大司乐奏黄钟，歌大吕，舞云门，以祀天神。《史》：黄帝命大容作《云门》《大卷》乐。

《大唐》之歌 《尚书大传》：维五祀，奏钟石，论人声，及乃鸟兽，咸变于前。秋养耆老，而春食孤子，乃勃然韶乐，兴于大麓之野。执事还归二年，谬然，乃作《大唐》之歌。一作《大章》。《汉·礼乐志》：尧作《大章》。

《南风》 《家语》：舜弹五弦之琴，造《南风》之诗。其诗曰：南风之薰兮，可以解吾民之愠兮。南风之时兮，可以阜吾民之财兮。

九序 见《虞书》。

五子 见《夏书》。

顺美 《孝经》：将顺其美，匡救其恶。

四始 见《宗经》篇。

六义 《毛诗序》：诗有六义焉：一曰风，二曰赋，三曰比，四曰兴，五曰雅，六曰颂。

王泽殄竭 班固赋：王泽竭而诗不作。

观志 《左传》：郑伯享赵孟于垂陇，七子从。赵孟曰：七子从君以宠武也，请皆赋以卒君贶，武亦以观七子之志。

宾荣 《左传》：诗以言志，志诬其上，而公怨之，以为宾荣，其能久乎？

身文 《左传》：言，身之文也。

《仙诗》 《史记》：秦始皇使博士为《仙真人》诗，令乐人弦歌之。

韦孟 《汉书》：韦孟为楚元王傅。傅子夷王及孙王戊。戊荒淫不遵道，孟作诗讽谏。

柏梁 任昉《文章缘起》：七言诗，汉武帝柏梁殿联句。

严 《严助传》：助，会稽吴人，严夫子子也。《注》：夫子，严忌也。《艺文志》：庄夫子赋二十四篇。《注》：名忌，吴人。常侍郎庄忽奇赋十一篇。《注》：

忽奇者,或言庄夫子子,或言族家子,庄助昆弟也。严助赋三十五篇。

马 司马相如,见前。

成帝品录 《汉·艺文志》:成帝诏刘向校经传诸子诗赋。每一书已,向辄条其篇目,撮其指意,录而奏之。歌诗二十八家,三百一十四篇。

五言 钟嵘《诗品》:夏歌曰:郁陶乎余心。《楚辞》曰:名余曰正则。虽诗体未全,然是五言之滥觞也。逮汉李陵,始著五言之句矣。

李陵 《诗品》:汉都尉李陵诗,其源出于《楚辞》,文多凄怨者之流。陵,名家子,有殊才,生命不谐,声颓身丧。使陵不遭辛苦,其文亦何能至此?

倢伃 《诗品》:汉倢伃班姬诗,其源出于李陵。《团扇》短章,辞旨清捷,怨深文绮,得匹妇之致。侏儒一节,可以知其工矣。

《行露》"谁谓雀无角"云云,四句皆五言。

《暇豫》 《国语》:骊姬通于优施,欲害申生,而难里克。优施乃饮里克酒,中饮,优施起舞曰:暇豫之吾吾,不如鸟乌。人皆集于菀,己独集于枯。

《邪径》 《汉·五行志》:成帝时歌谣曰:邪径败良田,谗口害善人。桂树华不实,黄雀巢其颠。故为人所羡,今为人所怜。

枚叔 《古诗十九首》,《文选注》并云"古诗",盖不知作者。或云枚乘,然诗云"驱车上东门",又云"游戏宛与洛",此辞兼东都,非尽是乘,明矣。徐陵《玉台新咏》谓《青青河畔草》《西北有高楼》《涉江采芙蓉》《庭中有奇树》《迢迢牵牛星》《东城高且长》《明月何皎皎》七首是乘作。乘,字叔。

《孤竹》 《后汉书》:傅毅,字武仲。《孤竹》一篇,谓十九首《冉冉孤生竹》篇也。

张衡《怨》篇 其辞曰:猗猗秋兰,植彼中阿。有馥其芳,有黄其葩。虽曰幽深,厥美弥嘉。之子云遥,我劳如何?

仙诗缓歌 张衡《同声歌》:素女为我师,仪态盈万方。众夫所希见,天老教轩皇。(眉批:仙诗缓歌,今已无考,不得以"素女""天老"字,附会"仙"字。)

建安 《后汉·献帝纪》:建安元年,春正月癸酉,郊祀上帝于安邑,大赦天下,改元建安。下所云文帝、陈思、王、徐、应、刘,俱当时作诗者也。

文帝、陈思 《诗品》:魏文帝诗,其源出于李陵,颇有仲宣之体。陈思王植诗,源出于《国风》,骨气奇高,词采华茂,情兼怨雅,体被文质,粲溢今古,卓尔不群。故孔氏之门如用诗,则公幹升堂,思王入室,景阳、潘、陆,自可坐于廊庑之间矣。

王、徐、应、刘 《魏志》:王粲,字仲宣;徐幹,字伟长;应玚,字德琏;刘桢,字公幹。魏文帝《与吴质书》:伟长怀文抱质,恬淡寡欲,有箕山之志,可谓彬彬君子矣。德琏常斐然有述作之意,其才学足以著书。美志不遂,良可痛惜。公幹有逸气,但未遒耳。五言诗之善者,妙绝时伦。仲宣续自善于辞赋,惜其体弱,不足起其文。至其所善,古人无以远过。

正始 《魏志》:齐王芳改元正始。

诗杂仙心 言其皆宗老庄。

何晏 《典略》:何晏,字平叔。钟嵘曰:平叔《鸿雁》之篇,风规见矣。

嵇 《晋书》:嵇康,字叔夜。钟嵘曰:嵇康诗颇似魏文,过为峻切,讦直露才,伤渊雅之志。然托喻清远,良有鉴裁,亦未失高流矣。

阮 《晋书》:阮籍,字嗣宗。钟嵘曰:阮籍诗,其源出于《小雅》,无雕虫之功。而《咏怀》之作,可以陶性灵,发幽思,言在耳目之内,情寄八荒之表,洋洋乎会于风雅,使人忘其鄙近,自致远大,颇多感慨之词。厥旨渊放,归趣难求。

应璩《百一》 《魏志》:应璩,字休琏。《魏氏春秋》:齐王芳即位,曹爽辅政,多违法度,璩作《百一诗》以讽。序云:时谓爽曰:公闻周公巍巍之称,安知百虑有一失乎?故以"百一"名篇。

张、潘、左、陆 《诗评序》:晋太康中,三张、二陆、两潘、一左,勃尔复兴,踵武前王,风流未沫,亦文章之中兴也。按:三张,载,字孟阳;协,字景阳;亢,字季阳。王注引张华,误。二陆,机,字士衡;云,字士龙。两潘,岳,字安仁;尼,字正叔。一左,思,字太冲。

玄风 沈约《宋书》:在晋中兴,玄风独扇,为学穷于柱下,博物止乎七篇。

驰骋文辞,义殚于此。自建武暨于义熙,历载将百,虽缀响联词,波属云委,莫不寄言上德,托意玄珠,遒丽之词,无闻焉耳。

嗤笑 干宝《晋纪总论》:学者以庄、老为宗,而黜六经;谈者以虚薄为辩,而贱名检;当官者以望空为高,而笑勤恪。

袁 《晋书》:袁宏,字彦伯,有逸才。钟嵘曰:彦伯《咏史》,虽文体未遒,而鲜明紧健,去凡俗远矣。

孙 《晋书》:孙统,字承公;弟绰,字兴公。并任诞不羁,而善属文。旧注引孙楚,楚卒于惠帝初,不得为江左也。

景纯 臧荣绪《晋书》:郭璞,字景纯,著《游仙诗》十四篇。

宋初 《宋书》:仲文始革孙、许之风,叔源大变太元之气。爰逮宋氏,颜、谢腾声,灵运之兴会标举,延年之体裁明密,并方轨前哲,垂范后昆。

山水 谓颜、谢腾声,如《选》诗游览诸作也。

茂先 《晋书》:张华,字茂先。

景阳 《诗品》:晋张协诗雄于潘岳,靡于太冲,风流调达,实旷代之高手。词彩葱蒨,音韵铿锵,使人味之,亹亹不倦。

子建、仲宣 《诗品》:王粲诗,其源出于李陵,发愀怆之词,文秀而质羸,在曹、刘间别构一体,方陈思不足,比魏文有余。

太冲、公干 《诗品》:左思诗,其源出于公干,文典以怨,颇为精切,得讽谕之致。虽野于陆机,而深于潘岳。谢康乐常言:左太冲诗、潘安仁诗,古今难比。

三六杂言 《文章缘起》:三言诗,晋夏侯湛所作;六言诗,汉谷永作。

出自篇什 挚虞《文章流别》:诗之流也,有三言、四言、五言、六言、七言、九言。古诗率以四言为体,而时一句二句,杂在四言之间,后世演之,遂以为篇。三言者,"振振鹭""鹭于飞"之属是也;五言者,"谁谓雀无角"之属是也;六言者,"我姑酌彼金罍"之属是也;七言者,"交交黄鸟止于桑"之属是也;九言者,"泂酌彼行潦挹彼注兹"之属是也。

离合　《文章缘起》：孔融作四言离合诗。

图谶　孔子作《孝经》及《春秋河洛》成，告备于天。有赤虹下，化为黄玉，长三尺，上刻文云：宝文出，刘季握；卯金刀，在轸北；字禾子，天下服。合卯金刀为刘，禾子为季也。

回文所兴，道原为始　道原未详，旧注引贺道庆，然道庆四言回文之前，已有璇玑图诗，不可谓之始矣。唐武后《璇玑图序》：前秦苻坚时，扶风窦滔妻苏氏，名蕙，字若兰。滔镇襄阳，绝苏氏音问，苏氏因织锦为回文，五彩相宣，纵广八寸，题诗二百余首，计八百余言，纵横反覆，皆为文章。又《杂体诗序》：晋傅咸有回文反覆诗二首，反覆其文，以示忧心展转也。是又在窦妻前。（眉批：璇玑图至唐始显，武后之序可证，不得执以驳前人。）

联句　见"柏梁"注。

乐府第七

乐府者，声依永，律和声也。钧天九奏，既其上帝；葛天八阕，爰乃皇时。自《咸》《英》以降，亦无得而论矣。至于涂山歌于候人，始为南音；有娀谣乎飞燕，始为北声；夏甲叹于东阳，东音以发；殷整元作"楚"。思于西河，西音以兴：音声推移，亦不一概矣。匹元作"及"，许改。夫庶妇，讴吟土风，诗官采言，乐盲元作"育"，许改。被律，志感丝簧，气变金石：是以师旷觇风于盛衰，季札鉴微于兴废，精之至也。

夫乐本心术，故响浃肌髓。先王慎焉，务塞淫滥。（眉批："务塞淫滥"四字为一篇之纲领。）敷训胄子，必歌九德，故能情感七始，化动八风。自雅声浸微，溺音腾沸，（眉批：八字贯下十余行，非单品秦汉。）秦燔《乐经》，汉初绍复。制氏纪其铿锵，叔孙定其容典，于是《武德》兴乎高祖，《四时》广于孝文；虽摹《韶》《夏》，而颇袭秦旧，中和之响，阒其不还。暨武帝崇礼，始立乐府，总赵代之音，撮齐楚之气。延年以曼声协律，朱、马以骚体制歌。《桂华》杂曲，丽而不经；《赤雁》群篇，靡而非典。（眉批：《桂华》《安世房中歌》之一也，尚未至于"不经"，此论过当。《赤雁》等篇,亦不得目之曰"靡",论亦过高。盖深恶涂饰,故矫枉过正。)河间荐雅而罕御,故汲黯致讥于《天马》也。至宣帝雅颂,诗效《鹿鸣》;迨及元、成,稍广淫乐。正音乖俗,其难也如此。暨后郊庙,惟杂雅章,辞虽典文,而律非夔旷。(眉批:声诗始判。)(眉批:声诗自古本判,不始于此。此评似是而非。)至于魏之三祖,气爽才丽,宰割辞调,音靡节平。观其《北上》众引,《秋风》列篇,或述酣宴,或伤羁戍,志不出于淫荡,辞不离于哀思,虽三调之正声,实《韶》《夏》之郑曲也。(眉批:此乃折出本旨,其意为当时宫体竞尚轻艳发也。观《玉台新咏》,乃知彦和识高一代。)逮于晋世,则傅玄晓音,创定雅歌,以咏祖宗;张华新篇,亦充庭《万》。然杜夔调律,音奏舒雅;荀勖改悬,声节哀急,故阮咸讥其离声,后人验其铜尺。和乐精妙,固表里而相资矣。故知诗为乐心,声为乐体。乐体在声,瞽师务调其器;乐心在诗,君子宜正其文。(眉批:语语透宗。)"好乐无荒",晋风所以称远;"伊其相谑",郑国所以云亡。故知季札观辞,不直听声而已。

若夫艳歌婉娈,怨志诀绝,淫辞在曲,正响焉生?(眉批:声诗虽别,亦必无诗淫而声雅者,固知郑声既淫,则诗不待言矣。)然俗听飞驰,职竞新异。雅咏温恭,必欠伸鱼睨;奇辞切至,则拊髀雀跃:诗声俱郑,自此阶矣!凡乐辞曰诗,诗声曰歌,声来被辞,辞繁难节。(眉批:此论以声被词,意亦斥当时之弃古词,此乐府多不可读之根。后人不知其增损,遂乃妄解。)故陈思称李延年闲于增损古辞,多者则宜减之,明贵约也。观高祖之咏"大风",孝武之叹"来迟",歌童被声,莫敢不协。子建、士衡,咸有佳篇,并无诏伶人,(眉批:唐人用乐府古题及自立新题者,皆所谓无诏伶人。)故事谢丝管,俗称乖调,盖未思也。(眉批:唐伶人所歌,皆当时之诗也。此评未确。)至于斩伎美长云:疑作"轩"。伎疑作"岐"。《鼓吹》,汉世《铙》《挽》,虽戎丧殊事,而并总入乐府,缪袭所致,(眉批:"致",当作"制"。)亦有可算焉。昔子政品文,诗与歌别,(眉批:观此知《玉台》之杂编,必非孝穆之本。)故略具乐篇,以标区界。

赞曰:八音摛文,树辞为体。讴吟坰野,金石云陛。《韶》响难追,郑声易启。岂惟观乐,于焉识礼。

钧天九奏　《史记》：赵简子疾，寤，语大夫曰：我之帝所甚乐，与百神游于钧天，广乐九奏万舞，不类三代之乐，其声动人心。

葛天八阕　见《明诗》篇。

《咸》《英》　《乐纬》：黄帝乐曰《咸池》，帝喾乐曰《六英》。

涂山　《吕氏春秋》：禹行功，见涂山之女，禹未之遇而巡省南土。女令妾待禹于涂山之阳，作歌曰：候人兮猗。实始作为南音。

有娀　《吕氏春秋》：有娀氏有二佚女，为之九成之台，饮食必以鼓。帝令燕往视之，鸣若谥隘，二女爱而争搏之，覆以玉筐。少选，发而视之，燕遗二卵北飞，遂不返。二女作歌，一终曰：燕燕往飞。实始作为北音。

夏甲　《吕氏春秋》：夏后氏孔甲田于东阳萯山，天大风，晦盲，孔甲迷惑，入于民室。主人方乳，或曰：之子是必有殃。后曰：以为余子，孰敢殃之？子长成人，幕动折橑，斧斫斩其足。孔甲曰：呜呼有疾，命矣夫！乃作《破斧之歌》，实始为东音。

殷整　《吕氏春秋》：周昭王亲将征荆，辛余靡为王右。王抎于汉中，辛余靡振王北济，周公乃候之于西翟。殷整甲徙宅西河，犹思故处，实始作为西音。

师旷　《左传》：晋人闻有楚师。师旷曰：不害。吾骤歌北风，又歌南风，南风不竞，多死声，楚必无功。

季札　《左传》：吴公子札来聘，请观周乐。为之歌郑，曰：美哉，其细已甚，民弗堪也，是其先亡乎？为之歌齐，曰：美哉，泱泱乎大风也哉！表东海者其太公乎？国未可量也。

淫滥　《乐记》：流辟、邪散、狄成、涤滥之音作，而民淫乱。

九德　《汉·礼乐志》：周诗既备，而其器用张陈，周官具焉。朝夕习业，以教国子。皆学歌九德，诵六诗，习六舞、五声、八音之和。故帝舜命夔曰：女典乐，教胄子。

七始　《礼乐志》：七始、华始，肃倡和声。《注》：七始，天地四时人之始。华始，万物英华之始也。以为乐名，如《六英》也。王应麟《玉海》：黄钟、林钟、太簇为天地人之始。姑洗、蕤宾、南吕、应钟为四时之始。

八风 《易纬》：八节之风谓之八风。《左传》：夫舞，所以节八音而行八风。杜《注》：八风，八方之风也。以八音之器，播八方之风，手之舞之，足之蹈之，节其制而叙其情。

溺音 《乐记》：子夏曰：今君之所好者，其溺音乎？文侯曰：敢问溺音何从出也？子夏曰：郑音好滥淫志，宋音燕女溺志，卫音趋数烦志，齐音敖辟乔志。此四者皆淫于色而害于德，是以祭祀弗用也。

制氏 《礼乐志》：汉兴，乐家有制氏，以雅乐声律世世在太乐官，但能纪其铿锵鼓舞，而不能言其义。

叔孙 《礼乐志》：叔孙通因秦乐人，制宗庙乐。

《武德》 《礼乐志》：《武德舞》，高祖四年作，以象天下乐已行武以除乱也。

《四时》 《礼乐志》：《四时舞》者，孝文所作，以明示天下之安和也。

始立乐府 《礼乐志》：武帝定郊祀之礼，乃立乐府，采诗夜诵，有赵、代、秦、楚之讴。按：孝惠二年，夏侯宽已为乐府令，则乐府之立，未必始于武帝也。

延年 《汉书·佞幸传》：李延年善歌，为新变声。上欲造乐，令司马相如等作诗颂。延年辄承意，弦歌所造诗，为之新声曲。女弟李夫人产昌邑王，繇是贵为协律都尉。

《桂华》 《礼乐志》：《安世乐房中歌》十七章，其七曰《桂华》。

《赤雁》 《礼乐志》：《郊祀歌·象载瑜十八》：太始三年，行幸东海，获赤雁作。

河间荐雅 《礼乐志》：河间献王有雅材，以为治道非礼乐不成，因献所集雅乐。天子下太乐官常存肄之，岁时以备数。然不常御，常御及郊庙皆非雅声。

汲黯 《史记·乐书》：武帝得神马渥洼水中，歌曲曰：太一贡兮天马下。后伐大宛，得千里马，歌诗曰：天马来兮从西极。汲黯进曰：凡王者作乐，上以承祖宗，下以化兆民。今陛下得马，诗以为歌，协于宗庙，先帝百姓，岂能知其音耶？

诗效《鹿鸣》　《王褒传》：宣帝时，天下殷富，数有嘉应，上颇作歌诗，欲兴协律之事。于是益州刺史王襄欲宣风化于众庶，闻王褒有俊才，请与相见，使褒作中和乐，职宣布诗，选好事者，令依《鹿鸣》之声，习而歌之。

稍广淫乐　《礼乐志》：成帝时，郑声尤甚。黄门名倡丙强、景武之属，富显于世，贵戚五侯，定陵、富平外戚之家，淫侈过度，至与人主争女乐。

三祖　钟嵘《诗品》：魏武帝、魏明帝诗，曹公古直，甚有悲凉之句。叡不如丕，亦称三祖。

哀思淫荡　按：魏太祖《苦寒行》"北上太行山"云云，通篇写征人之苦。文帝《燕歌行》"秋风萧瑟天气凉"云云，亦托辞于思妇，所谓或伤羁戍，辞不离于哀思也。他若文帝《于谯作》《孟津》诸作，则又或述酬宴，志不出于淫荡之证也。

三调　《晋·乐志》：有因丝竹金石，造歌以被之，魏世三调歌辞之类是也。又《唐·乐志》曰：平调、清调、瑟调，皆周《房中曲》之遗声，汉世谓之三调。又有楚调，汉《房中乐》也，与前三调总谓之相和调。

傅玄　《晋·乐志》：泰始二年，诏郊祀明堂礼乐，权用魏仪，遵周室肇称殷礼之义，但改乐章而已，使傅玄为之调云。

张华　《晋·乐志》：使郭夏、宋识等造《正德》《大豫》二舞，其乐章张华所作。

庭《万》　《诗·邶风·简兮》篇：公庭万舞。《公羊传》：万者何？干舞也。何休《注》：干，谓楯也，能为人扞难，而不使害人，故圣王贵之，以为武乐。万者，其篇名。

杜夔　《晋·乐志》：魏武平荆州，获汉雅乐郎河南杜夔，能识旧法，以为军谋祭酒，使创定雅乐。

荀勖、阮咸　《晋·乐志》：荀勖以杜夔所制律吕，校太乐、总章、鼓吹八音,与律吕乖错,乃制古尺,作新律吕,以调声韵。勖又作新律,自谓宫商克谐,然论者犹谓勖暗解。时阮咸妙达八音,论者谓之神解。咸常心讥勖新律声高,以为高近哀思,不合中和。每公会乐作,勖意咸谓之不调,以为异己,出咸为始平相。后有田父耕于野,得周时玉尺,勖以校己所治钟鼓金石丝竹,皆短校一米,于此伏咸之妙,征归。

好乐无荒 《诗·唐风·蟋蟀》篇。

晋风 《左传》:季札观乐,为之歌唐,曰:思深哉!其有陶唐氏之遗民乎?不然何忧之远也。《注》:晋本唐国。

伊其相谑 《诗·郑风·溱洧》篇。

艳歌 《乐府》:古艳歌古辞,一曰妍歌。

欠伸鱼睨 鲍昭《谢见原疏》:大喜猝至,小愿所图,鱼愕鸡睨,且悚且惭。(眉批:鱼睨似是瞠视之貌,鱼目不瞬故也。此注未确。)

拊髀雀跃 《庄子》:云将东游,过扶摇之枝,而适遭鸿蒙。鸿蒙方将拊髀雀跃而游。

咏"大风" 《史记》:高帝还归,过沛,悉召故人父老子弟纵酒。发沛中儿,得百二十人,教之歌。酒酣,高祖击筑,自为歌诗曰:大风起兮云飞扬,威加海内兮归故乡,安得猛士兮守四方!

叹"来迟" 《汉书·外戚传》:李夫人卒,帝思念不已。方士少翁言能致其神,乃夜张灯烛,设帷帐,陈酒肉,而令上居他帐遥望。见好女如李夫人之貌,上愈益相思悲感,为作诗曰:是邪非邪,立而望之,偏何姗姗其来迟!令乐府诸音家弦歌之。

轩岐《鼓吹》 崔豹《古今注》:《短箫铙歌》,军乐也,黄帝使岐伯作。汉乐有《黄门鼓吹》,天子以燕乐群臣。《短箫铙歌》,《鼓吹》之一章耳。

汉世《铙》《挽》 《宋·乐志》:汉鼓吹铙歌十八曲。谯周《法训》:《挽歌》者,高帝召田横,至尸乡自杀,从者不敢哭,为此歌以寄哀音焉。《古今注》:《薤露》《蒿里》,并丧歌也。言人命如薤上之露,易晞灭也。亦谓人死魂魄归乎蒿里。至孝武时，李延年乃分为二曲。《薤露》送王公贵人，《蒿里》送士大夫庶人。使挽柩者歌之，亦呼为《挽歌》。

缪袭　《文章志》：缪袭，字熙伯，作《魏鼓吹曲》及《挽歌》。

诠赋第八

《诗》有六义，其二曰赋。赋者，铺也，铺采摛文，体物写志也。（眉批："铺采摛文"，尽赋之体；"体物写志"，尽赋之旨。）昔邵《吕览》作"召"。公称："公卿献诗，师箴（眉批：似'箴'字下脱一'瞍'字。）赋。"《传》云："登高能赋，可为大夫。"《诗序》则同义，《传》说则异体。总其归涂，实相枝干。刘向云明"不歌而颂"，班固称"古诗之流也"。至如郑庄之赋《大隧》，士芳之赋《狐裘》，结言揎韵，词自己作，虽合赋体，明而未融。及灵均唱《骚》，始广声貌。然赋也者，受命于诗人，拓疑作"括"。（眉批："拓"字不误，开拓之义也。颜延年《宋郊祀歌》：奄受敷锡，宅中拓宇。李善注引《汉书》虞诩曰：先帝开拓土宇。）宇于《楚辞》也。于是荀况《礼》《智》，宋玉《风》《钓》，爰锡名号，与诗画境，六义附庸，蔚成大国。遂许云：当作"述"。客主元作"至"。以首引，极声元脱，曹补。貌以穷文。斯盖别诗之原始，命赋之厥初也。

秦世不文，颇有杂赋。汉初词人，顺流而作。陆贾扣其端，贾谊振其绪，枚、马同其风，王、扬骋其势，皋、朔元作"翔"，曹改。已下，品物毕图。繁积于宣时，校阅于成世，进御之赋，千有余首，讨其源流，信兴楚而盛汉矣。夫京殿苑猎，述行序志，并体国经野，义尚光大。既履端于倡序，亦归余于总乱。序以建言，首引情本；乱以理篇，迭致文契。按《那》之卒章，闵马元作"焉"，朱改。称乱，故知殷人辑颂，楚人理赋，斯并鸿裁之寰域，雅文之枢辖也。至于草区禽族，庶元作"鹿"，曹改。品杂类，则触兴致情，因变取会。拟诸形容，则言务纤密；象其物宜，则理贵侧附。斯又小制之区畛，奇巧之机要也。（眉批：分别体裁，经纬秩然。虽义可并存，而体不相假。盖齐梁之际，小赋为多，故判其区畛，以明本末。）

观夫荀结隐语，事数自环；宋发巧谈，实始淫丽。枚乘《兔园》，举要以会新；相如《上林》，繁类以成艳；贾谊《鵩鸟》，致辨于情理；(眉批：《鵩赋》为谈理之始。)子渊《洞箫》，穷变于声貌；孟坚《两都》，明绚元作"朋约"，朱考《御览》改。以雅赡；张衡《二京》，迅发一作"拔"。以宏富；子云《甘泉》，构深玮之风；延寿《灵光》，含飞动之势：凡此十家，并辞赋之英杰也。及仲宣靡密，发端必遒；伟长博通，时逢壮采；太冲、安仁，策勋于鸿规；士衡、子安，底绩于流制；景纯绮巧，缛理有余；彦伯梗概，情韵不匮：亦魏晋之赋首也。(眉批：篇末侧注小赋一边言之，救俗之意也。)

原夫登高之旨，盖睹物兴情。情以物兴，故义必明雅；物以情观，故词必巧丽。丽词雅义，符采相胜，如组织之品朱紫，画绘之着玄黄，文虽新而有质，色虽糅而有本，一作"仪"。此立赋之大体也。然逐末之俦，蔑弃其本，虽读千赋，愈惑体要。遂使繁华损枝，膏腴害骨，无贵风轨，莫益劝戒。此扬子所以追悔于雕虫，贻诮于雾縠者也。(眉批：洞见症结，针对当时以发药。)

赞曰：赋自诗出，分歧异派。(眉批：此"分歧异派"，非指赋与诗分，乃指"京殿"一段、"草区"一段言之，而其语仍侧注小赋一边。)写物图貌，蔚似雕画。析滞必扬，言庸无隘。风归丽则，辞翦美稗。

召公 《国语》：召公曰：故天子听政，使公卿至于列士献诗，瞽献典，史献书，师箴，瞍赋，矇颂，百工谏。

登高能赋 《汉·艺文志》：《传》曰：不歌而颂谓之赋，登高能赋，可以为大夫。

古诗之流 班固《两都赋序》：赋者，古诗之流也。

郑庄 《左传》：郑庄公感颍考叔之言，与武姜隧而相见。公入而赋：大隧之中，其乐也融融。

士蒍 《左传》：晋献公使士蒍为夷吾城屈，不慎，置薪焉。让之，退而赋曰：狐裘龙茸，一国三公，吾谁适从？

未融 《左传》：明夷之谦，明而未融。

灵均 屈原字。《史记》：屈原，名平，忧愁幽思而作《离骚》。

诗人 《艺文志》：春秋之后，聘问歌咏不行于列国。学《诗》之士，逸在布衣，而贤人失志之赋作矣。

括宇 《西京杂记》：相如曰：赋家之心，包括宇宙，总览人物。《艺文志》：大儒孙卿及楚臣屈原，离谗忧国，作赋以风。

荀况 《史记》：荀卿，赵人，名况，著有《礼赋》《智赋》。

宋玉 宋玉《风赋》，见《文选》。《钓赋》，见《赋苑》。

杂赋 《艺文志》：秦时杂赋九篇。

陆贾 《艺文志》：陆贾赋三篇。

贾谊 《艺文志》：贾谊赋七篇。

枚 《艺文志》：枚乘赋九篇。

马 《艺文志》：司马相如赋二十九篇。

王 《艺文志》：王褒赋十六篇。

扬 《艺文志》：扬雄赋十二篇。

皋 《艺文志》：枚皋赋百二十篇。

朔 《汉书》：东方朔有《皇太子生禖》《屏风》《殿上柏柱》《平乐观赋》。

成世 《两都赋序》：武宣之世，言语侍从之臣，时时间作。或以抒下情而通讽谕，或以宣上德而尽忠孝，雍容揄扬，著于后嗣，亦雅颂之亚也。故孝成之世，论而录之，盖奏御者千有余篇。

兴楚盛汉 吴讷《文章辨体》：古今言赋，自《骚》之外，咸以两汉为古，盖非晋魏以还所及。

京殿 《文选》：《两都》《二京》《灵光》《景福》之类是也。

苑猎 《上林》《甘泉》《长杨》《羽猎》之类是也。

述行 《北征》《东征》之类是也。

序志 《幽通》《思玄》之类是也。

履端 《左传》：先王之正时也，履端于始，归余于终。

总乱 王逸《楚辞注》：乱，理也，所以发理词指，总撮其要也。极意陈词，文彩纷华，然后结括一言，以明所起也。

《那》之卒章 《国语》：闵马父曰：正考父校商之名颂十二篇于周太师，以《那》为首。其辑之乱曰：自古在昔，先民有作；温恭朝夕，执事有恪。

草区禽族 《艺文志》：杂禽兽六畜昆虫赋十八篇。杂器械草木赋三十三篇。

荀结隐语 《荀子·礼赋》注：言礼之功用甚大，时人莫知，故假为隐语，问之先王。（眉批：荀子不止《礼赋》。）

宋发巧谈 《文选》：宋玉有《高唐赋》《神女赋》《好色赋》。

淫丽 《艺文志》：扬子曰：诗人之赋丽以则，词人之赋丽以淫。

《菟园》 《汉书》：枚乘，字叔。游梁，梁客皆善属词赋，乘尤高。菟园，苑名。《赋苑》有枚乘《菟园赋》。

《上林》 《司马相如传》：相如请为天子游猎之赋，赋奏，天子以为郎。亡是公言上林广大，侈靡多过其实。

《鹏鸟》 《贾谊传》：谊为长沙傅三年，有鹏飞入谊舍，止于坐隅。鹏似鸮，不祥鸟也。谊既以谪居长沙，长沙卑湿，谊自伤悼，以为寿不得长，乃为赋以自广。

《洞箫》 《王褒传》：太子喜褒所为《甘泉》及《洞箫》颂，令后宫贵人左右皆诵读之。

《两都》 《后汉书》：班固，字孟坚。上《两都赋》，盛称洛邑制度之美。

《二京》 《后汉书》：张衡，字平子。永元中，天下承平日久，自王侯以下莫不逾侈，衡乃拟班固《两都》作《二京赋》，因以讽谏。

《甘泉》 《汉书》：扬雄，字子云。正月从上甘泉还，奏《甘泉赋》以风。

《灵光》 《后汉书》：王逸子延寿，字文考。游鲁，作《灵光殿赋》。蔡邕亦造此赋，未成，及见延寿所为，遂辍翰。

仲宣、伟长 《魏志》：王粲，字仲宣；徐幹，字伟长。《文选》：曹子建《与杨德祖书》曰：昔仲宣独步于汉南，伟长擅名于青土。

太冲 臧荣绪《晋书》：左思，字太冲，欲作《三都赋》，乃诣著作郎张载，访岷邛之事。遂构思十稔，门庭藩溷皆著纸笔，得句即疏之。赋成，张华见而咨嗟，都邑豪贵竞相传写。

安仁 《晋书》：潘岳，字安仁，弱冠辟司空太尉府，举秀才，高步一时。所著有《耕藉》《射雉》《西征》《秋兴》《闲居》《怀旧》诸赋。

士衡 臧荣绪《晋书》：陆机，字士衡，与弟云勤学，声溢四表。机妙解情理，作《文赋》。

子安 《晋书》：成公绥，字子安，少有俊才，口吃。张华一见，甚善之。时人以贫贱不重其文。仕至中台郎，著有《啸赋》。

景纯 郭璞，字景纯。《晋中兴书》曰：璞以中兴王宅江外，乃著《江赋》，述川渎之美。

彦伯 《晋阳秋》：袁宏，字彦伯。《赋苑》有袁彦伯《东征赋》。

读千赋 桓谭《新论》：余素好文，见子云善为赋，欲从之学。子云曰：能读千首赋，则善为之矣。

雕虫、雾縠 扬子《法言》：或问：吾子少好赋？曰：然。童子雕虫篆刻，俄而曰：壮夫不为也。或曰：雾縠之组丽。曰：女工之蠹矣。

颂赞第九

四始之至，颂居其极。颂者，容也，所以美盛德而述形容也。昔帝喾之世，咸墨为颂，以歌《九韶》。自商已下，文理允备。夫化偃一国谓之风，风正四方谓之雅，容告神明谓之颂。（眉批：此颂之本始。）风雅序人，事兼变正；颂主告神，义必纯美。鲁国元脱，曹补。以公旦次编，商人以前王追录，斯乃宗庙之正歌，非宴飨之常咏也。《时迈》一篇，周公所制；哲人之颂，规式存焉。夫民各有心，勿壅惟口。晋舆元作"兴"，曹改。之称原田，元作"由"，曹改。鲁民之刺裴韗，直言不咏，短辞以讽。丘明子高，并谍为诵，斯则野诵之变体，浸被乎人事矣。（眉批:此颂之渐变。)及三闾《橘颂》,情采芬芳,比类寓意,又覃及细物矣。

至于秦政刻文,爰颂其德。汉之惠景,亦有述容。沿世并作,相继于时矣。(眉批:此颂体之初成。)若夫子云之表充国,孟坚之序戴侯,武仲之美显宗,史岑之述熹元作"僖",曹改。后,或拟《清庙》,或范《駉》《那》,虽浅深不同,详略各异,其褒德显容,典章一也。至于班、傅之《北征》《西巡》,元作"逝"。变为序引,岂不褒过而谬体哉!(眉批:此变体之弊。)马融之《广成》《上林》,疑作"东巡"。雅而似赋,何弄文而失质乎!又崔瑗《文学》,蔡邕《樊渠》,并致美于序,而简约乎篇。(眉批:此后世通行之格。)挚虞品藻,颇为精核。至云杂以风雅,而不变旨趣,徒张虚论,有似黄白之伪说矣。及魏晋辨颂,鲜有出辙。陈思所缀,以《皇子》为标;陆机积篇,惟《功臣》最显。其褒贬杂居,固末代之讹体也。

原夫颂惟典雅,辞必清铄。敷写似赋,而不入华侈之区;敬慎如铭,而异乎规戒之域。揄扬以发藻,汪洋以树义,一作"仪"。唯纤曲巧致,与情而变。其大体所底,如斯而已。(眉批:陆士衡云"诵优游以彬蔚",不及此之切合颂体。)

赞者,明也,助也。二字从《御览》增。昔虞舜之祀,乐正重赞,盖唱发之辞也。及益赞于禹,伊陟赞于巫咸,并扬言以明事,嗟叹以助辞也。故汉置鸿胪,以唱拜为赞,即古之遗语也。至相如属笔,始赞荆轲。及迁《史》、固《书》,托赞褒贬,约文以总录,颂体以论辞。又纪传后元作"侈",朱考《御览》改。评,亦同其名。而仲洽《流别》,谬称为述,失之远矣。及景纯注《雅》,动植必赞,一作"赞之",从《御览》改。义兼美恶,亦犹颂之变耳。然本其为义,"本"字从《御览》增。事生奖叹,所以古来篇体,促而不广,一作"旷",从《御览》改。必结言于四字之句,盘桓乎数韵之辞,约举以尽情,昭灼以送文,此其体也。发源虽远,而致用盖寡,大抵所归,其颂家之细条乎!(眉批:《东方赞》稍衍其文,亦变格也。)

赞曰:容体底颂,勋业垂赞。镂彩摘文,声理有烂。年积逾远,音徽如旦。降及品物,炫辞作玩。

咸墨 墨,应作"黑"。《吕氏春秋》:帝喾命咸黑作为声歌:《九招》《六列》《六英》。

变正 《诗序》:王道衰,政教失,而变风变雅作矣。

颂主告神 《诗大序》:颂者,美盛德之形容,以其成功告于神明者也。

公旦 《诗传》:成王赐鲁天子之礼乐,以祀周公,故有《鲁颂》。

商人 《诗序·商颂》:《那》,祀成汤也。《烈祖》,祀中宗也。《玄鸟》,祀高宗也。《长发》,大禘也。《殷武》,祀高宗也。皆前代祭祀宗庙之乐。

《时迈》 《国语》:周文公之诗曰:载辑干戈,载櫜弓矢。我求懿德,肆于时夏,允王保之。韦昭《注》:文公,周公旦之谥也。《颂·时迈》之诗,武王既伐纣,周公为作此诗,巡守告祭之乐歌。

壅口 《国语》:民虑之于心,而宣之于口,成而行之,胡可壅也?若壅其口,其与能几何?

原田 《左传》:晋侯听舆人之颂曰:原田每每,舍其旧而新是谋。

裘鞸 《孔丛子》:子顺曰:先君初相鲁,鲁人谤,颂之曰:麛裘而鞸,投之无戾;鞸而麛裘,投之无邮。按:《吕氏春秋》同。鞸,作"韠"。高诱《注》:鞸,小貌。此子顺述孔子之事,非子高也。子高,孔穿之子。

三闾《橘颂》 《离骚序》:屈原与楚同姓,仕于怀王,为三闾大夫。著《九章》,内一篇曰《橘颂》。

秦政 《史记》:秦始皇者,名政。东行郡县,上邹峄山,立石,与鲁诸儒生议刻石,颂秦德。

惠景 《汉·艺文志》:李思《孝景皇帝颂》十五篇。

表充国 《赵充国传》:充国,字翁孙,功德与霍光等,列画未央宫。成帝时,西羌尝有警,上思将帅之臣,追美充国,乃召黄门郎扬雄,即充国图画而颂之。

序戴侯 《后汉书》:窦融,字周公。光武八年,与大军会高平。封安丰侯,卒谥戴。《文章流别》有班固《安丰戴侯颂》。

美显宗 《后汉书》:傅毅,字武仲。追美孝明帝功德最盛,而庙颂未立,乃依《清庙》作《显宗颂》十篇。

述熹后　《文选》注:范晔《后汉书》曰:王莽末,沛国史岑,字孝山,以文显。《文章志》:七志并载岑《出师颂》,而《集林》又载岑《和熹邓后颂》。计莽末以讫和熹,百有余年。又《东观汉记》:东平王苍上《光武中兴颂》,明帝问校书郎:此与谁等?对曰:前世史岑之比。斯则莽末史岑,明帝时已云前世,不得为和熹之颂明矣。盖有二史岑,字子孝者,仕王莽;字孝山者,当和熹。书典散亡,未详爵里,诸家遂以孝山之文,载于子孝之集。

班、傅　《后汉书》:窦宪迁大将军,以傅毅为司马,班固为中护军,宪府文章之盛,冠于当世。毅所著诗、赋、诔、颂诸作,凡二十八篇。固所著赋、铭、诔、颂诸作,凡四十一篇。

马融　《马融传》:融,字季长。邓太后临朝,邓骘兄弟辅政,俗儒世士以文德可兴,武功宜废。融以为文武之道,圣贤不坠;五材之用,无或可废,上《广成颂》以讽谏。太后怒,遂令禁锢之。安帝亲政,出为河间王长史。时车驾东巡岱宗,融上《东巡颂》,召拜郎中。

崔瑗　《崔瑗传》:瑗所著赋、碑、铭、箴、颂、《七苏》、《南阳文学官志》、《叹辞》、《移社文》、《悔祈》、《草书势》、七言,凡五十七篇。其《南阳文学官志》,诸能为文者,皆自以弗及。

《樊渠》　蔡邕《樊惠渠颂》略曰:阳陵县东,土气辛螫,嘉谷不植,而泾水长流。京兆尹樊君讳陵,字德云,遂树柱累石,委薪积土,基趺工坚,清流浸润,昔日卤田化为甘壤,农民熙怡悦豫,谓之"樊惠渠"云。

挚虞　《挚虞传》:虞,字仲洽。撰古文章类聚,区分为三十卷,名曰《流别集》。各为之论,辞理惬当,为世所重。

杂以风雅　《文章流别论》:扬雄《充国颂》,颂而似雅。傅毅《显宗颂》,杂以风雅之意。马融之《广成》《上林》,纯为今赋之体,而谓之颂。

黄白伪说　《吕氏春秋》:相剑者曰:白所以为坚也,黄所以为牣也,黄白杂则坚且牣,良剑也。难者曰:黄白杂则不坚且不牣,焉得为利剑也?

陈思 曹植，字子建，封陈思王，集有《皇子生颂》。

陆机 《陆机集》有《汉高祖功臣颂》。

乐正重赞 《尚书大传》：舜为宾客，禹为主人。乐正进赞曰：尚考大室之义，唐为虞宾，至今衍于四海，成禹之变，垂于万世之后。于是俊乂百工相和而歌"庆云"。

益赞于禹 见《书·大禹谟》篇。

伊陟 《书》：在太戊时，则有若伊陟、臣扈，格于上帝，巫咸乂王家。《注》：伊陟，伊尹之子。巫氏咸名。《史记·封禅书》：伊陟赞巫咸。

鸿胪 《汉书注》：鸿，声也。胪，传也。所以传声赞导九宾也。

相如 《文章缘起》：司马相如《荆轲赞》，世已不传。厥后班孟坚汉史以论为赞，至宋范晔更以韵语。

谬称为述 《汉书注》：颜师古曰：史迁云为某事作某本纪、某列传，班固谦不敢言作，而改言述，盖避作者之谓圣，而取述者之谓明也。但后之学者不晓此为《汉书》叙目，见有"述"字，乃呼为"汉书述"，失之远矣。挚虞尚有此惑，其余曷足怪乎？

景纯注《雅》 《郭璞传》：璞，字景纯，注释《尔雅》，别为音义图谱。

祝盟第十

（眉批：此篇独崇实而不论文，是其识高于文士处。非不论文，论文之本也。）

天地定位，祀遍群神；元作"臣"，朱改。六宗既禋，三望咸秩。甘雨和风，是生黍稷；兆民所仰，美报兴焉！牺盛惟馨，本于明德；祝史陈信，资乎文辞。昔伊耆元作"祁"，柳改。始蜡，以祭八神。其辞云："土反元作'及'，许改。其宅，水归其壑，昆虫无作，草木归其泽。"则上皇祝文，爰在兹矣！（眉批：祝之缘起。）舜之祠田云："荷此长耜，耕彼南亩，四海俱有。"利民之志，颇形于言矣。

至于商履，圣敬日跻，玄牡告天，以万方罪己，即郊禋之词也；素车祷旱，以六事责躬，则雩禜之文也。及周之大祝，掌六祝之辞。是以"庶物咸生"，陈于天地之郊；"旁作穆穆"，唱于迎日之拜；"夙兴夜处"，言于祔庙之祝；"多福无疆"，布于少牢之馈。宜社类祃，莫不有文：所以寅虔许补。于神祇，严恭于宗庙也。

春秋已下，黩祀谄祭，祝币史辞，靡神不至。至于张老成室，致善于歌哭之祷；蒯聩临战，获佑于筋骨之请：虽造次颠沛，必于祝矣。若夫《楚辞·招魂》，可谓祝辞之组缅也。（眉批：《招魂》似非祝词。）汉之群祀，肃其旨一作"百"。礼，既总硕儒之仪，亦参方士之术。所以秘祝移过，异于成汤之心；侲子驱疫，元作"欧疾"，王改。同乎越巫之祝：礼失之渐也。（眉批：祝之流弊。）至如黄帝有《祝邪》之文，东方朔有《骂鬼》之书，于是后之遣咒，务于善骂。（眉批：祝，又音詈，《诗·大雅》"侯诅侯祝"是也。俗作"咒"，非。故诅骂亦祝之一体。）（眉批：《诅楚文》之类是也。）唯陈思《诰咎》，元脱，曹补。裁以正义矣。

若乃礼之祭祀，事止告飨；而中代祭文，兼赞言行。祭而兼赞，盖引神而作也。又汉代山陵，哀策流文；周丧盛姬，内史执策。然则策本书赠，因哀而为文也。是以义同于诔，而文实告神；诔首而哀末，颂体而祝一作"咒"。仪。太史所作之赞，因周之祝文也。（眉批：祝之派别。）凡群言发华，而降神务实，修辞立诚，在于无愧。祈祷之式，必诚以敬；祭奠之楷，宜恭且哀：此其大较也。（眉批：此虽老生之常谈，然执是以衡文，其合格者亦寡矣。所谓三岁小儿道得，八十老翁行不得也。）班固之祀蒙山，祈祷之诚敬也；潘岳之祭庾妇，祭奠之恭哀也：举汇而求，昭然可鉴矣。

盟者，明也。骍毛白马，珠盘玉敦，陈辞乎方明之下，祝告于神明者也。在昔三王，诅盟不及，时有要誓，结言而退。周衰屡盟，以及要契，始之以曹沫，终之以毛遂。及秦昭盟夷，设黄龙之诅；汉祖建侯，定山河之誓。然义存则克终，道废则渝始；崇替在人，咒何预焉？若夫臧洪歃辞，气截云蜺；刘琨铁誓，精贯霏霜：而无补于晋汉，反为仇雠。故知信不由衷，盟无益也。（眉批：二盟义炳千古，不宜以成败论之。）（眉批：此论纰缪，北平先生讥之是也。）

夫盟之大体，必序危机，奖忠孝，共存亡，戮心力，祈幽灵以取鉴，指九天以为正。感激以立诚,切至以敷辞,此其所同也。然非辞之难,处辞为难。后之君子,宜在殷鉴。忠信可矣,无恃神焉。(眉批:宕出题外,正是鞭紧题中。)

赞曰:毖祀钦明,祝史惟谈。立诚在肃,修辞必甘。季代弥饰,绚言朱蓝。神之来格,所贵无惭。

六宗　《书》:禋于六宗。《孔安国传》:一四时,二寒暑,三日,四月,五星,六水旱。《汉·郊祀志》注:六宗,星、辰、风伯、雨师、司中、司命。一说云:乾坤六子。又一说:天宗三,日、月、星辰;地宗三,泰山、河、海。或曰:天地间游神也。

三望　《左传》:僖公三十一年,卜郊不从,乃免牲,犹三望。《注》:望,祭山川也。

伊耆　《礼记·郊特牲》:伊耆氏始为蜡。蜡也者,岁十二月,合聚万物而索飨之也。八神:先啬一、司啬二、百种三、农四、邮表畷五、猫虎六、坊七、水庸八。

圣敬日跻　《诗·商颂·长发》篇。

玄牡　见《书·汤誓》。

素车　《尸子》:汤之救旱也,素车白马,布衣,身婴白茅,以身为牲,祷曰:政不节与?民失职与?苞苴行与?谗夫昌与?宫室崇与?女谒盛与?

雩禜　《左传》:龙见而雩。《注》:旱祭也。又曰:雪霜风雨之灾则禜之。《说文》:祷雨为雩,祷晴为禜。

太祝　《周礼·春官》:太祝掌六祝之辞,以事鬼神,曰顺祝、年祝、吉祝、化祝、瑞祝、策祝。

庶物、迎日　《大戴礼》:孝昭冠辞:皇皇上天,照临下土;庶物群生,各得其所,靡今靡古。维予一人某,敬拜皇天之佑。又曰:明光于上下,勤施于四方,旁作穆穆。维予一人某,敬拜迎于郊。以正月朔日,迎日于东郊。

祔庙　《仪礼》:明日以其班祔,用嗣尸。曰:孝子某,孝显相,夙兴夜处,小心畏忌不惰,其身不宁,用尹祭,嘉荐普淖,普荐溲酒,适尔皇祖某甫,以陪衬尔孙某甫。

多福无疆 《仪礼》:少牢馈食礼:主人酢尸,尸酢主人,祝嘏主人曰:皇尸命工祝,承致多福无疆于汝孝孙。

宜社 《王制》:天子将出,类乎上帝,宜乎社,造乎祢。诸侯将出,宜乎社,造乎祢。《注》:宜,祭名。

类祃 《诗》:是类是祃。《传》:师祭也。类于上帝,祃于所征之地。

张老成室 《檀弓》:晋献文子成室,晋大夫发焉。张老曰:美哉轮焉!美哉奂焉!歌于斯,哭于斯,聚国族于斯!

蒯聩 《左传》:卫太子祷曰:曾孙蒯聩,敢昭告皇祖文王、烈祖康叔、文祖襄公,郑胜乱从,晋午在难,使鞅讨之。蒯聩不敢自佚,备持矛焉。敢告无绝筋,无折骨,无面伤,以集大事。

秘祝 《汉·郊祀志》:文帝诏曰:秘祝之官,移过于下。朕甚弗取,其除之。

侲子 《后汉·礼仪志》:大傩谓之逐疫,选中黄门子弟十岁以上、十二以下百二十人为侲子。

越巫 《郊祀志》:粤人勇之言,粤人俗鬼,而其祠皆见鬼,数有效。昔东瓯王敬鬼,寿百六十岁。后世怠嫚,故衰耗。武帝乃命粤巫,立粤祝祠。

《祝邪》 《山海经》:东望山有兽,名白泽,能言语。王者有德,明照幽远则至。《轩辕记》:帝于桓山得白泽神兽,能言,达于万物之情。因问天地鬼神之事。帝令写为图,作《祝邪》之文以祝之。

《骂鬼》 王延寿《梦赋序》云:臣遂得东方朔与臣作《骂鬼》之书。按:朔与延寿隔世久远,或朔本有书,延寿得之则可,曰"与臣作",谬矣。倘作书亦是梦中事,便无所不可。然彦和又岂以乌有为实录乎?非后人传写之误,即前代有傅会失实者。

《诰咎》 曹子建《诰咎文序》:五行致灾,先史咸以为应政而作。天地之气,自有变动,未必政治之所兴致也。于时大风发屋拔木,意有感焉,聊假上帝之命,以诰咎祈福。

哀策 《文章缘起》:汉乐安相李尤,作《和帝哀策》。

执策 《穆天子传》:天子西至于重璧之台,盛姬告病,天子哀之。于是觞祀而哭,内史执策。《注》:策,所以书赠赙之事。

祭庾妇 《潘岳集》有《为诸妇祭庾新妇文》。

骍毛 《左传》:瑕禽曰:昔平王东迁,吾七姓从王,牲用备具,王赖之,而赐之骍毛之盟。《注》:赤牛也。

白马 《汉书》:王陵曰:高皇帝刑白马而盟曰:非刘氏而王者,天下共击之。

珠盘玉敦 《周礼·天官》:玉府若合诸侯,则共珠盘玉敦。

方明 《汉·律历志》:太甲元年,以冬至越茀祀先王于方明。《注》:方明者,神明之象也。以木为之,方四尺,画六采,东青西白,南赤北黑,上玄下黄。

诅盟 《榖梁传》:诅盟不及三王。

结言 《公羊传》:古者不盟,结言而退。

要契 《左传》:使王叔氏与伯舆合要,王叔氏不能举其契。《注》:要,合要辞。理曲无以为答,故不能举其契要之辞。

曹沫 《国语》:曹沫为鲁将,三北。鲁庄公与齐桓公会于柯而盟,沫执匕首,劫桓公于坛,尽归鲁之侵地。

毛遂 《史记》:秦围邯郸,平原君求救于楚。议,日中不决,毛遂按剑历阶而上曰:从之利害,两言而决。合从者为楚,非为赵也。楚王曰:唯唯。遂谓左右曰:取鸡狗马之血来。遂奉铜盘而跪,进之楚王,曰:王当歃血,次者吾君,次者遂。遂定从于殿上。

秦昭 常璩《巴志》:秦昭襄王与夷人刻石盟曰:秦犯夷,输黄龙一双;夷犯秦,输清酒一钟。

山河 《史记·高祖功臣年表》:封爵之誓曰:黄河如带,泰山如砺,国以永宁,爱及苗裔。

臧洪 《臧洪传》:洪,字子源,太守张超请为功曹。时董卓图危社稷,超与洪西至陈留,见兄邈计事。邈与语,大异之。邈先有谋约,会超至,定议。乃与诸牧守大会酸枣,设坛场。将盟,既而莫敢先登,咸共推洪。洪升坛歃血,辞气慷慨,闻其言者,无不激扬。

刘琨 《刘琨传》:琨,字越石。建武元年,琨与段匹䃅期讨石勒,匹䃅推琨为大都督,歃血载书,檄诸方守,俱集襄国。琨、匹䃅进屯固安,以俟众军。匹䃅从弟末波纳勒厚赂,独不进,乃沮其计。琨、匹䃅以势弱而退。

卷第三

铭箴第十一

昔帝轩刻舆几以弼违,大禹勒笋虡而招谏。成汤盘盂,著日新之规;武王户席,题必戒之训。周公慎言于金人,仲尼革容于欹器:(眉批:欹器不言有铭,此句未详。或六朝所据之书,今不尽见耳。)则先圣鉴戒,其来久矣。故铭者,名也。观器必也正名,审用贵乎盛德。盖臧武仲之论铭也,曰:"天子令德,诸侯计功,大夫称伐。"夏铸九牧之金鼎,周勒肃慎之楛矢,令德之事也;吕望铭功于昆吾,仲山镂绩于庸器,计功之义也;魏颗纪勋于景钟,元作"铭",曹改。孔悝表勤于卫鼎,称伐之类也。若乃飞廉有石椁之锡,灵公有《蒿里》之谥,铭发幽石,吁可怪矣!赵灵勒迹于番吾,元作"禺",杨改。秦昭刻博元作"傅",朱改。于华山,夸诞示后,吁可笑元作"茂",又作"戒"。也!详观众例,铭义见矣。(眉批:李习之论铭,谓:盘之辞可迁于鼎,鼎之辞可迁于山,山之辞可迁于碑。惟时之所纪,而不必专切于是物。其说甚高,然与观器正名之义乖矣,但不得直赋是物尔。)(眉批:处处可移,不免马络;字字比附,亦成滞相。斟酌于不即不离之间,则两义兼得矣。)

至于始皇勒岳,政暴而文泽,亦有疏通之美焉。若班固燕然之勒,张昶华阴之碣,序亦盛矣。蔡邕铭思,独冠古今。桥元作"侨",孙改。公之钺,元作"箴"。吐纳典谟;朱穆之鼎,全成碑文;溺所长也。至如敬通杂器,准戁戒铭,而事非其物,繁略违中。崔骃品物,赞多戒少,李尤积篇,义俭辞碎。蓍龟神物,而居博弈之中;衡斛嘉量,而在臼杵之末。曾名品之未暇,何事理之能闲哉!魏文九宝,器利辞钝。唯张载元作"采",谢改。《剑阁》,其才清采。迅足骎骎,后发前至,勒铭岷汉,得其宜矣。

箴者,所以攻疾防患,喻针石也。斯文之兴,盛于三代。《夏》《商》二箴,余句颇存。及周之辛甲,百官箴一篇,体义备焉。迄至春秋,微而未绝。故魏绛讽君于后羿,楚子训民于在勤。战代已来,弃德务功,铭辞代兴,箴文委绝。至扬雄稽古,始范《虞箴》,作《卿尹》《州牧》二十五篇。及崔、胡补缀,总称《百官》。指事配位,鞶鉴可征,信所谓追清风于前古,攀辛甲于后代者也。至于潘勖《符节》,要而失浅;温峤《侍臣》,博而患繁;王济《国子》,引广一作"多"。事杂;一作"寡"。潘尼《乘舆》,义正体芜:凡斯继作,鲜有克衷。至于王朗《杂箴》,乃置巾履,得其戒慎,而失其所施。观其约文举要,宪章戒铭,而水火井灶,繁辞不已,志有偏也。

夫箴诵于官,铭题于器,名目虽异,而警戒实同。箴全御过,故文资确元作"碻",朱改。切;铭兼褒赞,故体贵弘润。(眉批:四语分明。)(眉批:陆士龙云:铭博约而温润,箴顿挫而清壮。亦同斯旨。)其取事也,必核元作"覆"。以辨;其摛文也,必简而深:此其大要也。然矢言之道盖阙,庸器之制久沦,所以箴铭异用,罕施于代。(眉批:此为当时惟趋词赋而发,亦补明评文不及近代之故。)惟秉文君子,宜酌其远大焉。

赞曰:铭实表器,箴惟德轨。有佩于言,无鉴于水。秉兹贞厉,敬言乎履。义典则弘,文约为美。

舆几 《皇王大纪》:帝轩作舆几之箴,以警宴安。

笋虡 《鬻子》:大禹为铭于笋虡曰:教寡人以道者击鼓,教以义者击钟,教以事者振铎,语以忧者击磬。

户席 《大戴礼》:尚父道丹书之言,武王闻之,惕若恐惧,退而为戒,书于席四端、于机、于鉴、于盥盘、于楹、于杖、于带、于履屦、于觞豆、于户、于牖、于剑、于弓、于矛,尽为铭焉,以戒后世子孙。

金人 《家语》:孔子观周,入后稷之庙,有金人焉,三缄其口,而铭其背曰:古之慎言人也,无多言,多言多败。

欹器 《荀子》:孔子观于鲁威公之庙,有欹器焉。问于守者,为宥坐之器,虚则欹,中则正,满则覆。叹曰:乌有满而不覆者哉?

论铭 《左传》:季武子以所得于齐之兵作林钟,而铭鲁功焉。臧武仲曰:非礼也。夫铭,天子令德,诸侯言时计功,大夫称伐。今称伐则下等也,计功则借人也,言时则妨民多矣,何以铭为?

金鼎 《左传》:王孙满对楚子曰:昔夏之有德,远方图物,贡金九牧,铸鼎象物。

楛矢 《国语》:仲尼曰:昔武王克商,通道九夷八蛮,肃慎氏贡楛矢。先王欲昭其令德之致远也,故铭其笴曰:肃慎氏之楛矢。

吕望 《史记》:太公望吕尚者,东海上人。蔡邕《铭论》:吕尚作周太师,其功铭于昆吾之鼎。

仲山 《窦宪传》:南单于遗宪古鼎,其傍铭曰:仲山甫鼎,其万年,子子孙孙永保用。

庸器 《周礼》:典庸器,掌藏乐器、庸器。《注》:庸器,伐国所获之器,若崇鼎、贯鼎,及以其兵物所铸铭也。

魏颗 《国语》:昔克潞之役,秦来图败晋功,魏颗以其身却退秦师于辅氏,亲止杜回。其勋铭于景钟。

孔悝 《礼记·祭统》有卫孔悝之鼎铭。

飞廉 《秦本纪》:蜚廉为纣石北方,还,无所报,为坛霍太山而报,得石棺,铭曰:帝令处父不与殷乱,赐尔石棺以华氏。死,遂葬于霍太山。

灵公 《庄子》:卫灵公死,卜葬于沙丘。掘之数仞,得石椁焉。洗而视之,有铭焉,曰:不冯其子,灵公夺而埋之。

《蒿里》 见《乐府》"铙挽"注。

赵灵 《韩子》:赵主父令工施钩梯而缘番吾,刻疏人迹其上,广三尺,长五尺,而勒之曰:主父尝游于此。

秦昭 《韩子》:秦昭王令工施钩梯而缘华山,以松柏之心为博,箭长八尺,棋长八寸,而勒之曰:昭王与天神博于此。

勒岳 《秦始皇本纪》:始皇上泰山,立石封祠祀,刻石颂秦德焉,而去。

燕然 《窦宪传》:南单于请兵北伐,拜宪车骑将军。大破单于,登燕然山,刻石勒功,纪汉威德。令班固作铭。

华阴 《古文苑》:《华阴堂阙碑铭》,张昶为北地太守段煨作。

桥公之钺 《蔡中郎集·桥玄黄钺铭》,帝命将军,秉兹黄钺;威灵振耀,如火之烈。公之在位,群狄斯柔;齐斧罔设,人士斯休。

朱穆之鼎 《蔡中郎集》:忠文朱公,名穆,字公叔,延熹六年卒。肆其孤用,作兹宝鼎,铭载休功,俾后裔永用享祀,以知其先之德。按:伯喈作朱公叔坟前石碑,前用散体,后系四言韵语,至鼎铭则纯作散体大篇,不著韵语,所谓全成碑文也。

敬通 《冯衍传》:衍,字敬通,所著赋、诔、铭、说、杂文五十篇。

崔骃 《崔骃传》:骃,字亭伯,所著诗、赋、铭、颂、书、记、表、《七依》、《婚礼结言》、《达旨》、《酒警》,合二十一篇。

李尤 《后汉书》:李尤,字伯仁,所著诗、赋、铭、诔、颂、《七叹》、《哀典》,凡一十八篇。《文章流别论》:尤自山河都邑至刀笔算契,无不有铭,而文多秽病。

九宝 《典论》:魏太子丕,造宝剑、宝刀三,匕首三,皆因姿定名。其文曰:选兹良金,命彼国工,精而炼之,至于百辟,恨不遇薛烛、青萍也。

《剑阁》 《张载传》:载父收,蜀郡太守。载至蜀省父,道经剑阁,以蜀人恃险好乱,因著铭以作诫。张敏见而奇之,乃表上其文,武帝遣使,镌之于剑阁焉。

《夏》 《逸周书·文传解》引《夏箴》云:中不容利,民乃外次。

《商》 《吕氏春秋·名类》篇引《商箴》云:天降灾布祥,并有其职。

百官 《左传》:魏绛谓晋侯曰:昔周辛甲之为太史也,命百官官箴王阙。

在勤 《左传》:楚自克庸以来,其君无日不讨国人而训之,箴之曰:民生在勤,勤则不匮。

《虞箴》 扬雄自序"箴莫善于《虞箴》",作《州箴》。

崔、胡 《文章流别论》:扬雄依《虞箴》作十二州、十二官箴,传于世。不具九官,崔氏累世弥缝其阙,胡公又以次其首目而为之解,署曰《百官箴》。

潘勖 《卫觊传》:建安末,河南潘勖与觊并以文章显。《文章志》:勖,字元茂,初名芝,改名勖。

温峤 《晋书》:温峤迁太子中庶子,在东宫,数陈规讽,献《侍臣箴》。

王济 《王济传》:济,字武子。文辞秀茂,累官侍中。以忤旨,左迁国子祭酒。

潘尼 《晋书》:潘尼为《乘舆箴》。

王朗 《王朗传》:朗,字景兴,历官御史大夫。所著奏、议、论、记,咸传于世。

确切 确,坚正也。《崔实传》:指切时要,言辩而确。

诔碑第十二

周世盛德,有铭诔之文。大夫之材,临丧能诔。诔者,累也;累其德行,旌之不朽也。夏商已前,其详靡闻。周虽有诔,未被于士。又贱不诔贵,幼不诔长,在万乘,则称天以诔之。读诔定谥,其节文大矣。自鲁庄战乘丘,始及于士。逮尼父卒,哀公作诔。观其慭遗之切,呜呼之叹,虽非睿作,古式存焉。(眉批:诔之传者始于是,故标为古式。)至柳妻之诔惠子,则辞哀而韵长矣。(眉批:此诔体之始变,然其文出《列女传》,未必果真出柳下妇也。)

暨乎汉世,承流而作。扬雄之诔元后,文实烦秽,沙麓撮其要,而挚疑成篇,有脱误。安有累德述尊,而阔略四句乎!杜笃之诔,有誉前代;《吴诔》虽工,而他篇颇疏。岂以见称光武,而改盼千金哉!傅毅所制,文体伦序;孝山、崔瑗,辨絜相参。观其序事如传,辞靡律调,(眉批:"调"字平声。)固诔之才也。潘岳构意,专师孝山,巧于序悲,易入新切,《御览》作"丽"。所以隔代相望,能征厥声者也。至如崔骃《诔赵》,刘陶《诔黄》,并得宪章,工在简要。陈思叨名,而体实繁缓。(眉批:所讥者烦秽、繁缓,所取者伦序、简要、新切,评文之中已全见大意。)文皇诔末,旨言自陈,其乖甚矣!

若夫殷臣诔汤,追褒《玄鸟》之祚;(眉批:诔汤之说未详。)周史歌文,上阐后稷之烈;诔述祖宗,盖诗人之则也。至于序述哀情,则触类而长。傅毅之诔北海,云"白日幽光,雾雾杳冥"。始序致感,一作"惑",从《御览》改。遂为后式;景而效者,弥取于工元作"功",谢改。矣。(眉批:此变质而文之始,故别论之。)

详夫诔之为制,盖选言录行,传体而颂文,荣始而哀终。论其人也,暧乎若可觌;道其哀也,凄焉如可伤:此其旨也。

碑者,埤也。上古帝皇,纪号封禅,树石埤岳,故曰碑也。周穆纪迹于弇山之石,亦古碑之意也。又宗庙有碑,树之两楹,事止元作"正"。丽牲,未勒勋绩。(眉批:碑非文名,误始陆平原。孙何纠之,拔俗之识也。)而庸器渐缺,故后代用碑,以石代金,同乎不朽。自庙徂坟,犹封墓也。

自后汉以来,碑碣云起。才锋所断,莫高蔡邕。观杨赐之碑,骨鲠训典;陈、郭二文,词一作"句",从《御览》改。无择言;周乎众碑,莫非清允。其叙事也该而要,其缀采也雅而泽;清词转而不穷,巧义出而卓立:察其为才,自然而至。孔融所创,有慕伯喈,张、陈两文,辨给足采,亦其亚也。及孙绰为文,志在碑诔;温、王、郄、庾,辞多枝杂;桓彝一篇,最为辨裁。

夫属碑之体,资乎史才,其序则传,其文则铭。(眉批:东坡文章盖世,而碑非所长,足验此言之信。)标序盛德,必见清风之华;昭纪鸿懿,必见峻伟之烈:此碑之制也。夫碑实铭器,铭实碑文,因器立名,事光当作"先"。于诔。是以勒石赞勋者,入铭之域;树碑述己者,同诔之区焉。

赞曰:写实追虚,碑诔以立。铭德慕行,文采允集。观风似面,听辞如泣。石墨镌华,颓影岂戢。

大夫之材　见《诠赋》篇"登高能赋"注。

贱不诔贵 《礼记》:贱不诔贵,幼不诔长,礼也。惟天子称天以诔之,诸侯相诔,非礼也。

鲁庄 《檀弓》:鲁庄公及宋人战于乘丘,县贲父御,卜国为右。马惊,败绩,公队,佐车授绥。公曰:未之卜也。县贲父曰:他日不败绩而今败绩,是无勇也。遂死之。圉人浴马,有流矢在白肉。公曰:非其罪也。遂诔之。士之有诔,自此始也。

哀公 《左传》:孔子卒,哀公诔之曰:旻天不吊,不慭遗一老,俾屏予一人以在位,茕茕余在疚。呜呼哀哉!尼父,无自律!

柳妻 《说苑》:柳下惠死,门人将诔之。妻曰:将诔夫子之德耶?则二三子不如妾知之也。乃诔曰:夫子之不伐兮,夫子之不竭兮,夫子之信诚而与人无害兮。柔屈从俗,不强察兮。蒙耻救民,德弥大兮。虽遇三黜,终不弊兮。岂弟君子,永能厉兮。嗟乎惜哉!乃下世兮。庶几遐年,今遂逝兮。呜呼哀哉!神魂泄兮。夫子之谥,宜为惠兮。

诔元后 《汉书》:王莽建国五年,元后崩,诏扬雄作诔曰:太阴之精,沙麓之灵。作合于汉,配元生成。

杜笃 《后汉书》:杜笃,字季雅。大司马吴汉薨,光武诏诸儒诔之。笃为诔最高,帝美之。

改盼千金 《国策》:苏代说淳于髡曰:人有卖骏马者,比三旦立市,人莫之知。伯乐还而视之,去而顾之,一旦而马价十倍。

孝山 《后汉书》:苏顺,字孝山。和安间,以才学见称,所著赋、论、诔、哀辞、杂文,凡十六篇。

潘岳 《潘岳集》有《杨荆州诔》《杨仲武诔》《夏侯常侍诔》《马汧督诔》。

刘陶 《刘陶传》:陶,字子奇,济北贞王勃之后,著书数十万言。

自陈 《曹子建集·文皇诔》至"咨远臣之眇眇兮,感凶问以怛惊"以下,皆自陈之辞。

北海 《后汉书》:北海靖王兴,齐武王伯升子也,永平七年薨。《古文苑》

傅毅此诔，其文不全，亦无"白日幽光"之语。

封禅 《管子》：古者封泰山禅梁父者，七十二家。

弇山 《穆天子传》：天子觞西王母于瑶池，遂驱升乎弇山，乃纪迹于弇山之石，而树之槐，眉曰：西王母之山。

丽牲 《祭义》：牲入庙门丽于碑。《说文注》：古宗庙立碑系牲，后人因于上纪功德。孙何《碑解》：碑者，乃葬祭飨聘之际，所植一大木耳。而其字从石者，将取其坚且久，未闻勒铭其上也。今丧葬令其螭首龟趺，泊丈尺品秩之制。又易之以石者，后儒增耳。

碑碣 《后汉书注》：方者谓之碑，圆者谓之碣。

杨赐 《杨赐传》：赐，字伯献，历官太尉，卒谥文烈。《蔡中郎集》有《司空文烈侯杨公碑》。

陈、郭 《蔡中郎集》有《陈太丘碑》《郭有道碑》。

孔融 《孔融传》：融，字文举，与蔡邕素善。邕卒，后有虎贲士，貌类于邕。融每酒酣，引与之同坐，曰：虽无老成人，尚有典型。所著诗、颂、碑文，凡二十五篇。

张、陈两文 孔文举有《卫尉张俭碑铭》。陈文无考。融殁于曹子建之前，非陈思王也。

孙绰 《孙绰传》：绰，字兴公，历官著作郎。于时文士，绰为其冠。温、王、郗、庾诸公之薨，必须绰为碑文，然后刊石。《世说新语》：孙兴公作《庾公诔》，多寄托之辞。既成，示庾道恒。庾见慨然，送还之，曰：先君与君，自不至于此。

桓彝 《桓彝传》：彝，字茂伦，历官宣城内史。在郡，苏峻反，为其将韩晃所害，绰为碑文。

哀吊第十三

赋宪 孙云：当作"议德"。（眉批："赋宪"二字出《汲冢周书》，王伯厚《困学纪闻》已有考证，不得妄改为"议德"。）之谥，短折曰哀。哀者，依也。悲实依心，故曰哀也。以辞遣哀，盖不泪之悼，故不在黄发，必施夭元作"天"。昏。昔三良殉秦，百夫莫赎，事均夭横，《黄鸟》赋哀，抑亦诗人之哀辞乎？

暨汉武封禅，而霍子侯元作"光病"，曹改；又一本作"霍嬗"。暴亡，帝伤而作诗，亦哀辞之类矣。及后汉，汝阳王亡，崔瑗哀辞，始变前式。元作"戒"，谢改。然履突鬼门，怪而不辞；驾龙乘云，仙而不哀。（眉批：此后世祭文之通病。）又卒章五言，颇似歌谣，亦仿佛乎汉武也。至于苏慎、疑作"顺"。张升，并述哀文，虽发其情华，而未极心实。建安哀辞，惟伟长差善，《行女》一篇，时有恻怛。及潘岳继作，实踵其美。观其虑善辞变，情洞悲苦，叙事如传，结言摹诗，促节四言，鲜有缓句。故能义直而文婉，体旧而趣新，（眉批：四字精妙，凡文皆然。）《金鹿》《泽兰》，莫之或继也。

原夫哀辞大体，情主于痛伤，而辞穷乎爱惜。幼未成德，故誉止于察惠；"誉"字，《御览》作"与言"二字。弱不胜务，故悼加乎肤色。"悼"字下，《御览》有"惜"字，"肤"一作"容"。隐心而结文则事惬，观文而属心则体奢。奢体为辞，则虽丽不哀；必使情往会悲，文来引泣，乃其贵耳。

吊者，至也。《诗》云"神之吊矣"，言神至也。君子令终定谥，事极理哀，故宾之慰主，以至到为言也。压溺乖道，所以不吊矣。又宋水郑火，行人奉辞，国灾民亡，故同吊也。及晋筑虒元作"虎"，孙改。台，齐袭燕城，史赵元脱，孙补。苏秦，翻贺为吊，（眉批：史赵、苏秦，乃一时说词，不得列之吊类。）虐民构敌，亦亡之道。凡斯之例，吊之所设也。或骄贵而殒身，或狷忿《御览》作"介"。以乖道；或有志而无时，或美才而兼累：追而慰之，并名为吊。

自贾谊浮湘，发愤吊屈，体同而事核，辞清而理哀，盖首出之作也。及相如之吊二世，全为赋体。桓谭以为其言恻怆，读者叹息；及平一作"卒"。章要切，断而能悲也。扬雄吊屈，思积功寡，意深文略，故辞韵沉膇。班彪、蔡邕，并敏于致语，然影附贾氏，难为并驱耳。胡、阮之吊夷齐，褒而无闻；仲宣所制，讥呵实工。然则胡、阮嘉其清，王子伤其隘，各一本下有"其"字。志也。祢衡之吊平子,缛丽而轻清;陆机之吊魏武,序巧而文繁。降斯以下,未有可称者矣。

夫吊虽古义,而华辞未造;华过韵缓,则化而为赋。(眉批:四语正变分明,而分寸不苟。)固宜正义以绳理,昭德而塞违,割析褒贬,哀而有正,则无夺伦矣。

赞曰:辞定所表,在彼弱弄。苗而不秀,自古斯恸。虽有通才,迷方告一作"失"。控。千载可伤,寓言以送。

短折 《汲冢周书》:蚤孤短折曰哀,恭仁短折曰哀。

夭昏 《左传》:札瘥夭昏。《注》:夭死曰札,小疫曰瘥,短折曰夭,未名曰昏。

三良 《左传》:秦伯任好卒,以子车氏之三子为殉,皆秦之良也。国人哀之,为之赋《黄鸟》。《诗·秦风·黄鸟》篇是也。

霍子侯 《霍去病传》:去病薨,子嬗嗣。嬗,字子侯,上爱之,幸其壮而将之,为奉车都尉,从封泰山而薨。《汉武帝集》:嬗死,上甚悼之,乃自为歌诗。

哀辞 《文章流别论》:哀辞者,诔之流也。

张升 《后汉书》:张升,字彦真。著赋、诔、颂、碑、书,凡六十篇。

《行女》 《曹子建集·行女哀辞》:三年之中,二子频丧。《文章流别论》:建安中,文帝与临淄侯各失稚子,命徐幹、刘桢等为哀词,是伟长亦有《行女》篇也。

《金鹿》《泽兰》 《潘岳集·金鹿哀辞》。金鹿,岳之幼子也。又《为任子咸妻作孤女泽兰哀词》。泽兰,子咸之女也。

厌溺 《檀弓》:死而不吊者三,畏、厌、溺。

宋水 《左传》:庄公十一年秋,宋大水,公使吊焉,曰:天作淫雨,害于粢盛,若之何不吊?

郑火 《左传》:昭公十八年,宋、卫、陈、郑皆火,陈不救火,许不吊灾。

虒台 《左传》:游吉相郑伯以如晋,亦贺虒祁也。史赵见子太叔曰:甚哉其相蒙也。可吊也,而又贺之。

翻贺为吊　《国策》：燕易王初立，齐宣王因燕丧而攻之，取十城。苏秦为燕说齐王，再拜而贺，因仰而吊曰：燕虽弱小，秦王之少婿也。大王利其十城，而与强秦为仇，是食乌喙之类也。齐王曰：善！归燕之十城。

浮湘　《贾谊传》：谊为长沙王傅，意不自得，及度湘水，为赋以吊屈原。

吊二世　《司马相如传》：武帝还过宜春宫，相如奏赋以哀二世行失。《注》：宜春，本秦之离宫，胡亥于此为阎乐所杀，故感其处而哀之也。

吊屈　《扬雄传》：雄作书，往往摭《离骚》文而反之，自岷山投诸江流，以吊屈原，名曰《反离骚》。

沉胋　《左传》：沉溺、重胋之疾。

蔡邕　《蔡邕集·吊屈原文》：卒坏覆而不振，顾抱石其何补？

胡、阮　《文选·思旧赋》注：胡广《吊夷齐文》曰：援翰录吊以舒怀兮。《魏志》：阮瑀，字元瑜，为魏武管记室。《吊伯夷文》曰：余以王事，适彼洛师；瞻望首阳，敬吊伯夷。求仁得仁，见叹仲尼；没而不朽，身灭名飞。

祢衡　《后汉书》：祢衡，字正平。《吊平子文》：余今反国，命驾言归。路由西鄂，追吊平子。平子，张衡字也。衡，楚西鄂人。

吊魏武　陆机《吊魏武文》：悼穗帐之冥冥，怨西陵之茫茫。登雀台而群悲，盱美目其何望。

弱弄　《左传》：弱不好弄。

苗而不秀　扬子《法言》：育而不苗者，吾家之童乌乎！《世说新语》：王戎子万子，有大成之风，苗而不秀。

告控　《左传》：茕焉倾覆，无所控告。

杂文第十四

智术之子，博雅之人，藻溢于辞，辞盈乎气。苑囿文情，故日新殊致。宋玉含才，颇亦负俗，始造《对问》，(眉批：《卜居》《渔父》已先是"对问"，但未标"对问"之名耳。然宋玉此文载于《新序》，其标曰《对问》，似亦萧统所题。)以申其志，放怀寥廓，气实使之。及枚乘摘艳，首制《七发》，腴辞云构，夸丽风骇。盖七窍所发，发乎嗜欲，始邪末正，所以戒膏粱之子也。扬雄覃思文阏，（眉批："阏"当作"阁"。）业深综述，碎文璅语，肇为《连珠》，《玉海》作"扬雄覃思文阁，碎文璅语，肇为《连珠》"。其辞虽小而明润矣。凡此三者，文章之枝派，暇豫之末造也。

自《对问》以后，东方朔效而广之，名为《客难》，托古慰志，疏而有辨。扬雄《解嘲》，杂以谐谑，回环自释，颇亦为工。班固《宾戏》，含懿采之华；崔骃《达旨》，吐典言之裁；张衡《应间》，密而兼雅；崔实《客讥》，整而微质；蔡邕《释诲》，体奥而文炳；景纯《客傲》，情见而采蔚：虽迭相祖述，然属篇之高者也。（眉批：凡此数子，总难免屋下架屋之讥。七体如子厚《晋问》，对问则退之《进学解》，体制仍前，而词义超越矣。）至于陈思《客问》，辞高而理疏；庾敳元作"凯"，钦改。《客咨》，意荣而文悴。元作"粹"，朱改。（眉批：词高理疏，才士之华藻；意荣文悴，老手之颓唐。惟能文者有此病。此论入微。）斯类甚众，无所取裁矣。原兹文之设，乃发愤以表志。身挫凭乎道胜，时屯寄于情泰，莫不渊岳其心，麟凤其采，此立本之大要也。

自《七发》以下，作者继踵。观枚氏首唱，信独拔而伟丽矣。及傅毅《七激》，会清要之工；崔骃《七依》，入博雅之巧；张衡《七辨》，结采绵靡；崔瑗《七厉》，植义纯正；陈思《七启》，取美于宏壮；仲宣《七释》，致辨于事理。自桓麟《七说》以下，左思《七讽》以上，枝附影从，十有余家。或文丽而义暌，或理粹而辞驳。观其大抵所归，莫不高谈宫馆，壮语畋猎。穷瑰奇之服馔，极蛊媚之声色；甘意摇骨体，杨云：当作"髓"。艳词动魂识。虽始之以淫侈，而终之以居正，然讽一劝百，势不自反，子云所谓"先骋郑卫之声，曲终而奏雅"者也。唯《七厉》叙贤，归以儒道，虽文非拔群，而意实卓尔矣。（眉批：仍归重意理一边，见救弊之本旨，所谓与其逊也宁固。）

自《连珠》以下，拟者间出。杜笃、贾逵之曹，刘珍、潘勖之辈，欲穿明珠，多贯鱼目。可谓寿陵匍匐，非复邯郸之步；里丑元作"配"，谢改。捧心，不关西施之颦矣。唯士衡运思，理新文敏，而裁章置句，广于旧篇，岂慕朱仲四寸之珰乎！夫文小易周，思闲可赡。足使义明而词净，事圆而音泽，磊磊自转，可称珠耳。

详夫汉来杂文，名号多品。或典、诰、誓、问，或览、略、篇、章，或曲、操、弄、引，或吟、讽、谣、咏。总括其名，并归杂文之区；甄别其义，各入讨论之域。类聚有贯，故不曲述。

赞曰：伟矣前修，学坚多饱。负文余力，飞靡弄巧。枝辞攒映，嚖若参昴。慕嚬之心，于焉只搅。

负俗 《汉·武帝纪》：士或有负俗之累，而立功名。

《对问》 《文选》：宋玉《对楚王问》：楚襄王问于宋玉曰：先生其有遗行与？何士民众庶不誉之甚也？对曰：唯，然，有之。愿大王宽其罪，使得毕其辞。

《七发》 《文选注》：《七发》者，说七事以启发太子也，犹《楚词·七谏》之流。枚乘事梁孝王，恐孝王反，故作《七发》以谏之。

《连珠》 傅玄《叙连珠》曰：连珠者，兴于汉章之世，班固、贾逵、傅毅三子受诏作之。其文体，辞丽而言约，不指说事情，必假喻以达其旨，而览者微悟，合于古诗劝兴之义。欲使历历如贯珠，易睹而可悦，故谓之连珠也。按：《文章缘起》：《连珠》，扬雄作。是连珠非始于班固也。嗣后潘勖《拟连珠》，魏王粲《仿连珠》，晋陆机《演连珠》，宋颜延之《范连珠》，齐王俭《畅连珠》，梁刘孝仪《探物作艳体连珠》。又陈懋仁《文章缘起注》：《北史·李先传》：魏帝召先读韩子《连珠》二十二篇。韩子，韩非子。书中有联语，先列其目，而后著其解，谓之连珠。据此，则连珠又兆韩非矣。

《客难》 《东方朔传》：朔上书陈农战强国之计，辞数万言，终不见用。朔因著论，设客难己，用位卑以自慰谕。

《解嘲》 《扬雄传》：哀帝时，丁傅、董贤用事，诸附离之者，或起家至二千石。时雄方草《太玄》，有以自守，泊如也。或嘲雄以玄尚白，而雄解之，号曰

《解嘲》。

《宾戏》　班固《汉书叙传》:固,永平中为郎,典校秘书,专笃志于博学,以著述为业,或讥以无功。又感东方朔、扬雄自谕,以不遭苏、张、范、蔡之时,曾不折之以正道,明君子之所守,故聊复应焉。其辞曰《宾戏》。

《达旨》　《崔骃传》:骃常以典籍为业,未遑仕进之事。或讥其太玄静,将以后名失实。因拟扬雄《解嘲》,作《达旨》以答焉。

《应间》　《张衡传》:衡不慕当世所居之官,辄积年不徙。自去史职,五载复还,乃设客问,作《应间》以见其志。

《客讥》　客,疑作"答"。《崔寔传》:寔因穷困,以酤酿贩鬻为业,时人多以此讥之。建宁中,病卒。所著碑、论、箴、铭、答、七言、词文、表、记、书,凡十五篇。

《释诲》　《蔡邕传》:邕闲居玩古,不交当世。感东方朔《客难》及扬雄、班固、崔骃之徒,设疑以自通,乃斟酌群言,韪其是而矫其非,作《释诲》以戒厉云尔。

《客傲》　《郭璞传》:璞,字景纯。好卜筮,缙绅多笑之。又自以才高位卑,乃著《客傲》。

庾敳　《晋书》:庾敳,字子嵩。

首唱　傅玄《七谟序》:昔枚乘作《七发》,而属文之士,作者纷焉。通儒大才马季长、张平子,亦引其源而广之。马作《七厉》,张造《七辨》。

《七激》　《后汉·文苑传》:傅毅以显宗求贤不笃,士多隐处,作《七激》以为讽。

《七依》《七辩》　注详下。

崔瑗《七厉》　《崔瑗传》有《七苏》,无《七厉》。

《七启》《七释》　曹子建《七启序》:昔枚乘作《七发》,傅毅作《七激》,张衡作《七辨》,崔骃作《七依》,辞各美丽。余有慕之焉,遂作《七启》,并命王粲作焉。粲,字仲宣,作者曰《七释》。

《七说》 挚虞《文章志》：桓麟文在者十八篇，有《七说》一篇。

曲终奏雅 《汉书》：扬雄以为靡丽之赋，劝百风一，犹骋郑卫之音，曲终奏雅，不已戏乎！

杜笃 《后汉·文苑传》：杜笃所著赋、诔、吊、书、赞、七言、女诫及杂文，凡十八篇。

贾逵 《贾逵传》：逵作诗、颂、诔、书、连珠、酒令，凡九篇。

刘珍 《后汉·文苑传》：刘珍著诔、颂、连珠，凡七篇。

鱼目 《参同契》：鱼目岂为珠，蓬蒿不成槚。

寿陵 《庄子·秋水》篇：子独不闻夫寿陵余子之学行于邯郸与？未得国能，又失其故行矣，直匍匐而归耳。

里丑 《庄子·天运》篇：西施病心而矉其里，其里之丑人见而美之，归亦捧心而矉其里。

四寸珰 《列仙传》：朱仲者，会稽市贩珠人。鲁元公主以七百金从仲求珠，仲乃献四寸珠而去。《风俗通》：耳珠曰珰。

典 《尔雅》：典，经也。《后汉·文苑传》：李尤所著诗、赋、铭、诔、颂、《七叹》、《哀典》，凡二十八篇。

诰 《尔雅》：诰，誓，谨也。《注》：皆所以约勤谨戒众。《文章缘起》：诰，汉司隶从事冯衍作。

誓 《文章缘起》：誓，汉蔡邕作《艰誓》。

问 对问。

览 《吕不韦传》：不韦使其客人人著所闻，集论以为八览、六论、十二纪，二十余万言，号曰《吕氏春秋》。

略 《汉·艺文志》：刘歆总群书而奏其《七略》。

篇 《汉·艺文志》：《凡将》一篇，司马相如作。《急就》一篇，黄门令史游作。《元尚》一篇，将作大匠李长作。

章 《艺文志》：《苍颉》七章者，秦丞相李斯所作也。《爰历》六章者，车府令赵高所作也。《博学》七章者,太史令胡毋敬所作也。

曲 《鼓吹曲》,一曰短箫铙歌。蔡邕《礼乐志》:短箫铙歌,军乐也,黄帝岐伯所作,以建威扬德,风敌劝士也。《晋书·乐志》:武帝令傅玄制《鼓吹曲》二十二篇,以代魏曲。

操 《风俗通》:闭塞忧愁而作,命其曲曰操。操者,言遇灾遭害,困厄穷迫,虽怨恨失意,犹守礼义,不惧不慑,乐道而不失其操者也。

弄 《琴书》:蔡邕雅好琴道,入青溪访鬼谷先生,所居山有五曲,一曲制一弄。

引 《古今注》:《箜篌引》,朝鲜津卒霍里子高妻丽玉所作也。

吟 《古今乐录》:张永元《嘉技录》有吟叹四曲,一曰《大雅吟》。

讽 七讽。

谣 《尔雅》:徒歌谓之谣。《穆天子传》有《白云谣》《黄泽谣》。

咏 《辨乐论》:神农教民食谷,有丰年之咏。夏侯湛作《离亲咏》。

谐隐第十五

芮良夫之诗云:"自有肺肠,俾民卒狂。"夫心险如山,口壅若川,怨怒之情不一,欢谑之言无方。昔华元弃甲,城者发睅目之讴;臧纥丧师,国人造侏儒之歌:并嗤戏形貌,内怨为俳也。又蚕蟹鄙谚,狸首淫哇,苟可箴戒,载于礼典,故知谐辞谲言,亦无弃矣。

谐之言皆也,辞浅会俗,皆悦笑也。昔齐威元作"宣",许改。酣乐,而淳于说甘酒;楚襄宴集,而宋玉赋《好色》:意在微讽,有足观者。及优旃之讽漆城,优孟之谏葬马,并谲辞饰说,抑止昏暴。是以子长编史,列传滑稽,以其辞虽倾回,意归义正也。但本体不雅,一作"杂"。其流易弊。(眉批:文家有必不可作之题,自有必不可作之体格,虽高手无所施其巧,抑或愈工而愈入恶趣,皆所谓"本体不雅"者也。)于是东方、枚皋,铺糟啜醨,无所匡正,而诋嫚嫫元作"媒",谢改。弄,故其自称,为赋乃亦俳也,见视如倡,亦有悔矣。至魏文元作"大"。因俳说以著笑元作

"茂",孙改。书,薛综凭宴会而发嘲调,虽抃推疑误席,而无益时用矣。然而懿文之士,未免枉辔:潘岳《丑妇》之属,束皙《卖饼》之类,尤而一作"相"。效之,盖以百数。魏晋滑稽,盛相驱扇,遂乃应场之鼻,方于盗削卵;张华之形,比乎握春杵。曾是莠言,有亏德音,岂非溺者之妄笑,元作"茂",朱改。胥靡之狂歌欤?

谲者,隐也;遁辞以隐意,谲譬以指事也。昔还社元作"杨"。求拯元作"极"。于楚师,喻眢井而称麦曲;叔仪乞粮于鲁人,歌佩玉而呼庚癸;伍举刺荆王以大鸟,齐客讥薛公以海鱼;庄姬托辞于龙尾,臧文谬书于羊裘。隐语之用,被于纪传。大者兴治济身,其次弼违晓惑。盖意生于权谲,而事出于机急,与夫谐辞,可相表里者也。汉世《隐书》,十有八篇,歆、固编文,录之歌末。

昔楚庄、齐威,性好隐语。至东方曼倩,尤巧辞述。但谬辞诋戏,无益规补。自魏代已来,颇非俳优,而君子嘲一本无"嘲"字。隐,化为谜语。谜也者,回互其辞,使昏迷也。或体目文字,或图象品物,纤巧以弄思,元作"忠",谢改。浅察以炫辞,义欲婉而正,辞欲隐而显。荀卿《蚕赋》,已兆其体。至魏文、陈思,约而密之。高贵乡公,博举品物,虽有小巧,用乖远大。夫观古之为隐,理周要务,岂为童稚之戏谑,搏髀而抃笑哉!然文辞之有谐谑,譬九流之有小说,盖稗官所采,以广视听。若效而不已,则髡袓而(眉批:"袓而"疑作"朔之"。)入室,旃、孟之石交乎?

赞曰:古之嘲隐,振危释惫。虽有丝麻,无弃菅蒯。会义适时,颇益讽诫。空戏滑稽,德音大坏。

* * * * * *

芮良夫 《诗·桑柔传》:芮伯刺厉王之诗。《左传》:周芮良夫之诗。

心险 《庄子》:孔子曰:凡人心险于山川。

口壅 《国语》:召公曰:防民之口,甚于防川。川壅而溃,伤人必多,民亦如之。

华元 《左传》:宋华元获于郑,宋以兵车文马赎之。宋城,华元为植。城者讴曰:睅其目,皤其腹,弃甲而复。于思于思,弃甲复来。

臧纥 《左传》:臧纥救鄫,侵邾,败于狐骀。国人诵之曰:臧之狐裘,败我于狐骀。我君小子,朱儒是使。朱儒朱儒,使我败于邾。

蚕蟹 《檀弓》:成人有其兄死而不为衰者,闻子皋将为成宰,遂为衰。成人曰:蚕则绩而蟹有匡,范则冠而蝉有緌,兄则死而子皋为之衰。

狸首 《檀弓》:原壤之母死,孔子助之沐椁。原壤登木歌曰:狸首之斑然,执女手之卷然。

说甘酒 《滑稽列传》:齐威王好为长夜之饮,置酒后宫,召淳于髡,赐之酒。问曰:先生能饮几何而醉?对曰:臣饮一斗亦醉,一石亦醉。故曰:酒极则乱,乐极则悲,万事尽然。言不可极,极之而衰。以讽谏焉。王曰:善!乃罢长夜之饮。

赋《好色》 《文选》:大夫登徒子侍于楚襄王,短宋玉。玉著《登徒子好色赋》,王称善。

讽漆城 《滑稽列传》:秦二世欲漆其城,优旃曰:善!漆城荡荡,寇来不能上。即欲就之,易为漆耳,顾难为荫室。于是二世笑之,以其故止。

谏葬马 《滑稽列传》:楚庄王有所爱马死,欲以棺椁大夫礼葬之。优孟曰:以楚国堂堂之大,何求不得,而以大夫礼葬之!薄,请以人君礼葬之。诸侯闻之,皆知大王贱人而贵马也。于是,王乃使以马属太官,无令天下久闻也。

滑稽 《史记·滑稽列传》注:崔浩云:滑,音骨。稽,流酒器也。转注吐酒,终日不已,言出口成章,辞不穷竭,若滑稽之吐酒。故扬雄《酒赋》云"鸱夷滑稽,腹大如壶,尽日盛酒,人复借沽"是也。又姚察云:滑稽,犹俳谐也。滑,读如字。稽,音计也。言谐语滑利,其计智疾出,故云滑稽。

东方、枚皋 《枚皋传》:自言为赋不如相如,又言为赋乃俳,见视如倡,自悔类倡也。故其赋有诋娸东方朔,又自诋娸其文。

铺糟啜醨 《楚辞》:众人皆醉,何不铺其糟而歠其醨。

薛综 《薛综传》:综,字敬文,仕吴,守谒者仆射。蜀使张奉来聘,综嘲之曰:有犬为独,无犬为蜀,横目勾身,虫入其腹。

束皙 《束皙传》:束尝为《劝农》及《饼》诸赋,文颇鄙俗,时人薄之。

溺者 《左传》:吴王曰:溺人必笑,吾将有问也。

胥靡 《书传》:使胥靡刑人筑护此道,说贤而隐,代胥靡筑之以供食。《疏》:胥,相也。靡,随也。古者相随坐轻刑之名。又《汉书》注:师古曰:联系使相随而服役之,故谓之胥靡,犹今之役囚徒,以锁联缀耳。

晉井、麦曲 《左传》:楚子围萧,还无社与司马卯言,号申叔展。叔展曰:有麦曲乎?曰:无。有山鞠穷乎?曰:无。河鱼腹疾奈何?曰:目于晉井而拯之。

佩玉、庚癸 《左传》:哀公十三年夏,公会单平公、晋定公、吴夫差于黄池。吴申叔仪乞粮于公孙有山氏,曰:佩玉蕊兮,余无所系之!旨酒一盛兮,余与褐之父睨之!对曰:梁则无矣,粗则有之。若登首山以呼曰:庚癸乎,则诺。杜《注》:庚,西方,主谷。癸,北方,主水。

大鸟 《楚世家》:庄王即位三年,不出号令。伍举曰:愿有进隐。曰:有鸟在于阜,三年不蜚不鸣,是何鸟也?庄王曰:三年不蜚,蜚将冲天;三年不鸣,鸣将惊人。举退矣,吾知之矣。

海鱼 《战国策》:靖郭君将城薛,曰:毋为客通。齐人有请者曰:臣请三言而已矣。因见之。客趋而进曰:海大鱼。君曰:客有于此。客曰:君不闻大鱼乎?网不能止,钩不能牵,荡而失水,则蝼蚁得意焉。今夫齐,亦君之水也,君长齐,奚以薛为?夫齐虽隆薛之城到于天,犹之无益也。君曰:善!乃辍城薛。

龙尾 《列女传》:楚庄姬上隐语于王曰:大鱼失水,有龙无尾,墙欲内崩,而王不视。王问之,对曰:鱼失水,离国五百里也。龙无尾,年三十无太子也。墙崩不视,祸将成而王不改也。

羊裘 《列女传》:臧文仲使于齐,齐拘之。文仲微使人遗公书,谬其辞曰:敛小器,投诸台。食猎犬,组羊裘。琴之合,甚思之。母见书而泣曰:吾子拘而有木治矣。

汉世《隐书》 《汉·艺文志》：《隐书》十八篇。师古曰：刘向《别录》云：隐书者，疑其言以相问，对者以虑思之，可以无不谕。

性好隐语 《滑稽列传》：齐威王之时喜隐。《索隐》曰：喜隐，谓好隐语。

曼倩 《东方朔传》：舍人恚曰：朔擅诋欺天子从官，当弃市。上问朔：何故诋之？对曰：臣非敢诋之，乃与为隐耳。舍人不服，因曰：臣愿复问朔隐语。朔应声辄对，变诈锋出，莫能穷者。

谜 《古诗所》：鲍照有"井"字谜。

《蚕赋》 《赋苑》：荀卿《蚕赋》，通篇皆形似之言，至末语始云，夫是之谓蚕理。

高贵乡公 《晋阳秋》：高贵乡公神明爽俊，德音宣朗。景王曰：上何如主也？钟会对曰：才同陈思，武类太祖。景王曰：若如卿言，社稷之福也。

九流 《汉·艺文志》：有儒家者流，道家者流，阴阳家者流，法家者流，名家者流，墨家者流，纵横家者流，杂家者流，农家者流，小说家者流。诸子十家，其可观者，九家而已。

稗官 《汉·艺文志》：小说家者流，盖出于稗官，街谈巷语、道听途说之所造也。如淳曰：王者欲知闾巷风俗，故立稗官，使称说之。师古曰：稗官，小官。《汉名臣奏》"唐林请省置吏，公卿大夫至都官、稗官各减什三"是也。

石交 《史记》：弃仇雠而得石交。

卷第四

史传第十六

（眉批：彦和妙解文理，而史事非其当行。此篇文句特烦，而约略依俙，无甚高论，特敷衍以足数耳。学者欲析源流，有刘子玄之书在。）

开辟草昧，岁纪绵邈，居今识古，其载籍乎？轩辕之世，史有仓颉，主文之职，其来久矣。《曲礼》曰："史载笔。"左右史者，使也，执笔左右，八字元脱，按胡孝辕本补。使之记也。元作"已"，按胡本补。古元脱，孙补。者，左史记事者，右史记言者。言经则《尚书》，事经则《春秋》。唐虞流于典谟，商夏被于诰誓。自汪本作"洎"。周命维新，姬公定法，紬三正以班历，贯四时以联事。诸侯建邦，各有国史，彰善瘅恶，树之风声。自平王微弱，政不及雅，宪章散紊，彝伦攸斁。昔者二字从《御览》增。（眉批：昔者二字不必增。）夫子闵王道之缺，伤斯文之坠，静居以叹凤，临衢而泣麟，于是就太师以正《雅》《颂》，因鲁史以修《春秋》；举得失以表黜陟，征存亡以标劝戒。褒见一字，贵逾轩冕；贬在片言，诛深斧钺。（眉批：叙《春秋》一段，其文太繁。）然睿旨存亡二字衍。幽隐，胡本作"秘"。经文婉约，丘明同时，实得微言，乃原始要终，创为传体。传者，转也；转受经旨，以授于后：实圣文之羽翮，记籍之冠冕也。

及至纵横之世，"及"字从《御览》增。史职犹存。秦并七王，而战国有策；盖录而弗叙，故即简而为名也。汉灭嬴、项，武功积年。陆贾稽古，作《楚汉春秋》。爰及太史谈，世惟执简；子长继志，元作"至"，胡改。甄序帝勋。比尧称典，则位杂中贤；法孔题经，则文非元圣。故取式《吕览》，通号曰纪；纪纲之号，亦宏称也。元脱，谢补。故本纪以述皇王，列传以总侯伯，八书以铺政体，十表以谱年爵,虽殊古式,而得事序焉。尔其实录无隐之旨,博雅宏辩之才,爱奇反经之尤,条例踳落之失,叔皮论之详矣。及班固述《汉》,因循前业,观司马迁之辞,思实过半。其十志该富,赞、序弘丽,儒雅彬彬,信有遗味。至于宗经矩圣之典,端绪丰赡之功,遗亲攘美之罪,征贿鬻笔之愆,公理辨之究矣。观夫《左氏》缀事,附经间出,于文为约,而氏族难明。及史迁各传,人始区详而易览,述者宗焉。及孝惠委机,吕后摄政,班史立纪,违经失元脱,朱补。实。(眉批：独抽此条,未免挂漏。)何则？庖牺以来,未闻女帝者也。汉运所值,难为后法。牝鸡无晨,武王首誓；妇无与国,齐桓著盟。宣后乱秦,吕氏危汉,岂唯政事难假,亦名号宜慎矣。张衡司史,而惑同迁、固,元帝王元作"年二",孙改。后,欲为立纪,谬亦甚矣。寻子弘虽伪,要当孝惠之嗣；孺子诚微,实继平帝之体：二子可纪,何有于二后哉？

至于后汉纪传,发源《东观》。袁、张所制,偏驳不伦；薛、谢之作,疏谬少信。若司马彪之详实,"若"字从《御览》增。华峤之准当,则其冠也。及魏代三雄,记传互出。《阳秋》《魏略》之属,《江表》《吴录》之类,或激抗难征,或元脱,谢补。疏阔寡要。唯陈寿《三志》,文质辨洽,荀、张比之于迁、固,非妄誉也。

至于晋代之书,繁乎著作。陆机肇始而未备,王韶续末而不终,干宝述《纪》,以审正得《御览》作"明"。序；孙盛《阳秋》,以约举为能。按《春秋》经传,举例发凡；自《史》《汉》以下,莫有准的。至邓璨元作"粲",朱改。《晋纪》,始立条例。又摆落一作"撮略",从《御览》改。汉魏,宪章殷周,虽湘川曲学,亦有心典谟。及安元作"交",朱改。国立例,乃邓氏之规焉。

原夫载籍之作也,必贯乎百氏,元作"姓"。被之千载,表征盛衰,殷鉴兴废。使一代之制,共日月而长存；王霸之迹,并天地而久大。是以在汉之初,史职为盛。郡国文计,先集太史之府,欲其详悉于体国；必阅石室,启金匮,抽裂帛,检残竹,欲其博练于稽古也。是立义选言,宜依经以树则；劝戒与夺,必附圣以居宗。然后铨评昭整,苟滥不作矣。然纪传为式,编年缀事,文非泛论,按实而书。岁远则同异难密,事积则起讫易疏,斯固总会之为难也。或有同归一事,而数人分功,两记则失于复重,偏举则病于不周,此又铨配之未易也。(眉批:萧茂挺所以欲复编年体也。)故张衡摘史、班之舛滥,傅玄讥《后汉》之尤烦,皆此类也。

若夫追述远代,代远多伪。公羊高云"传闻异辞",荀况称"录远略近",盖文疑则阙,贵信史也。然俗皆爱奇,莫顾实理。传闻而欲伟其事,录远而欲详其迹。于是弃同即异,穿凿傍说,旧史所无,我书则传。(眉批:古史之失。)此讹滥之本源,而述远之巨蠹也。至于记编同时,时元脱,胡补。同多诡,虽定、哀微辞,而世情利害。勋荣之家,虽庸夫而尽饰;迍败之士,虽令德而常嗤。理欲二字"衍"。吹霜煦一作"喷",从《御览》改。露,寒暑笔端,此又同时之枉,可为叹息者也!"为"字从《御览》增。故元作"欲",朱改。述远则诬矫如彼,记近则回邪如此,析理居正,唯素臣元作"心",今改。(眉批:陶诗有"闻多素心人"句,所谓有心人也,似不必定改"素臣"。)乎!

若乃尊贤隐讳,固尼父之圣旨,盖纤瑕不能玷瑾瑜也;奸慝惩戒,实良史之直笔,农夫见莠,其必锄也。若斯之科,亦万代一准焉。至于寻繁领杂之术,务信弃奇之要,明白头讫之序,品酌事例之条,晓其大纲,则众理可贯。然史之为任,乃弥纶一代,负海内之责,而赢是非之尤。秉笔荷担,莫此之劳。迁、固通矣,而历诋后世。若任情失正,文其殆哉!

赞曰:史肇轩黄,体备周孔。世历斯编,善恶偕总。腾褒裁贬,万古魂动。辞宗丘明,直归南董。

仓颉 《叙世本注》:黄帝之世,始立史官,仓颉、沮诵,居其职矣。

左右史 《玉藻》:动则左史书之,言则右史书之。

言经则《尚书》 王肃曰:上所言,下为史所书,故曰《尚书》。

事经则《春秋》 《诸侯年表》:孔子西观周室,论史记旧闻,兴于鲁而次《春秋》,以制义法,王道备,人事浃。左丘明因孔子史记,具论其语,成《左氏春秋》。虞卿上采《春秋》,下观近世,为《虞氏春秋》。吕不韦集六国时事,为

《吕氏春秋》。

三正 《书·甘誓》:怠弃三正。《注》:三正,子、丑、寅之正也。

四时 杜预《春秋序》:记事者,以事系日,以日系月,以月系时,以时系年。史之所记,必表年以首事,年有四时,故错举以为所记之名。

泣麟 《孔丛子》:叔孙氏之车子曰鉏商,樵于野而获兽焉。众莫之识,以为不祥,弃之五父之衢。孔子往观,泣曰:麟也。麟出而死,吾道穷矣。

创为传体 《春秋序》:左丘明受经于仲尼,以为经者不刊之书也。故传或先经以始事,或后经以终义,或依经以辩理,或错经以合异,随义而发其例之所重。

战国有策 《战国策·刘向序》:国策,或曰国事,或曰短长,或曰事语,或曰长书,或曰修书。臣向以为,战国时游士辅所用之国,为之策谋,宜为《战国策》。其事继春秋以后,讫楚汉之起,二百四十五年间之事皆定,以杀青,书可缮写,得三十三篇。

《楚汉春秋》 《史记索隐》:陆贾撰。记项氏与汉高祖初起之事,名《楚汉春秋》。

世惟执简 《太史公自序》:司马喜生谈。谈为太史公,仕于建元、元封之间,有子曰迁。太史公发愤且卒,执迁手而泣曰:余先,周室之太史也,自上世尝显功名,虞夏典天官事,后世中衰,绝于予乎?汝复为太史,则续吾祖矣。谈卒三岁,而迁为太史令。

子长继志 《司马迁传》:太史公仍父子相继撰其职,曰:余维先人罔罗天下放失旧闻,王迹所兴,原始察终,见盛观衰,论考之行事,略三代,录秦汉,上纪轩辕,下至于兹,著十二本纪,既科条之矣。并时异世,年差不明,作十表。礼乐损益,律历改易,兵权山川鬼神,天人之际,承敝通变,作八书。二十八宿环北辰,三十辐共一毂,运行无穷,辅弼股肱之臣配焉,忠信行道以奉主上,作三十世家。扶义俶傥,不令己失时,立功名于天下,作七十列传。凡百三十篇,为《太史公书》。迁,字子长。

《吕览》 注见《杂文》篇。

实录无隐 《司马迁传赞》：刘向、扬雄皆称迁有良史之材，服其善序事理，其文直，其事核，不虚美，不隐恶，故谓之实录。

爱奇 扬子《法言》：多爱不忍，子长也。仲尼多爱，爱义也。子长多爱，爱奇也。《史记叙传》：但美其长，不爱其短，故曰爱奇。

条例 《檀超传》：超与江淹掌史职，上表立条例。

叔皮论之 《班彪传》：彪，字叔皮。斟酌前史，而讥正得失。其略论曰：迁之所纪，采经摭传，分散百家之事，甚多疏略。论学术则崇黄老而薄五经，序货殖则轻仁义而羞贫穷，道游侠则贱守节而贵俗功，此其大敝伤道也。又曰：一人之精，文重思烦，故其书刊落不尽，尚有盈辞，多不齐一。

述《汉》 《汉书·叙传》：固探纂前记，缀辑所闻，以述《汉书》。起于高祖，终于孝平王莽之诛，十有二世，二百三十年，综其行事，为春秋考纪、表、志、传，凡百篇。

十志 律历、礼乐、刑法、食货、郊祀、天文、五行、地理、沟洫、艺文。

遗亲攘美 《史记》必称父谈太史公，《汉书》多踵彪所作后传，而曾不及之。

征贿鬻笔 《陈寿传》：丁仪、丁廙有盛名于魏。寿谓其子曰：可觅千斛米见与，当为尊公作佳传。丁不与之，竟不为立传。（眉批：班固受金，语见《史通》。观下称"公理"，知为《昌言》之佚文，此引陈寿非是。）

公理 《后汉书》：仲长统，字公理，著论曰《昌言》。略曰：数子之言当世得失皆究矣，然多谬通方之训，好申一隅之说。

委机、摄政 《汉·外戚传》：惠帝以戚夫人事，因病岁余，不能起，日饮为淫乐，不听政，七年而崩。乃立孝惠后宫子为帝，太后临朝称制。

立纪 《汉书·高后纪第三》。

牝鸡 见《书·牧誓》。

妇无与国 《穀梁传》：葵丘之盟曰：毋使妇人与国事。

乱秦 《匈奴列传》：秦昭王时，义渠戎王与宣太后乱，有二子。

危汉 《高后纪》：太后以惠帝无子，取后宫美人子名之，以为太子。惠帝崩，太子立为皇帝。年幼，太后临朝称制，乃立兄子吕台、产、禄、台子通四人为王，封诸吕六人为列侯。四年夏，少帝自知非皇后子，出怨言。皇太后幽之永巷，立恒山王弘为皇帝。太后崩，禄、产谋作乱。悉捕诸吕，皆斩之。大臣相与阴谋，以为少帝及三弟为王者，皆非孝惠子，复共诛之，尊立文帝。

元后 《张衡传》：衡以为王莽本传，但应载篡事而已，至于编年月、纪灾祥，宜为《元后本纪》。

子弘 《吕氏本纪》：惠帝二年，常山王不疑薨，以其弟襄成侯山为常山王，更名义。孝惠崩，太子立为帝，太后以帝病久不已，不能继嗣，帝废位，立常山王义为帝，更名曰弘。

孺子 《王莽传》：平帝崩时，元帝世绝，而宣帝曾孙有见王五人，莽恶其长大，曰：兄弟不得相为后。乃选玄孙中最幼广戚侯子婴，年二岁，托以为卜相最吉，立之。

《东观》 《东观汉记》一百四十三卷，起光武至灵帝，刘珍等撰。

袁、张 《后汉书》一百一卷，袁山松撰。《后汉南记》五十八卷，张莹撰。

薛、谢 《后汉记》一百卷，薛莹撰。《后汉书》一百三十卷，无帝纪，谢承撰。

司马彪 《司马彪传》：彪讨论众书，缀其所闻，起于世祖，终于孝献，编年二百，录世十二，通综上下，旁贯庶事，为纪、志、传，凡八十篇，号曰《续汉书》。

华峤 《华峤传》：峤以《汉纪》烦秽，慨然有改作之意。起于光武，终于孝献，为帝纪十二卷、皇后纪二卷、十典十卷、传七十卷及三谱、序传、目录，凡九十七卷。峤以皇后配天作合，前史作外戚传以继末编，非其义也，故易为皇后纪以次帝纪。又改志为典，以有《尧典》故也。而改名《汉后书》奏之，诏朝臣会议。时中书监荀勖、令和峤、太常张华、侍中王济，咸以峤文质事核，有迁、固之规，实录之风，藏之秘府。

三雄　潘岳诗:三雄鼎足。《注》:三雄,即三国之主。

《阳秋》　《魏阳秋异同》八卷,孙寿著。

《魏略》　《魏略》五十卷,鱼豢著。

《江表》　《虞溥传》:溥撰《江表传》,卒后子勃上于元帝,诏藏于秘书。

《吴录》　《吴录》三十卷,张勃撰。

《三志》　《陈寿传》:寿撰魏、吴、蜀《三国志》。张华深善之,谓寿曰:当以《晋书》相付耳。

著作　《晋书》:元康二年诏,著作旧属中书今,秘书既典文籍,宜改为秘书著作。于是改隶秘书,著作郎一人,谓之大著作,专掌史任。

肇始　《晋纪》四卷,陆机撰。

续末　《王韶之传》:韶之私撰《晋安帝阳秋》,及成时,人谓宜居史职,即除著作佐郎,使续后事。

干宝　《干宝传》:宝,字令升,王导荐之元帝,领国史,著《晋纪》。自宣帝讫于愍帝,凡二十卷。其书简略,直而能婉,咸称良史。

孙盛　《孙盛传》:盛,字安国,累迁秘书监。著《晋阳秋》,词直而理正,咸称良史。

举例发凡　《春秋序》:发凡以言例。《注》:如隐公七年,凡诸侯同盟,于是称名之类有五十条,皆以凡字发明类例。

邓粲　《邓粲传》:荆州刺史桓冲请为别驾,粲以父骞有忠信言而世无知者,乃著《元明纪》十篇。

湘川　邓粲,长沙人。

先集太史　《汉仪注》:太史公,武帝置。天下计书,先上太史,副上丞相。

石室、金匮　《太史公自序》:迁为太史令,紬史记石室金匮之书。

诠评　谢承曰诠,陈寿曰评。

张衡　《张衡传》:衡条上司马迁、班固所叙与典籍不合者十余事。

傅玄　《傅玄传》:玄虽显贵,而著述不废,撰论经国九流及三史故事,评断得失,各为区例,名为《傅子》。

公羊高 《汉·艺文志》:《公羊传》十一卷。《注》:公羊子,齐人。师古曰:名高。传曰:所见异辞,所闻异辞,所传闻又异辞。

定、哀微辞 《史记》:孔子著《春秋》,隐、桓之间则章,至定、哀之际则微,谓其切当世之文,而罔褒忌讳之辞也。

素臣 《春秋序》:说者以仲尼自卫反鲁,修《春秋》,立素王,丘明为素臣。

南董 齐南史氏,晋董狐。

诸子第十七

(眉批:此亦泛述成篇,不见发明。盖子书之文,又各自一家,在此书原为谰入,故不能有所发挥。)

诸子者,入道见志之书。太上立德,其次立言。百姓之群居,苦纷杂而莫显;君子之处世,疾名德之不章。唯英才特达,则炳曜垂文,腾其姓氏,悬诸日月焉。昔风后、元脱,曹补。力牧、伊尹,咸其流也。篇述者,盖上古遗语,而战伐(眉批:"战伐"当作"战国"。)所记者也。至鬻熊知道,而文王谘询,余文遗事,录为《鬻子》。子自(眉批:"子自"当作"子之"。)肇始,莫先于兹。及伯阳识礼,而仲尼访问,爰序《道德》,以冠百氏。然则鬻惟文友,李实孔师,圣贤并世,而经子异流矣。

逮及七国力政,俊乂蜂起。孟轲膺儒以磬折,庄周述道以翱翔;墨翟执俭确之教,尹文课名实之符;野老治国于地利,驺子养政于天文;申、商刀锯以制理,鬼谷唇吻以策勋;尸佼元作"狡",柳改。兼总于杂术,青史曲缀以街谈。承流而枝附者,不可胜算,并飞辩以驰术,餍禄而余荣矣。

暨于暴秦烈火,势炎昆冈,而烟燎之毒,不及诸子。逮汉成留一作"晋"。思,子政雠校,于是《七略》芬菲,九流鳞萃,杀青所编,百有八十余家矣。迄至魏晋,作者间出,谰"谰"与"讕"同,元作"讕",朱改。言兼存,璅语必录,类聚而求,亦充箱照轸矣。

然繁辞谢补。虽积，而本体易总，述道言治，枝条五经。其纯粹者入矩，踳驳者出规。《礼记·月令》，取乎《吕氏》之纪；三年问丧，写乎《荀子》之书：此纯粹之类也。若乃汤之问棘，云蚊睫有雷霆之声；惠施对梁王，云蜗角有伏尸之战；《列子》有移山跨海之谈，《淮南》有倾天折地之说：此踳驳之类也。是以世疾诸混同一作"洞"。虚诞。（眉批："是以"句有讹脱。）按《归藏》之经，大明迂怪，乃称羿弊十日，嫦娥奔月。殷汤疑作"易"。如兹，况诸子乎！

至如商、韩，六虱、五蠹，弃孝废仁，辕药之祸，非虚至也。公孙之白马、孤犊，辞巧理拙，魏牟比之鸮鸟，非妄贬也。昔东平求诸子、《史记》，而汉朝不与。盖以《史记》多兵谋，而诸子杂诡术也。然洽闻之士，宜撮纲要，览华而食实，弃邪而采正。极睇参差，亦学家之壮观也。

研夫孟、荀所述，理懿而辞雅；管、晏属篇，事核而言练。列御寇之书，气伟而采奇；邹子之说，心奢而辞壮。墨翟、随巢，意显而语质；尸佼、尉缭，术通而文钝。鹖冠绵绵，亟发深言；鬼谷眇眇，每环奥义。情辨以泽，文子擅其能；辞约而精，尹文得其要。慎到析密理之巧，韩非著博喻之富；吕氏鉴远而体周，淮南泛采而文丽。斯则得百氏之华采，而辞气疑脱。文之大略也。

若夫陆贾《典语》、贾谊《新书》、扬雄《法言》、刘向《说苑》、王符《潜夫》、崔寔《政论》、仲长《昌言》、杜夷《幽求》：咸一作"或"。叙经典，或明政术，虽标论名，归乎诸子。何者？博明万事为子，适辨一理为论，彼皆蔓延杂说，故入诸子之流。

夫自六国以前，去圣未远，故能越世高谈，自开户牖。两汉以后，体势漫弱，虽明乎"虽乎"二字元作"难于"，朱改。坦途，而类多依采，此远近之渐变也。嗟夫！身与时舛，志共道申，标心于万古之上，而送怀于千载之下，金石靡矣，声其销乎！（眉批：隐然自寓。）

赞曰：丈夫处世，怀宝挺秀。辨雕万物，智周宇宙。立德何隐？含道必授。条流殊述，若有区囿。

风后 《汉·艺文志》:《风后》十三篇。《注》:图二卷。黄帝臣依托也。

力牧 《艺文志》:《力牧》二十二篇。《注》:六国时所作,托之力牧。力牧,黄帝相。

伊尹 《艺文志》:《伊尹》五十一篇。《注》:汤相。又《伊尹说》二十七篇。《注》:其语浅薄,似依托也。

鬻熊 《子略》:鬻子年九十,见文王。王曰:老矣。鬻子曰:使臣捕兽逐麋,已老矣;使臣坐策国事,尚少也。文王师焉。著书二十二篇,名曰《鬻子》。

伯阳 《史记》:老子者,姓李氏,名耳,字伯阳。孔子适周,问礼于老子。谓弟子曰:老子其犹龙耶?老子居周,久之,见周之衰,遂去。至关,关令尹喜曰:子将隐矣,强为我著书。乃著书上下篇,言道德之意五千余言而去。

孟轲 《史记》:孟轲,邹人也,受业子思之门人。述唐虞三代之德,是以所如者不合,退而与万章之徒序《诗》《书》,述仲尼之意,作《孟子》七篇。

庄周 《史记》:庄子,名周。其学本归于老子之言,故著书十余万言,大抵率寓言也。楚威王厚币迎之,许以为相。周笑曰:无污我!我宁游戏污渎之中自快,无为有国者所羁。

墨翟 《史记》:墨翟,宋之大夫,善守御,为节用。《艺文志》:《墨子》七十一篇。

俭确 《太史公自序》:墨者亦尚尧舜道,言其德行曰:堂高三尺,土阶三等,茅茨不翦,采椽不刮。食土簋,啜土刑,粝粱之食,藜藿之羹。夏日葛衣,冬日鹿裘。其送死,桐棺三寸,举音不尽其哀。教丧礼,必以此为万民之率,使天下法若此。

尹文 刘向《别录》:尹文子学本庄、老,其书自道以至名,自名以至法,以名为根,以法为柄,凡二卷,仅五千言。《艺文志》:《尹文子》一篇。《注》:说齐宣王,先公孙龙。师古曰:刘向云:与宋钘俱游稷下。

野老 《艺文志》:《野老》十七篇。《注》:应劭曰:年老居田野,相民之耕种,故曰野老。

驺子 《史记》：齐有三驺子。驺衍深观阴阳消息，而作怪迂之变，终始大圣之篇，十余万言。《艺文志》：《邹子》四十九篇。《注》：名衍，齐人，为燕昭王师。居稷下，号谈天衍。

申 《史记》：申不害相韩昭侯，学本黄老而主刑名。著书二篇，号曰《申子》。

商 《商君传》：卫鞅既破魏，还，秦封之于商十五邑，号为商君。《艺文志》：《商君》二十九篇。

鬼谷 《苏秦传》：东事师于齐，而习之于鬼谷先生。《注》：扶风、池阳、颍川、阳城并有鬼谷墟，盖是其人所居，因为号。又曰：《鬼谷子》书云：苏秦欲神秘其道，故假名鬼谷。

尸佼 《艺文志》：《尸子》二十篇。《注》：名佼，鲁人。秦相商君师之。鞅死，佼逃入蜀。

青史 《艺文志》：《青史子》五十七篇。《注》：古史官，记事也。

雠校 《艺文志》：成帝使谒者陈农求遗书于天下，诏光禄大夫刘向等校之。每一书已，向辄条其篇目，撮其旨意，录而奏之。《魏都赋》：雠校篆籀。

《七略》 《艺文志》：刘向卒，哀帝复使向子侍中奉车都尉歆卒父业。歆于是总群书而奏其《七略》，故有《辑略》《六艺略》《诸子略》《诗赋略》《兵书略》《术数略》《方技略》。

九流 注见《正纬》篇。

杀青 《吴祐传》：杀青简以写经书。《注》：以火炙简，令汗，取其青，易书，复不蠹，谓之杀青。

百有八十余家 《艺文志》：凡诸子百八十九家，四千三百二十四篇。

谰言 《艺文志》：《谰言》十篇。《注》：不知作者。《广韵》：谰言，逸言也。

充箱 《韩诗外传》：成王之时，有三苗贯桑而生，同为一秀，大几满车，长几充箱。

照轸 《田敬仲完世家》:梁王曰:寡人国小,尚有径寸之珠,照车前后各十二乘者十枚。

月令 《礼记·月令第六》:孔颖达《正义》:郑目录云:名曰月令者,以其纪十二月政之所行也。吕不韦集诸儒所著为十二月纪,合十余万言,名为《吕氏春秋》,篇首皆有月令,与此篇同。

三年问丧 《荀子·礼论》前半,褚先生补《史记·礼书》采入。其后半皆言丧礼,"三年之丧"一段,与《礼记·三年问》同文。

蚊睫 《列子》:江浦之么虫,名曰焦螟,群飞而集于蚊睫,弗相触也。徐以气听,砰然闻之,若雷霆之声。

惠施 《艺文志》:《惠子》一篇。《注》:名施,与庄子同时。

蜗角 《庄子》:有国于蜗之左角者曰触氏,有国于蜗之右角者曰蛮氏,时相与争地而战,伏尸数万,逐北旬有五日而后反。按:此系戴晋人语,今云惠施,误也。

《列子》 《艺文志》:《列子》八篇。《注》:名御寇,先庄子,庄子称之。

移山 《列子》:太行、王屋二山,方七百里,高万仞。愚公惩出入之迂也,聚室而谋移之。

跨海 《列子》:渤海中有五山,岱舆、员峤、方壶、瀛洲、蓬莱。龙伯之国有大人,举足不盈数步,而暨五山之所。

《淮南》 《汉书》:淮南王安,为人好书,招致宾客方术之士数千人,作为内书二十一篇,外书甚众。又有中篇八卷,言神仙黄白之术,亦二十余万言。

倾天折地 《淮南·天文训》:昔者共工与颛顼争为帝,怒而触不周之山,天柱折,地维绝。

《归藏》 《帝王世纪》:殷人因黄帝易曰《归藏》。皇甫谧曰:《归藏易》以纯坤为首,坤为地,万物莫不归而藏于其中,故曰"归藏"。

羿毙十日 注见《辨骚》篇。

奔月 《归藏易》:嫦娥以西王母不死之药服之,遂奔月,为月精。

韩 《史记》:韩非者,韩之诸公子也。喜刑名法术之学,为人口吃,而善著书,作《孤愤》《五蠹》《内外储》《说林》《说难》,十余万言。

六虱 《商子》:农、商、官三者,国之常食官也。农辟地,商致物,官法民。三官生虱六:曰岁,曰食,曰美,曰好,曰志,曰行。六者有朴必削。

五蠹 《韩非子·五蠹》篇:学者、言古者、带剑者、近御者及商工之民,此五者,邦之蠹也。

轘 《左传》杜预注:车裂曰轘。《商君传》:秦孝公卒,太子立,公子虔之徒告商君欲反,秦惠王车裂商君以徇。

药 《史记》:秦攻韩,韩王遣非使秦,李斯使人遗非药,使自杀。

公孙 《列子》:公孙龙诳魏王曰:白马非马,孤犊未尝有母。按:《列子》所述魏公子牟正深悦公孙龙之辨,所谓承其余窍者也。《庄子·秋水》篇则异是。龙问牟,吾自以为至达已,今闻庄子之言,无所开吾喙,何也?公子牟有坎井之蛙谓东海之鳖之喻,是鹓鸟当作井蛙矣。

东平 《汉书》:东平思王宇,宣帝子。成帝时来朝,上疏求诸子及太史公书。大将军王凤以诸子书或反经术,或明鬼神,太史公书有战国纵横之谋,不许。

管、晏 《艺文志》:《晏子》八篇。《注》:名婴,谥平仲。《管子》八十六篇。《注》:名夷吾。

随巢 《艺文志》:《随巢子》六篇。《注》:墨翟弟子。

尉缭 《艺文志》:《尉缭》二十九篇。《注》:六国时人。师古曰:尉姓,缭名也。

鹖冠 《艺文志》:《鹖冠子》一篇。《注》:楚人,居深山,以鹖为冠。

文子 《艺文志》:《文子》九篇。《注》:老子弟子,与孔子同时,而称周平王问,似依托者也。

慎到 《史记》:慎到学黄老道德之术,因发明序其指意,著十二论。

吕氏 注见《杂文》篇。

陆贾 《史记》：高帝谓陆生曰：试为我著秦所以失天下，吾所以得之者何，及古成败之国。陆生乃粗述存亡之征，凡著十二篇。每奏一篇，高帝未尝不称善，左右呼万岁，号其书曰《新语》。

贾谊 《艺文志》：贾谊五十八篇。

《法言》 《扬雄传》：雄见诸子各以其知舛驰，虽小辩，终破大义，故人时有问雄者，常用法应之，撰以为十三卷，象《论语》，号曰《法言》。

《说苑》 《汉书》：刘向采传记行事，著《新序》《说苑》，凡五十篇。

《潜夫》 《王符传》：符耿介不同于俗，隐居著书，以讥当时失得，不欲章显其名，故号曰《潜夫论》。

《政论》 《崔实传》：实，字子真，明于政体，论当世便事数十条，名曰《政论》。指切时要，言辨而确，当世称之。

《昌言》 注见《史传》篇。

《幽求》 《晋书》：杜夷，字行齐，庐江人。怀帝时举方正，著《幽求子》二十篇。

论说第十八

圣哲元作"世"，朱按《玉海》改。彝训曰经，述经叙理曰论。论者，伦也；伦理无爽，则圣意不坠。"无爽"元作"有无"，"圣"字上无"则"字，从《御览》改。昔仲尼微言，门人追记，故仰其经目，称为《论语》。盖群论立名，始于兹矣。自《论语》已前，经无"论"字；（眉批：观此，知《古文尚书》梁时尚不行于世，故不引"论道经邦"之文。然《周礼》却有"论"字。）《六韬》二论，后人追题乎？

详观论体，条流多品：陈政则与议、说合契，释经则与传、注参体，辨史则与赞、评齐行，铨文则与叙、引共纪。故议者宜言，说者说语，传者转师，注者主解，赞者明意，评者平理，序者次事，引者胤辞：八名区分，一揆宗论。论也者，弥纶群言，而研精元脱，朱补。一理者也。

是以庄周《齐物》，以论为名；（眉批："物""论"二字相连，此以为论名，似误。同年钱辛楣云。)不韦《春秋》,六论昭列。至石渠论艺,白虎通讲,聚述圣言通经,论家之正体也。及班彪《王命》,严尤元作"允",朱改。《三将》,敷述昭情,善入史体。魏之初霸,术兼名法;傅嘏、王粲,校练名理。迄至正始,务欲守文;何晏之徒,始盛玄论。于是聃、周当路,与尼父争涂矣。详观兰石之《才性》,仲宣之《去代》,叔夜之《辨声》,太初之《本元》,辅嗣之《两例》,平叔之《二论》,并师心独见,锋颖精密,盖人伦之英也。至如李康《运命》,同《论衡》而过之;陆机《辨亡》,元作"正",谢改。效《过秦》而不及:然亦其美矣。次及宋岱、元作"代"。郭象,元作"蒙",朱据旧本改。锐思于几神之区;夷甫、裴頠,交辨于有无之域:并独步当时,流声后代。然滞有者,全系于形用;贵无者,专守于寂寥。徒锐偏解,莫诣正理;动极神源,其般若之绝境乎?逮江左群谈,惟玄是务;虽有日新,而多抽前绪矣。至如张衡《讥世》,韵似俳说;孔融《孝廉》,但谈嘲戏;曹植《辨道》,体同书抄:言不持正,论如其已。汪本作"才不持论,宁如其已"。

原夫论之为体,所以辨正然否。穷于有数,追于无形,两"于"字从汪本改。迹一作"钻"。坚求通,钩深取极;乃百虑之筌蹄,万事之权衡也。故其义贵圆通,辞忌枝碎。必使心与理合,弥缝莫见其隙;辞共心密,敌人不知所乘:斯其要也。是以论如《御览》作"辟"。析薪,贵能破理。斤利者,越理而横断;辞辨者,反义而取通:(眉批:彦和论文多主理,故其书历久独存。)览文虽巧,而检迹如(眉批:"如"当作"却"。)妄。唯君子能通天下之志,安可以曲论哉?

若夫注释为词,解散论体,杂文虽异,总会是同。若秦延君元作"君延",杨改。之注《尧典》,十余万字;朱普之解《尚书》,三十万言:所以通人恶烦,羞元作"差",朱改。学章句。若毛公之训《诗》,安国之传《书》,郑君之释《礼》,王弼之解《易》,要约明畅,可为元作"谓"。(眉批:"谓"字不讹,不必改"为"字。)式矣。(眉批:训诂依文敷义,究与论不同科,此段可删。)

说者,悦也。兑为口舌,故言咨悦怿;过悦必伪,故舜惊谗说。说之善者,伊尹以论味隆殷,太公以辨钓兴周,及烛武行而纾郑,端木出而存鲁,亦其美也。暨战国争雄,辨士云踊;(眉批:"踊"当作"涌"。)纵横参谋,长短角势。《转丸》骋其巧辞，《飞钳》伏其精术。一人之辨，重于九鼎之宝；三寸之舌，强于百万之师。六印磊落以佩，五都隐赈而封。至汉定秦、楚，辨士弭节。郦君既毙于齐镬，蒯子几入乎汉鼎。虽复陆贾籍甚，张释傅会，杜钦文辨，楼护唇舌，颉颃万乘之阶，抵噓公卿之席，并顺风以托势，莫能逆波而溯洄矣。

夫说贵抚会，弛张相随；不专缓颊，亦在刀笔。范雎之言事，李斯之止逐客，并烦情入机，动言中务，虽批逆鳞，而功成计合，此上书之善说也。至于邹阳之说吴、梁，喻巧而理至，故虽危而无咎矣；敬通之说元脱，孙补。鲍、邓，事缓而文繁，所以历骋元作"聘"，柳改。而罕遇元作"过"。也。凡说之枢要，必使时利而义贞；进有契于成务，退无阻于荣身。自非谲敌，则唯忠与信；披肝胆以献主，飞文敏以济辞：此说之本也。（眉批：树义甚伟。）而陆氏直称"说炜晔以谲诳"，何哉？

赞曰：理形于言，叙理成论。词深人天，致远方寸。阴阳莫贰，鬼神靡遁。说尔飞钳，呼吸沮劝。

《六韬》　《汉·艺文志》：《周史六弢》六篇。《注》：惠襄之间，或曰显王时，或曰孔子问焉。师古曰：即今之《六韬》也，盖言取天下及军旅之事。按：《六韬》有《霸典文论》《文师武论》。

《齐物》　庄周著《齐物论》。

六论　吕不韦辑《吕氏春秋》，有《开春》《慎行》《贵值》《不苟》《似顺》《士容》六篇。

石渠　《翟酺传》：孝宣论六经于石渠。《注》：宣帝诏诸儒讲五经于殿中，兼平《公羊》《穀梁》同异，上亲临决焉。时更崇《穀梁》，故言此六经也。石渠，阁名。

白虎　《章帝纪》：建初四年，诏诸生诸儒会白虎观，讲议五经同异，帝亲临称制临决，如孝宣甘露石渠故事，作《白虎议奏》。

《王命》　《班彪传》：隗嚣拥众天水，问彪曰：往者周亡，战国并争，天下分裂,意者纵横之事,复起于今乎?彪既疾嚣言,又伤时方艰,乃著《王命论》。

《三将》 《王莽传》:大司马严尤非莽攻伐四夷,数谏不从,著古名将乐毅、白起不用之意,及言边事,凡三篇,以风谏莽。《通志》:严尤《三将军论》一卷。

傅嘏 《魏志》:傅嘏,字兰石,常论才性同异,钟会集而论之。

王粲 《魏志》:王粲著诗、赋、论、议,垂六十篇。

聃、周 《史记》:老子者,姓李氏,名耳,字伯阳,谥曰聃。著书上下篇,言道德之意五千余言。庄子者,名周,著书十余万言,大抵率寓言也。

叔夜 《嵇康传》:康,字叔夜,作《声无哀乐论》。略曰:以殊方异俗,歌哭不同,使错而用之,或闻哭而欢,或闻歌而感,斯非音声之无常哉!

太初 《魏志》:夏侯玄,字太初。《注》:玄尝著《乐毅》《张良》及《本无》《肉刑》论。按:本元、本无,未知孰是。

辅嗣 《魏志》:钟会与山阳王弼并知名。弼好论儒道,辞才逸辩,注《易》及《老子》。《注》:弼,字辅嗣。

平叔 《魏志》:何晏好老庄言,作《道德论》。《注》:晏,字平叔。

《运命》 李康著《运命论》。

《论衡》 《王充传》:充以为俗儒守文,多失其真,乃闭门潜思,著《论衡》八十五篇。

《辩亡》 《陆机传》:机以祖父世为将相,有大勋于江表,深慨孙皓举而弃之,乃论权所以得,皓所以亡,又欲述其祖父功业,作《辩亡论》二篇。

《过秦》 贾谊著《过秦论》。

宋岱 《通志》:晋荆州刺史宋岱《通易论》一卷。

郭象 《郭象传》:象,字子玄,好老庄,能清言。闲居以文论自娱,著碑论十二篇。

夷甫 《王衍传》:衍,字夷甫,好清谈。魏正始中,何晏、王弼等祖述老庄,立论以为天地万物皆以无为为本,衍甚重之。惟裴颜以为非,著论以讥之。

交辨有无　《晋诸公赞》：自魏太常夏侯玄等，皆著《道德论》。后进庾敳之徒，希慕简旷。裴成公疾世俗尚虚无之理，作《崇有》二论以折之。时人莫能难，惟夷甫来，理如小屈，时人即以王理难裴，理还复伸。

般若　《昙霍传》：霍持一锡杖，令人跪曰：此是波若眼。《广韵》：般若，梵语，谓智慧也。

《辩道》　曹植著《辩道论》二篇。

筌蹄　《庄子·杂篇》：筌者所以在鱼，得鱼而忘筌；蹄者所以在兔，得兔而忘蹄。《注》：筌，鱼笱也。蹄，兔网也。

秦延君　《汉·儒林传》：张山拊事小夏侯建为博士，论石渠，授信都秦恭延君，恭增师法至百万言。桓谭《新论》：秦延君但说粤若稽古，即三万言。

朱普　《儒林传》：《尚书》欧阳氏学，平当授九江朱普公文。《桓荣传》：荣习《欧阳尚书》，事博士九江朱普。

毛公　《儒林传》：毛公，赵人也。治《诗》，为河间献王博士。

安国　《儒林传》：孔氏有《古文尚书》，孔安国以今文字读之，因以起其家，逸《书》得十余篇，盖《尚书》兹多于是矣。

郑君　《郑玄传》：郑玄好学，注《仪礼》《礼记》《答临孝存周礼难》，凡百余万言。

口舌　《易·象》：兑，说也。《说卦传》：兑为口舌。

论味　《吕氏春秋》：伊尹说汤以至味，曰：凡味之本，水最为始。五味三材，九沸九变；火之为纪，时疾时徐。灭腥，去臊，除膻，必以其胜，无失其理。调和之事，必以甘酸苦辛咸，先后多少，其齐甚微，皆有自起。

辨钓　《吕氏春秋》：吕尚坐茅以渔，文王劳而问取。尚曰：鱼求于饵，乃牵其缗；人食于禄，乃服于君。以饵取鱼，以禄取人，以小钓钓川，而擒其鱼；以中钓钓国，而擒其万国诸侯。

纾郑　《左传》：秦、晋围郑，郑伯使烛之武夜缒而出，说秦伯。秦伯与郑盟，晋亦去之。

存鲁 《仲尼弟子传》：端木赐，字子贡。至齐说田常曰：名存亡鲁，实困强齐，智者不疑也。

《转丸》 《鬼谷子》有《转丸》篇。文阙。

《飞钳》 鬼谷子著《飞钳》篇。

九鼎、三寸 《平原君传》：平原君曰：毛先生一至楚，而使赵重于九鼎大吕。毛先生以三寸之舌，强于百万之师。

六印 《苏秦传》：秦喟然叹曰：使我有雒阳负郭田二顷，吾岂能佩六国相印乎？

五都 《张仪传》：秦惠王封仪五邑。

隐赈 《尔雅》：赈，富也。《注》：谓隐赈富有。《蜀都赋》：居邑隐赈。

郦君 《郦生传》：淮阴侯闻郦生伏轼下齐七十余城，乃夜度兵袭齐。齐王田广以为郦生卖己，遂烹郦生。

蒯子 《淮阴侯传》：信方斩之，曰：吾悔不用蒯通之计，乃为儿女子所诈。高祖捕通，欲烹之。通曰：秦失其鹿，天下共逐之。欲为陛下所为者甚众，顾力不能耳，又可尽烹之耶？乃释通之罪。

陆贾 《陆贾传》：陆生游汉廷公卿间，名声籍甚。

张释 《张释之传》：释之言便宜事，文帝曰：卑之无甚高论，令今可施行也。于是释之言秦汉间事，文帝称善。

杜钦 《杜钦传》：帝舅大将军王凤以外戚辅政，求贤知自助，奏请钦为大将军军武库令。后为议郎，以病免。征诣大将军幕府，国家政谋，凤常与钦虑之。京兆尹王章言凤专权蔽主之过，钦令凤上疏谢罪，乞骸骨，文指甚哀。凤心惭，称病笃，欲遂退，钦复说凤起视事。章死诏狱，众庶冤之，以讥朝廷。钦欲救其过，复说凤举直言极谏。其补过将美，皆此类也。

唇舌 《汉·游侠传》：楼护，字君卿，与谷永俱为五侯上客。长安号曰：谷子云笔札，楼君卿唇舌。言其见信用也。

抵噓 疑作"抵戏"。《杜周传赞》：业因势而抵陒。《注》：陒，音诡，一说

"陒"读与"戏"同音,许宜反,险也,言击其危险之处。鬼谷有《抵戏》篇也。

缓颊 《魏豹传》:汉王闻魏豹反,谓郦生曰:缓颊往说魏豹,能下之,吾以万户封若。《注》:缓颊,徐言,譬喻也。

刀笔 《萧相国世家》:太史公曰:萧相国何,于秦时为刀笔吏。《刘盆子传》注:古者记事于简策,谬误者以刀削而除之,故曰刀笔。

范雎 《范雎传》:王稽载雎入秦,说昭王,废王后,逐穰侯,拜为相。

李斯 《李斯传》:斯西说秦,秦王拜斯为客卿。会韩人郑国来间秦,以作注溉渠。已而觉,秦宗室大臣请一切逐客。斯上书秦王,乃除逐客之令。

逆鳞 《韩非·说难》:龙喉下有逆鳞径尺,婴之则必杀人。人主亦有逆鳞,说者能无婴人主之逆鳞,则几矣。

邹阳 《邹阳传》:吴王濞阴有邪谋,阳奏书谏。为其事尚隐,恶指斥言,故先引秦为喻,因道胡、越、齐、赵、淮南之难,然后乃致其意。吴王不内其言。去之梁。羊胜、公孙诡等疾阳,恶之孝王。孝王怒,下阳吏,将杀之。乃从狱中上书。书奏,孝王立出之。

敬通 《冯衍传》:衍,字敬通。更始二年,遣鲍永行大将军事,安集北方。衍因以计说永,永素重衍,乃以衍为立汉将军。刘峻《广绝交论》注:冯衍与邓禹书曰:衍以为写神输意,则聊成之说,碧鸡之辩,不足难也。

诏策第十九

皇帝御寓,其言也神。渊嘿黼扆,而响盈四表,唯诏策乎!昔轩辕唐虞,同称为命。命之为义,制性之本也。(眉批:"制性之本"句,似精奥而实附会。)其在三代,事兼诰誓。誓以训戎,诰以敷政,命喻自天,故授官元作"管"。锡允。《易》之《姤·象》:"后以施命诰四方。"诰命动民,若天下之有风矣。降及七国,并称曰令。令者,使也。秦并天下,改命曰制。汉初定仪则,则命有四品:疑衍一"则"字,以"定仪"为读。(眉批:上"则"字作法程解,非衍文。)一曰策书,二曰制书,三曰诏书,四曰戒敕。敕戒州部,诏诰百官,制施赦命,策封王侯。策者,简也。

制者,裁也。诏者,告也。敕者,正也。《诗》云:"畏此简书。"《易》称:"君子以制度数。"《礼》称:"明君之诏。"《书》称:"敕天之命。"并本经典以立名目。远诏近命,习秦制也。《记》称"丝纶",所以应接群后。虞重纳言,周贵喉舌;故两汉诏诰,职在尚书。王言之大,动入史策,其出如綍,不反若汗。是以淮南有英才,武帝使相如视草;陇右多文士,光武加意于书辞:岂直取美当时,亦敬慎来叶矣。

观文景以前,诏体浮新;(眉批:"浮新"之评,似乎未确。)武帝崇儒,选言弘奥。策封三王,文同训典;劝元作"观",谢改。戒渊雅,垂范后代。及制诰严助,即云"厌承明庐",盖宠才之恩也。孝宣玺书,赐太守陈遂,"赐太守"元作"责博士",考《汉书》改。汪本作"责博进陈遂"。(眉批:"责博进"当作"偿博进","偿""责"并从"贝"脚,以形似误耳。改为"赐太守",非。)亦故旧之厚也。逮光武拨乱,留意斯文,而造次喜怒,时或偏滥。诏赐邓禹,称司徒为尧;敕责侯霸,称黄钺一下:若斯之类,实乖宪章。(眉批:此书体例,主于论文,若兼论所诏之是非,政恐累幅不尽。)暨明帝崇学,雅元作"惟",朱改。诏间出。安和政弛,礼阁鲜才,每为诏敕,假手外请。建安之末,文理代兴。潘勖《九锡》,典雅逸群;卫觊元作"凯",孙改。《禅诰》,符命炳耀:弗可加已。(眉批:标举二文,以文论耳。)自魏晋诰策,职在中书。刘放、张华,互管斯任,施命发号,洋洋盈耳。魏文帝下诏,辞义多伟。至于作威作福,其万虑之一弊乎!晋氏中兴,唯明帝崇才,以温峤文清,故引入元脱,朱按《御览》补。中书。自斯以后,体宪元作"虑",朱改。风流矣。(眉批:彦和之意,似以魏晋为盛轨,盖习于当时之所尚。观"自斯以后"二语,其旨可知。)

夫王言崇秘,大观在上,所以百辟其刑,万邦作孚。故授官选贤,则义炳重离之辉;优文封策,则气含风雨之润;敕戒恒诰,则笔吐星汉之华;治戎燮伐,则声有洊雷之威;眚灾肆赦,则文有春露之滋;明罚敕法,则辞有秋霜之烈:此诏策之大略也。

戒敕为文,实诏之切者。周穆命郊元作"邓",朱考《穆天子传》改。父受敕宪,此其事也。魏武称作敕戒,当指事而语,一作"诰",从《御览》改。勿得依违,晓治要矣。及晋武敕戒,备告百官。敕都督以兵要,戒州牧以董司,警郡守以恤隐,勒牙门以御卫,有训典焉。(眉批:以下连类而附之。)

　　戒者,慎也,禹称"戒之用休"。君父至尊,在三罔元作"同",许改。极。汉高祖之《敕太子》,东方朔之《戒子》,亦顾命之作也。及马援已下,各贻家戒。班姬《女戒》,足称母师也。

　　教者,效也,言出而民效也。契敷五教,故王侯称教。昔郑弘之守南阳,条教为后所述,乃事绪明也;孔融之守北海,文教丽而罕于理,乃治体乖也。若诸葛孔明之详约,庾稚恭之明断,并理得而辞中,教一作"辞",从《御览》改。之善也。

　　自教以下,则又有命。《诗》云"有命在天",明为重也;《周礼》曰"师氏诏王",为轻命。今诏重而命轻者,古今之变也。

　　赞曰:皇王施令,寅严宗诰。我有丝言,兆民尹好。辉音峻举,鸿风远蹈。腾义飞辞,涣其大号。

皇帝　《独断》:汉天子正号曰皇帝。皇帝,至尊之称。皇者,煌也。盛德煌煌,无所不照。帝者,谛也,能行天道,事天审谛。

黼扆　《礼记》:天子负黼扆南乡而立。《书传》:黼扆,屏风,画为斧文,置户牖间。

誓以训戒　《书·甘誓》《汤誓》《泰誓》《牧誓》《费誓》《秦誓》是也。

诰以敷政　《书·召诰》《洛诰》是也。

命以授官　《书·微子之命》《蔡仲之命》《毕命》《冏命》是也。

制、策、诏、戒　《独断》:天子之言曰制诏,其命令一曰策书,二曰制书,三曰诏书,四曰戒书。策书,策者,简也,以命诸侯王、三公。制书,帝者制度之命也。其文曰制诏三公,赦令、赎令之属是也。诏书者,诏诰也。有三品,其文曰:告某官,官如故事。是为诏书。戒书,戒敕刺史、太守及三边营官,被敕文曰:有诏敕某官。是为戒敕也。世皆名此为策书,失之远矣。

丝纶　《缁衣》:王言如丝,其出如纶;王言如纶,其出如綍。

尚书 《汉官仪》：尚书，唐虞官也，龙作纳言。《诗》云：惟仲山甫，王之喉舌。秦改称尚书，汉亦尊此官，典机密也。

反汗 《楚元王传》：刘向曰：《易》曰"涣汗其大号"，言号令如汗，汗出而不反者也。今出善令，未能逾时而反，是反汗也。

视草 《淮南王传》：武帝以安辩博，善为文辞，每为报书及赐，帝召司马相如等视草乃遣。

加意 《隗嚣传》：嚣宾客掾史，多文学生，每所上事，当世士大夫皆讽诵之。故帝有所辞答，尤加意焉。

策封三王 《三王世家》：有齐王策、燕王策、广陵王策。太史公曰：封立三王，天子恭让，群臣守义，文辞烂然，甚可观也。褚先生曰：孝武帝之时，同日拜三子为王，为作策以申戒之。

厌承明庐 《严助传》：助以对策擢中大夫，上问所欲，对愿为会稽太守。武帝赐书曰：制诏会稽太守。君厌承明之庐，劳侍从之事，出为郡吏。《注》：承明庐在石渠阁外。

陈遂 《游侠传》：陈遵祖父遂，宣帝微时与有故，相随博弈，数负进。及宣帝即位，用遂。稍迁至太原太守，乃赐遂玺书曰：制诏太原太守，官尊禄厚，可以偿博进矣。

称尧 《邓禹传》：帝以关中未定，而邓禹久不进兵，下敕曰：司徒，尧也；亡贼，桀也。宜以时进讨，镇慰西京，系百姓之心。

黄钺 光武《赐侯霸玺书》：崇山幽都何可偶，黄钺一下无处所。欲以身试法耶？

礼阁 《萧惠基传》：王俭朝宗贵望，惠基同在礼阁，非公事不私觌焉。

潘勖 《文章志》：潘勖，字元茂。《相魏公九锡策命》，勖所作也。

九锡 《韩诗外传》：诸侯有德，天子锡之。一锡车马，再锡衣服，三锡虎贲，四锡乐器，五锡纳陛，六锡朱户，七锡弓矢，八锡铁钺，九锡秬鬯。《魏志》：建安十八年，使御史大夫郗虑持节，策命曹操为魏公，加九锡。

卫觊《禅诰》　《卫觊传》：觊还汉朝为侍郎，劝赞禅代之义，为文诰之诏。

中书　《刘放传》：黄初初，改秘书为中书，以放为监。王献之《启琅琊王为中书监表》：中书职掌诏命，非轻才所能独任。自晋建国，常命宰相参领。中兴以来，益重其任，故能王言弥媺，德音四塞者也。

刘放　《刘放传》：放善为书檄，三祖诏命，多放所为。

张华　《张华传》：华迁长史，兼中书郎，朝议表奏，多见施用。

威福　《蒋济传》：文帝诏夏侯尚曰：卿腹心重将，特当任使，作威作福，杀人活人。尚以示济。帝问济：天下风教何如？对曰：但见亡国之语耳。帝作色问故。济具以答。因曰：作威作福，《书》之明戒。天子无戏言，唯陛下察之。于是帝遣追取前诏。

崇才　《晋·明帝纪》：钦贤爱客，雅好文辞，当时名臣，自王导、庾亮辈，温峤、桓彝、阮放等，咸见亲待。

文清　《晋书》：太宁初，诏温峤曰：卿既以令望，忠允之怀，著于周旋，且文清而旨远，宜居深密。欲即以为中书令，朝端亦咸以为宜。

重离　《易·离卦》：彖曰：离，丽也，重明以丽乎正。象曰：明两作离，大人以继明照于四方。

洊雷　《易·震卦》：象曰：洊雷震。程传：洊，重袭也。上下皆震，故为洊雷，雷重仍则威益盛。

敕宪　《穆天子传》：丙寅，天子属官效器，乃命正公郊父受敕宪，用伸八骏之乘，以饮于枝涛之中。

在三　《国语》：民生于三，事之如一。父生之，师教之，君食之，故一事之。惟其所在，则致死焉。

《敕太子》　汉高祖《手敕太子》：吾遭乱世，当秦禁学，自喜谓读书无益。洎践祚以来，时方省书，乃使人知作者之意。追思昔所行，多不是。又云：汝见萧、曹、张、陈诸公侯，吾同时人，倍年于汝者，皆拜。

《戒子》　《东方朔传赞》：朔戒其子以尚容：首阳为拙，柱下为工。饱食安步,以仕易农。依隐玩世,诡时不逢。

马援 《马援传》:援《诫兄子严敦书》曰:吾欲汝曹闻人过失,如闻父母之名,耳可得闻,口不可得言也。好议论人长短,妄是非正法,此吾所大恶也。汝曹知吾恶之甚矣,所以复言者,施衿结褵,申父母之戒,欲使汝曹不忘之耳。

班姬 《后汉·列女传》:扶风曹世叔妻者,班彪之女也,名昭。博学高才,作《女诫》七篇,有助内训。

郑弘 《郑弘传》:弘为南阳太守,条教法度,为后所述。

孔融 《九州春秋》:孔融守北海,教令辞气温雅,可玩而诵。论事考实,难可施行。

诸葛孔明 《诸葛亮传》:陈寿等言:论者或怪亮文彩不艳,而过于丁宁周至。臣愚以为咎繇大贤也,周公圣人也,考之《尚书》,咎繇之谟略而雅,周公之诰烦而悉。何则?咎繇与舜、禹共谈,周公与群下矢誓故也。亮所与言,尽众人凡士,故其文指不得及远也。然其声教遗言,皆经事综物,公诚之心,形于文墨,足以知其人之意理,而有辅于当世。

庾稚恭 《庾翼传》:翼,字稚恭,代亮镇武昌,劳谦匪懈,戎政严明。

轻命 按:《周官》师氏职无此文。

檄移第二十

震雷始于曜电,出师先乎威声。故观电而惧雷壮,听声而惧兵威。兵先乎声,其来已久。昔有虞始戒于国,夏后初誓于军,殷誓军门之外,周将交刃而誓之。故知帝世戒兵,三王誓师,宣训我众,未及敌人也。至周穆西征,祭公谋父称古有威让之令,令有文告之辞,即檄之本源也。及春秋征伐,自诸侯出,惧敌弗服,故兵出须名。振此威风,暴彼昏乱,刘献公之所谓"告之以文辞,董之以武师元作'师武'。"者也。齐桓征楚,诘元作"告"。苞汪本作"菁"。茅之阙;晋厉伐秦,责箕郜之焚。管仲、吕相,奉辞先路,详其意义,即今之檄文。暨乎战国,始称为檄。檄者,皦也;宣露于外,皦然明白也。张仪檄楚,书以尺二,明白之文,或称露布,播诸视听也。

夫兵以定乱,莫敢自专:天子亲戎,则称"恭行天罚";诸侯御师,则云"肃将王诛"。故分阃推毂,奉辞伐罪,非唯致果为毅,亦且厉辞为武。使声如冲元作"衡"。风所击,元作"系"。气似枞枪所扫,奋其武怒,总其罪人。惩其恶稔之时,显其贯盈之数,摇奸宄之胆,订信慎之心。使百尺之冲,摧折于咫书;万雉之城,颠坠于一檄者也。观隗嚣之檄亡新,布元作"有"。其三逆,文不雕饰,而辞切事明,陇右文士,得檄之体矣!陈琳之檄豫州,元脱。壮有骨鲠。虽奸阉携养,章密太甚;发丘摸金,诬过其虐;然抗辞书衅,皦然露骨元作"固",孙改。又一本作"暴露"。矣。敢指(眉批:"指"当作"撄"。)曹公之锋,幸哉免袁党之戮也。钟会檄蜀,征验甚明;桓公檄胡,观衅尤切:并壮笔也。

凡檄之大体,或述此休明,或叙彼苛虐。指天时,审人事,算强弱,角权势,标蓍龟于前验,悬鞶鉴于已然,虽本国信,实参兵诈。谲诡以驰旨,炜晔以腾说。凡此众条,莫或违之者也。(眉批:此一段语扼要领。)故其植义扬辞,务在刚健。插羽以示迅,不可使辞缓;露板以宣众,不可使义隐。必事昭而理辨,气盛而辞断,(眉批:四语尤精。)此其要也。若曲趣密巧,无所取才矣。又州郡征吏,亦称为檄,固明举之义也。

移者,易也;移风易俗,令往而民随者也。相如之《难蜀老》,文晓而喻博,有移檄之骨焉。及刘歆之《移太常》,辞刚而义辨,文移之首也;陆机之《移百官》,言约而事显,武移之要者也。故檄移为用,事兼文武。其在金革,则逆党用檄,顺元作"烦",曹改。命资移;所以洗濯民心,坚同元作"用",曹改。符契。意用小异,而体义大同;与檄参伍,故不重论也。

赞曰:三驱弛刚,(眉批:"刚"疑作"纲"。)九伐先话。鞶鉴吉凶,蓍龟成败。惟压鲸鲵,抵落蜂虿。移宝一作"实"。易俗,草偃风迈。

戒兵誓师 《司马法》:有虞氏戒于国中,欲民体其命也。夏后氏誓于军中,欲民先成其虑也。殷誓于军门之外,欲民先意以待事也。周将交刃而誓之,以致民志也。

威让文告 《国语》:周穆王将征犬戎,祭公谋父谏曰:先王耀德不观兵,有威让之令,有文告之辞。

文辞武师 《左传》:晋侯使叔向告刘献公曰:抑齐人不盟,若之何?对曰:盟以底信,君苟有信,诸侯不贰,何患焉?告之以文辞,董之以武师,虽齐不许,君庸多矣。

包茅 《左传》:齐侯以诸侯之师伐楚,管仲曰:尔贡包茅不入,王祭不供,无以缩酒,寡人是征。

箕郜 《左传》:晋侯使吕相绝秦曰:入我河县,焚我箕郜,我是以有辅氏之聚。

檄楚 《张仪传》:仪尝从楚相饮,相亡璧,意仪盗之,掠笞数百。张仪既相秦,为文檄告楚相曰:始吾从若饮,我不盗而璧,若笞我。若善守汝国,我顾且盗而城。徐广曰:檄,一作咫尺之檄。《汉·匈奴传》:汉遗单于书,以尺一牍,中行说令单于以尺二寸牍及印封,皆令广长大。

露布 魏武帝《述志令》:露布天下。《文章缘起》:汉露布,贾弘为马超伐曹操所作。《封氏闻见记》:露布者,谓不封检,露而宣布,欲四方速知,亦谓之露版者。《魏武奏事》云"有警急,辄露版插羽"是也。

分阃推毂 《冯唐传》:唐对曰:臣闻上古王者遣将也,跪而推毂曰:阃以内,寡人制之;阃以外,将军制之。

致果 《左传》:杀敌为果,致果为毅。

冲风 《韩安国传》:安国曰:冲风之衰,不能起毛羽。《注》:冲风,疾风之冲突者也。

欃枪 《天官书》:紫宫左三星曰天枪,所见之国,不可举事用兵。司马相如赋:揽欃枪以为旌兮。张揖曰:彗星为欃枪。

百尺之冲 《国策》:苏子说齐闵王曰:百尺之冲,折之衽席之上。《诗·皇矣》注:冲,冲车也,从旁冲突者也。

万雉之城 《公羊传》:雉者何？五板而堵,五堵而雉,百雉而城。一曰城高一丈曰堵,三堵曰雉。班固《西都赋》:建金城之万雉。

三逆 《隗嚣传》:嚣移檄告郡国曰:故新都侯王莽,慢侮天地,悖道逆理。昔秦皇毁坏谥法,以一二数欲至万世,而莽十三万六千岁之历,言身当尽此度,是其逆天之大罪也。分裂郡国,断截地络,发冢河东,攻劫丘垄,此其逆地之大罪也。攻战之所败,苛法之所陷,饥馑之所夭,疾疫之所及,以万万计。其死者则露尸不掩,生者则奔亡流散,妇女流离系虏,此其逆人之大罪也。

陇右文士 详《诏策》篇。

陈琳 《陈琳传》:琳避难冀州,袁绍使典文章。尝为绍檄,酷诋曹操。袁氏败,琳归操。操谓曰:卿昔为本初移书,但可罪状孤而已,何乃上及父祖耶？琳谢罪。操爱其才而不咎。

奸阉携养 陈琳檄:司空曹操,祖父中常侍腾,与左悺、徐璜并作妖孽。父嵩乞丐携养,因赃假位。操赘阉遗丑,本无懿德。

发丘摸金 陈琳檄:操又特置发丘中郎将、摸金校尉,所过隳突,无骸不露。

钟会 《钟会传》:会移檄蜀将吏士民曰:蜀相壮见禽于秦,公孙述授首于汉,此皆诸贤所备闻也。明者见危于无形,智者规祸于未萌,岂晏安鸩毒,怀禄而不变哉？

桓公 桓温《檄胡文》:胡贼石勒,暴肆华夏,齐民涂炭,至使六合殊风,九鼎乖越。寡人不德,忝荷戎重。先顺者获赏,后伏者蒙诛。此之风范,想所闻也。

州郡征吏 《王逊传》:逊为宁州刺史,未到州,遥举董联为秀才。建宁功曹周悦谓联非才,不下版檄。《刘讦传》:本州刺史张稷辟为主簿,主者檄召,讦乃挂檄于树而逃。

《难蜀》 《司马相如传》:相如使蜀,蜀长老多言通西南夷之不为用。相如欲谏,业已建之,不敢。乃著书,借蜀父老为辞,而己诘难之,以风天子,且因宣其使指,令百姓皆知天子意。

《移太常》 《楚元王传》:刘歆欲建立《左氏春秋》及《毛诗》《逸礼》《古文尚书》,皆列于学官,哀帝令歆与五经博士讲论其义。诸博士或不肯置对,歆因移书太常博士,责让之。

《移百官》 按《成都王颖传》:颖表请诛羊玄之、皇甫商等,檄长沙王乂使就第,乃与王颙将张方伐京都,以陆机为前锋都督。陆机至洛,与成都王笺曰:王室多故,羊玄之等乘宠凶竖,皇甫商同恶相求,共为乱阶云云。或机此时有《移百官文》,后代失传耳。

三驱 《易·比》:九五,王用三驱。

九伐 《周礼》:大司马以九伐之法正邦国。

鲸鲵 《左传》:古者明王伐不敬,取其鲸鲵而封之,以为大戮,于是乎有京观。杜《注》:鲸鲵,大鱼名,以喻不义之人,吞食小国。

蜂虿 《左传》:臧文仲曰:君无谓邾小,蜂虿有毒,而况国乎!

卷第五

封禅第二十一

(眉批:自唐以前,不知封禅之非,故封禅为大典礼,而封禅文为大著作。特出一门,盖郑重之。)

夫正位北辰,向明南面,所以运天枢,毓黎献者,何尝不经道纬德,以勒皇迹者哉?录(眉批:"录"当作"绿"。)图曰:"潬潬嗃嗃,棼棼雉雉,万物尽化。"言至德所被也。丹书曰:"义胜欲则从,欲胜义则凶。"戒慎之至也。则戒慎以崇其德,至德以凝其化,七十有二君,所以封禅矣。

昔黄帝神灵,克膺鸿瑞,勒功乔岳,铸鼎荆山。大舜巡岳,显乎《虞典》。成康封禅,闻之《乐纬》。及齐桓之霸,爰窥王迹;夷吾谲陈,当作"谏"。(眉批:"陈"训"敷陈",不必改"谏"。)距以怪物。固知玉牒金镂,专在帝皇也。然则西鹣东鲽,南茅北黍,空谈非征,勋德而已。是史迁八书,明述封禅者,固禋祀之殊礼,名元作"铭",朱改。(眉批:"铭"字不误。)号之秘祝,元脱,朱补。祀天之壮观矣。(眉批:确甚。)

秦皇铭岱,文自李斯;法家辞气,体乏弘润,然疏而能壮,亦彼时之绝采也。铺观两汉隆盛:孝武禅号于肃然,光武巡封于梁父,诵元作"请",孙改。德铭勋,乃鸿笔耳。观相如《封禅》,蔚为唱首。尔其表权舆,序皇王,炳玄符,镜鸿业;驱前古于当今之下,腾休明于列圣之上;歌之以祯瑞,赞之以介丘:绝笔兹文,固维新之作也。及光武勒碑,则文自元作"字"。张纯。首胤典谟,末同祝辞;引钩谶,叙离乱,元脱,许补。一本作"合"。计武功,述文德;事核理举,华不足而实有余矣!凡此二家,并岱宗实迹也。(眉批:以下以符命连类及之。)

及扬雄《剧秦》，班固《典引》，事非镌石，而体因纪禅。观《剧秦》为文，影写长卿，诡言遁辞，故兼包神怪；然骨掣靡密，辞贯圆通，自称极思，无遗力矣。《典引》所叙，雅有懿乎；（眉批："乎"当作"采"。）历鉴前作，能执厥中；其致义会文，斐然余巧。故称《封禅》丽而不典，《剧秦》典而不实。岂非追观易为明，循势易为力欤？至于邯郸《受命》，攀响前声，风末力寡，辑韵成颂，虽文理顺元作"烦"，一作"颇"。序，而不能奋飞。陈思《魏德》，假论客主，问答迂缓，且已千言，劳深绩寡，飙焰缺焉。

兹文为用，盖一代之典章也。构位之始，宜明大体；树骨于训典之区，选言于宏富之路；使意古而不晦于深，文今而不坠于浅；义吐光芒，辞成廉锷，则为伟矣。（眉批：能如此，自无格不美，岂惟封禅文？固可不作也。）虽复道极数殚，终然相袭，而日新其采元作"来"。者，必超前辙焉。（眉批：数语教人以自为，亦凡文类然。）

赞曰：封勒帝绩，对越天休。逖听高岳，声英克彪。树石九旻，泥金八幽。鸿律蟠采，如龙如虬。

向明　《易·说卦传》：圣人南面而听天下，向明而治。

运天枢　《天官书》：斗为帝车，运于中央。《春秋运斗枢》：斗，第一天枢。

黎献　《书·益稷》：万邦黎献，共惟帝臣。《传》：黎献，黎民之贤者也。

绿图、丹书　见《正纬》篇。

铸鼎　《汉·郊祀志》：公孙卿曰：黄帝采首阳山铜，铸鼎于荆山下。鼎既成，有龙垂胡须，下迎黄帝。

巡岳　《书·舜典》：岁二月，东巡守，至于岱宗。五月，南巡守，至于南岳。八月，西巡守，至于西岳。十有一月朔，巡守至于北岳。

成康封禅　《封禅书》：周德之洽，惟成王，成王之封禅则近之矣。

齐桓　《汉·郊祀志》：齐桓公既霸，会诸侯于葵丘，而欲封禅。管仲曰：古者封泰山禅梁父者七十二家，而夷吾所记者十有二焉，皆受命然后得封禅。

管仲睹桓公不可穷以辞,因设之以事云云,桓公乃止。详下"西鹣东鲽"注。

玉牒金缕 《后汉·祭祀志》:封禅用玉牒书,藏方石。有玉检,检用金缕五周,以水银和金以为泥。

西鹣东鲽,南茅北黍 《郊祀志》:管仲曰:古之封禅,鄗上黍,北里禾,所以为盛。江淮间一茅三脊,所以为藉也。东海致比目之鱼,西海致比翼之鸟,然后物有不召而至者十有五焉。《注》:比目鱼,其名谓之鲽;比翼鸟,其名谓之鹣。

秘祝 见《祝盟》篇。

铭岱 《秦始皇本纪》:始皇东行郡县,上邹峄山,立石,与鲁诸生议刻石颂秦德,议封禅望祭山川之事。遂上泰山,禅梁父,刻所立石。

禅号肃然 《孝武本纪》:丙辰,禅泰山下趾东北肃然山。

巡封梁父 《后汉·祭祀志》:建武三十二年二月,皇帝东巡狩,至于岱宗,柴。甲午,禅于梁阴。

相如 《司马相如传》:武帝曰:相如病甚,可往从悉取其书,若不然,后失之矣。使所忠往,而相如已死。其妻曰:长卿未死时,为一卷书,曰:有使者来求书,奏之。其遗札书言封禅事。

玄符 李善《文选注》:玄符,天符也。

介丘 《封禅文》:以登介丘。《注》:介,大也。丘,山也。言登泰山封禅也。

勒碑 《后汉·祭祀志》:建武三十二年二月,上至奉高,遣侍御史与兰台令史,将工先上山刻石。

张纯 《张纯传》:纯奏上宜封禅,曰:宜及嘉时,遵唐帝之典,继孝武之业,以二月东巡狩,封于岱宗。明中兴,勒功勋,复祖统,报天神,禅梁父,祀地祇,传祚子孙,万世之基也。中元元年,帝乃东巡岱宗,以纯视御史大夫从,并上元封旧仪及刻石文。

引钩谶,叙离乱 《后汉·祭祀志》:刻石文曰:王莽篡叛,宗庙隳坏,社稷丧亡，扬、徐、青三州首乱，兵革横行。延及荆州，豪杰并兼，百里屯聚，往往僭号。北夷作寇，千里无烟，无鸡鸣犬吠之声。按：文内多引《河图》《赤伏符》《会昌符》《孝经钩命决》等书。

《剧秦》 扬雄《剧秦美新序》：司马相如作《封禅》一篇，以彰汉氏之休。臣敢竭肝胆，写腹心，作《剧秦美新》一篇，虽未究万分之一，亦臣之极思也。

《典引》 班固《典引序》：伏惟相如《封禅》，靡而不典；扬雄《美新》，典而亡实。臣不胜区区，窃作《典引》一篇。《注》：典谓《尧典》。引，犹续也。汉承尧后，故述汉德以续《尧典》。

兼包神怪 谓篇中"玄符灵契，黄瑞涌出"云云也。

《受命》 邯郸淳著《魏受命述》。

《魏德》 《陈思王集·魏德论》末曰：固将封泰山，禅梁父，历名山以祈福，周五方之灵宇，越八九于往素，踵帝王之灵矩，流余祚于黎蒸，钟元吉乎圣主。

遯听 《封禅文》：遯听者风声。

章表第二十二

夫设官分职，高卑联事。天子垂珠以听，诸侯鸣玉以朝。敷奏以言，明试以功。故尧咨四岳，舜命八元，固辞再让之请，俞往钦哉之授，并陈辞帝庭，匪假书翰。然则敷奏以言，则一作"即"。章表之义也；明试以功，即授爵之典也。至太甲既立，伊尹书诫；思庸归亳，又作书以赞：元作"缵"。文翰献替，事斯见矣。周监二代，文理弥盛。再拜稽首，对扬休命；承文受册，敢当丕显：虽言笔未分，而陈谢可见。降及七国，未变古式；言事于主，皆称上书。秦初定制，改书曰奏。汉定礼仪，则有四品：一曰章，二曰奏，三曰表，四曰议。章以谢恩，奏以按劾，表以陈请，议以执异。章者，明也。《诗》云"为章于天"，谓文明也。其在文物，赤白曰章。表者，标也。《礼》有《表记》，谓德见于仪。其在器式，揆景曰表。章表之目，盖取诸此也。按《七略》《艺文》，谣咏必录；章表奏议，经国之枢机,然阙而不纂者,乃各有故事,而在职司也。

前汉表谢,遗篇寡存。及后汉察举,必试章奏。左雄奏议,台阁为式;胡广章奏,一作"表"。天下第一:并当时之杰笔也。观伯始谒陵之章,足见其典文之美焉。昔晋文受册,三辞元脱,朱补。从命,是以汉末让表,以三为断。曹公称"为表不必三让",又"勿得浮华"。所以魏初表章,指事造实,求其靡丽,则未足美矣。至于文举之荐祢衡,气扬采飞;孔明之辞后主,志尽文畅:虽华实异旨,并表之英也。琳、瑀章表,有誉当时;孔璋称健,则其标也。陈思之表,独冠群才。观其体赡而律调,辞清而志显;应物掣一作"制"。(眉批:"制"字是。)巧,随变生趣;执辔有余,故能缓急应节矣。逮晋初笔札,则张华为俊:元作"俦"。其三让公封,理周辞要;引义比事,必得其偶;世珍《鹪鹩》,莫顾章表。及羊公之辞开府,有誉于前谈;庾公之让中书,信美于往载:一作"册"。序志显类,有文雅焉。刘琨劝进,张骏自序,文致耿介,并陈事之美表也。(眉批:此一段无甚发明。)

原夫章表之元作"文",谢改。为用也,所以对扬王庭,昭明心曲。既其身文,且亦国华。章以造阙,风矩应明;表以致禁,骨采宜耀:循名课实,以章元脱,一作"文"。为本者也。是以章式炳贲,志在典谟;使要而非略,明而不浅。表体多包,情伪屡迁。必雅义以扇其风,清文以驰其丽。然恳恻元作"悃"。者辞为心使,浮侈者情为文元作"出"。使。一作"情为文屈"。繁约得正,华实相胜,唇吻不滞,则中律矣。子贡云"心以制之,言以结之",盖一一作"以"。辞意也。荀卿以为"观人美辞,丽于黼黻文章",亦可以喻于斯乎?

赞曰:敷奏绛阙,献替黼扆。言必贞明,义则弘伟。肃恭节文,条理首尾。君子秉文,辞令有斐。

联事 《周礼》:太宰以八法治官府,三曰官联,以会官治。

垂珠 《玉藻》:天子玉藻,十有二旒。《释名》:祭服曰冕,玄上纁下,前后垂珠,有文饰也。

八元 《左传》:舜臣。尧举八元,使布五教于四方。

书诫　《书序》:太甲元年,伊尹作《伊训》。

思庸　《书序》:太甲放诸桐。三年,复归于亳,思庸,伊尹作《太甲》三篇。

献替　《左传》:君所谓可而有否焉,臣献其否,以成其可;君所谓否而有可焉,臣献其可,以去其否。

丕显　《左传》:僖公二十八年,王策命晋侯为侯伯。晋侯三辞从命,曰:重耳敢再拜稽首,奉扬天子之丕显休命。受册以出。

言笔　《曲礼》:史载笔,士载言。

章、奏、表、议　《独断》:凡群臣上书于天子者,有四名:一曰章,二曰奏,三曰表,四曰驳议。

赤白　《考工记》:画缋之事,赤与白谓之章。

揆景　《晋·天文志》:郑众说,土圭之长,尺有五寸。以夏至之日,立八尺之表,其景与土圭等,谓之地中。桓谭《新论》:二仪之大,可以章程测也;三纲之动,可以圭表测也。

《七略》　见《诸子》篇。

左雄　《左雄传》:自雄掌纳言,多所匡肃。章表奏议,台阁以为故事。

胡广　《胡广传》:举孝廉,既到京师,试以章奏,安帝以广为天下第一。

文举　《孔融传》:融,字文举,《文选》有《荐祢衡表》。

孔明　《诸葛亮传》:亮,字孔明。后主建兴五年,率诸军北驻汉中,临发上疏。表见《文选》。

琳、瑀　陈琳、阮瑀。《典论》:琳、瑀之章表书记,今之隽也。

孔璋　陈琳,字孔璋。魏文帝《与吴质书》:孔璋章表殊健。

陈思之表　《陈思王植传》:太和二年,植常自愤怨,抱利器而无所施,上疏求自试。五年,植上疏求存问亲戚。

张华　《张华传》:初封广武县侯,进封壮武郡公,华十余让。中诏敦譬,乃受。

《鹪鹩》　《张华传》:华初未知名,著《鹪鹩赋》以自寄。

辞开府 《羊祜传》：武帝时，加车骑将军，开府如三司之仪，祜上表固让。载《文选》。

让中书 《文选》有庾亮《让中书监表》。

刘琨 《文选》有刘琨《劝进表》。

张骏 《张骏传》：骏上疏曰：臣专命一方，职在斧钺。勒、雄既死，人怀反正，谓季龙、李期之命，曾不崇朝，而皆篡继凶逆，鸱目有年，遂使桃虫鼓翼，四夷喧哗。臣之所以宵吟荒漠，痛心长路者也。

绛阙 《孙楚传》：楚作书遗孙皓曰：窃号之雄，稽颡绛阙，球琳重锦，充于府库。

黼扆 见《诏策》篇。

奏启第二十三

昔唐虞之臣，敷奏以言；秦汉之辅，上书称奏。陈政事，献典仪，上急变，劾愆一作"愈"。谬，总谓之奏。奏者，进也；言元脱，谢补。敷于下，情进于上也。

秦始立奏，而法家少文。观王绾之奏勋德，辞质而义近；李斯之奏骊山，事略而意径：政《御览》作"故"。无膏润，形于篇章矣。自汉以来，奏事或称上疏，儒雅继踵，殊采可观。若夫贾谊之务农，晁错之兵事，元作"卒"，孙改。匡衡之定郊，王吉之观礼，温舒之缓狱，谷永之谏仙：理既切至，辞亦通畅，一作"达"，又作"辨"。可谓识大体矣。后汉群贤，嘉言罔伏：杨秉耿介于灾异，陈蕃愤懑于尺一，骨鲠得焉；张衡指摘于史职，蔡邕铨列于朝仪，博雅明焉。魏代名臣，文理迭兴。若高堂天文，王元作"黄"，从《魏志》改。观教学，王朗节省，甄元作"瓯"，朱改。毅考课，亦尽节而知治矣。晋氏多难，灾屯流移。刘颂殷勤于时务，温峤恳恻一作"切"。于费役，并体国之忠规矣。

夫奏之为笔，固以明允笃诚为本，辨析疏通为首。（眉批：此句不可多得之，三代而下。）（眉批：此评未允。三代而下，名臣之奏多矣。）强志足以成务，博见足以穷理；酌古御今，治繁总要：此其体也。若乃按劾之奏，所以明宪清国。昔周之太仆,绳愆纠缪;秦之御史,职主文法;汉置中丞,总司按劾。故位在鸷—作"挚"。击,砥砺其气,必使笔端振风,简上凝霜者也。观孔光之奏董贤,则实其奸回;路粹之奏孔融,则诬其衅恶:名儒之与险士,固殊心焉。若夫傅咸元作"盛"。劲直,而按辞坚深;刘隗切正,而劾文阔略:各其志也。后之弹事,迭相斟酌,惟新日用,而旧准弗差。然函人欲全,矢人欲伤;术在纠恶,势必深峭。《诗》刺谗人,投畀豺虎;《礼》疾无礼,方之鹦猩。墨翟非儒,目以豕彘;孟轲讥墨,比诸禽兽。《诗》、《礼》、儒、墨,既其如兹,奏劾严文,孰云能免?是以世人为文,竞于诋诃,吹毛取瑕,次骨为戾,复似善骂,多失折衷。若能辟礼门以悬规,标义路以植矩,然后逾垣者折肱,捷径者灭趾,何必躁言丑句,诟元作"话",谢改。病为切哉!是以立范运衡,宜明体要。必使理有典刑,辞有风轨,总法家之式,秉儒家之文。(眉批:酌中之论。)不畏强御,气流墨中;无纵诡随,声动简外:乃称绝席之雄,直方之举耳。一作"也"。

启者,开也。高宗云"启乃心,沃朕心",取其义也。孝景讳启,故两汉无称。至魏国笺记,始云"启闻";奏事之末,或云"谨启"。自晋来盛启,用兼表奏。陈政言事,既奏之异条;让爵谢恩,亦表之别干。必敛饬元作"散"。入规,促其音节,辨要轻清,文而不侈:(眉批:界限分明。)亦启之大略也。

又表奏确切,号为谠言。谠者,偏也。王道有偏,乖乎荡荡;下有脱字。其偏,故曰谠言也。孝成称班伯之谠言,贵直也。自汉置八仪,密奏阴阳,皂囊封板,故曰封事。晁错受书,还上便宜。后代便宜,多附封事,慎机密也。夫王臣匪躬,必吐謇谔,事举人存,故无待泛说也。(眉批:与《祝盟》篇结处同意。)

赞曰:皂饬司直,肃清风禁。笔锐干将,墨含淳鸩。虽有次骨,无或肤浸。献政陈宜,事必胜任。

急变 《汉·平帝纪》:乙未,义陵寝神衣在柙中。丙申旦,衣在外床上,寝令以急变闻。《注》:非常之事,故云急变。

王绾 《秦始皇本纪》:秦初并天下,议帝号,丞相王绾等议曰:陛下平定天下,海内为郡县,法令由一统,五帝所不及。古有天皇,有地皇,有泰皇;泰皇最贵,臣等昧死上尊号王为泰皇。

李斯 蔡质《汉仪》:李斯治骊山陵,上书曰:臣所将隶徒七十余万人,治骊山者已深已极,凿之不入,烧之不爇,叩之空空,如下天状。

务农 《汉·食货志》:文帝即位,躬修俭节,思安百姓。时民近战国,贾谊说上曰:积贮者,天下之大命也。今驱民而归之农,使天下各食其力,末技游食之民,转而缘南亩,则蓄积足而人乐其所矣。

兵事 《晁错传》:匈奴强,数寇边,上发兵以御之。错上言兵事。

定郊 《汉·郊祀志》:成帝初即位,丞相匡衡等奏言:帝王之事,莫大乎承天之序;承天之序,莫重于郊祀。宜于长安定南北郊为万世基。天子从之。

王吉 《王吉传》:吉疏曰:安上治民,莫善于礼。愿陛下与公卿大臣,延及儒生,述旧礼,明王制,驱一世之民,跻之仁寿之域。

温舒 《路温舒传》:宣帝初即位,温舒上书,言宜尚德缓刑。

谷永 《汉·郊祀志》:成帝末年,颇好鬼神,亦以无继嗣故,多上书言祭祀方术者,皆得待诏,祠祭上林苑中。谷永说上曰:臣闻明于天地之性,不可惑以神怪。盛称奇怪鬼神,及言世有仙人,皆挟左道,怀诈伪,以欺罔世主。

杨秉 《杨秉传》:帝时微行,幸河南尹梁胤府舍。是日大风拔树,昼昏。秉因谏曰:王者至尊,出入有常,况以先王法服,而私出槃游,设有非常之变,上负先帝,下悔靡及。

陈蕃 《陈蕃传》:时封赏逾制,蕃上疏谏曰:陛下宜采求得失,择从忠善,尺一选举,委尚书三公,使褒责诛赏,各有所归。

张衡指摘 《张衡传》:衡收检遗文,毕力补缀,条上司马迁、班固所叙与典籍不合者十余事。又以为王莽本传,但应载篡事而已;至于编年月,纪灾祥,宜为《元后本纪》;又宜以更始之号,建于光武之初。

朝仪 蔡邕《独断》:正月朝贺,三公奉璧上殿,向御座北面。太常赞曰:皇帝为君兴。三公伏,皇帝坐,乃进璧。旧仪,三公以下月朝,后省,常以六月朔、十月朔旦朝。后又以盛暑,省六月朝。故今独以为正月、十月朔朝也。冬至阳气起,君道长,故贺。夏至阴气起,君道衰,故不贺。

天文 《高堂隆传》:青龙中,大治殿舍,有星孛于大辰。隆上疏曰:今之宫室,实违礼度,乃更建立九龙,华饰过前。天彗章灼,始起于房心,犯帝座而干紫微,此乃皇天子爱陛下,是以发教戒之象,欲必觉寤陛下,不宜有忽,以重天怒。

王观 《魏志》:观,字伟台。

节省 魏王朗有《节省奏》。

刘颂 《刘颂传》:除淮南相。颂在郡上疏,言封国之制,宜如古典,及六州将士之役,凡数千言。诏褒美之。

温峤 《温峤传》:太子起西池楼观,颇为劳费。峤上疏,以为朝廷草创,巨寇未灭,宜应俭以率下。太子纳焉。

绳愆纠缪 《书序》:穆王命伯冏为周太仆正,作《冏命》,曰:惟余一人无良,实赖左右前后有位之士,匡其不及,绳愆纠缪,格其非心,俾克绍先烈。今予命汝作大正,正于群仆侍御之臣,懋乃后德,交修不逮。

御史、中丞 《汉·百官公卿表》:御史大夫,秦官,一曰中丞,在殿中兰台,掌图籍秘书,外督部刺史,内领侍御史员十五人,受公卿奏事,举劾按章。

奏董贤 《董贤传》:贤自杀。王莽复风孔光奏贤:质性巧佞,翼奸以获封侯;治第造冢,不异王制;死后以砂画棺,至尊无以加。臣请收没入财物县官。

奏孔融 《孔融传》:曹操令路粹枉奏融:昔在北海,见王室不静,欲规不轨,云:我大圣之后,有天下者,何必卯金刀?

傅咸 《傅咸传》:咸,字长虞,刚简有大节。顾荣与亲故书曰:傅长虞为司隶,劲直忠果,劾按惊人。虽非周才,偏亮可贵也。

刘隗 《刘隗传》:隗迁丞相司直,弹奏不畏强御。

弹事 六朝御史中丞劾奏曰弹事,《文选》有沈休文、任彦昇弹事。《王淮之传》:宋台谏除御史中丞,为百僚所惮。自彪之至淮之,四世居此职。淮之尝作五言诗,范泰嘲之:卿惟解弹事耳。

鹦猩 《曲礼》:鹦鹉能言,不离飞鸟;猩猩能言,不离禽兽。今人而无礼,虽能言,不亦禽兽之心乎!

墨翟非儒 《墨子·非儒》篇:贪于饮食,惰于作务,陷于饥寒,无以违之。是若人气,鼸鼠藏,而羝羊视,贲彘起。君子笑之。

次骨 《杜周传》:周少言重迟,而内深次骨。《注》:其用法深刻至骨。

善骂 《留侯世家》:四皓曰:陛下轻士善骂,臣等义不受辱,故恐而亡匿。

逾垣 《国语》:君有短垣而自逾之。

捷径 《离骚》:夫唯捷径以窘步。

绝席 《王常传》:常为横野大将军,位次与诸将绝席。《注》:绝席,谓尊显之也。《汉官仪》曰:御史大夫、尚书令、司隶校尉皆专席,号"三独坐"。

谠言 《汉书·叙传》:禁中张画屏风,画纣醉踞妲己,作长夜之乐。上指画问班伯,伯对曰:《诗》《书》淫乱之戒,其原皆在于酒。上乃喟然叹曰:吾久不见班生,今日复闻谠言。

皂囊封板 《后汉·礼仪志》:日冬至,召太史令各板书,封以皂囊。《独断》:凡章表皆启封,其言密事,得皂囊盛。

封事 《霍光传》:上令吏民得奏封事,不关尚书。

上便宜 《晁错传》:太常遣晁错受《尚书》伏生所,还,因上便宜事。

謇谔 《陈蕃传》:窦太后优诏蕃曰:忠孝之美,德冠本朝。謇谔之操,华首弥固。

司直 《百官公卿表》:武帝元狩五年,初置司直,掌佐丞相,举不法。

议对第二十四

"周爰谘谋",是谓为议。议之言宜,审事宜也。《易》之《节卦》:"君子以制度数,议德行。"《周书》曰:"议事以制,政乃弗迷。"议贵节制,经典之体也。

昔管仲称轩辕有明台之议,则其来远矣。洪水之难,尧咨四岳;宅揆之举,舜畴五人。一本作"臣"。三代所兴，询及刍荛。春秋释宋，鲁桓务议。及赵灵胡服，而季父争论；商鞅变法，而甘龙交辨：虽宪章无算，而同异足观。迄至元作"今"。有汉，始立驳议。驳者，杂也；杂议不纯，故曰驳也。自两汉文明，楷式昭备，蔼蔼多士，发言盈庭。若贾谊之遍代诸生，可谓捷于议也。至如主父当作"吾丘"。之驳挟弓，安国之辨匈奴；贾捐之之陈于朱崖，刘歆之辨于祖宗：虽质文不同，得事要矣。若乃张敏之断轻侮，郭躬之议擅诛；程元作"陈"。晓之驳校事，司马芝之议货钱；何曾蠲出女之科，秦秀定贾充之谥；元作"谥"。事实允当，可谓达议体矣。汉世善驳，则应劭为首；晋代能议，则傅咸为宗。然仲瑗博古，而铨贯有叙；长虞识治，而属辞枝繁。及陆机《断议》，亦有锋颖，而谀(眉批："谀"当作"腴"。)辞弗剪，颇累文骨；亦各有美，风格存焉。

夫动先拟议，明用稽疑，所以敬慎群务，弛张治术。故其大体所资，必枢纽经典，采故实于前代，观通变于当今。理不谬摇其枝，字不妄舒其藻。又《御览》作"其"。郊祀必洞于礼，戎事必一作"要"，又作"宜"。练于兵，田一作"佃"。谷先晓于农，断讼务精于律。然后标以显义，约以正辞。文以辨洁为能，不以繁缛为巧；事以明核为美，不以深隐为奇：(眉批：四语扼要。)此纲领之大要也。若不达政体，而舞笔弄文，支离构辞，穿凿会巧，空骋其华，固为事实所摈；设得其理，亦为游辞所埋矣。(眉批：洞究文弊。)昔秦女嫁晋，从文衣之媵，一本下有"者"字。晋人贵媵而贱女；楚珠鬻郑，为薰桂之椟，郑人买椟而还珠。若文浮于理，末胜其本，则秦女楚珠，复在于兹矣。

又对策者，应诏而陈政也；射策者，探事而献说也。言中理准，譬射侯中的；二名虽殊，即议之别体也。古之造士，选事考言。汉文中年，始举贤良，晁错对策，蔚为举首。及孝武益明，旁求俊乂，对策者以第一登庸，射策者以甲科入仕，斯固选贤要术也。观晁氏之对，证验古今，辞裁以辨，事通而赡，超升高第，信有征矣。仲舒之对，祖述《春秋》，本阴阳之化，究列代之变，烦而不愍者，事理明也。公孙之对，简而未博，然总要以约文，事切而情举，所以太常居下，而天子擢上也。杜钦之对，略而指事，辞以治宣，不为文作。及后汉鲁丕，元作"平",朱改。辞气质素,以儒雅中策,独—作"以"。入高第。凡此五家,并前元作"明",谢改;又一本作"列"。代之明范也。魏晋已来,稍务文丽。以文纪实,所失已多;及其来选,又称疾不会:虽欲求文,弗可得也。是以汉饮博士,而雉集乎堂;晋策秀才,而麏兴于前:无他怪也,选失之异耳。

夫驳议偏辨,各执异见;对策揄扬,大明治道。使事深于政术,理密于时务。酌三五以镕世,而非迂缓之高谈;驭权变以拯俗,而非刻薄之伪论。(眉批:语尤精确。前"辨洁"四句论文章,此四句论意旨。议对之要,包括无遗矣。)风恢恢而能远,流洋洋而不溢,王庭之美对也。难矣哉,士之为才也!或练治而寡文,或工文而疏治。对策所选,实属通才,志足文远,不其鲜欤!

赞曰:议惟畴政,名实相课。断理必纲,摘辞无懦。对策王庭,同时酌和。治体高秉,雅谟远播。

明台 《管子》:黄帝立明台之议者,上观于贤也。

释宋 《春秋》:僖公二十一年,公会诸侯,盟于薄,释宋公。《公羊传》:执未有言释之者,此其言释之何?公与为尔也。公与为尔奈何?公与议尔也。按:鲁桓公无议释宋事,"桓"当作"僖"。

胡服 《赵世家》:武灵王欲胡服,公子成曰:中国者,贤圣之所教也。今王舍此而袭远方之服,变古之教,逆人之心。王曰:儒者一师而俗异,中国同礼而教离。今叔之所言者,俗也;吾之所言者,所以制俗也。公子成曰:王将继简、襄之意,以顺先王之志,臣敢不听命乎?

变法 《商君列传》:孝公既用卫鞅,鞅欲变法。甘龙曰:圣人不易民而教,知者不变法而治。鞅曰:龙之所言,世俗之言也。三代不同礼而王,五伯不同法而伯。孝公曰:善。卒定变法之令。

驳议 见《章表》篇。

贾谊 《贾谊传》:谊为博士,每诏令议下,诸老先生不能言,贾生尽为之对。人人各如其意所欲出,诸生于是以为能。文帝说之。

驳挟弓 《吾丘寿王传》：公孙弘奏言，禁民毋得挟弓弩便。上下其议，寿王对曰：臣恐邪人挟之而吏不能止，良民以自备而抵法禁，是擅贼威而夺民救也。上以难弘，弘诎服焉。按：非主父偃事。

辨匈奴 《韩安国传》：武帝时，匈奴请和亲，大行王恢议伏兵袭击。安国曰：匈奴轻疾悍亟之兵也，至如猋风，去如收电，难得而制。今使边郡久废耕织，以支胡之常事，其势不相权也。臣故曰勿击便。

陈朱崖 "朱崖"，当作"珠厓"。《贾捐之传》：珠厓又反，上使王商诘问捐之。捐之对曰：臣愚以为非冠带之国，《禹贡》所及，《春秋》所治，皆可且无以为。愿遂弃珠厓，专用恤关东为忧。

辨祖宗 刘歆《武帝庙不宜毁议》：孝武皇帝南灭百粤，北攘匈奴，至今累世赖之。天子三昭三穆，与太祖之庙而七。孝宣皇帝举公卿之议，既以为世宗之庙，臣愚以为不宜毁。

断轻侮 《张敏传》：建初中，有人侮辱人父者，而其子杀之。肃宗贳其死刑。自后因以为比，遂定议以为轻侮法。敏驳议曰：使执宪之吏，得设巧诈，非所以导在丑不争之义，可下三公、廷尉蠲除其敝。议寝不省。敏复上疏，和帝从之。

议擅诛 《郭躬传》：窦固出击匈奴，秦彭为副。彭在别屯，而辄以法斩人。固奏彭专擅，请诛之。显宗乃引公卿朝臣平其罪科。躬曰：汉制棨戟，即为斧钺，于法不合罪。帝从躬议。

驳校事 《魏志》：程晓嘉平中为黄门侍郎。时校事放横，晓上疏，遂罢校事官。

议货钱 《司马芝传》：先是文帝罢五铢钱，令民以谷帛为市。至明帝时，巧伪滋多，芝议以用钱非独丰国，亦以省刑。从之。

蠲出女科 《晋·刑法志》：魏法，犯大逆者诛及已出之女。毌丘俭之诛，其子甸妻荀氏，应坐死，诏听离婚。荀氏所生女芝为刘子元妻，亦坐死，以怀妊系狱。荀氏辞诣司隶校尉何曾乞恩，求没为官婢以赎芝命。曾哀之，使主簿程咸上议曰:男不得罪于他族,而女独婴戮于二门。臣以为在室之女,从父母之诛;既醮之妇,从夫家之罚。宜改旧科,以为永制。

定贾充谥 《秦秀传》:贾充薨,议谥。秀议曰:充以异姓为后,绝祖父之血食,开朝廷之祸门。《谥法》"昏乱纪度曰荒",请谥荒。

应劭 《应劭传》:劭凡为驳议三十篇。

仲瑗 《应劭传》:劭,字仲远。《注》:《续汉书·文士传》作"仲援",《汉官仪》又作"仲瑗"。

贵媵贱女、买椟还珠 《韩子》:昔秦伯嫁其女于晋公子,令晋为之饰装,从衣文之媵七十人。至晋,晋人爱其妾而贱公女。此可谓善嫁妾,而未可谓善嫁女也。楚人有卖其珠于郑者,为木兰之柜,薰桂椒之椟,缀以珠玉,饰以玫瑰,辑以翡翠。郑人买其椟而还其珠。此可谓善卖椟矣,未可谓善鬻珠也。

射策、对策 《萧望之传》:望之以射策甲科为郎。《注》:射策者,谓为难问疑义,书之于策,量其大小,署为甲乙之科,列而置之,不使彰显。有欲射者,随其所取得而释之,以知优劣。射之言投射也。对策者,显问以政事经义,令各对之,而观其文辞,定高下也。

举贤良 《晁错传》:诏有司举贤良文学士,对策者百余人,错为高第。

仲舒 《董仲舒传》:仲舒少治《春秋》。武帝即位,举贤良文学之士,前后百数,而仲舒以贤良对策举首。

公孙对 《平津侯传》:公孙弘使匈奴还,不合上意,病免归。元光五年,诏征文学,国人固推弘。弘至太常,太常令所征儒士各对策,百余人,弘第居下。策奏,天子擢弘对为第一。

杜钦 《杜钦传》:日蚀、地震,诏举贤良方正能直言士,钦上对,云云。

鲁丕 《鲁丕传》:丕,字叔陵,兼通五经,为当世名儒。肃宗诏举贤良方正,刘宽举丕。时对策者百有余人,惟丕在高第,关东号之曰"五经复兴鲁叔陵"。

称疾 《晋书》:元帝时,以天下丧乱,远方孝秀,不复策试,到即除署。既经略粗定,乃诏试经,有不中科,刺史、太守免官。其后孝秀莫敢应命,有送至京师,皆以疾辞。

雉集 《汉·成帝纪》:鸿嘉二年春,行幸云阳。三月,博士行饮酒礼。有雉蜚集于庭,历阶升堂而雊。诏举敦厚有行义能直言者,冀闻切言嘉谋。

麕兴 《晋·五行志》:咸和六年正月,会州郡秀孝于乐贤堂。有麕见于前,获之。孙盛以为吉祥。夫秀孝,天下之彦士,乐贤堂所以乐养贤也。自丧乱以后,风教陵夷。秀孝策试,四科之实,麕兴于前,或斯故乎?

志足文远 《左传》:仲尼曰:志有之,言以足志,文以足言。不言,谁知其志?言之无文,行而不远。

书记第二十五

大舜云:"书用识哉!"所以记时事也。盖圣贤言辞,总为之一作"尚"。书,书之为体,主言者也。扬雄曰:"言,心声也;书,心画也。声画形,君子小人见矣。"故书者,舒也。舒布其言,陈之简牍,取象于夬,贵在明决而已。

三代政暇,文翰颇疏。春秋聘繁,书介弥盛。绕朝赠士会以策,(眉批:可证解作"鞭策"之谬。)(眉批:解作"鞭策"不谬,杜氏误解为"书策"耳。"绕朝"二语,对面启齿即了,何必更题而增之?故知"策"是"鞭策",寓使策马速行之意耳。)子家与赵宣以书;巫臣之遗子反,子产之谏范宣:详观四书,辞若对面。又子服敬叔,进吊书于滕君,固知行人挚辞,多被翰墨矣。及七国献书,诡丽辐辏;汉来笔札,辞气纷纭。观史迁之报任安,东方朔之难公孙,杨恽之酬会宗,子云之答刘歆:志气槃桓,各含殊采;并杼轴乎尺素,抑扬乎寸心。逮后汉书记,则崔瑗尤善。魏之元瑜,号称翩翩;文举属章,半简必录;休琏好事,留意词翰:抑其次也。嵇康绝交,实志高而文伟矣;赵至叙元作"赠",王性凝改。离,乃少年之激切也。至如陈遵占辞,百封各意;祢衡代书,亲疏得宜:斯又《御览》作"皆"。尺牍之偏才也。

详总书体,本在尽言,言以散郁陶,托风采,故宜条畅《御览》作"涤荡"。以任气,优柔以怿怀。文明从容,亦心声之献酬也。若夫尊贵差序,则肃以节文。

战国以前,君臣同书;秦汉立仪,始有表奏。王公国内,亦称奏书;张敞奏书于胶后,其义美矣。迄至后汉,稍有名品,公府奏记,而郡将奏笺。记之言志,进己志也。笺者,表也,表识其情也。崔实奏记于公府,则崇让之德音矣;黄香奏笺于江夏,亦肃恭之遗式矣。公幹笺记,丽而规益,子桓弗论,故世所共遗。若略名取实,则有美于为诗矣。刘廙谢恩,喻切以至;陆机自理,情周而巧:笺之为善者也。原笺记之为式,既上窥乎表,亦下睨乎书,使敬而不慑,简而无傲,清美以惠其才,彪蔚以文其响,盖笺记之分也。

夫书记广大,衣被事体,笔札杂名,古今多品。(眉批:此种皆系杂文,缘"第十四"先列杂文,不能更标此目,故附之"书记"之末,以备其目。然与"书记"颇不伦,未免失之牵合;况所列或不尽文章,入之论文之书,亦为不类。若删此四十五行,而以"才冠鸿笔"句直接"笺记之分"句下,较为允协。)是以总领黎庶,则有谱籍簿录;医历星筮,则有方术占试;申宪述兵,则有律令法制;朝市征信,则有符契券疏;百官询事,则有关刺解谍;万民达志,则有状列辞谚:并述理于心,著言于翰,虽艺文之末品,而政事之先务也。

故谓谱者,普也。注序世统,事资周普,郑氏谱《诗》,盖取乎此。

籍者,借也。岁借民力,条之于版,《春秋》司籍,即其事也。

簿者,圃也。草木区别,文书类聚,张汤、李广,为吏所簿,别情伪也。

录者,领也。古史《世本》,编以简策,领其名数,故曰录也。

方者,隅也。医药攻病,各有所主,专精一隅,故药术称方。

术者,路也。算历极数,见路乃明。《九章》积微,故以为术;淮南《万毕》,皆其类也。

占者,觇也。星辰飞伏,伺候乃见;精_{疑作"登"}。观书云,故曰占也。

式者,_{元脱}。则也。阴阳盈虚,五行消息;变虽不常,而稽之有则也。

律者,中也。黄钟调起,五音以正,_{元本下多"音以正"三字}。法律驭民,八刑克平。以律为名,取中正也。

令者,命也。出命申禁,有若自天,管仲下命_{一作"令"}。如流水,使民从也。

法者，象也。兵谋无方，而奇正有象，故曰法也。

制者，裁也。上行于下，如匠之制器也。

符者，孚元作"厚"，谢改。也。征召防伪，事资中孚。三代玉瑞，汉世金竹；末代从省，易以书翰矣。

契者，结也。上古纯质，结绳执契；今羌胡征数，负贩记缗，其遗风欤！

券者，束也。明白约束，以备情伪，字形半分，故周称判书。古有铁券，以坚信誓。王褒髯奴，则券之楷也。

疏者，布也。布置物类，撮题近意，故小券短书，号为疏也。

关者，闭也。出入由门，关闭当一作"由"。审；庶务在政，通塞应详。韩非云："孙亶回，元作'四'，朱改。圣相也，而关于州部。"盖谓此也。

刺者，达也。诗人讽刺，《周礼》三刺，事叙相达，若针之通结矣。

解者，释也。解释结滞，征事以对也。

牒者，叶也。短简编牒，如叶在枝，温舒截蒲，即其事也。议政未定，故短牒咨谋。牒之尤密，谓之为签。签者，纤一作"鉴"。密者也。

状者，貌也。体一作"礼"。貌本原，取其事实。先贤表谥，并有行状，状之大者也。

列者，陈也。陈列事情，昭然可见也。

辞者，舌端之文，通己于人。子产有辞，诸侯所赖，不可已也。

谚者，直语也。丧言亦不及文，元作"交"。故吊亦称谚。廛路浅言，有实无华。邹穆公云"囊满汪本作'漏'。储中"，皆其类也。《太誓》曰："古人有言，牝鸡无晨。"《大雅》云："人亦有言""惟忧用老"，并上古遗谚，《诗》《书》可引者也。至于陈琳谏辞，称"掩目捕雀"；潘岳哀辞，称"掌珠""伉俪"：并引俗说而为文辞者也。夫文辞鄙俚，莫过于谚，而圣贤《诗》《书》，采以为谈，况逾于此，岂可忽哉！

观此四疑作"数"。条，并书记所总：或事本相通，而文意各异；或全任质素，或杂用文绮。随事立体，贵乎精要：意少一字则义阙，句长一言则辞妨，并有司一作"词"。之实务,而浮藻之所忽也。(眉批:二十四种杂文,体裁各别,总括为难,不得不如此俍侗敷衍。)然才冠鸿笔,多疏尺牍,譬九方堙之识骏足,而不知毛色牝牡也。言既身文,信亦邦瑞,翰林之士,思理实焉。(眉批:此处仍以"书记"结,与中间所列无涉,文意亦不甚相属。知是前类杂文,无类可附,强入之《书记》篇耳。)

赞曰:文藻条流,托在笔札。既驰金相,亦运木讷。万古声荐,千里应拔。庶务纷纭,因书乃察。

书用识哉 《书·益稷》篇文。

扬雄云云 见《法言·问神》篇。

简牍 杜预《春秋序》:大事书之于策,小事简牍而已。

象夬 见《征圣》篇。

赠策 《左传》:晋人患秦之用士会也,乃使魏寿余伪以魏叛者,以诱士会。士会行,绕朝赠之以策,曰:子无谓秦无人,吾谋适不用也。

与书 《左传》:晋后不见郑伯,以为贰于楚也。郑子家使执讯而与之书,以告赵宣子。

遗子反 《左传》:楚子重、子反以夏姬故,怨巫臣而杀其族。巫臣自晋遗二子书。

谏范宣 《左传》:范宣子为政,诸侯之币重,郑人病之。子产寓书于子西,以告宣子。

进吊书 《檀弓》:滕成公之丧,使子服敬叔吊,进书。

笔札 《司马相如传》:相如请为天子游猎之赋,上令尚书给笔札。《注》:札,木简之薄小者,时未多用纸,故给札以书。

报任安 《司马迁传》:迁被刑之后,为中书令,尊宠任职,故人益州刺史任安予迁书,责以古贤臣之义。迁报以书。

难公孙 《公孙弘传》:武帝时,北筑朔方,弘谏以为罢弊中国。上使朱买臣等难弘置朔方之便,发十策,弘不得一。按:《东方朔传》有《答客难》,无难公孙弘事。

酬会宗 《杨恽传》:恽失位家居,治产业,起室宅,以财自娱。友人孙会宗,知略士也,与恽书,谏戒之,恽报以书。

答刘歆 扬雄,字子云。集有《答刘歆书》。

元瑜 《魏文帝集·与吴质书》:元瑜书记翩翩,致足乐也。

文举 《孔融传》:融,字文举。魏文帝深好融文辞,募天下上融文章者,辄赏以金帛。

休琏 《文章叙录》:应璩,字休琏,博学好属文,善为书记文。

绝交 《嵇康传》:山涛将去选官,举康自代,康乃与涛书告绝。

叙离 《晋·文苑传》:赵至与嵇康兄子蕃友善,及将远适,乃与蕃书叙离,并陈其志。

陈遵 《陈遵传》:起为河南太守,既到官,治私书谢京师故人。遵凭几,口占书吏,且省官事,书数百封,亲疏各有意。

祢衡 《后汉·文苑传》:祢衡为黄祖作书记,轻重疏密,各得体宜。

献酬 《世说》:人问抚军殷浩谈竟何如,答曰:不能胜人,差可献酬群心。

君臣同书 如乐毅《报燕王》,燕王谢乐间,上下无别,同称书也。

表奏 《文章缘起》:表,淮南王安谏伐闽表。奏,汉枚乘奏书谏吴王濞。

张敞 《张敞传》:敞拜胶东相。到胶东,居顷之,王太后数出游猎,敞奏书谏。

郡将 《严延年传》:延年新将。《注》:新为郡将也。谓郡守为郡将者,以其兼领武事也。

崔实 见《诸子》篇。

黄香 《后汉·文苑传》:黄香,字文强,江夏安陆人。所著赋、笺、奏、书、令,凡五篇。

公幹 刘桢,字公幹。按:魏文帝《与吴质书》"公幹五言诗,妙绝当时",而不言其笺、记,故云"弗论"。文帝,字子桓。

刘廙 《刘廙传》：魏讽反，廙弟伟为讽所引，当相坐诛。太祖令曰：叔向不坐弟虎，古之制也，特原不问。徙署丞相仓曹属。廙上疏谢曰：起烟于寒灰之上，生华于已枯之木；物不答施于天地，子不谢生于父母。

陆机自理 陆机《谢平原内史表》：横为故齐王冏诬臣与众人共作禅文，幽执囹圄，当为诛始。臣乃崎岖自列，片言只字，不关其间，字踪笔迹，皆可推校。

谱 《汉·艺文志》：《帝王诸侯世谱》二十卷，《古来帝王年谱》五卷。《刘杳传》：王僧孺撰谱，访杳血脉所因。杳云：桓谭《新论》云：太史三世表，旁行邪上，并效周谱。以此而推，当起周代。

籍 《萧何世家》：高祖入关，何独先走丞相府，收图籍，以是具知天下户口厄塞。

簿 《汉·食货志》：多张空簿。《注》：簿，计簿也。

录 《周礼》：职币振掌事者之余财，皆辨其物而莫其录。《注》：定其录籍。

方 《汉·艺文志》：经方十一家。经方者，辩五苦六辛，致水火之齐，以通闭解结。

术 《汉·艺文志》：凡数术百九十家。数术者，皆明堂羲和史卜之职也。

占 《汉·艺文志》：杂占十八家。杂占者，纪百事之象，候善恶之微。

式 《周礼》：大师抱天时，与大师同车。《注》：太史主抱式以知天时，处吉凶。释曰：据当时占文谓之式，以其见时候，有法式，故谓载天文者为式。《汉·艺文志》：《羡门式法》二十卷，《羡门式》二十卷。

律 《汉·刑法志》：萧何据撼秦法，取其宜于时者，作律九章。

令 《萧望之传》：金布令甲。《注》：金布者，令篇名也。其上有府库金钱布帛之事，因以名篇。令甲者，其篇甲乙之次。

法 《周礼疏》：齐景公时，大夫田穰苴作《司马法》。至六国时，齐威王大夫等追论古法，又作《司马法》，附于穰苴。《汉·艺文志》：张良、韩信，序次兵法。

制　《礼记·月令》:命有司修法制。

符　《东观汉记》:郭丹初之长安,从宛人陈兆买入关符,以入函谷关。既入,封符乞人曰:不乘使者车不出关。

契　《周礼》:小宰之职,听取予以书契。《注》:书契,谓出予受人之凡要,凡簿书之最目,狱讼之要词,皆曰契。

券　《周礼·天官·小宰》:四曰听称责以傅别。《注》:傅别,谓券书也。听讼责者,以券书决之。《地官·质人》:大市以质,小市以剂。《注》:大市,人民马牛之属,用长券。小市,兵器珍异之物,用短券。

关刺　《唐·百官志》:诸司相质,其制有三:一曰关,二曰刺,三曰移。

牒　《左传》:右师不敢对,受牒而退。《正义》:简,牒也。牒,札也。

状　《杨引传》:引母终,经十三年,哀慕不改。郡县乡里三百人上状称美。

辞　《周书》:两造具备,师听五辞。五辞简孚,正于五刑。

谱《诗》　《郑玄传》:玄所著《毛诗谱》。《注》:玄于《诗》《礼》《论语》,为之作序。此谱亦序之类,避子夏"序"名,以其列诸侯世及之次,谓之为谱。

司籍　《左传》:周景王谓籍谈曰:昔而高祖孙伯黡司晋之典籍,以为大政,故曰籍氏。

张汤　《史记·酷吏传》:天子以汤怀诈面欺,使使八辈簿责汤。《注》:谓以文簿次第,一一责之。

李广　《李广传》:广从大将军击匈奴,惑失道,大将军使长史急责广之幕府对簿。

《世本》　《班彪传》:左丘明有记录黄帝以来至春秋时帝王公侯卿大夫,号曰《世本》,一十五篇。马总《意林》:傅子曰:楚汉之际,有好事者作《世本》,上录黄帝,下逮汉末。

《九章》　《郑玄传》:始通《京氏易》《公羊春秋》《三统历》《九章算术》。

《注》:《三统历》,刘歆所撰。《九章算术》,周公作也,凡有九篇:方田一,粟米二,差分三,少广四,均输五,方程六,傍要七,盈不足八,钩股九。

《万毕》 《龟策传》:臣为郎时,见《万毕·石朱方》,传曰:有神龟在江南嘉林中。《注》:《万毕术》中有《石朱方》,方中说嘉林中,故云传曰。淮南有《毕万术》一卷。

书云 《左传》:凡分至启闭,必书云物。

黄钟 《汉·律历志》:五声之本,生于黄钟之律。

管仲 《管子》:下令于流水之原者,令顺民心也。

玉瑞 《周礼》:典瑞掌玉瑞玉器之藏。《注》:瑞,符信也。《五帝本纪》:修五礼、五玉。《注》:即五瑞也。

金竹 《孝文本纪》:初与郡国守相为铜虎符、竹使符。

判书 《周礼·秋官》:朝士凡有责者,有判书以治则听。《注》:判,半分而合者。

铁券 《汉·高帝纪》:与功臣剖符作誓,丹书铁券。

髯奴 王褒《僮约》:券文曰:资中男子王子渊,从成都安志里女子杨惠买夫时户下髯奴便了,决卖万五千。奴从百役使,不得有二言。

孙亶回 《韩子》:徐渠问田鸠曰:阳城义渠,名将也,而措于毛伯;公孙亶回,圣相也,而关于州部。何哉?田鸠曰:此无他,主有度,上有术之故也。

三刺 《周礼》:司刺掌三刺、三宥、三赦之法,以赞司寇,听狱讼。一刺曰讯群臣,再刺曰讯群吏,三刺曰讯万民。

截蒲 《路温舒传》:温舒取泽中蒲,截以为牒,编用写书。

行状 《文章缘起》:行状,汉丞相仓曹傅胡幹作《杨元伯行状》。

子产 《左传》:叔向曰:辞之不可以已也。子产有辞,诸侯赖之,若之何其释辞也?

囊漏储中 贾谊《新书》:邹穆公令食凫雁者必以秕,于是仓无秕,而求易于民,二石粟而易一石秕。吏请以粟食之。公曰:去!非而所知也。汝知小计而不知大会。周谚曰"囊漏贮中",而独弗闻与?

掩目捕雀 《何进传》:袁绍等欲召外兵,向京城以胁太后,进然之。陈琳谏曰:《易》称即鹿无虞,谚有掩目捕雀,夫微物尚不可欺以得志,况国之大事,其可以诈立乎?

伉俪 《潘黄门集·杨仲武诔序》:子之姑,予之伉俪。

九方堙 《淮南子》:秦穆公使九方堙求马。三月而反,报曰:在于沙丘,牡而黄。使人往取之,牝而骊。穆公不说。伯乐曰:若堙之所观者,天机也,得其精而忘其粗。马至,而果千里之马。

翰林 《长杨赋》:藉翰林以为主人。《注》:翰,笔也。翰林,文翰之多若林。

卷第六

神思第二十六

古人云：形在江海之上，心存魏阙之下。神思之谓也。文之思也，其神远矣。故寂然凝虑，思接千载；悄焉动容，视通万里。吟咏之间，吐纳珠玉之声；眉睫之前，卷舒风云之色：其思理之致乎！故思理为妙，神与物游。神居胸臆，而志气统其关键；物沿耳目，而辞令管其枢机。枢机方通，则物无隐貌；关键将塞，则神有遁心。（眉批：甘苦之言。）是以陶钧文思，贵在虚静；（眉批："虚静"二字，妙入微茫。）疏瀹五藏，澡雪精神。积学以储宝，酌理以富才，（眉批：补出"积学""酌理"，方非徒骋聪明。）研阅以穷照，驯致以怿一作"绎"。辞。（眉批：观理真则思归一线，直凑单微，所谓"用志不分，乃疑于神"。）然后使玄解之宰，寻声律而定墨；独照之匠，窥意象而运斤：此盖驭文之首术，谋篇之大端。

夫神思方运，万途竞萌；规矩虚位，刻镂无形。登山则情满于山，观海则意溢于海。我才之多少，将与风云而并驱矣。方其搦翰，气倍辞前；暨乎篇成，半折心始。何则？意翻空而易奇，言征实而难巧也。（眉批：此一段乃驰骛其思之弊，正是鞭紧上文。）是以意授于思，言授于意，密则无际，疏则千里。或理在方寸而求之域表，或义在咫尺而思隔山河。（眉批：词人所心苦而口不能言者，被君直指其所以然。）是以秉心养术，无务苦虑；含章司契，不必劳情也。（眉批：意在游心虚静，则腠理自解，兴象自生，所谓自然之文也。而"无务苦虑""不必劳情"等字，反似教人不必冥搜力索。此结字未稳、词不达意之处，读者毋以词害意。）

人之禀才，迟速异分；（眉批：迟速由乎禀才。若垂之于后，则迟速一也，而迟常胜速。枚皋百赋无传，相如赋皆在人口，可验。）文之制体，大小殊功。相如含笔而腐毫,扬雄辍翰而惊梦;桓谭疾感于苦思,王充气竭于思虑;张衡研京以十年,左思练都以一纪:虽有巨文,亦思之缓也。淮南崇朝而赋《骚》,枚皋应诏而成赋;子建援牍如口诵,仲宣举笔似宿构;阮瑀据案而制书,祢衡当食而草奏:虽有短篇,亦思之速也。

若夫骏发之士,心总要术,敏在虑前,应机立断;覃思之人,情饶歧路,鉴在疑后,研虑方定。机敏故造次而成功,虑疑故愈久而致绩。难易虽殊,并资博练。若学浅而空迟,才疏而徒速,以斯成器,未之前闻。是以临篇缀虑,必有二患:理郁者苦贫,辞溺者伤乱。然则博见—作"闻"。为馈贫之粮,贯一为拯乱之药,博而能一,亦有助乎心力矣。(眉批:指出本原工夫,总结前二段。)

若情数诡杂,体变迁贸,拙辞或孕于巧义,庸事或萌于新意。视布于麻,虽云未费;杼轴献功,焕然乃珍。至于思表纤旨,文外曲致,言所不追,笔固知止。至精而后阐其妙,至变而后通其数。伊挚不能言鼎,轮扁不能语斤,其微矣乎!(眉批:补出刊改乃工一层,及思入希夷,妙绝蹊径,非笔墨所能摹写一层,神思之理,乃括尽无余。)

赞曰:神用象通,情变所孕。物以貌求,心以理应。汪作"胜"。刻镂声律,萌芽比兴。结虑司契,垂帷制胜。

江海、魏阙 《庄子》:中山公子牟谓瞻子曰:身在江海之上,心居乎魏阙之下。奈何?

关键 《老子》:善闭无关键而不可开。《小尔雅》:键谓之钥。

陶钧 《邹阳传》:阳上书曰:圣王制世御俗,独化于陶钧之上。《注》:陶家名转者为钧,盖取周回调钧耳。言圣王制驭天下,亦犹陶人转钧。

定墨 《礼·玉藻》:卜人定龟,史定墨。

司契 陆机《文赋》:意司契而为匠。

相如 《枚皋传》:皋为文疾,受诏辄成,故所赋者多。司马相如善为文而迟,故所作少,而善于皋。

扬雄惊梦 桓谭《新论》：成帝幸甘泉，诏扬子云作赋。倦卧，梦其五脏出在地，以手收内。

桓谭苦思 桓谭《新论》：余少时见扬子云之丽文高论，而猥欲追及。尝激一事而作小赋，用精思太剧，而立感动发病，弥日瘳。

王充 《王充传》：充闭门潜思，著《论衡》二十余万言。年渐七十，志力衰耗，乃造《性书》十六篇，裁节嗜欲，颐神自守。

口诵 杨修《答临淄侯曹子建笺》：尝亲见执事，握牍持笔，有所造作，若成诵在心，借书于手，曾不斯须，少留思虑。

宿构 《王粲传》：粲，字仲宣，善属文，举笔便成，无所改定，时人常以为宿构。然正复精意殚思，亦不能加也。

阮瑀据鞍 《典略》：太祖尝使阮瑀作书与韩遂，瑀于马上具草，书成呈之。太祖擥笔欲有所定，而竟不能增损。

祢衡草奏 《祢衡传》：刘表尝与诸文人共草章奏。时衡出，还见之，开省未周，因毁以抵地。从求笔札，须臾立成，辞义可观。表益重之。

应机立断 刘向《新序》：所以尚干将莫邪者，贵其立断也。陈琳《答东阿王笺》：拂钟无声，应机立断。

伊挚 《吕氏春秋》：汤得伊尹，明日设朝而见之。说汤以至味，曰：鼎中之变，精妙微纤，口弗能言，志弗能喻。

轮扁 《庄子》：轮扁谓桓公曰：以臣之事观之，斫轮徐则甘而不固，疾则苦而不入。不徐不疾，得之于手而应于心，口不能言，有数存焉于其间。

体性第二十七

夫情动而言形，理发而文见，盖沿隐以至显，因内而符外者也。然才有庸俊，气有刚柔，学有浅深，习有雅郑，并情性所铄，陶染所凝，是以笔区云谲，文苑波诡者矣。故辞理庸俊，莫能翻其才；风趣刚柔，宁或改其气；事义浅深，未闻乖其学；体式雅郑，鲜有反其习：各师成心，（眉批：如以"各师"句接"所凝"句，更为简净。)其异如面。

若总其归涂,则数穷八体:一曰典雅,二曰远奥,三曰精约,四曰显附,五曰繁缛,六曰壮丽,七曰新奇,八曰轻靡。典雅者,镕式经诰,方轨儒门者也;远奥者,馥采典文,经理玄宗者也;精约者,核字省句,剖析毫厘者也;显附者,辞直义畅,切理厌心者也;繁缛者,博喻酿采,炜烨枝派者也;壮丽者,高论宏裁,卓烁异采者也;新奇者,摈古竞今,危侧趣诡者也;轻靡者,浮文弱植,缥缈附俗者也。故雅与奇反,奥与显殊,繁与约舛,壮与轻乖,文辞根叶,苑囿其中矣。

若夫八体屡迁,功以学成,才力居中,肇自血气。气以实志,志以定言;吐纳英华,莫非情性。(眉批:由文辞得其情性,虽并世犹难之,况异代乎?如此裁鉴,千古无两。)(眉批:此亦约略大概言之,不必皆确。百世以下,何由得其性情?人与文绝不类者,况又不知其几耶?)是以贾生俊发,故文洁而体清;长卿傲诞,故理侈而辞溢;子云沉寂,故志隐而味深;子政简易,故趣昭而事博;孟坚雅懿,故裁密而思靡;平子淹通,故虑周而藻密;仲宣躁锐,故颖出而才果;公幹气褊,故言壮而情骇;嗣宗俶傥,故响逸而调远;叔夜俊侠,故兴高而采烈;安仁轻敏,故锋发而韵流;士衡矜重,故情繁而辞隐。触类以推,表里必符。岂非自然之恒资,才气之大略哉!

夫才有天资,学慎始习。斫梓染丝,功在初化;器成彩定,难可翻移。故童子雕琢,必先雅制;沿根讨叶,思转自圆。八体虽殊,会通合数;得其环中,则辐辏相成。故宜摹体以定习,因性以练才,文之司南,用此道也。(眉批:归到慎其先入,指出实地工夫。盖才难勉强,而学可自为,故篇内并衡,而结穴侧注。)

赞曰:才性异区,文辞繁诡。辞为肤根,志实骨髓。雅丽黼黻,淫巧朱紫。习亦凝一作"疑"。(眉批:"疑"字是。《庄子》"乃疑于神",正作"疑"字。后人或作"凝",或作"拟",皆不知妄改。)真,功沿渐靡。

简易 《刘向传》:向,字子政,为人简易,无威仪。

斫梓 《周书》:若作梓材,既勤朴斫。

染丝 《墨子》：墨子见染丝者而叹曰：染于苍则苍，染于黄则黄，故染不可不慎也。

环中 《庄子》：枢始得其环中，以应无穷。

司南 《韩子》：先王立司南以端朝夕。《注》：司南，即指南车也，以喻国之正法。

风骨第二十八

《诗》总六义，风冠其首，斯乃化感之本源，志气之符契也。是以怊怅述情，必始乎风；沉吟铺辞，莫先于骨。故辞之待骨，如体之树骸；情之含风，犹形之包气。（眉批：比喻精确。）结言端直，则文骨成焉；意气骏爽，则文风清一作"生"。焉。若丰藻克赡，风骨不飞，则振采失鲜，负声无力。（眉批：即后所云"雉窜文囿"也。）是以缀虑裁篇，务盈守气，刚健既实，辉光乃新。其为文用，譬征鸟之使翼也。

故练于骨者，析辞必精；深乎风者，述情必显。捶字坚而难移，结响凝而不滞，此风骨之力也。若瘠义肥辞，繁杂失统，则无骨之征也；思不环周，索莫元作"课"，杨改。乏气，元作"风"，杨改。则无风之验也。昔潘勖锡魏，思摹经典，群才韬笔，乃其骨髓峻也；相如赋仙，气号凌云，蔚为辞宗，乃其风力遒也。能鉴斯要，可以定文，兹术或违，无务繁采。

故魏文称："文以气为主，气之清浊有体，不可力强而致。"故其论孔融，则云"体气高妙"；论徐幹，则云"时有齐气"；论刘桢，则云一本下有"时"字。"有逸气"。公幹亦云："孔氏卓卓，信含异气；笔墨之性，殆不可胜。"并重气之旨也。（眉批：气是风骨之本。）（眉批：气即风骨，更无本末，此评未是。）夫翚翟备色，而翾翥百步，肌丰而力沉也；鹰隼乏采，而翰飞戾天，骨劲而气猛也。文章才力，有似于此。若风骨乏采，（眉批："风骨乏采"是暗笔，开合以尽意耳。）则鸷集翰林；采乏风骨，则雉窜文囿。唯藻耀而高翔，固文笔之鸣凤也。

若夫镕铸一作"冶"。经典之范，翔集子史之术，洞晓情变，曲昭文体，然后能孚汪作"荜"。甲新意,雕画奇辞。昭体,故意新而不乱;晓变,故辞奇而不黩。若骨采未圆,风辞未练,而跨略旧规,驰骛新作,虽获巧意,危败亦多。(眉批:才锋既隽,往往纵横逾法,故又补此段,以防其弊。)岂空结奇字,纰缪而成经矣?《周书》云:"辞尚体要,弗惟好异。"盖防文滥也。然文术多门,各适所好,明者弗授,学者弗师。于是习华随侈,流遁忘反。若能确乎正式,使文明以健,则风清骨峻,篇体光华。能研诸虑,何远之有哉!

赞曰:情与气偕,辞共体并。文明以健,珪璋乃骋。蔚彼风力,严此骨鲠。才锋峻立,符采克炳。

刚健 《易》:象曰:大畜,刚健笃实,辉光日新其德。

征鸟 《礼记·月令》:征鸟厉疾。

锡魏 见《诏策》篇。

赋仙 《司马相如传》:相如以为列仙之儒,居山泽间,形容甚臞,此非帝王之仙意也。乃遂奏《大人赋》。天子大悦,飘飘有凌云气,游天地之间意。

魏文 "文以气为主"云云,魏文帝《典论·论文》语也。

孔融、徐幹 《魏文帝集·典论·论文》:王粲长于辞赋,徐幹时有齐气,然非粲之匹也。孔融体气高妙,有过人者,然不能持论,理不胜辞,至于杂以嘲戏。及其所善,扬、班俦也。

刘桢逸气 《魏志》:刘桢,字公幹。文帝书与吴质曰:公幹有逸气,但未遒耳。

孚甲 《诗疏》:杨之荜甲,早于众木;昏姻失时,曾木之不如也。《后汉·章帝诏》:方春生养,万物荜甲,宜助萌阳,以育时物。

奇字 《扬雄传》:刘棻尝从雄学作奇字。

通变第二十九

(眉批:齐梁间风气绮靡,转相神圣,文士所作,如出一手,故彦和以通变立论。然求新于俗尚之中,则小智师心,转成纤仄,明之竟陵、公安,是其明征,故挽其返而求之古。盖当代之新声,既无非滥调,则古人之旧式,转属新声,复古而名以通变,盖以此尔。)

夫设文之体有常,变文之数无方。何以明其然耶？凡诗赋书记,名理相因,此有常之体也;文辞气力,通变则久,此无方之数也。名理有常,体必资于故实;通变无方,数必酌于新声:故能骋无穷之路,饮不竭之源。然绠短者衔渴,足疲者辍涂,非文理之数尽,乃通变之术疏耳。故论文之方,譬诸草木,根干丽土而同性,臭味晞阳而异品矣。

是以九代咏歌,志合文则。元作"财",许无念改。黄歌"断竹",质之至也;唐歌"在昔",则广于黄世;虞歌"卿云",则文于唐时;夏歌"雕墙",缛于虞代;商周篇什,丽于夏年。至于序志述时,其揆一也。暨楚之骚文,矩式周人;汉之赋颂,影写楚世;魏之策元作"荐",许无念改。一本作"篇"。制,顾慕汉风;晋之辞章,瞻望魏采。推而论之,则黄唐淳而质,虞夏质而辨,商周丽而雅,楚汉侈而艳,魏晋浅而绮,宋初讹而新:(眉批:楚汉而下尤切中。)从质及讹,弥近弥澹。何则？竞今疏古,风味一作"末"。(眉批:"末"字是。)气衰也。

今才颖之士,刻意学文,多略汉篇,师范宋集。虽古今备阅,然近附而远疏矣。(眉批:文士通病,由时近者易摹,年远者难剽耳。)夫青生于蓝,绛生于蒨,虽逾本色,不能复化。桓君山云:"予见新进丽文,美而无采;及见刘、扬言辞,常辄有得。"此其验也。故练青濯绛,必归蓝蒨;矫讹翻浅,还宗经诰。斯斟酌乎质文之间,而櫽括乎雅俗之际,可与言通变矣。

夫夸张声貌,则汉初已极。自兹厥后,循环相因,虽轩翥出辙,而终入笼内。枚乘《七发》云:"通望兮东海,虹洞兮苍天。"相如《上林》云:"视之无端,察之无涯;日出东沼,月生西陂。"马融《广成》云:"天地虹洞,固元作'因',按颂文改。无端涯;大明出东,月生西陂。"扬雄《校猎》云:"出入日月,天与地沓。"张衡《西京》云:"日月于是乎出入,象扶桑于蒙汜。"此并广寓极状,而五家如一。(眉批:此段言前代佳篇,虽巨手不能凌越,以见汉篇之当师,非教人以因袭。宜善会之。)诸如此类,莫不相循,参伍因革,通变之数也。

是以规略文统,宜宏大体。先博览以精阅,总纲纪而摄契;然后拓衢路,置关键,长辔远驭,从容按节。凭情以会通,负气以适变,采如宛虹之奋鬐,光元作"毛",曹改。若长离之振翼,乃颖脱之文矣。若乃龌龊于偏解,矜激乎一致,此庭间之回骤,岂万里之逸步哉!

赞曰:文律运周,日新其业。变则其疑作"可"。久,通则不乏。趋时必果,乘机无怯。一作"跲"。望今制奇,参古定法。

绠短 《庄子》:绠短者,不可以汲深。

断竹 《吴越春秋》:范蠡进善射者陈音。越王请音而问曰:孤闻子善射,道何所生?音曰:臣闻弩生于弓,弓生于弹,弹起于古之孝子,不忍见父母为禽兽所食,故作弹以守之。故歌曰:断竹,续竹,飞土,逐肉。按:所歌者,本黄帝时《竹弹谣》。

卿云 《尚书大传》:舜将禅禹,百工相和而歌《卿云》。帝歌曰:卿云烂兮,纠缦缦兮,日月光华,旦复旦兮。八伯咸进,稽首而和歌曰:明明上天,烂然是陈。日月光华,弘予一人。

雕墙 《书·五子之歌》:峻宇雕墙。

青、蓝 《荀子》:青出之蓝而青于蓝。

绛、蒨 《尔雅》"茹藘"注:今之蒨也,可以染绛。《疏》:今染绛蒨也。一名茹藘,一名茅蒐。《诗疏广要注》:《本草》:茜根可以染绛,一名蒨。

隐括 《家语》:自极于隐括之中。

宛虹 《西京赋》:瞰宛虹之长鬐。《注》:宛,谓屈曲也。鬐,虹鬣也。

长离 张衡《思玄赋》:前长离使拂羽兮。《注》:长离,南方朱雀也。

颖脱 《平原君传》:毛遂曰:臣今日请处囊中耳。使遂蚤得处囊中,乃脱颖而出,非特其末见而已。

龌龊 张衡《西京赋》:独俭啬以龌龊。《注》:龌龊,小节也。司马相如《难蜀父老》:委琐龌龊。《注》:龌龊,局促也。

庭间回骤 《楚辞·哀时命》:骋骐骥于中庭兮,焉能极夫远道。

定势第三十

夫情致异区,(眉批:自篇首至"自然之势"一段,言文各有自然之势。)文变殊术,莫不因情立体,即体成势也。势者,乘利而为制也。如机发矢直,涧曲湍元作"文",王性凝按本赞改。回,自然之趣也。圆者规体,其势也自转;方者矩形,其势也自安;(眉批:行乎其不得不行,转也;止乎其不得不止,安也。)文章体势,如斯而已。是以模经为式者,自入典雅之懿;效骚元作"验",王改。命篇者,必归艳逸之华。综意浅切者,类乏酝藉;断一作"斫"。辞辨约者,率乖繁缛:譬激水不漪,槁木无阴,自然之势也。(眉批:"模经"四句与"综意"四句,是一开一合文字。"激水"三句,乃单承"综意"四句。)

是以绘事图色,文辞尽情,色糅而犬马殊形,情交而雅俗异势。镕范所拟,各有司匠;虽无严郛,难得逾越。然渊乎文者,并总群势:奇正虽反,必兼解以俱通;刚柔虽殊,必随时而适用。(眉批:自"绘事图色"以下,言势无定格,各因其宜,当随其自然而取之。)若爱典而恶华,则兼通之理偏;似夏人争弓矢,执一不可以独射也。若雅郑而共篇,则总一之势离,是楚人鬻矛誉楯,两难得而俱售也。

是以括囊杂体,功一作"切",从《御览》改。在铨别;宫商朱紫,随势各配。章、表、奏、议,则准的乎典雅;一作"雅颂",从《御览》改。赋、颂、歌、诗,则羽仪乎清丽;符、檄、书、移,则楷式于明断;史、论、序、注,则师范于核要;箴、铭、碑、诔,则体制于弘深;连珠、七辞,则从事于巧艳。此循体而成势,随变而立功者也。虽复契会相参,节文互杂,譬五色之锦,各以本采为地矣。(眉批:补此层,圆足周到。此连下桓谭、曹植云云为一段,北平先生于"本采"句下误多一"乙",遂令下四行为赘文。)

桓谭称:"文家各有所慕,或好浮华而不知实核,或美众多而不见要约。"陈思亦云:"世之作者,或好烦文博采,深沉其旨者;或好离言辨白,分毫析厘者:所习不同,所务各异。"言势殊也。(眉批:此以下,又爬梳"势"字,以补渗漏。)刘桢云："文之体指实强弱,使其辞已尽而势有余,天下一人耳,不可得也。"公幹所谈,颇亦兼气。然文之任势,势有刚柔,不必壮言慷慨,乃称势也。又陆云自称:"往日论文,先辞而后情,尚势而不取悦泽。"及张公论文,则欲宗其言。夫情固先辞,势实须泽,可谓先迷后能从善矣。

自近代辞人,率好诡巧。原其为体,讹势所变,厌黩旧式,故穿凿取新。察其讹意,似难而实无他术也,反正而已。故文反正为乏,元作"支"。辞反正为奇。效奇之法,必颠倒文句,元作"向",王改。上字而抑下,中辞而出外,回互不常,则新色耳。（眉批:此取新效奇之法。）（眉批:"法"字有病。此揭其秘技,非标为定则也。）夫通衢夷坦,而多行捷径者,趋近故也;正文明白,而常务反言者,适俗故也。然密会者以意新得巧,苟异者以失体成怪。旧练之才,则执正以驭奇;新学之锐,则逐奇而失正。（眉批:数语切中膏肓。）势流不反,则文体遂弊。秉兹情术,可无思耶!

赞曰:形生势成,始末相承。湍回似规,矢激如绳。因利骋节,情采自凝。枉辔学步,力止襄谢云:当作"寿"。陵。

酝藉 《薛广德传》:广德为人温雅有酝藉。《注》:酝,言如酝酿也。藉,有所荐藉也。

郭 《说文》:郭,郭也。《西京赋》:经城洫,营郭郛。

鬻矛誉楯 《韩子》:客曰:人有鬻矛与楯者,誉其楯之坚,物莫能陷也。俄而又誉其矛曰:吾矛之利,于物无不陷也。有应之曰:以子之矛,陷子之楯,何如? 其人弗能应也。

欲宗其言 《陆清河集·与兄平原书》:往日论文,先辞而后情,尚洁而不取悦泽。尝忆兄道张公父子论文,实欲自得,今日便欲宗其言。

反正 《左传》:文反正为乏。

卷第七

情采第三十一

（眉批：因情以敷采，故曰情采。齐梁文胜而质亡，故彦和痛陈其弊。）

圣贤书辞，总称文章，非采而何？夫水性虚而沦漪结，木体实而花萼振：文附质也。虎豹无文，则鞟同犬羊；犀兕有皮，而色资丹漆：质待文也。若乃综述性灵，敷写器象，镂心鸟迹之中，织辞鱼网之上，其为彪炳，缛采名矣。故立文之道，其理有三：一曰形文，五色是也；二曰声文，五音是也；三曰情文，五性是也。五色杂而成黼黻，五音比而成《韶》《夏》，五情疑作"性"。发而为辞章，神理之数也。

《孝经》垂典，丧言不文；故知君子常一作"尝"。言，未尝质也。老子疾伪，故称"美言不信"，而五千精妙，则非弃美矣。庄周云"辩雕万物"，谓藻饰也；韩非云"艳采辩说"，谓绮丽也。绮丽以艳说，藻饰以辩雕，文辞之变，于斯极矣。研味李老，（眉批："李"当作"孝"，《孝》《老》犹云《老》《易》，六朝人多此生捏字法。）则知文质附乎性情；详览《庄》《韩》，则见华实过乎淫侈。若择源于泾渭之流，按辔于邪正之路，亦可以驭文采矣。夫铅黛所以饰容，而盼倩生于淑姿；文采所以饰言，而辩丽本于情性。故情者文之经，辞者理之纬。经正而后纬成，理定而后辞畅：此立文之本源也。（眉批：此一篇之大旨。）

昔诗人什篇，为情而造文；辞人赋颂，为文而造情。何以明其然？盖《风》《雅》之兴，志思蓄愤，而吟咏情性，以讽其上：此为情而造文也。诸子之徒，心非郁陶，苟驰夸饰，鬻声钓世：此为文而造情也。故为情者要约而写真，为文者淫丽而烦滥。而后之作者，采滥忽真，远弃《风》《雅》，近师辞赋，故体情之制日疏,逐文之篇愈盛。故有志深轩冕,而泛咏皋壤。心缠几务,而虚述人外。真宰弗存,翩其反矣。(眉批:赵饴山"诗中有人"之论,源出于此。)夫桃李不言而成蹊,有实存也;男子树兰而不芳,无其情也。夫以草木之微,依情待实;况乎文章,述志为本。言与志反,文岂足征?

是以联辞结采,将欲明经,汪本作"理"。采滥辞诡,则心理愈翳。固知翠纶桂饵,反所以失鱼。言隐荣华,殆谓此也。是以"衣锦褧衣",恶文太章;贲象穷白,贵乎反本。夫能设谟谢云:当作"模"。以位理,拟地以置心;心定而后结音,理正而后摛藻。使文不灭质,博不溺心,正采耀乎朱蓝,间色屏于红紫,乃可谓雕琢其章,彬彬君子矣。

赞曰:言以文远,诚哉斯验。心术既形,英华乃赡。吴锦好渝,舜英徒艳。繁采寡情,味之必厌。

犀兕 《左传》:华元答城者讴曰:牛则有皮,犀兕尚多?役人又歌曰:纵其有皮,丹漆若何?

鸟迹 见《原道》篇。

鱼网 《东观汉记》:黄门蔡伦典作上方,用树皮及敝布、鱼网作纸。帝善其能。自是莫不用,天下咸称蔡侯纸也。

美言不信 《老子》:信言不美,美言不信。

五千 《老子传》:著书上下篇,言道德之意五千余言。

辩雕 《庄子》:古之王天下者,知虽落天地,不自虑也;辩虽雕万物,不自说也。

泾渭 《诗》:泾以渭浊,湜湜其沚。《传》:泾渭相入而清浊异。

皋壤 《庄子》:山林与?皋壤与?使我欣欣然而乐与?

人外 《宋书·隐逸传》:孔淳之遇释法崇,因留共止,遂停三载。法崇叹曰:缅想人外,三十年矣,今乃倾盖于兹,不觉老之将至也。

真宰 《庄子》:若有真宰,而特不得其朕。

桃李　《李广传》:桃李不言,下自成蹊。

树兰　《淮南子》:男子树兰,美而不芳。

翠纶桂饵　《阚子》:以桂为饵,锻黄金之钩,错以银碧,垂翡翠之纶。

言隐　《庄子》:言隐于荣华。

贲象　《易·贲》:上九,白贲无咎。

摛藻　《汉书·叙传》:摛藻如春华。

舜英　《诗》:有女同行,颜如舜英。《传》:舜,木槿也。其华朝生暮落。

镕裁第三十二

情理设位,文采行乎其中。刚柔以立本,变通以趋时。立本有体,意或偏长;趋时无方,辞或繁杂。蹊要所司,职在镕裁,櫽括情理,矫揉文采也。规范本体谓之镕,剪截浮词谓之裁。裁则芜秽不生,镕则纲领昭畅,譬绳墨之审分,斧斤之斫削矣。骈拇枝指,由侈于性;附赘悬疣,实侈于形。二意两出,义之骈枝也;同辞重句,文之疣赘也。

凡思绪初发,辞采苦杂,心非权衡,势必轻重。是以草创鸿笔,(眉批:"鸿"当作"鸣",后"鸣笔之徒"句可证。)先标三准:履端于始,则设情以位体;举正于中,则酌事以取类;归余于终,则撮辞以举要。然后舒华布实,献替疑作"质",元作"赞"。节文。绳墨以外,美材既斫,故能首尾圆合,条贯统序。若术不素定,而委心逐辞,异端丛至,骈赘必多。(眉批:此一段论"镕",犹今人所谓炼意。)

故三准既定,次讨字句。(眉批:以下论"裁",犹今人所谓炼词。)句有可削,足见其疏;字不得减,乃知其密。精论要语,极略之体;游心窜句,极繁之体。(眉批:兼此两层,其理乃足。)谓繁与略,随分所好。引而伸之,则两句敷为一章;约以贯之,则一章删成两句。(眉批:唐宋大家之文,两句道尽。)思赡者善敷,才核者善删;善删者字去而意留,善敷者辞殊而意汪本作"义"。显。(眉批:二语精深。)字删而意缺,则短乏而非核;辞敷而言重,则芜秽而非赡。

昔谢艾、王济,西河文士,张俊当作"骏"。以为艾繁而不可删,济略而不可益。若二子者,可谓练镕裁而晓繁略矣。至如士衡才优,而缀辞尤繁;士龙思劣,而雅好清省。及云之论机,亟恨其多,而称清新相接,不以为病,盖崇友于耳。夫美锦制衣,修短有度,虽玩其采,不倍领袖。巧犹难繁,况在乎拙?而《文赋》以为榛楛勿剪,庸音足曲,其识非不鉴,乃情苦芟_{元作"爻"。}繁也。(眉批:平允。)夫百节成体,共资荣卫,万趣会文,不离辞情。若情周而不繁,辞运而不滥,非夫镕裁,何以行之乎?

赞曰:篇章户牖,左右相瞰。辞如川流,溢则泛滥。权衡损益,斟酌浓淡。芟繁剪秽,弛于负担。

骈拇 《庄子》:骈拇枝指,出乎性哉,而侈于德;附赘县疣,出乎形哉,而侈于性。

谢艾 《张重华传》:主簿谢艾,兼资文武。

清新 《陆清河集·与兄机书》:兄文章之高远绝异,不可复称言,然犹皆欲微多,但清新相接,不以此为病耳。

榛楛 陆机《文赋》:石韫玉而山晖,水怀珠而川媚;彼榛楛之勿翦,亦蒙荣于集翠。《注》:榛楛,喻庸音也。以珠玉之句既存,故榛楛之辞亦美也。

庸音 《文赋》:放庸音以足曲。

荣卫 《内经》:荣卫不行,五藏不通。

声律第三十三

(眉批:即沈休文《与陆厥书》而畅之,后世近体,遂从此定制。齐梁文格卑靡,独此学独有千古,钟记室以私憾排之,未为公论也。)

夫音律所始,本于人声者也。声含宫商,肇自血气;先王因之,以制乐歌。故知器写人声,声非学_{当作"效"。}器者也。故言语者,文章神明枢机;吐纳律吕,唇吻而已。古之教歌,先揆以法,使疾呼中宫,徐呼中徵。夫商徵响高,宫羽声下;抗喉矫舌之差,攒唇激齿之异;廉肉相准,皎然可分。今操琴不调,必知改张;摘文乖张,而不识所调。响在彼弦,乃得克谐;声萌我心,更失和律。其故何哉?良由内元作"外",王改。听难为聪也。(眉批:"由"字下,王本有"外听易为口而"六字。)故外听之易,弦以手定;内听之难,声与心纷。可以数求,难以辞逐。

凡声有飞沉,响有双叠。二字脱,杨云:"有"字下诸本皆遗"翕散"二字。谢云:据下文当作"双叠"二字。双声隔字而每舛,叠韵杂句而必睽。(眉批:叠韵二字,同在一韵;双声二字,同一字母。论声病详尽于沈隐侯。)沉则响发而断,飞则声扬不还。并辘轳交往,逆鳞相比,迂(眉批:"迂"当作"迕"。)其际会,则往蹇来连,其为疾病,亦文家之吃也。夫吃文为患,生于好诡,逐新趣异,故喉唇纠纷。将欲解结,务在刚断。左碍而寻右,末滞而讨前。(眉批:妙参活法。)则声转于吻,玲玲如振玉;辞靡于耳,累累如贯珠矣。是以声画妍蚩,寄在吟咏;吟咏滋味,流于字元作"下",商孟和改。句,气力孙云:"气力"上当复有"字句"二字。穷于和韵;异音相从谓之和,同声相应谓之韵。韵气一定,故余声易遣;和体抑扬,故遗响难契。属笔易巧,选和至难;缀文难精,而作韵甚易。(眉批:句末韵脚,有谱可凭,句内声病,涉笔易犯,非精究音学者不知。故往往阅之斐然,而诵之拗格。彦和特抽出另言,以此之故。)虽纤意一作"毫"。(眉批:"纤意"当作"纤毫"。)曲变,非可缕言,然振其大纲,不出兹论。

若夫宫商大和,譬诸吹籥;翻回取均,颇似调瑟。瑟资移柱,故有时而乖贰;籥含定管,故无往而不壹。(眉批:此又深一层,言宫商虽和,又有自然、勉强之分。)陈思、潘岳,吹籥之调也;陆机、左思,瑟柱之和也。概举而推,可以类见。又诗人综韵,率多清切;《楚辞》辞楚,故讹韵实繁。及张华论韵,谓士衡多楚,《文赋》亦称知楚不易,可谓衔灵均之声余,失黄钟之正响也。(眉批:此一段又言韵不可参以方音。)

凡切韵之动,势若转圜;讹音之作,甚于枘方。免乎枘方,则无大过矣。(眉批:此喻确。)练才洞鉴,剖字钻响,识疏汪本作"疏识"。阔略,随音所遇,(眉批:言自然也。)(眉批:"遇"字下,王本空三字。)若长风之过籁,(眉批:"籁"字下,王本有

"流水之浮花□□□郑人之买椟"十三字。）南元作"东",叶循父改。郭之吹竽耳。古之佩玉,左宫右徵,以节其步,声不失序。音以律文,其可忘王本作"忽"。哉！

赞曰:标情务远,比音则近。吹律胸臆,调钟唇吻。声得盐梅,响滑榆槿。割弃支离,宫商难隐。

"古之教歌"云云　见《韩子》。

廉肉　《礼·乐记》:先王制《雅》《颂》之声以导之,使其曲直、繁瘠、廉肉、节奏足以感动人之善心而已矣。

改张　董仲舒策:窃譬之琴瑟不调,甚者,必解而更张之,乃可鼓也。

双声、叠韵　《谢庄传》:王元谟问庄:何者为双声？何者为叠韵？答曰:互护为双声,磝碻为叠韵。

辘轳　《诗评》:单辘轳韵者,单出单入,两句换韵。双辘轳韵者,双出双入,四句换韵。

往蹇来连　《易·蹇卦》:六四爻辞。

吃　《韩非传》:非为人口吃,不能道说,而善著书。《注》:吃,语难也。

累累　《礼·乐记》:倨中矩,句中钩,累累乎端如贯珠。

和韵　杨慎曰:东董是和,东中是韵。

吹籥　《公羊传》"去籥"注:籥,所吹以节舞也。吹籥而舞,文乐之长。

取均　《杨收传》:旋宫以七声为均,均之为言韵也。

调瑟　扬子《法言》:以往圣人之法治将来,譬犹胶柱而调瑟。

枘方　宋玉《九辩》:圆凿而方枘兮,吾固知其鉏铻而难入。《注》:枘,刻木岜所以入凿。

吹竽　《韩子》:南郭处士为齐宣王吹竽。宣王悦之,廪食以数百人。湣王立,好一一而听之,处士逃。（眉批:东郭吹竽,其事未详。若南郭滥竽,则于义无取,殆必不然。疑或用《庄子》"南郭子綦三籁"事,与上"长风"句相足为文耳也。"吹竽"或"吹嘘"之讹。）

左宫右徵 《礼·玉藻》：古之君子必佩玉，右徵角，左宫羽，趋以采齐，行以肆夏。

调钟 《扬雄传》：师旷之调钟，俟知音者之在后也。《注》：晋平公钟，工者以为调矣。师旷曰：臣窃听之，知其不调也。至于师涓，而果知钟之不调。是师旷欲善调之钟，为后世之有知音。

榆槿 《礼·内则》：堇、苴、枌、榆、免、薨，滫瀡以滑之。

章句第三十四

夫设情有宅，置言有位：宅情曰章，位言曰句。故章者，明也；句者，局也。局言者，联字以分疆；明情者，总义以包体：区畛相异，而衢路交通矣。夫人之立言，因字而生句，积句而成章，积章而成篇。篇之彪炳，章无疵也；章之明靡，句无玷也；句之清英，字不妄也。振本而末从，知一而万毕矣。

夫裁文匠笔，篇有小大；离章合句，调有缓急：(眉批：此一段论章法。)随变适会，莫见定准。句司数字，待相接以为用；章总一义，须意穷而成体。其控引情理，送迎际会，譬舞容回环，而有缀兆之位；歌声靡曼，而有抗坠之节也。寻诗人拟喻，虽断章取义，然章句在篇，如茧之抽绪，原始要终，体必鳞次。启行之辞，逆萌中篇之意；绝笔之言，追媵元作"胜"，谢改。前句之旨：故能外文绮交，内义脉注，跗萼相衔，首尾一体。(眉批：与《镕裁》篇一段参看。)若辞失其朋，元作"明"。则羁旅而无友；事乖其次，则飘寓而不安。是以搜句忌于颠倒，裁章贵于顺序：斯固情趣之指归，文笔之同致也。

若夫笔句无常，而字有条数：(眉批：此一段论句法，然但考字数，无所发明，殊无可采。)四字密而不促，六字格而非缓；或变之以三五，盖应机之权节也。至于诗颂大体，以四言为正，唯"祈父""肇禋"，以二言为句。寻二言肇于黄世，《竹弹》之谣是也；三言兴于虞时，元首之诗是也；四言广于夏年，《洛汭之歌》是也；五言见于周代，《行露》之章是也。六言、七言，杂出《诗》《骚》；而疑有脱字。体之篇，成于两汉。情数运周，随时代用矣。

若乃改韵从调，所以节文辞气。（眉批：此因句法而类及押韵及语助。论押韵特精，论语助亦无高论。）贾谊、枚乘，两韵辄易；刘歆、桓谭，百句不迁：亦各有其志也。昔魏武论赋，嫌于积韵，而善于资代。陆云亦称："四言转句，以四句为佳。"观彼制韵，志同枚、贾。然两韵辄易，则声韵微躁；百句不迁，则唇吻告劳。妙才激扬，虽触思利贞，曷若折之中和，庶保无咎。

又诗人以"兮"字入于句限，《楚辞》用之，字出句外。寻"兮"字成句，乃语助余声。舜咏《南风》，用之久矣，而魏武弗好，岂不以无益文义耶！（眉批：宋祖谓语助"助得甚事"，亦未就文体论耳。）至于"夫""惟""盖""故"者，发端之首唱；"之""而""于""以"者，乃札句之旧体；"乎""哉""矣""也"，亦送末之常科。据事似闲，在用实切。巧者回运，弥缝文体，将令数句之外，得一字之助矣。外字难谬，况章句欤！

赞曰：断章有检，积句不恒。理资配主，辞忌失元作"告"，谢改。朋。环情草孙云：当作"节"。调，宛转相腾。离合同王本作"同合"。异，以尽厥能。

明也、**局也** 《诗·关雎》疏：章者，明也，总义包体，所以明情也。句者，局也，联字分疆，所以局言也。

区畛 《蜀都赋》：瓜畴芋区。《注》：区，界畔也。《周礼》：十夫有沟，沟上有畛。畛，田界。

缀兆 《礼·乐记》：行其缀兆，要其节奏，行列得正焉。《注》：缀兆，舞位也。

抗坠 《礼·乐记》：歌者上如抗，下如坠，曲如折，止如藁木。

启行 《诗·小雅》：元戎十乘，以先启行。启行，喻始也。

跗萼 《诗·小雅》：鄂不韡韡。《笺》：承华者曰鄂。不，当作拊。拊，鄂足也。《疏》：郑以为华下有鄂，鄂下有拊，由华以覆鄂，鄂以承华，华鄂相覆而光明，犹兄弟相顺而荣显。

祈父 《小雅》：祈父，予王之爪牙。

肇禋 《周颂》：肇禋，迄用有成，维周之祯。

《竹弹》谣 见《通变》篇。

元首 《虞书》：帝庸作歌曰：股肱喜哉，元首起哉，百工熙哉。皋陶乃赓载歌曰：元首明哉，股肱良哉，庶事康哉。按："哉"为语助，以"喜起熙""明良康"为韵，是三言也。

洛汭 《夏书》：五子之歌也。

《行露》 见《明诗》篇。

六言、七言 同上。

《南风》 同上。

配主 《易·丰》：初九，遇其配主。

丽辞第三十五

（眉批：骈偶于文家为下格，然其体则千古不能废。其在六代，尤为时尚，故别作一篇论之。）

造化赋形，支体必双；神理为用，事不孤立。夫心生文辞，运裁百虑；高下相须，自然成对。唐虞之世，辞未极文，而皋陶赞云："罪疑惟轻，功疑惟重。"益陈谟云："满招损，谦受益。"岂营丽辞，率然对尔。《易》之《文》《系》，圣人之妙思也。序《乾》四德，则句句相衔；龙虎类感，则字字相俪；乾坤易简，则宛转相承；日月往来，则隔行悬合：虽句字或殊，而偶意一也。至于诗人偶章，大夫联辞，奇偶适变，不劳经营。自扬、马、张、蔡，崇盛丽辞，如宋画、吴冶，"画"元作"尽"，"冶"元作"治"，朱改。刻形镂法，丽句与深采并流，偶意共逸韵俱发。至魏晋群才，析句弥密，联字合趣，剖一作"割"。毫析厘。然契机者入巧，浮假者无功。（眉批：精论不磨。）

故丽辞之体，凡有四对：言对为易，事对为难；反对为优，正对为劣。言对者，双比空辞者也；事对者，并举人验者也；反对者，理殊趣合者也；正对者，事异义同者也。长卿《上林赋》元脱，补。云："修容乎礼园，翱翔乎书圃。"此言对之类也。宋玉《神女赋》云："毛嫱鄣袂,不足程式;西施掩面,比之无色。"此事对之类也。仲宣《登楼》云："钟仪幽而楚奏,庄舄显而越吟。"此反对之类也。孟阳《七哀》云："汉祖想枌榆,光武思白水。"此正对之类也。（眉批:《丁卯》《浣花》诗格之卑,只为正对多也。）凡偶辞胸臆,言对所以为易也;征元作"拟",一作"徵"。人之学,事对所以为难也;幽显同志,反对所以为优也;并贵（眉批:"贵"当作"肩"。）共心,正对所以为劣也。又以事对,各有反正,指类而求,万条自昭然矣。（眉批:"又以"四句,当云"指类而求,万条自昭然矣",又言对、事对,"各有反正",于文义乃顺。）

张华诗称："游雁比翼翔,归鸿知接翮。"刘琨诗言:元在"诗"字上。"宣尼悲获麟,西狩泣孔丘。"若斯重出,即对句之骈枝也。（眉批:重出之病。）是以言对为美,贵在精巧;事对所先,务在允当。若两事（眉批:"两事"当作"两言"。）相配,而优劣不均,是骥在左骖,驽为右服也。（眉批:不均之病。）若夫事或孤立,莫与相偶,是夔之一足,趻踔而行也。（眉批:孤立之病。）若气无奇类,文乏异采,碌碌丽辞,则昏睡耳目。（眉批:庸冗之病。）必使理圆事密,联璧其章;迭用奇偶,节以杂佩:乃其贵耳。类此而思,理自汪本作"斯"。见也。（眉批:"张华"一段,申反对、正对;"是以"以下,申言对、事对。"若气无"以下,就四对推入一层,言对偶虽合法,而无骨采亦不可。北平先生以四病并列,失其旨矣。）

赞曰:体植必两,辞动有配。左提右挈,精味兼载。炳烁联华,镜静含态。玉润双流,如彼珩佩。

皋陶赞 见《虞书·大禹谟》。

益陈谟 同上。

《文》《系》 《易·文言》:元者,善之长也。亨者,嘉之会也。利者,义之和也。贞者,事之干也。君子体仁足以长人,嘉会足以合礼,利物足以和义,贞固足以干事。又:同声相应,同气相求。水流湿,火就燥,云从龙,风从虎。《系辞》:乾道成男,坤道成女。乾知大始,坤作成物。乾以易知,坤以简能。易则易知,简则易从。易知则有亲,易从则有功。有亲则可久,有功则可大。可久则贤人之德,可大则贤人之业。又:日往则月来,月往则日来,日月相推而明生焉。寒往则暑来,暑往则寒来,寒暑相推,而岁成焉。

宋画 《庄子》:宋元君将画图,众史皆至。有一史后至者,儃儃然不趋,受揖不立,因之舍。公使人视之,则解衣般礴,裸。君曰:可矣,是真画者也。

吴冶 《吴越春秋》:越王元常使欧冶子造剑五枚。

上林 司马相如,字长卿,作《上林赋》。

神女 宋玉作《神女赋》。

毛嫱 《庄子》:毛嫱、丽姬,人之所美也。

《登楼》 见《诠赋》篇。

楚奏 《左传》:晋侯观于军府,见钟仪,问曰:南冠而絷者谁也?有司对曰:郑人所献楚囚也。使税之,问其族,对曰:伶人也。使与之琴,操南音。范文子曰:乐操土音,不忘旧也。

越吟 《陈轸传》:轸曰:越人庄舄仕楚执珪,有顷而病。楚王曰:舄故越之鄙细人也,今仕楚执珪,富贵矣,亦思越不?中谢对曰:凡人之思故,在其病也。彼思越则越声,不思越则楚声。使人往听之,犹尚越声也。

孟阳 张载,字孟阳,本集有《七哀诗》二首。

枌榆 《汉·郊祀志》:高祖诏御史,令丰治枌榆社。

白水 《东京赋》:龙飞白水,凤翔参墟。《注》:白水,谓南阳白水县,世祖初起之处也。

允当 《左传》:允当则归。

夔 《山海经》:东海中有流波山,上有兽,状如牛,苍身而无角,一足。

跂踔 《庄子》:夔谓蚿曰:吾以一足跂踔而行,予无如矣。

卷第八

比兴第三十六

　　《诗》文宏奥，包韫六义；毛公述《传》，独标"兴"体：岂不以"风"通一作"异"。（眉批："异"字是。）而"赋"同，"比"显而"兴"隐哉？故比者，附也；兴者，起也。附理者切类以指事，起情者依微以拟议。起情，故兴体以立；附理，故比例以生。比则畜愤以斥言，兴则环譬以记一作"托"。（眉批："托"字是。）讽。（眉批：朱子传《诗》，谓有不取义之兴，未为知言。）盖随时之义不一，故诗人之志有二也。

　　观夫兴之托谕，婉而成章，称名也小，取类也大。《关雎》有别，故后妃方德；尸鸠贞一，故夫人象义。义取其贞，无从（眉批："从"字疑误。）于夷禽；德贵其别，不嫌于鸷鸟：明而未融，故发注而后见也。且何谓为比？盖写物以附意，扬言以切事者也。故金锡以喻明德，珪璋以譬秀民，螟蛉以类教诲，蜩螗以写号呼，浣衣以拟心忧，席卷汪本作"卷席"。以方志固：凡斯切象，皆比义也。至如"麻衣如雪""两骖如舞"，若斯之类，皆比类者也。楚襄信谗，而三闾忠烈，依《诗》制《骚》，讽兼"比""兴"。（眉批：以上平论兴比，以下言兴亡而比传。兴义亦不全亡，但诗中偶用，赋颂无闻耳。）炎汉虽盛，而辞人夸毗，《诗》刺道丧，故"兴"义销亡。于是赋颂先鸣，故"比"体云构，纷纭杂遝，信旧章矣。

　　夫比之为义，取类不常：（眉批：以下畅发比义。）（眉批：非特兴义销亡，即比体亦与"三百篇"中之比差别。大抵是赋中之比，循声逐影，拟诸形容，如《鹤鸣》之陈诲，《鸱鸮》之讽论也。）或喻于声，或方于貌，或拟于心，或譬于事。宋玉《高唐》云"纤条悲鸣，声似竽籁"，此比声之类也。枚乘《菟园》云"焱焱纷纷，若尘埃之间白云"，此则比貌之类也。贾生《鵩赋》云"祸之与福，何异纠缠"，此以物比理者也。

王褒《洞箫》云"优柔温润","如慈父之畜子也",此以声比心者也。马融《长笛》云"繁缛络绎,范蔡之说也",此以响比辩者也。张衡《南都》云"起郑舞","茧曳元作'茧抽',按本赋改。绪",此以容比物者也。若斯之类,辞赋所先,日用乎"比",月忘乎"兴",习小而弃大,所以文谢于周人也。至于扬、班之伦,曹、刘以下,图状山川,影写云物,莫不纤疑作"织"。综"比"义,以敷其华,惊听回视,资此效绩。又安仁《萤赋》云"流金在沙",季鹰《杂诗》云"青条若总翠",皆其义者也。故比类虽繁,以切至为贵,若刻鹄元作"鹤",谢改。类鹜,则无所取焉。(眉批:亦有太切转成滞相者。言不一端,要各有当;文无定体,要归于是。)

赞曰:诗人比兴,触物圆览。物虽胡越,合则肝胆。拟容取心,断辞必敢。攒杂咏歌,如川之涣。

六义 见《明诗》篇。

毛公 《汉·艺文志》:《毛诗故训传》三十卷。毛公之学,自谓子夏所传。

《关雎》 《诗小序》:关雎,后妃之德也。

尸鸠 《诗小序》:鹊巢,夫人之德也。国君积行累功以致爵位,夫人起家而居有之,德如鸤鸠,乃可以配焉。

鸷鸟 《诗传》:雎鸠,王雎也,挚而有别。《注》:挚,本亦作"鸷"。

金锡 见《卫风·淇澳》篇。

珪璋 见《大雅·卷阿》篇。

螟蛉 见《小雅·小宛》篇。扬子《法言》:螟蛉之子殪而逢蜾蠃,祝之曰:类我类我,久则肖之矣。

蜩螗 见《大雅·荡》之篇。

浣衣 见《邶风·柏舟》篇。

席卷 同上。

如雪 见《曹风·蜉蝣》篇。

如舞 见《风·大叔于田》篇。

夸毗 见《大雅·板》之篇。

优柔温润 王褒《洞箫赋》:听其巨音,则周流泛滥,并包吐含,若慈父之畜子也。又云:优柔温润,又似君子。

安仁《萤赋》 潘岳《萤火赋》:飘飘颍颍,若流金之在沙。岳,字安仁。

季鹰《杂诗》 张翰《杂诗》:青条若总翠。翰,字季鹰。

刻鹄类鹜 马援《与兄子书》:效伯高不得,犹为谨厚之士,所谓刻鹄不成尚类鹜者也。

胡越 《孔丛子》:胡越之人,同舟济江,中流遇风波,其相救如左右手。

肝胆 《庄子》:自其异者视之,肝胆楚越也。

必敢 《李斯传》:赵高曰:顾小而忘大,后必有害。狐疑犹豫,后必有悔。断而敢行,鬼神避之,后有成功。

夸饰第三十七

夫形而上者谓之道,形而下者谓之器。神道难摹,精言不能追其极;形器易写,壮辞可得喻其真:才非短长,理自难易耳。故自天地以降,豫入声貌,文辞所被,夸饰恒存。虽《诗》《书》雅言,风格训世,事必宜广,文亦过焉。(眉批:先以六经说入,分两层钩剔,语自斟酌,非刘子玄惑经之比。)是以言峻则嵩高极天,论狭则河不容舠;说多则子孙千亿,称少则民靡孑遗;襄陵举滔天之目,倒戈立漂杵之论:辞虽已甚,其义无害也。且夫鸮音之丑,岂有泮林而变好?荼味之苦,宁以周原而成饴?并意深褒赞,故义成矫饰;大圣所录,以垂宪章:孟轲所云,"说《诗》者不以文害辞,不以辞害意"也。

自宋玉、景差,夸饰始盛;相如凭风,诡滥愈甚。故《上林》之馆,奔星与宛虹入轩;从禽之盛,飞廉与鹪鹩按:本赋作"焦明"。俱获。及扬雄《甘泉》,酌其余波。语瑰奇则假珍于玉树,言峻极则颠坠于鬼神。至《东都》之比目,《西京》之海若,验理则理无不验,(眉批:"不验"当作"可验"。)穷饰则饰犹未穷矣。又子云《羽一作"校"。猎》,鞭宓妃以饷屈原;张衡《羽猎》,困玄冥于朔野。娈彼洛神,既非罔两;惟此水师,亦非魑魅:而虚用滥形,不其疏乎?此欲夸其威而饰元脱。其下有阙字。事,义睽剌也。至如气貌山海,体势宫殿,嵯峨揭业,熠耀焜煌之状,光采炜炜而欲然,声貌岌岌其将动矣。莫不因夸以成状,沿饰而得奇也。于是后进之才,奖气挟声;轩翥而欲奋飞,腾掷而羞跼步。(眉批:昌黎诗句多如此。)辞入炜烨,春藻不能程其艳;言在萎绝,寒谷未足成其凋。谈欢则字与笑并,论戚则声共泣偕,信可以发蕴而飞滞,披瞽而骇聋矣。

然饰穷其要,则心声锋起;夸过其理,则名实两乖。若能酌《诗》《书》之旷旨,翦扬、马之甚泰,使夸而有节,饰而不诬,亦可谓之懿也。(眉批:文质相扶,点染在所不免。若字字摭实,有同史笔,实有难于措笔之时。彦和不废夸饰,但欲去泰去甚,持平之论也。)

赞曰:夸饰在用,文岂循检?言必鹏运,气靡鸿渐。倒海探珠,倾昆取琰。旷而不溢,奢而无玷。

嵩高 《大雅》:嵩高维岳,峻极于天。

容刀 《国风》:谁谓河广?曾不容刀。

千亿 《大雅》:干禄百福,子孙千亿。

孑遗 《小雅》:周余黎民,靡有孑遗。

滔天 《尧典》:汤汤洪水方割,荡荡怀山襄陵,浩浩滔天。

漂杵 《武成》:前徒倒戈,攻于后以北,血流漂杵。

鸮音 《鲁颂》:翩彼飞鸮,集于泮林。食我桑黮,怀我好音。

荼味 《大雅》:周原膴膴,堇荼如饴。

景差 《风赋》:楚襄王游于兰台之宫,宋玉、景差侍。《注》:宋玉、景差,楚大夫。

奔星、宛虹 《上林赋》:奔星更于闺闼,宛虹拖于楯轩。

飞廉、焦明 《上林赋》:径峻赴险,越壑厉水,椎飞廉,弄獬豸。《注》:飞廉,龙雀也,鸟身鹿头。又:捷鸳鸪,掩焦明。《注》:焦明似凤,西方之鸟也。

玉树 扬雄《甘泉赋》：翠玉树之青葱兮。《注》：《汉武故事》曰：上起神屋,前庭植玉树,珊瑚为枝,碧玉为叶。

鬼神 《甘泉赋》：鬼魅不能自逮兮,半长途而下颠。《注》：言鬼魅至此亦不能上,至半途而颠坠也。

比目 《西都赋》：投文竿,出比目。《注》：东方有比目鱼,不比不行。

海若 《西京赋》：海若游于玄渚。《注》：海若,海神也。

宓妃 扬雄《羽猎赋》：鞭洛水之宓妃,饷屈原与彭胥。《汉书音义》：宓妃,宓羲氏之女,溺死洛水为神。

玄冥 《左传》：昧为玄冥师。《注》：玄冥,水官。昧为水官之长。又：共工氏以水纪,故为水师而水名。按：张衡《羽猎赋》文不全,无"困玄冥于朔野"之语。

魑魅 《左传》：魑魅罔两,莫能逢之。《注》：魑,山神。魅,怪物。罔两,水神。

嵯峨揭业 《西京赋》：嵯峨嶵嶭。《上林赋》：嵯峨嶵嶭。《鲁灵光殿赋》：飞陛揭孽。

寒谷 刘向《别录》：邹衍在燕,有谷寒,不生五谷。邹子吹律而温至,生黍也。

鹏运 《庄子》：北冥有鱼,其名为鲲,化而为鸟,其名为鹏,海运则将徙于南冥。

鸿渐 《易·渐卦》爻。

事类第三十八

事类者,盖文章之外,据事以类义,援古以证今者也。昔文王繇《易》,剖判爻位。《既济》九三,远引高宗之伐；《明夷》六五,近书箕子之贞：斯略举人事,以征义者也。至若胤征羲和,陈政典之训；盘庚诰民,叙迟任之言：此全引成辞,以明理者也。然则明理引乎成辞,征义举乎人事,乃圣贤之鸿谟,经籍之通矩也。《大畜》之象，"君子以多识前言往行"，亦有包于文矣。

观夫屈、宋属篇，号依诗人，虽引古事，而莫取旧辞。唯贾谊《鵩赋》，始用鹖冠之说；相如《上林》，撮引李斯之书：此万分之一会也。及扬雄《百官箴》，颇酌于《诗》《书》；刘歆《遂初赋》，历叙于纪传：渐渐综采矣。至于崔、班、张、蔡，遂捃摭经史，华实布濩，因书立功，皆后人之范式也。*元作"六"。*

夫姜桂同地，辛在本性；文章由学，能在天资。才自内发，学以外成，有学饱而才馁，有才富而学贫。（眉批：确有此二种人。）学贫者迍邅于事义，才馁者劬劳于辞情，此内外之殊分*《御览》作"方"。*也。是以属意立文，心与笔谋；才为盟主，学为辅佐。主佐合德，文采必霸；才学褊狭，虽美少功。（眉批：此一段言学欲博。）（眉批：才禀天授，非人力所能为，故以下专论博学。）夫以子云之才，而自奏不学，及观书石室，乃成鸿采。表里相资，古今一也。故魏武称张子之文为拙，然学问肤浅，所见不博，专拾掇崔、杜小文，所作不可悉难，难便不知所出。斯则寡闻之病也。

夫经典沉深，载籍浩瀚，实群言之奥区，而才思之神皋也。扬、班以下，莫不取资，任力耕耨，纵意渔猎，操刀能割，必列*汪作"裂"。*膏腴。是以将赡才力，务在博见，狐腋非一皮能温，鸡跖必数千而饱矣。是以综学在博，取事贵约，校练务精，捃理*一作"摭"。*须核，（眉批：徒博而校练不精，其取事、捃理不能约核，无当也。吾见其人矣。）（眉批：此一段言择欲精。）众美辐辏，表里发挥。刘劭《赵都赋》云："公子之客，叱劲楚令歃盟；管库隶臣，呵强秦使鼓缶。"用事如斯，可谓理得而义要矣。故事得其要，虽小成绩，譬寸辖制轮，尺枢运关也。或微言美事，置于闲散，是缀金翠于足胫，靓粉黛于胸臆也。

凡用旧合机，不啻自其口出，引事乖谬，虽千载而为瑕。（眉批：此一段以曹、陆为鉴，言用事宜审。）陈思，群才之英也，《报孔璋书》云："葛天氏之乐，千人唱，万人和，听者因以蔑《韶》《夏》矣。"此引事之实谬也。按葛天之歌，唱和三人而已。相如《上林》云："奏陶唐之舞，听葛天之歌，千人唱，万人和。"唱和千万人，乃相如接人；疑当作"推之"二字。（眉批："接人"二字，疑或"增入"之讹。千人万人，自指汉时之歌舞者,不过借陶唐、葛天点缀其事,非即指上二事也。子建固误,彦和亦未详考也。)然而滥侈葛天,推三成万者,信赋妄书,致斯谬也。陆机《园葵》诗云:"庇足同一智,生理合异端。"夫葵能卫足,事讥鲍庄;葛藟庇根,辞自乐豫。若譬葛为葵,则引事为谬;若谓庇胜卫,则改事失真:斯又不精之患。夫以子建明练,士衡沉密,而不免于谬。曹仁之谬高唐,又曷足以嘲哉!夫山木为良匠所度,经书为文士所择,木美而定于斧斤,事美而制于刀笔,研思之士,无惭匠石矣。

赞曰:经籍深富,辞理遐亘。皓如江海,郁若昆邓。文梓共采,琼珠交赠。用人若己,古来无懵。

高宗 《易·既济》:九三,高宗伐鬼方,三年克之。

箕子 《易·明夷》:六五,箕子之明夷,利贞。

政典 《夏书·政典》曰:先时者杀无赦,不及时者杀无赦。

迟任 《盘庚》:迟任有言曰:人惟求旧,器非求旧,惟新。

鹖冠 《汉·艺文志》:《鹖冠子》一篇。《注》:楚人,居深山,以鹖为冠。按:贾谊《鵩鸟赋》中多用《鹖冠子》语。

引李斯书 李斯《谏逐客书》:建翠凤之旗,树灵鼍之鼓。司马相如《上林赋》:建翠华之旗,树灵鼍之鼓。

百官 扬雄有《百官箴》。

遂初 《刘歆集》有《遂初赋》。按:赋中感往寓意,皆纪传中事。

捃摭 《汉·艺文志》:捃摭遗逸。《注》:捃摭,谓拾取之。

布濩 《东京赋》:声教布濩。《注》:布濩,犹散被也。

自奏不学 扬雄《答刘歆书》:雄为郎之岁,自奏少不得学,而心好沉博绝丽之文,愿不受三岁之奉,且休脱直事之縣,得肆心广意以自克就。有诏可不夺奉,令尚书赐笔墨钱六万,得观书于石渠。

狐腋 《慎子》:千金之裘,非一狐之腋。

鸡跖　《淮南子》:善学者,若齐王之食鸡,必食其跖数千而后足。

刘劭　《魏志》:刘劭,字孔才,尝作《赵都赋》,明帝美之。

歃盟　毛遂事,见《祝盟》篇。

管库隶臣　《檀弓》:所举于晋国管库之士,七十有余家。《左传》:舆臣隶,隶臣僚。《注》:隶,谓隶属于吏也。

鼓缶　《蔺相如传》:赵王与秦王会渑池。秦王酒酣,令赵王鼓瑟。蔺相如奉盆缶秦王,以相娱乐。秦王不肯击缶,相如曰:五步之内,相如请得以颈血溅大王矣。于是秦王不怿,为一击缶。《风俗通义》:缶者,瓦器,所以盛酒,秦人鼓之以节歌也。按:相如本宦者缪贤舍人,故云管库隶臣。

寸辖　《淮南子》:夫车之所以能转千里者,以其要在三寸之辖。

运关　《文子》:五寸之关,能制开阖,所居要也。

卫足　《左传》:齐刖鲍牵。孔子曰:鲍庄子之智不如葵,葵犹能卫其足。

庇根　《左传》:宋昭公将去群公子,乐豫曰:不可。公族,公室之枝叶也。若去之,则本根无所庇荫矣。葛藟犹能庇其本根,故君子以为比,况国君乎!

山木　《左传》:山有木,工则度之。

匠石　《庄子》:匠石之齐,见栎社树。匠石不顾,曰:此不材之木也。嵇康《琴赋》:匠石奋斤。

文梓　《吴越春秋》:越王使木工伐木,天生神木一双,阳为文梓,阴为楩楠。

无懵　《左传》:不与于会,亦无瞢焉。《注》:瞢,闷也。瞢与懵同。

练字第三十九

夫文象列而结绳移,鸟迹明而书契作,斯乃言语之体貌,而文章之宅宇也。苍颉造之,鬼哭粟飞;黄帝用之,官治民察。先王声教,书必同文,辎轩之使,纪言殊俗,所以一字体,总异音。《周礼》保张本有"童"字。氏,掌教六书。秦灭旧章,以吏为师。及李斯删籀而秦篆兴,程邈造隶而古文废。

汉初草律，明著厥法。太史学童，教试六体。又吏民上书，字谬辄劾。是以马字缺画，而石建惧死，虽云性慎，亦时重文也。至孝武之世，则相如撰篇。及宣、成二帝，征集小学，张敞以正读传业，扬雄以奇字纂训，并贯练《雅》《颂》，总阅音义。鸿元作"鸣"，朱改。（眉批："鸣"字不误。）笔之徒，莫不洞晓。且多赋京苑，假借形声。是以前汉小学，率多玮字，非独制异，乃共晓难也。

暨乎后汉，小学转疏，复文隐训，臧否大半。及魏代缀藻，则字有常检；追观汉作，翻成阻奥。故陈思称："扬、马之作，趣幽旨深，读者非师传不能析其辞，非博学不能综其理。"岂直才悬，抑亦字隐。（眉批：胸富卷轴，触手纷纶，自然瑰丽，方为巨作。若寻检而成，格格然着于句中，状同镶嵌，则不如竟用易字。文之工拙，原不在字之奇否。沈休文三易之说，未可非也。若才本肤浅，而务于炫博以文拙，则风更下矣。）自晋来用字，率从简易，时并习易，人谁取难？今一字诡异，则群句震惊；三人弗识，则将成字妖矣。后世所同晓者，虽难斯易；时所共废，虽易斯难，（眉批：六经之文，有三尺童子胥知者，有师儒宿老所未习者，岂有一定之难易哉？缘于世所共晓与共废耳。）趣舍之间，不可不察。

夫《尔雅》者，孔徒之所纂，元作"慕"，许改。而《诗》《书》之襟带也；《仓颉》者，李斯之所辑，而鸟籀之遗体也。《雅》以渊源诂训，《颉》以苑囿奇文，异体相资，如左右肩股，该旧而知新，亦可以属文。若夫义训古今，兴废殊用，字形单复，妍媸异体。心既托声于言，言亦寄形于字，讽诵则绩在宫商，临文则能归字形矣。

是以缀字属篇，必须练择：一避诡异，二省联边，三权重出，元作"幽"，钦愚公改。四调单复。（眉批：此论当知。）诡异者，字体瑰怪者也。曹掾诗称："岂不愿斯游，褊心恶呕呶。"两字诡异，大疵美篇。况乃过此，其可观乎！联边者，半字同文者也。（眉批：此则无甚关系。）状貌山川，古今咸用，施于常文，则龃龉元作"钽铦"，朱改。为瑕，如不获免，可至三接，三接之外，其字林乎！重出者，同字相犯者也。《诗》《骚》元作"验"。适会，而近世忌同，若两字俱要，则宁在相犯。（眉批：复字病小，累句病大，故宁相犯。）故善为文者，富于万篇，贫于一字。（眉批："富于"二句,甘苦之言。)一字非少,相避为难也。单复者,字形肥瘠者也。瘠字累句,则纤疏而行劣;肥字积文,则黯黕元作"默",朱改。而篇暗。(眉批:此尤无关系。)善酌字者,参伍单复,磊落如珠矣。凡此四条,虽文不必有,而体例不无。若值而莫悟,则非精解。

至于经典隐暧,方册纷纶,简蠹帛裂,三写易字,或以音讹,或以文变。子思弟子,"于穆不祀者",音讹之异也;晋之史记,"三豕渡河",文变之谬也。《尚书大传》有"别风淮雨",《帝王世纪》云"列风淫雨"。别、列、淮、淫,字似潜移;淫、列义当而不奇,淮、别理乖而新异。傅毅制诔,已用"淮雨"。固知爱奇之心,古今一也。(眉批:此补出承讹一层,为明知而爱奇故用者言。今人文字,动称夏五月为夏五,亦"淮雨"之类矣。)史之阙文,圣人所慎,若依义弃奇,则可与正文字矣。

赞曰:篆隶相镕,《苍》《雅》品训。古今殊迹,妍媸异分。字靡易流,文阻难运。声画昭精,墨采腾奋。

鬼哭粟飞　《淮南子》:昔者,苍颉作书而天雨粟,鬼夜哭。

官治民察　见《征圣》篇"象夬"注。

轺轩　《风俗通》:周、秦常以岁八月,遣轺轩之使,采异代方言,藏之秘府。

六书　《周礼》:保氏教国子六艺,五曰六书。《注》:象形、会意、转注、指事、假借、谐声。

吏师　《秦始皇本纪》:若欲有学法令,以吏为师。

删籀、造隶　《汉·艺文志》:《苍颉》七章,秦丞相李斯所作也。文字多取《史籀》篇,而篆体复颇异,所谓秦篆者也。是时始造隶书矣,起于官狱多事,苟趋省易,施之于徒隶也。

六体　《汉·艺文志》:汉兴,萧何草律,亦著其法。曰:太史试学童,能讽书九千字以上,乃得为史。又以六体试之,课最者以为尚书御史、史书令史。吏民上书,字或不正,辄举劾。六体者,古文、奇字、篆书、隶书、缪篆、虫书。

《注》：篆书，谓小篆，盖秦始皇使程邈所作也。隶书亦程邈所献。

马字缺画 《万石君传》：长子建，为郎中令。奏事下，建读之，惊恐曰：书马者，与尾而五，今乃四，不足一，获谴死矣。其为谨慎，虽他皆如是。

相如撰篇 《汉·艺文志》：武帝时，司马相如作《凡将篇》，无复字。

张敞传业 《汉·艺文志》：《仓颉》多古字，俗师失其读。宣帝时，征齐人能正读者，张敞从受之。传至外孙之子杜林，为作训故。《杜邺传》：邺少孤，其母张敞女。邺壮，从敞子吉学问，得其家书。吉子竦，又幼孤，从邺学问，亦著于世，尤长小学。邺子林，清静好古，亦有雅材，其正文字，过于邺、竦，故世言小学者由杜公。

扬雄纂训 《汉·艺文志》：元始中，征天下通小学者以百数，各令记字于庭中。扬雄取其有用者，以作《训纂篇》。

太半 《东京赋》注：凡数，三分有二为太半。

孔徒 《西京杂记》：郭威以为《尔雅》周公所制。余尝以问扬子云，子云曰：孔子门徒游、夏之俦所记，以解释六艺者也。

三接之外 按：三接者，如张景阳《杂诗》"洪潦浩方割"、沈休文《和谢宣城诗》"别羽泛清源"之类。三接之外，则曹子建《杂诗》"绮缟何缤纷"、陆士衡《日出东南隅行》"璙佩结瑶璠"，五字而联边者四，宜有字林之讥也。若赋则更有十接、二十接不止者矣。

黭黮 刘向《九叹》：望旧邦之黭黮兮。《注》：黭黮，暗也。

三写 《抱朴子》：书三写，鱼成鲁，帝成虎。

三豕 《家语》：子夏见读史志者云：晋师伐秦，三豕渡河。子夏曰：非也，己亥耳。读者问诸晋史，果曰"己亥"。

隐秀第四十

夫心术之动远矣，文情之变深矣。源奥而派生，根盛而颖峻，是以文之英蕤，有秀有隐。隐也者，文外之重旨者也；秀也者，篇中之独拔者也。（眉批：陆平原云"一篇之警策",其秀之谓乎?)隐以复意为工,秀以卓绝为巧,斯乃旧章之懿绩,才情之嘉会也。

夫隐之为体,义主汪作"生"。(眉批:"生"字是。)文外,秘响傍通,伏采潜发。譬爻象之变互元作"玄",王改。体,川渎之韫珠玉也。故互体变爻,而化成四象;珠玉潜水,而澜表方圆。始正而末奇,内明而外润,使玩之者无穷,味之者不厌矣。彼波起辞间,是谓之秀。纤手丽音,"纤""丽"字阙。宛乎逸态,若远山之浮烟霭,娈女之靓容华。然烟霭天成,不劳于妆点;容华格定,无待于裁镕。(眉批:纯任自然,彦和之宗旨,即千古之定论。)深浅而各奇,孃字典无"孃"字,应是"秾"字之误。纤而俱妙,若挥之则有余,而揽之则不足矣。

夫立意之士,务欲造奇,每驰心于玄默之表;工辞之人,必欲臻美,恒溺思于佳丽之乡。呕心吐胆,不足语穷;煅岁炼年,奚能喻苦?故能藏颖词间,昏迷于庸目;露锋文外,惊绝乎妙心。使酝藉者蓄隐而意愉,英锐者抱秀而心悦。譬诸裁云制霞,不让乎天工;斫卉刻葩,有同乎神匠矣。若篇中乏隐,等宿儒之无学,或一叩而语穷;句间鲜秀,如巨室之少珍,冯本有此二字。若百诂"诂"字阙。而色沮;斯并不足于才思,而亦有愧于文辞矣。

将欲征隐,聊可指篇:(眉批:此转挂漏,且"隐"亦不止于诗。)古诗之"离别",乐府之"长城",词怨旨深,而复兼乎比兴。陈思之"黄雀",公幹之"青松",格刚才劲,而并长于讽谕。叔夜之,阙二字。嗣宗之,阙二字。境玄思澹,而独得乎优闲。士衡之,阙二字。彭泽之,阙二字。以上四句功甫本阙八字,一本增入"疏放""豪逸"四字。心密语澄,而俱适乎。下阙二字,一本有"壮采"二字。

如欲辨秀,亦惟摘句:(眉批:此亦更仆难数。)"常恐秋节至,凉飙夺炎热",意凄而词婉,此匹妇之无聊也;"临河濯长缨,念子怅悠悠",志高而言壮,此丈夫之不遂也;"东西安所之,徘徊以旁皇",心孤而情惧,此闺房之悲极也;(眉批:此一页词殊不类,究属可疑。"呕心吐胆",似摭玉溪《李贺小传》"呕出心肝"语;"煅岁炼年",似摭《六一诗话》周朴"月煅季炼"语。称渊明为彭泽,乃唐人语。)"朔风动秋草,边马有归心",气寒而事伤,此羁旅之怨曲也。

凡文集胜篇，不盈十一；篇章秀句，裁可百二：并思合而自逢，非研虑之所求元作"果"，谢改。也。（眉批：精微之论。）或有晦塞为深，虽奥非隐；雕削取巧，虽美非秀矣。故自然会妙，譬卉木之耀英华；润色取美，譬缯帛之染朱绿。朱绿染缯，深而繁鲜；英华曜树，浅而炜烨：秀句（眉批：此"秀句"乃泛称佳篇，非本题之"秀"字。）所以照文苑，盖以此也。

赞曰：深文隐蔚，余味曲包。辞生互体，有似变爻。言之秀矣，万虑一交。动心惊耳，逸响笙匏。

互体 《左传》杜氏注：《易》之为书，六爻皆有变体，又有互体，圣人随其义而论之。《疏》：二至四，三至五，两体交互，各成一卦，先儒谓之互体。圣人随其义而论之，或取互体，言其取义无常也。

澜表方圆 《尸子》：水圆折者有珠，方折者有玉。

古诗"离别" 《古诗十九首》：行行重行行，与君生别离。

乐府"长城" 乐府古辞有《饮马长城窟行》。长城，蒙恬所筑也。言征客之至长城而饮其马，妇思之，故为《长城窟行》。

黄雀 陈思王有《野田黄雀行》。

青松 刘公幹诗：亭亭山上松。

彭泽 《陶潜传》：潜，字渊明，或云字元亮，为镇军建威参军，后为彭泽令。

《隐秀》篇自"始正而末奇"至"朔风动秋草""朔"字，元至正乙未刻于嘉禾者即阙此叶，此后诸刻仍之。胡孝辕、朱郁仪皆不见完书，钱功甫得阮华山宋椠本钞补，后归虞山，而传录于外甚少。康熙庚辰，何心友从吴兴贾人得一旧本，适有钞补《隐秀》篇全文。辛巳，义门过隐湖，从汲古阁架上见冯已苍所传功甫本，记其阙字以归。如"疏放""豪逸"四字，显然为不学者以意增加也。

卷第九

指瑕第四十一

（眉批：文字之瑕，殊不胜指。此标举数篇以示戒，毋以挂漏为疑。）

管仲有言："无翼而飞者，声也；无根而固者，情也。"然则声不假翼，其飞甚易；情不待根，其固匪难。以之垂文，可不慎欤！古来文才，异世争驱：或逸才以爽迅，或精思以纤密；而虑动难圆，鲜无瑕病。

陈思之文，群才之俊也，而《武帝诔》云"尊灵永蛰"，《明帝颂》云"圣体浮轻"。"浮轻"有似于胡蝶，"永蛰"颇疑于昆虫，施之尊极，岂其当乎？左思《七讽》，说孝而不从，反道若斯，余不足观矣。潘岳为才，善于哀文。然悲内兄，则云感"口泽"；伤弱子，则云心"如疑"。《礼》文在尊极，而施之下流；辞虽足哀，义斯替矣。若夫君子，拟人必于其伦。而崔瑗之诔李公，比行于黄虞；向秀之赋嵇生，方罪于李斯。与其失也，虽宁僭元作"降"，孙改。无滥，然高厚之诗，不类甚矣。凡巧言易标，拙辞难隐，斯言之玷，实深白圭。繁例难载，故略举四条。

若夫立文之道，惟字与义。字以训正，义以理宣。而晋末篇章，依希其旨，始有"赏际奇至"之言，终无"抚叩酬即谢云：当作'酢'。"之语，每单举一字，指以为情。夫赏训锡赉，岂关心解？抚训执握，何预情理？《雅》《颂》未闻，汉魏莫用，悬领似如可辩，课文了不成义，（眉批：此种繁多。）斯实情讹之所变，文浇之致弊。而宋来才英，未之或改，旧染成俗，非一朝也。

近代辞人，率多猜忌，至乃比语求蚩，反音取瑕，虽不屑于古，而有择于今焉。又制同他文，理宜删革。若排王本作"掠"。人美辞，以为己力，宝玉、大弓，终非其有。全写则揭箧,傍采则探囊,然世远者太轻,时同者为尤矣。(眉批:尝疑韩昌黎云:"惟古于词必己出,降而不能乃剽贼,后皆指前公相袭。"所谓"必己出"者,将如何?必非杜撰之比也。然不杜撰,恐又入于相袭矣。昌黎谓樊绍述"文从字顺",果可信乎?)

若夫注解为书,所以明正事理;(眉批:此条无与文章,殊为汗漫。)然谬于研求,或率意而断。《西京赋》称中黄育获之畴,而薛综谬注,谓之阉尹,是不闻执雕虎之人也。又《周礼》井赋,旧有匹马,而应劭释匹,或量首数蹄,斯岂辩物之要哉?原夫古之正名,车两而马匹,匹元脱,杨补。两称目,以并耦为用。盖车贰佐乘,马俪骖服;服乘不只,故名号必双;名号一正,则虽单为匹矣。匹夫匹妇,亦配义矣。夫车马小义,而历代莫悟;辞赋近事,而千里致差;况钻灼经典,能不谬哉?夫辩言一作"匹"。而数筌一作"首"。蹄,选勇而驱阉尹,失理太甚,故举以为戒。丹青初炳而后渝,文章岁久而弥光;若能檃括于一朝,可以无惭于千载也。

赞曰:羿氏舛射,东野败驾。虽有俊才,谬则多谢。斯言一玷,千载弗化。(眉批:《指瑕》原为巨手言之。)令章靡疚,亦善之亚。

管仲言 《管子·戒》篇:管仲复于桓公曰:无翼而飞者声也,无根而固者情也。

陈思 《陈思王集·武帝诔》:幽闼一扃,尊灵永蛰。《冬至献袜颂》:翱翔万域,圣体浮轻。

口泽 《礼·玉藻》:父没而不能读父之书,手泽存焉尔;母没而杯圈不能饮焉,口泽之气存焉尔。

如疑 《檀弓》:孔子观送葬者曰:善哉为丧乎!其往也如慕,其反也如疑。潘岳《金鹿哀辞》:将反如疑,回首长顾。金鹿,岳幼子也。

方罪李斯 《向秀传》:嵇康被诛,秀作《思旧赋》云:昔李斯之受罪兮,叹黄犬而长吟。悼嵇生之永辞兮,顾日影而弹琴。

宁僭无滥 《左传》：蔡声子曰：归生闻之，善为国者，赏不僭而刑不滥。赏僭则惧及淫人，刑滥则惧及善人。若不幸而过，宁僭无滥。

不类 《左传》：晋侯与诸侯宴于温，使诸大夫舞，曰：歌诗必类，齐高厚之诗不类。

宝玉、大弓 《春秋》：盗窃宝玉、大弓。《左传》杜氏《注》：盗谓阳虎也。宝玉，夏后氏之璜。大弓，封父之繁弱。

胠箧、探囊 《庄子》：将为胠箧、探囊、发匮之盗而为守备，则必摄缄滕，固扃鐍，此世俗之所谓知也。

中黄育获 李善《文选注》：尸子曰：中黄伯曰：余左执太行之獶而右搏雕虎。《战国策》：范雎说秦王曰：乌获之力焉而死，夏育之勇焉而死。

井赋、匹马 《周礼·小司徒》：经上地而井牧其田野。《注》：井十为通，通为匹马。《疏》：三十家出马一匹。

应劭释匹 应劭《风俗通》：或曰：马夜行目明，照前四丈，故曰一匹。或曰：度马纵横，适得一匹。《汉·食货志》：布帛长四丈为匹。

车贰佐乘 《礼·少仪》：乘贰车则式，佐车则否。《注》：贰车，朝祀之副车也。佐车，戎猎之副车也。又：贰车者，诸侯七乘，云云。

马俪 《郑风·大叔于田》：两骖如舞，两服上襄。

虽单为匹 《左传》：匹夫无罪。《注》：《正义》曰：士大夫以上则有妾媵，庶人惟夫妻相匹。其名既定，虽单亦通，故韦昭通谓之匹夫匹妇也。按：《易·中孚》象曰：马匹亡，谓四与初绝，如马之亡其匹也。可证训匹之义，正与匹夫匹妇一例。

配义 《尔雅·释诂》：匹，合也。《疏》：匹者，配合也。

羿氏舛射 《帝王世纪》：帝羿有穷氏与吴贺北游，贺使羿射雀左目，误中右目。羿抑首而愧，终身不忘。

败驾 《庄子》：东野稷以御见庄公，进退中绳，左右旋中规。庄公以为文弗过也，使之钩百而反。颜阖遇之，入见曰：稷之马将败。公密而不应。少焉，果败而反。公曰：子何以知之？曰：其马力竭矣，而犹求焉，故曰败。

多谢 郭象《庄子注》：不可多谢尧舜，而推之为兄也。

养气第四十二

昔王充著述，制"养气"之篇，验己而作，岂虚造哉！夫耳目鼻口，生之役也；心虑言辞，神之用也。率志委和，则理融而情畅；钻砺过分，则神疲而气衰：此性情之数也。

夫三皇辞质，心绝于道华；帝世始文，言贵于敷奏。三代春秋，虽沿世弥缛，并适分胸臆，非牵课才外也。战代枝诈，攻奇饰说；汉世迄今，辞务日新：争光鬻采，虑亦竭矣。故淳言以比浇辞，文质悬乎千载；率志以方竭情，劳逸差于万里。古人所以余裕，后进所以莫遑也。

凡童少鉴浅而志盛，长艾识坚而气衰；志盛者思锐以胜劳，气衰者虑密以伤神：斯实中人之常资，岁时之大较也。若夫器分有限，智用无涯；或惭凫企鹤，沥辞镌思。于是精气内销，有似尾闾之波；神志外伤，同乎牛山之木：怛惕之盛一作"成"。疾，亦可推矣。至如仲任置砚以综述，叔元作"敬"，孙无挠改。通怀笔以专业，既暄之以岁序，又煎之以日时，是以曹公惧为文之伤命，陆云叹用思之困神，非虚谈也。

夫学业在勤，功庸弗怠，故有锥股自厉，和熊以苦之人。志（眉批："志"当作"至"。）于文也，则申写郁滞，故宜从容率情，优柔适会。（眉批：学宜苦，而行文须乐。）若销铄精胆，蹙迫和气，秉牍以驱龄，洒翰以伐性，岂圣贤之素心，会文之直理哉！且夫思有利钝，时有通塞：沐则心覆，且或反常；神之方昏，再三愈黩。是以吐纳文艺，务在节宣：清和其心，调畅其气，烦而即舍，勿使壅滞。（眉批：此非惟养气，实亦涵养文机。《神思》篇"虚静"之说，可以参观。彼疲困躁扰之余，乌有清思逸致哉！）意得则舒怀以命笔，理伏则投笔以卷怀，逍遥以针劳，谈笑以药倦。常弄闲于才锋，贾余于文勇，使刃发如新，凑理无滞，虽非胎息之迈术，斯亦卫气之一方也。

赞曰：纷哉万象，劳矣千想。元神宜宝，素气资养。水停以鉴，火静而朗。无扰文虑，郁此精爽。

养气 王充《论衡·自纪》篇：章和二年，罢州家居，年渐七十，乃作养性之书，凡十六篇。养气自守，适食则酒，闭明塞聪，爱精自保，适辅服药引导，庶冀性命可延，斯须不老。

长艾 《曲礼》：五十曰艾。

惭凫企鹤 《庄子》：凫胫虽短，续之则忧；鹤胫虽长，断之则悲。

尾闾 《庄子》：北海若曰：天下之水莫大于海，万川归之，不知何时止而不盈。尾闾泄之，不知何时已而不虚。《注》：尾闾，海东川名。

置砚 谢承《后汉书》：王充于宅内门户墙柱，各置笔砚简牍，见事而作，著《论衡》。

怀笔 《曹褒传》：褒，字叔通，博雅疏通。常憾朝廷制度未备，慕叔孙通为汉礼仪，昼夜研精，沉吟专思，寝则怀抱笔札，行则诵习文书，当其念至，忘所之适。

用思困神 陆云《与兄平原书》：兄文章已自行天下，多少无所在，且用思困人，亦不事复及。

锥股 《战国策》：苏秦乃发书，陈箧数十，得太公《阴符》，伏而诵之。读书欲睡，引锥自刺其股。

驱龄、伐性 王充《效力》篇：秦武王与孟说举鼎不任，绝脉而死。少文之人，与董仲舒等涌胸中之思，必将不任，有绝脉之变。王莽之时，省五经章句，皆为二十万，博士弟子郭路夜定旧说，死于烛下。精思不任，绝脉气灭也。

心覆 《左传》：晋侯之竖头须求见，公辞焉以沐。谓仆人曰：沐则心覆，心覆则图反，宜吾不得见也。仆人以告，公遽见之。

节宣 《左传》：节宣其气。

贾余 《左传》：齐高固曰：欲勇者，贾余余勇。

腠理 《吕氏春秋》：伊尹曰：用新去陈，腠理遂通。高诱曰：腠理，肌脉也。

胎息 《汉武内传》：王真习闭气而吞之，名曰胎息。行之，断谷一百余年，肉色光美，力并数人。《抱朴子》：胎息者，能以鼻口嘘吸，如在胎之中。《宋史·艺文志》：有卧龙隐者《胎息歌》一卷。

水停 《庄子》：水静则明烛须眉。

精爽 《左传》：心之精爽，是谓魂魄。

附会第四十三

（眉批：附会者，首尾一贯，使通篇相附而会于一，即后来所谓章法也。）

何谓附会？谓总文理，统首尾，定与夺，合涯际，弥纶一篇，使杂而不越者也。若筑室之须基构，裁衣之待缝缉矣。（眉批：此三行可节。）夫才量学文，宜正体制。必以情志为神明，事义为骨髓，辞采为肌肤，宫商为声气；然后品藻玄黄，摛振金玉，献可替否，以裁厥中：斯缀思之恒数也。

凡大体文章，类多枝派；整派者依源，理枝者循干。是以附辞会义，务总纲领，（眉批：此为命意布局时言。）驱万涂于同归，贞百虑于一致。使众理虽繁，而无倒置之乖；群言虽多，而无棼丝之乱。扶阳而出条，顺阴而藏迹，首尾周密，表里一体，此附会之术也。夫画者谨发而易貌，射者仪毫而失墙：锐精细巧，必疏体统。（眉批：此所谓有句无篇。）故宜诎寸以信尺，枉尺以直寻，弃偏善之巧，学具美之绩：此命篇之经略也。

夫文变多汪作"无"。方，意见浮杂：约则义孤，博则辞叛；率故多尤，需为事贼。且才分不同，思绪各异：或制首以通尾，或尺一作"片"。接以寸附。然通制者盖寡，接附者甚众。若统绪失宗，辞味必乱；义脉不流，则偏枯文体。（眉批：此为行文时言。）夫能悬识凑理，然后节文一作"文节"。自会，如胶之粘木，豆之合黄矣。（眉批：豆之合黄未详，俟考。）是以驷牡异力，而六辔如琴；并驾齐驱，而一毂统辐：驭文之法，有似于此。去留随心，修短在手；齐其步骤，总辔而已。

故善附者异旨如肝胆,拙会者同音如胡越。改章难于造篇,易字艰于代句,此已然之验也。昔张汤拟奏而再却,虞松草表而屡遣,并理事之不明,而词旨之失调也。及倪宽更草,钟会易字,而汉武叹奇,晋景称善者,乃理得而事明,心敏而辞当也。以此而观,则知附会巧拙,相去远哉!

若夫绝笔断章,譬乘舟之振楫;会词切理,如引辔以挥鞭。克终底绩,寄深写远。若首唱荣华,而媵句憔悴,则遗势郁湮,余风不畅。此《周易》所谓"臀无肤,其行次且"也。(眉批:此言收束亦不可苟。诗家以结句为难,即是此意。)惟首尾相援,则附会之体,固亦无以加于此矣。

赞曰:篇统间关,情数稠叠。原始要终,疏条布叶。道味相附,悬绪自接。如乐之和,心声克协。

仪毫 《吕氏春秋·处方》篇:今夫射者仪毫而失墙,画者仪发而失貌,言审本也。

诎寸 《文子》:老子曰:屈寸而伸尺,小枉而大直,圣人为之。

率故多尤 《文赋》:或率意而寡尤。

事贼 《左传》:需,事之贼也。

偏枯 《吕氏春秋》:鲁公孙悼曰:我固能治偏枯。

悬识 《扁鹊传》:扁鹊过齐,桓侯客之。入朝见曰:君有疾在腠理,不治将深。

总辔 《家语》:善御马者,正身以总辔。

同音 《贾谊传》:胡粤之人,生而同声,及其长而成俗,累数译不能相通,行有虽死而不相为者,则教习然也。

叹奇 《倪宽传》:张汤为廷尉,有疑奏,已再见却矣,掾史莫知所为。宽为言其意,掾史因使宽为奏。奏成,即时得可。异日汤见,上问曰:前奏非俗吏所及,谁为之者?汤言倪宽。上曰:吾固闻之久矣。

称善 《世说》:司马景王命中书虞松作表,再呈不可。钟会取视,为定五字。松悦服,以呈景王。王曰:不当尔耶!

如乐 《左传》:如乐之和,无所不谐。

总术第四十四

(眉批:此篇文有讹误,语多难解。郭象云:"自不害其宏旨,皆可略之。")

今元作"令",商改。之常言,有文有笔,以为无韵者笔也,有韵者文也。(眉批:此一段辨明文笔,其言汗漫,未喻其命意之本。)夫文以足言,理兼《诗》《书》,别目两名,自近代耳。颜延年以为,笔之为体,言之文也;经典则言而非笔,传记则笔而非言。请夺彼矛,还攻其楯矣。何者?《易》之《文言》,岂非言文?若笔不言文,不得云经典非笔矣。将以立论,未见其论立也。予以为:发口为言,属笔曰翰,常道曰经,述经曰传。经传之体,出言入笔,笔为言使,可强可弱。分疑有脱误。经以典奥为不刊,非以言笔为优劣也。昔陆氏《文赋》,号为曲尽,然泛论纤悉,而实体未该。故知九变之贯元作"实",杨改。匪穷,元作"躬",孙改。知言之选难备矣。

凡精虑造文,各竞新丽;多欲练辞,莫肯研术。(眉批:此一段剖析得失,疑似分明。然与前后二段不甚相属,亦未喻其意。)落落之玉,或乱乎石;碌碌之石,时似乎玉。精者要约,匮者亦鲜;博者该赡,芜元作"无",朱改。者亦繁;辩者昭晰,浅者亦露;奥者复隐,诡者亦典。或义华而声悴,或理拙而文泽。知夫调钟未易,张琴实难。伶人告和,不必尽窕槬字衍。之中;动用挥扇,何必穷初终之韵?魏文比篇章于音乐,盖有征矣。夫不截盘根,无以验利器;不剖文奥,无以辨通才。才之能通,必资晓术。自非圆鉴区域,大判条例,岂能控引情元作"清"。源,制胜文苑哉!(眉批:大旨主于意在笔先,以法驭题。)

是以执术驭篇,似善弈之穷数;弃元作"筑"。术任心,如博塞之邀遇。故博塞之文,借巧傥来,虽前驱有功,而后援难继。少既无以相接,多亦不知所删,乃多少之并元作"非",许改。惑,何妍蚩之能制乎!若夫善弈之文,则术有恒数:按部整伍,以待情会;因时顺机,动不失正。数逢其极,机入其巧,则义味腾跃而生，辞气丛杂而至。视之则锦绘，听之则丝簧，味之则甘腴，佩之则芬芳：（眉批：四者兼之为难。可视可听而不可味，尤不堪嗅者，品之下也。）断章之功，于斯盛矣。

夫骥足虽骏，缰元作"缠"，许改。牵忌长，以万分一累，且废千里。况文体多术，共相弥纶，一物携贰，莫不解体。所以列在一篇，备总情变，譬三十之辐，共成一毂，虽未足观，亦鄙夫之见也。

赞曰：文场笔苑，有术有门。务先大体，鉴必穷源。乘一总万，举要治繁。思无定契，理有恒存。

曲尽 《文赋序》：他日殆可谓曲尽其妙。

九变 汉武帝诏：《诗》云：九变复贯，知言之选。

玉、石 《老子法本》：不欲琭琭如玉，落落如石。

窕槬 《左传》：周景王将铸无射，伶州鸠曰：夫音，乐之舆也；而钟，乐之器也。窕则不咸，槬则不容，今钟槬矣。

魏文 魏文帝《典论·论文》：文以气为主，气之清浊有体，不可力强而致。譬之音乐，曲度虽均，节奏同检，至于引气不齐，巧拙有素，虽在父兄，不能移其子弟。

盘根 《虞诩传》：不遇盘根错节，何以别利器乎？

博塞 许慎《说文》：博，局戏也，六箸十二棋也。又：行棋相塞，曰博塞。

傥来 《庄子》：轩冕在身，非性命也。物之傥来，寄也。

缰牵 《战国策》：段干越谓韩相新城君曰：昔王良弟子驾千里之马，过京父之弟子。京父之弟子曰：马，千里之马也；服，千里之服也；而不能取千里，何也？曰：子缰牵长。故缰牵于事，万分之一也，而难千里之行。

三十之辐 《考工记》：轮辐三十，以象日月也。

时序第四十五

（眉批：文运升降，总萃此篇。今学子读毕五经、《史》、《汉》后，以此等文进之，胜于多读八家文也。)（眉批：此评谬陋。）

时运交移,质文代变,古今情理,如可言乎？昔在陶唐,德盛化钧,野老吐"何力"之谈,郊童含"不识"之歌。有虞继作,政阜民暇,"薰风"诗于元后,"烂云"歌于列臣。尽其美者何？乃心乐而声泰也。至大禹敷土,九序咏功;成汤圣敬,"猗欤"作颂。逮姬文之德盛,《周南》勤而不怨;大王之化淳,《邠风》乐而不淫。幽厉昏而《板》《荡》怒,平王微而《黍离》哀。故知歌谣文理,与世推移;风动于上,而波震于下者。

春秋以后,角战英雄,六经泥蟠,百家飙骇。方是时也,韩、魏力政,燕、赵任权;五蠹六虱,严于秦令。唯齐、楚两国,颇有文学。齐开庄衢之第,楚广兰台之宫;孟轲宾馆,荀卿宰邑:故稷下扇其清风,兰陵郁其茂俗。邹子以谈天飞誉,驺奭以雕龙驰响;屈平联藻于日月,宋玉交彩于风云:观其艳说,则笼罩《雅》《颂》。故知晔烨之奇意,出乎纵横之诡俗也。

爰至有汉,运接燔书,高祖尚武,戏儒简学。虽礼律草创,《诗》《书》未遑,然《大风》《鸿鹄》之歌,亦天纵之英作也。施及孝惠,迄于文、景,经术颇兴,而辞人勿用;贾谊抑而邹、枚沉,亦可知已。逮孝武崇儒,润色鸿业,礼乐争辉,辞藻竞骛:柏梁展朝宴之诗,金堤制恤民之咏;征枚乘以蒲轮,申主父以鼎食;擢公孙之对策,叹兒宽之拟奏;买臣负薪而衣锦,相如涤器而被绣。于是史迁、寿王之徒,严、终、枚皋之属,应对固无方,篇章亦不匮,遗风余采,莫与比盛。越昭及宣,实继武绩:驰骋石渠,暇豫文会;集雕篆之轶材,发绮縠之高喻。于是王褒之伦,底禄待诏。自元暨成,降意图籍。美元作"笑"。玉屑之谭,元作"谏"。清金马之路;子云锐思于千首,子政雠校于六艺:亦已美矣。爰自汉室,迄至成、哀,虽世渐百龄,辞人九变,而大抵所归,祖述《楚辞》:灵均余影,于是乎在。

自哀、平陵替,光武中兴,深怀图谶,颇略文华。然杜笃献诔以免刑,班彪参奏元作"表",张俊度改。以补令,虽非旁求,亦不遐弃。及明帝叠耀,崇爱儒术,肆礼璧堂,讲文虎观。孟坚珥笔于国史,贾逵给札元作"礼",张改。于瑞元作

"端",张改。颂;东平擅其懿文,沛王振其通论:帝则藩仪,辉光相照矣。自安、和已下,迄至顺、桓,则有班、傅、三崔、王、马、张、蔡。磊落鸿儒,才不时乏,而文章之选,存而不论。然中兴之后,群才稍改前辙,华实所附,斟酌经辞,盖历政讲聚,故渐靡儒风者也。降及灵帝,时好辞制,造羲皇之书,开鸿都之赋,而乐松之徒,招集浅陋,故杨赐号为驩兜,蔡邕比之俳优,其余风遗文,盖蔑如也。

自献帝播迁,文学蓬转;建安之末,区宇方辑。魏武以相王之尊,雅爱诗章;文帝以副君之重,妙善辞赋;陈思以公子之豪,下笔琳琅;并体貌英逸,故俊才云蒸。仲宣委质于汉南,孔璋归命于河北,伟长从宦于青土,公幹徇质于海隅,德琏综其斐然之思,元瑜展其翩翩之乐。文蔚、休伯之俦,于叔、元作"子俶"。德祖之侣,傲雅觞豆之前,雍容衽席之上,洒笔以成酣歌,和墨以藉谈笑。观其时文,雅好慷慨,良由世积乱离,风衰俗怨,并志深而笔长,故梗概而多气也。至明帝纂戎,制诗度曲,征篇章之士,置崇文之观,何、刘群才,迭相照耀。少主相仍,唯高贵英雅,顾盼含章,动言成论。于时正始余风,篇体轻澹,而嵇、阮、应、缪,并驰文路矣。

逮晋宣始基,景文克构,并迹沉儒雅,而务深方术。至武帝惟新,承平受命,而胶序篇章,弗简皇虑。降及怀、愍,缀旒而已。然晋虽不文,人才实盛:茂先摇笔而散珠,太冲动墨而横锦,岳、湛曜联璧之华,机、云标二俊之采。应、傅、三张之徒,元作"从"。孙、挚、成公之属,并结藻清英,流韵绮靡。前史以为运涉季世,人未尽才,诚哉斯谈,可为叹息。

元皇中兴,披文建学,刘、刁礼吏而宠荣,景纯文敏而优擢。逮明帝秉哲,元作"束晳"。雅好文会,升储御极,孳孳讲艺。练情于诰策,振采于辞赋;庾以笔才逾亲,温以文思益厚:揄扬风流,亦彼时之汉武也。及成、康促龄,穆、哀短祚,简文勃兴,渊乎清峻。微言精理,函何本改"函"。满玄席;澹思浓采,时洒文囿。至孝武不嗣,安、恭已矣。其文史则有袁、殷之曹,孙、干之辈,虽才或浅深,珪璋足用。自中朝贵玄,江左称盛,因谈余气,流成文体。是以世极迍邅,而辞意夷泰,诗必柱下之旨归,赋乃漆园之义疏。故知文变染乎世情,兴废系乎时序,原始以要终,虽百世可知也。

自宋武爱文,文帝彬雅,秉文之德,孝武多才,英采云构。自明帝元脱。以下,文理替矣。尔其缙绅之林,霞蔚而飙起:王、袁联宗以龙章,颜、谢重叶以凤采,何、范、张、沈之徒,亦不可胜也。盖闻之于世,故略举大较。

暨皇齐驭宝,运集休明:太祖以圣武膺箓,高祖以睿文纂业,文帝以贰离含章,中宗以上哲兴运,并文明自天,缉遐疑作"熙"。景祚。今圣历方兴,文思光元作"充"。被;海岳降神,才英秀发;驭飞龙于天衢,驾骐骥于万里。经典礼章,跨周轹汉,唐虞之文,其鼎盛乎!鸿风懿采,短笔敢陈;扬言赞时,请寄明哲!

(眉批:阙当代不言,非惟未经论定,实亦有所避于恩怨之间。)

赞曰:蔚映十代,辞采九变。枢中所动,环流无倦。质文沿时,崇替在选。终古虽远,旷注作"暧"。焉如面。

野老 《帝王世纪》:帝尧之世,天下太和,百姓无事,有老人击壤而歌曰:日出而作,日入而息,凿井而饮,耕田而食,帝力何有于我哉!

郊童 《列子》:尧治天下五十年,不知天下治与不治,乃微服游于康衢,闻童谣云:立我蒸民,莫匪尔极;不识不知,顺帝之则。

薰风 见《明诗》篇。

烂云 见《通变》篇。

猗欤 郑康成《诗谱》:汤受命定天下,后世有中宗、高宗者,此三主有受命中兴之功,时有作诗颂之者。商德之坏,武王伐纣,封纣兄微子启为宋公。七世至戴公时,大夫正考父校商之名颂十二篇于周太师,以《那》为首,其首章曰:猗欤,那欤!

周南 《诗小序》:《关雎》《麟趾》之化,王者之风,故系之《周南》,言化自北而南也。

《邠风》 《诗谱》:豳者,后稷之曾孙曰公刘者,自邰而出,所徙戎狄之地名。至商之末世,太王又避戎狄之难,而入处于岐阳。成王之时,周公避流言之难,出居东都,思公刘、太王居豳之职,忧念民事至苦之功,以比序己志。后成王迎而反之。太史述其志主于豳公之事,故别其诗以为豳国变风焉。

幽厉 《诗小序》:《板》,凡伯刺厉王也。《荡》,召穆公伤周室大坏也。厉王无道,天下荡荡,无纲纪文章,故作是诗也。

平王 《诗注疏》:平王东迁,政遂微弱,不能复雅,下列称风。《诗·黍离章》注:周既东迁,大夫行役至于宗周,过故宗庙宫室,尽为禾黍。闵周室之颠覆,彷徨不忍去,故赋其所见。

泥蟠 班固《答宾戏》:泥蟠而天飞者,应龙之神也。

五蠹六虱 见《诸子》篇。

庄衢 《邹奭传》:颇采邹衍之术以纪文。齐王嘉之,自如淳于髡以下,皆命曰列大夫,为开第康庄之衢,高门大屋,尊宠之。

兰台 见《夸饰》篇"景差"注。

荀卿 《荀卿传》:卿适楚,春申君以为兰陵令。

稷下 《孟子传》:自邹衍与齐之稷下先生如淳于髡、慎到、环渊、接子、田骈、驺奭之徒,各著书言治乱之事以干世主,岂可胜道哉?《索隐》曰:稷,齐之城门也。谓齐之学士集于稷门之下也。

谈天、雕龙 见《诸子》篇。

燔书 《秦始皇本纪》:李斯奏请史官,非秦记皆烧之。非博士官所职,天下敢有藏《诗》、《书》、百家语者,悉诣守尉杂烧之。令下三十日不烧,黥为城旦。制曰:可。

戏儒 《郦食其传》:骑士曰:沛公不喜儒,诸客冠儒冠来者,沛公辄解其冠,溺其中。

礼律草创 《汉·礼乐志》:汉兴,拨乱反正,日不暇给,犹命叔孙通制礼仪,以正君臣之位。未尽备而通终。《律历志》:汉兴,方纲纪大基,庶事草创,袭秦正朔,以北平侯张苍言,用颛顼历,比于六历。

大风 见《乐府》篇。

鸿鹄 《留侯世家》：上欲易太子，留侯谏，不听。及燕置酒，太子侍，东园公、甪里先生、绮里季、夏黄公四人从太子。上召戚夫人曰：彼四人辅之，羽翼已成，难动矣。戚夫人泣。上曰：为我楚舞，吾为若楚歌。歌曰：鸿鹄高飞，一举千里，羽翮已就，横绝四海。横绝四海，当可奈何？虽有矰缴，尚安所施！

文、景 《汉书》：孝文皇帝，高祖中子也。孝景皇帝，文帝太子也。赞曰：周云成康，汉言文景，美矣。

贾谊 《贾谊传》：天子议以谊任公卿之位，绛、灌、东阳侯、冯敬之属尽害之，乃毁谊曰：雒阳之人，年少初学，专欲擅权，纷乱诸事。于是天子后亦疏之，不用其议，以谊为长沙王太傅。

邹、枚 邹阳见前。《枚乘传》：景帝召拜乘为弘农都尉。乘久为大国上宾，与英俊并游，得其所好，不乐郡吏，以病免官。

孝武 《汉武帝纪赞》：孝武初立，表章六经，兴太学，号令文章，焕焉可述。后嗣得遵洪业，而有三代之风。

柏梁 见《明诗》篇。

金堤 《汉·沟洫志》：武帝既封禅，发卒数万人，塞瓠子决河。上悼功之不成，乃作歌。卒塞瓠子，筑宫其上，名曰宣防。《王尊传》：河水盛溢，泛浸瓠子金堤。

蒲轮 《枚乘传》：武帝自为太子，闻乘名，及即位，乃以安车蒲轮征乘。

鼎食 《主父偃传》：尊立卫皇后，及发燕王定国阴事，偃有功焉。大臣皆畏其口，赂遗累千金。人或说偃曰：太横矣。主父曰：丈夫生不五鼎食，死即五鼎烹耳。

对策 见《议对》篇。

疑奏 见《附会》篇"叹奇"注。

负薪 《朱买臣传》：家贫，常艾薪樵，卖以给食。拜会稽太守。上谓曰：富贵不归故乡，如衣锦夜行，今子何如？

涤器 《司马相如传》：相如与文君俱之临邛，尽卖车骑，买酒舍。乃令文君当垆,相如身自着犊鼻裈,与庸保杂作,涤器于市中。后为中郎将,至蜀,太守以下郊迎,县令负弩矢先驱,蜀人以为宠。

寿王 《吾丘寿王传》:年少,以善格五召待诏。后为光禄大夫侍中。

严 《严安传》:安,临淄人。以故丞相史上书,为骑马令。

终 《终军传》:军少好学,以辩博能属文,上书言事。武帝异其文,拜为谒者给事中。

枚皋 《枚皋传》:皋不通经术,诙笑类俳倡,为赋颂好嫚戏,以故得媟黩贵幸,比东方朔、郭舍人等,而不得比严助等得尊官。

昭 《汉·昭帝纪》:孝昭皇帝,武帝少子也。武帝崩,即皇帝位。

宣 《汉·宣帝纪》:孝宣皇帝,武帝曾孙,戾太子孙也。昭帝崩,征昌邑王。王淫乱,大臣请废,迎帝即皇帝位。

石渠 见《论说》篇。

雕篆 见《诠赋》篇。

绮縠 同上。

底禄 《左传》:叔向曰:底禄以德。

元 《汉·元帝纪》:孝元皇帝,宣帝太子也,宣帝微时生民间。宣帝即位,立为太子。壮大,柔仁好儒。宣帝崩,太子即皇帝位。

成 《汉·成帝纪》:孝成皇帝,元帝太子也。元帝崩,即皇帝位。

金马 《滑稽传》:东方朔歌曰:陆沉于俗,避世金马门。

千首 见《诠赋》篇。

六艺 《汉·艺文志》:刘歆《七略》有《六艺略》。详《诸子》篇。

哀、平 《汉·哀帝纪》:孝哀皇帝,元帝庶孙,定陶恭王子也。成帝无子,立为皇太子。成帝崩,即皇帝位。《汉·平帝纪》:孝平皇帝,元帝庶孙,中山孝王子也。哀帝崩,即皇帝位。

光武 《后汉·光武帝纪》:光武皇帝,讳秀,长沙定王之后。诛王莽复汉。

图谶 见《正纬》篇。

免刑 《后汉·文苑传》：杜笃收送京师，会大司马吴汉薨，光武诏诸儒诔之，笃于狱中为诔最高。帝美之，赐帛免刑。

参奏 《班彪传》：彪为河西大将军窦融画策事汉。及融征还京师，光武问曰：所上章奏，谁与参之？融以彪对。召见，拜徐令。

明帝 《后汉·明帝纪》：孝明皇帝，讳庄，光武第四子也。

璧堂 璧雍，明堂也。《通鉴》：明帝永平二年，上帅群臣，躬养三老五更于辟雍。礼毕，上自为下说，诸儒执经问难于前。冠带缙绅之士，圜桥门而观听者，以亿万计。

虎观 见《论说》篇。

国史 见《史传》篇"述汉"注。

给札 《贾逵传》：有神雀集宫殿官府，帝问逵，逵对曰：此胡降之征也。帝敕兰台给笔札，使作《神雀颂》。

东平 《后汉·东平宪王传》：苍少好经书，雅有智思，上《光武受命中兴颂》，帝甚善之。

沛王 见《正纬》篇。

安、和、顺、桓 《后汉·帝纪》：孝和皇帝，讳肇，肃宗第四子也。孝安皇帝，讳祐，肃宗孙也。孝顺皇帝，讳保，安帝之子也。孝桓皇帝，讳志，肃宗曾孙也。

班 固。

傅 毅。

三崔 骃、瑗、寔。

王 延寿。

马 融。

张 衡。

蔡 邕。俱见前。

灵帝 《后汉·灵帝纪》：孝灵皇帝，讳宏，肃宗玄孙也。《蔡邕传》：初，帝好学，自造《羲皇篇》五十章，因引诸生能为文赋者。本颇以经学相招，后诸为尺牍及工书鸟篆者，皆加引召，遂至数十人。侍中祭酒乐松、贾护，多引无行趋势之徒，并待制鸿都门下，憙陈方俗间里小事。邕上封事曰：连偶俗语，有类俳优。《杨赐传》：虹霓昼降嘉德殿前，赐书对曰：鸿都门下，招会群小。如驩兜、共工，更相荐说。

献帝 《后汉·献帝纪》：孝献皇帝，讳协，灵帝中子也。初封陈留王，董卓立之。建安二十五年，禅于魏。赞曰：献生不辰，身播国屯。

蓬转 《西征赋》：飘萍浮而蓬转。

魏武 《魏志》：太祖武皇帝姓曹，讳操，字孟德。举孝廉，为郎，迁丞相，封魏王。文帝追谥曰武皇帝。

文帝 《魏志》：文皇帝，讳丕，字子桓，武帝太子也。建安十六年，为五官中郎将、副丞相。二十二年，立为魏太子。太祖崩，嗣位为丞相、魏王，受汉禅，即皇帝位。

陈思 《魏志》：陈思王植，字子建，善属文。邺铜爵台新成，太祖悉将诸子登台，使各为赋，植援笔立成可观，太祖甚异之。

体貌 《贾谊传》：体貌大臣。《注》：体貌，谓加礼容而敬之。

俊才云蒸 仲宣、孔璋、伟长、公幹、德琏、元瑜、于叔俱见前。《典略》：路粹，字文蔚，与陈琳等俱为太祖典记室。繁钦，字休伯，以文才机辩，少得名于汝颍，为丞相主簿。杨修，字德祖，太尉彪之子也，为丞相仓曹属主簿。

梗概 按：《文选·东京赋》注云"不纤密"，则是大概之意。此处运用各别。查字典引刘桢《鲁都赋》云：贵交尚信，轻命重气，义激毫毛，怨成梗概。是直作感概用也。

明帝 见前。

度曲 《汉书》：元帝吹洞箫，自度曲。《注》：自隐度作新曲。

崇文观 《魏志》：明帝四年，置崇文观，征善属文者以充之。

何 晏。

刘 劭。俱见前。

高贵 《魏志》：高贵乡公，讳髦，东海定王之子。齐王芳废，大臣立之，为成济所弑。

正始余风 《世说》：王丞相与殷中军共谈，叹曰：正始之音，正当尔耳。又王敦见卫玠曰：不意永嘉之中，复闻正始之音。

嵇 康。

阮 籍。

应 玚。

缪 袭。俱见前。

晋宣、景、文、武、怀、愍 《晋书》：司马懿，字仲达，仕魏为太尉。武帝即位，追谥宣皇帝。懿长子师，字子元，仕魏为大将军，追谥景皇帝。师弟昭，字子上，仕魏封晋王，追谥文皇帝。昭子炎，字安世，受魏禅，谥武皇帝。怀皇帝，讳炽，武帝第二十五子也。惠帝无嗣，立为皇太弟，在位六年，为刘曜执归，弑之。孝愍皇帝，讳邺，吴孝王晏之子也。初封秦王，怀帝遇害，大臣立之。在位四年，为刘曜执归，弑之。

缀旒 《公羊传》：君若赘旒然。言为下所执持东西耳。赘，亦作"缀"。

文才实盛 茂先、太冲、应璩、傅咸、张载、张协、张亢、孙绰、挚虞、成公绥，俱见前。《晋·文苑传》：应贞，字吉甫，璩之子也。善谈论，以才学称。帝于华林园宴射，贞赋诗最美。

联璧 《夏侯湛传》：湛幼有盛才，文章宏富，善构新词，而美容观。与潘岳友善，每行止，同舆接茵，京都谓之连璧。

二俊 《陆机传》：太康末，与弟云俱入洛，造张华。华素重其名，如旧相识，曰：伐吴之役，利获二俊。

元皇 《晋·元帝纪》：元皇帝，讳睿，字景文，琅琊恭王觐之子也。愍帝崩，即皇帝位。

刘 《刘隗传》：隗，字大连，雅习文史，善求人主意。元帝深器遇之。

刁 《刁协传》：协，字玄亮，久在中朝，谙练旧事。朝廷凡所制度，皆禀于协焉。

明帝 《晋·明帝纪》：明皇帝，讳绍，字道畿，元皇帝长子也。性至孝，有文武才略，钦贤爱客，雅好文辞。

庾 《庾亮传》：亮，明穆皇后之兄也。与温峤俱为太子布衣之好，明帝即位，拜中书监。

温 《温峤传》：峤，字太真。明帝即位，拜侍中，机密大谋，皆所参综。

成、康、穆、哀 《晋书》：成皇帝，讳衍，字世根，明帝长子也，在位十七年。康皇帝，讳岳，字世同，成帝同母弟也，在位二年。穆皇帝，讳聃，字彭子，康帝子也，在位七年。哀皇帝，讳丕，字千龄，成帝长子也，在位三年。

简文 《晋·简文帝纪》：简文皇帝，讳昱，字道万，元帝之少子也。帝少有风仪，善容止，留心典籍，不以居处为意，凝尘满席，湛如也。

孝武、安、恭 《晋书》：孝武帝，讳曜，字昌明，简文第三子也，在位二十四年。安帝，讳德宗，孝武帝长子也，在位二十年。恭帝，讳德文，安帝同母弟也，刘裕废安帝立之，在位二年，禅于宋。

袁、殷、孙、干 袁宏、孙盛、干宝，俱见前。《殷仲文传》：仲文少有才藻，桓玄将为乱，使总领诏命，以为侍中，领左卫将军。玄九锡，仲文之辞也。

柱下 《法轮经》：老子在周武王时，为柱下史。

漆园 《史记》：庄子者，蒙人也，名周，尝为蒙漆园吏。

武帝、文帝、孝武、明帝 《宋书》：武皇帝刘氏，讳裕，彭城人，受晋恭帝禅。文皇帝，讳义隆，武帝第三子也，檀道济废营阳王立之。孝武皇帝，讳骏，文帝第三子也，初封武陵王，起兵诛元凶劭即位。明皇帝，讳彧，文帝第十一子也，初封湘东王，废帝被弑，大臣迎立之。

王 《宋书》：王僧达，少好学，善属文，为始兴王濬参军，历迁中书令。王微，少好学，无不通览，善属文。年十六举秀才，除南平王铄右军谘议参军。素无宦情,称疾不就。

袁 《宋书》:袁淑,博涉多通,好属文,辞采遒艳,纵横有才辩。彭城王起为祭酒,后迁至左卫率。元凶将为弑逆,淑谏,见害。淑兄湛,湛兄子颛,颛从弟粲,并有名。

龙章 《世说》:顾彦先,八音之琴瑟,五色之龙章。

颜 《颜延之传》:延之文章之美,冠绝当时,与谢灵运俱以词彩齐名,江左称"颜谢"焉。

谢 《谢灵运传》:灵运博览群书,文章之美,江左莫逮。史臣曰:爰逮宋氏,颜、谢腾声。灵运之兴会标举,延年之体裁明密,并方轨前秀,垂范后昆。

凤采 《水经注》:庐山上有三石梁。吴猛将弟子登山,过此梁,见一翁坐桂树下。山川明净,风泽清旷,嘉遁之士,继响窟岩,龙潜凤采之贤,往者忘归矣。

何、范、张、沈 《南史·何逊传》:逊弱冠,州举秀才。范云见其对策,大相称赏,因结忘年交。谓所亲曰:顷观文人,质则过儒,丽则伤俗,其能含清浊,中今古,见之何生矣。沈约尝谓逊曰:吾每读卿诗,一日三复,犹不能已。《范云传》:云善属文,下笔辄成,时人疑其宿构。《张邵传论》:有晋自宅淮海,张氏无乏贤良。及宋、齐之间,雅道弥盛。前则云敷、演、镜、畅,盖其尤著者也。然景彻敬爱之道,少微立履所由,其殆优矣。思光行己卓越,非常俗所遵。齐高帝所云"不可有二,不可无一",斯言其几得矣。《沈约传》:约博通群籍,能属文。

皇齐 《南齐·高帝纪》:高皇帝,讳道成,字绍伯,姓萧氏,仕宋,封齐王,受宋禅。《南史》:齐高帝萧道成,庙号太祖。武帝萧赜,庙号世祖。文惠太子萧长懋,追尊为文帝,庙号世宗。明帝萧鸾,庙号高宗。并无中宗、高祖。

贰离 《易·离卦》:象曰:重明以丽乎正。象曰:明两作离。

环流 《鹖冠子》:物极则反,命曰环流。

卷第十

物色第四十六

春秋代序,阴阳惨舒,物色之动,心亦摇焉。盖阳气萌而玄驹步,阴律凝而丹鸟羞,微虫犹或入感,四时之动物深矣。若夫珪璋挺其惠心,英华秀其清气,物色相召,人谁获安？是以献岁发春,悦豫之情畅；滔滔孟夏,郁陶之心凝；天高气清,阴沉之志远；霰雪无垠,矜肃之虑深。岁有其物,物有其容；情以物迁,辞以情发。一叶且或迎意,虫声有足引心。况清风与明月同夜,白日与春林共朝哉！

是以诗人感物,联类不穷。流连万象之际,沉吟视听之区。写气图貌,既随物以宛转；属采附声,亦与心而徘徊。（眉批："随物宛转,与心徘徊"八字,极尽流连之趣,会此方无死句。）故"灼灼"状桃花之鲜,"依依"尽杨柳之貌,"杲杲"为出日之容,"瀌瀌"拟雨雪之状,"喈喈"逐黄鸟之声,"喓喓"学草虫之韵。"皎日""嘒星",一言穷理；"参差""沃若",两字穷形：并以少总多,情貌无遗矣。虽复思经千载,将何易夺？及《离骚》代兴,触类而长,物貌难尽,故重沓舒状,于是"嵯峨"之类聚,"葳蕤"之群积矣。及长卿之徒,诡势瑰声,模山范水,字必鱼贯,所谓诗人丽则而约言,辞人丽淫而繁句也。至如《雅》咏棠华,"或黄或白"；《骚》述秋兰,"绿叶""紫茎"：凡摛表五色,贵在时见；若青黄屡出,则繁而不珍。（眉批：此病易犯,近体尤忌之。）

自近代以来,文贵形似,窥情风景之上,钻貌草木之中。（眉批：此刻画之病,六朝多有。）吟咏所发,志惟深远,体物为妙,功在密附。故巧言切状,如印之印泥,不加雕削,而曲写毫芥。（眉批：陈子昂谓"齐梁间彩丽竞繁,而寄兴都绝",正坐此也。)故能瞻言而见貌,印疑作"即"。字而知时也。然物有恒姿,而思无定检,或率尔造极,或精思愈疏。(眉批:入微之论。)且《诗》《骚》所标,并据要害,故后进锐笔,怯于争锋。莫不因方以借巧,即势以会奇,善于适要,则虽旧弥新矣。(眉批:化臭腐为神奇,秘妙尽此。)(眉批:此脱化之法。)是以四序纷回,而入兴贵闲;物色虽繁,而析辞尚简;(眉批:天下事那件不从忙里错过,文亦然矣。)(眉批:四语尤精。凡流传佳句,都是有意无意之中,偶然得一二语,都无累牍连篇、苦心力造之事。)使味飘飘而轻举,情晔晔而更新。古来辞人,异代接武,莫不参伍以相变,因革以为功,物色尽而情有余者,晓会通也。若乃山林皋壤,实文思之奥府,略语则阙,详说则繁。然屈平所以能洞监《风》《骚》之情者,抑亦江山之助乎?(眉批:拖此一尾,烟波不尽。)

赞曰:山沓水匝,树杂云合。目既往还,心亦吐纳。春日迟迟,秋风飒飒。情往似赠,兴来如答。(眉批:诸赞之中,此为第一,政因题目佳耳。)

玄驹 《大戴礼·夏小正》:十有二月,玄驹贲。玄驹也者,蚁也。贲者何也? 走于地中也。《法言》:吾见玄驹之步。

丹鸟 《夏小正》:八月,丹鸟羞白鸟。《注》:丹鸟,萤也。白鸟,谓蚊蚋也。羞,进也,不尽食也。《古今注》:萤,一名丹鸟,一名夜光。

献岁 《楚辞·招魂》:献岁发春兮。

滔滔 《楚辞·九章》:滔滔孟夏兮。

天高 宋玉《九辩》:泬寥兮天高而气清。

霰雪 《楚辞·九章》:霰雪纷其无垠兮。

一叶 《淮南子》:见一叶落而知岁之将暮。

灼灼 《诗·周南》:桃之夭夭,灼灼其华。

依依 《诗·小雅》:昔我往矣,杨柳依依。

杲杲 《诗·卫风》:其雨其雨,杲杲出日。

瀌瀌 《诗·小雅》:雨雪瀌瀌,见晛曰消。

喈喈	《诗·周南》:黄鸟于飞,集于灌木,其鸣喈喈。
喓喓	《诗·召南》:喓喓草虫。
皎日	《诗·王风》:谓予不信,有如皎日。
嘒星	《诗·周南》:嘒彼小星,三五在东。
参差	《诗·周南》:参差荇菜。
沃若	《诗·卫风》:其叶沃若。
鱼贯	《易·剥卦》:六五,贯鱼,以宫人宠,无不利。
丽则、丽淫	见《诠赋》篇。
棠华	《诗·小雅》:裳裳者华,或黄或白。
秋兰	《楚辞·九歌》:秋兰兮青青,绿叶兮紫茎。

才略第四十七

(眉批:《时序》篇总论其世,《才略》篇各论其人。)

九代之文,富矣盛矣;其辞令华采,可略而详也。(眉批:上下百家,体大而思精,真文囿之巨观。)虞夏文章,则有皋陶六德,夔序八音,益则有赞,五子作歌,辞义温雅,万代之仪表也。商周之世,则仲虺垂诰,伊尹敷训,吉甫之徒,并述诗颂,义固为经,文亦师矣。

及乎春秋大夫,则修辞聘会,磊落如琅玕之圃,焜耀似缛锦之肆,蒍敖元作"教",曹改。择楚国之令典,随会讲晋国之礼法,赵衰元作"襄",曹改。以文胜从飨,国侨以修辞扞郑,子太叔美秀而文,公孙挥善于辞令,皆文名之标者也。战代任武,而文士不绝。诸子以道术取资,屈、宋以《楚辞》发采。乐毅报书辨以义,范雎上疏密而至,苏秦历说壮而中,李斯自奏丽而动:若在文世,则扬、班俦矣。荀况学宗,而象物名赋,文质相称,固巨儒之情也。

汉室陆贾,首发奇采,赋孟春而选典诰,其辩之富矣。贾谊才颖,陵轶飞兔,议慊而赋清,岂虚至哉!枚乘之《七发》,邹阳之《上书》,膏润于笔,气形于言矣。仲舒专儒,子长纯史,而丽缛成文,亦诗人之告哀焉。相如好书,师范屈、宋,洞入夸艳,致名辞宗;然覆取精意,理不胜辞,故扬子以为"文丽用寡者长卿",诚哉是言也!王褒构采,以密巧为致,附声测貌,泠然可观。子云属意,辞人_{疑误}最深,观其涯度幽远,搜选诡丽,而竭才以钻思,故能理赡而辞坚矣。

桓谭著论,富号猗顿,宋弘称荐,爰比相如,而《集灵》诸赋,偏浅无才,故知长于讽论,不及丽文也。敬通雅好辞说,而坎壈盛世,《显志》自序,亦蚌病成珠矣。二班两刘,奕叶继采,旧说以为固文优彪,歆学精向,然《王命》清辩,《新序》该练,璇璧产于昆冈,亦难得而逾本矣。傅毅、崔骃,光采比肩,瑗、实踵武,能世厥风者矣。杜笃、贾逵,亦有声于文,迹其为才,崔、傅之末流也。李尤_{元作"充",王改}赋铭,志慕鸿裁,而才力沉膇,垂翼不飞。马融鸿儒,思洽识_{一作"登"}高,吐纳经范,华实相扶。王逸博识有功,而绚采无力。延寿继志,瑰颖独标,其善图物写貌,岂枚乘之遗术欤!张衡通赡,蔡邕精雅,文史彬彬,隔世相望。是则竹柏异心而同贞,金玉殊质而皆宝也。刘向之奏议,旨切而调缓;赵壹之辞赋,意繁而体疏。孔融气盛于为笔,祢衡思锐于为文,有偏美焉。潘勖凭经以骋才,故绝群于锡命;王朗发愤以托志,亦致美于序铭。然自卿、渊已前,多俊才而不课学;雄、向以后,颇引书以助文:此取与之大际,其分不可乱者也。

魏文之才,洋洋清绮,旧谈抑之,谓去植千里。然子建思捷而才俊,诗丽而表逸;子桓虑详而力缓,故不竞于先鸣。而乐府清越,《典论》辩要,迭用短长,亦无懵焉。但俗情抑扬,雷同一响,遂令文帝以位尊减才,思王以势窘益价,未为笃论也。仲宣溢才,捷而能密,文多兼善,辞少瑕累,摘其诗赋,则七子之冠冕乎!琳、瑀以符檄擅声,徐幹以赋论标美;刘桢情高以会采,应玚学优以得文。路粹、杨修,颇怀笔记之工;丁仪、邯郸,亦含论述之美:有足算焉。刘劭《赵都》,能攀于前修;何晏《景福》,克光于后进。休琏风情,则《百壹》标其志;吉甫文理,则《临丹》成其采。嵇康师心以遣论,阮籍使气以命诗;殊声而合响,异翮而同飞。

张华短章,奕奕清畅,其《鹪鹩》寓意,即韩非之《说难》也。左思奇才,业深覃思,尽锐于《三都》,拔萃于《咏史》,无遗力矣。潘岳敏给,辞自_{疑作"旨"}。和畅,钟美于《西征》,贾余于哀诔,非自外也。陆机才欲窥深,辞务索广,故思能入巧,而不制繁。士龙朗练,_{元作"陈",王青莲改。}以识检乱,故能布采鲜净,敏于短篇。孙楚缀思,每直置以疏通;挚虞述怀,必循规以温雅:其品藻流别,有条理焉。傅玄篇章,义多规镜;长虞笔奏,世执刚中:并桢_{汪作"枻"。}干之实才,非群华之骅萼也。成公子安,选赋而时美;夏侯孝若,具体而皆微;曹摅清靡于长篇,季鹰辨切于短韵:各其善也。孟阳、景阳,才绮而相埒,可谓鲁卫之政,兄弟之文也。刘琨雅壮而多风,卢谌情发而理昭,亦遇之于时势也。

景纯艳逸,足冠中兴,《郊赋》既穆穆以大观,《仙诗》亦飘飘而凌云矣。庾元规之表奏,靡密以闲畅;温太真之笔记,循理而清通:亦笔端之良工也。孙盛、干宝,_{元作"子实"。}文胜为史,准的所拟,志乎典训,户牖虽异,而笔彩略同。袁宏发轸以高骧,故卓出而多偏;孙绰规旋以矩步,故伦序而寡状。殷仲文之孤_{疑作"秋"。}兴,谢叔源之闲情,并解散辞体,缥缈浮音,虽滔滔风流,而大浇文意。

宋代逸才,辞翰鳞萃,世近易明,无劳甄序。

观夫后汉才林,可参西京;晋世文苑,足俪邺都。然而魏时话言,必以元封为称首;宋来美谈,亦以建安为口实。何也?岂非崇文之盛世,招才之嘉会哉?嗟夫!此古人所以贵乎时也。

赞曰:才难然乎,性各异禀。一朝综文,千年凝锦。余采徘徊,遗风籍甚。无曰纷杂,皎然可品。

六德 《书·皋陶谟》:日严祗敬六德,亮采有邦。

八音 《书·舜典》:帝曰:夔,命汝典乐,教胄子,八音克谐,无相夺伦。

仲虺 《书序》:汤归自夏,至于大坰,仲虺作诰。

伊训 《书序》:成汤既殁,太甲元年,伊尹作《伊训》。

吉甫 《诗·大雅·崧高》《蒸民》,皆尹吉甫作也。

芮敖 《左传》:随武子曰:芮敖为宰,择楚国之令典,百官象物而动,军政不戒而备,能用典矣。芳敖即芳艾猎,孙叔敖也。

随会 《左传》:晋士会平王室,王享之,殽烝。武子私问其故,王曰:王享有体荐,宴有折俎,公当享,卿当宴,王室之礼也。武子归而讲求典礼,以修晋国之法。

赵衰 《左传》:秦穆公享公子重耳。子犯曰:偃不如衰之文也,请使衰从。公子赋"河水",公赋"六月"。衰曰:君称所以佐天子者命重耳,重耳敢不拜。

国侨 《左传》:子产之为政也,择能而使之。冯简子能断大事,子太叔美秀而文,公孙挥能知四国之为,而辨其大夫之族姓、班位、贵贱、能否,而又善为辞令。

乐毅 《乐毅传》:毅为燕昭王破齐,独莒、即墨未服。昭王死,惠王即位,齐之田单闻之,乃纵反间于燕曰:齐两城不下者,闻乐毅与燕新王有隙,欲连兵且留齐。惠王乃使骑劫代将,而召乐毅。乐毅畏诛,遂西降赵。惠王使人让之,毅报以书。

荀况 《史记索隐》:荀卿,名况。卿者,时人相尊而号为卿也。有《云》《蚕》《箴》等赋,见《荀子》。

飞兔 《吕氏春秋》:飞兔骡褭,古之骏马也。

猗顿 《水经注》:孔鲋曰:猗顿,鲁之穷士也,闻朱公富,往而问术焉。朱公曰:子欲速富,当畜五牸。于是十年之间,其息不可计。以兴富于猗氏,故曰猗顿也。《论衡》:挟桓君山之书,富于积猗顿之财。

宋弘称荐 《宋弘传》:帝尝问弘通博之士,弘荐沛国桓谭才学洽闻,能及扬雄、刘向父子。

《集灵》 《艺文类聚》有桓谭《集灵宫赋》。

《显志》 《冯衍传》:衍与新阳侯交结,得罪,不得志,乃作赋自厉,命其篇曰《显志》。显志者,言光明风化之情,昭章玄妙之思也。

蚌病 《淮南子》:明月之珠,螺蚌之病,而我之利也。

二班 彪、固。

两刘 向、歆。

王命 见《论说》篇。

《新序》 《刘向传》：向采传记行事，著《新序》《说苑》，凡五十篇。

崔骃 《后汉书》：崔骃博学有伟才，善属文。少游太学，与班固、傅毅同时齐名。子瑗，锐志好学，尽能传其父业。瑗子实，少沉静，好典籍。传赞曰：崔为文宗，世禅雕龙。

李尤 原作"李充"。按：《后汉·独行传》：李充，陈留人。不言有著述。《晋中兴书》：李充，江夏人，著《学箴》。然此在贾逵之后、马融之前，则李尤也。尤在和帝时拜兰台令史，有《函谷》诸赋，《并车》诸铭。而贾逵仕明帝时，马融仕顺、桓时，以序观之，乃李尤无疑。

沉膇 《左传》成公六年：献子曰：民愁则垫隘，于是乎有沉溺重膇之疾。

垂翼 《易·明夷卦》：初九，明夷于飞，垂其翼。

枚乘遗术 谓逸与延寿，犹乘之于皋，而延寿殆欲突过前人也。

赵壹 《后汉·文苑传》：壹恃才倨傲，为乡党所摈，乃作《解摈》。后屡抵罪，友人救得免，乃为《穷鸟赋》以谢恩。又作《刺世疾邪赋》，以舒其怨愤。

七子 魏文帝《典论》：今之文人，鲁国孔融文举、广陵陈琳孔璋、山阳王粲仲宣、北海徐幹伟长、陈留阮瑀元瑜、汝南应玚德琏、东平刘桢公幹。斯七子者，于学无所遗，于辞无所假，咸以自骋骥骡于千里，仰齐足而并驰。

丁仪、邯郸 《魏志》：自颍川邯郸淳、繁钦，陈留路粹，沛国丁仪、丁廙，弘农杨修，河内荀纬等，亦有文采，而不在此七人之列。

刘劭 注见《事类》篇。

休琏 《应璩传》：璩，字休琏。曹爽秉政，多违法度，璩为诗以讽焉。子贞，字吉甫，少以才闻，能谈论。《楚国先贤传》：应休琏作《百一诗》，讥切时事，遍以示在位者，咸皆怪愕，以为应焚弃之，何晏独无怪也。《乐府广题》：百者数之终，一者数之始；士有百行，终始如一，故云"百一"。

何晏 晏，字平叔，有《景福殿赋》。《文选注》：魏明帝将东巡，恐夏热，故于许昌作殿，名曰景福。既成，命赋之，平叔遂有此作。

嵇康 《嵇康传》：康以为神仙禀之自然，非积学所得。至于导养得理，则安期、彭祖之伦可及，乃著《养生论》。

阮籍 《阮籍传》：籍作《咏怀诗》八十余篇，为世所重。颜延年曰：说者谓阮籍在晋文代，常虑祸患，故发此咏耳。

韩非 非著《说难》《储说》。注见《知音》篇。

左思 左思有《咏史》诗。

潘岳 《潘岳传》：岳为长安令，作《西征赋》，述所经人物山水，文清旨诣。

窥深 《世说》：孙兴公云：潘文浅而净，陆文深而芜。

世执 咸，玄子也。

刚中 《易·蒙卦·象》：以刚中也。《师卦·象》：刚中而应。

具体 按：湛作《周诗》《昆弟诰》，正如谢公评《扬都赋》所云：事事拟学，而不免俭狭者也。

卢谌 《卢谌传》：刘琨败丧，谌抗表理琨，文旨甚切。谌才高行洁，为一时所推，值中原丧乱，沦陷非所。

南郊 《郭璞传》：璞博学有高才，辞赋为中兴冠。尝作《南郊赋》，帝见而嘉之。

西京 光武都洛阳，长安在西，故曰西京。而文人遂以前汉为西京，后汉为东都也。

邺都 《文选》：魏曹操都邺，相州是也。

元封 《汉·武帝纪》：上还登封泰山，降坐明堂，以十月为元封元年。

建安 见《明诗》篇。

知音第四十八

知音其难哉！（眉批："难"字一篇之骨。）音实难知，知实难逢，逢其知音，千载其一乎！夫古来知音，多贱同而思古。所谓"日进前而不御，遥闻声而相思"也。昔《储说》始出，《子虚》初成，秦皇、汉武，恨不同时；既同时矣，则韩囚而马轻，岂不明鉴同时之贱哉！至于班固、傅毅，文在伯仲，而固嗤毅云："下笔不能自休。"及陈思论才，亦深排孔璋；敬礼请润色，叹以为美谈；季绪好诋诃，方之于田巴：意亦见矣。故魏文称"文人相轻"，非虚谈也。至如君卿唇舌，而谬欲论文，乃称史迁著书，谘东方朔，于是桓谭之徒，相顾嗤笑。彼实博徒，轻言负诮，况乎文士，可妄谈哉！故鉴照洞明，而贵古贱今者，二主是也；才实鸿懿，而崇己抑人者，班、曹是也；学不逮文，而信伪迷真者，楼护是也。（眉批：确有此三种。）酱瓿之议，岂多叹哉！

夫麟凤与麏雉悬绝，珠玉与砾石超殊，白日垂其照，青眸写其形。然鲁臣以麟为麏，楚人以雉为凤，魏氏以夜光为怪石，宋客以燕砾为宝珠。（眉批：此似是而非之见，虽相赏识，亦非知音。）形器易征，谬乃若是；文情难鉴，谁曰易分？夫篇章杂沓，质文交加，（眉批：又进一层。）知多偏好，人莫圆该。慷慨者逆声而击节，酝藉者见密而高蹈，浮慧者观绮而跃心，爱奇者闻诡而惊听。会己则嗟讽，异我则沮弃，各执一隅之解，欲拟万端之变，所谓"东向而望，不见西墙"也。（眉批：千古症结，数言洞见。）

凡操千曲而后晓声，观千剑而后识器，故圆照之象，务先博观。（眉批：扼要之论，探出知音之本。）阅乔岳以形培塿，酌沧波以喻畎浍。无私于轻重，不偏于憎爱，然后能平理若衡，照辞如镜矣。是以将阅文情，先标六观：一观位体，二观置辞，三观通变，四观奇正，五观事义，六观宫商。斯术既形，则优劣见矣。

夫缀文者情动而辞发，观文者披文以入情，沿波讨源，虽幽必显。世远莫见其面，觇文辄见其心。岂成篇之足深？患识照之自浅耳。夫志在山水，琴表其情；况形之笔端，理将焉匿？（眉批：此一段说到音本易知，乃弥觉知音不逢之可伤。）故心之照理，譬目之照形：目瞭则形无不分，心敏则理无不达。然而俗监之迷者，深废浅售，此庄周所以笑《折扬》，宋玉所以伤《白雪》也。昔屈平有言："文质疏内，众不知余之异采。"见异，唯知音耳。扬雄自称："心好沉博绝丽之文。"其事浮浅,亦可知矣。夫唯深识鉴奥,必欢然内怿,譬春台之熙众人,乐饵之止过客。盖闻兰为国香,服媚弥芬;书亦国华,玩泽王作"怿"。方美;知音君子,其垂意焉。

赞曰:洪钟万钧,夔旷所定。良书盈箧,妙鉴乃订。流郑淫人,无或失听。独有此律,不谬蹊径。

日进、遥闻 《鬼谷子·内揵》篇:日进前而不御,遥闻声而相思。

《储说》 《韩非传》:非作《孤愤》《五蠹》《内外储》《说林》《说难》,十余万言。秦王见其书曰:寡人得见此人,与之游,死不恨矣。因急攻韩,韩乃遣非使秦。李斯、姚贾害之,下吏治非。

《子虚》 见《丽辞》篇"上林"注。

嗤毅 魏文帝《典论》:傅毅之于班固,伯仲之间耳,而固小之。与弟超书曰:武仲以能属文为兰台令史,下笔不能自休。

论才 《陈思王集·与杨德祖书》:以孔璋之才,不闲于辞赋,而多自谓能与司马长卿同风,譬画虎不成反为狗者也。昔丁敬礼尝作小文,使仆润色之。仆自以才不过若人,辞不为也。敬礼谓仆:卿何所疑难,文之佳恶,吾自得之,后世谁相知定吾文者耶?吾尝叹此达言,以为美谈。刘季绪才不逮于作者,而好诋诃文章,掎摭利病。昔田巴毁五帝,罪三王,訾五霸于稷下,一旦而服千人。鲁连一说,使终身杜口。刘生之辩,未若田氏,今之仲连,求之不难,可无叹息乎!丁廙,字敬礼。季绪,刘表子也。

相轻 魏文帝《论》:文人相轻,自古而然。

楼护 《汉·游侠传》:楼户,字君卿,少随父为医长安,诵医经、本草、方术,数十万言。长者谓曰:以君卿之才,何不宦学乎?繇是辞其父,学经传,为吏数年,甚得名誉。

酱瓿 《扬雄传》:著《太玄》《法言》。刘歆尝观之,谓雄曰:空自苦。今学者有利禄,然尚不能明《易》,又如玄何?吾恐后人用覆酱瓿也。

麟麚　见《史传》篇"泣麟"注。

雉凤　《尹文子》：楚担山雉者，路人问何鸟也。担雉者欺之曰：凤凰也。买而献之楚王。

怪石　《尹文子》：魏之田父得玉径尺，不知其玉也，以告邻人。邻人绐之曰：怪石也。归而置之庑下，明照一室，怖而弃之于野。

燕砾　《阙子》：宋之愚人得燕石于梧台之东，归而藏之以为宝。周客闻而观焉，掩口而笑曰：与瓦砾不殊。

东向　《淮南子》：东面而望，不见西墙；南面而视，不睹北方。

琴表其情　《吕氏春秋》：伯牙鼓琴，钟子期善听。方鼓琴，志在泰山，子期曰：善哉乎鼓琴，巍巍乎若泰山。志在流水，曰：善哉乎鼓琴，洋洋乎若流水。

《折杨》　《庄子》：大声不入于里耳，《折杨》《皇荂》，则嗑然而笑。是故高言不止于众人之心，至言不出，俗言胜也。

《白雪》　宋玉《对楚王问》：客有歌于郢中者，其始曰《下里》《巴人》，国中属而和者数千人。其为《阳春》《白雪》，国中属而和者数十人。是以其曲弥高，其和弥寡。

异采　屈平《九章》：文质疏内兮，众不知余之异采。

春台　《老子》：众人熙熙，如登春台。

乐饵　《老子》：乐与饵，过客止。

国香　《左传》：郑文公有贱妾曰燕姞，梦天使与己兰，曰：以是为而子，以兰为国香，人服媚之如是。

程器第四十九

《周书》论士，方之梓材，盖贵器用而兼文采也。是以朴斫成而丹雘施，垣墉立而雕杇附。而近代辞人，务华弃实。故魏文以为："古今文人，之'之'字衍。类不护细行。"韦诞所评，又历诋群才。后人雷同，混之一贯，吁可悲矣！

略观文士之疵：相如窃妻而受金，扬雄嗜酒而少算，敬通之不循廉隅，杜笃之请求无厌，班固谄窦以作威，马融党梁而黩货，文举傲诞以速诛，正平狂憨以致戮，仲宣轻脆以躁竞，孔璋憁恫以粗疏，丁仪贪婪以乞货，路粹餔啜而无耻，潘岳诡诪于愍怀，陆机倾仄于贾、郭，傅玄刚隘而詈台，孙楚狠汪作"佷"。愎而讼府。诸有此类，并文士之瑕累。

文既有之，武亦宜然。古之将相，疵咎实多。至如管仲之盗窃，吴起之贪淫，陈平之污点，绛、灌之谗嫉，沿兹以下，不可胜数。孔光负衡据鼎，而仄媚董贤；况班、马之贱职，潘岳之下位哉？王戎开国上秩，而鬻官嚣俗；况马、杜之磬悬，丁、路之贫薄哉？（眉批：此亦有激之谈，不为典要。）然子夏无亏于名儒，濬冲不尘乎竹林者，名崇而讥减也。若夫屈、贾之忠贞，邹、枚之机觉，黄香之淳孝，徐幹之沉默，岂曰文士，必其玷欤？

盖人禀五材，修短殊用，自非上哲，难以求备。然将相以位隆特达，文士以职卑多诮，此江河所以腾涌，涓流所以寸折者也。名之抑扬，既其然矣；位之通塞，亦有以焉。盖士之登庸，以成务为用。鲁之敬姜，妇人之聪明耳，然推其机综，以方治国，安有丈夫学文，而不达于政事哉？彼扬、马之徒，有文无质，所以终乎下位也。昔庾元规才华清英，勋庸有声，故文艺不称；若非台岳，则正以文才也。文武之术，左右惟宜。郤縠敦《书》，故举为元帅，岂以好文而不练武哉？孙武《兵经》，辞如珠玉，岂以习武而不晓文也？（眉批：此种亦纯是客气。观此一篇，彦和亦发愤而著书者。观《时序》篇，此书盖成于齐末。彦和入梁乃仕，故郁郁乃尔耶？）

是以君子藏器，待时而动，发挥事业，固宜蓄素以弸中，散采元作"悉"，龚仲和改。以彪外，梗楠其质，豫章其干。摛文必在纬军国，负元作"贤"，龚改。重必在任栋梁，穷则独善以垂文，达则奉时以骋绩。若此文人，应梓材之士矣。（眉批：此篇于文外补修行立功，制作之体乃更完密。）

赞曰：瞻彼前修，有懿文德。声昭楚南，采动梁北。雕而不器，贞干谁则？岂无华身，亦有光国。

梓材 《书·梓材》:若作室家,既勤垣墉,惟其涂塈茨。若作梓材,既勤朴斲,惟其涂丹雘。

韦诞 《文章叙录》:韦诞,字仲将,太仆端之子。鱼豢尝举王、阮诸人以问诞,诞对曰:仲宣伤于肥戆,休伯都无格检,元瑜病于体弱,孔璋实自粗疏,文蔚性颇忿鸷。

窃妻受金 《司马相如传》:卓王孙有女文君新寡,好音,相如以琴心挑之。文君窃从户窥,心悦而好之,恐不得当也,夜亡奔相如。相如与驰归成都。其后有人言,相如使蜀时受金,失官。

嗜酒 《扬雄传》:雄家素贫,嗜酒。时有好事者,载酒肴从游学。

敬通 《冯衍传》:衍,字敬通。显宗即位,人多短衍文过其实,遂废于家。衍与妇弟书,数妇之恶,有云:以室家之故,捐弃衣冠,心专耕耘,以求衣食。

杜笃 《后汉·文苑传》:杜笃居美阳,与美阳令游,数从请托不谐,颇相恨。令怒,收笃送京师。

班固 《班固传》:大将军窦宪出征匈奴,以固为中护军,与参议。及窦宪败,固先坐免官。固不教学诸子,诸子多不遵法度,吏人苦之。

马融 《马融传》:融为梁冀草奏,奏李固,又作《大将军西第颂》,以此颇为正直所羞。论曰:马融奢乐恣性,党附成讥,固知识能匡欲者鲜矣。

文举 《孔融传》:融,字文举,负其高气,志在靖难,而才疏意广。后为曹操所杀。

正平 《后汉·文苑传》:祢衡,字正平,少有才辩,而气尚刚傲,后为黄祖所杀。

慅恫 《广韵》:慅恫,不得志也。

诡诪 《晋·愍帝太子传》:贾后将废太子,诈称上不和,召太子置别室,逼饮醉之。使潘岳作书草,若祷神之文,有如太子素意,因醉而书之。令少婢以纸笔及书草使太子依而写之。后以呈帝,废太子。

倾仄 《陆机传》:机好游权门,与贾谧亲善,以进趣获讥。

贾、郭 《郭彰传》：彰，贾后从舅也，与贾充素相亲。遇贾后专朝，彰与参权势，宾客盈门，世人称为贾郭。

詈台 《傅玄传》：玄转司隶校尉，谒者以弘训宫为殿内，制玄位在卿下。玄恚怒，厉声色而责谒者。谒者妄称尚书所处，玄对百僚而骂尚书以下。御史中丞庾纯奏玄不敬。

讼府 《孙楚传》：楚参石苞骠骑军事，初至，长揖曰：天子命我参卿军事。因此而嫌隙遂构。苞奏楚与吴人孙世山共讪毁时政，楚亦抗表自理，纷纭经年。

管仲盗窃 《说苑》：邹子曰：管仲，故成阴之狗盗也。

吴起 《吴起传》：起闻魏文侯贤，欲事之。文侯问李克曰：吴起何如人哉？李克曰：起贪而好色，然用兵，司马穰苴不能过也。

谗陈平 《陈丞相世家》：绛侯、灌婴等咸谗陈平，曰：臣闻平家居时，盗其嫂；事魏不容，亡归楚；归楚不中，又亡归汉。今日大王尊官之，令护军。平受诸将金，金多者得善处，金少者得恶处。平，反覆乱臣也。《贾谊传》：绛、灌、东阳侯、冯敬之属尽害之。《注》：绛、灌，周勃、灌婴也。

孔光 《汉·佞幸传》：初，丞相孔光为御史大夫时，董贤父恭为御史，事光。及贤为大司马，与光并为三公，上故令贤私过光。光知上欲尊宠贤，及闻贤当来也，光警戒衣冠，出门待望，见贤车乃却入。贤至中门，光入阁。既下车，乃出拜谒。送迎甚谨，不敢以宾客钩敌之礼。贤归，上闻之喜。

王戎 《王戎传》：戎与阮籍诸人为竹林之游，戎尝后至。籍曰：俗物已复来败人意。戎笑曰：卿辈意亦复易败耶！后以平吴功，封安丰侯。南郡太守刘肇赂戎筒中细布五十端，为司隶所纠。帝虽不问，然为清慎者所鄙。

邹、枚 《邹阳传》：吴王濞阴有邪谋，阳奏书谏。吴王不内其言。于是邹阳、枚乘、严忌知吴不可说，皆去之梁。

黄香 《后汉·文苑传》：黄香年九岁失母，思慕憔悴，殆不免丧，乡人称其至孝。太守刘护闻而召之，署门下孝子。香博学经典，究精道术，能文章。

肃宗诏香诣东观,读所未尝见书。

徐幹 《魏志》:徐幹,字伟长。魏文帝《书》:伟长怀文抱质,恬淡寡欲,有箕山之志,可谓彬彬君子矣。著《中论》二十余篇,成一家之业,辞义典雅,足传于后。

敬姜 《国语》:公父文伯退朝,朝其母,方绩,文伯曰:以歜之家,而主犹绩,惧干季孙之怒也。敬姜叹曰:昔圣王之处民也,择瘠土而处之,劳其民而用之,男女效绩,愆则有辟,古之制也。

敦书 《左传》:晋侯蒐于被庐,作三军,谋元帅。赵衰曰:郤縠可。臣亟闻其言矣,说《礼》《乐》而敦《诗》《书》。

孙武 《孙子传》:孙武以兵法见吴王阖庐,阖庐曰:子之十三篇,吾尽观之矣,可以小试勒兵乎? 对曰:可。

弸中、**彪外** 扬子《法言》:君子言则成文,动则成德。何以也? 曰:以其弸中而彪外也。《注》:弸,满也。彪,文也。

梗楠 陆贾《新语》:梗楠、豫章,天下之名木,立则为大山众木之宗,仆则为万世之用。

序志第五十

(眉批:此全书之总序。古人之序皆在后。《史记》《汉书》《法言》《潜夫论》之类,古本尚斑斑可考。)

夫"文心"者,言为文之用心也。昔涓子《琴心》,王孙《巧心》,心哉美矣,故一本上有"夫"字。用之焉。元脱,按《广文选》补。古来文章,以雕缛成体,岂取驺奭之群言雕龙也。夫宇宙绵邈,黎献纷杂,拔萃出类,智术而已。岁月飘忽,性灵不居,腾声飞实,制作而已。夫有衍。肖貌天地,禀性五才,一作"行"。拟耳目于日月,方声气乎风雷,其超出万物,亦已灵矣。形同草木之脆,名逾金石之坚,是以君子处世,树德建言。(眉批:读欧阳子《送徐无党序》文,爽然自失矣。)岂好辩哉? 不得已也!

予生七龄，乃梦彩云若锦，则攀而采之。齿在逾立，则尝夜梦执丹漆之礼器，随仲尼而南行；旦而寤，乃怡然而喜。大哉！圣人之难见哉，乃小子之垂梦欤！自生人以来，未有如夫子者也。敷赞圣旨，莫若注经；而马、郑诸儒，宏之已精，就有深解，未足立家。唯文章之用，实经典枝条。五礼资之以成，六典因之致用，君臣所以炳焕，军国所以昭明，详其本源，莫非一作"外"。经典。而去圣久远，文体解散。辞人爱奇，言贵浮诡，饰羽尚画，文绣鞶帨，离本弥甚，将遂讹滥。（眉批：全书对针此数语立言。）盖《周书》论辞，贵乎体要；尼父陈训，恶乎异端；辞训之异，宜体于要。于是搦笔和墨，乃始论文。

详观近代之论文者，多矣。至于一作"如"。魏文述典，陈思序书，应玚《文论》，陆机《文赋》，仲洽《流别》，宏范《翰林》，各照隅隙，鲜观衢路。或臧否当时之才，或铨品前修之文，或泛举雅俗之旨，或撮题篇章之意。魏典密而不周，陈书辩而无当，应论华而疏略，陆赋巧而碎乱，《流别》精而少巧，《梁书》作"功"。（眉批："功"字是。）《翰林》浅而寡要。又君山、公幹之徒，吉甫、士龙之辈，泛议文意，往往间出，并未能振叶以寻根，观澜而索源。不述先哲之诰，无益后生之虑。

盖《文心》之作也，本乎道，师乎圣，体乎经，酌乎纬，变乎骚；文之枢纽，亦云极矣。若乃论文叙笔，则囿汪作"品"。别区分，原始以表末，释名以章义，选文以定篇，敷理以举统。上篇以上，纲领明矣。至于割情析采，一作"表"。笼圈条贯，摘神性，图风势，苞一作"包"。会通，阅声字。崇替于《时序》，褒贬于《才略》，怊怅元作"怡畅"，王性凝改。于《知音》，耿介于《程器》。长怀《序志》，以驭群篇。下篇以下，毛目显矣。位理定名，彰乎大《易》之数，其为文用，四十九篇而已。

夫铨序一文为易，弥纶群言为难。虽复一作"或"。轻采毛发，深极骨髓，或有曲意密源，似近而远，辞所不载，亦不胜数矣。及其品列一作"许"。成文，有同乎旧谈者，非雷同也，势自不可异也；有异乎前论者，非苟异也，理自不可同也。（眉批：平允之见。如此，乃可以著书；亦如此，其书乃传。）同之与异，不屑古今，擘肌分理，唯务折衷。按辔文雅之场，环络藻绘之府，亦几乎备矣。（眉批：结处自负不浅。）但言不尽意，圣人所难；识在瓶管，何能矩矱？元脱，许补。茫茫往代，既沉一作"洗"。（眉批："洗"字是。）予闻；眇眇来世，倘尘彼观也。

赞曰：生也有涯，无涯惟智。逐物实难，凭性良易。傲岸泉石，咀嚼文义。文果载心，余心有寄。

涓子　《文选注》：涓子，齐人，好饵术，隐于宕山，著《琴心》三篇。

王孙　《汉·艺文志》：《王孙子》一篇。一曰《巧心》。

雕龙　见《诸子》篇"驺子"注。

腾声　《封禅文》：蜚英声，腾茂实。

饰羽　见《征圣》篇。

魏文　《魏文帝集》有《典论·论文》《论方术》。

陈思　《陈思王集·与杨德祖书》：仆少小好为文章，迄至于今，二十有五年矣。然今世作者，可略而言也。

应玚　《应玚集》有《文质论》。

《文赋》　《陆机集》有《文赋》。

《流别》　见《颂赞》篇。

《翰林》　《隋·经籍志》：《翰林论》三卷，晋著作郎李充撰。《晋书》：李充，字弘度，江夏人，历官大著作郎，注《尚书》及《周易旨》六论，《释庄论》二篇，诗、赋、杂文二百四十首，行于世。传中不言有《翰林论》，而《玉海》引《翰林论》，亦云宏范。

毛目　《子华子》：毛举其目，尚不胜为数也。

瓶管　《左传》：挈瓶之智。《注》：喻小智也。《庄子·秋水》篇：是直用管窥天。

乾隆辛卯八月初六日阅毕，晓岚记

跋

右《文心雕龙》十卷，黄昆圃侍郎本，纪文达公所评也。

是书自至正乙未刻于嘉禾，至明末刻于常熟，凡六本。此为黄侍郎手校，而门下客补注，时侍郎官山东布政使，不暇推勘，而遽刻之。寻自悔也。今按文达举正凡二十余事，其称引参错者不与焉。固知通儒不出此已。

道光癸巳冬

宫保卢涿州夫子命余校刻《史通削繁》，既讫，复刊此本。《史通通释》举例云：书皆举名，篇皆举某纪某传之类，例至善也。而注或云《汉书》本传而不称名，或云汉某人传而不称书，或云《汉书》而不举某纪某传，未免矛盾。余改归画一。其文下释语、按语，皆八股家数，概从芟汰。惟注下按语有考证者存之。《文心雕龙》注其参错处与《史通》注同。然已经文达驳正，当悉用原文矣。昔黄鲁直谓：论文则《文心雕龙》，论史则《史通》，学者不可不读。余谓文达之论二书，尤不可不读。

或曰：文达辨体例甚严。删改故籍，批点文字，皆明人之陋习，文达固常诃之，是书得无自戾与？余曰：此正文达之所以辨体例也，学者苟得其意，则是书之自戾可无议也。虽然必有文达之识，而后可以无议也。

嘉应吴兰修跋

史通削繁

〔唐〕刘知幾 著
〔清〕浦起龙 注
〔清〕纪昀 编

编校说明

《史通削繁》以道光十三年两广节署翰墨园刻本为底本。

序 一

谨按:《唐书·刘知幾传》:知幾撰《史通》内外四十九篇,徐坚叹为凡史官宜置座右。而宋祁《史臣总论》谓其"工诃古人"。盖子玄天性峭直,言词激峻,作者吹毛而索瘢,读者举一而废百。甚矣,持平之难也!

河间纪文达公为昭代通儒,尝取是书逐加评骘,披其菁华,芟其芜蔓,为《史通削繁》四卷。由是,精严平正,足为史家之圭臬矣。余从公之孙香林观察树馨。钞得此本,移节两广,付吴石华学博兰修。校刻之。旧用三色笔,取者朱,冗漫者紫,纰缪者绿。今止录朱笔,余并删去。浦二田原注诠释支赘者,属石华汰而存之,庶读者展卷了然,亦一快也。

道光十有三年,岁在癸巳,长至后三日,涿州卢坤序

序 二

　　史之有例，其必与史俱兴矣。沮诵以来，荒远莫考。简策记载之法，惟散见于左氏书。说者以为周公之典也。马、班而降，体益变，文益繁，例亦益增。其间得失是非，遂递相掎摭而不已。刘子玄激于时论，发愤著书，于是乎《史通》作焉。夫《春秋》之义，以例而隐，先儒论之详矣。前有千古，后有万年，事变靡穷，纪载异致，乃一一设例以限之，不已隘乎？然圣人之笔削，如化工之肖物，执方隅之见以窥之目，愈穿凿而愈晦蚀；文士之纪录，则如匠氏之制器，无规矩准绳以絜之，淫巧偭错，势将百出而不止。故说经不可有例，而撰史不可无例。

　　刘氏之书，诚载笔之圭臬也。顾其自信太勇，而其立言又好尽，故其抉摘精当之处，足使龙门失步，兰台变色；而偏驳太甚，支蔓弗翦者，亦往往有之，使后人病其芜杂，罕能卒业。并其微言精义，亦不甚传，则不善用长之过也。注其书者凡数家，互有短长。浦氏本最为后出，虽轻改旧文，是其所短，而诠释较为明备。偶以暇日，即其本细加评阅，以授儿辈。所取者记以朱笔，其纰缪者以绿笔点之，其冗漫者又别以紫笔点之。除二色笔所点外，排比其文尚皆相属，因钞为一帙，命曰《史通削繁》，核其菁华，亦大略备于是矣。昔郭象注庄子书，盖多删节。凡严君平《道德指归论》所引，而今本不载者，皆象所芟弃者也。例出先民，匪我作古，博雅君子，谅不骇之。

乾隆壬辰人日，河间纪昀书

卷 一

内 篇

六 家

自古帝王编述文籍，《外篇》言之备矣。古往今来，质文递变，诸史之作，不恒厥体。权而为论，其流有六：一曰《尚书》家，二曰《春秋》家，三曰《左传》家，四曰《国语》家，五曰《史记》家，六曰《汉书》家。今略陈其义，列之于后。

《尚书》家者，其先出于太古。至孔子观书于周室，得虞、夏、商、周四代之典，乃删其善者，定为《尚书》百篇。孔安国曰："以其上古之书，谓之《尚书》。"《尚书璇玑钤》曰："尚者，上也。上天垂文象，布节度，如天行也。"王肃曰："上所言，下为史所书，故曰《尚书》也。"（眉批：王肃之说先见王充《论衡》，但"上所言"作"上所为"。）推此三说，其义不同。盖《书》之所主，本于号令，所以宣王道之正义，发话言于臣下，故其所载，皆典、谟、训、诰、誓、命之文。

又有《周书》者，与《尚书》相类，即孔氏刊约百篇之外，凡为七十一章。上自文、武，下终灵、景。甚有明允笃诚，典雅高义；时亦有浅末恒说，滓秽相参，殆似后之好事者所增益也。

自宗周既殒，《书》体遂废，迄乎汉、魏，无能继者。至晋广陵相鲁国孔衍，以为国史所以表言行，昭法式，至于人理常事，不足备列。（眉批：此即《春秋》常事不书之义。）乃删汉、魏诸史，取其美词典言，足为龟镜者，定以篇第，纂成一家。由是有《汉尚书》《后汉尚书》《魏尚书》，凡为二十六卷。至隋秘书监太原王劭，又录开皇、仁寿时事，编而次之，以类相从，各为其目，勒成《隋书》八十卷。寻其义例，皆准《尚书》。

原夫《尚书》之所记也,若君臣相对,词旨可称,则一时之言,累篇咸载。如言无足纪,语无可述,若此故事,虽脱略,而观者不以为非。(眉批:此处有脱句脱字。寻其文义,当于"语无可述"下脱一句,言删而不载之意;"若此"上脱半句,言其体例若此,故事虽云云。)爰逮中叶,文籍大备,必剪截今文,摸拟古法,事非改辙,理涉守株。故舒元所撰《汉》《魏》等书,不行于代也。若乃帝王无纪,公卿缺传,则年月失序,爵里难详,斯并昔之所忽,而今之所要。如君懋《隋书》,虽欲祖述商、周,宪章虞、夏,观其所述,乃似《孔子家语》、临川《世说》,可谓画虎不成反类犬也。其书受嗤当代,良有以焉。

《春秋》家者,其先出于三代。案:《汲冢琐语》记太丁时事,目为《夏殷春秋》。《国语》云:"晋羊舌肸习于《春秋》,悼公使傅其太子。"《左传》昭二年,晋韩献子来聘,见《鲁春秋》曰:"周礼尽在鲁矣。"斯则《春秋》之目,事匪一家。至于隐没无闻者,不可胜载。故《墨子》曰:"吾见百国春秋。"盖皆指此也。(眉批:今本《墨子》无此句,盖逸篇之文。《墨子》又有《周春秋》《燕春秋》《齐春秋》,皆见《明鬼下》篇,子玄未引。)

逮仲尼之修《春秋》也,乃观周礼之旧法,遵鲁史之遗文;据行事,仍人道;就败以明罚,因兴以立功;假日月而定历数,借朝聘而正礼乐;微婉其说,志晦其文;为不刊之言,著将来之法。故能弥历千载,而其书独行。

又案:儒者之说春秋也,以事系日,以日系月;言春以包夏,举秋以兼冬,年有四时,故错举以为所记之名也。苟如是,则晏子、虞卿、吕氏、陆贾,其书篇第,本无年月,而亦谓之春秋,盖有异于此者也。(眉批:春秋本以错举四时而名,其不编年而称春秋者,则以褒贬之义附乎春秋耳。)

至太史公著《史记》,始以天子为本纪,考其宗旨,如法《春秋》。自是为国史者,皆用斯法。然时移世异,体式不同。其所书之事也,皆言罕褒讳,事无黜陟,故马迁所谓整齐故事耳,安得比于《春秋》哉!

《左传》家者,其先出于左丘明。孔子既著《春秋》,而丘明受经作传。盖传者,转也;转受经旨,以授后人。或曰传者,传也,所以传示来世。案:孔安国注《尚书》,亦谓之传,斯则传者,亦训释之义乎？观《左传》之释经也,言见经文而事详传内,或传无而经有,或经阙而传存。其言简而要,其事详而博,信圣人之羽翮,而述者之冠冕也。

逮孔子云没,经传不作。于时文籍,唯有《战国策》及《太史公书》而已。至晋著作郎鲁国乐资,乃追采二史,撰为《春秋后传》。其书始以周贞王,续前传鲁哀公后,至王赧入秦；又以秦文王之继周,终于二世之灭,合成三十卷。当汉代史书,以迁、固为主,而纪传互出,表志相重,于文为烦,颇难周览。至孝献帝,始命荀悦撮其书为编年体,依《左传》著《汉纪》三十篇。自是每代国史,皆有斯作,起自后汉,至于高齐。如张璠、孙盛、干宝、徐贾、裴子野、吴均、何之元、王劭等,其所著书,或谓之春秋,或谓之纪,或谓之略,或谓之典,或谓之志。虽名各异,大抵皆依《左传》以为的准焉。

《国语》家者,其先亦出于左丘明。既为《春秋内传》,又稽其逸文,纂其别说,分周、鲁、齐、晋、郑、楚、吴、越八国事,起自周穆王,终于鲁悼公,别为《春秋外传国语》,合为二十一篇。其文以方《内传》,或重出而小异。然自古名儒贾逵、王肃、虞翻、韦曜之徒,并申以注释,治其章句。此亦六经之流,三传之亚也。

暨纵横互起,力战争雄,秦兼天下,而著《战国策》。其篇有东西二周、秦、齐、燕、楚、三晋、宋、卫、中山,合十二国,分为三十三卷。夫谓之策者,盖录而不序,故即简以为名。或云,汉代刘向以战国游士为之策谋,因谓之《战国策》。

至孔衍,又以《战国策》所书,未为尽善,乃引太史公所记,参其异同,删彼二家,聚为一录,号为《春秋后语》。除二周及宋、卫、中山,其所留者,七国而已。始自秦孝公,终于楚、汉之际,比于《春秋》,亦尽二百三十余年行事。始衍撰《春秋时国语》,复撰《春秋后语》,勒成二书,各为十卷。今行于世者,唯《后语》存焉。

当汉氏失驭,英雄角力。司马彪又录其行事,因为《九州春秋》,州为一篇，合为九卷。寻其体统，亦近代之《国语》也。

自魏都许、洛，三方鼎峙；晋宅江、淮，四海幅裂。其君虽号同王者，而地实诸侯。所在史官，记其国事，为纪传者则规模班、马，创编年者则议拟荀、袁。于是《史》《汉》之体大行，而《国语》之风替矣。

《史记》家者，其先出于司马迁。自《五经》间行，百家竞列，事迹错糅，前后乖舛。至迁乃鸠集国史，采访家人，上起黄帝，下穷汉武，纪、传以统君臣，书、表以谱年爵，合百三十卷。因鲁史旧名，目之曰《史记》。自是汉世史官所续，皆以《史记》为名。迄乎东京著书，犹称《汉记》。

至梁武帝，又敕其群臣，上自太初，下终齐室，撰成《通史》六百二十卷。其书自秦以上，皆以《史记》为本，而别采他说，以广异闻。至两汉已还，则全录当时纪传，而上下通达，臭味相依。又吴、蜀二主皆入世家，五胡及拓拔氏列于《夷狄传》。大抵其体皆如《史记》，其所为异者，唯无表而已。其后元魏济阴王晖业，又著《科录》二百七十卷，其断限亦起自上古，而终于宋年。其编次多依放《通史》，而取其行事尤相似者，共为一科，故以《科录》为号。（眉批：此殆近乎类书，尤为猥杂矣，宜子玄以芜累为讥。）皇家显庆中，符玺郎陇西李延寿抄撮近代诸史，南起自宋，终于陈；北始自魏，卒于隋，合一百八十篇，号曰《南北史》。（眉批：《南北史》体例较清，故《科录》《通史》皆不传，而此书今在。）其君臣流例，纪传群分，皆以类相从，各附于本国。凡此诸作，皆《史记》之流也。

寻《史记》疆宇辽阔，年月遐长，而分以纪传，故以书表。每论家国一政，而胡、越相悬；叙君臣一时，而参、商是隔。此其为体之失者也。（眉批：《史记》卷帙无多，其病尚不至此，子玄惩羹吹齑耳。）兼其所载，多聚旧记，时采杂言，故使览之者事罕异闻，而语饶重出。此撰录之烦者也。况《通史》以降，芜累尤深，遂使学者宁习本书，而怠窥新录。且撰次无几，而残缺逾多，可谓劳而无功，述者所深诫也。

《汉书》家者，其先出于班固。马迁撰《史记》，终于今上；（眉批：马迁可称汉武为"今上"，子玄安得称之？陈涉、严遵之传尝以责人矣。）自太初已下，阙而不录。

班彪因之，演成《后记》，以续前篇。至子固，乃断自高祖，尽于王莽，为十二纪、十志、八表、七十列传，勒成一史，目为《汉书》。昔虞、夏之典，商、周之诰，孔氏所撰，皆谓之"书"。夫以"书"为名，亦稽古之伟称。寻其创造，皆准子长，但不为"世家"，改"书"曰"志"而已。自东汉以后，作者相仍，皆袭其名号，无所变革，唯《东观》曰"记"，《三国》曰"志"。然称谓虽别，而体制皆同。

历观自古，史之所载也，《尚书》记周，事终秦穆；《春秋》述鲁，文止哀公。《纪年》不逮于魏亡，《史记》唯论于汉始。如《汉书》者，究西都之首末，穷刘氏之废兴，包举一代，撰成一书。言皆精练，事甚该密，故学者寻讨，易为其功。自尔迄今，无改斯道。

于是考兹六家，商榷千载，盖史之流品，亦穷之于此矣。而朴散淳销，时移势异，《尚书》等四家，其体久废，所可祖述者，唯《左氏》及《汉书》二家而已。

《尚书》百篇 《汉书·艺文志》：《易》曰：河出图，洛出书，圣人则之。故《书》之所起远矣。至孔子纂焉，上断于尧，下讫于秦，凡百篇。

孔安国 《史记·孔子世家》：孔子而下，历伯鱼、子思、子上、子家、子京、子高、子慎及鲋，凡八世。鲋弟子襄生忠，忠生延年及安国。安国为今皇帝博士。《汉书·艺文志》：武帝末，鲁共王坏孔子宅，得《古文尚书》，孔安国悉得其书，献之。《尚书》孔《序》：以其上古之书，谓之《尚书》。百篇之义，世莫得闻。

璇玑钤 《后汉书·方术传》：樊英善《河》《洛》《七纬》。章怀《注》：《七纬》者，《易纬》：《稽览图》《乾凿度》《坤灵图》《通卦验》《是类谋》《辨终备》也；《书纬》：《璇玑钤》《考灵耀》《刑德放》《帝命验》《运期授》也；《诗纬》：《推度灾》《泛历枢》《含神务》也；《礼纬》：《含文嘉》《稽命征》《斗威仪》也；《乐纬》：《动声仪》《稽耀嘉》《叶图征》也；《孝经纬》：《援神契》《钩命决》也；《春秋纬》：《演孔图》《元命苞》《文耀钩》《运斗枢》《感精符》《合诚图》《考异邮》《保乾图》《汉含孳》《佑助期》《握诚图》《潜潭巴》《说题辞》也。

王肃 《魏志·王朗传》：朗子肃，字子雍，中领军、散骑常侍。善贾、马之学，而不好郑氏。采会同异，为《尚书》《诗》《论语》《三礼》《左氏》解，及撰定父朗所作《易传》，皆列于学官。按：郭本引南齐奔魏之王肃，误。又按：王应麟《困学纪闻》云：《乐书》引《乐记》，《通典》引《大传》，并存王肃《注》，而《集说》以为元魏人，误也。在元魏者，字恭懿，不以经学名。然则误已在宋时矣。而王谓"不以经学名"，亦非。恭懿长于《三礼》，《北史》与刘石经同传，常相辩论往来也。

又有《周书》 《汉书·艺文志》：《周书》七十一篇。刘向云：周时诰、誓、号令，盖孔子所论百篇之余也。《困学纪闻》：《隋》《唐志》系之汲冢，然汲冢得竹书在晋咸宁五年，而太史公、郑康成、许叔重、马融皆引其文，皆在汉世。杜元凯解《左传》时，书亦未出也，亦以《周书》为据。《束晳传》及《左传正义》引王隐《晋书》所载竹书之目，亦无《周书》，然则系于汲冢误矣。今按：《史通》亦多引其书，皆不冠以汲冢，《隋》《唐志》之误信矣。

孔衍汉魏《尚书》 《晋书·儒林传》：孔衍，字舒元，孔子二十二世孙。中兴初，补中书郎，出为广陵郡。凡所撰述，百余万言。《唐书·艺文志》：孔衍《汉尚书》十卷，《后汉尚书》六卷，《后魏尚书》十四卷。按：后魏"后"字衍文。

王劭《隋书》 《隋书·王劭传》：劭，字君懋。授著作郎，迁秘书少监，专典国史。撰《隋书》八十卷，多录口敕，又采迂怪委巷之言，以类相从，为其题目。

《家语》 王肃《注·后序》：《孔子家语》者，与《论语》《孝经》并时。弟子取其正实而切事者，别出为《论语》，其余则都集录之。晁公武《读书志》：凡四十四篇，刘向校录止二十七篇。王肃得此于孔猛家。

临川《世说》 《宋书·宗室传》：临川王道规无子，以长沙景王子义庆为嗣。高似孙《纬略》：义庆采撷汉、晋以来佳事佳语，为《世说新语》。

《汲冢琐语》 《隋书·经籍志》：《古文琐语》四卷，汲冢书。

羊舌肸 《外传·晋语》：悼公问德义，司马侯曰：诸侯之为，日在君侧，以其善行,以其恶戒,可谓德义矣。公曰:孰能?曰:羊舌肸习于《春秋》。乃召叔向,使傅太子彪。

百国春秋 北平黄氏《补注》:《公羊传疏》云:昔孔子受端门之命,制《春秋》之义,使子夏等求周史记,得百二十国宝书。则墨子言百国春秋,当即是书也。

周礼旧法 杜预《左传集解序》:周德既衰,官失其守,上之人不能使《春秋》昭明。仲尼因鲁史策书成文,考其真伪而志其典礼,上以遵周公之制,下以明将来之法。

晏、虞、吕、陆,亦谓春秋 《史记·管晏列传赞》:吾读《晏子春秋》,欲观其行事,故次其传。《孔丛·执节》篇:《春秋》,经名。晏子书亦曰《春秋》,贵贱不嫌同名也。《史记》:虞卿说赵孝成王,为赵上卿,卒去赵。不得意,乃著书,曰《节义》《称号》《揣摩》《政谋》,凡八篇,曰《虞氏春秋》。《汉书·艺文志》:《虞氏春秋》十五篇。高诱《吕览序》:吕不韦者,阳翟富贾,为秦相国。集儒书,著其所闻,为十二纪、八览、六论,名《吕氏春秋》。暴之咸阳市门,悬千金其上,能增损一字者予千金。《后汉书·班彪传》:汉兴,定天下,太中大夫陆贾纪录时功,作《楚汉春秋》九篇。《史记·陆贾传索隐》:贾撰记项氏与汉高初起及惠、文间事。

受经作传 杜预《集解序》:左丘明受经于仲尼,以为经者不刊之书也,故传或先经以始事,或后经以终义,或依经以辩理,或错经以合异,随义而发其例之所重。

乐资 《晋书》无传。《隋书·经籍志》:《春秋后传》三十一卷,晋著作郎乐资撰。按:资,晋时人,在荀悦后。而章内先举乐资者,资书接《左》迄秦,事在《汉纪》前,不以人次也。又:接《左传》之周贞王,《史记》作定王,《左疏》杂引存疑。

荀悦 《后汉书·荀淑传》:淑,孙悦,字仲豫,献帝时,官秘书监。帝以班固《汉书》文繁难省,乃令悦依《左氏传》体,为《汉纪》三十卷,辞约事详。其

《序》曰：中兴以前，明主贤臣得失之轨，亦足以观矣。《正史》篇又有注。

张璠 国史无传。《隋书·经籍志》：《后汉纪》三十卷，张璠撰。袁宏《后汉纪·自序》：暇日掇会《汉纪》、谢承《书》、司马彪《书》、华峤《书》、谢忱《书》《汉山阳公记》、《汉灵献起居注》、《汉名臣奏》，旁及诸郡《耆旧先贤传》，凡数百卷，多不次叙。始见张璠所撰书，其言汉末之事差详，故复探而益之。

孙盛 《隋书·经籍志》：《魏氏春秋》三十卷，《晋阳秋》三十卷，并孙盛撰。盛，字安国，又见《论赞》《直书》二篇。

干宝 《晋书·干宝传》：宝，字令升，祖统，吴奋武将军。宝以才器，召为著作郎，领国史。著《晋纪》，自宣迄愍，凡二十卷。直而能婉。

徐贾 其人其书俱无考。按：《隋》《唐》二《志》于干宝《晋纪》之后，裴子野《宋略》之前，有徐广《晋纪》四十五卷，与此处列名之次正同，而所列编年门类亦合。然则"贾"字即"广"字之讹也。《宋书·徐广传》：广，字野民，员外散骑，领著作。

裴子野 《梁书·裴子野传》：子野，字几原。曾祖松之，续修何承天《宋史》未成，子野更撰为《宋略》二十卷，叙事评论多善。

吴均 《梁书·文学传》：吴均，字叔祥。文体清拔，好事者或效之，谓为吴均体。除奉朝请。著《齐春秋》三十卷。按：《正史》篇谓其书称梁帝为齐明佐命，帝恶其实，诏燔之。然其私本竟行。

何之元 《陈书·文学传》：之元锐精著述，以为梁氏肇自武皇，终于敬帝。其兴亡盛衰之迹，足以垂鉴戒，定褒贬。究七十五年行事，草创为三十卷，号曰《梁典》。

王劭 《唐书·艺文》编年类：王劭《北齐志》十七卷。

《内传》《外传》 韦昭《国语序》：昔孔子修旧史以垂法，左丘明因圣言以摅意，可谓博物善作者也。其雅思未尽，复采录前世穆王以来，下迄鲁悼、智伯之诛，以为《国语》。其文不止于经，故号曰《外传》。又云：切不自料，复为之解，参之以《五经》，检之以《内传》。

贾逵注 《后汉书·贾逵传》：逵，字景伯，九世祖谊。逵身长八尺二寸，诸儒为之语曰：问事不休贾长头。尤明《左氏传》《国语》，为之《解诂》五十一篇。《注》：《左氏传》三十篇，《国语》二十一篇也。

王肃注 三国时人，见前。按：《魏志》本传，于诸经解后，又有《三传》《国语》《尔雅》诸注。《隋书·经籍志》：《春秋外传章句》一卷，王肃撰。

虞翻注 《三国·吴志·虞翻传》：翻，字仲翔，孙权以为骑都尉。徙交州，虽处罪放，而讲学不倦。为《老子》《论语》《国语》训注，皆传于世。

韦曜注 《吴志·韦曜传》：曜，字弘嗣，为尚书郎，迁太子中庶子。孙皓即位，封高陵亭侯。《注》：曜本名昭，史为晋讳改之。《崇文总目》：昭参引郑众、贾逵、虞翻、唐固，合五家为注，自发正者三百七事。按：唐固注《国语》，见《吴志·阚泽传》。或作"唐因"，非。

《战国策》 刘向《原叙》：所校中《战国策》书，臣向因国别者，略以时次之，得三十三篇。中书本号，或曰《国策》，或曰《国事》，或曰《短长》，或曰《事语》，或曰《修书》，或曰《长书》。臣向以为：战国时游士策谋，宜为《战国策》。继春秋以后，讫楚、汉之起，二百四十五年间之事，皆定以杀青书。《隋书·经籍志》：刘向录者三十二卷，高诱撰注者二十二卷。

孔衍《后语》 《唐书·艺文志》：孔衍《春秋时国语》十卷，又《春秋后国语》十卷。按：《史通》云：今行世者，唯《后语》存。是知《新唐志》特因旧史原文，非皆有其书也。

《九州春秋》 《隋书·经籍志》：《九州春秋》十卷，司马彪撰。《直斋书录解题》：彪记汉末州部之乱，司、冀、徐、兖、青、荆、扬、凉、益、幽，凡盗贼僭叛皆纪之。《晋书》：彪，字绍统，高阳王睦之子，官秘书郎。

采访家人 按：句又见《采撰》及《正史》篇，言巴西谯周以《太史迁书》周、秦以上，或采家人诸子，不专据正经，于是作《古史考》云云。或改"人"为"乘"者，非。

《通史》 《梁书·吴均传》：均免职，寻召撰《通史》，起三皇，讫齐代。均草本纪、世家功毕，列传未就，卒。《武帝纪》：太清三年，《通史》成，躬制赞序，凡六百卷。天情睿敏，下笔成章。

《科录》 《北史·魏宗室传》：常山王遵曾孙晖，雅好文学，招集儒士崔鸿等，撰录百家要事，以类相从，名为《科录》，凡二百七十卷。上起伏羲，下迄于晋，凡十四代。表上之。按：本文误以撰人为济阴王元晖业，郭延年辩之，谓晖业所撰乃《辨宗录》，非《科录》也。《史通》既误，王伯厚《玉海》再误云。

《南北史》 《旧唐书·李延寿传》：延寿，贞观中补崇贤馆学士。尝删补宋、齐、梁、陈及魏、齐、周、隋八代史，谓之《南北史》，凡一百八十卷。《读书志》：延寿父大师，尝谓宋、齐逮周、隋，分隔南、北，南谓北为"索虏"，北谓南为"岛夷"，欲改正为编年，未就而卒。延寿究悉旧事，更依马迁体，总序八代，北二百四十年，南百七十年，为二史。

班彪、班固 《后汉书·班彪传》：彪断采前史遗事，傍贯异闻，作《后传》数十篇。《汉书·叙传》：彪，字叔皮，年二十，遭王莽败。世祖即位于冀州，天下云扰，著《王命论》。有子曰固。固以为汉绍尧运，以建帝业，至于六世，史官乃追述功德，私作本纪，编于百王之末，厕于秦、项之列。太初已后，阙而不录。故探篹前记，缀辑所闻，以述《汉书》。起元高祖，终于孝平王莽之诛，十有二世，二百三十年。综其行事，旁贯《五经》，上下洽通，为纪、表、志、传，凡百篇。按：《叙传》不及父彪续史事。

《东观》曰记 陈振孙《书录解题》：《东观汉记》，汉谒者仆射刘珍、校书郎刘騊駼等撰。初，班固在显宗朝，尝撰《世祖本纪》、功臣列传、载纪二十八篇。至永初中，珍、騊駼等著作东观，撰集《汉记》。其后卢植、蔡邕、马日磾等皆尝补续。

《三国》曰志 《晋书·陈寿传》：寿，字承祚，仕蜀，为馆阁令史。及蜀平，司空张华爱其才，举为孝廉，除著作，撰魏、吴、蜀《三国志》，凡六十五篇。

《纪年》不逮魏亡 杜预《左传后序》：余成《春秋释例》及《经传集解》。始讫，会汲郡汲县有发其界内旧冢者，大得古书，皆简编科斗文字，多杂碎怪妄，不可训知。《纪年》最为分了，起自夏、殷、周，皆三代王事，无诸国别也。唯特记晋事，起自殇叔，次文侯、昭侯，以至曲沃庄伯。庄伯之十一年十一月，鲁隐公之元年正月也。皆用夏正建寅之月为岁首，编年相次。晋国灭，独记魏事，下至魏哀王之二十年，盖魏国之《史记》也。推校哀王二十年，太岁在壬戌，是周赧王之十六年，秦昭王之八年，韩襄王之十三年，赵武灵王之二十七年，楚怀王之三十年，燕昭王之十三年，齐湣王之二十五年也。哀王二十三年乃卒，故特不称谥，谓之今王。其著书文意，大似《春秋》经。推此，足见古者国史、策书之常也。

二 体

三、五之代，书有典、坟，悠哉邈矣，不可得而详。自唐、虞以下迄于周，是为《古文尚书》。然世犹淳质，文从简略，求诸备体，固以阙如。既而丘明传《春秋》，子长著《史记》，载笔之体，于斯备矣。后来继作，相与因循，假有改张，变其名目，区域有限，孰能逾此！盖荀悦、张璠，丘明之党也；班固、华峤，子长之流也。惟此二家，各相矜尚。必辨其利害，可得而言之。

夫《春秋》者，系日月而为次，列时岁以相续，中国外夷，同年共世，莫不备载其事，形于目前。理尽一言，语无重出。此其所以为长也。至于贤士贞女，高才俊德，事当冲要者，必盱衡而备言；迹在沉冥者，不枉道而详说。如绛县之老，杞梁之妻，或以酬晋卿而获记，或以对齐君而见录。其有贤如柳惠，仁若颜回，终不得彰其名氏，显其言行。故论其细也，则纤芥无遗；语其粗也，则丘山是弃。此其所以为短也。

《史记》者，纪以包举大端，传以委曲细事，表以谱列年爵，志以总括遗漏，逮于天文、地理、国典、朝章，显隐必该，洪纤靡失。此其所以为长也。若乃同为一事，分在数篇，断续相离，前后屡出，于《高纪》则云语在《项传》，于《项传》则云事具《高纪》。又编次相类，不求年月，后生而擢居首帙，先辈而抑归末章，遂使汉之贾谊将楚屈原同列，鲁之曹沫与燕荆轲并编。此其所以为短也。

考兹胜负，互有得失。而晋世干宝著书，乃盛誉丘明而深抑子长，其义云：能以三十卷之约，括囊二百四十年之事，靡有遗也。案：春秋时事，入于左氏所书者，盖三分得其一耳。安得言其括囊靡遗者哉？向使丘明世为史官，皆仿《左传》也，至于前汉之严君平、郑子真，后汉之郭林宗、黄叔度，晁错、董生之对策，刘向、谷永之上书，斯并德冠人伦，名驰海内，识洞幽显，言穷军国。或以身隐位卑，不预朝政；或以文烦事博，难为次序。皆略而不书，斯则可也。必情有所吝，不加刊削，则汉氏之志传百卷，并列于十二纪中，将恐碎琐多芜，阑单失力者矣。故班固知其若此，设纪传以区分，使其历然可观，纲纪有别。荀悦厌其迂阔，又依左氏成书，翦截班史，篇才三十，历代褒之，有逾本传。

然则班、荀二体，角力争先，欲废其一，固亦难矣。后来作者，不出二途。故晋史有王、虞，而副以干《纪》；《宋书》有徐、沈，而分为裴《略》。各有其美，并行于世。异夫令升之言，唯守一家而已。

荀悦、张璠 见《六家》，皆编年体。

华峤 《晋书·华表传》：表子峤，字叔骏。元康初，为内台中书、散骑、著作，门下撰集皆典统之。初，峤以《汉纪》烦秽，慨然有改作之意。会为台郎，典官制事，得遍观秘籍，遂就其绪，为纪、典、传、谱，凡九十七卷，改名《汉后书》。文质事实，有迁、固之规。

绛县老 《左传》襄公三十年：晋悼夫人食舆人之城杞者，绛县人或年长矣，无子，而往与于食。有与疑年，使之年。曰：臣生之岁，正月甲子朔，四百有四十五甲子矣。吏走问之朝。师旷曰：七十三年矣。赵孟召之而谢过焉，曰：使吾子辱在泥涂久矣，武之罪也。与之田，使为君复陶。

杞梁妻 《左传》襄公二十三年：齐侯袭莒，杞殖载甲宿于莒郊。莒子亲鼓之，获杞梁。齐侯归，遇杞梁之妻于郊，使吊之。辞曰：殖之有罪，何辱命焉？若免于罪，犹有先人之敝庐在，下妾不得与郊吊。齐侯吊诸其室。杜《注》：杞梁即杞殖。

柳惠 《左传》僖公二十六年:齐孝公伐我北鄙。公使展喜犒师,使受命于展禽。杜《注》:柳下惠也。按:惠见《左传》,有此明文。今云不彰不显,与颜子并说,是《史通》疏处。

贾谊、屈原 《史记·屈原贾生列传第二十四》:原,楚怀王时人。谊,汉文帝时人。

曹沫、荆轲 《史记·刺客列传第二十六》:沫,鲁庄公时人。轲,卫人,游燕,在燕王喜时。按:曹沫,《左氏》《榖梁》并作"曹刿"。

前汉严、郑 《汉书·王贡龚鲍传》叙:谷口有郑子真,蜀有严君平,皆修身自保。成帝时,元舅大将军王凤以礼聘子真,子真不诎。君平卜筮于成都市,人有邪恶非正之问,各因势导之以善。日阅数人,得百钱足自养,则闭肆下帘而授《老子》。扬雄著书,称此二人。

后汉郭、黄 《后汉书·郭太传》:太,字林宗,家世贫贱。游于洛阳,见河南尹李膺。后归乡里,与膺同舟而济,众宾以为神仙焉。举有道,不应。《黄宪传》:宪,字叔度,父为牛医。颍川荀淑遇宪于逆旅,与语移日。既而至袁闳所,曰:子国有颜子,宁识之乎?闳曰:见吾叔度耶!太守王龚不能屈。郭林宗少过袁闳不宿,从宪累日方还。或问之,林宗曰:奉高之器,譬之泛滥,清而易挹。叔度汪汪,若千顷陂,澄之不清,淆之不浊,不可量也。按:林宗此语,本传亦载,故《史通》二人合举。

晁、董对策 《汉书·晁错传》:错为人峭直刻深。孝文时,拜太子家令,号为智囊。后诏举贤良文学士,错在选中。上亲策之,以明国体、通人事、能直言三道之要对策,惟错为高第。《董仲舒传》:仲舒,广川人。少治《春秋》,孝景时,为博士。下帷讲诵,三年不窥园。武帝即位,举贤良文学,凡三问,仲舒三对。天子以为江都相。

向、永上书 《汉书·楚元王传》:向,字子政,本名更生。元帝初,为宗正,外戚许、史放纵,宦官弘恭、石显弄权,乃上封事谏。成帝即位,显等服辜,更生更名向。召拜中郎,数奏封事,迁光禄大夫。时上无继嗣,政由王氏,上封事极谏。天子召见，叹息，以为中垒校尉。《谷永传》：永，字子云，博学经书。为太常丞，数上疏言得失。后为刺史，奏事京师。时有黑龙见，天子问所欲言，永对切谏。永自知有内应，展意无所依违。

王、虞 《晋书·王隐传》：隐，字处叔。父铨有著述之志，每私录晋事及功臣行状，未就而卒。元帝召隐为著作郎，令撰晋史。时著作郎虞预私撰《晋书》，数访于隐，所闻渐广。《虞预传》：预，字叔宁。《唐书·艺文志》：王隐《晋书》八十九卷。虞预《晋书》五十八卷。

干《纪》 即干宝《晋纪》，见《六家》。

徐、沈 《徐爰传》，见《正史》篇注。《书录解题》：《宋书》，本何承天、山谦之、苏宝生所撰，至徐爰勒为一史，起义熙，迄大明。自永光以来，阙而不补。《梁书·沈约传》：约，字休文，吴兴人。高祖勋业既就，约尝扣其端，曰：今不可以淳风期万物。攀龙附凤者莫不云明公其人也。高祖受禅，为尚书仆射，卒，谥曰隐。著《宋书》百卷，其目详《正史》篇。

裴《略》 即裴子野《宋略》，见《六家》。

本　纪

昔汲冢竹书是曰《纪年》。及司马迁之著《史记》也，又列天子行事，以本纪名篇。后世因之，守而勿失。

然迁之以天子为本纪，诸侯为世家，斯诚说矣。但区域既定，而疆理不分，遂令后之学者罕详其义。（眉批：此为《魏书》《晋书》作俑，子玄驳之甚伟，然有追叙源流者又不以此论。）案：姬自后稷至于西伯，嬴自伯翳至于庄襄，爵乃诸侯，而名隶本纪。若以西伯、庄襄以上，别作周、秦世家，持殷纣以对武王，拔秦始以承周赧，使帝王传授，昭然有别，岂不善乎？必以西伯以前，其事简约，别加一目，不足成篇。则伯翳之至庄襄，其书先成一卷，而不共世家等列，辄与本纪同编，此尤可怪也。项羽僭盗而死，未得成君，求之于古，则齐无知、卫州吁之类也。安得讳其名字，呼之曰王者乎？春秋吴、楚僭拟，书如列国。假使羽窃帝名，正可抑同群盗，况其名曰西楚，号止霸王者乎？霸王者，即当时诸侯。诸侯而称本纪，求名责实，再三乖谬。

盖纪之为体，犹《春秋》之经，系日月以成岁时，书君上以显国统。而陆机《晋书》，列纪三祖，直序其事，竟不编年。年既不编，何纪之有？夫位终北面，一概人臣，傥追加大号，止入传限，是以弘嗣吴史，不纪孙和，（眉批：士衡《晋》之臣子又当别论。懿、师、昭实开晋业，又微与孙和不同。）缅求故实，非无往例。逮伯起之次《魏书》，乃编景穆于本纪，以庋园虚谥，间厕武、昭，欲使百世之中，若为鱼贯。

又纪者，既以编年为主，唯叙天子一人。有大事可书者，则见之于年月；其书事委曲，付之列传。此其义也。如近代述者魏著作、李安平之徒，其撰《魏》《齐》二史，于诸帝篇，或杂载臣下，或兼言他事，巨细毕书，洪纤备录。全为传体，有异纪文，迷而不悟，无乃太甚。世之读者，幸为详焉。

后稷至西伯 按：《史记·周本纪》，后稷以下，曰不窋，曰鞠，曰公刘，曰庆节，曰皇仆，曰差弗，曰毁隃，曰公非，曰高圉，曰亚圉，曰公叔祖类，曰古公亶父，曰公季，曰西伯。凡十五世，文幅甚简。附按：罗氏《路史》云：夏十七世，商三十世，盖四十七世而后有周文王。此叙止十五世，疏脱甚矣。

伯翳至庄襄 按：《史记·秦本纪》，伯翳本名大费，与禹平水土。传至非子，当周孝王时，始封为附庸，邑之秦。至襄公，平王封为诸侯，赐之岐以西之地，于是始国。至缪公，开地千里，遂霸西戎。至孝公，天子致伯。子惠文，始称王，以至庄襄。通为纪一卷，编《始皇纪》之前。

陆机《晋纪》 《晋书·陆机传》：机，字士衡，吴郡人。祖逊，父抗。太康末，与弟云俱入洛。成都王颖劳谦下士，机委身焉。宦人孟玖谮机于颖，遂遇害。所著文章二百余篇。按：传不言作《晋纪》，而《隋》《唐》二志，郑、马二通，并有陆机《晋纪》四卷，并入编年门。今《史通》云"历纪三祖，直叙其事"，以为不合本纪之体。得毋机书之以纪名，原是荀、袁《汉纪》之"纪"，而非本纪之

"纪"欤？识以存疑。三祖,谓所追尊宣帝懿、景帝师、文帝昭也。

弘嗣吴史 弘嗣,韦曜字,即韦昭也。见《六家》。《吴志·韦曜传》:孙皓即位,欲为父和作纪,曜执以和不登帝位,宜名为传,如是者非一。皓积嫌愤,遂诛曜。按:今《吴志·孙和传》在五子之列,殆因曜之旧欤？

伯起《魏书》《北史·魏收传》:收,字伯起,小字佛助。与温子昇、邢子才齐誉,世号三才。齐天保元年,除中书令,兼著作郎。二年,诏撰魏史。《魏书》本纪:恭宗景穆皇帝,讳晃,太武皇帝长子也,薨于东宫,即柩谥曰景穆。高宗即位,追尊皇帝庙号。史臣曰:恭宗明德令闻,夙世殂夭,其戾园之悼欤？按:此纪继《太武纪》下,是僭纪也。当附《太武纪》末,不合分篇。

戾园《汉书·宣帝纪》:武帝戾太子纳史良娣,产子史皇孙。皇孙生帝。巫蛊事起,太子亡至湖,遇害。《武帝五子传》:宣帝初即位,昭曰:故皇太子在湖,未有号谥、岁时祠,其议谥,置园邑。有司奏请,谥曰戾,置奉邑二百家,湖閺乡邪里聚为戾园。后又益戾园满三百家。

魏著作《北史·魏季景传》:季景子澹,字彦深,仕齐殿中郎、中书舍人。入周,迁著作郎。帝以魏收所撰《后魏书》褒贬失实,诏澹别成魏史。义例与魏收多所不同。按:澹本字彦渊,唐讳为"深"。

李安平《唐书·李百药传》:百药,字重规,定州安平人,隋内史令德林子也。幼多病,祖母赵以"百药"名之。七岁能属文,号奇童。贞观元年,拜中书舍人,封安平县男。所撰《齐史》行于世。

巨细毕书 旧注:如彦渊帝纪载沙苑之捷,百药帝纪述淮南之败是也。

世　家

司马迁之记诸国也,其编次之体,与本纪不殊。盖欲抑彼诸侯,异乎天子,故假以他称,名为世家。

案:世家之为义也,岂不以开国承家,世代相续？至如陈胜起自群盗,称王六月而死,子孙不嗣,社稷靡闻,无世可传,无家可宅,而以世家为称,岂当然乎？

自兹以降，年将四百。及魏有中夏，而扬、益不宾，终亦受屈中朝，见称伪主。为史者必题之以纪，则上通帝王；榜之以传，则下同臣妾。梁主敕撰《通史》，定为吴、蜀世家。持彼僭君，比诸列国，去太去甚，其得折中之规乎！次有子显《齐书》，北编《魏虏》；牛弘《周史》，南记萧詧。考其传体，宜曰世家。(眉批：黄昆圃曰载记之名当矣。)但近古著书，通无此称。用使马迁之目，湮没不行；班固之名，相传靡易者矣。

子显编《魏虏》 《梁书·萧子恪传》：子恪弟子显，字景阳，启撰齐史。书成，表奏之。《齐书》列传第三十八，题为《魏虏》。

牛弘《周史》 《隋书·牛弘传》：弘，字里仁。开皇初，授秘书监。拜礼部尚书，敕修撰《五礼》，勒成百卷。有文集十三卷。按：弘撰《周史》，本传缺书。《隋书·经籍志》：《周史》十八卷，未成，牛弘撰。亦见《正史》篇。

萧詧 《周书·萧詧传》：詧，字理孙，梁武帝之孙，昭明太子之第三子。昭明卒，武帝舍詧兄弟而立简文。大同元年，除持节，都督雍、梁、随诸军事。詧以襄阳梁武创基之所，志存绥养。侯景作乱，梁元帝时镇江陵，詧与构隙，恐，乃称藩于魏。江陵平，太祖立詧为梁主，资以江陵一州之地。詧遂称帝于其国，在位八载，薨。又命其太子岿嗣位。岿，字仁远，有文学，善抚御，在位二十三载，薨。又命其太子琮嗣位。琮，字温文，倜傥善弓马。二年，隋征入朝，废梁国。自詧初即位，至是岁三十有三年矣。

列 传

夫纪传之兴，肇于《史》《汉》。盖纪者，编年也；传者，列事也。寻兹例草创，始自子长，而朴略犹存，区分未尽。如项王宜传，而以本纪为名，非唯羽之僭盗，不可同于天子；且推其序事，皆作传言，求谓之纪，不可得也。夫五帝之与夏、殷也，正朔相承，子孙递及，虽无年可著，纪亦何伤！如项羽者，事起秦余,身终汉始,殊夏氏之后羿,似黄帝之蚩尤。譬诸闰位,容可列纪;(眉批:二语允当。)方之骈拇,难以成编。且夏、殷之纪,不引他事。《项纪》则上下同载,君臣交杂,纪名传体,所以成嗤。

夫纪传之不同,犹诗赋之有别,而后来继作,亦多所未详。案:范晔《汉书》记后妃六宫,其实传也,而谓之为纪;陈寿《国志》载孙、刘二帝,其实纪也,而呼之曰传。考数家之所作,其未达纪传之情乎?苟上智犹且若斯,则中庸故可知矣。(眉批:有此二例,方无复漏之弊。)

又传之为体,大抵相同,而述者多方,有时而异。如二人行事,首尾相随,则有一传兼书,包括令尽。若陈馀、张耳合体成篇,陈胜、吴广相参并录是也。亦有事迹虽寡,名行可崇,寄在他篇,为其标冠。若商山四皓,事列王阳之首;庐江毛义,名在刘平之上是也。

自兹已后,史氏相承,述作虽多,斯道都废。其同于古者,唯有附出而已。寻附出之为义,攀列传以垂名,若纪季之入齐,颛臾之事鲁,皆附庸自托,得厕朋流。然世之求名者,咸以附出为小。盖以其因人成事,不足称多故也。窃以书名竹素,岂限详略,但问其事竟如何耳。(眉批:精论不刊。)借如召平、纪信、沮授、陈容,或运一异谋,树一奇节,并能传之不朽,人到于今称之。岂假编名作传,然后播其遗烈也。嗟乎!自班、马以来,获书于国史者多矣。其间则有生无令闻,死无异迹,用使游谈者靡征其事,讲习者罕记其名,而虚班史传,妄占篇目。若斯人者,可胜纪哉!古人以没而不朽为难,盖为此也。

后羿 见《书·五子之歌》,又见《左传》襄四年、哀元年。

蚩尤 《史记·五帝纪》:轩辕之时,神农氏世衰,诸侯相侵伐。于是轩辕乃集用干戈,以征不享,而蚩尤最为暴。《索隐》:蚩尤,盖诸侯号也。

范后妃纪 范晔《后汉书》以皇后纪列帝纪之后,其叙曰:考列行迹,以为《皇后本纪》。虽成败事异,而同居正号者,并列于篇。亲属别事,各依列传。

陈《志》孙、刘 陈寿《吴志》:权曰《吴主传》,改元五,曰黄武、黄龙、嘉禾、赤乌、太元。亮、休、皓曰《三嗣主传》。亮改元三,曰建兴、五凤、太平。休改元曰永安。皓改元八,元兴、甘露、宝鼎、建衡、凤皇、天册、天玺、天纪。《蜀志》:先主曰《先主传》。传略曰:魏武帝称尊号,改元黄初。传闻汉帝见害,先主乃发丧制服。议郎阳泉侯刘豹等上言,宜即帝位,以纂二祖,谨上尊号。即皇帝位于成都武担山之南。为文曰:惟建安二十六年四月丙午,皇帝备敢用玄牡,昭告皇天后土。汉有天下,历数无疆。曩者王莽篡盗,光武皇帝震怒致诛,社稷复存。今曹操阻兵安忍,戮杀主后。操子丕载其凶逆,窃居神器。群臣将士以为社稷隳废,备宜修之,嗣武二祖,龚行天罚。率土式望,在备一人。谨择元日,与百寮登坛,受皇帝玺绶。建元章武。《后主传》:改元四,建兴、延熙、景耀、炎兴。按:二国主传皆不用魏年,实纪体也。

馀、耳,胜、广 《史记》《汉书》并两人合一传。

四皓列王阳之首 《汉书》王吉等传,传首叙云:汉兴有东园公、绮里季、夏黄公、甪里先生。此四人者,当秦之世,避而入商山。自高祖闻而召之,不至。吕氏用留侯计,使皇太子卑辞安车,迎而致之。四人从太子见,高祖客而敬待之。太子得以为重,遂用自安。《王吉传》:吉,字子阳,与贡禹为友。世称"王阳在位,贡公弹冠"。

毛义在刘平之上 《后汉书》刘平等传,传首叙云:中兴,庐江毛义少节家贫,以孝行称。南阳张奉慕其名,往候之,而府檄适至,以义守令。义奉檄而入,喜动颜色,奉心贱之。及义母死,去官行服。后举贤良,公车征,遂不至。张奉叹曰:贤者固不可测。往日之喜,乃为亲屈也。《刘平传》:平,字公子,本名旷,显宗后改为平。

纪季入齐 《左传》昭公三年《经》:纪季以酅入于齐。杜《注》:酅,纪邑。季以邑入齐为附庸,先祀不废。按:《史通》与鲁附庸颛臾并举,皆以喻传之附出者。

召平、纪信 《汉书》:召平附见《萧何传》,纪信附见《项籍传》。

沮授 《后汉书·袁绍传》:绍领冀州牧,引沮授为别驾。授进曰:将军忠义奋发,威陵河朔,迎大驾于长安,复宗庙于洛邑,号令天下,其功不难。兴平二年,车驾为李傕等所追,沮授曰:西迎大驾,即宫邺都,挟天子而临诸侯,蓄士马以讨不庭,谁能御之?若不早定,必有先之者。绍不从。绍攻许,沮授为操军所执,大呼曰:授不降也,为所执耳!操曰:国家未定,方当与君图之。授曰:速死为福。乃诛之。章怀《注》:《献帝传》曰:沮授,广平人。

陈容 《魏志·臧洪传》:洪领东郡,袁绍兴兵杀之。洪邑人陈容,少为书生,亲慕洪,随洪为东郡丞。见洪当死,谓绍曰:将军欲为天下除暴,而专先诛忠义,岂合天意?绍使人牵出,谓曰:汝非臧洪俦,空尔为!容顾曰:仁义岂有常,蹈之则君子,背之则小人。今日宁与臧洪同日而死,不与将军同日而生。复见杀。在绍坐者无不叹息,窃相谓曰:如何一日杀二烈士!

书 志

夫刑法、礼乐、风土、山川,求诸文籍,出于《三礼》。及班、马著史,别裁书志。考其所记,多效《礼经》。且纪传之外,有所不尽,只字片文,于斯备录。语其通博,信作者之渊海也。

蔡邕曰意,华峤曰典,张勃曰录,何法盛曰说。名目虽异,体统不殊。亦犹楚谓之梼杌,晋谓之乘,鲁谓之春秋,其义一也。

于其编目,则有前曰《平准》,后云《食货》;古号《河渠》,今称《沟洫》;析《郊祀》为《宗庙》,分《礼乐》为《威仪》;《悬象》出于《天文》,《郡国》生于《地理》。如斯变革,不可胜计,或名非而物是,或小异而大同。但作者爱奇,耻于仍旧,必寻原讨本,其归一揆也。

若乃《五行》《艺文》,班补子长之阙;《百官》《舆服》,谢拾孟坚之遗。王隐后来,加以《瑞异》;魏收晚进,宏以《释老》。斯则自我作故,出乎胸臆,求诸历代,不过一二者焉。

大抵志之为篇,其流十五六家而已。其间则有妄入编次,虚张部帙,而积习已久,不悟其非。今略陈其义,列于下云。

夫两曜百星，丽于玄象，非如九州万国，废置无恒。故海田可变，而景纬无易。古之天犹今之天也，今之天即古之天也，必欲刊之国史，施于何代不可也？（眉批：古今测验亦有不同，然宜以不同者归之历志。）

但《史记》包括所及，区域绵长，故书有《天官》，班固因循，复以天文作志，志无汉事而隶入《汉书》。寻篇考限，睹其乖越者矣。降及有晋，迄于隋氏，或地止一隅，或年才二世，而彼苍列志，其篇倍多，流宕忘归，不知纪极。方于《汉史》，又孟坚之罪人也。

窃以国史所书，宜述当时之事。必为志而论天象也，但载其时彗孛氛祲，薄食晦明，禆灶、梓慎之所占，京房、李郃之所候。至如荧惑退舍，宋公延龄，中台告坼，晋相速祸，星集颍川而贤人聚，月犯少微而处士亡，如斯之类，志之可也。若乃体分蒙颎，色著青苍，丹曦、素魄之躔次，黄道、紫宫之分野，既不预于人事，辄编之于策书，故曰刊之国史，施于何代不可也。其间唯有袁山松、沈约、萧子显、魏收等数家，颇觉其非，不遵旧例。凡所记录，多合事宜。寸有所长，贤于班、马远矣。

伏羲已降，文籍始备。逮于战国，其书五车，传之无穷，是曰不朽。夫古之所制，我有何力，而班《汉》定其流别，编为《艺文志》。《续汉》已还，祖述不暇。夫前志已录，而后志仍书，篇目如旧，频烦互出，何异以水济水，谁能饮之者乎？

愚谓凡撰志者，宜除此篇。必不能去，当变其体。近者宋孝王《关东风俗传》亦有《坟籍志》，其所录皆邺下文儒之士，雠校之司。所列书名，唯取当时撰者。（眉批：此言有理，故《明史》竟用此例。）习兹楷则庶免讥嫌。语曰："虽有丝麻，无弃菅蒯。"于宋生得之矣。

夫灾祥之作，以表吉凶。此理昭昭，不易诬也。然而古之国史，闻异则书，未必皆审其休咎。故诸侯相赴，有异不为灾，见于《春秋》，其事非一。

洎汉兴，儒者乃考《洪范》以释阴阳。其事也，如江璧传于郑客，远应始皇；卧柳植于上林，近符宣帝。门枢白发，元后之祥；桂树黄雀，新都之谶。举夫一二，良有可称。至于蛗螽蜂螽，震食崩坼，陨霜雨雹，大水无冰，其所证明，实皆迂阔。故当春秋之世,其在于鲁也,如有旱雩舛候,螟螣伤苗之属,是时或秦人归禭,或毛伯赐命,或滕、邾入朝,或晋、楚来聘。皆持此恒事,应彼咎征,昊穹垂谪,厥罚安在?

况彼《春秋》之所记也,二百四十年行事,夷夏之国尽书,而《经传集解》卷才三十。则知其所略,盖亦多矣。(眉批:此尤破的之论。)而汉代儒者,罗灾眚于二百年外,讨符会于三十卷中,安知事有不应于人,应而人失其事?何得苟有变而必知其兆者哉!

若乃采前文而改易其说,谓王札子之作乱,在彼成年;夏征舒之构逆,当夫昭代;楚严作霸,荆国始僭称王;高宗谅阴,亳都实生桑谷。晋悼临国,六卿专政,以君事臣;鲁僖末年,三桓世官,杀嫡立庶。斯皆不凭章句,直取胸怀,或以前为后,以虚为实。移的就箭,曲取相谐;掩耳盗钟,自云无觉。讵知后生可畏,来者难诬者邪!

又品藻群流,题目庶类,谓莒为大国,菽为强草,鹙着青色,负蠜非中国之虫,鸜鹆为夷狄之鸟。如斯诡妄,不可殚论。而班固就加纂次,曾靡铨择,因以五行编而为志,不亦惑乎?(眉批:此尤病之。)

且每有叙一灾,推一怪,董、京之说,前后相反;向、歆之解,父子不同。遂乃双载其文,两存厥理。言无准的,事益烦费,岂所谓撮其机要,收彼菁华者哉!

然则天道辽远,神灶焉知?日蚀不常,文伯所对。至如梓慎之占星象,赵达之明风角,单飏识魏祚于黄龙,董养征晋乱于苍鸟,斯皆肇彰先觉,取验将来,言必有中,语无虚发。苟志之竹帛,其谁曰不然?若乃前事已往,后来追证,课彼虚说,成此游词,多见其老生常谈,徒烦翰墨者矣。

呜呼!世之作者,其鉴之哉!谈何容易,驷不及舌,无为强著一书,受嗤千载也。

《平准》《史记》。

《食货》 《汉书》改。

《河渠》 《史记》。

《沟洫》 《汉书》改。

《郊祀》 《汉书》。

《宗庙》 《后汉书》篇名,非总类。

《礼乐》 《汉书》。

《威仪》 《隋志》作《礼仪》。

《悬象》 《魏书》作《天象》。

《天文》 《汉书》。

《郡国》 《后汉书》。

《地理》 《汉书》。

《五行》《艺文》 《史记》八书无此。

《百官》《舆服》 班有《百官》,无《舆服》。

王隐《瑞异》 隐书无考,《新晋书》删去。

魏收《释老》 《魏书》。

裨灶 《左传》昭公十七年:有星孛于大辰。郑裨灶曰:宋、卫、陈、郑将同日火。若我用瓘斝玉瓒,郑必不火。子产弗与。十八年夏,宋、卫、陈、郑皆火。裨灶曰:不用吾言,郑又将火。子产曰:天道远,人道迩,灶焉知天道!遂不与,亦不复火。

梓慎 《左传》昭公十七年:冬,有星孛于大辰,西及汉。申须曰:诸侯其有火灾乎?梓慎曰:火出而见。今兹火出而章,必火入而伏。其居火也久矣。火出于夏为三月,于商为四月,于周为五月。夏数得天。若火作,其四国当之,在宋、卫、陈、郑乎?

京房 《汉书·京房传》:房,字君明。治《易》,事焦延寿赣。其说长于灾变,分六十四卦,更直日用事,以风雨寒温为候,各有占验,房用之尤精。以孝廉为郎。

李郃 《后汉书·方术传》:李郃,字孟节,南郑人。县召署幕门候吏。和帝分遣使者微服单行,各至州县观采风谣。使者二人当到益部,投郃候舍。时夏夕露坐,郃因仰观,问曰:二君发京师时,宁知朝廷遣二使邪?二人惊相视,曰:何以知之?郃指星示云:有二使星向益州分野,故知之耳。

荧惑退舍 《吕氏春秋·季夏纪》:宋景公时,荧惑在心,公召子韦问焉。子韦曰:祸当君。虽然,可移于相。公曰:相所与治国家也。曰:可移于民。公曰:民死,寡人将谁为君?曰:可移于岁。公曰:岁害则民必死,谁以我为君乎?子韦曰:君有至德之言三,天必三赏君。荧惑其徙三舍,舍行七星,星当一年,君延年二十一矣。荧惑果徙三舍。

中台告坼 《晋书·张华传》:华,字茂先。惠帝即位,为太子少傅。初,赵王伦谄事贾后,求录尚书事,华执不可,由是致怨。华少子韪以中台星坼,劝华逊位。华曰:天道玄远,惟修德以应之耳。及伦将废贾后,华遂被收。

星集颍川 《世说·德行》篇:陈太丘诣荀朗陵,使元方将车,季方持杖,长文尚小,载著车中。既至,荀亦使叔慈应门,慈明行酒,余六龙下食。文若亦小,坐著膝前。《注》:于时德星聚,太史奏:五百里贤人聚。

月犯少微 《世说·栖逸》注:《续晋阳秋》曰:会稽谢敷入太平山中,征博士,不就。初,月犯少微星。时戴逵先敷著名,时人忧之。俄而敷死,会稽人士嘲之曰:吴中高士,求死不得。《晋书·天文志》:少微四星在太微东,一名处士星。

五车 《庄子·天下》篇:惠施多方,其书五车。

宋孝王 《北史·宋隐传》:族裔世景从孙孝王,为北平王文学。非毁朝士,撰《朝士别录》二十卷。会周武灭齐,改为《关东风俗传》,更广见闻,成三十卷。

江璧 《汉书·五行志》中上:秦始皇三十六年,郑客从关东来,至华阴,望见素车白马从华山上下,持璧与客曰:为我遗滈池君,今年祖龙死。忽不见。郑客奉璧,即始皇二十八年过江所湛璧也。

柳植 荀悦《汉纪》：昭帝元凤三年，上林苑中枯柳断而自起，复生。有虫食其叶，成文，曰：公孙病已当立。符节令眭弘上书，言"当有匹庶兴"。坐妖言诛。及宣帝起民间立，以弘子为郎。按：宣帝初名病已。

门枢白发 《汉书·五行志》下上：哀帝建平四年，京师、郡国民聚会里巷仟佰，博具，歌舞祠西王母。又传书曰：母告百姓，佩此书者不死。不信，视门枢下，当有白发。杜邺曰：外家丁、傅并侍帷幄，指象以觉圣朝。一曰此异乃王太后、莽之应。

桂树黄雀 成帝时谣：邪径败良田，谗口乱善人。桂树华不实，黄雀巢其颠。故为人所羡，今为人所怜。郭茂倩《注》：桂，赤色，汉家象；王莽自谓黄也。见《五行志》。

王札子 原注：《春秋》成公元年二月，无冰。董仲舒以为其时王札子杀召伯、毛伯。案：今《春秋经》，札子杀毛伯事在宣十五年，非成公时。

在《志》中下，又见《五行杂驳》。

夏征舒 原注：《春秋》昭公九年，陈灾。董仲舒以为楚严王为陈讨夏征舒，因灭陈，陈之臣子毒恨，故致火灾。案：楚严王之灭陈，在宣十一年，如昭九年所灭者，乃楚灵王时。且庄王卒，恭王立。恭王卒，康王立。康王卒，夹敖立。夹敖卒，灵王立。相去凡五世。

在《志》之上，亦见《五行杂驳》。

楚严作霸 原注：《春秋》桓公三年，日有食之，既。京房《易传》以为后楚严称王，兼地千里。案：自武王始僭号，历文、武、穆三王，始至于严。然则楚之称王已四世矣，何得言严始称哉！又鲁桓薨后，世历严、闵、釐、文、宣，凡五君而楚严作霸，安有桓三年日食而应之邪？

在《志》下下，亦见《五行杂驳》。

高宗谅阴 原注：《书序》曰：伊陟相太戊，亳有桑谷共生。刘向以为殷道衰，高宗承弊而起，尽谅阴之哀，天下应之。既获显荣，怠于政事，而国将危亡，故桑谷之异见。案：太戊崩，其后嗣有仲丁、河亶甲、祖乙、盘庚，凡历五世，始至武丁,即高宗是也。桑谷自太戊时生,非高宗事。高宗又本不都于亳。

在《志》中下,"书序曰"旧作"尚书",脱"序"字,今照《志》改。

晋悼临国 原注:董仲舒以为成公十七年六月甲戌朔,日有食之,时宿在毕,晋国象也。晋厉公诛四大夫,四大夫欲杀厉公。后莫敢责大夫,六卿遂相与比周专晋,国君还事之。案:《春秋》成公十二月丁巳朔,日食,非是六月。

在《志》下下,亦见《五行杂驳》。但此一占,《志》作"昭公",注作"成公",误在注。而晋厉事本在成世,不在昭世,误实在班。至案中所纠,只纠月舛,不纠占舛,则更因误入误矣。在《杂驳》篇并详之。

鲁僖末年 原注:《春秋》釐公三十三年十二月,陨霜,不杀草。刘向以为是时公子遂专权,三桓始世官。向又曰:嗣君微,失秉事之象也。又釐公二十九年秋,大雨雹。刘向以为釐公末年信用公子遂,专权自恣,至于杀君,故阴胁阳之象见。釐公不悟,遂终专权。后二年,杀子赤,立宣公。案:此事乃文公末世,不是釐公时也。遂,即东门襄仲。赤,文公太子,即恶也。

在《志》中下。

负蠜 原注:《春秋》严公二十九年,有蜚。刘歆以为蜚,负蠜也。刘向以为非中国所有。南越盛暑,男女同川浴,淫风所生。是时严公取齐淫女为夫人,既入,淫于两叔,胡蜚至。案:负蠜,中国所生,不独出南越。

在《志》中下。

鸜鹆 原注:《春秋》昭公二十五年,鸜鹆来巢。刘向以为夷狄之禽。案:鸜鹆,中国皆有,唯不逾济水耳。事见《周官》。

在《志》中下。

董、京 原注:桓公三年,日有食之。董仲舒、刘向以为鲁、宋杀君,易许田。刘歆以为晋曲沃庄伯杀晋侯。京房以为后楚严称王,兼地千里也。

向、歆 原注:严公七年,夜中星陨如雨。刘向以为夜中者,即中国也。刘歆以为昼象中国,夜象夷狄。刘向又以为螆生南越。刘歆以为盛暑螆所生,非自越来也。

按:"刘向又以"之上,当有"严公十七年秋有蜮"八字。

文伯 《左传》昭公七年:夏四月,日有食之。士文伯曰:鲁、卫恶之,卫大鲁小。其大咎其卫君乎?鲁将上卿。八月,卫襄公卒。十一月,季武子卒。晋侯曰:日食从矣,可常乎?对曰:同始异终,何可常也。

赵达 《吴志·赵达传》:达,河南人,渡江,治九宫一算之术。此术微妙,头乘尾除。常笑诸星气风术者曰:当回算帷幕,不出户牖以知天道,而反昼夜暴露以望气祥,不亦难乎!

单飏 《后汉书·方术传》:单飏,字武宣。善明天官、算术。熹平末,黄龙见谯。桥玄问:何祥?飏曰:其国当有王者兴。不及五十年,龙当复见。魏郡人殷登密记之。至建安二十五年春,黄龙复见谯。其冬,魏受禅。

董养 《晋书·隐逸传》:董养,字仲道。到洛下,杨后废,因游太学,升堂叹曰:建斯堂也何为乎?人理灭,大乱作矣。永嘉中,洛城东北步广里地陷,有二鹅出。其苍者飞去,白者不能飞。养闻叹曰:昔周时盟狄泉地也。苍者,胡象;白者,国家之象。其可尽言乎!乃与妻荷担入蜀,莫知其终。

论　赞

(眉批:此篇持论极精核。)

《春秋左氏传》每有发论,假君子以称之。二《传》云"公羊子""穀梁子",《史记》云"太史公"。既而班固曰"赞",荀悦曰"论",《东观》曰"序",谢承曰"诠",陈寿曰"评",王隐曰"议",何法盛曰"述",扬雄曰"撰",刘昞曰"奏",袁宏、裴子野自显姓名,皇甫谧、葛洪列其所号。史官所撰,通称史臣。其名万殊,其义一揆。必取便于时者,则总归论赞焉。

夫论者,所以辩疑惑,释凝滞。若愚智共了,固无俟商榷。丘明"君子曰"者,其义实在于斯。司马迁始限以篇终,各书一论。必理有非要,则强生其文,史论之烦,实萌于此。夫拟《春秋》成史,持论尤宜阔略。其有本无疑事,辄设论以裁之,此皆私徇笔端,苟炫文彩,嘉辞美句,寄诸简册。岂知史书之大体,载削之指归者哉？

　　大唐修《晋书》，作者皆当代词人，远弃史、班，近宗徐、庾。夫以饰彼轻薄之句，而编为史籍之文，无异加粉黛于壮夫，服绮纨于高士者矣。

　　史之有论也，盖欲事无重出，文省可知。如太史公曰：观张良貌如美妇人；项羽重瞳，岂舜苗裔。此则别加他语，以补书中，所谓事无重出者也。又如班固赞曰：石建之浣衣，君子非之；杨王孙裸葬，贤于秦始皇远矣。此则片言如约，而诸义甚备，所谓文省可知者也。及后来赞语之作，多录纪传之言，其有所异，唯加文饰而已。至于甚者，则天子操行，具诸纪末，继以"论曰"，接武前修，纪论不殊，徒为再列。

　　马迁《自序传》后，历写诸篇，各叙其意。既而班固变为诗体，号之曰"述"。范晔改彼述名，呼之以"赞"。寻述、赞为例，篇有一章，事多者则约之使少，理寡者则张之令大，名实多爽，详略不同。且欲观人之善恶，史之褒贬，盖无假于此也。

　　然固之总述，合在一篇，使其条贯有序，历然可阅。蔚宗《后书》，实同班氏，乃各附本事，书于卷末，篇目相离，断绝失次。而后生作者，不悟其非，如萧、李南、北《齐史》，大唐新修《晋史》，皆依范《书》误本，篇终有赞。夫每卷立论，其烦已多，而嗣论以赞，为黩弥甚。亦犹文士制碑，序终而续以"铭曰"；释氏演法，义尽而宣以偈言。苟撰史若斯，难以议夫简要者矣。

谢承　《吴志·妃嫔传》：吴主权谢夫人弟也。《隋书·经籍志》：《后汉书》一百三十卷，无帝纪，吴武陵太守谢承撰。

扬雄　扬雄《法言》：其目云撰《学行》，撰《吾子》，撰《修身》，撰《问道》，撰《问神》，撰《问明》，撰《寡见》，撰《五百》，撰《先知》，撰《重黎》，撰《渊骞》，撰《君子》，撰《孝至》。按：撰自第一至第十三，其上皆有四言序，然非论赞体也。《华阳国志》则以"撰曰"为论赞。"扬雄"，当作"常璩"。

刘昞　《北史·刘延明传》：延明，敦煌人。凉武昭王征为儒林祭酒，著

《三史略记》八十四卷,《敦煌实录》二十卷。按:延明,晒字也。《北史》讳唐嫌名,以字行。

袁宏 撰《后汉纪》,详见《正史》篇。

列其所号 《晋书·皇甫谧传》:谧,字士安,安定人。沉静寡欲,自号玄晏先生。撰《帝王世纪》《年历》《高士》《逸士》《列女》等传,《玄晏春秋》,并重于世。挚虞,其门人也。《葛洪传》:洪,字稚川,句容人。从祖玄得仙,号葛仙公,洪悉得其法。干宝荐洪领著作,洪固辞。求为句漏令,曰:非欲为荣,以有丹耳。自号抱朴子,因以名书。所著《神仙》《良吏》《集异》等传,《金匮》《肘后方》,篇章富于班、马。

唐修《晋书》皆词人 《旧唐书·房玄龄传》:史官多文咏之士,好采碎事,竞为绮艳。

浣衣 《汉书·万石传》:建老白首,谒亲,入子舍,窃问侍者,取亲中裙厕牏,身自浣洒。赞曰:至石建之浣衣,周仁为垢污,君子讥之。

裸葬 《汉书·杨王孙传》:病且终,先令其子曰:吾欲裸葬,以反吾真,必无易吾意。赞曰:昔仲尼称不得中行,则思狂狷。观杨王孙之志,贤于秦始皇远矣。

序　例

孔安国有云:序者,所以叙作者之意也。窃以《书》列典谟,《诗》含比兴,若不先叙其意,难以曲得其情。故每篇有序,敷畅厥义。降逮《史》《汉》,以记事为宗,至于表志杂传,亦时复立序。文兼史体,状若子书。

追华峤《后汉》,多同班氏。如刘平、江革等传,其序先言孝道,次述毛义养亲。此则《前汉·王贡传》体,其篇以四皓为始也。峤言辞简质,叙致温雅,味其宗旨,亦孟坚之亚欤?

爰泊范晔,始革其流,遗弃史才,矜炫文彩。后来所作,他皆若斯。于是迁、固之道忽诸,微婉之风替矣。若乃《后妃》《列女》《文苑》《儒林》,凡此之流,范氏莫不列序。夫前史所有,而我书独无,世之作者以为耻愧。故上自《晋》《宋》,下及《陈》《隋》,每书必序,课成其数。盖为史之道,以古传今,古既有之,今何为者?滥觞肇迹,容或可观;累屋重架,无乃太甚。譬夫方朔始为《客难》,续以《宾戏》《解嘲》;枚乘首唱《七发》,加以《七章》《七辩》。音辞虽异,旨趣皆同。此乃读者所厌闻,老生之恒说也。(眉批:洞见症结之言。)

夫史之有例,犹国之有法。国无法,则上下靡定;史无例,则是非莫准。昔夫子修经,始发凡例;左氏立传,显其区域。科条一辨,彪炳可观。降及战国,迄乎有晋,年逾五百,史不乏才,虽其体屡变,而斯文终绝。唯令升先觉,远述丘明,重立凡例,勒成《晋纪》。邓、孙已下,遂蹑其踪。史例中兴,于斯为盛。若沈《宋》之志序,萧《齐》之序录,虽皆以序为名,其实例也。

凡例既立,当与纪传相符。案:皇朝《晋书》例云:"凡天子庙号,唯书于卷末。"依检孝武崩后,竟不言庙曰烈宗。又案:百药《齐书》例云:"人有本字行者,今并书其名。"依检如高慎、斛律光之徒,多所仍旧,谓之仲密、明月。此并非言之难,行之难也。至于题目失据,褒贬多违,斯并散在诸篇,此可得而略矣。

刘平 见《列传》篇。

江革 《后汉书·江革传》:革,字次翁,临淄人。客下邳,裸跣行佣以供母,乡里称之曰江巨孝。建初中,拜谏议大夫。

贡禹 《后汉书·贡禹传》:禹,字少翁,琅琊人。以明经洁行著闻,征为博士,后为御史大夫,数言得失。按:刘、江传篇叙注云:以上并华峤之词。

夫子修经凡例 《左传》成公十四年:《春秋》之称微而显,志而晦,婉而成章,尽而不污,惩恶而劝善,非圣人谁能修之!杜预《序》:为例之情有五,是也。

不言烈宗 《晋书·孝武纪》:太元二十年,时张贵人有宠,年几三十,帝戏之曰:汝以年当废矣。贵人潜怒。向夕,帝醉,遂暴崩。按:纪末缺书庙号。

《通鉴》题烈宗孝武皇帝。

仲密、**明月**　仲密,高慎字。明月,斛律光字。按:百药《齐书》,高慎附见兄《高乾传》中。斛律光在其父《斛律金传》后。二人皆无"以字行"之文,传内亦不书字。其书字处,间于他传有之,无甚不准例之病,《史通》似误。

题　目

上古之书有三坟、五典、八索、九丘,其次有春秋、尚书、梼杌、志乘。自汉已下,其流渐繁,大抵史名多以书、记、纪、略为主。后生祖述,各从所好,沿革相因,循环递习。盖区域有限,莫逾于此焉。

至孙盛有《魏氏春秋》,孔衍有《汉魏尚书》,陈寿、王劭曰志,何之元、刘璠曰典。此又好奇厌俗,习旧捐新,虽得稽古之宜,未达从时之义。

权而论之,其编年月者谓之纪,列纪传者谓之书,取顺于时,斯为最也。夫名以定体,为实之宾,苟失其途,有乖至理。鱼豢、姚察著魏、梁二史,巨细毕载,芜累甚多,而俱榜之以略,考名责实,奚其爽欤!

若乃史传杂篇,区分类聚,随事立号,谅无恒规。如马迁撰皇后传,而以外戚命章。案:外戚凭皇后以得名,犹宗室得天子而显称,若编皇后而曰"外戚传",则书天子而曰"宗室纪",可乎?（眉批:批驳明快。）班固撰《人表》,以古今为目。寻其所载也,皆自秦而往,非汉之事。古诚有之,今则安在?子长《史记》别创八书,孟坚既以汉为书,不可更标书号,改书为志,义在互文。（眉批:推释允惬。）而何氏《中兴》易志为记,此则贵于革旧,未见其能取新。

夫战争方殷,雄雌未决,则有不奉正朔,自相君长。必国史为传,宜别立科条。至如陈、项诸雄,寄编汉籍;董、袁群贼,附列《魏志》。既同臣子之例,孰辨彼此之殊?唯《东观》以平林、下江诸人,列为载记;顾后来作者,莫之遵效。逮《新晋》始以十六国主,持载记表名,可谓择善而行,巧于师古者矣。

观夫旧史列传,题卷靡恒。文少者则具出姓名,若司马相如、东方朔是也。字烦者唯书姓氏,若毋将、盖、陈、卫、诸葛传是也。必人多而姓同者,则结定其数,若二袁、四张、二公孙传是也。(眉批:此尚无大关系,但冗杂可厌耳,《后汉志》细目尤烦,皆可删削。)如此标格,足为详审。

至范晔举例,始全录姓名。历短行于卷中,丛细字于标外。其子孙附出者,注于祖先之下,乃类俗之文案孔目、药草经方,烦碎之至,孰过于此!(眉批:古书大抵如是,坊刻村书则多取便检阅,标题繁杂而俗乃尚之。)窃以《周易》六爻,义存象内;《春秋》万国,事具传中。读者研寻,篇终自晓,何必开帙解带,便令昭然满目也。

自兹以降,多师蔚宗。魏收因之,则又甚矣。其有魏世邻国编于魏史者,于其人姓名之上,又列之以邦域,申之以职官;至如江东帝主,则云僭晋司马睿、岛夷刘裕;河西酋长,则云私署凉州牧张实、私署凉王李暠。此皆篇中所具,又于卷首具列。

盖法令滋章,古人所慎。若范、魏之裁篇目,可谓滋章之甚者乎?苟忘彼大体,好兹小数,难与议夫"婉而成章","一字以为褒贬"者矣。

鱼豢 《外篇·正史》篇:魏时,京兆鱼豢私撰《魏略》,事止明帝。《唐书·艺文志》:鱼豢《魏略》五十卷。按:《三国·魏志》无传。

姚察 《陈书·姚察传》:察,字伯审,有至性,领著作,撰梁、陈史未毕功。隋开皇时,遣内史舍人虞世基索本,且进上。有所阙者,临亡之时,以体例诫约子思廉博访续撰。按:史无《梁略》之名,而刘氏云尔,定是察稿初名。

外戚命章 按:《史记》之立《外戚世家》,其中所载,实皆后妃氏讳及其事迹。至如魏其、武安之属,反别立传,不以外戚名篇,最为非体。班史因之,易名《外戚列传》,置在臣传之后,尤为失之。文亦应加并纠班失之语。

平林、下江 《后汉书·刘玄传》:王莽末,新市人王匡、王凤为渠帅,诸亡命马武、王常、成丹等从之,藏于绿林中。地皇三年,大疫,分散。常、丹西入南郡,号"下江兵"。匡、凤、武及其支党朱鲔、张卬北入南阳,号"新市兵"。平林人陈牧、廖湛复聚众,号"平林兵",以应之。

断 限

（眉批：此篇议论特精切，故王闻修《四六法海》取之。）

夫书之立约，其来尚矣。如尼父之定《虞书》也，以舜为始，而云"粤若稽古帝尧"；丘明之传鲁史也，以隐为先，而云"惠公元妃孟子"。此皆正其疆理，开其首端。因有沿革，遂相交互，事势当然，非为滥轶也。过此已往，可谓狂简不知所裁者焉。

夫子曰："不在其位，不谋其政。"若《汉书》之立表志，其殆侵官离局者乎？考其滥觞所出，起于司马氏。案：马《记》以史制名，班《书》持汉标目。《史记》者，载数千年之事，无所不容。《汉书》者，纪十二帝之时，有限斯极。固既分迁之记，判其去取，纪传所存，唯留汉日；表志所录，乃尽牺年，举一反三，岂宜若是？胶柱调瑟，不亦谬欤！但固之蹉驳，既往不谏，而后之作者，咸习其迷。《宋史》则上括魏朝，《隋书》则仰苞梁代。求其所书之事，得十一于千百。一成其例，莫之敢移；永言其理，可为叹息！

当魏武乘时拨乱，电扫群雄，锋镝之所交，网罗之所及者，盖唯二袁、刘、吕而已。若进鸩行弑，燃脐就戮，总关王室，不涉霸图，而陈寿《国志》引居传首。夫汉之董卓，犹秦之赵高，昔车令之诛，既不列于《汉史》，何太师之毙，遂独刊于《魏书》乎？兼复臧洪、陶谦、刘虞、孙瓒生于季末，自相吞噬。其于曹氏也，非唯理异犬牙，固亦事同风马。汉典所具，而魏册仍编，岂非流宕忘归，迷而不悟者也？

亦有一代之史，上下相交，若已见它记，则无宜重述。故子婴降沛，其详取验于《秦纪》；伯符死汉，其事断入于《吴书》。沈录金行，上羁刘主；魏刊水运，下列高王。唯蜀与齐各有国史，越次而载，孰曰攸宜？

自五胡称制，四海殊宅。江左既承正朔，斥彼魏胡，故氐、羌有录，索虏成传。魏本出于杂种，窃亦自号真君。其史党附本朝，思欲凌驾前作，遂乃南笼典午，北吞诸伪，比于群盗，尽入传中。但当有晋元、明之时，中原秦、赵之代，元氏膜拜稽首，自同臣妾，而反列之于传，何厚颜之甚邪！又张、李诸姓，据有凉、蜀，其于魏也，校年则前后不接，论地则参商有殊，何预魏氏而横加编载？

夫《尚书》者，七经之冠冕，百氏之襟袖。凡学者必先精此书，次览群籍。譬夫行不由径，非所闻焉。修国史者，若旁采异闻，用成博物，斯则可矣。如班《书·地理志》，首全写《禹贡》一篇。降为后书，持续前史。盖以水济水，床上施床，徒有其烦，竟无其用，岂非惑乎？昔春秋诸国，赋诗见意，《左氏》所载，唯录章名。如地理为书，论自古风俗，至于夏世，宜云《禹贡》已详，何必重述古文，益其辞费也？

若夷狄本系，种落所兴，北貊起自淳维，南蛮出于槃瓠，高句丽以鳖桥获济，吐谷浑因马斗徙居。诸如此说，求之历代，何书不有？而作之者曾不知前撰已著，后修宜辍，遂乃百世相传，一字无改。盖骈指在手，不加力于千钧；附赘居身，非广形于七尺。为史之体，有若于斯，苟滥引它事，丰其部帙，以此称博，异乎吾党所闻。

陆士衡有云："虽有爱而必捐。"善哉斯言，可谓达作者之致矣。夫能明彼断限，定其折中，历选自古，唯萧子显近诸。然必谓都无其累，则吾未之许也。

传首董卓　按：《魏志》本传居臣传之首，所叙事实，无一语与魏武相及。直至催、汜、暹、承附传之末，始有"太祖乃迎天子都许"之文。是《卓传》于《魏》未有处也，宜《史通》訾之。

臧、陶、刘、孙　《魏志·臧洪传》：洪，字子源，广陵人。太守张超请洪为功曹。董卓图危社稷，洪说超纠合义兵，辞义慷慨。洪为东郡太守，太祖围张超于雍丘。洪徒跣，从袁绍请兵救超，绍不听。超灭，洪怨绍，绍兴兵围之，生执洪杀之。《陶谦传》：谦，字恭祖，丹阳人。为徐州刺史，刑政失和。太祖征谦，以粮少引军还。谦病死。《公孙瓒传》：瓒，字伯珪，辽西人。除辽东属国长史，迁涿令。辽西乌丸丘力居等叛，瓒不能御。朝议以宗正刘虞为幽州牧。丘力居等遣译自归。瓒害虞有功，稍相恨望。天子遣段训增虞邑，督六州，瓒诬虞欲称尊号,胁训斩虞。虞从事鲜于辅等欲报瓒,袁绍又遣兵,与辅合击瓒。瓒军数败,乃为堑十重,筑京,为楼其上。绍悉军围之,瓒自杀。

沈录金行 《梁书·沈约传》:著《晋书》百一十卷。《隋书·经籍志》注:梁有郑忠《晋书》七卷,沈约《晋书》一百一十一卷,庾铣《东晋新书》七卷,并亡。《晋书·五行志》:白者金行,马者国族。《文选》陆士衡《宣猷堂诗》云:黄晖既渝,素灵承祜。善《注》:魏土德曰黄,晋金行曰素。程猗《说石图》曰:金者,晋之行也。

魏刊水运 魏,谓魏收。《魏书·律历志》:以皇魏运水德,所上九家,共成一历,元起壬子,律起黄钟。壬子北方,水之正位,实符魏德。

典午 《蜀志·谯周传》:典午忽兮,月酉没兮。典午,谓司马也。

校年论地 《甲子会纪》:晋惠帝之十一年,流人李特据广汉,进攻成都。十三年,罗尚破李特,斩之,子雄僭号称成。是后兄子班,班弟期,雄弟寿,寿子势。桓温入蜀,势降,李氏亡,实穆帝之三年。又:愍帝之二年,张轨为凉州牧,卒时在州已十三年矣。子实嗣,是为前凉。嗣是实弟茂,实子骏,骏子重华,华子耀灵,灵伯父祚,灵弟玄靓,至靓叔天锡降于秦,前凉亡,实孝武之四年。按:张、李兴灭并在魏道武未称帝之前,而魏都平城又极东北,所谓"校年不接,论地有殊"也。

淳维 《史记·匈奴传》:匈奴,其先夏后氏之苗裔也,曰淳维。《汉书·匈奴传》全录其文。

槃瓠 《后汉·南蛮传》:昔高辛氏有犬戎之寇,募能得犬戎之将吴将军头者,妻以少女。时有畜狗,名曰槃瓠。下令之后,槃瓠遂衔人头造阙下,乃吴将军首也。帝不得已,以女配槃瓠。槃瓠负而走入南山,止石室中,生子六男六女,因自相夫妻。其后滋蔓,号曰蛮夷,今长沙武陵蛮是也。《南史·蛮传》亦云槃瓠种落。《路史·发挥》:《伯益经》云:黄帝曾孙卞明生白犬,是为蛮祖。白犬乃其子之名,而应劭、干宝、范晔枝叶其说。

鳖桥 《魏书·高句丽传》:先祖朱蒙,母河伯女,夫余王闭于室中,为日所照,孕生一卵。母置暖处,一男破壳而出。及长,字之曰朱蒙。东南走,道遇大水,鱼鳖并浮成桥,得渡。至纥升骨城居焉,号曰高句丽,因以为氏。《隋书·高丽传》文略同。

马斗 《魏书·吐谷浑传》:辽东鲜卑涉归,一名奕洛韩,有二子,庶长曰吐谷浑,少曰若洛廆。若洛廆别为慕容氏。浑与廆二部,马斗相伤,廆怒,浑曰:马,畜也。斗在马而怒及人邪?乖别甚易,今当去汝万里之外。按:其文亦见《宋书》,至唐编《晋书》,复采用之。

编　次

昔《尚书》记言,《春秋》记事,以日月为远近,年世为前后,用使阅之者雁行鱼贯,皎然可寻。至马迁始错综成篇,区分类聚。班固踵武,仍加祖述。于其间则有统体不一,名目相违,朱紫以之混淆,冠履于焉颠倒,盖可得而言者矣。

寻子长之列传也,其所编者唯人而已矣。至于龟策异物,不类肖形,而辄与黔首同科,俱谓之传,不其怪乎?(眉批:此驳最允。)且龟策所记,全为志体,向若与八书齐列,而定以书名,庶几物得其朋,同声相应者矣。

孟坚每一姓有传,多附出余亲。其事迹尤异者,则分入它部。故博陆、去病,昆弟非复一篇;外戚、元后,妇姑分为二录。至如元王受封于楚,至孙戊而亡。案其行事,所载甚寡,而能独载一卷者,实由向、歆之助耳。但交封汉始,地启列藩;向居刘末,职才卿士。昭穆既疏,家国又别。适使分楚王子孙于高、惠之世,与荆、代并编;析刘向父子于元、成之间,与王、京共列。方于诸传,不亦类乎?(眉批:此论亦允。)

又自古王室虽微,天命未改,故台名逃责,尚曰周王;君未系颈,且云秦国。(眉批:此即《春秋》之义,其词甚正。)况神玺在握,火德犹存,而居摄建年,不编《平纪》之末;孺子主祭,咸书《莽传》之中。遂令汉余数岁,湮没无睹,求之正朔,不亦厚诬?

盖逐兔争捷,瞻乌靡定,群雄僭盗,为我驱除。是以史传所分,真伪有别,陈胜、项籍见编于高祖之后,隗嚣、孙述不列于光武之前。而陈寿《蜀书》首标二牧,次列先主,以继焉、璋。(眉批:二牧宜入汉史,此失又在断限,不止先后失伦。)岂以蜀是伪朝,遂乃不遵恒例。但鹏、鷃一也,何大小之异哉?

观梁、唐二朝,撰《齐》《隋》两史,东昏犹在,而遽列和年;炀帝未终,而已编恭纪。原其意旨,岂不以和为梁主所立,恭乃唐氏所承,所以黜永元而尊中兴,显义宁而隐大业。苟欲取悦当代,遂乃轻侮前朝。行之一时,庶叶权道;播之千载,宁为格言!

若乃先黄老而后六经,后外戚而先夷狄;老子与韩非并列,贾诩将荀彧同编;《孙弘传赞》,宜居武、宣纪末;宗庙迭毁,枉入《玄成传》终。如斯舛谬,不可胜纪。今略其尤甚者耳,故不复一一而详之。

逃责 《帝王世纪》:赧王虽天子,为诸侯所役逼,负责于民,无以得归,乃上台避之,故周人名曰逃责台。

永元 东昏元。

中兴 和帝元。

义宁 恭帝元。

大业 炀帝元。

先黄老后六经 《史记》。

后外戚先夷狄 《汉书》。

老子、韩非同传 《史记》。

贾诩、荀彧同编 《魏志》。

《孙弘传赞》 按:《汉书·公孙弘传赞》:是时,汉兴六十余载,海内艾安,群士向慕,汉之得人,于兹为盛。因历举公孙、董、兒等二十七人。又云:孝宣承统,纂修洪业,亦讲论六艺,招选茂异。下复历举萧、梁丘、夏侯等二十四人。一赞之中,盛称二世人才,故曰"宜居武、宣纪末"。

《**玄成传**》终 《汉书·韦贤传》：本始三年，代蔡义为丞相。子玄成，字少翁，永光中，代于定国为丞相。封侯故国，荣当世焉。按：本传既毕，历述诸郡国所立太祖、太宗、世宗等庙罢毁诏议，其文皆列侯、中二千石、博士等共议。例当收载《礼志》中，故曰"枉入《玄成传》终"。又按：《新唐书·韦绦传》罗列一时朝士祭器、丧服等议，正仿《玄成传》法也。

称　谓

孔子曰："唯名不可以假人。"又曰："名不正则言不顺"，"必也正名乎！"是知名之折中，君子所急。况复列之篇籍，传之不朽者耶！

古者二国争盟，晋、楚并称侯伯；七雄力战，齐、秦俱曰帝王。其间虽胜负有殊，大小不类，未闻势穷者即为匹庶，力屈者乃成寇贼也。当汉氏云亡，天下鼎峙，论王道则曹逆而刘顺，语国祚则魏促而吴长。但以地处函夏，人传正朔，度长絜短，魏实居多。二方之于上国，亦犹秦缪、楚庄，与文、襄而并霸。逮作者之书事也，乃没吴、蜀号谥，呼权、备姓名，方于魏邦，悬隔顿尔，惩恶劝善，其义安归。（眉批：此亦公论，于帝魏帝蜀之外，又自为一义。）

续以金行版荡，戎、羯称制，各有国家，实同王者。晋世臣子，党附君亲，嫉彼乱华，比诸群盗。此皆苟徇私忿，忘夫至公。自非坦怀爱憎，无以定其得失。（眉批：此论尤公，深中世人党同伐异之病。）至萧方等始存诸国名谥，僭帝者皆称之以王。此则赵犹人君，加以主号；杞用夷礼，贬同子爵。变通其理，事在合宜，小道可观，见于萧氏者矣。

又位乃人臣，迹参王者，如周之亶父、季历，晋之仲达、师、昭，追尊建名，比诸天子可也。必若当涂所出，宦官携养，帝号徒加，人望不惬。故《国志》所录，无异匹夫，应书其人，直云皇之祖考而已。至如元氏，起于边朔，其君乃一部之酋长耳。道武追崇所及，凡二十八君。自开辟已来，未之有也。而《魏书·序纪》，袭其虚号，生则谓之帝，死则谓之崩，何异沐猴而冠，腐鼠称璞者矣！

夫历观自古，称谓不同，缘情而作，本无定准。至若诸侯无谥者，战国已上，谓之今王；天子见黜者，汉、魏已后，谓之少帝。周衰有共和之相，楚弑有郏敖之主；赵佗而曰尉佗，英布而曰黥布；豪杰则平林、新市，寇贼则黄巾、赤眉；园、绮友朋，共云四皓；奋、建父子，都称万石。凡此诸名，皆出当代，史臣编录，无复张弛。盖取叶随时，不借稽古。及后来作者，颇慕斯流，亦时采新名，列成篇题。若王《晋》之《十士》《寒俊》，沈《宋》之《二凶》《索虏》，即其事也。唯魏收远不师古，近非因俗，自我作故，无所宪章。其撰《魏书》也，乃以平阳王为出帝，司马氏为僭晋，桓、刘已下，通曰岛夷。夫以谄齐则轻抑关右，党魏则深诬江外，爱憎出于方寸，与夺由其笔端，语必不经，名惟骇物。虽复刊诸竹帛，终罕传于讽诵也。

　　抑又闻之，帝王受命，历数相承，虽旧君已没，而致敬无改，岂可等之凡庶，便书之以名者乎？（眉批：正论。）近代文章，实同儿戏。有天子而称讳者，若姬满、刘庄之类是也。有匹夫而不名者，若步兵、彭泽之类是也。史论立言，理当雅正。（眉批：杂文原所不拘，史氏则不可苟。）如班述之叙圣卿也，而曰董公惟亮；范赞之言季孟也，至曰隗王得士。习谈汉主，则谓昭烈为玄德。裴引魏室，则目文帝为曹丕。夫以淫乱之臣，忽隐其讳；正朔之后，反呼其名。意好奇而辄为，文逐韵而便作，用舍之道，其例无恒。但近代为史，通多此失。上才犹且若是，而况中庸者乎？今略举一隅，以存标格云尔。

秦缪、楚庄　原注：蜀昭烈主可比秦缪公，吴大帝可比楚庄王。

呼权、备姓名　原注：谓鱼豢、孙盛等。

萧方等　《隋书·经籍志》《唐书·艺文志》：萧方《三十国春秋》三十卷。按：二志误删"等"字，辩详《杂说》中篇。

赵君主号　《甲子会记》：周显王之季，韩、燕皆称王，赵武灵独不肯，令人谓己曰君。赧王时，赵武灵胡服招骑射，寻废其太子章而传位少子，自号主父。

杞夷子爵　事在《左传》僖公二十七年，注见《惑经》篇。

当涂 《史记·建元以来侯者年表》：当涂魏不害以捕淮阳反者侯。《后汉书·袁术传》：谶书言："代汉者当涂高。"又：献帝时，李云言许昌气见于当涂高，象魏者两阙也。当涂而高者魏，魏当代汉。

宦官携养 袁绍讨曹操檄：司空曹操，祖父腾，故中常侍，与左悺、徐璜并作妖孽。父嵩，乞丐携养，输货权门，盗窃鼎司，倾覆重器。操奸阉遗丑，本无令德，僄狡锋侠，好乱乐祸。

共和 《史记·周本纪》：厉王出奔于彘，周公、召公二相行政，号曰共和。《正义》：共，音巨用反。《汉书·人物表》：共伯和。师古《注》：共，国名也。伯，爵也。和，共伯之名也。共，音恭。按：是说本之《竹书纪年》。

郏敖 《左传》昭公元年：楚公子围将聘于郑，未出竟，闻王有疾而还。入问王疾，缢而弑之。葬王于郏，谓之郏敖。杜预《注》：郏敖，楚子麇。

王《晋》 王隐《晋书》。

《十士》《寒俊》 按：文与《二凶》《索虏》对举，亦列传中之篇名也。王隐《晋书》已亡，无可考证。

沈《宋》 沈约《宋书》。

平阳王 《魏书·出帝纪》：出帝讳修，封平阳王，齐献武奉王即帝位。三年，帝为斛斯椿等诱佞间阻，贰于齐，托讨萧衍，盛暑征发，天下怪恶之。七月，遂出于长安。十二月，为宇文黑獭所害。《周书·文帝纪》：魏孝武帝将图齐神武，诏太祖为大都督，深仗太祖。七月丁未，遂从洛阳率轻骑入关，太祖奉迎，谒见东阳驿。按：以孝武为出帝，魏收目之云尔。

班述 班史名"赞"为"述"。

圣卿 董贤。

季孟 隗嚣。

玄德 原注：习氏《汉晋春秋》以蜀为正统，其编目叙事皆谓蜀先主为昭烈皇帝，至于论中语则呼为玄德。

逐韵便作 原注：班固《哀纪述》曰：宛变董公，惟亮天功。《隗嚣、公孙述传赞》曰：公孙习吏，隗王得士。按：公、功、吏、士，皆逐韵也。

采 撰

（眉批：此篇持论最严正，颇中文士爱奇之病。）

子曰："吾犹及史之阙文。"是知史文有阙，其来尚矣。自非博雅君子，何以补其遗逸者哉？盖珍裘以众腋成温，广厦以群材合构。自古探穴藏山之士，怀铅握椠之客，何尝不征求异说，采摭群言，然后能成一家，传诸不朽。观夫丘明受经立传，广包诸国，盖当时有《周志》《晋乘》《郑书》《楚杌》等篇，遂乃聚而编之，混成一录。向使专凭鲁策，独询孔氏，何以能殚见洽闻，若斯之博也？马迁《史记》，采《世本》《国语》《战国策》《楚汉春秋》。至班固《汉书》，则全同太史。自太初已后，又杂引刘氏《新序》《说苑》《七略》之辞。此并当代雅言，事无邪僻，故能取信一时，擅名千载。

但中世作者，其流日烦，虽国有册书，杀青不暇，而百家诸子，私存撰录，寸有所长，实广闻见。其失之者，则有苟出异端，虚益新事，至如禹生启石，伊产空桑，海客乘槎以登汉，姮娥窃药以奔月。如斯踳驳，不可殚论，固难以污南、董之片简，沾班、华之寸札。（眉批：《史记》亦多采异说，如《秦本纪》伯翳石椁之类，殆如戏剧矣，但大段雅训耳。）而嵇康《高士传》，好聚七国寓言；玄晏《帝王纪》，多采《六经》图谶。引书之误，其萌于此矣。

至范晔增损东汉一代，自谓无惭良直。而王乔凫舄，出于《风俗通》；左慈羊鸣，传于《抱朴子》。朱紫不别，秽莫大焉。沈氏著书，好诬先代，于晋则故造奇说，在宋则多出谤言，前史所载，已讥其谬矣。而魏收党附北朝，尤苦（眉批："苦"字出《史记·高祖纪》"欲苦之"。又晋营道王曰："生平不识士衡，不知何忽见苦。"即是此意。以污蔑训之，意是而语未明。）南国，承其诡妄，重以加诸。遂云马叡出于牛金，刘骏上淫路氏，可谓助桀为虐，幸人之灾。寻其生绝胤嗣，死遭剖斫，盖亦阴过之所致也。

晋世杂书，谅非一族，若《语林》《世说》《幽明录》《搜神记》之徒，其所载或恢谐小辩，或神鬼怪物。其事非圣，扬雄所不观；其言乱神，宣尼所不语。皇朝新撰《晋史》，多采以为书。夫以干、邓之所粪除，王、虞之所糠粃，持为逸史，用补前传，此何异魏朝之撰《皇览》，梁世之修《遍略》，务多为美，聚博为功，虽取说于小人，终见嗤于君子矣。（眉批：切中《晋书》之病。）

夫郡国之记，谱牒之书，务欲矜其州里，夸其氏族。至如江东五俊，始自《会稽典录》；颍川八龙，出于《荀氏家传》。而修晋、汉史者，皆征彼虚誉，定为实录。苟不别加研核，何以详其是非？

又讹言难信，传闻多失，至如曾参杀人，不疑盗嫂，翟义不死，诸葛犹存，此皆得之于行路，传之于众口，倪无明白，其谁曰然？故蜀相薨于渭滨，《晋书》称呕血而死；魏君崩于马圈，《齐史》云中矢而亡；沈炯骂书，河北以为王伟；魏收草檄，关西谓之邢邵。夫同说一事，而分为两家，盖言之者彼此有殊，故书之者是非无定。

况古今路阻，视听壤隔，而谈者或以前为后，或以有为无，泾渭一乱，莫之能辨。而后来穿凿，喜出异同，不凭国史，别讯流俗。及其记事也，则有师旷将轩辕并世，公明与方朔同时；尧有八眉，夔唯一足；乌白马角，救燕丹而免祸；犬吠鸡鸣，逐刘安以高蹈。此之乖滥，往往有旃。

故作者恶道听涂说之违理，街谈巷议之损实。观夫子长之撰《史记》也，殷、周已往，采彼家人；安国之述《阳秋》也，梁、益旧事，访诸故老。夫以刍荛鄙说，刊为竹帛正言，而辄欲与《五经》方驾，《三志》竞爽，斯亦难矣。呜呼！逝者不作，冥漠九泉；毁誉所加，远诬千载。异辞疑事，学者宜善思之。

杀青 《后汉书·吴祐传》：父恢，为南海太守，欲杀青简以写经书。《注》：以火炙简，令汗，去其青，易书，复不蠹，谓之"杀青"，亦曰"汗简"。

禹生启石 《路史·余论》：夏后氏生，而母化为石，说见《世纪》。盖原禹母获月精石，吞之而生禹也。《淮南·修务》云：禹生于石。而今登封庙有一石，号"启母石"。汉元封元年，武帝幸缑氏，制曰：朕至中岳，见启母石。云化石启生,地在嵩北。

伊产空桑 《列子·天瑞》:后稷生乎巨迹,伊尹生乎空桑。《吕览·本味》:有侁氏女得婴儿于空桑,察其所以,曰:其母居伊水之上,孕,梦神告曰:臼若水出,而东走。明日,视臼出水,东走十里,顾其邑尽为水,身因化为空桑,故命之曰伊尹。

海客 《博物志》:天河与海通,近世有人居海渚者,年年八月有浮槎去来,不失期。此人乘槎而去,至一处,屋舍甚严,遥望宫中多织妇,见一丈夫,牵牛渚次饮之。后至蜀,问严君平。曰:某年月日,有客星犯牵牛宿也。

姮娥 《后汉书·天文志》注:张衡《灵宪》曰:羿请无死之药于西王母,姮娥窃之以奔月。将往,枚筮之,曰:翩翩归妹,独将西行。毋惊毋恐,后其大昌。遂托身于月,是为蟾蜍。

王乔 《后汉书·方术传》:王乔,显宗时为叶令,每月朔望,自县诣台朝。帝怪其来数,密令太史伺望。言其临至,辄有双凫从东南飞来。于是举罗张之,但得一双舄。召尚方诊视,则四年中所赐尚书官属履也。

左慈 《后汉书·方术传》:左慈,字元放,少有神道。曹操欲收杀之,慈却入壁中,霍然不知所在。后又逢慈于阳城山头,因复逐之,入走羊群。操乃令就羊中告之曰:不复相杀,欲试君术耳。忽有一老羝,屈前两膝,人立而言,曰:遽如许。即竞往赴之,而群羊数百,皆变为羝,并屈前膝人立,云:遽如许。

马叡 原注:王劭曰:沈约《晋书》造奇说云,琅琊国姓牛者,与夏侯妃私通,生中宗,因远叙宣帝,以毒酒杀牛金,符证其状。收承此言,乃云:司马叡,晋将牛金子也。宋孝王曰:收以叡为金子,计其年,全不相干。案:前史尚如此误,况后史编录者耶?

刘骏 原注:沈约《宋书》曰:孝武于路太后处寝息,时人多有异议。《魏书》因云骏烝其母路氏,丑声播于瓯、越也。

非圣不观 《汉书·扬雄传》:雄自有大度,非圣哲之书不好也。按:语本《法言》。

干、邓 干宝、邓粲。

王、虞 王隐、虞预。

《皇览》 《魏志·刘劭传》：劭，字孔才。黄初中，为散骑侍郎，受诏集《五经》群书，以类相从，作《皇览》。旧注：《魏略》云：常侍王象，受诏撰《皇览》，藏于秘府，合四十余部，部有数十卷。

《遍略》 《梁书·文学传》：何思澄，字元静。天监十五年举学士，入华林，撰《遍略》，徐勉举思澄等五人应选。又《顾杳传》：徐勉举杳及顾协等五人撰《遍略》。又《钟嵘传》：弟屿亦预。按：诸传错举，止及四人，其一人无考。《南史·刘峻传》：梁安成王给其书籍，使撰《类苑》一百二十卷。帝命诸学士撰《华林遍略》以高之。旧注：《遍略》七百卷。

五俊 《晋书·薛兼传》：兼，字令长，丹阳人。清素有器宇，少与同郡纪瞻、广陵闵鸿、吴郡顾荣、会稽贺循齐名，号为"五俊"。初入洛，司空张华见而奇之，曰：皆南金也。

八龙 《后汉书·荀淑传》：淑，字贵和，颖川人。有子八人：俭、绲、靖、焘、汪、爽、肃、旉，并有名称，时人谓之"八龙"，颖阴令苑康改其里，曰：高阳里。

曾参杀人 《战国策》：秦有与曾子同名族者而杀人，人告曾子母，母织自若。有顷又告，尚织自若。顷之又告，母惧，投杼而走。

不疑盗嫂 《汉书·直不疑传》：人或毁不疑，曰：不疑状貌甚美，然毋奈其善盗嫂何也？不疑闻，曰：我乃无兄。然终不自明也。

翟义不死 《汉书·翟方进传》：少子义，字文仲，为东郡守。王莽居摄，义移檄讨莽，军破而亡。《后汉书·王昌传》：昌，一名郎。莽篡位，郎诈称成帝子，檄州郡曰：天命佑汉，使东郡太守翟义，拥兵征讨。郎以百姓思汉，多言翟义不死，故诈称之。

诸葛犹存 《蜀志·魏延传》：亮出北谷口，病。延密与杨仪、姜维作身殁之后退军节度。亮适卒，秘不发丧。《亮传》注：杨仪等整军而出，宣王追焉。

姜维令反旗鸣鼓。宣王退，不敢逼。百姓为之谚曰：死诸葛走生仲达。宣王曰：吾能料生，不便料死也。

呕血 《蜀志·诸葛传》注：《魏书》曰：亮粮尽势穷，忧恚呕血。一夕烧营遁走，入谷道，发病卒。臣松之以为亮在渭滨，魏人蹑迹，胜负之形，未可测量。而云呕血，盖用亮亡而自夸大也。夫以孔明之略，岂为仲达呕血乎？

马圈 《魏书·高祖纪》：萧宝卷遣太尉陈显达寇荆州，攻陷马圈戍。车驾南伐，至马圈，破之。帝疾甚，北次谷塘，崩于行宫。按：今萧子显《齐书》无中矢之文。宝卷，齐废帝东昏讳也。

沈炯骂书 按：《陈书·沈炯传》：炯，武康人。梁侯景之难，王僧辩购得炯。羽檄军书，皆出于炯。《梁书·侯景传》：景围守宫阙，抗表言陛下贪臣汝、颖，绝好河北，檄詈高澄。《南史·贼臣传》：王伟，魏行台郎。高澄以书招景，伟为景报书。澄问谁作，左右称是伟文。据此，则炯为僧辩檄，乃檄侯景，非檄河北也。梁武詈澄，是受愚于景，决不假手于伟也。至北人之称伟文，本是伟作，非炯作也。《史通》似误。

魏收草檄 按：《北史·魏收传》：侯景叛入梁，文襄令收为檄，五十余纸，不日而就。《周书·独孤信传》：东魏侯景之南奔也，魏收为檄梁文，矫称无关西之忧，欲以威梁也。《北史·邢邵传》：邵，字子才，人称北间第一才子。巨鹿魏收，年事在后，称邢、魏焉。历考魏、齐、周诸史，其言草檄及收、邵并称处，大略如此，皆无收檄邵作，出自关西人语之文。《史通》或别有据耶？

师旷、轩辕并世 《列子·汤问》：焦螟集于蚊睫，师旷俯耳，弗闻其声。唯黄帝与容成子居空峒之上，砰然闻之若雷霆。《齐民要术》：师旷占曰：黄帝问曰：吾欲占岁善恶可知否？对曰：岁欲雨，雨草先生，藕；欲旱，旱草先生，蒺藜；欲荒，荒草先生，蓬；欲病，病草先生，艾。《史记》：黄帝，少典之子，名轩辕。

公明、方朔同时 公明，魏管辂字。其语未详。

尧八眉 《淮南·修务训》：尧眉八采。高诱《注》：尧母庆都出观于河，有赤龙负图而至,奄然阴云,尧生,眉有八采之色。《尚书大传》:尧八眉,舜四瞳子。

夔一足 王《训故》:《韩子》:哀公问于孔子曰:吾闻夔一足,信乎?曰:夔无他异,独通于声。尧曰:夔而一足矣。使为乐正,非一足也。按:此事所见非一,《吕氏春秋》《风俗通》皆有之。

乌白马角 语见《史记·刺客传赞》。《博物志》:燕丹质于秦,欲归。秦王谬言曰:乌头白,马生角,乃可。丹仰而叹,乌即头白;俯而嗟,马亦生角。秦王不得已而遣之。

犬吠鸡鸣 葛洪《神仙传》:汉淮南王刘安者,高帝之孙也。好儒学方术,有八公诣门,皆须眉皓白,门吏白王,八公皆变为童子。王迎,烧百和香,八童子复为老人,授王丹经。药成,雷被、伍被共诬安谋反。八公谓安曰:可以去矣。安登山,白日升天。人传去时余药器,鸡犬舐啄之,尽得升天。故鸡鸣天上,犬吠云中也。

载　文

(眉批:其言明切,深中文弊。)

夫观乎人文,以化成天下;观乎国风,以察兴亡。是知文之为用,远矣大矣。若乃宣、僖善政,其美载于周诗;怀、襄不道,其恶存乎楚赋。读者不以吉甫、奚斯为诂,屈平、宋玉为谤者,何也?盖不虚美、不隐恶故也。是则文之将史,其流一焉,固可以方驾南、董,俱称良直者矣。(眉批:古人之文,原不苟作。)

爰洎中叶,文体大变。树理者多以诡妄为本,饰辞者务以淫丽为宗。譬如女工之有绮縠,音乐之有郑、卫。盖语曰:不作无益害有益。至如史氏所书,固当以正为主。是以虞帝思理,夏后失御,《尚书》载其元首、禽荒之歌;郑庄至孝,晋献不明,《春秋》录其大隧、狐裘之什。其理说而切,其文简而要,足以惩恶劝善,观风察俗者矣。若马卿之《子虚》《上林》,扬雄之《甘泉》《羽猎》,班固《两都》,马融《广成》,喻过其体,词没其义,繁华而失实,流宕而忘返,无裨劝奖，有长奸诈。而前后《史》《汉》皆书诸列传，不其谬乎！（眉批：持论甚正，《史》《汉》所录诸赋，实非史体，不得以马、班之故，曲为之词。）

且汉代词赋，虽云虚矫，自余它文，大抵犹实。至于魏、晋已下，则讹谬雷同。权而论之，其失有五：一曰虚设，二曰厚颜，三曰假手，四曰自戾，五曰一概。

何者？昔大道为公，以能而授，故尧咨尔舜，舜以命禹。自曹、马已降，其取之也则不然。若乃上出禅书，下陈让表，其间劝进殷勤，敦谕重沓，迹实同于莽、卓，言乃类于虞、夏。且始自纳陛，迄于登坛。彤弓卢矢，新君膺九命之锡；白马侯服，旧主蒙三恪之礼。徒有其文，竟无其事。此所谓虚设也。

古者两军为敌，二国争雄，自相称述，言无所隐。何者？国之得丧，如日月之蚀焉，非由饰辞矫说所能掩蔽也。逮于近古则不然。曹公叹蜀主之英略，曰"刘备吾俦"；周帝美齐宣之强盛，云"高欢不死"。或移都以避其锋，或斫冰以防其渡。及其申诰誓，降移檄，便称其智昏菽麦，识昧玄黄，列宅建都若鷦鷯之巢苇，临戎贾勇犹螳螂之拒辙。此所谓厚颜也。

古者国有诏命，皆人主所为。故汉光武时，第五伦为督铸钱掾，见诏书而叹曰"此圣主也，一见决矣"。至于近古则不然。凡有诏敕，皆责成群下，但使朝多文士，国富辞人，肆其笔端，何事不录。是以每发玺诰，下纶言，申恻隐之渥恩，叙忧勤之至意。其君虽有反道败德，唯顽与暴。观其政令，则辛、癸不如；读其诏诰，则勋、华再出。此所谓假手也。

盖天子无戏言，苟言之有失，则取尤天下。故汉光武谓庞萌"可以托六尺之孤"，及闻其叛也，乃谢百官曰："诸君得无笑朕乎？"是知褒贬之言，哲王所慎。（眉批：此又不一概而论，亦有不妨并存者。）至于近古则不然。凡百具寮，王公卿士，始有褒崇，则谓其珪璋特达，善无可加；旋有贬黜，则比诸斗筲下才，罪不容责。夫同为一士之行，同取一君之言，愚智生于倏忽，是非变于俄顷，帝心不一，皇鉴无恒。此所谓自戾也。

夫国有否泰，世有污隆，作者形言，本无定准。故观"猗与"之颂，而验有殷方兴；睹《鱼藻》之刺，而知宗周将殒。至于近代则不然。夫谈主上之圣明，则君尽三五；述宰相之英伟，则人皆二八。国止方隅，而言并吞六合；福不盈眦，而称感致百灵。虽人事屡改，而文理无易，故善之与恶，其说不殊，欲令观者，畴为准的？此所谓一概也。

于是考兹五失，以寻文义，虽事皆形似，而言必凭虚。夫镂冰为璧，不可得而用也；画地为饼，不可得而食也。是以行之于世，则上下相蒙；传之于后，则示人不信。而世之作者，恒不之察，聚彼虚说，编而次之，创自起居，成于国史；连章疏录，一字无废，非复史书，更成文集。（眉批：八字确当。）

若乃历选众作，求其秽累，王沈、鱼豢，是其甚焉；裴子野、何之元，抑其次也。陈寿、干宝，颇从简约，犹时载浮讹，罔尽机要。唯王邵撰《齐》《隋》二史，其所取也，文皆诣实，理多可信，至于悠悠饰词，皆不之取。此实得去邪从正之理，捐华摭实之义也。

盖山有木，工则度之。况举世文章，岂无其选，但苦作者书之不读耳。至如诗有韦孟《讽谏》，赋有赵壹《嫉邪》，篇则贾谊《过秦》，论则班彪《王命》，张华述箴于女史，张载题铭于剑阁，（眉批：《剑阁铭》《嫉邪赋》俱可以不载全文。）诸葛表主以出师，王昶书字以教子，刘向、谷永之上疏，晁错、李固之对策，荀伯子之弹文，山巨源之启事，此皆言成轨则，为世龟镜。求诸历代，往往而有。苟书之竹帛，持以不刊，则其文可与三代同风，其事可与《五经》齐列。古犹今也，何远近之有哉？

昔夫子修《春秋》，别是非，申黜陟，而贼臣逆子惧。凡今之为史而载文也，苟能拨浮华，采贞实，亦可使夫雕虫小技者，闻义而知徙矣。此乃禁淫之堤防，持雅之管辖，凡为载削者，可不务乎？

绮縠、郑卫 王《训故》：汉宣帝曰：辞赋，大者与古诗同义，小者辨丽可喜。辟如女工有绮縠，音乐有郑、卫。

《两都》 《后汉书·班固传》：建初中，京师修宫室，而关中耆老犹望西顾。固感前世文辞讽劝,乃上《两都赋》,盛称洛邑制度,以折西宾之论。

《广成》 《后汉书·马融传》:融,字季长。邓太后临朝,世士以为文德可兴,武功宜废。马融以为文、武之道,圣贤不坠,五材之用,无或可废,上《广成颂》以讽谏。《注》:广成,苑名。

刘备吾俦 《魏志·武纪》注:《山阳公载记》曰:曹公船舰为备所烧,引军从华容道步归,死者甚众。既而出,谓诸将曰:刘备吾俦也。但得计少晚,向使早放火,吾徒无类矣。

高欢不死 《北齐书·文宣纪》:周文帝率众出陕城,分骑北渡至建州。帝亲戎出。周文帝闻帝军容严盛,叹曰:高欢不死矣。遂退师。

移都 《蜀志·关羽传》:羽攻曹仁于樊,威震华夏,曹公议徙都许,以避其锐。

斫冰 《北史·齐文宣纪》:周人常惧齐兵西渡,恒以冬月中河椎冰。

智昏菽麦 曹魏檄吴文:孙权小子,未辨菽麦。按:语本《左氏》,谓晋悼公兄。刘则借曹之诮吴以例诮蜀也。再按:"识昧玄黄",定是宇文诮高语,未睹其文,俟补。

第五伦 《后汉书·第五伦传》:伦,字伯鱼,为督铸钱掾,领长安市,每读诏书,常叹息曰:此圣主也,一见决矣。

庞萌 《后汉书·刘永传》:庞萌为人逊顺,甚见信爱。帝尝称曰:可以托六尺之孤,寄百里之命者,庞萌是也。拜平狄将军。击董宪而萌反,帝大怒,与诸众书曰:吾尝以庞萌社稷之臣,将军得无笑其言乎?

猗与 《商颂》首篇。《诗小序》:《那》,祀成汤也。

《鱼藻》 《诗小序》:《鱼藻》,刺幽王也。言万物失其性,王居镐京,将不能以自乐,故君子思古之武王焉。

起居 荀悦《申鉴》:先帝故事,有起居注,动静之节必书焉。《书录解题》:起居注,自汉明德皇后始,汉、魏以来因之。

《讽谏》 《汉书·韦贤传》:贤,邹人也。其先韦孟,家本彭城,为楚元王傅。及孙王戊，荒淫不遵法，孟作诗讽谏。

《嫉邪》 《后汉书·文苑传》：赵壹，字元叔，作《刺世疾邪赋》，上计到京师，司徒袁逢受计，执其手，延至上坐，谓坐中曰：此人汉阳赵元叔也，吾请为诸君分坐。

《过秦》 按：《汉书·贾谊传》不载《过秦论》，于《陈胜、项籍传赞》取《史记》褚少孙所述之文录之，止三篇之一。

《王命》 《汉书·叙传》：彪遭王莽败，光武即位于冀州。时隗嚣据陇，辑英俊。嚣曰：往者周亡，战国并争，天下分裂，抑者纵横之事复起于今乎？彪愍狂狡之不息，乃著《王命论》，以救时难。

张华箴 《晋书·张华传》：华惧后族之盛，作《女史箴》以讽。按：今《晋书》本传不载。《文选》注引曹嘉之《晋纪》为征，盖曹《纪》载之也。

张载铭 《文选》注：臧荣绪《晋书》曰：张载父收，为蜀郡太守，载随父入蜀，作《剑阁铭》。益州刺史张敏见而奇之，乃表上其文。世祖遣使镌石记焉。按：载，字孟阳，铭见《晋书》本传。

诸葛表 按：《蜀志》：建兴五年，亮率诸军北驻汉中，临发上疏，即此表也。又六年裴《注》：《汉晋春秋》曰：亮闻魏兵东下，关中虚弱，十一月上言云云，于是有散关之役。此表《亮集》所无，出张俨《默记》。

王昶诫 《魏志·王昶传》：昶，字文舒，为兄子及子作名字，皆依谦实。兄子默，字处静；沈，字处道。其子浑，字玄冲；深，字道冲。遂书戒之曰：欲使汝曹遵儒者之教，履道家之言，顾名思义，不敢违越也。谚曰：救寒莫如重裘，止谤莫如自修。斯言信矣。

刘、谷、晁、李 刘向、谷永、晁错，并见《二体》篇。《后汉书·李固传》：固，字子坚。阳嘉二年，有地动、山崩、火灾之异，公卿举固对策。晁又特问当世之敝，为政所宜。固对云云。

荀伯子 《宋书·荀伯子传》：伯子官御史中丞，莅职勤恪，有匪躬之称。立朝正色，外内惮之。凡所奏劾，莫不深相诃毁，或延及祖祢，示其切直。

山巨源 《晋书·山涛传》：涛，字巨源。武帝受禅，为吏部尚书，前后选举，并得其才。所奏甄拔人物，各为题目，时称《山公启事》。

补 注

（眉批：此篇乃史家之细务，宜退在诸篇之后，在此处叙次，不伦。）

昔《诗》《书》既成，而毛、孔立传。传之时义，以训诂为主，亦犹《春秋》之传，配经而行也。降及中古，始名传曰注。盖传者，转也，转授于无穷。注者，流也，流通而靡绝。进此二名，其归一揆。如韩、戴、服、郑，钻仰六经；裴、李、应、晋，训解三史，开导后学，发明先义，古今传授，是曰儒宗。

既而史传小书，人物杂记，（眉批：班志已有自注。）若挚虞之《三辅决录》，陈寿之《季汉辅臣》，周处之《阳羡风土》，常璩之《华阳士女》，文言美辞列于章句，委曲叙事存于细书。此之注释，异夫儒士者矣。

次有好事之子，思广异闻，而才短力微，不能自达，庶凭骥尾，千里绝群，遂乃掇众史之异辞，补前书之所阙。若裴松之《三国志》，陆澄、刘昭《两汉书》，刘彤《晋纪》，刘孝标《世说》之类是也。

亦有躬为史臣，手自刊补，虽志存该博，而才阙伦叙，除烦则意有所吝，毕载则言有所妨，遂乃定彼榛楛，列为子注。若萧大圜《淮海乱离志》，羊衒之《洛阳伽蓝记》，宋孝王《关东风俗传》，王劭《齐志》之类是也。（眉批：此条亦是自注，宜在裴、陆等一条之前。）

权其得失，求其利害，少期集注《国志》，以广承祚所遗，而喜聚异同，不加刊定，恣其击难，坐长烦芜。观其书成表献，自比蜜蜂兼采，但甘苦不分，难以味同萍实者矣。（眉批：裴注未可深抑，其中有两说并存无他证可以刊定者，亦有不得不细为驳诘者。）陆澄所注班史，多引司马迁之书，若此缺一言，彼增半句，皆采摘成注，标为异说，有昏耳目，难为披览。窃惟范晔之删《后汉》也，简而且周，疏而不漏，盖云备矣。而刘昭采其所捐，以为补注，言尽非要，事皆不急。譬夫人有吐果之核，弃药之滓，而愚者乃重加捃拾，洁以登荐，持此为工，多见其无识也。孝标善于攻缪，博而且精，固以察及泉鱼，辨穷河豕。嗟乎！以峻之才识，足堪远大，而不能探赜彪、峤，网罗班、马，方复留情于委巷小说，锐思于流俗短书。可谓劳而无功，费而无当者矣。自兹已降，其失逾甚。若萧、羊之琐杂，王、宋之鄙碎，言殊拣金，事比鸡肋，异体同病，焉可胜言。大抵撰史加注者，或因人成事，或自我作故，记录无限，规检不存，难以成一家之格言，千载之楷则。凡诸作者，可不详之。

至若郑玄、王肃，述五经而各异；何休、马融，论三传而竞爽。欲加商榷，其流实繁。斯则义涉儒家，言非史氏，今并不书于此焉。

韩、戴、服、郑　《汉书·儒林传》：韩婴，燕人，推诗人之意，作内、外《传》数万言。又：《后苍曲台记》，授梁戴德延君、戴圣次君，德号大戴，圣号小戴，以博士论石渠。《后汉书·儒林传》：服虔，字子慎，荥阳人。著《春秋左传解》，又以《左传》驳何休之所驳。《郑玄传》：玄，字康成，高密人。所注《易》《书》《诗》《仪礼》《礼记》《论语》《孝经》《尚书大传》，又著《礼禘祫义》《六艺论》《毛诗谱》，凡百余万言。郑兴父子传：兴，字少赣，开封人。少学《公羊》，尤明《左氏》《周官》，自杜林、桓谭、卫宏之属，莫不斟酌焉。子众，字仲师，从父受《左氏春秋》，作《难记条例》，兼通《易》《传》，为大司农，作《春秋删》十九篇。

裴、李、应、晋　裴骃《史记集解叙注》：《索隐》曰：骃，字龙驹，宋兵曹参军。《正义》曰：骃采经史及众书之目而注《史记》。颜师古《汉书注·叙例》：李斐，不详所出。李奇，南阳人。应劭，后汉太山太守。晋灼，河南人，晋尚书郎。

挚虞《三辅》　《后汉书·赵岐传》：岐，字邠卿，拜太常，著《三辅决录》。《晋书·挚虞传》：虞，字仲洽，官太子舍人。撰《族姓昭穆》十卷。按：《三辅决录注》未闻。

陈寿《季汉》　《蜀志·杨戏传》：戏著《季汉辅臣赞》，其所颂述，今多载于

《蜀书》。其赞而不作传者,余皆注疏本末于其辞下。

周处《风土》 《晋书·周处传》:处,字子隐,阳羡人。以身殉国,赠平西将军。著《默语》及《风土记》,并撰集《吴书》。《隋书·经籍志》:《风土记》三卷。

常璩《华阳》 吕大防《华阳国志引》:晋常璩作《华阳国志》,自先汉至晋初,逾四百岁,士女可书者四百人。《晋书·常璩传》:璩,字道将,散骑常侍。按:周、常二书注,皆无考。

松之《三国》 《宋书·裴松之传》:松之,字世期,中书侍郎。上使注陈寿《三国志》。松之《表》:窃惟缀事以众色成文,蜜蜂以兼采为味,臣实顽乏,顾惭二物。按:世期,《史通》作"少期"。北平本云:避唐讳也。

陆澄 《南齐书·陆澄传》:澄,字彦深。《隋书·经籍志》:《汉书注》一卷,齐金紫光禄大夫陆澄撰。

刘昭、刘彤 《南史·文学传》:刘昭,字宣卿,临川王记室。初,昭伯父彤集众家《晋书》,注干宝《晋纪》为四十卷。至昭,集《后汉》同异,以注范晔《后汉书》,世称博悉,一百八十卷。

孝标《世说》 《世说》见《六家》。《梁书·文学传》:刘峻,字孝标。荆州户曹参军。高祖招文学之士,峻不能随众沉浮,故不任用。《纬略》:孝标注此书,引援汉、魏诸史,如晋氏一代,凡一百六十六家,皆出于正史之外。

萧大圜 《周书·萧大圜传》:大圜,字仁显,梁简文帝子。客长安,太祖开麟趾殿,招集学士,大圜预焉。《隋书·经籍志》:《淮海乱离志》四卷,萧世怡撰,叙侯景之乱。按:新旧《唐志》并作萧大圜撰,世怡岂即其人欤?本传缺录其书,而志亦不言有注。

羊衒之 《郡斋读书志》:《洛阳伽蓝记》三卷,元魏羊衒之撰。其自序云:余才非著述,多有遗漏,后之君子,详其阙焉。并不言记内有注。

何休 《后汉书·儒林传》:何休,字邵公,任城人。精研《六经》,作《春秋公羊解诂》。

马融 《后汉书·马融传》：拜议郎，著《三传异同说》，注《孝经》《论语》《易》《诗》《三礼》《尚书》。融为梁冀草奏李固，颇为正直所羞。

因　习

盖闻三王各异礼，五帝不同乐，故传称因俗，《易》贵随时。况史书者，记事之言耳。夫事有贸迁，而言无变革，此所谓胶柱而调瑟，刻船以求剑也。

古者诸侯曰薨，卿大夫曰卒。故《左氏传》称楚邓曼曰："王薨于行，国之福也。"又郑子产曰：文、襄之伯，君薨，大夫吊。即其证也。（眉批：此是小节，然指出亦是不合古礼处。）案：夫子修《春秋》，实用斯义。而诸国皆卒，鲁独称薨者，此略外别内之旨也。马迁《史记》西伯已下，与诸列国王侯，凡有薨者，同加卒称，此岂略外别内邪？何贬薨而书卒也？

盖著鲁史者，不谓其邦为鲁国；撰周书者，不呼其上曰周王。如《史记》者，事总古今，势无主客，故言及汉祖，多为汉王，斯亦未为累也。班氏既分裂《史记》，定名《汉书》，至于述高祖为公、王之时，皆不除沛、汉之字。凡有异方降款者，以归汉为文。肇自班《书》，首为此失；迄于仲豫，仍踵厥非。积习相传，曾无先觉者矣。

又《史记·陈涉世家》，称其子孙至今血食。《汉书》复有《涉传》，乃具载迁文。案：迁之言今，实孝武之世也；固之言今，当孝明之世也。事出百年，语同一理。即如是，岂陈氏苗裔祚流东京者乎？斯必不然。《汉书》又云："严君平既卒，蜀人至今称之。"皇甫谧全录斯语，载于《高士传》。夫孟坚、士安，年代悬隔，"至今"之说，岂可同云？夫班之习马，其非既如彼；谧之承固，其失又如此。迷而不悟，奚其甚乎？

何法盛《中兴书·刘隗录》，称其议狱事具《刑法志》，依检志内，了无其说。既而臧氏《晋书》、梁朝《通史》，于大连之传，并有斯言，志亦无文，传仍虚述。此又不精之咎，同于玄晏也。

当晋宅江、淮，实膺正朔，疾彼群雄，称为"僭盗"。故阮氏《七录》，以田、范、裴、段诸记，刘、石、苻、姚等书，别创一名，题为"伪史"。及隋氏受命，海内为家，国靡爱憎，人无彼我，而世有撰《隋书·经籍志》者，其流别群书，还依阮《录》。案：国之有伪，其来尚矣。孙权建鼎峙之业，萧詧为附庸之主，虞裁《江表传》，蔡述《后梁史》。自可类聚相从，合成一部，何止取东晋一世十有六家而已乎？

夫王室将崩，霸图云构，必有忠臣义士，捐生殉节。若乃韦、耿谋诛曹武，钦、诞问罪马文，而魏、晋史臣，书之曰贼。此乃迫于当世，难以直言。至如荀济、元瑾兰摧于孝靖之末，王谦、尉迥玉折于宇文之季，而李刊齐史，颜述隋篇，时无逼畏，事须矫枉，而皆仍旧不改，谓数君为叛逆。书事如此，褒贬何施？

凡为史者，苟能识事详审，措辞精密，举一隅以三隅反，斯庶几可以无大过矣。

刘隗 《晋书》：隗，字大连。避乱渡江，元帝以为从事中郎。迁丞相司直，委以刑宪。按：今《晋书》议狱事，收入本传，窜去"具刑法志"一语，不袭臧《书》《通史》之误矣。

田、范、裴、段 《隋书·经籍志》：《赵书》十卷，一曰《二石集》，伪燕太傅田融撰。《燕书》二十卷，伪燕尚书范亨撰。《秦记》十卷，宋殿中将军裴景仁撰。《凉记》十卷，伪凉著作郎段龟龙撰。

刘、石、苻、姚 前赵起刘渊，后赵起石勒；前秦起苻坚，后秦起姚弋仲。按：田、范句错举十六国书，刘、石句错举十六国姓，总统之词也。并详《外篇·正史》篇。

江表 《晋书·虞溥传》：溥，字允源，鄱阳内史，撰《江表传》。

后梁 《唐书·蔡允恭传》：允恭仕隋，为起居舍人，著《后梁春秋》十卷。按：后梁，萧詧也。见《世家》篇。

韦、耿 《后汉书·献帝纪》：建安二十三年，少府耿纪、丞相司直韦晃，起兵诛曹操，不克，夷三族。《魏志·武帝纪》：汉太医令吉，本与少府耿纪、司直韦晃等反,攻许,烧丞相长史王必营,必与严匡讨斩之。

钦、诞 《魏志·毌丘俭传》:扬州刺史前将军文钦与俭矫太后诏,罪状大将军司马景王,举兵反。大将军统兵讨破之。钦亡入吴,吴以钦为镇北将军。又《诸葛诞传》:诞,字公休,景王东征,使诞督军向寿春。钦之破也,诞累见夷灭,惧不自安,遂反。吴人与文钦来应。大将军司马文王讨之。钦与诞有隙,诞杀钦。大将军乃自临围,击斩诞。诞麾下不降,皆曰:为诸葛公死,不恨。

荀济、元瑾 《齐书·文襄纪》:尚书祠部郎中元瑾,与梁降人荀济及淮南王宣洪等谋害文襄,事发,伏诛。又《荀济传》:济,字子通,及见执,杨愔谓曰:迟暮何为然?济曰:叱叱气耳。

王谦、尉迥 《隋书·高祖纪》:相州总管尉迟迥,自以重臣宿将,志不能平,遂举兵东夏。高祖命韦孝宽讨。破迥,传首阙下。初,迥之乱也,上柱国王谦为益州总管,见幼主在位,政由高祖,遂起巴蜀之众,以匡复为辞,进屯剑阁,陷始州。命梁睿讨平之。按:《周书》:王谦,字敕万。尉迟迥,字薄居罗。又按:师古叙谦、迥事,在本传殊得体。但于他臣,如《高颎》《王述》《李德林》《梁士彦》等传,每及此二人,皆书"贼"书"逆",曰"王谦作乱",曰"尉迟迥反",不一而足,宜《史通》摘之。

邑 里

(眉批:子玄此论甚伟,而《唐书》犹称族望,何也?岂旧史已混其籍,无可遍考,故姑从旧耶?)

昔五经、诸子,广书人物,虽氏族可验,而邑里难详。逮太史公始革兹体,凡有列传,先述本居。至于国有弛张,乡有并省,随时而载,用明审实。案:夏侯孝若撰《东方朔赞》云:"朔,字曼倩,平原厌次人。魏建安中,分厌次为乐陵郡,故又为郡人焉。"夫以身没之后,地名改易,犹复追书其事,以示后来。则知身生之前,故宜详录者矣。

异哉!晋氏之有天下也,自洛阳荡覆,衣冠南渡,江左侨立州县,不存桑梓。由是斗牛之野，郡有青、徐；吴、越之乡，州编冀、豫。欲使南北不乱，淄、渑可分，得乎？系虚名于本土者，虽百代无易。（眉批："系虚"二句当在"欲使"二句之上。）既而天长地久，文轨大同。州郡则废置无恒，名目则古今各异。而作者为人立传，每云某所人也，其地皆取旧号，施之于今。欲求实录，不亦难乎！

且人无定质，因地而化。故生于荆者，言皆成楚；居于晋者，齿便从黄。涉魏而东，已经七叶；历江而北，非唯一世。而犹以本国为是，此乡为非。是则孔父里于昌平，阴氏家于新野，而系篡微子，源承管仲，乃为齐、宋之人，非关鲁、邓之士。求诸自古，其义无闻。

且自世重高门，人轻寒族，竟以姓望所出，邑里相矜。若仲远之寻郑玄，先云汝南应劭；文举之对曹操，自谓鲁国孔融是也。爰及近古，其言多伪。至于碑颂所勒，茅土定名，虚引他邦，冒为己邑。若乃称袁则饰之陈郡，言杜则系之京邑，姓卯金者咸曰彭城，氏禾女者皆云巨鹿。在诸史传，多与同风。此乃寻流俗之常谈，忘著书之旧体矣。

又近世有班秩不著者，始以州壤自标，若楚国龚遂、渔阳赵壹是也。至于名位既隆，则不从此列，若萧何、邓禹、贾谊、董仲舒是也。观《周》《隋》二史，每述王、庾诸事，高、杨数公，必云琅琊王褒，新野庾信，弘农杨素，渤海高颎，以此成言，岂曰省文？从而可知也。

凡此诸失，皆由积习相传，浸以成俗，迷而不返。盖语曰："难与虑始，可与乐成。"夫以千载遵行，持为故事，而一朝纠正，必惊愚俗。此庄生所谓"安得忘言之人而与之言"，斯言已得之矣。庶知音君子，详其得失者焉。

江左侨立　《晋书·地理志》：晋都河南，仍魏名为司州。元帝渡江，侨置于徐，非本所也。后于寻阳侨立弘农郡，于武陵侨立河东郡。兖州则侨置于京口，后改广陵为南兖州，又侨置青州，又分立陈留郡、山阳郡。豫州则侨立于襄阳，又于襄阳分立京兆、扶风、河南、广平等郡。至志徐、荆、扬三州，则凡幽、冀、青、并、雍、凉、兖、豫诸州邑名，错寄其中，多不胜录。

地取旧号 原注:近代史为王氏传,云"琅琊临沂人";为李氏传,曰"陇西成纪人"之类是也。非惟王、李二族久离本居,亦自当时无此郡县,皆是晋、魏已前旧名号。又注:时修国史,予被配纂《李义琰传》。琰家于魏州昌乐,已经三代,因云:义琰,魏州昌乐人也。监修者大笑,以为深乖史体,遂依李氏旧望,改为陇西成纪人。既言不见从,故有此说。

居晋齿黄 嵇康《养生论》:虱处头而黑,麝食柏而香,颈处险而瘿,齿居晋而黄。推此而言,凡所食之气,蒸性染身,莫不相应。按:《文选》善《注》,虱、麝、颈,并有义证,而齿黄独无,盖当时已莫详矣。《史通》直用康语也。

昌平 《史记·孔子世家》:孔子生鲁昌平陬邑,其先宋人也,曰孔防叔。《索隐》:《家语》曰:宋微子之后。宋襄公至孔父嘉,五世亲尽,别为公族,姓孔氏。至防叔,畏华氏之逼而奔鲁,故孔氏为鲁人。

阴氏 《通鉴·光武纪》:帝在宛,纳新野阴氏之女丽华。胡三省《注》:《风俗通》云:管修自齐适楚,为阴大夫,其后氏焉。《氏族大全》:修,管仲七世孙也。《后汉书·阴识传》:秦、汉之际,始家新野。《汉书·地理志》:新野邓,属南阳郡。

应劭 《后汉书·郑玄传》:袁绍要玄,大会。时汝南应劭亦归于绍,因自赞曰:故太山太守应仲远,北面称弟子,何如?

孔融 《后汉书·杨彪传》:曹操奏收彪,孔融往见操,曰:杨公四世清德,公今横杀,孔融鲁国男子,便当拂衣而去。《孔融传》:融,字文举。

虚引他邦,冒为己邑 原注:今有姓邴者、姓弘者,以犯国讳,皆改为李氏,如书其邑里,必曰陇西、赵郡。夫以假姓犹且如斯,则真姓者断可知矣。又今西域胡人,多有姓明及卑者,如加五等爵,或称平原公,或号东平子,为明氏出于平原,卑氏出于东平故也。夫边夷杂种,尚窃美名,则诸夏士流,固无惭德也。

在诸史传,多与同风 原注:如《隋史·牛弘传》云:安定鹑觚人也,本姓僚氏。至它篇所引,皆谓之陇西牛弘。《唐史·谢偃传》云:本姓库汗氏,续谓陈郡谢偃,并其类也。

龚遂 《汉书·龚遂传》:遂,字少卿,山阳南平阳人也。

赵壹 《后汉书·赵壹传》:壹,字元叔,汉阳西县人也。按:遂非楚国而曰楚国,壹非渔阳而曰渔阳,标所望也。

王、庾、高、杨 《后周书》:王褒,字子渊,琅琊临沂人。庾信,字子山,南阳新野人。《隋书》:高颎,字昭玄,渤海蓨人。杨素,字处道,弘农华阴人。按:《史通》本节引萧、邓、贾、董,汉世称其人,皆不举地望。而近时王、庾、高、杨,必以郡称,文滋烦重矣,故曰"岂曰省文"。

卷　二

言　语

　　盖枢机之发，荣辱之主，言之不文，行之不远，则知饰词专对，古之所重也。夫上古之世，人惟朴略，言语难晓，训释方通。是以寻理则事简而意深，考文则词艰而义释，若《尚书》载伊尹之训，皋陶之谟，《洛诰》《康诰》《牧誓》《泰誓》是也。周监二代，郁郁乎文。大夫、行人，尤重词命。语微婉而多切，言流靡而不淫。若《春秋》载吕相绝秦，子产献捷，臧孙谏君纳鼎，魏绛对戮杨干是也。战国虎争，驰说云涌，人持《弄丸》（眉批：“弄丸”乃“转丸”之讹，浦氏以为兼用宜僚事，谬也。）之辩，家挟《飞钳》之术，剧谈者以谲诳为宗，利口者以寓言为主，若《史记》载苏秦合从，张仪连横，范雎反间以相秦，鲁连解纷而全赵是也。

　　逮汉、魏已降，周、隋而往，世皆尚文，时无专对。运筹画策，自具于章表；献可替否，总归于笔札。宰我、子贡之道不行，苏秦、张仪之业遂废矣。是以历选载言，布诸方册，自汉已下，无足观焉。

　　寻夫战国已前，其言皆可讽咏。非但笔削所致，良由体质素美。何以核诸？至如"鹑贲""鹳鹆"，童竖之谣也；"山木""辅车"，时俗之谚也；"皤腹弃甲"，城者之讴也；"原田是谋"，舆人之诵也。斯皆刍词鄙句，犹能温润若此，况乎束带立朝之士，加以多闻博古之识者哉！则知时人出言，史官入记，虽有讨论润色，终不失其梗概者也。

　　夫《三传》之说，既不习于《尚书》；两汉之词，又多违于《战策》。足以验泯俗之递改，知岁时之不同。而后来作者，通无远识，记其当世口语，罕能从实而书，方复追效昔人，示其稽古。（眉批：此亦有见之言，若为七子发覆也，然宋人以语录著书，究乖文章之体，而《帝京景物略》载元碑以为姗焉，此中固有持平之道，未可一概拘之。）是以好丘明者，则偏摸《左传》；爱子长者，则全学史公。用使周、秦言辞，见于魏、晋之代；楚、汉应对，行乎宋、齐之日。而伪修混沌，失彼天然，今古以之不纯，真伪由其相乱。故裴少期讥孙盛录曹公平素之语，而全作夫差亡灭之词。虽言似《春秋》，而事殊乖越者矣。

唯王、宋著书，叙元、高时事，抗词正笔，务存直道。方言世语，由此毕彰。而今之学者，皆尤二子以言多淬秽，语伤浅俗。夫本质如此，而推过史臣，犹鉴者见嫫姆多媸，而归罪于明镜也。

又世之议者，咸以北朝众作，《周史》为工。盖赏其记言之体，多同于古故也。夫以枉饰虚言，都捐实事，便号以良直，师其模楷，是则董狐、南史，举目可求；班固、华峤，比肩皆是者矣。

近有敦煌张太素、中山郎余令，并称述者，自负史才。郎著《孝德传》，张著《隋后略》。凡所撰今语，皆依仿旧辞。若选言可以效古而书，其难类者，则忽而不取，料其所弃，可胜纪哉？

盖江芊骂商臣曰："呼！役夫，宜君王废汝而立职。"汉王怒郦生曰："竖儒，几败乃公事。"单固谓杨康曰："老奴，汝死自其分。"乐广叹卫玠曰："谁家生得宁馨儿！"斯并当时侮嫚之词，流俗鄙俚之说，必播以唇吻，传诸讽诵。而世人皆以为上之二言不失清雅，而下之两句殊为鲁朴者，何哉？（眉批："老奴""宁馨"二语，今亦觉其雅矣，子玄之说，不其然乎？）盖楚、汉世隔，事已成古；魏、晋年近，言犹类今。已古者即谓其文，犹今者乃惊其质。夫天地长久，风俗无恒，后之视今，亦犹今之视昔。而作者皆怯书今语，勇效昔言，不其惑乎！

盖善为政者，不择人而理，故俗无精粗，咸被其化。工为史者，不选事而书，故言无美恶，尽传于后。若事皆不谬，言必近真，庶几可与古人同居，何止得其糟粕而已。

吕相绝秦 《左传》成公十三年。

子产献捷　《左传》襄公二十五年。

臧孙谏君纳鼎　《左传》桓公二年。

魏绛对戮杨干　《左传》襄公三年。

《弄丸》《飞钳》　《文心雕龙·论说》篇:《转丸》骋其巧辞,《飞钳》伏其精术。尹知章《鬼谷序》:苏秦、张仪受《捭阖》之术,又受《转丸》《胠箧》三章。按:"弄丸"兼用《庄子》市南宜僚事。《鬼谷子》有《飞箝》篇。箝、钳通。

鹑奔　《左传》僖公五年:童谣曰:丙之晨,龙尾伏辰。均服振振,取虢之旗。鹑之贲贲,天策焞焞。火中成军,虢公其奔。

鹳鹆　《左传》昭公二十五年:文、武之世,童谣有之曰:鹳之鹆之,公出辱之。鹳鹆之羽,公在外野,往馈之马。鹳鹆跦跦,公在乾侯,微褰与襦。鹳鹆之巢,远哉遥遥,稠父丧劳,宋父以骄。鹳鹆鹳鹆,往歌来哭。

山木　《左传》隐公十一年:周谚有之曰:山有木,工则度之。宾有礼,主则择之。

辅车　《左传》僖公五年:谚所谓"辅车相依,唇亡齿寒"者,其虞、虢之谓也。

蟠腹　《左传》文公四年:睅其目,蟠其腹,弃甲而复。于思于思,弃甲复来。

原田　《左传》僖公二十八年:听舆人之诵曰:原田每每,舍其旧而新是谋。

混沌　《庄子·天地》篇:子贡南游于楚,过汉阴,见一丈人方将为圃畦,凿隧而入井,抱瓮而出灌,搰搰然用力甚多而见功寡。子贡曰:有械于此,凿木为机,后重前轻,挈水若抽,其名为槔。为圃者作色而笑曰:吾闻之,有机械者必有机事,有机事者必有机心,吾羞而不为也。子贡反于鲁,以告孔子。孔子曰:彼假修浑沌氏之术者也。识其一不知其二,治其内不治其外。按:浑、混通。

裴讥孙盛　《魏志·武帝纪》注:孙盛《魏氏春秋》云:答诸将曰:刘备人杰

也,将生忧寡人。臣松之以为孙盛制书,多用《左氏》以易旧文,后之学者将何取信哉?且魏武方以天下励志,而用夫差分死之言,尤非其类。按:裴松之,字世期,唐讳"世"作"少"。

王、宋著书 王劭《齐志》,宋孝王《关东风俗传》。

枉饰虚言,都捐实事 原注:如周太祖,实名黑獭,魏本索头,故当时有童谣曰:狐非狐,貉非貉,燋梨狗子咋断索。又曰:獾獾头团栾,河中狗子破尔菀。又西帝下诏骂齐神武,数其罪二十。诸如此事,难可弃遗。而《周史》以为其事非雅,略而不载。赖君懋编录,故得权闻于后。其事不传于《北齐》,因而埋没者,盖亦多矣。

张太素 《唐书·张公瑾传》:子太素,龙朔中,东台舍人。兼修国史,著书百余篇。《通志略》:太素著《北齐书》二十卷、《隋书》三十二卷、《隋后略》十卷、《敦煌张氏家传》二十卷。又见《史官建置》篇。

郎余令 《唐书·儒学传》:郎余令授霍王元轨府参军事,从父知年亦为王友。元轨每曰:郎家二贤皆入府,不意培塿而松柏为林。余令以梁元帝有《孝德传》,更撰《后传》数十篇。改著作佐郎。

江芊骂商臣 《左传》文公元年。

汉王怒郦生 《史记·留侯世家》。

单固、杨康 《魏志·王凌传》注:《魏略》曰:山阳单固,字恭夏,有器实。兖州刺史令狐愚辟为别驾,与从事杨康并为腹心。后愚与王凌通谋,康、固皆知其计。康至洛阳,露其事。太傅东取固问曰:卿知其事邪?令狐及乎?固故云无有。康与固对相诘,乃骂康曰:老庸,既负使君,又灭我族,顾汝当活耶!初,杨康自以白其事,冀得封拜,后亦并斩。临刑,固又骂康曰:老奴,汝死自分耳,何面目行地下也!

乐广、卫玠 《晋书·乐广传》:广,字彦辅,与王衍俱宅心事外,天下言风流者,王、乐称首焉。《卫玠传》:玠,字叔宝,风神秀异,妻父即乐广也。时谓妇公冰清,女婿玉润。按:二传俱无"宁馨儿"语,其语今见《王衍传》。衍总角造山涛,涛嗟叹,目而送之,曰:何物老妪,生宁馨儿。《史通》似误。

浮　词

　　昔尼父裁经,义在褒贬,明如日月,持用不刊。而史传所书,贵乎博录而已。至于本事之外,时寄抑扬,此乃得失禀于片言,是非由于一句,谈何容易,可不慎欤!但近代作者,溺于烦富,则有发言失中,加字不惬,遂令后之览者,难以取信。

　　盖古之记事也,或先经张本,或后传终言。(眉批:"张本"字出杜氏《左传注》,"终言"亦杜氏注文。)分布虽疏,错综逾密。今之记事也则不然。或隔卷异篇,遽相矛盾;或连行接句,顿成乖角。是以《齐史》之论魏收,良直邪曲,三说各异;《周书》之评太祖,宽仁好杀,二理不同。非惟言无准的,固亦事成首鼠者矣。

　　亦有开国承家,美恶昭露,而轻事尘点,曲加粉饰。求诸近史,此类尤多。如《魏书》称登国以鸟名官,则云"好尚淳朴,远师少皞";述道武结婚蕃落,则曰"招携荒服,追慕汉高"。自余所说,多类于此。案:魏氏始兴边朔,少识典坟,作俪蛮夷,抑惟秦、晋。而鸟官创置,岂关郯子之言?髦头而偶,奚假奉春之策?奢言无限,何其厚颜!又《周史》称元行恭因齐灭得回,庾信赠其诗曰:"虢亡垂棘反,齐平宝鼎归。"陈周弘正来聘,在馆赠韦夐诗曰:"德星犹未动,真车讵肯来?"其为信、弘正所重如此。夫文以害意,自古而然,拟非其伦,由来尚矣。必以庾、周所作,皆为实录,则其所褒贬,非止一人,咸宜取其指归,何止采其四句而已?(眉批:此驳允惬。)

　　夫词寡者出一言而已周,才芜者资数句而方浃。案:《左传》称绛父论甲子,隐言于赵孟;班《书》述楚老哭龚生,莫识其名氏。苟举斯一事,则触类可知。至嵇康、皇甫谧撰《高士记》,各为二叟立传,全采左、班之录,而其传论云:"二叟隐德容身,不求名利,避远乱害,安于贱役。"夫探揣古意,而广足新言,此犹子建之咏三良,延年之歌秋妇。至于临穴泪下,闺中长叹,虽语多本传,而事无异说。盖凫胫虽短,续之则悲;史文虽约,增之反累。加减前哲,岂容易哉！（眉批：此一段非论《高士传》，乃借以言加减之不可轻易，如前篇之引原涉、葛龚耳。二田误以为正文，故疑其赘误矣。）

昔夫子断唐、虞以下迄于周，剪截浮词，撮其机要。故帝王之道，坦然明白。嗟乎！自去圣日远，史籍逾多，得失是非，孰能刊定？假有才堪厘革，而以人废言，此绕朝所谓"勿谓秦无人，吾谋适不用"者也。

三说各异 原注：李百药《齐书序》论魏收云：若使子孙有灵，窃恐未挹高论。至《收传论》又云：足以入相如之室，游尼父之门。但志存实录，好抵阴私。于《尔朱畅传》又云：收受畅财贿，故为荣传多减其恶。是谓三说各异。按：《北齐书》：畅，父名文畅。受金语在其弟文略传，文亦不同。

二理不同 原注：令狐德棻《周书·元伟传》称文帝不害诸元，则云：太祖天纵宽仁，性罕猜忌。于《本纪论》又云：诸宫制胜，阖城孥戮；茹茹归命，尽种诛夷。虽事出权道，而用乖于德教。是谓二理不同。按：本注句复字脱，多不成语。今据《周书》改正。

首鼠 《史记·灌夫传》：武安侯召御史大夫载，怒曰：与长孺共一老秃翁，何为首鼠两端？

登国名官 《魏书·官氏志》：天赐元年，欲法古纯质，每于制定官号，皆拟远古云鸟之义。诸曹走使谓之凫鸭，取飞之迅疾；以伺察为候官，谓之白鹭，取其延颈远望。自余诸官，义皆类此。按：登国，道武初元，举以概后也。少皞事，见《书志》篇。

道武结婚 《魏书·崔玄伯传》：太祖曾引玄伯讲《汉书》，至娄敬说汉祖以鲁元公主妻匈奴，善之，嗟叹者良久。是以诸公主皆釐降于宾附之国。

髦头 《晋书·天文志》：昴七星，天之耳也。又为髦头，胡星也。《魏书·天象志》：皇始元年六月，有星孛于髦头。是秋，太祖启冀方之地。

奉春之策 《汉书·刘敬传》：上曰：本言都秦地者娄敬，"娄"者乃"刘"也。赐姓刘氏，拜为郎中，号"奉春君"。冒顿数苦北边，刘敬曰：陛下诚能以适长公主妻之,厚奉赂之,彼知汉女送厚,蛮夷必慕以为阏氏,生子必为太子,代单于。岂尝闻外孙敢与大父抗礼者哉?

元行恭　《周书·元伟传》:伟,字猷道。为使主,报聘于齐。是秋,高祖亲戎东讨,伟为齐所执。齐平,伟方见释。伟性好虚静,政事之暇,未尝弃书。初,自邺还也,庾信赠其诗云云。按:"猷道",《史通》作"行恭",岂牛弘本然耶?

周弘正　《周书·伟夐传》:夐,字敬远,志尚夷简,所居之宅,枕带林泉。明帝号之曰"逍遥公"。陈遣其尚书周弘正来聘,造夐,后请夐至宾馆,弘正赠诗云云。

绛父　即绛县老,见《二体》篇。

楚老　《汉书·两龚传》:两龚皆楚人也。胜,字君宾,舍,字君倩,世谓之楚两龚。王莽既篡国,遣使者奉玺书,即拜。胜不复开口饮食,死。有老父来吊,哭甚哀,既而曰:嗟乎!薰以香自烧,膏以明自销。遂趋而出,莫知其谁。

咏三良　《文选》:曹子建《三良诗》:揽涕登君墓,临穴仰天叹。

歌秋妇　《宋书·颜延之传》:延之,字延年,独酌郊野,当其得意,旁若无人。按:《秋胡诗》有"岁暮临空房"句,所谓闺叹也。秋胡事,详后《品藻》篇。

凫胫　《庄子·骈拇》篇:凫胫虽短,续之则忧;鹤胫虽长,断之则悲。

叙　事

夫叙事之体,其流甚多,非复片言所能觊缕。今辄区分类聚,定为三篇,列之于下。

夫国史之美者,以叙事为工;而叙事之工者,以简要为主。(眉批:一本无"要"字。简而能要乃非苟简,无"要"字则语意不完。)简之时义大矣哉!历观自古,作者权舆,《尚书》发踪,所载务于寡事;《春秋》变体,其言贵于省文。斯盖浇淳殊致,前后异迹。然则文约而事丰,此述作之尤美者也。始自两汉,迄乎三国,国史之文,日伤烦富。逮晋已降,流宕逾远。(眉批:论者以事增文省为《新唐书》之失,亦自一理,要之廓清之功,不可没也。观《晋书》以下之芜杂乃知之矣。不必过为高论,动引《公》《穀》《檀弓》,如洪容斋云云也。)寻其冗句,摘其烦词,一行之间,必谬增数字;尺纸之内,恒虚费数行。夫聚蚊成雷,群轻折轴,况于章句不节,言词莫限,载之兼两,曷足道哉?

盖叙事之体,其别有四:有直纪其才行者,有唯书其事迹者,有因言语而可知者,有假赞论而自见者。至于《古文尚书》称帝尧之德,标以"允恭克让";《春秋左传》言子太叔之状,目以"美秀而文"。所称如此,更无他说,所谓直纪其才行者。又如《左氏》载申生为骊姬所谮,自缢而死;班史称纪信为项籍所围,代君而死。此则不言其节操,而忠孝自彰,所谓唯书其事迹者。又如《尚书》称武王之罪纣也,其誓曰:"焚炙忠良,刳剔孕妇。"《左传》纪随会之论楚也,其词曰:"筚路蓝缕,以启山林。"此则才行事迹,莫不阙如;而言有关涉,事便显露,所谓因言语而可知者。又如《史记·卫青传》后,太史公曰:"苏建尝责大将军不荐贤待士。"《汉书·孝文纪》末,其赞曰:"吴王诈病不朝,赐以几杖。"此则传之与纪,并所不书,而史臣发言,别出其事,所谓假赞论而自见者。然则才行、事迹、言语、赞论,凡此四者,皆不相须。若兼而毕书,则其费尤广。但自古经史通多此类。能获免者,盖十无一二。

又叙事之省,其流有二焉:一曰省句,二曰省字。如《左传》宋华耦来盟,称其先人得罪于宋,鲁人以为敏。夫以钝者称敏,则明贤达所嗤,此为省句也。《春秋经》曰:"陨石于宋五。"夫闻之陨,视之石,数之五。加以一字太详,减其一字太略,求诸折中,简要合理,此为省文也。其有反于是者,若《公羊》称郤克眇,季孙行父秃,孙良夫跛,齐使跛者逆跛者,秃者逆秃者,眇者逆眇者。盖宜除"跛者"已下句,但云"各以其类逆"。必事加再述,则于文殊费,此为烦句也。《汉书·张苍传》云:"年老,口中无齿。"盖于此一句之内去"年"及"口中"可矣。夫此六文成句,而三字妄加,此为烦字也。然则省句为易,省字为难,洞识此心,始可言史矣。苟句尽余剩,字皆重复,史之烦芜,职由于此。

盖饵巨鱼者,垂其千钧,而得之在于一筌;捕高鸟者,张其万罝,而获之由于一目。夫叙事者，或虚益散辞，广加闲说，必取其所要，不过一言一句耳。苟能同夫猎者、渔者，既执（眉批："既执"上似脱"鱼鸟"二字。）而置钓必收，其所留者，唯一筌一目而已。（眉批：此即陆机"片言居要"，刘勰"寸枢转关""寸辖制轴"之说，昆圃先生以一筌一目不可以得鱼鸟讥之，未免吹求。如顾恺之称四体妍蚩，无关妙处，岂真不画四体而但点二目哉！）则庶几骈枝尽去，而尘垢都捐，华逝而实存，滓去而沈在矣。嗟乎！能损之又损，而玄之又玄，轮扁所不能语斤，伊挚所不能言鼎也。

夫饰言者为文，编文者为句，句积而章立，章积而篇成。篇目既分，而一家之言备矣。自圣贤述作，是曰经典，句皆韶、夏，言尽琳琅，秩秩德音，洋洋盈耳。譬夫游沧海者，徒惊其浩旷；登太山者，但嗟其峻极。必摘以尤最，不知何者为先。（眉批：诗文高处，大抵无句可摘，士衡蒙茸集翠之说，终是魏晋以下法门。）然章句之言，有显有晦。显也者，繁词缛说，理尽于篇中；晦也者，省字约文，事溢于句外。然则晦之将显，优劣不同，较可知矣。（眉批：显晦云云，即彦和《隐秀》之旨。）

昔古文义，务却浮词。《虞书》云："帝乃殂落，百姓如丧考妣。"《夏书》云："启呱呱而泣，予不子。"《周书》称"前徒倒戈"，"血流漂杵"。《虞书》云："四罪而天下咸服。"此皆文如阔略，而语实周赡。故览之者初疑其易，而为之者方觉其难，固非雕虫小技所能斥苦（眉批："斥苦"当作"非斥"。）其说也。既而丘明受经，师范尼父。虽繁约有殊，而隐晦无异。故其纲纪而言邦俗也，则有士会为政，晋国之盗奔秦；邢迁如归，卫国忘亡。其款曲而言人事也，则有犀革裹之，比及宋，手足皆见；三军之士，皆如挟纩。斯皆言近而旨远，辞浅而义深。虽发语已殚，而含意未尽。使夫读者望表而知里，扪毛而辨骨，睹一事于句中，反三隅于字外。晦之时义，不亦大哉！（眉批：古文皆当作如是观。）洎班、马二史，虽多谢五经，必求其所长，亦时值斯语。（眉批：子玄犷气颇重，难得此深细之言。）至若高祖亡萧何，如失左右手；汉兵败绩，睢水为之不流；董生乘马，三年不知牝牡；翟公之门，可张雀罗，则其例也。

自兹已降，史道陵夷，作者芜音累句，云蒸泉涌。其为文也，大抵编字不只，捶句皆双，修短取均，奇偶相配。故应以一言蔽之者，辄足为二言；应以三句成文者，必分为四句。弥漫重沓，不知所裁。是以处道受责于少期，子昇取讥于君懋，非不幸也。

盖作者言虽简略，理皆要害，故能疏而不遗，俭而无阙。譬如用奇兵者，持一当百，能全克敌之功也。若才乏俊颖，思多昏滞，费词既甚，叙事才周，亦犹售铁钱者，以两当一，方成贸迁之价也。（眉批：俪体不免隶事，散文则涂饰字句，最为丑态。苟非作者率不免俗，夫俗语之为俗人所易见，而雅言之为俗人多不知。子玄此论，可谓切中膏肓。）是则一贵一贱，不言可知，无假推扬，而其理自见矣。

昔文章既作，比兴由生，鸟兽以媲贤愚，草木以方男女，诗人骚客，言之备矣。洎乎中代，其体稍殊，或拟人必以其伦，或述事多比于古。当汉氏之临天下也，君实称帝，理异殷、周；子乃封王，名非鲁、卫。而作者犹谓帝家为王室，公辅为王臣。盘石加建侯之言，带河申俾侯之誓。而史臣撰录，亦同彼文章，假托古词，翻异今语。润色之滥，萌于此矣。

降及近古，弥见其甚。至如诸子短书，杂家小说，论逆臣则呼为问鼎，称巨寇则目以长鲸。邦国初基，皆云草昧；帝王兆迹，必号龙飞。斯并理兼讽谕，言非指斥，异乎游、夏措词，南、董显书之义也。如魏收《代史》，吴均《齐录》，或牢笼一世，或苞举一家，自可申不刊之格言，宏至公之正说。而收称刘氏纳贡，则曰"来献百牢"；均叙元日临轩，必云"朝会万国"。夫以吴征鲁赋，禹计涂山，持彼往事，用为今说，置于文章则可，施于简册则否矣。（眉批：此论允惬。）

亦有方以类聚，譬诸昔人。如王隐称诸葛亮挑战，冀获曹咎之利；崔鸿称慕容冲见幸，为有龙阳之姿。其事相符，言之谠矣。而卢思道称邢邵丧子不恸，自东门吴已来，未之有也；李百药称王琳雅得人心，虽李将军恂恂善诱，无以加也。斯则虚引古事，妄足庸音，苟矜其学，必辨而非当者矣。（眉批：此种涂饰尤可厌，二田以为未允，何也？）

昔《礼记·檀弓》，工言物始。夫自我作故，首创新仪，前史所刊，后来取证。是以汉初立辖,子长所书;鲁始为髽,丘明是记。河桥可作,元凯取验于《毛诗》;男子有笄,伯支远征于《内则》。即其事也。案:裴景仁《秦记》称苻坚方食,抚盘而诉;王劭《齐志》述洛干感恩,脱帽而谢。及彦鸾撰以新史,重规删其旧录,乃易"抚盘"以"推案",变"脱帽"为"免冠"。夫近世通无案食,胡俗不施冠冕,直以事不类古,改从雅言,欲令学者何以考时俗之不同,察古今之有异?(眉批:嘉隆七子好用古官名、古地名,惜其不见此书。)

至如翼犍,道武原讳;黑獭,周文本名。而伯起革以他语,德棻阙而不载。盖厖降、䏶聩,字之媸也;重耳、黑臀,名之鄙也。旧皆列以三史,传诸五经,未闻后进谈讲,别加刊定。况齐丘之犊,彰于载谶;河边之狗,著于谣咏。明如日月,难为盖藏,此而不书,何以示后?亦有氏姓本复,减省从单,或去"万纽"而留"于",或止存"狄"而除"库"。求诸自古,罕闻兹例。(眉批:唐人方朔、葛亮之类,又从此滥觞也。)

昔夫子有云:"文胜质则史。"故知史之为务,必借于文。自五经已降,三史而往,以文叙事,可得言焉。而今之所作,有异于是。其立言也,或虚加练饰,轻事雕彩;或体兼赋颂,词类俳优。文非文,史非史,譬夫乌孙造室,杂以汉仪,而刻鹄不成,反类于鹜者也。(眉批:其言深切而著明,可以砭俗。)

觊缕 "觊"本作"䚈",通作"罗"。左思《吴都赋》:嗟难得而觊缕。《晋书》傅咸疏:臣前所以不罗缕者,莫因结奏得从私愿也。《金壶字考》:次序也。

成雷 《汉书·中山靖王传》:众煦漂山,聚蟁成雷。《注》:蟁,古"蚊"字。

折轴 《国策》:张仪说魏,积羽沉舟,群轻折轴,众口铄金。

筚辂蓝缕 《左传》宣公十二年:栾武子曰:楚自克庸以来,在军无日不讨军实而申儆之,训之以筚辂蓝缕,以启山林。按:是栾书语,非士会语。二人皆称武子,所以误也。

兼而毕书 原注:近史纪传欲言人居哀毁损,则先云至性纯孝;欲言人尽夜观书,则先云笃志好学;欲言人赴敌不顾,则先云武艺绝伦;欲言人下笔成篇,则先云文章敏速。此则既述才行,又彰事迹也。如《穀梁传》云:骊姬以鸩为酒,药脯以毒。献公田来,骊姬曰:世子已祀,故致福于君。君将食,骊姬跪曰:食自外来者,不可不试也。覆酒于地,而地坟;以脯与犬,犬毙。骊姬下堂而啼呼曰:天乎!天乎!国,子之国也,子何迟乎为君!又《礼记》云:阳门之介夫死,司城子罕入而哭之哀。晋人之觇宋者,反报于晋侯曰:阳门之介夫死,而子罕哭之哀,而民说,殆不可伐也。此则既书事迹,又载言语也。又近代诸史,人有行事,美恶皆已具其纪传中,续以赞论,重述前事。此则才行事迹,纪传已书,赞论又载也。按:此注旧本多讹,今照《传》《记》改正。

经史通多此类 原注:《公》《梁》《礼》《新序》《说苑》《战国策》《楚汉春秋》《史记》,迄于皇家所撰《五代史》皆有之。

获免者十无一二 原注:唯左丘明、裴子野、王劭无此也。

鲁人以为敏 原注:鲁人,谓钝人也。《礼记》中已有注解。《左传》文公十五年:宋华耦来盟,公与之宴,辞曰:君之先臣督,得罪于宋殇公,名在诸侯之策。臣承其祀,其敢辱君。鲁人以为敏。杜《注》:无故扬其祖恶是不敏,鲁人以为敏,君子不与也。按:《礼疏》:鲁人,鲁钝之人。

《公羊》称郤克眇 《穀梁传》成公元年:季孙行父秃,晋郤克眇,卫孙良夫跛,同时而聘于齐云云。《公羊传》成公二年:客或跛或眇,于是使跛者迓跛者,眇者迓眇者。按:《史通》所引,是《穀梁》非《公羊》,传写误也。

口中无齿 《汉书·张苍传》:免相后,口中无齿,食乳。按:句上无"年老"字。又按:本传全录《史记》。《史记》有"老"字,无"年"字,岂唐初写本《汉书》有此二字耶?

轮扁 《庄子·天道》:斫轮,徐则甘而不固,疾则苦而不入。不疾不徐,得之于手,而应于心,口不能言。

伊挚 《史记·殷本纪》:伊尹,名阿衡。《索隐》:《孙子兵书》:伊尹,名挚。孔安国亦曰:伊挚。《吕览·本味》:伊尹说汤以至味,曰:鼎中之变,精妙微纤,口弗能言,志弗能喻。按:"轮扁"二句,本《文心雕龙·神思》篇。

晋盗奔秦　《左传》宣公十六年：晋侯请于王，以黻冕命士会将中军，且为太傅，于是晋国之盗逃奔于秦。

邢迁如归　《左传》闵公二年：僖之元年，齐桓公迁邢于夷仪。二年，封卫于楚丘。邢迁如归，卫国忘亡。

犀革　《左传》庄公十二年：宋万弑闵公于蒙泽，奔陈。宋人请万于陈以赂。陈人使妇人饮之酒，而以犀革裹之。比及宋，手足皆见。宋人醢之。

挟纩　《左传》宣公十二年：楚子伐萧，申公巫臣曰：师人多寒。王巡三军，拊而勉之。三军之士，皆如挟纩。

高祖亡萧何　《史记·淮阴侯传》。

汉兵败绩　《史记·项羽本纪》。

不知牝牡　王《训故》：《邹子》：董仲舒勤学，三年不窥园，乘马不知牝牡。按：《史记》《汉书》止有"不窥园"一句。

可张雀罗　《汉书·汲郑传》：两人中废，宾客益落。先是，下邽翟公为廷尉，宾客亦填门，及废，门外可张爵罗。后复为廷尉，客欲往，翟公大署其门曰：一死一生，乃知交情；一贫一富，乃知交态；一贵一贱，交情乃见。

处道　《晋书·王沈传》：沈，字处道，典著作，与荀𫖮、阮籍共撰《魏书》，多为时讳，未若陈寿之实录也。按：本文句下原注云：《魏书·邓哀王传》曰：容貌姿美，有殊于众，故特见宠异。裴松之曰：一类之言而分以为三，亦叙属之一病也。此本引裴松之评王沈书语，或妄意裴是注《三国》者，遂改"处道"为"承祚"，并改注内"魏书"为"魏志"，而又脱去"有殊于众"两言，使"一类分三"句无着，文义全失矣。今是正之。

子昇　原注：王劭《齐志》曰：时议恨邢子才不得掌兴魏之书，怅怏温子昇，亦若此而撰《永安记》，率是支言。《魏书·文苑传》：温子昇，字鹏举，永熙中散骑常侍。济阴王晖业尝云：江左文人有颜延之、谢灵运、沈约、任昉，我子昇足以陵颜轹谢，吐沈含任。宋游道集其文笔，为三十五卷。

魏收《代史》　元魏初国号代。

来献百牢 《魏书》：太武帝太平真君十一年，舆驾南伐。刘义隆使献百牢，贡其方物。按：用《左传》哀公七年夏，公会吴于鄫，吴来征百牢语，故讥之。

朝会万国 按：《魏书》太宗神瑞二年春正月，赐附国大渠帅朝岁首者缯帛、金厠有差，而文乃言高齐事。考《齐书》无"元日会万国"明文，当是臣僚贺表中语。惜吴均《齐录》不可得见也。

诸葛挑战 《魏志》注：《晋阳秋》曰：诸葛亮寇于郿，据渭水南。亮挑战，遗高祖巾帼，欲以激怒，冀获曹咎之利。《史记·项羽纪》：项王谓大司马曹咎曰：谨守成皋，汉欲挑战，慎勿与战。汉果数挑楚军战，楚军不出，使人辱之。大司马怒，渡兵汜水。半渡，汉击之，大破楚军。咎自刭。

慕容冲 《晋书》载记：苻坚灭燕，慕容冲姊为清河公主，年十四，有殊色，坚纳之，宠冠后庭。冲年十二，亦有龙阳之姿，坚又幸之。姊弟专宠，长安歌之曰：一雌复一雄，双飞入紫宫。《战国·魏策》：魏王与龙阳君共船而钓，得为王拂枕席。

邢邵丧子 《北齐书·邢邵传》：邵，字子才，养孤子恕，慈爱特深。在兖州，有都信云恕疾，便忧之，颜色贬损。及卒，痛悼虽甚，不再哭。其高情达识，开遣滞累，东门吴以还，所未有也。《战国·秦策》：梁人有东门吴者，其子死而不忧。其相室曰：公子，爱子也，死而不忧，何也？东门吴曰：吾尝无子，无子之时不忧。今与无子时同也，奚忧焉？

王琳得人心 《北齐书·王琳传》：琳，字子珩，镇寿阳，轻财爱士，得将卒之心。既及于难，当时田夫野老，知与不知，莫不为之欷歔流涕。观其诚信感物，虽李将军之恂恂善诱，殆无以加焉。按：李将军广事具《史记》。

汉初立椟 《汉书·高帝纪》：八年十一月，令士卒从军死者为椟，归其县，县给衣衾棺葬具。《注》：应劭曰：椟，小棺也。郭《评》：《史通》作"輨"。輨，车轴也。又考《史记》无此事，当改云"汉初立椟，孟坚所书"。

鲁始为堲 《左传》襄公四年：邾、莒伐鄫，臧纥救鄫，败于狐骀。国人从丧者皆髽,鲁于是乎始髽。杜《注》:髽,麻发合结也。丧多不能备凶服。《檀弓》郑《注》:去纚而紒曰髽。纚,黑韬。紒,音计。按:《左传》合男女言,《檀弓》以为妇人吊也。

作河桥 《晋书·杜预传》:预,字元凯,杜陵人。预以孟津渡险,请建河桥于富平津。议者以为殷、周所都,历圣贤而不作者,必不可立故也。预曰:造舟为梁,则河桥之谓也。及桥成,帝从百僚临会,举觞属预。

男子笄 《魏书·刘芳传》:芳,字伯文,彭城人。北徙,通直常侍。王肃之来奔也,宴于华林。肃语次曰:古者妇人有笄,男子则无。《丧服》:男子冠而妇人笄。芳曰:冠尊,故夺其笄称也,非男子无笄。《礼·内则》称,子事父母,鸡初鸣,栉纚笄总。男子有笄,明矣。肃以为然。时人号为"刘石经"。按:"伯文",《北史》作"伯支"。

易盘以案 按:裴之《秦记》,崔之十六国书,皆无考。《晋》载记:苻坚讨姚苌,苌军渴,有死者。俄而降雨,苌营三尺,营外寸余而已,苌军大振。坚方食,去案,怒曰:天何故降泽贼营!

变帽为冠 《北齐书·万俟普传》:子洛,字受洛干。战有功,高祖亲扶上马。洛干免冠稽首曰:愿出死力。按:《北史》同,勋《志》无考。

翼犍 《魏书·昭帝记》:昭成帝,讳什翼犍。

黑獭 《周书·文帝纪》:文帝,宇文氏,讳泰,字黑獭。按:二史皆不讳。

字媸名鄙 旧注:庬降,八凯中一人。蒯瞆,卫庄公名。《刺客传》亦有赵人蒯瞆。重耳,晋文公名。黑臀,晋成公名。成公之生也,其母梦神规其臀以黑,曰:使有晋国三,而畀骥之孙。故名曰黑臀。

齐丘之犊 原注:杜台卿《齐记》载谶云:首牛入西谷,逆犊上齐丘。

河边之狗 原注:王劭《齐志》载谣云:獾獾头团圞,河中狗子破尔苑。

姓复从单 《通鉴·释例》:魏之群臣出代北者,皆复姓。孝文迁洛,改为单姓。史患其烦,皆从后姓。按:北朝诸史亦非尽改。其省改之文于《魏书·官氏志》具列之。

去"万纽"留"于" 《周书·唐瑾传》：瑾仕魏，为骠骑、开府，周文叹异之，赐姓万纽于氏。《华岳颂碑》结衔作"万纽于瑾"。《魏书·官氏志》：勿忸于氏，后改为于氏。《通志·氏族略》："勿忸于"，疑与"万纽于"同。按："勿忸"无据，疑《魏志》讹也。又易"万"作"萬"，《北史·儒林》樊深赐姓亦然，则又传写之误。

存"狄"除"厙" 旧作"存扶除厚"。按：《官氏志》无厚扶氏，但有乞扶氏改为扶氏，则似"除厚"应为"除乞"矣。然"乞"之与"厚"，声形俱别，不应讹转乃尔。再考本志，有厙狄氏，后改为狄氏。"厙"与"厚"，"狄"与"扶"，形俱相近，或当是也。又北齐臣如厙狄回洛、厙狄盛之属，多"广"头去点，尤与"厚"字头同。《广韵》：厙，始夜切，《姓苑》有之。

品 藻

盖闻方以类聚，物以群分，薰莸不同器，枭鸾不比翼。若乃商臣、冒顿，南蛮、北狄，万里之殊也；伊尹、霍光，殷年、汉日，千载之隔也。而世之称悖逆则云商、冒，论忠顺则曰伊、霍者，何哉？盖厥迹相符，则虽隔越为偶，奚必差肩接武，方称连类者乎？（眉批：知此则无疑于屈、贾矣。）

史氏自迁、固作传，始以品汇相从。然其中或以年世迫促，或以人物寡鲜，求其具体必同，不可多得。是以韩非、老子，共在一篇；董卓、袁绍，无闻二录。岂非韩、老俱称述者，书有子名；袁、董并曰英雄，生当汉末。用此为断，粗得其伦。亦有厥类众夥，宜为流别，而不能定其同科，申其异品，用使兰艾相杂，朱紫不分，是谁之过欤？盖史官之责也。

案：班《书·古今人表》，仰包亿载，旁贯百家，分之以三科，定之以九等。其言甚高，其义甚惬。及至篇中所列，奚不类于其叙哉！若孔门达者，颜称殆庶，至于他子，难为等衰。今乃先伯牛而后曾参，进仲弓而退冉有，求诸折中，厥理无闻。又楚王过邓，三甥请杀之，邓侯不许，卒亡邓国。今定邓侯入下愚之上，夫宁人负我，为善获戾，持此致尤，将何劝善？如谓小不忍，乱大谋，失于用权，故加其罪。是则三甥见几而作，决在未萌，自当高立标格，置诸云汉，何得止与邓侯邻伍，列在中庸下流而已哉？又其叙晋文之臣佐也，舟之侨为上，阳处父次之，士会为下；其述燕丹之宾客也，高渐离居首，荆轲亚之，秦舞阳居末。斯并是非瞽乱，善恶纷拏，或珍瓴甋而贱璠玙，或策驽骀而舍骐骥。以兹为监，欲谁欺乎？（眉批：《人表》之谬，尚不止此，此偶拈出数条耳。）

又江充、息夫躬谗陷惑上，使祸延储后，毒及忠良。论其奸凶，过于石显远矣。而固叙之，不列佞幸。杨王孙裸葬悖礼，狂狷之徒，考其一生，更无他事，而与朱云同列，冠之传首，不其秽欤？

若乃旁求别录，侧窥杂传，诸如此谬，其累实多。案：刘向《列女传》载鲁之秋胡妻者，寻其始末，了无才行可称，直以怨怼厥夫，投川而死。轻生同于古冶，殉节异于曹娥，此乃凶险之顽人，强梁之悍妇，辄与贞烈为伍，有乖其实者焉。（眉批：此论最允，击节诵之，二田以为罪过，何耶？）又嵇康《高士传》，其所载者广矣，而颜回、蘧瑗，独不见书。盖以二子虽乐道遗荣，安贫守志，而拘忌名教，未免流俗也。正如董仲舒、扬子云，亦钻仰四科，驰驱六籍，渐孔门之教义，服鲁国之儒风，与此何殊，而并可甄录。夫回、瑗可弃，而扬、董获升，可谓识二五而不知十者也。

爰及近代，史臣所书，求其乖失，亦往往而有。借如阳瓒效节边城，捐躯死敌，当有宋之代，抑刘、卜之徒欤？而沈氏竟不别加标榜，唯寄编于《索虏》篇内。纪僧珍砥节砺行，终始无瑕，而萧氏乃与群小混书，都以恩幸为目。王颋文章不足，武艺居多，躬诣戚藩，首阶逆乱。撰隋史者如不能与枭感并列，即宜附出《杨谅传》中，辄与词人共编，吉士为伍。凡斯纂录，岂其类乎？（眉批：《隋史·列女传》首载兰陵公主，亦一大瑕，子玄未纠，盖此篇但举一例百耳，以挂漏议之则固矣。）

子曰："以貌取人，失之子羽；以言取人，失之宰我。"光武则受误于庞萌，曹公则见欺于张邈。事列在方书，惟善与恶，昭然可见。不假许、郭之深鉴，裴、王之妙察，而作者传诸简牍，不能使善恶区分，故曰谁之过欤？史官之责也。夫能申藻镜，别流品，使小人君子臭味得朋，上智中庸等差有叙，则惩恶劝善，永肃将来，激浊扬清，郁为不朽者矣。

商臣、冒顿 商臣，楚成王太子。王后欲立少子职，商臣以宫甲围王，王缢，遂自立。见《左传》文元年。冒顿，匈奴头曼太子。头曼爱后阏氏子，欲立之。冒顿射杀头曼自立。事见《史记·匈奴传》。按：此二逆连举，见宋明帝诏。

伊尹、霍光 《汉书·霍光传》：光，字子孟，位大司马、大将军。昭帝崩，亡嗣。承皇太后诏，迎昌邑王贺。贺即位，行淫乱，光忧懑。田延年曰：伊尹相殷，废太甲以安宗庙，后世称其忠。将军若能行此，亦汉之伊尹也。光即白太后，诏归贺昌邑，立孝宣皇帝。《晋书·景帝纪》：伊尹放太甲以宁殷，霍光废昌邑以安汉。

三科九等 《汉书·古今人表·叙》：可与为善，不可与为恶，是谓上智；可与为恶，不可与为善，是谓下愚；可与为善，可与为恶，是谓中人。因兹以列九等之序。

先伯牛 原注：伯牛、仲弓并在第二等，曾参、冉有并在第三等。

邓侯 原注：邓侯在第七等。

三甥 原注：三甥皆在第六等。

晋文臣佐 原注：舟之侨在第三等，阳处父在第四等，士会在第五等。

燕丹宾客 原注：高渐离在第四等，荆轲在第五等，秦舞阳在第六等。按：事详《史记·刺客传》。

江充、息夫躬 旧注：江充幸于武帝，造巫蛊，杀太子。息夫躬幸于哀帝，上变告东平王云，造诈谖之策。按：《汉书》，二人与蒯通、伍被同传。

石显 《汉书·佞幸传》：石显少坐法腐刑。元帝委以政事。为人巧慧习事，能探得人主微指。内深贼，持诡辩以中伤人。

杨王孙 《汉书·杨王孙传》：杨王孙者，孝武时人，学黄、老之术。病且终,令其子裸葬,为布囊盛尸,入地既下,从足引脱其囊,以身亲土。

秋胡妻 《列女传》:洁妇者,鲁秋胡子妻也。纳之五日,去而宦于陈,五年乃归。未至家,见路傍妇人采桑。秋胡子悦之,下车谓曰:力田不如逢丰年,力桑不如见国卿。吾有金,愿以与夫人。妇人不顾,秋胡子遂去。至家,母唤妇至,乃向采桑者也。妇曰:子束发辞亲,五年乃还,当驰骤疾至。今乃悦路傍妇人而下子之装,是亡母也,不孝。好色淫佚,不义。妾不忍见。遂去,投河而死。

古冶 《晏子春秋》:公孙栖、田开疆、古冶子事景公,勇而无礼。晏子言于公,馈之二桃。公孙栖、田开疆曰:吾勇不若子,功不逮子,取桃不让,是贪也;然而不死,无勇也。皆反其桃,契领而死。古冶子曰:二子死之,吾独生,不仁。亦契领而死。

曹娥 《后汉书·列女传》:孝女曹娥,上虞人。父盱,为巫祝。五月五日,于县江溯涛迎婆娑神,溺死,不得尸。娥年十四,沿江号哭,旬有七日,投江死。县长度尚为立碑。《注》:《会稽典录》曰:度尚弟子邯郸淳作碑文。后蔡邕题八字曰:黄绢幼妇,外孙齑臼。

识二五不知十 《梁书·刘峻传》:峻著《辩命论》曰:言而非命,有六蔽焉。靡颜腻理,哆噅顾颀,形之异也。朝秀辰终,龟鹤千岁,年之殊也。闻言如响,智昏菽麦,神之辨也。知三者定乎造化,荣辱之境,独曰由人,是知二五而未识于十,其蔽一也。盖用《越世家》语。

阳瓒 《宋书·索虏传》:永初三年,虏悉力攻滑台城,城东北崩坏,王景度出奔。景度司马阳瓒,坚守不动。众溃,抗节不降,为虏所杀。

刘、卜 原注:刘,谓刘康祖;卜,谓卜天与。《宋书·刘康祖传》:太祖大举北伐,康祖军出许、洛。会厍仁真相及于尉氏,大战一日一夜,矢中颈死。虏传康祖首示彭城,面如生。又《元凶传》:元凶劭,文帝长子。元嘉三十年,劭斋帅张超之手行弑。逆劭进至合殿中阁,太祖左细仗主卜天与攻劭于东堂,见杀。

纪僧珍 《南齐书·幸臣传》:纪僧真少随萧思话及其子惠开。惠开罢益州,不得志。僧真事之愈谨。惠开曰:我子弟异才,政是讳耳。僧真忆其言,乃请事太祖。太祖顿新亭,贼突入东门,僧真与左右拒战。贼退,除南台御史。僧真容貌言吐,雅有士风。按:"真"作"珍",误。讳谓道成也。

王颋 《隋书·文学传》:王颋,字景文。通经,晓兵法,有纵横之志。授汉王谅府谘议参军。谅潜有异志,文帝崩,举兵反,多颋计也。杨素至蒿泽,颋谓其子曰:气候殊不佳。于是自杀。

枭感 原注:隋世皆以杨玄感为枭感。

杨谅 《隋书·庶人谅传》:高祖幼子汉王谅,字德章。出为并州总管。谅自以所居天下精兵处,有异图。既反,王颋曰:王所部将吏,家属尽在关西,宜长驱京都,所谓迅雷不及掩耳。及杨素袭蒿泽,谅欲还师,颋谏,不从。穷蹙,降。除名为民,绝属籍。

庞萌 见《载文》篇。

张邈 《魏志·张邈传》:邈,字孟卓。太祖、袁绍皆与邈友。绍既为盟主,使太祖杀邈。太祖不听,曰:孟卓,亲友也。邈畏太祖终为绍击己,心不自安。太祖将陈宫等共谋叛,说邈曰:此亦纵横之一时也。邈从之,遂以其众迎吕布,据濮阳二年,自为其下所杀。评曰:昔光武谬于庞萌,近魏祖亦蔽于张邈。知人则哲,惟帝难之。

许、郭 《后汉书·郭太传》:太,字林宗,太原人。性明知人,好奖训士类。许劭,字子将,汝南人。少峻名节,好人伦,多所赏识。故天下言拔士者咸称许、郭。

裴、王 《晋书·裴秀传》:秀从弟楷,字叔则,明悟有识量,少与王戎齐名。吏部郎阙,文帝问其人于钟会,会曰:裴楷清通,王戎简要,皆其选也。又:王戎,字濬冲,神彩秀彻。裴楷目之曰:戎眼烂烂,如岩下电。

直 书

夫人禀五常,士兼百行,邪正有别,曲直不同。若邪曲者,人之所贱,而小人之道也；正直者，人之所贵，而君子之德也。然世多趋邪而弃正，不践君子之迹，而行由小人者，何哉？语曰："直如弦，死道边；曲如钩，反封侯。"故宁顺从以保吉，不违忤以受害也。况史之为务，申以劝诫，树之风声。其有贼臣逆子，淫君乱主，苟直书其事，不掩其瑕，则秽迹彰于一朝，恶名被于千载。言之若是，吁可畏乎！

夫为于可为之时则从，为于不可为之时则凶。如董狐之书法不隐，赵盾之为法受恶。彼我无忤，行之不疑，然后能成其良直，擅名今古。至若齐史之书崔弑，马迁之述汉非，韦昭仗正于吴朝，崔浩犯讳于魏国或身膏斧钺，取笑当时；或书填坑窖，无闻后代。夫世事如此，而责史臣不能申其强项之风，励其匪躬之节，盖亦难矣。是以张俨发愤，私存《嘿记》之文；孙盛不平，窃撰辽东之本。以兹避祸，幸获两全。足以验世途之多隘，知实录之难遇耳。

然则历考前史，征诸直词，虽古人糟粕，真伪相乱，而披沙拣金，有时获宝。（眉批："披沙"二句出钟嵘《诗品》。）案：金行在历，史氏尤多。当宣、景开基之始，曹、马构纷之际，或列营渭曲，见屈武侯；或发仗云台，取伤成济。陈寿、王隐，咸杜口而无言；陆机、虞预，各栖毫而靡述。至习凿齿，乃申以死葛走达之说，抽戈犯跸之言。历代厚诬，一朝如雪。考斯人之书事，盖近古之遗直欤？次有齐孝王《风俗传》、王劭《齐志》，其叙述当时，亦务在审实。案：于时河朔王公，箕裘未陨；邺城将相，薪构仍存。而二子书其所讳，曾无惮色。刚亦不吐，其斯人欤？

盖烈士徇名，壮夫重气，宁为兰摧玉折，不作瓦砾长存。若南、董之仗气直书，不避强御；韦、崔之肆情奋笔，无所阿容。虽周身之防有所不足，而遗芳余烈，人到于今称之。与夫王沈《魏书》，假回邪以窃位，董统《燕史》，持诡媚以偷荣，贯三光而洞九泉，曾未足喻其高下也。

董狐　《左传》宣公二年：晋赵穿攻灵公于桃园，宣子未出山而复。太史书曰：赵盾弑其君。以示于朝。宣子曰：呜呼！我之怀矣，自诒伊戚，其我之谓矣！孔子曰：董狐，古之良史也，书法不隐。赵宣子，古之良大夫也，为法受恶。惜也！越境乃免。

书崔弑 《左传》襄公二十五年：齐崔杼弑公以说于晋，太史书曰：崔杼弑其君。崔子杀之。其弟嗣书而死者二人。其弟又书，乃舍之。南史氏闻太史尽死，执简以往。闻既书矣，乃还。

述汉非 《后汉书·蔡邕传》：王允曰：武帝不杀司马迁，使谤书流于后世。章怀《注》：凡史官记事，善恶必书。谓迁所著《史记》，但是汉家不善之事，皆为谤也，非独指武帝之身也。

韦昭仗正 见《本纪》篇。

崔浩犯讳 《魏书·崔浩传》：浩，字伯渊，清河人。博览经史，玄象阴阳、百家之言无不关综。爵东郡公，拜太常卿。神麚二年，诏撰国书。《北史》本传：著作令史闵湛、郗标谄事浩，请立石铭，载国史以彰直笔。浩书国事，备而不典。而石铭显在衢路，北人忿毒，构浩于帝，帝怒诛浩。

张俨《嘿记》 张俨见《载文》篇。《隋书·经籍志》：《嘿记》三卷，吴大鸿胪张俨撰。

辽东本 《晋书·孙盛传》：盛撰《晋阳秋》，词直而理正。桓温见之，谓盛子曰：枋头诚为失利，何至乃如尊君所说。此史行，关君门户事。诸子改之。盛写两定本寄于慕容儁。太元中，孝武博求异闻，始于辽东得之。以相考校，多有不同，书遂两行。

金行 见《断限》篇。

见屈武侯 《蜀志·诸葛亮传》：亮据武功五丈原，与司马宣王对于渭南，其年卒于军。松之《注》：《汉晋春秋》曰：杨仪等整军而出，百姓奔告宣王，宣王追焉。姜维令仪反旗鸣鼓，若将向宣王者。宣王乃退，不敢逼。仪结阵而去。百姓为之谚曰：死诸葛走生仲达。

取伤成济 《魏志·高贵乡公纪》注：《汉晋春秋》曰：帝召王经等谓曰：司马昭之心，路人所知也，当自出讨之。经曰：宿卫空阙，兵甲寡弱，祸殆不测。

帝出怀中版令投地曰:行决矣。贾充逆战,帝自用剑。太子舍人成济曰:事急矣,当云何？充曰:畜养汝等,正为今日。济即前刺帝,刃出于背。又《魏氏春秋》曰:帝自将冗从仆射李昭等下陵云台,铠仗授兵出讨。

抽戈犯跸 按:抽戈犯跸,乃干宝《晋纪》语,非出习书。此句上疑脱"干令升亦斥以"六字。

董统《燕史》 本书《正史》篇:后燕建兴元年,董统受诏,草创《后书》三十卷。按:是书《隋》《唐》二志皆不载。缘其后范亨等合诸燕史并成一书,而董书遂逸也。范亨书,二志载之。

曲　笔

肇有人伦,是称家国。父父子子,君君臣臣,亲疏既辨,等差有别。盖"子为父隐,直在其中",《论语》之顺也;略外别内,掩恶扬善,《春秋》之义也。自兹已降,率由旧章。史氏有事涉君亲,必言多隐讳,虽直道不足,而名教存焉。(眉批:此亦臣子之大义。)其有舞词弄札,饰非文过,若王隐、虞预毁辱相凌,子野、休文释纷相谢。用舍由乎臆说,威福行乎笔端,斯乃作者之丑行,人伦所同疾也。亦有事每凭虚,词多乌有:或假人之美,借为私惠;或诬人之恶,持报己仇。若王沈《魏录》滥述贬甄之诏,陆机《晋史》虚张拒葛之锋,班固受金而始书,陈寿借米而方传。此又记言之奸贼,载笔之凶人,虽肆诸市朝,投畀豺虎可也。

然则史之不直,代有其书,苟其事已彰,则今无所取。其有往贤之所未察,来者之所不知,今略广异闻,用标先觉。案:《后汉书·更始传》称其懦弱也,其初即位,南面立,朝群臣,羞愧流汗,刮席不敢视。夫以圣公身在微贱,已能结客报仇,避难绿林,名为豪杰。安有贵为人主,而反至于斯者乎？(眉批:此亦近情近理之言。)将作者曲笔阿时,独成光武之美;谀言媚主,用雪伯升之怨也。且中兴之史,出自东观,或明皇所定,或马后攸刊,而炎祚灵长,简书莫改,遂使他姓追撰,空传伪录者矣。陈氏《国志·刘后主传》云:"蜀无史职,故灾祥靡闻。"案:黄气见于秭归,群乌堕于江水,成都言有景星出,益州言无宰相气,若史官不置，此事从何而书？盖由父辱受髡，故加兹谤议者也。

　　古者诸侯并争，胜负无恒，而他善必称，己恶不讳。逮乎近古，无闻至公，国自称为我长，家相谓为彼短。而魏收以元氏出于边裔，见侮诸华，遂高自标举，比桑干于姬、汉之国；曲加排抑，同建邺于蛮貊之邦。夫以敌国相仇，交兵结怨，载诸移檄，用可致诬，列诸缃素，难为妄说。苟未达此义，安可言于史邪？（眉批：此论亦持平。）夫史之曲笔诬书，不过一二，语其罪负，为失已多。而魏收杂以寓言，殆将过半，固以仓颉已降，罕见其流，而李氏《齐书》称为实录者，何也？盖以重规亡考未达，伯起以公辅相加，字出大名，事同元叹，既无德不报，故虚美相酬。然必谓昭公知礼，吾不信也。语曰："明其为贼，敌乃可服。"如王劭之抗词不挠，可以方驾古人。而魏收持论激扬，称其有惭正直。夫不彰其罪，而轻肆其诛，此所谓兵起无名，难为制胜者。寻此论之作，盖由君懋书法不隐，取咎当时。或有假手史臣，以复私门之耻，不然，何恶直丑正，盗憎主人之甚乎！

　　盖霜雪交下，始见贞松之操；国家丧乱，方验忠臣之节。若汉末之董承、耿纪，晋初之诸葛、毌丘，齐兴而有刘秉、袁粲，周灭而有王谦、尉迥，斯皆破家殉国，视死犹生。而历代诸史，皆书之曰逆。将何以激扬名教，以劝事君者乎！古之书事也，令贼臣逆子惧；今之书事也，使忠臣义士羞。若使南、董有灵，必切齿于九泉之下矣。

　　自梁、陈已降，隋、周而往，诸史皆贞观年中群公所撰，近古易悉，情伪可求。至如朝廷贵臣，必父祖有传，考其行事，皆子孙所为，而访彼流俗，询诸故老，事有不同，言多爽实。昔秦人不死，验符生之厚诬；蜀老犹存，知葛亮之多枉。（眉批：秦人事见羊衒之《洛阳伽蓝记》，蜀老事见《魏书·毛修之传》，浦氏以为无考，非也。）斯则自古所叹，岂独于今哉！

　　盖史之为用也，记功司过，彰善瘅恶，得失一朝，荣辱千载。苟违斯法，岂曰能官。但古来唯闻以直笔见诛，不闻以曲词获罪。是以隐侯《宋书》多妄，萧武知而勿尤；伯起《魏史》不平，齐宣览而无谴。故令史臣得爱憎由己，高下在心，进不惮于公宪，退无愧于私室，欲求实录，不亦难乎？呜呼！此亦有国家者所宜惩革也。

虞预相凌 《晋书·王隐传》：大兴初，令隐撰晋史。时著作郎虞预私撰《晋书》，而生长东南，不知中朝事，数访于隐，并借隐所著书盗写之。后更疾隐，形于言色。隐竟以谤免归。

休文释纷 《南史·裴子野传》：子野曾祖松之。齐永明末，沈约撰《宋书》，称"松之已后无闻焉"。子野更撰为《宋略》二十卷，其叙事评论多善，而云：戮淮南太守沈璞，以其不从义师故也。沈惧，徒跣谢之，请两释焉。

王沈滥述 《晋书·王沈传》：高贵乡公将攻文帝，召沈告之。沈驰白帝，不忠于主，甚为众论所非。按：沈所撰《魏书》已逸，述甄事无考。郭《评》：沈不忠于魏，故甄后之贬，滥述其事，彰曹丑也。

陆机虚张 陆机有《晋三祖纪》，见《本纪》篇。按：《晋书·宣帝纪》：魏太和五年及青龙二年，懿凡两拒蜀丞相亮。

受金借米 班生受金，陈寿求米，见《史官建置》篇。《困学纪闻》：受金事未详。予考《陈寿传》有谓丁廙子，觅千斛米，丁不与，竟不立传之说。但有"或云"二字。或之者，疑之也，恐亦未可尽信。

伯升之怨 《后汉书·齐武王演传》：演，字伯升，光武长兄也。王莽篡汉，兵革并起。伯升部署宾客，自称柱天都部。圣公即位，拜伯升大司徒。及伯升拔宛，光武破王寻、王邑，兄弟威名益盛。更始君臣谋诛伯升，害之。

明皇所定 《后汉书·东平王苍传》：显宗永平十五年，行幸东平。帝以所作《光武本纪》示苍，苍因上《光武受命中兴颂》，帝甚善之。按：显宗，明帝庙号。

马后攸刊 《后汉书·皇后纪》：显宗明德马皇后，伏波将军援小女也。肃宗即位，尊之曰皇太后。自撰《显宗起居注》，削去兄防参医药事，曰：吾不欲令后世闻先帝数亲后宫之家。

蜀无史职 《蜀志·后主传》评：国不置史，注记无官，是以行事多遗，灾异靡书。

黄气见秭归 《蜀志·先主传》：章武二年，先主军秭归，于猇亭驻营。黄气见自秭归十余里中，广数十丈。

群乌堕江水 《蜀志·后主传》注：《汉晋春秋》曰：江阳有乌，从江南飞渡江北，不能达，堕水死者以千数。

有景星出 《蜀志·后主传》：景耀元年，史官言景星见，于是大赦，改元。

无宰相气 《蜀志·费祎传》：延熙十四年夏，成都望气者曰：都邑无宰相气。

父辱受髡 《晋书·陈寿传》：寿父为马谡参军，谡为诸葛亮所诛，寿父亦坐被髡。寿为父立传，谓亮将略非长，无应敌之才。议者以此少之。

李称实录 见《浮词》篇原注。

公辅大名 《北史·李百药传》：父德林，少孤，未有字。魏收谓之曰：卿识度必至公辅，吾以此字卿。王《训故》：《左传》云：魏，大名也。故云。按："大名"句见《左传》闵公元年。

元叹 《吴志·顾雍传》：雍，字元叹。蔡伯喈尝避怨于吴，雍从学琴书。《注》：《江表传》曰：伯喈谓曰：卿必成名，今以吾名与卿。故雍与伯喈同名也。又《吴录》曰：言为伯喈所叹，故以为字焉。

恶直丑正 语见《左传》昭公二十八年。

盗憎主人 《家语·观周》：盗憎主人，民怨其上。君子知天下之不可上也，故下之。亦见《左传》成公十五年。

董承、耿纪 《蜀志》：先主同曹公还许。时献帝舅车骑将军董承辞受帝衣带诏，当诛曹公，先主遂与承等同谋。《魏·武帝纪》：备之未东也，阴与董承等谋反，举兵屯沛。五年，承等谋泄，伏诛。按：耿纪攻许烧营，见《因习》篇。又《魏·武帝纪》注：《三辅决录》曰：纪，字季行，为丞相掾。又《献帝春秋》曰：收纪等将斩之，纪呼魏王名曰：恨吾不自生意，竟为群儿所误耳。

诸葛、毌丘 诸葛诞，见《因习》篇。《晋书·景帝纪》：正元二年，魏镇东大将军毌丘俭、扬州刺史文钦举兵作乱,矫太后令,移檄郡国,为坛盟于西门之外,帅众六万,渡淮而西。帝征之。俭闻钦败,宵遁安风津,都尉追斩之。《魏志·诞俭传》:诞,字公休;俭,字仲恭。俭都督扬州,反,败见夷灭。诞不自安,朝廷微知,征诞为司空。诞愈恐,遂反。按:王应麟曰:俭、诞等千载有生气矣。故郑渔仲有《晋史》党晋之言。

刘秉、袁粲 《宋书·袁粲传》:粲,字景倩。与齐王、刘秉平决万机。顺帝即位,诏移石头。时齐王功高,天命有归。粲密有异图,刘秉宋代宗室,与粲相结。谋克日矫太后令,使攻齐王。事泄,齐王遣军主戴僧静向石头。僧静挺身暗往,粲子最觉有异人,以身卫粲。僧静直前斩之,父子俱殒。其后并诛秉,秉事在《宗室传》。

王谦、尉迥 见《因习》篇。

鉴　识

夫人识有通塞,神有晦明,毁誉以之不同,爱憎由其各异。盖三王之受谤也,值鲁连而获申;五霸之擅名也,逢孔宣而见诋。斯则物有恒准,而鉴无定识,欲求铨核得中,其唯千载一遇乎!况史传为文,渊浩广博,学者苟不能探赜索隐,致远钩深,乌足以辩其利害,明其善恶。

观《左氏》之书,为传之最,而时经汉、魏,竟不列于学官,儒者皆折此一家,而盛推二传。夫以丘明躬为鲁史,受经仲尼,语世则并生,论才则同耻。彼二家者,师孔氏之弟子,预达者之门人,才识本殊,年代又隔,安得持彼传说,比兹亲受者乎!加以二传理有乖僻,言多鄙野,方诸《左氏》,不可同年。故知《膏肓》《墨守》,乃腐儒之妄述;卖饼、太官,诚智士之明鉴也。

逮《史》《汉》继作,踵武相承。王充著书,既甲班而乙马;张辅持论,又劣固而优迁。然此二书,虽互有修短,递闻得失,而大抵同风,可为连类。(眉批:此自迁书之杂,然要所论乃指其大段文体言,非摘一二事也。)张晏云:迁殁后,亡《龟策》《日者传》,褚先生补其所缺,言词鄙陋,非迁本意。案:迁所撰《五帝本纪》、七十列传，称虞舜见陟，遂匿空而出；宣尼既殂，门人推奉有若。其言之鄙，又甚于兹，安得独罪褚生，而全宗马氏也？刘轨思商榷汉史，雅重班才，惟讥其本纪不列少帝，而辄编高后。案：弘非刘氏，而窃养汉宫。时天下无主，吕宗称制，故借其岁月，寄以编年。而野鸡行事，自具《外戚》。譬夫成为孺子，史刊摄政之年；厉亡流彘，历纪共和之日。而周、召二公，各世家有传。班氏式遵曩例，殊合事宜，岂谓虽浚发于巧心，反受蚩于拙目也。

刘祥撰《宋书·序录》，历说诸家晋史，其略云："法盛《中兴》，荒芜少气，王隐、徐广，沦溺罕华。"夫史之叙事也，当辩而不华，质而不俚，其文直，其事核，若斯而已可也。（眉批：此亦正论。）必令同文举之含异，等公干之有逸，（眉批："孔氏卓卓，信含异气"，亦文帝语，注失引。）如子云之含章，类长卿之飞藻，此乃绮扬绣合，雕章缛彩，欲称实录，其可得乎？以此诋诃，知其妄施弹射矣。

夫人废兴，时也；穷达，命也。而书之为用，亦复如是。盖《尚书》古文，六经之冠冕也，（眉批：唐人皆不知古文孔传之伪，故子玄亦云尔。盖考据之学古疏今密，亦如星历然。）《春秋左氏》，三传之雄霸也。而自秦至晋，年逾五百，其书隐没，不行于世。既而梅氏写献，杜侯训释，然后见重一时，擅名千古。若乃《老经》撰于周日，《庄子》成于楚年，遭文、景而始传，值嵇、阮而方贵。若斯流者，可胜纪哉！故曰："废兴，时也；穷达，命也。"适使时无识宝，世缺知音，若《论衡》之未遇伯喈，《太玄》之不逢平子，逝将烟尽火灭，泥沉雨绝，安有殁而不朽，扬名于后世者乎！

三王获申 《文选》曹子建《与杨德祖书》曰：昔田巴毁五帝，罪三王，一旦而服千人。鲁连一说，使终身杜口。《注》：说见《鲁连子》。

五霸见诋 《汉书·董仲舒传》：仲尼之门，五尺之童羞称五霸，为其先诈力而后仁谊也。

《左氏》不列学官 《隋书·经籍志》：《左氏》，汉初出张苍家，本无传者。文帝时，贾谊为训诂。其后刘歆欲立于学，诸儒莫应。建武中，韩歆、陈元讼之，乃以李封为《左氏》博士，封卒，遂罢。至晋时，杜预为《集解》，盛行，而《公羊》《穀梁》浸微。

《膏肓》《墨守》 《后汉书·儒林传》：何休，字邵公，任城人也。太傅陈蕃辟之，以参政事。作《公羊解诂》，又作《公羊墨守》《左氏膏肓》《穀梁废疾》。《郑玄传》：玄隐修经业，乃发《墨守》，针《膏肓》，起《废疾》。休见而叹曰：康成入吾室，操吾矛以伐我乎！

卖饼、太官 《魏略》：严翰善《公羊春秋》。时钟繇好《左氏》，谓《左氏》为太官厨，《公羊》为卖饼家。数与翰会，辨析长短。

王充著书 原注：王充谓彪文义浃备，纪事详赡，观者以为甲，以太史公为乙也。《后汉书·王充传》：充，字仲任，师事班彪，著《论衡》八十五篇。《注》：袁山松曰：充作《论衡》，中土未有传者。蔡邕入吴始得之，恒秘玩以为谈助。

张辅持论 原注：张辅《名士优劣论》曰：世人称司马迁、班固之才优劣，多以班为胜。余以为史迁叙三千年事，五十万言；班固叙二百年事，八十万言。烦省不敌，固之不如迁必矣。《晋书·张辅传》：辅，字世伟，御史中丞。论班固、司马迁云云。

褚先生补 《史记》裴《注》：《汉书音义》曰：十篇有录无书。张晏曰：迁没后，亡《景纪》《武纪》《汉兴将相年表》《礼》《乐》《律书》《三王世家》《日者》《龟策传》《靳蒯列传》。元、成之间，褚先生补阙，《日者》《龟策》，言辞鄙陋，非迁本意。

刘轨思 《北齐书·儒林传》：刘轨思说《诗》甚精，故其乡曲多为《诗》者。仕齐，国子博士。按：传不载论史之文。

野鸡 《史记·封禅书》：野鸡夜雊。《注》：如淳曰：野鸡，雉也。吕后名雉，故曰野鸡。

世家有传 按：句必有误，当云"各有世家"。

刘祥 《南齐书·刘祥传》：祥，字显徵，性韵刚疏。宋世解褐。撰《宋书》，讥斥禅代。上衔而不问。后徙广州。按：后周亦有刘祥，字休徵，以字行，刘璠子也。缮定《梁典》，与此无涉。郭本误引，王本刊正。

徐广 见《六家》"徐贾"注。

文举 《后汉书·孔融传》：融，字文举，鲁国人，为北海相。

公幹 《魏志·王粲传》：东平刘桢，字公幹。魏文帝《典论》：今之文人，鲁国孔文举，气体高妙，理不胜辞。又云：文本同而末异。又《与吴质书》：公幹有逸气，但未遒耳。

子云 《汉书·扬雄传》：雄，字子云，蜀郡人，好深沉之思。先是，蜀有司马相如，作赋甚宏丽，雄常拟之以为式。

长卿 《汉书·司马相如传》：相如，字长卿。奏赋，天子大悦，飘飘有凌云气，游天地之间。

梅氏写献 《隋书·经籍志》：孔安国以古文开其篇第，成五十八篇。晋世秘府所存，永嘉之乱并亡。至东晋，豫章内史梅赜始得安国之传，奏之，又阙《舜典》一篇。齐建武中，吴姚兴方于大桁市得其书，奏上，多二十八篇，于是始列国学。

杜侯训释 杜预为《春秋左氏经传集解》，已见前。按本传：又参考众家谱第，谓之《释例》。又作《盟会图》《春秋长历》，备成一家之学。

老庄遭值 《汉书·扬雄传》：昔老聃著虚无之言两篇，后世好之者以为过于《五经》。自文、景之君及司马迁，皆有是言。《晋书·嵇阮传》：嵇康好《老》《庄》，著《养生论》。阮籍著《达庄论》。按：汉初言黄、老者，先有胶西盖公。晋世玄风尤甚，起于何、王，流于向、郭，而《史通》第举文、景、嵇、阮为言，约辞也。

《太玄》逢平子 张衡《与崔子玉书》：乃者披读《太玄经》，知子云极阴阳之数，心实与《五经》拟。《玄》四百岁其兴乎？按：平子，张衡字。

探赜

夫前哲所作，后来是观，苟失其指归，则难以传授。而或有妄生穿凿，轨究本源，是乖作者之深旨，误生人之后学，其为谬也，不亦甚乎！

隋内史李德林著论，称陈寿蜀人，其撰《国志》，党蜀而抑魏。刊之国史，以为格言。案：曹公之创王业也，贼杀母后，幽逼主上，罪百田常，祸千王莽。文帝临戎不武，为国好奢，忍害贤良，疏忌骨肉。而寿评皆依违其事，无所措言。刘主地居汉宗，仗顺而起，夷险不挠，终始无瑕。方诸帝王，可比少康、光武；譬以侯伯，宜辈秦缪、楚庄。而寿评抑其所长，攻其所短。是则以魏为正朔之国，典午攸承；蜀乃僭伪之君，中朝所嫉。故曲称曹美，而虚说刘非，安有背曹而向刘，疏魏而亲蜀也？夫无其文而有其说，不亦凭虚亡是者耶？

习凿齿之撰《汉晋春秋》，以魏为伪国者，此盖定邪正之途，明顺逆之理耳。而檀道鸾称其当桓氏执政，故撰此书，欲以绝彼瞻乌，防兹逐鹿。（眉批：定邪正，明顺逆，即以警奸篡，所谓《春秋》成而乱臣贼子惧也，道鸾论非无理，子玄之意则以为檀氏言蜀本非正朔，习氏改之，以诫当时，故有此辨。）历观古之学士，为文以讽其上者多矣。若齐囧失德，《豪士》于焉作赋；贾后无道，《女史》由其献箴。斯皆短什小篇，可率尔而就也。安有变三国之体统，改五行之正朔，勒成一史，传诸千载，而借以权济物议，取诫当时。岂非劳而无功，博而非要，与夫班彪《王命》，一何异乎？求之人情，理不当尔。

自二京板荡，五胡称制，崔鸿鸠诸伪史，聚成《春秋》，其所列者，十有六家而已。魏收云："鸿世仕江左，故不录司马、刘、萧之书，又恐识者尤之，未敢出行于外。"案：于时中原乏主，海内横流，逖彼东南，更为正朔。适使素王再出，南史重生，终不能别有异同，忤非其议。安得以伪书无录，而犹罪归彦、鸾者乎？且必以崔氏祖宦吴朝，故情私南国。必如是，则其先徙居广固，委质慕容，何得书彼南燕，而与群胡并列！爱憎之道，岂若是耶？且观鸿书之纪纲，皆以晋为主，亦犹班《书》之载吴、项，必系汉年；陈《志》之述孙、刘，皆宗魏世。何止独遗其事，不取其书而已哉！但伯起躬为《魏史》，传列《岛夷》，不欲使中国著书，推崇江表，所以辄假言崔志，用纾魏羞。且东晋之书，宋、齐之史，考其所载，几三百篇，而伪邦坟籍，仅盈百卷。若使收矫鸿之失，南北混书，斯则四分有三，事归江外。非唯肥瘠非类，众寡不均；兼以东南国史，皆须纪传区别。兹又体统不纯，难为编次者矣。收之矫妄，其可尽言乎！

于是考众家之异说，参作者之本意，或出自胸怀，枉申探赜；或妄加向背，辄有异同。而流俗腐儒，后来末学，习其狂狷，成其讹误，自谓见所未见，闻所未闻，铭诸舌端，以为口实。唯智者不惑，无所疑焉。

李称陈寿 《隋书·李德林传》：论《齐书》起元事，其中云：汉献帝死，刘备自尊崇。陈寿蜀人，以魏为汉贼，宁肯蜀主未立，已云魏武受命乎？

贼后逼主 《后汉书·伏后纪》：自帝都许，宿卫兵侍莫非曹氏党姻。操入见，帝不任其愤，曰：幸垂恩相舍。操失色。后乃逼帝废后，以尚书令华歆勒兵入宫收后。歆就牵后出。时帝在外殿，后被发跣行，泣过诀曰：不能复相活耶？帝曰：我亦不知命在何时。

凿齿当桓执政 《晋书·习凿齿传》：是时桓温觊觎非望，凿齿在郡著《汉晋春秋》以裁之。于三国之时，以魏为篡逆。至文帝平蜀，乃为汉亡而晋兴。按：其详已见《论赞》篇。但此皆今《晋书》所有，今子玄以为是道鸾语。而《杂说》篇又有《新晋》不取曹、干、孙、檀之说，则亦非尽不用也。

瞻乌 《后汉书·郭太传》：陈蕃、窦武为阉人害，太哭于野曰：人之云亡，邦国殄瘁。瞻乌爰止，不知于谁之屋耳。

逐鹿 《史记·淮阴侯传》：蒯通曰：秦失其鹿，天下共逐之，高材疾足者先得。

《豪士赋》 《晋书·陆机传》：齐王冏矜功自伐，受爵不让。陆机恶之，作《豪士赋》以刺焉。

《女史箴》 见《载文》篇。

崔鸿十六家 《魏书·崔鸿传》：鸿，字彦鸾。孝昌初，给事黄门侍郎。弱冠便有著述之志，见刘、石等并因世故，跨僭一方，国书未有统一，乃撰为《十六国春秋》，勒成百卷。又详《正史》篇。

崔氏祖宦　按:《崔鸿传》首云:伯父光,名孝伯,字长仁,东清河人。祖旷,从慕容德南渡河,居青州之时水。慕容氏灭,仕刘义隆,为乐陵太守。父灵延,刘骏龙骧将军、长广太守。观此,鸿之世仕江左,固有明文。而《史通》云"委质慕容",传无其语。意祖旷从渡时,名在仕籍,传或阙书何官也。崔氏清河世望,故在诸燕境中。子玄之言,必非无征。

模　拟

夫述者相效,自古而然。况史臣注记,其言浩博,若不仰范前哲,何以贻厥后来? 盖模拟之体,厥途有二:一曰貌同而心异,二曰貌异而心同。

何以言之? 盖古者列国命官,卿与大夫为别。必于国史所记,则卿亦呼为大夫,此《春秋》之例也。当秦有天下,地广殷、周,变诸侯为帝王,目宰辅为丞相。而谯周撰《古史考》,思欲摈抑马《记》,师放孔《经》。其书李斯之弃市也,乃云"秦杀其大夫李斯"。夫以诸侯之大夫名天子之丞相,以此而拟《春秋》,所谓貌同而心异也。

当春秋之世,列国甚多,每书他邦,皆显其号;至于鲁国,直云我而已。如金行握纪,海内大同,君靡客主之殊,臣无彼此之异。而干宝撰《晋纪》,至天子之葬,必云"葬我某皇帝"。且无二君,何我之有? 以此而拟《春秋》,又所谓貌同而心异也。

至如书"元年春王正月"者,年则鲁君之年,月则周王之月。如曹、马受命,躬为帝王,非是以诸侯守藩,行天子颁历。而孙盛《魏》《晋》二《阳秋》,每书年首,必云"某年春帝正月"。夫年既编帝纪,而月又列帝名。以此而拟《春秋》,又所谓貌同而心异也。

五始所作,是曰《春秋》。三传并兴,各释经义。如《公羊传》屡云:"何以书? 记某事也。"此则先引经语,而继以释辞,势使之然,非史体也。如吴均《齐春秋》,每书灾变,亦曰:"何以书? 记异也。"夫事无他议,言从己出,辄自问而自答者,岂是叙事之理者邪? 以此而拟《公羊》,又所谓貌同而心异也。

世之述者，锐志于奇，喜编次古文，撰叙今事，而巍然自谓五经再生，三史重出，多见其无识者矣。

惟夫明识之士则不然。其所拟者非如图画之写真，镕铸之象物，以此而似也。其所以为似者，取其道术相会，义理玄同，若斯而已。（眉批：入微之论。）亦犹孔父贱为匹夫，栖皇放逐，而能祖述尧、舜，宪章文、武，亦何必居九五之位，处南面之尊，然后谓之连类者哉！

盖《左氏》为书，叙事之最。自晋已降，景慕者多，有类效颦，弥益其丑。然求诸偶中，亦可言焉。盖君父见害，臣子所耻，义当略说，不忍斥言。故《左传》叙桓公在齐遇害，而云"彭生乘公，公薨于车"。如干宝《晋纪》叙愍帝殁于平阳，而云："晋人见者多哭，贼惧，帝崩。"以此而拟《左氏》，所谓貌异而心同也。

夫当时所记或未尽，则先举其始，后详其末，前后相会，隔越取同。若《左氏》成七年，郑获楚钟仪以献晋，至九年，晋归钟仪于楚以求平，其类是也。至裴子野《宋略》叙索虏临江，太子劭使力士排徐湛、江湛僵仆，于是始与劭有隙。其后三年，有江湛为元凶所杀事。以此而拟《左氏》，亦所谓貌异而心同也。

盖文虽缺略，理甚昭著，此丘明之体也。至如叙晋败于邲，先济者赏，而云："上军、下军争舟，舟中之指可掬。"夫不言攀舟乱，以刃断指，而但曰"舟指可掬"，则读者自睹其事矣。（眉批：此真巧于夺胎。）至王劭《齐志》述高季式破敌于韩陵，追奔逐北，而云"夜半方归，槊血满袖"。夫不言奋槊深入，击刺甚多，而但称"槊血满袖"，则闻者亦知其义矣。以此而拟《左氏》，又所谓貌异而心同也。

大抵作者，自魏已前，多效三史。从晋已降，喜学五经。夫史才文浅而易模，经文意深而难拟。既难易有别，故得失有殊。盖貌异而心同者，模拟之上也；貌同而心异者，模拟之下也。然人皆好貌同而心异，不尚貌异而心同者，何哉？盖鉴识不明，嗜爱多僻，悦夫似史而憎夫真史，此子张所以致讥于鲁侯，有叶公好龙之喻也。呜呼！自子长以还，似皆未睹斯义。后来明达，其鉴之哉！

谯周《古史考》 《蜀志·谯周传》：周，字允南，位亚九列，不与政事。撰定《法训》《五经论》《古史考》之属百余篇。

周王之月 原注：考《竹书纪年》始达此义。而自古说《春秋》者，皆妄为解释也。按：杜《注》云：言周以别夏、殷也。误解始此。愚尝论之，《春秋》系正于王者，别鲁于天子，非别周于夏令也。是侯国之史法也。《史通》先得我心。

彭生乘公，公薨于车 《左传》桓公十八年。

江湛 《南史·江夷传》：夷子湛，字徽深，领博士，转吏部尚书。家甚贫，无兼衣余食。魏太武至瓜步，以湛兼领军。魏遣使求昏，上召太子劭以下集议。众并谓宜许，湛谓许之无益。劭怒曰：讵宜苟执异议？声色甚厉。坐散，俱出，劭使班剑推排之，殆于倾倒。及劭之入弑，湛直上省，据窗受害，意色不挠。按：《宋书》"徽深"作"徽渊"，"魏太武"作"索虏"。

徐湛 按：《江湛传》及《徐湛之传》，俱无同受排扑之文，二字疑衍。

上军下军争舟 见《左传》宣公十二年：乱以刃断指。"乱"字上，恐脱"扰"字。

槊血满袖 《北齐书·帝纪》：尔朱兆等同会邺，挟洹水而军。神武乃于韩陵为圆阵，合战，大败之。高季式以七骑追奔，度野马冈，与兆遇。高昂望之，不见，哭曰：丧吾弟矣！夜久，季式还，血满袖。

叶公好龙 《庄子》逸篇：子张见鲁哀公，不礼而去，曰：君之好士也，有似叶公子高之好龙。屋室雕文，尽写以龙。于是天龙下之，窥头于牖，拖尾于堂。叶公见之，失其魂魄。是叶公非好龙也，好夫似龙而非龙也。

书　事

昔荀悦有云："立典有五志焉：一曰达道义，二曰彰法式，三曰通古今，四曰著功勋，五曰表贤能。"干宝之释五志也："体国经野之言则书之，用兵征伐之权则书之，忠臣、烈士、孝子、贞妇之节则书之，文诰专对之辞则书之，才力技艺殊异则书之。"于是采二家之所议，征五志之所取，盖记言之所网罗，书事之所总括，粗得于兹矣。然必谓故无遗恨，犹恐未尽者乎？今更广以三科，用增前目：一曰叙沿革，二曰明罪恶，三曰旌怪异。何者？礼仪用舍，节文升降则书之；君臣邪僻，国家丧乱则书之；幽明感应，祸福萌兆则书之。于是以此三科，参诸五志，则史氏所载，庶几无阙。求诸笔削，何莫由斯？

但自古作者，鲜能无病。苟书而不法，则何以示后？盖班固之讥司马迁也："论大道，则先黄、老而后六经；序游侠，则退处士而进奸雄；述货殖，则崇势利而羞贫贱。此其所蔽也。"又傅玄之贬班固也："论国体，则饰主阙而折忠臣；叙世教，则贵取容而贱直节；述时务，则谨辞章而略事实。此其所失也。"寻班、马二史，咸擅一家，而各自弹射，递相疮痏。夫虽自卜者审，而自见为难，可谓笑他人之未工，忘己事之已拙。上智犹其若此，而况庸庸者哉！

抑又闻之，怪力乱神，宣尼不语；而事鬼求福，墨生所信。故圣人于其间，若存若亡而已。若吞燕卵而商生，启龙漦而周灭，厉坏门以祸晋，鬼谋社而亡曹，江使返璧于秦皇，圯桥授书于汉相，此则事关军国，理涉兴亡，有而书之，以彰灵验，可也。而王隐、何法盛之徒所撰晋史，乃专访州闾细事，委巷琐言，聚而编之，目为鬼神传录，其事非要，其言不经。异乎三史之所书，五经之所载也。

范晔博采众书，裁成汉典。观其所取，颇有奇工。至于《方术》篇及诸蛮夷传，乃录王乔、左慈、廪君、槃瓠，言唯迂诞，事多诡越。可谓美玉之瑕，白圭之玷。惜哉！无是可也。又自魏、晋已降，著述多门，《语林》《笑林》《世说》《俗说》，皆喜载调谑小辩，嗤鄙异闻，虽为有识所讥，颇为无知所说。而斯风一扇，国史多同。至如王思狂躁，起驱蝇而践笔；毕卓沉湎，左持螯而右杯。刘邕榜吏以膳痂，龄石戏舅而伤赘，其事芜秽，其辞猥杂。而历代正史，持为雅言。苟使读之者为之解颐，闻之者为之抚掌，固异乎记功书过，彰善瘅恶者也。

大抵近代史笔，叙事为烦。权而论之，其尤甚者有四：（眉批：四条皆切中史病。）

夫祥瑞者，所以发挥盛德，幽赞明王。至如凤皇来仪，嘉禾入献，秦得若雉，鲁获如麏，求诸《尚书》《春秋》，上下数千载，其可得言者，盖不过一二而已。爰及近古则不然。凡祥瑞之出，非关理乱，盖主上所惑，臣下相欺，故德弥少而瑞弥多，政逾劣而祥逾盛。是以桓、灵受祉，比文、景而为丰；刘、石应符，比曹、马而益倍。而史官征其谬说，录彼邪言，真伪莫分，是非无别。其烦一也。

当春秋之时，诸侯力争，各擅雄伯，自相君臣。经书某使来聘、某君来朝者，盖明和好所通，盛德所及。此皆国之大事，不可阙如。而自《史》《汉》已还，相承继作。至于呼韩入侍，肃慎来庭，如此之流，书之可也。若乃藩王岳牧，朝会京师，必也书之本纪，则异乎《春秋》之义。夫臣谒其君，子觐其父，抑惟恒理，非复异闻。载之简策，一何辞费？其烦二也。

若乃百职迁除，千官黜免，其可以书名本纪者，盖惟槐鼎而已。故西京撰史，唯编丞相、大夫；东观著书，止列司徒、太尉。（眉批：即《春秋》非卿不书之义。）而近世自三公以下，一命已上，苟沾厚禄，莫不备书。且一人之身，兼预数职，或加其号而阙其位，或无其实而有其名。赞唱为之口劳，题署由其力倦。具之史牒，夫何足观？其烦三也。

夫人之有传也，盖唯书其邑里而已。其有开国承家，世禄不坠，积仁累德，良弓无改，项籍之先世为楚将，石建之后廉谨相承，此则其事尤异，略书于传可也。其失之者，则有父官令长，子秩丞郎，声不著于一乡，行无闻于十室，而乃叙其名位，一二无遗。此实家牒，非关国史。其烦四也。

于是考兹四事，以观今古，足验积习忘返，流宕不归，乖作者之规模，违哲人之准的也。孔子曰："吾党之小子狂简，斐然成章，不知所以裁之。"其斯之谓矣。

亦有言或可记，功或可书，而纪阙其文，传亡其事者。或八元才子，因行父而获传；或五羖大夫，假赵良而见识。则知当时正史，流俗所行，若三坟、五典、八索、九丘之书，虞、夏、商、周春秋、梼杌之记，其所缺略者多矣。

夫记事之体，欲简而且详，疏而不漏。若烦则尽取，省则多捐，此乃忘折中之宜，失均平之理。惟夫博雅君子，知其利害者焉。

傅玄贬班 《晋书·傅玄传》：玄，字休奕，御史中丞。迁太仆。撰论经国九流及《三史》故事，评断得失，各为区例，名为《傅子》，为内、外、中篇。

吞燕卵 郑康成《商颂谱》：有娀氏之女名简狄，吞鳦卵而生契。《殷本纪》：简狄为帝喾次妃。《尔雅·释鸟》：燕，鳦也。

启龙漦 《外传·郑语》：宣王之时，童谣曰："檿弧箕服，实亡周国。"有夫妇鬻是器者。夏之衰，褒神化为三龙，王请其漦藏之，殷、周莫之发也。及厉王发之，漦流于庭，童妾遭之而孕，育而弃之。鬻弧服者取之，以逸于褒，是为褒后。《周本纪》亦载之。

厉坏门 《左传》成公十年：晋侯梦大厉被发及地，搏膺而踊曰：杀余孙，不义，余得请于帝矣。坏大门及寝门而入。公惧，入于室，又坏户。公觉，召桑田巫，巫言如梦。公曰：何如？曰：不食新矣！

鬼谋社 《左传》哀公七年：初，曹人或梦众君子立于社宫而谋亡曹，曹叔振铎请待公孙强。旦而戒其子曰：我死，尔闻公孙强为政，必去之。及伯阳即位，好田弋。曹鄙人公孙强好弋，说之。因访政事，有宠，使听政。梦者之子乃行。八年，宋灭曹。

江使返璧 见《书志》篇。

圯桥授书 事在《史记·留侯世家》。裴《注》：徐广曰：圯，桥也，圯音怡。李奇云：上、下邳人谓桥为圯。按："圯桥"二字连用，似误。然其后《杂说》中有"庐江目桥为圯"之文，知其非失考也，特随俗通用耳。

王乔、左慈 见《采撰》篇。

廪君 《后汉书·南蛮传》：巴郡、南郡蛮本有五姓，未有君长。乃共令各乘土船，约能浮者，当以为君。余姓悉沉，唯务相独浮，因共立之，是为廪君。廪君死，魂魄世为白虎。

槃瓠 见《断限》篇。

《语林》《笑林》 《隋书·经籍志》：《语林》十卷，晋裴启撰。《笑林》三卷，汉邯郸淳撰。

《世说》《俗说》 《世说》即临川所撰，见《六家》。《隋书·经籍志》：《俗说》三卷，沈约撰。

驱蝇 《魏志·梁习传》注：《魏略》云：王思性急，常执笔作书，蝇集笔端，驱去复来。思恚怒，自起驱蝇，不能得，还取笔掷地，踏坏之。

持螯 《晋书·毕卓传》：卓，字茂世。尝谓人曰：得满数百斛船，四时甘味置两头，右手持酒杯，左手持蟹螯，拍浮酒船中，便足了一生矣。

膳痂 《宋书·刘穆之传》：穆之之孙邕，嗜食疮痂，以为味似鳆鱼。尝诣孟灵休，灵休疮痂落床上，取食之。灵休大惊。答曰：性之所嗜。灵休疮痂未落者，悉褫取以饲邕，遂举体流血。南康国吏二百许人，不问有罪无罪，递互与鞭，鞭疮痂，常以给膳。

伤赘 《南史·朱龄石传》：龄石，字伯儿。少好武，不事崖检。舅淮南蒋氏，才劣。龄石使舅卧听事，剪纸方寸，帖著舅枕，以刀子县掷之，相去八九尺，百掷百中。舅畏龄石，终不敢动。舅头有大瘤，龄石伺舅眠，密割之，即死。按：伤赘，即割瘤也。

嘉禾 《书序》：唐叔得禾，异亩同颖，献之天子。王命唐叔归周公于东，作《归禾》。周公既得命禾，旅天子之命，作《嘉禾》。

秦得若雉 《史记·封禅书》：秦文公获若石云，于陈仓北阪城祠之。其神来也常以夜，则若雄鸡，其声殷云，野鸡夜鸣。以一牢祠，号曰"陈宝"。按："雄鸡"，《汉书·郊祀志》作"雄雉"。

鲁获如麇 《公羊传》：哀公十四年春，西狩获麟。孰狩之？薪采者也。薪采者则微者也，曷为以狩言之？大之也。麟者仁兽也，有王者则至，无王者则不至。有以告者,曰:有麏而角者。孔子曰:孰为来哉!孰为来哉!反袂拭面,涕沾袍。

呼韩入侍 《汉书·宣帝纪》:甘露二年,匈奴呼韩邪单于款五原塞。三年春正月,行幸甘泉,郊泰畤。呼韩邪单于稽侯狦来朝,赞谒称藩臣而不名。上自甘泉宿池阳宫,蛮夷君长夹道陈。上登渭桥,咸称万岁。

肃慎来庭 《史记·孔子世家》:武王克商,通道九夷八蛮,肃慎贡楛矢石砮,长尺有咫。《晋书·文帝纪》:肃慎来献石砮、貂皮等,天子命归于大将军府。按:《魏志·陈留王纪》:景元三年,肃慎遣使重译入贡,即其事。又《晋书·武帝纪》:咸宁五年,肃慎来献楛矢石砮。

异乎《春秋》之义 原注:若《汉书》载楚王嚣等来朝,《宋书》载檀道济等来朝之类是也。

项籍世为楚将 《史记·项羽本纪》。

石建廉谨相承 《史记·万石君传》。

八元才子 见后篇"元凯"注。

五羖大夫 《史记·商君列传》。

人 物

夫人之生也,有贤不肖焉。若乃其恶可以诫世,其善可以示后,而死之日名无得而称焉,是谁之过欤?盖史官之责也。

观东汉一代,贤明妇人,如秦嘉妻徐氏,动合礼仪,言成规矩,毁形不嫁,哀恸伤生,此则才德兼美者也。(眉批:此论最正。)董祀妻蔡氏,载诞胡子,受辱虏廷,文词有余,节概不足,此则言行相乖者也。至蔚宗《后汉》,传标《列女》,徐淑不齿,而蔡琰见书。欲使彤管所载,将安准的?

裴幾原删略宋史,时称简要。至如张祎阴受君命,戕贼零陵,乃守道不移,饮鸩而绝。虽古之鉏麑义烈,何以加诸?鲍昭文宗学府,驰名海内,方于汉代褒、朔之流。事皆阙如,何以申其褒奖?

夫天下善人少而恶人多,其书名竹帛者,盖唯记善而已。故太史公有云:"自获麟以来,四百余年,明主贤君、忠臣死义之士,废而不载,余甚惧焉。"即其义也。至如四凶列于《尚书》,三叛见于《春秋》,西汉之纪江充、石显,东京之载梁冀、董卓,此皆干纪乱常,存灭兴亡所系。既有关时政,故不可阙书。

但近史所刊,有异于是。至如不才之子,群小之徒,或阴情丑行,或素餐尸禄,其恶不足以曝扬,其罪不足以惩戒,莫不搜其鄙事,聚而为录,不其秽乎?抑又闻之,十室之邑,必有忠信;而斗筲之才,何足算也。若《汉》传之有傅宽、靳歙,《蜀志》之有许慈,《宋书》之虞丘进,《魏史》之王宪,若斯数子者,或才非拔萃,或行不逸群,徒以片善取知,微功见识,阙之不足为少,书之唯益其累。而史臣皆责其谱状,征其爵里,课虚成有,裁为列传,不亦烦乎?

夫名刊史册,自古攸难;事列《春秋》,哲人所重。笔削之士,其慎之哉!

秦嘉妻徐 《玉台新咏》秦嘉《赠妇诗》序云:嘉为郡上掾,妻徐淑寝疾,还家,不获面别,赠诗云尔。淑答诗,略云:妾身兮不令,感疾兮来归。旷废兮侍觐,情敬兮有违。君今兮奉命,远适兮京师。悠悠兮离别,梦想兮容辉。恨无兮羽翼,高飞兮相追。《艺文类聚》:淑复嘉书云:昔诗人有飞蓬之感,班姬有谁荣之叹。素琴明鉴,当待君还。未奉光仪,宝钗不列。《幽明录》:淑昼卧流涕。嫂问之。曰:适见嘉自说往津亭乡,病亡。一客赍书还,日中当至。举家大惊。书至,事如梦。

董祀妻蔡 《后汉书·列女传》:陈留董祀妻者,同郡蔡邕之女也。名琰,字文姬,博学有才辩,又妙于音律,适河东卫仲道。夫亡,无子。兴平中,天下丧乱,为胡骑所获,没于南匈奴左贤王。在胡中,生二子。曹操素与邕善,遣使者以金璧赎之,而重嫁于祀。

张袆 《晋书·忠义传》:张袆,吴郡人,少有操行。恭帝践阼,刘裕以袆帝之故吏,素所亲信,封药酒一罂付袆,密令鸩帝。袆既受命,叹曰:鸩君求生,何面目视息世间哉!不如死也。因自饮之而死。按:《宋书》则于其子畅传见之。易代之史，体自应尔，可无阙如之讥。

鉏麑 《左传》宣公二年。

鲍昭 《宋书·临川王传》：义庆为宗室之表，招聚文学之士东海鲍照等，引为佐使。照，字明远，文辞赡逸，为《河清颂》，序甚工。世祖好为文章，自谓物莫能及。照悟其旨，为文多鄙言累句，当世咸谓照才尽，实不然也。按：唐人避武后讳曌，多作"鲍昭"。

三叛 《左传》昭公三十一年：齐豹为卫司寇，作而不义，其书为盗。邾庶其、莒牟夷、邾黑肱以土地出，不求其名，贱而必书，所以惩肆而去贪也。《春秋》书齐豹曰盗，三叛人名，以惩不义，其善志也。

傅、靳 《汉书》樊、郦、夏侯、灌、傅、靳、周同传。按："傅靳"恐当作"傅周"，盖七人中叙功，惟傅宽、周缉事最少也。

许慈 《蜀志·许慈传》：慈，字仁笃。又有胡潜，字公兴。并为博士，典掌旧文。更相克伐，书籍有无，不相通借，时寻楚挞。其矜已妒彼至于此。

虞丘进 《宋书·虞丘进传》：进累战有功，封望蔡县男，除宋台令书。史臣曰：诸将起自竖夫，心一乎主，百死而不顾，遂飨封侯之报。

王宪 《魏书·王宪传》：宪，字显则，北海剧人。归诚，太祖见之，曰：此王猛孙也。厚礼待之。进爵剧县侯，卒年八十九。按：《北史》"宪"作"憓"。

核　才

（眉批：论甚严正。自唐以后，以俪体为史者遂绝，固由宋人之力排，而子玄廓清之力，亦自不少。）

夫史才之难，其难甚矣。《晋令》云："国史之任，委之著作，每著作郎初至，必撰名臣传一人。"斯盖察其所由，苟非其才，则不可叨居史任。历观古之作者，若蔡邕、刘峻、徐陵、刘炫之徒，各自谓长于著书，达于史体，然观侏儒一节，而他事可知。案：伯喈于朔方上书，谓宜广班氏《天文志》。夫《天文》之于《汉史》，实附赘之尤甚者也。必欲申以掎摭，但当锄而去之，安可仍其过失，而益其芜累？述史如此，将非练达者欤？孝标持论谈理，诚为绝伦。而《自叙》一篇，过为烦碎；《山栖》一志，直论文章。谅难以偶迹迁、固，比肩陈、范者也。孝穆在齐，有志梁史，及还江左，书竟不成。嗟乎！以徐公文体，而施诸史传，亦犹灞上儿戏，异乎真将军，幸而量力不为，可谓自卜者审矣。（眉批：此亦公论，《晋书》是其显证矣！）光伯以洪儒硕学，而迍邅不遇。观其锐情自叙，欲以垂示将来，而言皆浅俗，理无要害。岂所谓"诵《诗》三百，虽多，亦奚以为"者乎！

昔尼父有言："文胜质则史。"盖史者当时之文也。然朴散淳销，时移世异，文之与史，较然异辙。故以张衡之文，而不闲于史；以陈寿之史，而不习于文。其有赋述《两都》，诗裁《八咏》，而能编次汉册，勒成宋典。若斯人者，其流几何？（眉批：甘苦之言，分明之论。微特俪体不可为史，即以东坡之工为散文，亦自云某于此事非当家，所作志文亦大略可睹，而南丰《隆平集》中即太祖一论，已大乖史体矣！）

是以略观近代，有齿迹文章而兼修史传。其为式也，罗含、谢客宛为歌颂之文，萧绎、江淹直成铭赞之序，温子昇尤工复语，卢思道雅好丽词，江总猖獗以沉迷，庾信轻薄而流宕。此其大较也。然向之数子所撰者，盖不过偏记杂说，小卷短书而已，犹且乖滥踳驳，一至于斯。而况责之以刊勒一家，弥纶一代，使其始末圆备，表里无咎，盖亦难矣。

但自世重文藻，词宗丽淫，于是沮诵失路，灵均当轴。每西省虚职，东观伫才，凡所拜授，必推文士。遂使握管怀铅，多无铨综之识；连章累牍，罕逢微婉之言。而举俗共以为能，当时莫之敢侮。假令其间有术同彪、峤，才若班、荀，怀独见之明，负不刊之业，而皆取窘于流俗，见嗤于朋党。遂乃哺糟歠醨，俯同妄作；披褐怀玉，无由自陈。此管仲所谓"用君子而以小人参之，害霸之道"者也。

昔傅玄有云："观孟坚《汉书》，实命代奇作。及与陈宗、尹敏、杜抚、马严撰中兴纪传，其文曾不足观，岂拘于时乎？不然，何不类之甚者也。是后刘珍、朱穆、卢植、杨彪之徒，又继而成之。岂亦各拘于时，而不得自尽乎？何其益陋也。"嗟乎！拘时之患，其来尚矣。斯则自古所叹，岂独当今者哉！

《晋令》 《隋书·经籍志》:《晋令》四十卷。《晋书·职官志》:著作郎始到职,必撰名臣传一人。

侏儒一节 《吴志·潘濬传》注:武陵部从事樊伷叛,外白差万人往讨,濬曰:五千兵足可擒伷。伷实无才,昔尝为州人设馔,比至日中,食不可得,而十余自起。此亦侏儒观一节之验也。

朔方上书 《后汉书·蔡邕传》:邕,字伯喈,拜郎中,校书东观。对灾咎,讥刺宠臣,下狱。减死,徙朔方。上书自陈,奏其所著十意。《注》:自陈曰:臣自在布衣,常以为《汉书》十志下尽王莽,光武以来唯记纪传,无续志者。故太傅胡广略以所有旧事与臣,臣欲删定者一,所当接续者四,前志所无,臣欲著者五。分别首目,并书章左,唯陛下留神。

《自叙》《山栖》 刘峻,见《补注》篇。又《梁书·文学传》:因游东阳紫岩山,筑室居焉。为《山栖志》,其文甚美。又尝为《自序》,曰:余自比冯敬通,而有同之者三,异之者四。按:"直论文章",句义不可晓,恐有讹字。

孝穆在齐 《陈书·徐陵传》:陵,字孝穆。太清二年,兼通直散骑常侍。使魏,会齐受禅,陵累求复命,终拘留不遣。及齐送贞阳侯为梁嗣,乃遣陵随还。陈天嘉年,领大著作。按:"在齐有志梁史"之语,本传、本集皆不见。

光伯自叙 《隋书·儒林传》:刘炫,字光伯。纳言杨达举炫博学,射策高第,除太学博士。岁余,归河间,于时盗贼蜂起,教授不行。乃自为赞曰:通人自叙风徽,余敢仰均先达,徒以日迫桑榆,门徒雨散,殆及余喘,薄言胸臆云云。

《两都》 《两都赋》,班固撰。见《载文》篇。

《八咏》 《八咏》,沈约撰。隐侯本集:一、《登台望秋月》,二、《会圃临春风》,三、《岁暮愍衰草》,四、《霜来悲落桐》,五、《夕行闻夜鹤》,六、《晨征听晓鸿》,七、《解佩去朝市》,八、《被褐守山东》。苏诗王注:沈约为东阳太守,作《八咏》,写于楼上。

罗含 《晋书·文苑传》:罗含,字君章。尝梦一鸟,文彩异常,飞入口,自此藻思出新。太守谢尚称曰:湘中琳琅。于城西小洲上立茅屋,布衣蔬食,晏如也。征正员郎,转廷尉,致仕,门施行马。

谢客 《南史·庾肩吾传》:简文书曰:谢客吐言天拔,出于自然,时有不拘,是其糟粕。《谢弘微传》:客儿,灵运小名。《异苑》:灵运生于会稽,其家以子孙难得,送于钱塘杜明师养之,十五方还。故曰客儿。

萧绎 萧绎即梁元帝,《梁书》本纪:初封湘东王,颇有高名,与裴子野、刘显、萧子云为布衣之交,著作多行于世。

江淹 《梁书·江淹传》:淹,字文通。少以文章显,晚节才思微退,时人谓之才尽。所著述百余篇,并《齐史》十志。

温子昇 见《叙事》篇。

卢思道 《北史·卢玄传》:玄之孙思道,才学兼著。齐天保中,《魏史》成,思道多所非毁。周平齐,追赴长安。终散骑侍郎、参内史事。集三十卷。

江总 《陈书·江总传》:总,字总持。家传赐书,昼夜寻读。文伤于浮艳。后主之世,总当权宰,日与宴游后庭,共陈暄、孔范等十余人,谓之狎客。

庾信 《北史·文苑传》:庾信,字子山。父肩吾,为梁中庶子。徐摛为右卫率。摛子陵及信并为抄撰学士。父子东宫出入,恩莫与比隆。文并绮艳,世号"徐庾体"焉。元帝即位,聘于西魏。属大军南伐,遂留长安,累迁开府仪同三司。

踳驳 《庄子》末篇:惠施多方,其道踳驳。按:乖舛也。本训色杂,或作"驖驳"。

沮诵失路 《升庵外集》:仓颉、沮诵,共造文字,今世知有仓颉,不知有沮诵。按:沮诵失路,借言古笔不行也。又详《史官》篇。

灵均当轴 按:《史记·屈贾传》,但言屈原者,名平,不言别有名字。所谓正则、灵均,盖《离骚》自寓。"灵均当轴",借言以词人当史局也。

傅玄有言 傅玄,见《书事》篇。其言即所撰论三史故事,评断得失中语也。作"傅毅"者,非是。

陈宗 《后汉书·班固传》:显宗召固诣校书部,除兰台令史,与前睢阳令陈宗、长陵令尹敏，共成《世祖本纪》。《困学纪闻》:《论衡》云:陈平仲纪光武功德颇可观见。未详平仲何人。按:阎征君若璩，据《班固传》推知是陈宗字。

尹敏 袁宏《后汉纪》:南阳人尹敏，字幼季，才学深通。上言谶书多近语俗辞。上非之。官止长陵令，与班彪善。

杜抚、马严 《后汉书·马援传》:援兄子严，字威卿。明德皇后既立，严虑致讥嫌，徙北地，皇后敕使移居洛阳。显宗召见，严进对闲雅，诏留仁寿闼，与校书郎杜抚、班固等杂定《建武注记》。

刘珍 《后汉书·文苑传》:刘珍，字秋孙。永初中，邓太后诏珍与刘騊駼、马融校定东观百家。又诏与騊駼作建武以来名臣传。

朱穆 《后汉书·朱晖传》:晖子穆，字公叔，拜尚书。所著论奏二十篇。及卒，蔡邕与门人共述其体行，谥为文忠先生。按:传中不及朱穆续史事。

卢植 《后汉书·卢植传》:植，字子干，拜议郎，与马日磾、蔡邕、杨彪、韩说等补续《汉纪》。

杨彪 《后汉书·杨震传》:震曾孙彪，字文先。熹平中，公车征拜议郎。《注》:《华峤书》曰:与日磾、植、邕等著作东观。

序　传

盖作者自叙，其流出于中古乎？案:屈原《离骚经》，其首章上陈氏族，下列祖考;先述厥生，次显名字。自叙发迹，实基于此。降及司马相如，始以自叙为传。然其所叙者，但记自少及长，立身行事而已。逮于祖先所出，则蔑尔无闻。至马迁，又征三闾之故事，放文园之近作，模楷二家，勒成一卷。于是扬雄遵其旧辙，班固酌其余波，自叙之篇，实烦于代。虽属辞有异，而兹体无易。

然自叙之为义也，苟能隐己之短，称其所长，斯言不谬，即为实录。而相如自序，乃记其客游临邛，窃妻卓氏，以《春秋》所讳，持为美谈。虽事或非虚，而理无可取。载之于传，不其愧乎！又王充《论衡》之《自纪》也，述其父祖不肖，为州闾所鄙，而己答以瞽顽舜神，鲧恶禹圣。夫自叙而言家世，固当以扬名显亲为主，苟无其人，阙之可也。至若盛矜于己，而厚辱其先，此何异证父攘羊，学子名母？必责以名教，实三千之罪人也。

夫自媒自炫，士女之丑行。历观扬雄已降，其自序也，始以夸尚为宗。至魏文帝、傅玄、陶梅、葛洪之徒，则又逾于此者矣。何则？身兼片善，行有微能，皆剖析具言，一二必载。岂所谓宪章前圣，谦以自牧者欤？

又近古人伦，喜称阀阅。其荜门寒族，百代无闻，而驸角挺生，一朝暴贵，无不追述本系，妄承先哲。（眉批：持此说以绳百家谱牒，有愧色者多矣。故余谓姓氏书皆可焚也！）至若仪父、振铎，并为曹氏之初；淳维、李陵，俱称拓拔之始。河内马祖，迁、彪之说不同；吴兴沈先，约、炯之言有异。斯皆不因真律，无假宁楹，直据经史，自成矛盾。（眉批："真律"疑是"殷律"之讹，用孔子吹律自知为殷人事，以声近而为"真"。"宁楹"疑是"晏楹"之讹，用晏子凿楹留书与子事，以形近而为"宁"也，存以俟考。）则知扬姓之寓西蜀，班门之雄朔野，或胄纂伯侨，或家传熊绎，恐自我作故，失之弥远者矣。盖谄祭非鬼，神所不歆；致敬他亲，人斯悖德。凡为叙传，宜详此理。不知则阙，亦何伤乎？

《离骚》陈氏族 屈平《离骚经》：帝高阳之苗裔兮，朕皇考曰伯庸。摄提贞于孟陬兮，惟庚寅吾以降。皇览揆余于初度兮，肇锡余以嘉名。名余曰正则兮，字余曰灵均。

相如自叙为传 按：《汉书·司马相如传》，无自叙明文。证之后史，知其言固有本。《隋书·刘炫传》自为赞曰：通儒司马相如、扬子云、马季卿、郑康成等，皆自叙风徽，传芳来叶云云。盖子玄之前，古人已言之矣。

窃妻 《汉书·司马相如传》：相如游梁归，临邛令王吉为具召之。时卓王孙女文君新寡，相如以琴心挑之。文君夜亡奔相如，遂与驰归成都。

《论衡·自纪》 《论衡·自纪》篇：王充者，会稽上虞人也，字仲任。其先本魏郡，从军有功，封会稽阳亭，国（绝），因家焉，以农桑为业。世祖勇任气，怨仇众多。祖父泛担载，就安钱唐县，生子二：蒙、诵。诵即充父，与豪家丁伯等结怨,徙处上虞。

学子名母 《战国·魏策》:宋人有学者,三年反而名其母。母曰:名我何也?其子曰:尧、舜名,天地名,母贤不过尧、舜,大不过天地,是以名母也。母曰:子于学尽行之乎?将有所不行也,愿子之且以名母为后也。

三千之罪 《孝经·五刑》篇:子曰:五刑之属三千,而罪莫大于不孝。

扬雄自叙 《汉书·扬雄传》注:晋灼曰:晋大夫无扬侯。师古曰:雄之自叙谱牒,称扬侯,盖疏谬也。据此可见,《雄传》皆自叙之文,其说必有所受也。

魏文帝 《典论·自序》历述平董卓、脱张绣及论射、击剑、弹棋之事,皆著于篇。

傅玄 玄,字休奕。见《书事》篇。作《傅子》三篇,其自叙未见。

陶梅 当作"梅陶"。《世说·方正》注:梅颐弟陶,字叔真,王敦咨议参军。《晋书》:祖逖兄纳问梅陶曰:君乡里立月旦评,何如?曰:善褒恶贬,佳法也。王隐在坐,曰:《尚书》"三载考绩",何得月行褒贬?陶曰:此官法也。月旦,私法也。按:陶生许劭之乡,好议论,自叙之作,或是其人。

葛洪 《抱朴子·自叙》:余抄撮众书,撮其精要。或曰:玉屑盈车,不如全璧。答曰:泳员流者,采珠而捐蚌;登荆山者,拾玉而弃石。余犹摘孔翠之藻羽,脱犀象之角牙矣。其自序世系,《晋书》本传略采之。

仪父、振铎 《大戴·帝系》篇:颛顼玄孙陆终,娶鬼方氏,产六子,其五曰安,是为曹姓。曹姓者,邾氏也。《通志·氏族略》:武王封安之苗裔邾挟为附庸,下至仪父,始见于经。按:邾仪父乃曹之后,非曹之先也。刘言稍借。《史记》:曹叔振铎者,周武王弟也。武王既克殷纣,封振铎于曹。

始均李陵 《魏书·序纪》:黄帝以土德王。北俗谓"土"为"托",谓"后"为"跋",故以为氏。其裔始均,入仕尧世,命为田祖。爰历二代,始均之裔不交南夏。积六十七世,至成皇帝,讳毛立,威振北方。《宋书·索虏传》:索头虏姓托跋,其先李陵后也。按:旧本"始均"作"淳维",淳维是匈奴远祖,与拓跋无涉。"拓"通作"托""託"。

河内马祖 按：《史记·太史公自序》及《晋书》帝纪，同以汉初河内司马卬为祖。《史通》谓彪说不同，是司马彪《九州春秋》叙姓别有所祖也。俟考。

吴兴沈先 沈约《宋书·自序》：沈子国，今汝南平舆沈亭是也，后以国为氏。汉有曰戎字威卿者，光武封为海昏侯，辞不受。避地徙居会稽乌程县之余不乡，遂世家焉。顺帝分会稽为吴郡，灵帝分乌程为永安，吴孙皓分吴郡为吴兴郡。晋平吴，改永安为武康。史臣七世祖延，始居县东博陆里余乌村。按：《南史·沈炯传》亦云吴兴武康人。《史通》云炯言有异，未详所本。

真律宁樋 未详。

胄纂伯侨 《汉书·扬雄传》：其先出自有周伯侨者，以支庶初食采于晋之扬，因氏焉。

家传熊绎 《汉书·叙传》：班之先与楚同姓，令尹子文之后也。子文初生，虎乳之，楚人谓虎为"班"，因氏焉。按：熊绎，楚先君也。

敬他 《孝经·圣治》：不爱其亲而爱他人者，谓之悖德；不敬其亲而敬他人者，谓之悖礼。

烦　省

（眉批：推寻尽致，持论平允，子玄难得此圆通之论。）

昔荀卿有云：远略近详。则知史之详略不均，其为辨者久矣。及干令升《史议》，历诋诸家，而独归美《左传》，云："丘明能以三十卷之约，括囊二百四十年之事，靡有孑遗。斯盖立言之高标，著作之良模也。"又张世伟著《班马优劣论》，云："迁叙三千年事，五十万言；固叙二百四十年事，八十万言。是班不如马也。"然则自古论史之烦省者，咸以左氏为得，史公为次，孟坚为甚。（眉批："甚"字，旧作"非"字，是。）自魏、晋已还，年祚转促，而为其国史亦不减班《书》。此则后来逾烦，其失弥甚者矣。

余以为近史芜累，诚则有诸，亦犹古今不同，势使之然也。（眉批：通人之论。）辄求其本意，略而论之，何者？当春秋之时，诸侯力争，各闭境相拒，关梁不通。其有吉凶大事，见知于他国者，或因假道而方闻，或以通盟而始赴。苟异于是，则无得而称。鲁史所书，实用此道。至如秦、燕之据有西北，楚、越之大启东南，地僻界于诸戎，人罕通于上国。故载其行事，多有阙如。且其书自宣、成以前，三纪而成一卷；至昭、襄（眉批："昭""襄"二字倒书。）已下，数年而占一篇。是知国阻隔者，记载不详；年浅近者，撰录多备。此丘明随闻见而成传，何有故为简约者哉！

及汉氏之有天下也，普天率土，无思不服。会计之吏，岁奏于阙廷。辎轩之使，月驰于郡国。作者居府于京兆，征事于四方，用使夷夏必闻，远近无隔。故汉氏之史，所以倍增于《春秋》也。

降及东京，作者弥众。至如名邦大都，地富才良，高门甲族，代多髦俊。邑老乡贤，竞为别录；家牒宗谱，各成私传。于是笔削所采，闻见益多。此中兴之史，所以又广于《前汉》也。

夫英贤所出，何国而无？书之则与日月长悬，不书则与烟尘永灭。是以谢承尤悉江左，京洛事缺于三吴；陈寿偏委蜀中，巴、梁语详于二国。如宋、齐受命，梁、陈握纪，或地比《禹贡》一州，或年方秦氏二世。夫地之偏小，年之窘迫，适使作者采访易洽，巨细无遗，耆旧可询，隐讳咸露。此小国之史，所以不减于大邦也。（眉批：推阐分明。）

夫论史之烦省者，但当要其事有妄载，苦于榛芜，言有阙书，伤于简略，斯则可矣。必量世事之厚薄，限篇第以多少，理则不然。且必谓丘明为省也，若介葛辨牺于牛鸣，叔孙志梦于天压，楚人教晋以拔旆，城者讴华以弃甲。此而毕书，岂得谓之省邪？且必谓《汉书》为烦也，若武帝乞浆于柏父，陈平献计于天山，长沙戏舞以请地，杨仆怙宠而移关。此而不录，岂得谓之烦邪？由斯而言，则史之烦省不中，从可知矣。

又古今有殊，浇淳不等。帝尧则天称大，《书》惟一篇；周武观兵孟津，言成三誓；伏羲止画八卦，文王加以《系辞》。俱为大圣，行事若一，其丰俭不类，悬隔如斯。必以古方今，持彼喻此，如蚩尤、黄帝交战阪泉，施于春秋，则城濮、鄢陵之事也。有穷篡夏，少康中兴，施于两汉，则王莽、光武之事也。夫差既灭，句践霸世，施于东晋，则桓玄、宋祖之事也。张仪、马错为秦开蜀，施于三国，则邓艾、钟会之事也。而往之所载，其简如彼；后之所书，其审如此。若使同后来于往世，限一概以成书，将恐学者必诟其疏遗，尤其率略者矣。而议者苟嗤沈、萧之所记，事倍于孙、习；华、谢之所编，语烦于班、马，不亦谬乎！故曰：论史之烦省者，但当求其事有妄载，言有阙书，斯则可矣。必量世事之厚薄，限篇第以多少，理则不然，其斯之谓也。

年浅近者撰录多备 原注：杜预《释例》云：文公已上六公，书日者二百四十九。宣公已下亦六公，书日者四百三十二。计年数略同，而日数加倍，此亦久远遗落，不与近同也。是则传者注书已先觉之矣。

令升 干宝字，见《二体》篇。

世伟 张辅字，见《鉴识》篇。

介葛 《左传》僖公二十九年。

天厌 《左传》昭公四年：初，穆子去叔孙氏，及庚宗，遇妇人，私而宿焉。适齐，梦天厌己，弗胜。顾而见人，黑而上偻，号之曰：牛助余！乃胜之。既立，所宿庚宗之妇人献以雉，曰：吾子长矣。见之，则所梦，号之曰：牛。曰：唯。遂使为竖，有宠。卒乱其室。

拔旆 《左传》宣公十二年：邲之战，晋师奔，或以广队不能进。楚人惎之脱扃。少进，马还，又惎之，拔旆投衡，乃出。顾曰：吾不如大国之数奔也。

弃甲 见《言语》篇。

乞浆柏父 郭《注》：上微行，尝夜至柏谷，舍于逆旅。因从乞浆，主人翁曰：无浆，正有溺耳。且疑上为奸盗，欲攻之。主人妪睹上状貌而异之，止其翁。翁不听，妪饮翁酒，缚之。乃杀鸡为食，以谢客。明日，上归，召妪赐金千斤。按：《汉武故事》。

献计天山 《汉书·高帝纪》：至平城，为匈奴所围七日，用陈平计得出。

《注》：应劭曰：陈平使画工图美女，间遗阏氏，云欲献之。阏氏畏其夺己宠，因谓单于曰：汉天子亦有神灵，得其地，非能有也。于是开一角，得出。郑氏曰：计鄙陋，故秘。

长沙戏舞　《汉书·景十三王传》：长沙定王发母微，故王卑湿贫国。《注》：应劭曰：景帝后二年，诸王来朝。有诏更前称寿歌舞，定王但张袖小举手，左右笑其拙。上怪问之，对曰：臣国小地狭，不足回旋。帝乃以武陵、零陵、桂阳益焉。

杨仆移关　《汉书·孝武纪》：元鼎三年冬，徙函谷关于新安，以故关为弘农县。《注》：应劭曰：时楼船将军杨仆数有大功，耻为关外民。上书乞徙东关，以家财给其用度。武帝意亦好广阔，于是徙关三百里。

城濮、鄢陵　城濮事在《左传》僖公二十八年，鄢陵事在成公十六年。所谓春秋晋、楚三大战之二也。

有穷少康　《左传》襄公四年：昔有夏之方衰也，后羿因夏民以代夏政，而淫于原兽，弃武罗、伯因、熊髡、龙圉而用寒浞。寒浞，伯明氏之谗子弟也。行媚于内而施赂于外，树之诈慝，以取其国家。又哀公元年：昔有过浇灭夏后相，后缗方娠，逃归有仍，生少康焉。浇求之，奔有虞。虞思妻之二姚，而邑诸纶。能布其德，以收夏众。使女艾谍浇，复禹之绩，祀夏配天。

王莽、光武　二汉终始，传纪载之，凡数卷。

桓玄、宋祖　《晋书》之《叛臣》及《诸葛长民》《何无忌》等传，《宋书》之《武帝纪》及《刘道规》等传，并载其事，亦数卷。

为秦开蜀　《战国·秦策》：司马错与张仪争论于秦惠王前，起兵伐蜀，遂定蜀。《史记》略同。

邓艾、钟会　《魏志》：邓艾，字士载。钟会，字士季，太傅繇少子也。司马文王以蜀将姜维屡扰边陲，大举图蜀。景元四年秋，下诏使邓艾统诸军三万余人趋甘松，沓中缀维，会统十万众，分从斜谷、骆口入。移檄蜀将吏士民云云。按：《魏志》《蜀志》及《晋书·文帝纪》，其事专载、夹载不一册。

杂　述

（眉批：此篇详核而精审。）

在昔三坟、五典、春秋、梼杌，即上代帝王之书，中古诸侯之记。行诸历代，以为格言。其余外传，则神农尝药，厥有《本草》；夏禹敷土，实著《山经》；《世本》辨姓，著自周室；《家语》载言，传诸孔氏。是知偏记、小说，自成一家。而能与正史参行，其所由来尚矣。

爰及近古，斯道渐烦。史氏流别，殊途并骛。榷而为论，其流有十焉：一曰偏纪，二曰小录，三曰逸事，四曰琐言，五曰郡书，六曰家史，七曰别传，八曰杂记，九曰地理书，十曰都邑簿。夫皇王受命，有始有卒，作者著述，详略难均。有权记当时，不终一代，若陆贾《楚汉春秋》、乐资《山阳载记》、王韶《晋安陆纪》、姚最《梁昭后略》。此之谓偏纪者也。

普天率土，人物宏多，求其行事，罕能周悉。则有独举所知，编为短部，若戴逵《竹林名士》、王粲《汉末英雄》、萧世诚《怀旧志》、卢子行《知己传》。此之谓小录者也。

国史之任，记事记言，视听不该，必有遗逸。于是好奇之士，补其所亡，若和峤《汲冢纪年》、葛洪《西京杂记》、顾协《琐语》、谢绰《拾遗》。此之谓逸事者也。

街谈巷议，时有可观，小说卮言，犹贤于己。故好事君子，无所弃诸，若刘义庆《世说》、裴荣期《语林》、孔思尚《语录》、阳玠松《谈薮》。此之谓琐言者也。

汝、颍奇士，江、汉英灵，人物所生，载光郡国。故乡人学者，编而记之，若圈称《陈留耆旧》、周斐《汝南先贤》、陈寿《益部耆旧》、虞预《会稽典录》。此之谓郡书者也。

高门华胄，奕世载德，才子承家，思显父母。由是纪其先烈，贻厥后来，若扬雄《家谍》、殷敬《世传》、《孙氏谱记》、《陆宗系历》。此之谓家史者也。

贤士贞女，类聚区分，虽百行殊途，而同归于善。则有取其所好，各为之录，若刘向《列女》、梁鸿《逸民》、赵采《忠臣》、徐广《孝子》。此之谓别传者也。

阴阳为炭，造化为工，流形赋象，于何不育。求其怪物，有广异闻，若祖台《志怪》、干宝《搜神》、刘义庆《幽明》、刘敬叔《异苑》。此之谓杂记者也。

九州土宇，万国山川，物产殊宜，风化异俗，如各志其本国，足以明此一方，若盛弘之《荆州记》、常璩《华阳国志》、辛氏《三秦》、罗含《湘中》。此之谓地理书者也。

帝王桑梓，列圣遗尘，经始之制，不恒厥所。苟能书其轨则，可以龟镜将来，若潘岳《关中》、陆机《洛阳》、《三辅黄图》、《建康宫殿》。此之谓都邑簿者也。

大抵偏纪、小录之书，皆记即日当时之事，求诸国史，最为实录。然皆言多鄙朴，事罕圆备，终不能成其不刊，永播来叶，徒为后生作者削藁之资焉。

逸事者，皆前史所遗，后人所记，求诸异说，为益实多。及妄者为之，则苟载传闻，而无铨择。由是真伪不别，是非相乱。如郭子横之《洞冥》，王子年之《拾遗》，全构虚词，用惊愚俗。此其为弊之甚者也。

琐言者，多载当时辨对，流俗嘲谑，俾夫枢机者借为舌端，谈话者将为口实。及蔽者为之，则有诋讦相戏，施诸祖宗，亵狎鄙言，出自床第，莫不升之纪录，用为雅言，固以无益风规，有伤名教者矣。

郡书者，矜其乡贤，美其邦族，施于本国，颇得流行；置于他方，罕闻爱异。其有如常璩之详审，刘昞之该博，而能传诸不朽，见美来裔者，盖无几焉。

家史者，事惟三族，言止一门，正可行于室家，难以播于邦国。且箕裘不堕，则其录犹存；苟薪构已亡，则斯文亦丧者矣。

别传者，不出胸臆，非由机杼，徒以博采前史，聚而成书。其有足以新言加之别说者，盖不过十一而已。如寡闻末学之流，则深所嘉尚。至于探幽索隐之士，则无所取材。

杂记者,若论神仙之道,则服食炼气,可以益寿延年;(眉批:惟"神仙之道"三句近鄙。)语魑魅之途,则福善祸淫,可以惩恶劝善,斯则可矣。及谬者为之,则苟谈怪异,务述妖邪,求诸宏益,其义无取。

地里书者,若朱赣所采,浃于九州;阚骃所书,殚于四国。斯则言皆雅正,事无偏党者矣。其有异于此者,则人自以为乐土,家自以为名都,竞美所居,谈过其实。又城池旧迹,山水得名,皆传诸委巷,用为故实,鄙哉!(眉批:志书之弊,自古已然。)都邑薄者,如宫阙、陵庙、街廛、郭邑,辨其规模,明其制度,斯则可矣。及愚者为之,则烦而且滥,博而无限,论榱栋则尺寸皆书,记草木则根株必数,务求详审,持此为能。遂使学者观之,瞀乱而难纪也。

于是考兹十品,征彼百家,则史之杂名,其流尽于此矣。至于其间得失纷糅,善恶相兼,既难为觏缕,故粗陈梗概。且同自郐,无足讥焉。

又案:子之将史,本为二说。然如《吕氏》《淮南》《玄晏》《抱朴》,凡此诸子,多以叙事为宗,举而论之,抑亦史之杂也。但以名目有异,不复编于此科。

盖语曰:"众星之明,不如一月之光。"历观自古,作者著述多矣。虽复门千户万,波委云集。而言皆琐碎,事必蕞残。固难以接光尘于五传,并辉烈于三史。古人以比玉屑满箧,(眉批:"玉屑满箧",王充《论衡》之文。)良有旨哉!然则蒭荛之言,明王必择;葑菲之体,诗人不弃。故学者有博闻旧事,多识其物,若不窥别录,不讨异书,专治周、孔之章句,直守迁、固之纪传,亦何能自致于此乎?且夫子有云:"多闻,择其善者而从之。""知之次也。"苟如是,则书有非圣,言多不经,学者博闻,盖在择之而已。

神农《本草》 宋艾晟《本草序》:《神农》旧经止于三卷,药数百种。梁陶隐居因而倍之。《唐书·于志宁传》:帝问《本草》《别录》,对曰:班固惟记《黄帝内外经》,不载《本草》。至齐《七录》乃称之。世谓神农氏尝药以拯含气,而黄帝以前文字不传,至桐、雷乃载篇册。然所载郡县多在汉时,疑张仲景、华陀窜记其(语)。《别录》者,魏、晋以来,吴普、李当之所记,其言华叶形色,附

《经》为说。故弘景合而录之。

夏禹《山经》 胡渭《禹贡锥指》:《山海经》十三篇,刘歆以为出于唐、虞之际。《列子》曰:大禹行而见之,伯益知而名之,夷坚闻而志之。然其间可疑甚多。颜之推曰:禹、益所记,而有长沙、零陵、诸暨,后人所羼也。尤袤曰:此先秦之书,非禹、伯翳作。二说允当。

《世本》辨姓 《汉书·艺文志》:《世本》十五篇,古史官记黄帝以来讫春秋时诸侯大夫系谥名号。

《楚汉春秋》 见《六家》篇。

《山阳载记》 《隋书·经籍志》:《山阳载记》十卷,乐资撰。按:山阳公谓汉献帝禅魏,降封。

《晋安帝纪》 《宋书·王韶之传》:韶之,字休泰。私撰《晋安帝阳秋》,除著作佐郎,使续后事,讫义熙九年。善叙事。按:《晋安帝纪》即《阳秋》也。旧作"安陆",误。又按:《北史》有王韶,乃隋之武臣。此以属对省"之"字耳。

《梁昭后略》 《隋书·经籍志》:《梁后略》十卷,姚最撰。按:《隋志》无"昭"字,新旧《唐志》并有。

《竹林名士》 《隋书·经籍志》:《竹林七贤论》二卷,晋太子中庶子戴逵撰。按:《唐志》亦作《七贤论》。

《汉末英雄》 《隋书·经籍志》:《汉末英雄记》,王粲撰,残缺。

萧世诚《怀旧志》 《隋书·经籍志》:《怀旧志》九卷,元帝撰。按:世诚,元帝字也,讳绎。见《核才》篇。

卢子行《知己传》 《隋书·经籍志》:《知己传》一卷,卢思道撰。按:子行,思道字也。

《汲冢纪年》 按:《纪年》见《六家》,皆简编科斗文字。《郡斋读书志》云:所得凡八千五百一十四字,诏和峤等以隶字写之。

《西京杂记》 新旧《唐书·艺文志》:《西京杂记》二卷,葛洪撰。按:《困学纪闻》谓是吴均及萧贲依托。

《琐语》　《隋书·经籍志》:《琐语》一卷,梁金紫光禄大夫顾协撰。

《拾遗》　《隋书·经籍志》:《宋拾遗》十卷,梁少府卿谢绰撰。

《语林》　见《书事》篇。

《语录》　《通志》:《宋齐语录》十卷,孔思尚撰。

《谈薮》　《直斋书录解题》:《谈薮》,北齐秘书省正字北平阳玠松撰,事综南北八朝,隋开皇中所述。

《陈留耆旧》　《隋书·经籍志》:《陈留耆旧传》二卷,汉议郎圈称撰。

《汝南先贤》　《隋书·经籍志》:《汝南先贤传》五卷,魏周斐撰。按:《旧唐志》作"裴"。

《益部耆旧》　《隋书·经籍志》:《益部耆旧传》十四卷,陈寿撰。

《会稽典录》　《隋书·经籍志》:《会稽典录》二十四卷,虞预撰。

扬雄《家谍》　见《序传》篇。

殷敬《世传》　《唐书·艺文志》:《殷氏家传》三卷,殷敬撰。

《孙氏谱记》　《唐书·艺文志》:《孙氏谱记》十五卷,无撰人名。

《陆宗系历》　《唐书·艺文志》:《吴郡陆氏宗系谱》,陆景献撰。

刘向《烈女》　曾巩《列女传序》:刘向所序,凡八篇,《隋志》及《崇文总目》皆称十五篇。嘉祐中,苏颂定其书,复为八篇。

梁鸿《逸民》　《后汉书·梁鸿传》:仰慕前世高士,为四皓以下二十四人作颂。按:鸿所撰即此,别无《逸民传》。

赵采《忠臣》　按:《隋》《唐志·忠臣传》但有梁元帝撰,赵采无考。

徐广《孝子》　新旧《唐书·艺文志》:《孝子传》三卷,徐广撰。

《志怪》　《隋书·经籍志》:《志怪》二卷,祖台之撰。新旧《唐志》作四卷。《晋书·徐台之传》:台之,字元辰,官侍中、光禄大夫。

《搜神》　《隋书·经籍志》:《搜神记》十卷,干宝撰。

《幽明》　《隋书·经籍志》:《幽明录》二十卷,刘义庆撰。

《异苑》　《隋书·经籍志》:《异苑》十卷,宋给事刘敬叔撰。

《**荆州记**》 《隋书·经籍志》：《荆州记》，宋临川王侍郎盛弘之撰。

《**华阳国志**》 见《补注》篇。

《**三秦**》 按：《三秦记》，《后汉书·李膺传》章怀《注》引之，以证"登龙门"语。其书宜未亡，而史志皆阙，卷帙无考。

《**湘中**》 《文献通考·经籍》：《湘中山水记》三卷，晋耒阳罗含君章撰，范阳卢拯注。其书颇及隋、唐以后事，则后人附益也。

《**关中**》 《隋书·经籍志》：《关中记》一卷，潘岳撰。按：宋《中兴书目》云：葛洪撰。

《**洛阳**》 《隋书·经籍志》：《洛阳记》一卷，陆机撰。

《**三辅黄图**》 汉人撰。

《**建康宫殿**》 无考。

《**洞冥**》 汉郭宪《洞冥记序》：武帝明俊特达之主，东方朔滑稽浮诞以匡谏，洞心于道，使冥迹之奥，昭然显著。今籍旧史不载者，撰《洞冥记》四卷。按：子横，宪字也。

王子年《**拾遗**》 梁萧绮《拾遗记序》：《拾遗记》者，晋陇西王嘉（字子年）撰。皆残缺。文起羲、炎，事记西晋，辞趣过诞，推理陈迹，盖绝世而宏博矣。

刘昞 撰《敦煌实录》二十卷、《凉书》十卷、《三史略记》八十四卷。详《论赞》篇。

朱赣 按：《隋志》地理书，陆澄合《山海经》已来一百六十家，并多零失，见存四十二家。又任昉考其所列见存书，皆无朱赣撰九州书名，岂在零失中耶？

阚骃 《北史·阚骃传》：敦煌人，字玄阴。乐安王丕引为从事中郎。撰《十州志》。《唐书·艺文志》：《十州志》十卷。

辨　职

夫设官分职，伈绩课能，欲使上无虚授，下无虚受，其难矣哉！昔汉文帝幸诸将营,而目周亚夫为真将军。嗟乎!必于史职求真,斯乃特为难遇者矣。

史之为务,厥途有三焉。彰善贬恶,不避强御,若晋之董狐,齐之南史,此其上也。编次勒成,郁为不朽,若鲁之丘明,汉之子长,此其次也。高才博学,名重一时,若周之史佚,楚之倚相,此其下也。苟三者并阙,复何为者哉?

昔鲁叟之修《春秋》也,不借三桓之势;汉臣之著《史记》也,无假七贵之权。而近古每有撰述,必以大臣居首。(眉批:自唐以后,此例不能改矣。在领局者调剂得宜,任用有道,犹可救弊之大半也。)案:《晋起居注》载康帝诏,盛称著述任重,理藉亲贤,遂以武陵王领秘书监。寻武陵才非河献,识异淮南,而辄以彼藩翰,董斯邦籍,求诸称职,无闻焉尔。既而齐撰礼书,和士开总知;唐修《本草》,徐世勣监统。夫使辟阳、长信,指扨马、郑之前,周勃、张飞,弹压桐、雷之右,斯亦怪矣。(眉批:语杂诙谐,然尚未伤雅,胜于后幅之叫嚣。)

大抵监史为难,斯乃尤之尤者。若使直若南史,才若马迁,精勤不懈若扬子云,谙识故事若应仲远,兼斯具美,督彼群才,使夫载言记事,藉为模楷,搦管操觚,归其仪的,斯则可矣。但今之从政则不然,故凡所引进,皆非其才。或当官卒岁,竟无刊述,而人莫之省也;或辄不自揆,轻弄笔端,而人莫之见也。由斯而言,彼史曹者,崇扃峻宇,深附九重,虽地处禁中,而人同方外。可以养拙,可以藏愚,绣衣直指所不能绳,强项申威所不能及。斯固素餐之窟宅,尸禄之渊薮也。凡有国有家者,何事于斯职哉!

昔子贡欲去告朔之饩羊,子曰:"尔爱其羊,我爱其礼。"又语云:"虽无老成人,尚有典刑。"观历代之置史臣,有同嬉戏。而竟不废其职者,盖存夫爱礼,吝彼典刑者乎!

昔丘明之修传也,以避时难;子长之立记也,藏于名山;班固之成书也,出自家庭;陈寿之草志也,创于私室。然则古来贤俊,立言垂后,何必身居廊宇,迹参僚属,而后成其事乎?

真将军 《史记·绛侯世家》:亚夫军细柳。上自劳军。先驱至,不得入。

都尉曰:军中闻将军令,不闻天子诏。居无何,上至壁门,士吏曰:将军约,军中不得驰驱。天子乃按辔徐行。成礼而去。文帝曰:嗟乎! 此真将军也。

史佚 佚,《书》作"逸"。《洛诰》:王命周公后,作册逸告。孔《传》:王为册书,使史逸告伯禽封命之书。

倚相 《左传》昭公十二年:左史倚相趋过,王曰:是良史也,子善视之。是能读三坟、五典、八索、九丘。《外传·楚语》:王孙围曰:有左史倚相,能道训典,以叙百物,以朝夕献善败于寡君,使寡君无忘先王之业。

《晋起居注》 《隋书·经籍志》:自晋泰始起,至晋元熙,凡二十部。又《晋起居注》三百一十七卷,宋北徐州主簿刘道会撰。

武陵王 《晋书·元四王传》:武陵王晞,字道叔,康帝建元初领秘书监。晞无学术,而有武干,为桓温所忌。

河献淮南 《汉书·景十三王传》:河间献王德,孝景皇帝子。被服造次,必于儒者。山东之儒,多从之游。又《淮南厉王传》:淮南王安好书,作《内》《外书》及《中篇》。

礼书士开总知 《北齐书·恩幸传》:和士开解悟捷疾,世祖性好握槊,士开善此戏,因此亲狎。世祖践祚,加开府。后主深委仗之。又先得幸于胡太后,封淮阳王。又《魏收传》:后主即位,收掌诏诰,除尚书右仆射。总议监修五礼事,奏请赵彦深、和士开、徐之才共监。

《本草》,世勣监统 《旧唐书·李勣传》:绩,曹州人,本姓徐,名世勣。以犯太宗讳,单名勣焉,赐姓李氏,封英国公。又《吕才传》:右监门长史苏敬言陶弘景《本草》多舛谬。诏中书令许敬宗与才及李淳风并诸名医增损旧本,仍令司空李勣总监定之,并图,合成五十四卷。

辟阳、长信 荀悦《汉纪》:徙辟阳侯审食其为右丞相。初,吕后获于楚,食其以舍人侍,得幸。及为丞相,不典治,监宫中事。《通鉴·秦纪》:文信侯以舍人嫪毐为宦者,进太后。太后幸之,封毐长信侯。

周勃、张飞 《史记·绛侯世家》:绛侯周勃者,沛人也。为材官引强。高祖初起，勃以中涓从攻战。木强，不好文学。惠帝时，以列侯为太尉。《蜀志·张飞传》：飞，字益德，涿人也。先主长阪之走，飞拒后，据水断桥，瞋目横矛曰：身是张益德也。敌无敢近者。所过战克。封西乡侯，谥桓侯。按："益德"，《华阳国志》作"翼德"。

桐、雷 旧注：《荒史》：黄帝主医药之臣，有岐伯、雷公、俞跗、巫彭、桐君，凡五人。岐伯、雷公作《内经》，桐君能处方盉。

应仲远 应劭，字仲远。见《自叙》篇。

史曹地处禁中 《旧唐书·职官志》：历代史官隶秘书省著作局，贞观三年始移史局于禁中，在门下省北。宰相监修国史，遂成故事。及大明宫成，置于门下省南。馆门东西有枣树七十四根。至开元二十五年，又移中书省北，以旧尚药局充馆地。

语云虽无老成 《后汉书·孔融传》：融性好士，与蔡邕素善。邕卒后，有虎贲士貌类于邕，融每酒酣，引与同坐，曰：虽无老成人，尚有典型。

成书家庭 《后汉书·班固传》：固以父彪所续前史未详，乃潜精研思，欲就其业。有人上告固私改国史者，郡上其书，显宗甚奇之。

草志私室 《晋书·陈寿传》：寿领本郡中正，撰《魏吴蜀三国志》。既卒，范頵上表曰：陈寿作志，明乎得失，愿垂采录。于是诏下河南尹、洛阳令，就家写其书。

自　叙

予幼奉庭训，早游文学。年在纨绮，便受《古文尚书》。每苦其辞艰琐，难为讽读。虽屡逢捶挞，而其业不成。尝闻家君为诸兄讲《春秋左氏传》，每废《书》而听。逮讲毕，即为诸兄说之。因窃叹曰："若使书皆如此，吾不复怠矣。"先君奇其意，于是始授以《左氏》，期年而讲诵都毕。于时年甫十有二矣。所讲虽未能深解，而大义略举。父兄欲令博观义疏，精此一经。辞以获麟已后，未见其事，乞且观余部，以广异闻。次又读《史》《汉》《三国志》。既欲知古今沿革，历数相承，于是触类而观，不假师训。自汉中兴已降，迄乎皇家实录，年十有七，而窥览略周。其所读书，多因假赁，虽部帙残缺，篇第有遗，至于叙事之纪纲，立言之梗概，亦粗知之矣。

但于时将求仕进，兼习揣摩，至于专心诸史，我则未暇。洎年登弱冠，射策登朝，于是思有余闲，获遂本愿。旅游京洛，颇积岁年，公私借书，恣情披阅。至如一代之史，分为数家，其间杂记小书，又竞为异说，莫不钻研穿凿，尽其利害。加以自小观书，喜谈名理，其所悟者，皆得之襟腑，非由染习。故始在总角，读班、谢两《汉》，便怪《前书》不应有《古今人表》，《后书》宜为更始立纪。当时闻者，共责以为童子何知，而敢轻议前哲。于是赧然自失，无辞以对。其后见《张衡》《范晔集》，果以二史为非。其有暗合于古人者，益不可胜纪。始知流俗之士，难与之言。凡有异同，蓄诸方寸。

及年以过立，言悟日多，常恨时无同好，可与言者。维东海徐坚，晚与之遇，相得甚欢。虽古者伯牙之识钟期，管仲之知鲍叔，不是过也。复有永城朱敬则、沛国刘允济、义兴薛谦光、河南元行冲、陈留吴兢、寿春裴怀古，亦以言议见许，道术相知。所有推扬，得尽怀抱。每云：“德不孤，必有邻，四海之内，知我者不过数子而已矣。”

昔仲尼以睿圣明哲，天纵多能，睹史籍之繁文，惧览者之不一，删《诗》为三百篇，约史记以修《春秋》，赞《易》道以黜八索，述《职方》以除九丘，讨论坟、典，断自唐、虞，以迄于周。其文不刊，为后王法。自兹厥后，史籍逾多，苟非命世大才，孰能刊正其失？嗟予小子，敢当此任！其于史传也，尝欲自班、马已降，讫于姚、李、令狐、颜、孔诸书，莫不因其旧义，普加厘革。但以无夫子之名，而辄行夫子之事，将恐致惊末俗，取咎时人，徒有其劳，而莫之见赏。所以每握管叹息，迟回者久之。

既朝廷有知意者，遂以载笔见推。由是三为史臣，再入东观。每惟皇家受命，多历年所，史官所编，粗惟纪录。至于纪传及志，则皆未有其书。长安中，会奉诏预修唐史。及今上即位，又敕撰《则天大圣皇后实录》。凡所著述，尝欲行其旧议。而当时同作诸士及监修贵臣,每与其凿枘相违,龃龉难入。故其所载削,皆与俗浮沉。虽自谓依违苟从,然犹大为史官所嫉。嗟乎!虽任当其职,而吾道不行;见用于时,而美志不遂。郁怏孤愤,无以寄怀。必寝而不言,嘿而无述,又恐没世之后,谁知予者?故退而私撰《史通》,以见其志。

盖仲尼既殁,微言不行;史公著书,是非多谬。由是百家诸子,诡说异辞,务为小辨,破彼大道,故扬雄《法言》生焉。儒者之书,博而寡要,得其糟粕,失其菁华。而流俗鄙夫,贵远贱近,传兹牴牾,自相欺惑,故王充《论衡》生焉。民者,冥也,冥然罔知,率彼愚蒙,墙面而视。或讹音鄙句,莫究本源;或守株胶柱,动多拘忌,故应劭《风俗通》生焉。五常异禀,百行殊执,能有兼偏,知有长短。苟随才而任使,则片善不遗,必求备而后用,则举世莫可,故刘劭《人物志》生焉。夫开国承家,立身立事,一文一武,或出或处,虽贤愚壤隔,善恶区分,苟时无品藻,则理难铨综,故陆景《典语》生焉。词人属文,其体非一,譬甘辛殊味,丹素异彩,后来祖述,识昧圆通,家有诋诃,人相掎摭,故刘勰《文心》生焉。(眉批:此段全摹《庄子·天地》篇。)

若《史通》之为书也,盖伤当时载笔之士,其义不纯。思欲辨其指归,殚其体统。夫其为义也,有与夺焉,有褒贬焉,有鉴诫焉,有讽刺焉。盖谈经者恶闻服、杜之嗤,论史者憎言班、马之失。而此书多讥往哲,喜述前非。获罪于时,固其宜矣。犹冀知音君子,时有观焉。尼父有云:"罪我者《春秋》,知我者《春秋》。"抑斯之谓也。

扬雄少为范逡、刘歆所重,及闻其撰《太玄经》,则嘲以恐盖酱瓿。而桓谭以为数百年外,其书必传。其后张衡、陆绩果以为绝伦参圣。夫以《史通》方诸《太玄》,今之君山,即徐、朱等数君是也。后来张、陆,则未之知耳。嗟乎!傥使平子不出,公纪不生,将恐此书与粪土同捐,烟烬俱灭。后之识者,无得而观。此予所以抚卷涟洏,泪尽而继之以血也。

东海徐坚　《旧唐书·徐坚传》:徐坚少好学,遍览经史。王方庆善《三礼》之学，常就质疑，又赏其文章典实。杨再思曰：此凤阁舍人样。开元十三年，改丽正书院为集贤院，以坚为学士，副张说知院事。坚多识典故、前后修撰格式、氏族及国史。凡七入书府。

牙、期 《列子·汤问》篇：伯牙善鼓琴，钟子期善听曲。每奏，子期辄穷其趣。伯牙叹曰：善哉！善哉！吾于何逃声哉！

管、鲍 《列子·力命》篇：管夷吾、鲍叔牙二人相友甚戚，管仲尝叹曰：生我者父母，知我者鲍子也。

永城朱敬则 《旧唐书·朱敬则传》：敬则，字少连。长安三年，同凤阁鸾台平章事，兼修国史。张易之、昌宗尝命画工图写武三思等十八人形像，号为《高士图》。每引敬则，固辞不就。其高洁守正如此。与三从兄同居四十余年，财产无异。

沛国刘允济 《旧唐书·刘允济传》：允济少孤，事母甚谨。弱冠，除著作佐郎。尝采鲁哀公后十二世接战国，为《鲁后春秋》。长安中，兼修国史。

义兴薛谦光 《旧唐书·薛登传》：登，本名谦光，博涉文史。每谈论前代故事，必广引证验，有如目击。与徐坚、刘子玄齐名善友。景云中，拜御史大夫。僧惠范恃太平公主权势，逼夺百姓。将加弹奏，或请寝之。谦光曰：宪台理冤滞，何所回避。朝弹暮黜亦可矣。遂奏之，反为所构出。开元中，转太子宾客。以与太子同名，敕赐名登。卒年七十三。

河南元行冲 《旧唐书·元行冲传》：行冲博学多通，狄仁杰甚重之。性不阿顺，尝谓仁杰曰：下之事上，犹蓄聚以自资也。脯腊膎胰，以供滋膳；参术芝桂，以防疴疾。门下宾客堪充旨味者多，愿以小人备一药物。拜太常少卿。行冲以本族出于后魏，而未有编年之史，乃撰《魏典》三十卷。事详文简，为学者所称。秘书监马怀素卒，诏行冲代其职。表请通撰古今书目，为《群书四录》。按：行冲尝著论，辩晋元帝出小吏牛金之诬，以昭成帝名犍，继晋受命，应牛继马后之谶。

陈留吴兢 《唐书·吴兢传》：兢贯知经史，方直寡谐比。魏元忠、朱敬则荐兢才堪论撰，诏修国史。天宝初卒，年八十。兢叙事简核，号良史。初与刘子玄撰定《武后实录》，叙张昌宗诱张说诬证魏元忠事，颇言说已然可，赖宋璟等激励苦切，故转祸为忠。不然，皇嗣且殆。后说为相，读之，心不善，知兢所为，即从容谬谓曰：刘生书魏齐公事，不少假借，奈何？兢曰：子玄已亡，不可受诬地下。兢实书之，其草故在。说屡蕲改，辞曰：徇公之情，何名实录？卒不改，世谓今董狐云。

寿春裴怀古　《旧唐书·良吏传》：怀古为监察御史。圣历中，阎知微充使往突厥，怀古监其军。至虏廷，默啜立知微南面可汗，将授怀古伪职。怀古不从，将杀之，抗辞曰：宁守忠以就死，不毁节以求生。请就斩所。乃禁锢随军。后窜归。终幽州都督。按：所举知友七人，唯怀古不参史局，故末及之。

睹史籍至讫于周　皆孔安国《尚书序》原文。

三为史臣　原注：则天朝为著作佐郎，转左史。今上初即位，又除著作。长安中，以本官兼修国史。会迁中书舍人，暂罢其任。神龙元年，又以本官兼修国史，迄今不之改。今之史馆，即古之东观也。

《法言》　见《论赞》篇。

《论衡》　见《序传》篇。

《风俗通》　《后汉书·应奉传》：子劭，字仲远，撰《风俗通》，以辨物类名号，识时俗嫌疑。

《人物志》　《魏志·刘劭传》：劭，字孔才。黄初中尚书郎。作《皇览》，作《新律》篇，著《律略论》，作《都官考课条》，作《说略》，著《乐论》。凡所撰述，《法论》《人物志》之类百余篇。

《典语》　《隋书·经籍志》：《典语》十卷，《典语别》二卷，并吴中夏督陆景撰，亡。新旧《唐书·艺文志》：陆景《典训》十卷。按：是书《隋志》云亡，《唐志》乃有十卷，而知几又见之，则亡者当即《别》二卷也。或作"语"，或作"训"，未知孰是。

《文心》　《南史·文学传》：刘勰，字彦和，梁天监中，东宫通事舍人。撰

《文心雕龙》五十篇,论古今文体。其序略云:予齿在逾立,尝夜梦执丹漆之礼器,随仲尼而南行。寤而喜曰:唯文章之用,实经典枝条,五礼资之以成,六典因之致用。于是论之。既成,沈约取读,谓深得文理,常陈之几案。

撰《太玄经》 《汉书·扬雄传》:哀帝时,雄方草《太玄》,有以自守,泊如也。或嘲雄以玄尚白,而雄解之,号曰《解嘲》。雄好古而乐道,用心于内,不求于外。时唯刘歆及范逡敬焉。而巨鹿侯芭尝从雄居,受其《太玄》《法言》。刘歆亦观之,谓雄曰:空自苦,吾恐后人用覆酱瓿也。桓谭曰:必传,顾谭不及见也。

卷 三

外 篇
史 官

（眉批：《史官》《正史》二篇，叙述整赡，子玄史笔，略见一斑。）

盖史之建官，其来尚矣。昔轩辕氏受命，仓颉、沮诵实居其职。至于三代，其数渐繁。案：《周官》《礼记》，有大史、小史、内史、外史、左史、右史之名。大史掌国之六典，小史掌邦国之志，内史掌书王命，外史掌书使乎四方，左史记言，右史记事。《曲礼》曰："史载笔，大事书之于策，小事简牍而已。"《大戴礼》曰："太子既冠成人，免于保傅，则有司过之史。"《韩诗外传》云："据法守职，而不敢为非者，太史令也。"斯则史官之作，肇自黄帝，备于周室，名目既多，职务咸异。至于诸侯列国，亦各有史官，求其位号，一同王者。

至于孔甲、尹逸，名重夏、殷；史佚、倚相，誉高周、楚；晋则伯黡司籍，鲁则丘明受经，此并历代史臣之可得言者。降及战国，史氏无废。盖赵鞅，晋之一大夫尔，犹有直臣书过，（眉批：一本"有"字上有"犹"字，不可删。）操简笔于门下。田文，齐之一公子尔，每坐对宾客，侍史记于屏风。至若秦、赵二主，渑池交会，各命其御史书某年某月鼓瑟、鼓缶。此则《春秋》"君举必书"之义也。

然则官虽无阙，而书尚有遗，故史臣等差，莫辨其序。案：《吕氏春秋》曰：夏太史终古见桀惑乱，载其图法出奔商。商太史向挚见纣迷乱，载其图法出奔周。晋太史屠黍见晋之乱，亦以其图法归周。又《春秋》晋、齐太史，书赵、崔之弑；郑公孙黑强与于盟，使太史书其名。晋韩宣子来聘，观书于太史氏，见《易象》与《鲁春秋》，曰："周礼尽在鲁矣。"然则诸史之任，太史其最优乎？至秦有天下，太史令胡母敬作《博学章》。此则自夏迄秦，斯职无改者矣。

汉兴之世，武帝又置太史公，位在丞相上，以司马谈为之。汉法，天下计书先上太史，副上丞相。叙事如《春秋》。及谈卒，子迁嗣。迁卒，宣帝以其官为令，行太史公文书而已。寻自古太史之职，虽以著述为宗，而兼掌历象、日月、阴阳、管数。司马迁既殁，后之续《史记》者，若褚先生、刘向、冯商、扬雄之徒，并以别职来知史务。于是太史之署，非复记言之司。故张衡、单飏、王立、高堂隆等，其当官见称，唯知占候而已。

当王莽代汉，改置柱下五史，秩如御史。听事，侍傍记迹言行，盖效古者动则左史书之，此其义也。

汉氏中兴，明帝以班固为兰台令史，诏撰《光武本纪》及诸列传、载记。又杨子山为郡上计吏，献所作《哀牢传》，为帝所异，征诣兰台。斯则兰台之职，盖当时著述之所也。自章、和已后，图籍盛于东观。凡撰汉记者，相继在乎其中，而都为著作，竟无它称。

当魏太和中，始置著作郎，职隶中书，其官即周之左史也。晋元康初，又职隶秘书，著作郎一人，谓之大著作，专掌史任，又置佐著作郎八人。宋、齐已来，以"佐"名施于"作"下。旧事，佐郎职知博采，正郎资以草传，如正、佐有失，则秘监职思其忧。其有才堪撰述，学综文史，虽居他官，或兼领著作。亦有虽为秘书监，而仍领著作郎者。若中朝之华峤、陈寿、陆机、束皙，江左之王隐、虞预、干宝、孙盛，宋之徐爰、苏宝生，梁之沈约、裴子野，斯并史官之尤美，著作之妙选也。而齐、梁二代又置修史学士，陈氏因循，无所变革，若刘陟、谢昊、顾野王、许善心之类是也。

至若偏隅僭国，夷狄伪朝，求其史官，亦有可言者。案：《蜀志》称王崇补东观，许盖掌礼仪。又邻正为秘书郎，广求益部书籍。斯则典校无阙，属辞有所矣。而陈寿评云"蜀不置史官"者，得非厚诬诸葛乎？别有《曲笔》篇，言之详矣。吴归命侯时，有左右二国史之职，薛莹为其左，华覈为其右。又周处自左国史迁东观令。以斯考察，则其班秩可知。伪汉嘉平初，公师彧以太中大夫领左国史，撰其国君臣纪传。前凉张骏时，刘庆迁儒林郎、中常侍，在东苑撰其国书。蜀李与西凉二朝，记事委之门下。南凉主乌孤初定霸基，欲造国纪，以其参军郭韶为国纪祭酒，使撰录时事。自余伪主，多置著作官，若前赵之和苞，后燕之董统是也。

元魏初称制，即有史臣，杂取他官，不恒厥职。故如崔浩、高闾之徒，唯知著述，而未列名号。其后始于秘书置著作局，正郎二人，佐郎四人。其佐三史者，不过一二而已。普泰以来，三史稍替，别置修史局，其职有六人。当代都之时，史臣每上奉王言，下询国俗，兼取工于翻译者，来直史曹。及洛京之末，朝议又以为国史当专任代人，不宜归之汉士。于是以谷纂、山伟更主文籍。凡经二十余年，其事阙而不载。

高齐及周，迄于隋氏，其史官以大臣统领者，谓之监修。国史自领，则近循魏代，远效江南，参杂其间，变通而已。唯周建六官，改著作之正郎为上士，佐郎为下士，名谥虽易，而班秩不殊。如魏收之擅名河朔，柳虬之独步关右，王劭、魏澹展效于开皇之朝，诸葛颖、刘炫宣功于大业之世，亦各一时也。

暨皇家之建国也，乃别置史馆，通籍禁门。西京则与鸾渚为邻，东都则与凤池相接。得厕其流者，实一时之美事。至咸亨年，以职司多滥，高宗喟然而称曰："朕甚懵焉。"乃命所司曲加推择，如有居其职而阙其才者，皆不得预于修撰。由是史臣拜职，多取外司，著作一曹，殆成虚设。凡有笔削，毕归于余馆。始自武德，迄乎长寿，其间若李仁实以直辞见惮，敬播以叙事推工，许敬宗之矫妄，牛凤及之狂惑，此其善恶尤著者也。

又案：《晋令》，著作郎掌起居集注，撰录诸言行、勋伐旧载史籍者。元魏置起居令史，每行幸宴会，则在御左右，记录帝言及宾客酬对。后别置修起居注二人，多以余官兼掌。至隋，以吏部散官及校书、正字闲于述注者修之，纳言监领其事。炀帝以为古有内史、外史，今既有著作，宜立起居。遂置起居舍人二员，职隶中书省。如庾自直、崔祖濬、虞世南、蔡允恭等，咸居其职，时谓得人。皇家因之，又加置起居郎二员，职与舍人同。每天子临轩，侍立于玉阶之下,郎居其左,舍人居其右。人主有命,则逼阶延首而听之,退而编录,以为起居注。龙朔中,改名左史、右史。今上即位,仍从国初之号焉。高祖、太宗时,有令狐德棻、吕才、萧钧、褚遂良、上官仪;高宗、则天时,有李安期、顾胤、高智周、张太素、凌季友。斯并当时得名,朝廷所属者也。夫起居注者,编次甲子之书,至于策命、章奏、封拜、薨免,莫不随事记录,言惟详审。凡欲撰帝纪者,皆称之以成功。即今为载笔之别曹,立言之贰职。故略述其事,附于斯篇。

又案:《诗·邶风·静女》之三章,君子取其彤管。夫彤管者,女史记事规诲之所执也。古者人君,外朝则有国史,内朝则有女史。内之与外,其任皆同。故晋献惑乱,骊姬夜泣,床笫之私,房中之事,不得掩焉。楚昭王宴游,蔡姬对以其愿,王顾谓史:"书之,蔡姬许从孤死矣。"夫宴私而有书事之册,盖受命者即女史之流乎?至汉武帝时,有《禁中起居注》;明德马皇后撰《明帝起居注》。凡斯著述,似出宫中,求其职司,未闻位号。隋世王劭上疏,请依古法,复置女史之班,具录内仪,付于外省。文帝不许,遂不施行。

大抵自古史官,其沿革废置如此。夫仲尼修《春秋》,公羊高作传。汉、魏之陆贾、鱼豢,晋、宋之张璠、范晔,虽身非史职,而私撰国书。若斯人者,有异于是。故不复详而录之。

夫为史之道,其流有二。何者?书事记言,出自当时之简;勒成删定,归于后来之笔。然则当时草创者,资乎博闻实录,若董狐、南史是也。后来经始者,贵乎俊识通才,若班固、陈寿是也。必论其事业,前后不同。然相须而成,其归一揆。

观夫周、秦已往,史官之取人,其详不可得而闻也。至于汉、魏已降,则可得而言。然多窃虚号,有声无实。而近代趋竞之士,尤喜居于史职。昔魏帝有言:"舜、禹之事,吾知之矣。"

仓颉、沮诵 《说文》原叙:黄帝之史仓颉,见鸟兽蹄迒之迹,初造书契。《后汉书·献帝纪》沮儁注:《风俗通》曰:沮,姓也。黄帝史官沮诵之后。卫恒

《四体书势·科斗古文势序》云：昔在黄帝，创制造物，有沮诵、仓颉者，始作书契以代结绳。盖睹鸟迹以兴思也。其《字势》云：黄帝之史沮诵、仓颉，眺彼鸟迹，始作书契。

孔甲、尹逸 旧注：《归云集》云：孔甲，黄帝主书史之臣。执青纂记，言动惟实。又《史记》云：武王立于社南，召公奭赞采，师尚父牵牲，尹佚策祝。按："逸"通"佚"，疑即史佚。今以二人属夏、殷，岂别有据邪？

伯黡司籍 见《左传》昭公十五年。

赵鞅、直臣 《说苑》：昔周舍事赵简子，立于门三日。简子问之，舍曰：愿为谔谔之臣，墨笔操牍，司君之过而书之。日有记，月有效，岁有得也。简子说。

田文、侍史 《史记·孟尝君传》：孟尝君待客坐语，屏风后常有侍史，主记君所与客语。

渑池会 《史记·廉蔺列传》：赵王与秦王会渑池，秦王酒酣，请赵王鼓瑟。秦御史前书曰：某年月日秦王令赵王鼓瑟。蔺相如奉盆缻秦王，秦王不怿，为一击缻。相如召赵御史书曰：某年月日秦王为赵王击缻。

终古、向挚 《吕览·先识》：凡国之亡也，有道者必先去。夏太史令终古出其图法，执而泣之。夏桀迷惑愈甚，乃出奔如商。殷内史向挚见纣之愈乱迷惑也，于是载其图法，出亡之周。晋太史屠黍见晋公之骄而无德义也，以其图法归周。高诱《解》：晋出公之太史也。

《博学章》 《汉书·艺文志》小学家：《仓颉》七章者，秦丞相李斯所作也。《爰历》六章者，车府令赵高所作也。《博学》七章者，太史令胡母敬所作也。文字多取《史籀篇》，而篆体颇异，所谓秦篆者也。

"武帝又置"至"行文书而已" 并《太史公自序》如淳注之文。按：如淳据卫宏《汉仪注》云云，臣瓒非之，以为《百官表》无太史公，有太史令。《索隐》因之，以为"公"者，迁所著书尊其父云"公"也，而所作实迁之词。卫宏称位丞相上，谬也。《正义》又非之，曰虞喜《志林》云：古者主天官者皆上公，自周至汉，其职转卑,然朝会坐位犹居公上,尊天之道也。诸说相非不定,录以备考。

兼掌历象 按:《史记·太史公自序》:谈为太史公,曰:余自上世,尝显功名于虞夏,典天官事。《报任安书》:文史星历,近乎卜祝之间。《后汉书·百官志》:太史令一人,六百石。本注曰:掌天时星历。《注》:《汉官》曰:太史待诏三十七人,分治历、龟、庐宅、日时、易筮、典禳、雨、医等事。

褚先生 《史记·孝武本纪》注:韦棱曰:《褚颛家传》云:少孙,宣帝时为博士,事大儒王式,故号为先生。续《太史公书》。

刘向 《汉书·艺文志》:孝武建藏书之策,置写书之官。至成帝时,诏光禄大夫刘向校经传诸子。又《刘向传》:采取《诗》《书》所载贤贞及孽嬖者,序次为《列女传》;及采传记行事,著《新序》《说苑》。

冯商 《汉书·艺文志》:冯商续《太史公》七篇。韦昭曰:冯商受诏续《太史公》十余篇,在班彪《别录》。商,字子高。师古曰:《七略》云:商与孟柳俱待诏,颇序列传,未卒。

扬雄 《汉书·艺文志》:儒家者流,盖出于司徒之官,助人君明教化者也。扬雄所序三十八篇,《太玄》《法言》云云。按:扬雄知史务,又见《正史》篇。但如志传所称,皆不言知史务,未详何据。

张衡 《后汉书·张衡传》:衡,字平子。安帝征拜郎中,再迁太史令。遂研核阴阳,作浑天仪,著《灵宪》《算罔论》。

单飏 《后汉书·方术传》:单飏举孝廉,稍迁太史令。余见《书志》篇。

王立 未详。

高堂隆 《魏志·高堂隆传》:隆,字升平,鲁高堂生后也。明帝即位,为给事中。迁侍中,领太史令。《注》:《魏略》曰:太史推步,为太和历。帝以隆学问优深,天文又精,诏与尚书郎杨伟、太史待诏骆禄参共推校。

柱下五史 《汉书·王莽传》:居摄元年,莽置柱下五史,秩如御史。听政事,侍旁记疏言行。

左史书之 按:句下当有"言则右史书之"六字,今缺。

兰台令史 《汉书·百官表》：御史大夫，秦官，有两丞。一曰中丞，在殿中兰台，掌图籍秘书。《后汉书·百官志》：兰台令史，六百石。本注曰：掌奏及印工文书。

杨子山 《后汉书·杨终传》：终，字子山，成都人。年十三为郡小吏，显宗征诣兰台，拜校书郎。王充《论衡·佚文》篇：子山为上计吏，见三府作《哀牢传》不成。归郡作上，孝明奇之，征在兰台。《后汉书·地理志》：哀牢，永平中置，故牢王国。按：今为云南永昌府。

秘书、著作 《晋书·职官志》：著作郎，周左史之任也。汉东京图籍在东观，故使名儒著作东观，尚未名官。魏明帝太和中，始有其官。及晋惠帝元康二年，诏曰：著作旧属中书，而秘书既典文籍，今以中书著作为秘书著作。于是改隶秘书省。其大与佐一人、八人，悉同本文。

"佐"名施于"作"下 原注：改佐著作郎为著作佐郎。

束晳 《晋书·束晳传》：晳，字广微，汉疏广后也。王莽末，去"疏"之"足"，改姓焉。少游国学，张华召晳为掾，转佐著作郎，撰《晋书》帝纪、十志。迁博士，著作如故。

苏宝生 《正史》篇：孝建初，敕南台侍御史苏宝山续造诸传，元嘉名臣皆其所撰。宝山被诛云云。按："宝生"讹作"宝山"。《正史》篇旧本如此，今刊正，有注。

刘陟 《隋书·经籍志》：《齐纪》十卷，刘陟撰。按：《旧唐书·艺文志》作《齐书》八卷。《唐书·艺文志》作十三卷。

谢昊 《隋书·经籍志》：《梁书》四十九卷，梁中书郎谢昊撰，本一百卷。《旧唐书·艺文志》作三十四卷。

顾野王 《陈书·顾野王传》：野王，字希冯，吴人。后主在东宫，除太子率更令。寻领大著作，掌国史，知梁史事，撰《通史要略》一百卷，《国史纪传》二百卷，未就而卒。

许善心 《陈书·文学传》：许亨，字亨道，领大著作。子善心，早知名。

《北史·文苑传》：善心，字务本，对策高等，授度支郎中，补撰史学士。善心述成父志，修续家书。其《序传》末述著作之意，曰：自入京邑，随见补葺，略成七十卷。凡称史臣者，皆先君所言；下称名案者，皆善心补阙。

王崇、许盖 按：陈寿《蜀志》及裴《注》皆无考。刘氏云"志称"，何邪？或谓寿又撰《蜀古志》，傥载之。然言古则不及三国时人明矣。惟常璩《华阳国志》有述作王崇，名见卷末，官为蜀守，而不言曾补东观。至掌仪许盖，亦无其人也。存以俟考。

郤正为秘书 《蜀志·郤正传》：正，字令先。弱冠能属文。入为秘书吏，转令史，迁郎，至令。又《孟光传》：后进文士秘书郎郤正，数从光谘访。

蜀不置史官 《蜀志·后主传》评：国不置史，注记无官，是以行事多遗，灾异靡书。诸葛亮虽达于为政，凡此之类，犹有未周焉。

归命侯 《吴志》：后主皓降晋，诏赐号"归命侯"。

薛左华右 《吴志·薛综传》：综子莹，字道言，为秘府中书郎。孙皓初，领少傅，以事徙广州。右国史华覈疏留之，皓召莹还，为左国史。又《华覈传》：覈，字永先，武进人。孙皓即位，后入东观令，领右国史。

周处左史 《晋书·周处传》：处仕吴，为东观左丞。

嘉平 刘聪年号。

公师彧 见《晋书·载记》刘渊、聪二传，止书太中大夫，无领左史撰记传之文。

刘庆 按：《晋书·张轨传》：轨孙骏时，载有从事刘庆谏讨辛晏语，不及东苑撰史事。丛书崔鸿《录略》有云：命西曹掾集阁内外事付索绥，著《凉春秋》，亦不及刘庆也。

蜀李、西凉 蜀李者，国号成，后改称汉。《正史》篇云：常璩撰《汉书》十卷，后入晋秘阁，改为《蜀李书》。故此云"蜀李"也。《晋书》载记：蜀李雄兴学校，置史官。《录略》：西凉李暠起静恭堂以议朝政，立泮宫，增高门学士。刘云"二朝记事，委之门下"，当在其时也。

南凉、郭韶　《晋书·载记·南凉传》:秃发乌孤称武威王,梁昶、韩疋、张昶、郭韶,中州之才令,官方授才,咸得其所。按:旧本作"郎韶",疑即郭韶也。但本传与丛书《录略》皆不载国纪祭酒官。

和苞　《晋书·载记·刘曜传》:苞与乔豫谏营寿陵,曜悦,封为平舆子。《隋书·经籍志》:《汉赵记》十卷,和苞撰。

董统　《晋书·载记·后燕传》及《录略》皆无其人。

元魏史臣　《魏书·官氏志》:天兴四年,罢外兰台御史,总属内省。其太和中,百官著令,秘书监在从第二品中。

崔浩、高闾　崔浩,见《直书》篇。《魏书·高闾传》:闾,字阎士,早孤。文才俊伟。本名驴,司徒崔浩见而奇之,乃改为"闾"而字之。征拜中书侍郎,领东徐州刺史,以功进爵为侯,加昭武将军。为中书令,委以机密。军国书檄诏令,高允之流,称为二高。

普泰　前废帝元,或讹作"晋秦"。

谷纂　《魏书·谷浑传》:浑,昌黎人。曾孙纂,字灵绍,领侍御史,稍迁著作郎。又监国史,不能有所缉缀。郭《注》:以綦俊易谷纂。俊,字构显,其先代人,散骑常侍、骠骑大将军。与山伟合传。

山伟　《魏书·山伟传》:伟,字仲才,其先代人。领著作郎,除安东将军、秘书监,仍著作。初尔朱兆之入洛,官守奔散。国史典书高法显密埋史书,故不遗落。伟自以为功,诉求爵赏,遂封东阿伯。

上士、下士　《隋书·百官志》:周太祖方隅粗定,改创章程。远师周之建职,其所制班序,内命,上士三命,下士一命。《注》:内命,谓王朝之臣。

名谥虽易　"谥",当作"号"。

柳虬　《周书·柳虬传》:虬,字仲蟠。不事容饰。冯翊王元季海征为行台郎中,掌文翰。因使见太祖,被留。虬上疏:言古者立史官,非但书事,所以为监诫也。汉、魏以还,密为记注,无益当时。纵能直笔,人莫之知。何止物兴横议,亦且异端互起。故班固致受金之名,陈寿有求米之论。伏请诸记事者,当朝显言其状,然后付之史阁,庶令是非明著,得失无隐。事遂施行。秘书虽领著作,不参史事。自虬为丞,始令兼掌焉。

魏澹 见《本纪》篇"魏著作"注。

诸葛颍 《隋书·文学传》:颍,字汉,建康人。炀帝即位,迁著作郎。帝尝赠颍诗曰:实录资平允,传芳导后昆。其见待遇如此。撰《銮驾北巡》《幸江都道里》《洛阳古今》等记。

刘炫 见《核才》篇注。《隋书·儒林传》:炫与著作郎王劭同修国史,又与诸术者修天文、律历,兼于内史省考定群言。内史令李德林甚礼之。炫尝曰:省官不如省事,省事不如省心。牛弘甚善其言。

史馆通籍禁门 见《内篇·辨职》篇。

鸾渚、凤池 即谓鸾台、凤阁。《旧唐书·百官志》:龙朔二年,改门下省为东台,中书省为西台。太后光宅元年,改门下为鸾台,中书为凤阁。神龙初复旧。按:两省之名起魏、晋间,门下则黄门、给、谏、遗、补等官属之。杜诗《晚出左掖》,即此。中书则主书、通事舍人等官属之,开元中又号紫薇省。两省并近禁门,故亦通谓之北省,南则尚书省也。又按:文兼两京言,武后临朝在东京也。程大昌《雍录》多误。

高宗重史职 原注:诏曰:修撰国史,义存典实。自非操履忠正,识量该通,才学有闻,难堪斯任。如闻近日以来,但居此职,即知修撰,非唯编辑讹舛,亦恐泄漏史事。自今宜遣史司,精简堪修史人,灼然为众所推者,录名进内。自余虽居史职,不得辄闻见所修史籍及未行用国史等之事。

李仁实 《旧唐书·令狐德棻传》:自武德以后,有邓世龙、顾胤、李延寿、李仁实前后修撰国史,为当时所称。仁实,顿丘人,官左史。《正史》篇:仁实续撰于志宁、许敬宗、李义府等传,载言记事,见推直笔。

敬播 《唐书·儒学传》:敬播,蒲州人,贞观初进士。时颜师古、孔颖达撰次《隋史》,诏播诣秘书内省参纂。再迁著作佐郎,兼修国史。又与令狐德棻等撰《晋书》,大抵凡例皆播所发也。房玄龄尝称播"陈寿之流"。

许敬宗 《旧唐书·许敬宗传》：敬宗,善心子。贞观中,除著作郎,兼修国史。龙朔中,拜太子少傅。自掌知国史,记事阿曲,虚美隐恶。高祖、太宗两朝实录,其敬播所修者多详直。敬宗以己爱憎,曲事删改,论者尤之。

牛凤及 新旧《唐书》俱无专传。王《训故》：牛凤及,长寿中撰《唐书》,自武德终弘道,为百有十卷。按：此书《唐·艺文志》不录。

庾自直 《隋书·文学传》：庾自直,大业初,授著作郎。性恭慎,不妄交游,以本官知起居舍人事。

崔濬祖 《唐书·姚思廉传》附：隋炀帝时,诏与起居舍人崔濬祖修《区寓图志》。

虞世南 《唐书·虞世南传》：世南,字伯起,余姚人。隋大业中,累官秘书郎。炀帝疾其峭直,弗甚用。

蔡允恭 《唐书·文艺传》：蔡允恭,仕历起居舍人。炀帝遣教宫人,允恭耻之,数称疾。授内史舍人,俾入宫,固辞。按：《隋书·虞绰传》云：绰与虞世南、庾自直、蔡允恭等常居禁中,文翰待诏,恩盼隆洽。

郎左舍人右 《唐书·百官志》：唐之官制,大抵皆沿隋故。门下省之属,起居郎二人,从六品上,掌录天子起居法度。后复置起居舍人二人,从六品上,掌录如记事之制。天子居正殿,则郎居左,舍人居右。有命,俯陛以听,退而书之。若仗在紫宸内阁,则夹香案分立殿下,直第二螭首,和墨濡笔皆即坳处,时号"螭头"。

令狐德棻 《唐书·令狐德棻传》：德棻博贯文史。武德初,为起居舍人,迁秘书丞。建言近代无正史,梁、齐、陈、周、隋事修撰之原,自德棻发之。

吕才 《唐书·吕才传》：贞观时,祖孝孙增损乐律,王珪、魏徵盛称才制尺谐契,即召直弘文馆。帝病阴阳家书多伪恶,世益拘畏,命才删落烦讹,掇可用者。才于持论,儒而不俚。按：本传阙书起居官。

萧钧 《唐书·萧瑀传》：瑀从子钧,永徽中,累迁谏议大夫、弘文馆学士。左武候属卢文操盗库财,高宗以当自盗罪死。钧曰：恐天下谓陛下重货轻法,任喜怒。帝曰：真谏议也。按：亦阙书起居官。

褚遂良　《唐书·褚遂良传》：遂良，字登善。贞观中，累迁起居郎，工隶楷。帝曰：卿记起居，人君得观之否？对曰：今之起居，古左右史也。善恶必记，戒人主不为非法，未闻天子自观史也。帝曰：朕有不善，卿必记邪？对曰：臣职载笔，君举必书。刘洎曰：使遂良不记，天下之人亦记之矣。

上官仪　《唐书·上官仪传》：仪，字游韶。涉贯坟典。贞观初，擢进士第，授弘文馆直学士，迁秘书郎。太宗每属文，遣仪视藁。转起居郎。高宗时，武后得志，深恶仪，许敬宗构仪大逆，死。自褚遂良等元老屠覆，独仪纳忠。自是政归于后，而帝拱手矣。

李安期　《唐书·李百药传》：百药七岁能属文。子安期，亦七岁属文。父贬桂州，遇盗，将加刃，安期泣请代，盗释之。贞观初，为符玺郎。高宗即位，迁中书舍人，寻同东西台三品。自德林至安期，三世掌制诰。

顾胤　《唐书·令狐德棻传》附：胤，吴人。父览，隋秘书学士。胤，永徽中起居郎，兼修国史。以撰《太宗实录》劳，加朝散大夫、弘文馆学士。论次国史，终司文郎。

高智周　《唐书·高智周传》：智周，晋陵人。第进士，擢秘书郎、弘文馆直学士。三迁兰台大夫。仪凤初，进同中书门下三品。是时崔知温等修国史，智周监莅。致仕，卒年八十二。

张太素　见《言语》篇。

凌季友　《唐书》无传。

皆称之以成功　"称"字恐是"藉"字之讹，王本作"因"。

彤管　毛《传》：古者后夫人，必有女史彤管之法。郑《笺》：彤管，笔赤管也。

骊姬夜泣　《外传·晋语》：优施教骊姬夜半而泣，谓公曰：君盍杀我。无以一妾乱百姓。又曰：君盍老而授之政。彼得所索，乃可释君。公曰：不可，我将图之。

蔡姬许从 刘向《列女传》：楚昭王燕游，蔡姬在左，越姬参右。乃顾二姬曰：乐乎？愿与子生若此，死若此。蔡姬曰：婢子之身，乃比于妃嫔，固愿生同乐，死同时。王顾谓史：书之，蔡姬许从孤死矣。

魏帝有言 《魏志·文帝纪》注：《魏春秋》曰：帝升坛礼毕，顾谓群臣曰：舜、禹之事，吾知之矣。

正 史

伏羲、神农、黄帝之书谓之三坟，言大道也。少昊、颛顼、高辛、唐、虞之书谓之五典，言常道也。《春秋传》载楚左史能读三坟、五典，《礼记》曰："外史掌三皇、五帝之书。"由斯而言，则坟、典文义，三、五史策，至于春秋之时，犹大行于世。（眉批：正论。）爰及后古，其书不传，惟唐、虞已降，可得言者。然自尧而往，圣贤犹述，求其一二，仿佛存焉。而后来诸子，广造奇说，其语不经，其书非圣。故马迁有言："神农已前，吾不知矣。"班固亦曰："颛顼之事，未可明也。"斯则坟、典所记，无得而称者焉。

案：尧、舜相承，已见坟、典；周监二代，各有书籍。至孔子讨论其义，删为《尚书》，始自唐尧，下终秦穆，其言百篇，而各为之序。属秦为不道，坑儒禁学，孔子之末孙曰惠，壁藏其书。汉室龙兴，旁求儒雅，闻故秦博士伏胜能传其业，诏太常使掌故晁错受焉。时伏生（眉批：伏生，名胜，汉史不载，始见于《晋书·伏滔传》，注家据此为说也。）年且百岁，言不可晓，口授其书，才二十九篇。自是传其学者，有欧阳氏、大小夏侯。宣帝时，复有河内女子，得《泰誓》一篇献之，与伏生所诵，合三十篇，行之于世。其篇所载年月，不与序相符合，又与《左传》《国语》《孟子》所引《泰誓》不同，故汉、魏诸儒，咸疑其缪。

《古文尚书》者，即孔惠之所藏，科斗之文字也。鲁共王坏孔子旧宅，始得之于壁中。博士孔安国以校伏生所诵，增多二十五篇，更以隶古字写之，编为四十六卷。司马迁屡访其事，故多有古说。安国又受诏为之训传。值武帝末，巫蛊事起，经籍道息，不获奏上，藏诸私家。刘向取校欧阳、大小夏侯三家经文，脱误甚众。至于后汉，孔氏之本遂绝。其有见于经典者，诸儒皆谓之逸书。王肃亦注《今文尚书》，而大与《古文》孔《传》相类，或肃私见其本而独秘之乎？

晋元帝时，豫章内史梅赜，始以孔《传》奏上，而缺《舜典》一篇，乃取肃之《尧典》，从"慎徽"以下，分为《舜典》以续之。自是欧阳、大小夏侯家等学，马融、郑玄、王肃诸注废，而《古文》孔《传》独行，列于学官，永为世范。

齐建武中，吴兴人姚方兴，采马、王之义，以造孔《传·舜典》，云于大航购得，诣阙以献。举朝集议，咸以为非。及江陵板荡，其文入北，中原学者，得而异之。隋学士刘炫遂取此一篇，列诸本第。故今人所习《尚书·舜典》，元出于姚氏者焉。

当周室微弱，诸侯力争。孔子应聘不遇，自卫而归。乃与鲁君子左丘明观书于太史氏，因鲁史记而作《春秋》。上遵周公遗制，下明将来之法，自隐及哀十二公行事，经成以授弟子，弟子退而异言。丘明恐失其真，故论本事而为传，明夫子不以空言说经也。《春秋》所贬当世君臣，其事实皆形于传。故隐其书而不宣，所以免时难也。

及末世，口说流行，故有《公羊》《穀梁》《邹》《夹》之传。邹氏无师，夹氏有录无书，故不显于世。汉兴，董仲舒、公孙弘并治《公羊》，其传习者有严、颜二家之学。宣帝即位，闻卫太子私好《穀梁》，乃召名儒蔡千秋、萧望之等大议殿中，因置博士。

平帝初，立《左氏》。逮于后汉，儒者数廷毁之。会博士李封卒，遂不复补。逮和帝元兴十一年，郑兴父子奏请重立于学官。至魏、晋，其书渐行，而二传亦废。今所用《左氏》本，即杜预所注者。

又当春秋之世，诸侯国自有史，故孔子求众家史记，而得百二十国书。如楚之书，郑之志，鲁之春秋，魏之纪年，此其可得言者。左丘明既配经立传，又撰诸异同，号曰《外传国语》二十一篇。斯盖采书志等文，非唯鲁之史记而已。楚、汉之际，有好事者，录自古帝王、公侯、卿大夫之世，终乎秦末，号曰《世本》十五篇。春秋之后，七雄并争，秦并诸侯，则有《战国策》三十三篇。汉兴，太中大夫陆贾纪录时功,作《楚汉春秋》九篇。

孝武之世,太史公司马谈欲错综古今,勒成一史,其意未就而卒。子迁乃述父遗志,采《左传》《国语》,删《世本》《战国策》,据楚、汉列国时事,上自黄帝,下讫麟止,作十二本纪、十表、八书、三十世家、七十列传,凡百三十篇,都谓之《史记》。厥协六经异传,整齐百家杂言,藏诸名山,副在京师,以俟后圣君子。至宣帝时,迁外孙杨恽祖述其书,遂宣布焉。而十篇未成,有录而已。元、成之间,褚先生更补其缺,作《武帝纪》《三王世家》《龟策》《日者》等传,辞多鄙陋,非迁本意也。晋散骑常侍巴西谯周,以迁书周、秦已上,或采家人诸子,不专据正经,于是作《古史考》二十五篇,皆凭旧典以纠其缪。今则与《史记》并行于代焉。

《史记》所书,年止汉武。太初已后,阙而不录。其后刘向、向子歆及诸好事者,若冯商、卫衡、扬雄、史岑、梁审、肆仁、晋冯、段肃、金丹、冯衍、韦融、萧奋、刘恂等,相次撰续,迄于哀、平间,犹名《史记》。至建武中,司徒掾班彪以为其言鄙俗,不足以踵前史。又雄、歆褒美伪新,误后惑众,不当垂之后代者也。于是采其旧事,旁贯异闻,作《后传》六十五篇。其子固以父所撰未尽一家,乃起元高皇,终乎王莽,十有二世,二百三十年,综其行事,上下通洽,为《汉书》纪、表、志、传百篇。其事未毕,会有上书,云固私改作《史记》者,有诏京兆收系,悉录家书封上。固弟超诣阙自陈,明帝引见,言固续父所作,不敢改易旧书,帝意乃解。即出固,征诣校书,受诏卒业。经二十余载,至章帝建初中乃成。

固后坐窦氏事,卒于洛阳狱。书颇散乱,莫能综理。其妹曹大家博学能属文,奉诏校叙。又选高才郎马融等十人,从大家受读。其八表及《天文志》等,犹未克成,多是待诏东观马续所作。而《古今人表》尤不类本书。始自汉末,迄乎陈世,为其注解者凡二十五家,至于专门受业,遂与五经相亚。

初,汉献帝以固书文烦难省,乃诏侍中荀悦依《左氏传》体,删为《汉纪》三十篇,命秘书给纸笔,经五六年乃就。其言简要,亦与纪传并行。

在汉中兴，明帝始诏班固与睢阳令陈宗、长陵令尹敏、司隶从事孟异作《世祖本纪》，并撰功臣及新市、平林、公孙述事，作列传载记二十八篇。

自是以来，春秋考纪亦以焕炳，而忠臣义士莫之撰勒。于是又诏史官谒者仆射刘珍及谏议大夫李尤，杂作纪、表，名臣、节士、儒林、外戚诸传，起自建武，讫乎永初。事业垂竟，而珍、尤继卒。复命侍中伏无忌与谏议大夫黄景，作诸王、王子、功臣、恩泽侯表，南单于、西羌传，地理志。

至元嘉元年，复令太中大夫边韶，大军营司马崔寔，议郎朱穆、曹寿杂作《孝穆》《崇》二皇及《顺烈皇后传》，又增《外戚传》入安思等后，《儒林传》入崔篆诸人。寔、寿又与议郎延笃杂作《百官表》，顺帝功臣《孙程》《郭愿》及《郑众》《蔡伦》等传。凡百十有四篇，号曰《汉记》。

熹平中，光禄大夫马日䃅，议郎蔡邕、杨彪、卢植，著作东观，接续纪传之可成者，而邕别作《朝会》《车服》二志。后坐事徙朔方，上书求还，续成十志。会董卓作乱，大驾西迁，史臣废弃，旧文散佚。及在许都，杨彪颇好注记。至于名贤君子，自永初已下阙续。

魏黄初中，唯著《先贤表》，故《汉记》残缺，至晋无成。泰始中，秘书丞司马彪始讨论众书，缀其所闻，起元光武，终于孝献。录世十二，编年二百，通综上下，旁引庶事，为纪、志、传凡八十篇，号曰《续汉书》。又散骑常侍华峤删定《东观记》为《汉后书》，帝纪十二、皇后纪二、典十、列传七十、谱三，总九十七篇。其十典竟不成而卒。自斯已往，作者相继，为编年者四族，创纪传者五家。推其所长，华氏居最。而遭晋室东徙，三惟一存。

至宋宣城太守范晔，乃广集学徒，穷览旧籍，删烦补略，作《后汉书》，凡十纪、十志、八十列传，合为百篇。会晔以罪被收，其十志亦未成而死。先是，晋东阳太守袁宏抄撮《汉氏后书》，依荀悦体著《后汉纪》三十篇。世言汉中兴史者，唯范、袁二家而已。

魏史，黄初、太和中始命尚书卫觊、缪袭草创纪传，累载不成。又命侍中韦诞、应璩，秘书监王沈，大将军从事中郎阮籍，司徒右长史孙该，司隶校尉傅玄等,复共撰定。其后王沈独就其业,勒成《魏书》四十四卷。其书多为时讳,殊非实录。

吴大帝之季年,始命太史令丁孚、郎中项峻撰《吴书》。孚、峻俱非史才,其文不足纪录。至少帝时,更敕韦曜、周昭、薛莹、梁广、华覈访求往事,相与记述。并作之中,曜、莹为首。当归命侯时,昭、广先亡,曜、莹徙黜,史官久阙,书遂无闻。覈表请召曜、莹续成前史,其后曜独终其书,定为五十五卷。

至晋受命,海内大同。著作陈寿,乃集三国史,撰为《国志》,凡六十五篇。夏侯湛时亦著《魏书》,见寿所作,便坏己草而罢。及寿卒,梁州大中正范頵表言:《国志》明乎得失,辞多劝诫,有益风化,愿垂采录。于是诏下河南尹,就家写其书。

先是,魏时京兆鱼豢私撰《魏略》,事止明帝。其后孙盛撰《魏氏春秋》,王隐撰《蜀记》,张勃撰《吴录》。异闻错出,其流最多。宋文帝以《国志》载事伤于简略,乃命中书郎裴松之兼采众书,补注其阙。由是世言《三国志》者,以裴《注》为本焉。

晋史,洛京时,著作郎陆机始撰三祖纪,佐著作郎束晳又撰十志。会中朝丧乱,其书不存。先是,历阳令陈郡王铨有著述才,每私录晋事及功臣行状,未就而卒。子隐,博学多闻,受父遗业,西都事迹,多所详究。过江为著作郎,受诏撰晋史。为其同僚虞预所诉,坐事免官。家贫无资,书未遂就,乃依征西将军庾亮于武昌镇。亮给其纸笔,由是获成,凡为《晋书》八十九卷。咸康六年,始诣阙奏上。隐虽好述作,而辞拙才钝。其书编次有序者,皆铨所修;章句混漫者,必隐所作。时尚书郎领国史干宝,亦撰《晋纪》,自宣迄愍,七帝五十二年,凡二十二卷。其书简略,直而能婉,甚为当时所称。

晋江左史,自邓粲、孙盛、檀道鸾、王韶之已下,相次继作。远则偏记两帝,近则唯叙八朝。至宋湘东太守何法盛,始撰《晋中兴书》,勒成一家,首尾该备。齐隐士东莞臧荣绪又集东、西二史,合成一书。

皇家贞观中,有诏以前后晋史十有八家,制作虽多,未能尽善,乃敕史官更加纂录。采正典与杂说数十余部，兼引伪史十六国书，为纪十、志二十、列传七十、载记三十，并叙例目录，合为百三十二卷。自是言晋史者，皆弃其旧本，竞从新撰者焉。

宋史，元嘉中，著作郎何承天草创纪传。自此以外，悉委奉朝请山谦之补承天残缺。后又命裴松之续成国史。松之寻卒，史佐孙冲之，表求别自创立，为一家之言。孝建初，又敕南台侍御史苏宝生，续造诸传。元嘉名臣，皆其所撰。宝生被诛，大明六年，又命著作郎徐爰踵成前作。爰因何、孙、山、苏所述，勒为一书，其《臧质》《鲁爽》《王僧达》诸传，又皆孝武自造，而序事多虚，难以取信。自永光已后，至禅让十余年中，阙而不载。

至齐，著作郎沈约，更补缀所遗，制成新史。始自义熙肇号，终乎升明三年，为纪十、志三十、列传六十，合百卷，名曰《宋书》。永明末，其书既行，河东裴子野更删为《宋略》二十卷。沈约见而叹曰："吾所不逮也。"由是世之言《宋史》者，以裴《略》为上，沈《书》次之。

齐史，江淹始受诏著述，以为史之所难，无出于志，故先著十志，以见其才。沈约复著《齐纪》二十篇。梁天监中，太尉录事萧子显，启撰齐史。书成，表奏之，诏付秘阁。起升明之年，尽永元之代，为纪八、志十一、列传四十，合成五十九篇。

时奉朝请吴均，亦表请撰齐史，乞给起居注并群臣行状。有诏："齐氏故事，布在流俗，闻见既多，可自搜访也。"均遂撰《齐春秋》三十篇。其书称梁帝为齐明佐命，帝恶其实，诏燔之。然其私本竟能与萧氏所撰并传于后。

梁史，武帝时，沈约与给事中周兴嗣、步兵校尉鲍行卿、秘书监谢昊相承撰录，已有百篇。值承圣沦没，并从焚荡。庐江何之元、沛国刘璠以所闻见究其始末，合撰《梁典》三十篇，而纪传之书，未有其作。陈祠部郎中姚察有志撰勒，施功未周。但既当朝务，兼知国史，至于陈亡，其书不就。

陈史，初有吴郡顾野王、北地傅縡，各为撰史学士，其武、文二帝纪，即顾、傅所修。太建初，中书郎陆琼续撰诸篇，事伤烦杂。姚察就加删改，粗有条贯。

及江东不守，持以入关。隋文帝尝索梁、陈事迹，察具以所成每篇续奏，而依违荏苒，竟未绝笔。皇家贞观初，其子思廉为著作郎，奉诏撰成二史。于是凭其旧稿，加以新录，弥历九载，方始毕功。定为《梁书》五十卷、《陈书》三十六卷，今并行世焉。

十六国史，前赵刘聪时，领左国史公师彧，撰《高祖本纪》及功臣传二十人，甚得良史之体。凌修譖其讪谤先帝，聪怒而诛之。刘曜时，平舆子和苞撰《汉赵记》十篇，事止当年，不终曜灭。

后赵石勒命其臣徐光、宗历、傅畅、郑愔等撰《上党国记》《起居注》《赵书》。其后又令王兰、陈宴、程阴、徐机等相次撰述。至石虎，并令刊削，使勒功业不传。其后燕太傅长史田融、宋尚书库部郎郭仲产、北中郎参军王度追撰二石事，集为《邺都记》《赵记》等书。

前燕有起居注，杜辅全录以为《燕纪》。后燕建兴元年，董统受诏草创后书，著本纪并佐命功臣、王公列传，合三十卷。慕容垂称其叙事富赡，足成一家之言。但褒述过美，有惭董、史之直。其后申秀、范亨各取前后二燕，合成一史。

南燕有赵郡王景晖，尝事德、超，撰二主起居注。超亡，仕于冯氏，官至中书令，仍撰《南燕录》六卷。

蜀初号曰成，后改称汉。李势散骑常侍常璩撰《汉书》十卷。后入晋秘阁，改为《蜀李书》。璩又撰《华阳国志》，具载李氏兴灭。

前凉张骏十五年，命其西曹边浏集内外事，以付秀才索绥，作《凉国春秋》五十卷。又张重华护军参军刘庆在东莞专修国史二十余年，著《凉记》十二卷。建康太守索晖、从事中郎刘昞又各著《凉书》。

前秦史官，初有赵渊、车敬、梁熙、韦谭相继著述。苻坚尝取而观之，见苟太后幸李威事，怒而焚灭其本。后著作郎董谊追录旧语，十不一存。及宋武帝入关，曾访秦国事，又命梁州刺史吉翰问诸仇池，并无所获。先是，秦秘书郎赵整参撰国史，值秦灭，隐于商洛山，著书不辍，有冯翊、车频助其经费。整卒，翰乃启频纂成其书，以元嘉九年起，至二十八年方罢，定为三卷。而年月失次，首尾不伦。河东裴景仁又正其讹僻，删为《秦纪》十一篇。

后秦扶风马僧虔、河东卫隆景并著《秦史》。及姚氏之灭，残缺者多。泓从弟和都，仕魏为左民尚书，又追撰《秦纪》十卷。

夏天水赵思群、北地张渊，于真兴、承光之世，并受命著其国书。及统万之亡，多见焚烧。

西凉与西秦，其史或当代所书，或他邦所录。段龟龙记吕氏，宗钦记沮渠氏，失名记秃发氏，韩显宗记冯氏。唯有三者可知，其余不详谁作。

魏世黄门侍郎崔鸿，乃考核众家，辨其同异，除烦补阙，错综纲纪，易其国书曰录，主纪曰传，都谓之《十六国春秋》。鸿始以景明之初，求诸国逸史，逮正始元年，鸠集稽备，而犹阙蜀事，不果成书。推求十有五年，始于江东购获，乃增其篇目，勒为一百二卷。鸿没后，永安中，其子缮写奏上，请藏诸秘阁。由是伪史宣布，大行于时。

元魏史，道武时，始令邓渊著国记，唯为十卷，而条例未成。暨乎明元，废而不述。神麚二年，又诏集诸文士崔浩、浩弟览、高谠、邓颖、晁继、范亨、黄辅等撰国书，为三十卷。又特命浩总监史任，务从实录。复以中书郎高允、散骑侍郎张伟并参著作，续成前史书。叙述国事，无隐所恶，而刊石写之，以示行路。浩坐此夷三族，同作死者百二十八人。自是遂废史官。至文成帝和平元年，始复其职，而以高允典著作，修国记。允年已九十，手目俱衰。时有校书郎刘模，长于缉缀，乃令执笔而口占授之。如是者五六岁。所成篇卷，模有力焉。

初，国记自邓、崔以下，皆相承作编年体。至孝文太和十一年，诏秘书丞李彪、著作郎崔光，始分为纪传异科。宣武时，命邢峦追撰《孝文起居注》。既而崔光、王遵业补续，下讫孝明之世。温子昇复修《孝庄纪》，济阴王晖业撰《辨宗室录》。魏史官私所撰，尽于斯矣。

齐天保二年，敕秘书监魏收博采旧闻，勒成一史。又命刁柔、辛元植、房延祐、睦仲让、裴昂之、高孝幹等助其编次。收所取史官，惧相凌忽，故刁、辛诸子并乏史才,唯以仿佛学流,凭附得进。于是大征百家谱状,斟酌以成《魏书》。上自道武,下终孝靖,纪、传与志凡百三十卷。收谄齐氏,于魏室多不平。既党北朝,又厚诬江左。性憎胜己,喜念旧恶,甲门盛德与之有怨者,莫不被以丑言,没其善事。迁怒所至,毁及高曾。书成始奏,诏收于尚书省与诸家讨论。前后列诉者百有余人。时尚书令杨遵彦,一代贵臣,势倾朝野,收撰其家传甚美,是以深被党援。诸讼史者皆获重罚,或有毙于狱中。群怨谤声不息。孝昭世,敕收更加研审,然后宣布于外。武成尝访诸群臣,犹云不实,又令治改,其所变易甚多。由是世薄其书,号为"秽史"。

至隋开皇,敕著作郎魏澹与颜之推、辛德源更撰《魏书》,矫正收失。澹以西魏为真,东魏为伪,故文、恭列纪,孝、靖称传。合纪、传、论例,总九十二篇。炀帝以澹书犹未能善,又敕左仆射杨素别撰,学士潘徽、褚亮、欧阳询等佐之。会素薨而止。今世称魏史者,犹以收本为主焉。

高齐史,天统初,太常少卿祖孝徵述献武起居,名曰《黄初传天录》。时中书侍郎陆元规常从文宣征讨,著《皇帝实录》,唯记行师,不载它事。自武平后,史官阳休之、杜台卿、祖崇儒、崔子发等相继注记。

逮于齐灭,隋秘书监王劭、内史令李德林并少仕邺中,多识故事。王乃凭述起居注,广以异闻,造编年书,号曰《齐志》,十有六卷。李在齐预修国史,创纪传书二十七卷。至开皇初,奉诏续撰,增多齐史三十八篇,以上送官,藏之秘府。皇家贞观初,敕其子中书舍人百药仍其旧录,杂采它书,演为五十卷。今之言齐史者,唯王、李二家云。

宇文周史,大统年有秘书丞柳虬兼领著作,直辞正色,事有可称。至隋开皇中,秘书监牛弘追撰《周纪》十有八篇,略叙纪纲,仍皆抵忤。皇家贞观初,敕秘书丞令狐德棻、秘书郎岑文本共加修缉,定为《周书》五十卷。

隋史,当开皇、仁寿时,王劭为书八十卷,以类相从,定其篇目。至于编年、纪传,并阙其体。炀帝世,唯有王胄等所修《大业起居注》。及江都之祸,仍多散逸。皇家贞观初,敕中书侍郎颜师古、给事中孔颖达共撰成《隋书》五十五卷,与新撰《周书》并行于时。

初,太宗以梁、陈及齐、周、隋氏并未有书,乃命学士分修。事具于上。(眉批:"事具以上"四字,当是子注。)仍使秘书监魏徵总知其务,凡有赞论,徵多预焉。始以贞观三年创造,至十八年方就,合为《五代纪传》,并目录凡二百五十二卷。书成,下于史阁。唯有十志,断为三十卷,寻拟续奏,未有其文。又诏左仆射于志宁、太史令李淳风、著作郎韦安仁、符玺郎李延寿同撰。其先撰史人,唯令狐德棻重预其事。太宗崩后,刊勒始成。其篇第编入《隋书》,其实别行,俗呼为《五代史志》。

惟大唐之受命也,义宁、武德间,工部尚书温大雅,首撰《创业起居注》三篇。自是司空房玄龄、给事中许敬宗、著作佐郎敬播相次立编年体,号为"实录"。迄乎三帝,世有其书。

贞观初,姚思廉始撰纪传,粗成三十卷。至显庆元年,太尉长孙无忌与于志宁,令狐德棻,著作郎刘胤之、杨仁卿,起居郎顾胤等,因其旧作,缀以后事,复为五十卷。虽云繁杂,时有可观。龙朔中,敬宗又以太子少师总统史任,更增前作,混成百卷。如《高宗本纪》及永徽名臣、四夷等传,多是其所造。又起草十志,未半而终。敬宗所作纪传,或曲希时旨,或猥饰私憾,凡有毁誉,多非实录。必方诸魏伯起,亦犹张衡之蔡邕焉。其后左史李仁实续撰《于志宁》《许敬宗》《李义府》等传,载言记事,见推直笔。惜其短岁,功业未终。至长寿中,春官侍郎牛凤及又断自武德,终于弘道,撰为《唐书》百有十卷。凤及以喑聋不才,而辄议一代大典,凡所撰录,皆素责私家行状,而世人叙事,罕能自远。或言皆比兴,全类咏歌;或语多鄙朴,实同文案。而总入编次,了无厘革。其有出自胸臆,申其机杼,发言则嗤鄙怪诞,叙事则参差倒错。故阅其篇第,岂谓可观?披其章句,不识所以。既而悉收姚、许诸本,欲使其书独行。由是皇家旧事,残缺殆尽。

长安中,余与正谏大夫朱敬则、司封郎中徐坚、左拾遗吴兢,奉诏更撰《唐书》,勒成八十卷。神龙元年,又与坚、兢等重修《则天实录》,编为三十卷。夫旧史之坏，其乱如绳，错综艰难，期月方毕。虽言无可择，事多遗恨，庶将来削稿，犹有凭焉。

大抵自古史臣撰录，其梗概如此。盖属词比事，以月系年，为史氏之根本，作生人之耳目者，略尽于斯矣。自余偏记、小说，则不暇具而论之。

神农已前 《史记·货殖传》：老子曰：至治之极，民各甘其食，美其服，安其俗，至老死不相往来。太史公曰：神农以前，吾不知已。

颛顼之事 《汉书·司马迁传赞》曰：唐、虞以前，虽有遗文，其语不经。故言黄帝、颛顼之事，未可明也。

百篇之序 《书经传说》：班固曰：孔子纂《书》凡百篇，而为之序，言其作意。孔《疏》：此序知孔子作者，以纬文而知也。捡此百篇，凡有六十三序。《明居》《咸有一德》《立政》《无逸》不序所由，同序而别篇者三十三篇，通《明居》等四篇为三十七篇，加六十三即百篇也。

孔惠壁藏 《汉书·艺文志》注：师古曰：《家语》云：孔腾，字子襄，畏秦法，藏《尚书》于夫子旧堂中。而《汉记·尹敏传》云孔鲋所藏。二说不同。按：《隋书·经籍志》又不同，云孔子末孙惠藏之。《史通》同《隋志》。

隶古字写 孔《序》作"隶古定"。阎若璩按：隶古定，是一行科斗书，一行真书。孔颖达所谓"就古文体，从隶定之。存古为可慕，隶文为可识"也。按：隶，即今之真书。

伏生、欧阳、夏侯 《汉书·儒林传》：伏生，济南人也。治《尚书》，教济南张生及欧阳生。欧阳生授兒宽，宽授欧阳生子。世传至曾孙高、高孙地余。由是有欧阳氏学。夏侯胜，其先夏侯都尉，从济南张生受《尚书》。传族子始昌，始昌传胜，胜传从子建，建又事欧阳高。由是有大小夏侯之学。《注》：伏生，名胜。

河内女子 《隋书·经籍志》：河内女子得《泰誓》一篇，献之。

汉、魏诸儒 原注：谓马融、郑玄、王肃也。

马迁屡访　《汉书·儒林传》：孔氏有《古文尚书》，孔安国得之。安国为谏大夫，司马迁从安国问义。故迁载《尧典》《禹贡》《洪范》《微子》《金縢》诸篇，多古文说。

诸儒谓之逸书　原注：谓马融、郑玄、杜预也。

王肃　见《六家》。

梅赜　见《鉴识》篇。

刘炫　按：炫，字光伯，除太学博士。见《核才》篇。此云学士，误。《隋书·刘炫传》：自为状云：《礼》《诗》《尚书》《公羊》《左传》、孔、郑、王、何等注，虽义有精粗，并堪讲授。著有《尚书》等经术议百余卷。

丘明恐失真　《史记·十二诸侯年表》：孔子西观周室，论史记旧闻，兴于鲁而次《春秋》。七十子之徒，口受其传指，为有所刺讥褒讳挹损之文。鲁君子左丘明，惧弟子人人异端，各失其真，因具论其语，成《左氏春秋》。

《公羊》　何休《公羊序·疏》：戴宏《序》云：子夏传公羊高，高传其子平，平传子地，地传子寿。至汉景帝时，寿乃共弟子胡母子都著于竹帛。《隋书·经籍志》：子都授嬴公，嬴公授孟卿，孟卿授眭孟，眭孟授严彭祖、颜安乐，故后汉《公羊》有严氏、颜氏之学。

《穀梁》　范宁《穀梁序·疏》：穀梁子，名淑，字元始，一曰赤。受经于子夏，为经作传。传孙卿，孙卿传申公，申公传蔡千秋。汉宣帝好《穀梁》，擢千秋为郎。

《邹》《夹》　《汉书·艺文志》：《邹氏传》十一卷。《夹氏传》十一卷，有录无书。又《春秋》述：邹氏无师，夹氏未有书。

董、公孙治《公羊》　董仲舒，见《二体》篇。《史记·公孙弘传》：家贫，牧豕海上。年四十余，乃学《春秋》杂说。《汉书·儒林传》：胡母生子都，治《公羊春秋》，为景帝博士，与董仲舒同业。年老归教于齐，公孙弘亦颇受焉。又瑕丘江公受《穀梁》于鲁申公。上使与仲舒议，不如仲舒。而丞相公孙弘本为《公羊》学，比辑其议，卒用董生。于是上尊《公羊》家，诏太子受《公羊春秋》。

由是《公羊》大兴。

蔡、萧议《穀梁》 《汉书·儒林传》:沛蔡千秋,字少君。《萧望之传》:望之,字长倩。又《儒林传》:戾太子受《公羊》,既通,复私问《穀梁》而善之。宣帝以问韦贤、夏侯胜,皆言宜兴《穀梁》。时千秋为郎,擢为谏大夫、郎中户将。选郎十人从受,积十余岁,皆明习。乃召五经名儒太子太傅萧望之等,大议殿中,平同议三十余事,多从《穀梁》。由是《穀梁》之学大盛。

李封 《后汉书·儒林传》:建武中,郑兴、陈元传《春秋左氏》学,韩歆欲为《左氏》立博士,未决。陈元上书讼,遂以魏郡李封为博士。群儒蔽固者,数廷争之。及封卒,光武重违众议,因不复补。

郑兴父子 《后汉书·郑兴传》:兴,字少赣。少学《公羊春秋》,晚善《左氏传》,积精深思。将门人从刘歆讲正大义,歆使撰条例章句训诂。世言《左氏》者,多祖于兴,而贾逵自传其父业,故有郑、贾之学。子众,字仲师。从父受《左氏春秋》,精力于学,作《春秋难记条例》。建初六年,代邓彪为大司农,受诏作《春秋删》十九篇。

杜预注 见《鉴识》篇。

百二十国书 见《六家》"百国春秋"注。

厥协五句 《太史公自序》原文。

外孙杨恽 《汉书·杨敞传》:敞子恽,字子幼。以忠任为郎,补常侍骑。恽母,司马迁女也。恽始读外祖《太史公记》,颇为《春秋》,以材能称。

十篇未成等句 《史记·太史公自序》裴《注》,及《汉书》颜《注》所引张晏语并同。张守节《正义》引晏语"龟策日者等传"句下有"其龟册日者"五字。

谯周六句 谯周,见《模拟》篇。其六句之文,见《晋书·司马彪传》。"家人诸子",《彪传》作"俗语百家",而《史通》两见其语,皆作"家人",当是王、臧辈旧本之文,谯周原句如此也。

太初 武帝年号。

刘向等十五人 此十五人并在班史未作之前。今按:向、歆、扬雄自有传,冯商见《汉书·艺文志》，史岑见本集《人物》篇，晋冯、段肃见《后汉书·班固传》，冯衍自有传。余七人未详。

雄歆《美新》　《文选》：《剧秦》《美新》，扬子云撰。《汉书·王莽传》：少阿、羲和，刘歆与博士诸儒曰：摄皇帝制礼作乐，茂成天功。发得周礼，以明因监。非圣哲之至，孰能若兹？《汉书·楚元王传》：王莽篡位，歆为国师。

坐窦氏事　《后汉书·班固传》：永元初，大将军窦宪出征匈奴，以固为中护军，与参议。及宪败，固坐免。初，洛阳令种兢尝行，固奴干其车骑，畏宪不敢发，心衔之。至是捕系固，死狱中。

曹大家　《后汉书·列女传》：扶风曹世叔妻者，同郡班彪之女也。名昭，字惠班，一名姬。博学高才。世叔早卒，有节行。兄固著《汉书》未竟，和帝诏昭踵成。

马续所作　《后汉书·马援传》：援兄子严，严七子，唯续、融知名。续，字季则，博观群集，《九章算术》。王《训故》：顺帝时，《汉书》始出，多未能通。马融从班昭受读。后诏融兄续继昭成之。

注解二十五家　颜师古《汉书叙例》：诸家注释，虽见氏名，至于爵里，颇或难知。传无所存，具列如左。按：爵里文烦，今但以氏名列之。荀悦、服虔、应劭，并后汉人。伏俨、刘德、郑氏、李奇，皆不著代。邓展、文颖、张揖、苏林、如淳、孟康，并魏人。张晏、项昭，皆不著代。韦昭，吴人。晋灼、刘宝、郭璞、蔡谟，并晋人。臣瓒、崔浩，后魏人。以上师古所述止二十二人，合师古亦止二十三人。其二人不可详矣。又按：臣瓒，不著姓，《宋景文笔记》以为於瓒，而《水经注》尝引及之，乃薛瓒也。见李衎《笔记跋》。

荀悦《汉纪》　见《六家》。又荀本《序》：撮叙表志，总为帝纪。通比其事，例系年月。大略粗举，凡为三十卷，数十余万言。省约易习，无妨本书，有便于用，其旨云尔。

《春秋考纪》　《汉书·叙传》：为春秋考纪、表、志、传，凡百篇。师古《注》：春秋考纪，谓帝纪也。彪、固本传章怀《注》：谓帝纪考核时事，具四时以立言,如《春秋》之经也。按:帝纪通有此称,《史通》用成语也。旧本、王本皆讹脱失考。

刘珍、李尤 刘珍,见《核才》篇。《后汉书·文苑传》:李尤,字伯仁,和帝时召诣东观,拜兰台令史。安帝时为谏议大夫。诏与谒者仆射刘珍等,俱撰《汉记》。按:珍、尤二人同传同事。郭本误作"李充"。充在《独行传》,无预史职,注乃引传为征,不考之甚。

伏无忌、黄景 《后汉书·伏湛传》:湛封不其侯,传爵至玄孙无忌。桓帝元嘉中,诏无忌与黄景、崔实等共撰《汉记》。

《孝穆》《崇》二皇 "孝穆"五字传写讹脱,当作"献穆、孝崇二皇后"。

边韶 《后汉书·文苑传》:边韶,字孝先。桓帝时征拜太中大夫,著作东观。

崔实 《后汉书·崔骃传》:骃孙实,字子真。一名台,字元始。才美能高,召拜议郎,与边韶、延笃著作东观。

朱穆 见《核才》篇。

曹寿 旧注:字世叔,即娶班彪女昭者也。

杂作后传 《后汉书·皇后纪》:献穆曹皇后,讳节,魏公曹操之中女也。魏受禅,遣使求玺绶。后怒,呼使者入,亲数让之,以玺抵轩下,涕泣横流曰:天不祚尔!孝崇匽皇后,讳明,蠡吾侯媵妾,生桓帝。和平元年就博陵,尊为皇后。顺烈梁皇后,讳妠,大将军商之女。后以德进,不敢有骄专之心。安思阎皇后,元初元年入掖庭。二年,立为皇后。延平四年帝崩,临朝。按:《后汉》皇后称纪,始自华峤,而范晔因之。其先本称传也。

崔篆 按:今范《书·儒林传》不载崔篆。

延笃 《后汉书·延笃传》:笃,字叔坚,桓帝以博士征,拜议郎。与朱穆、边韶共著作东观。

顺帝功臣及《蔡伦传》 按:今范《书》孙程、郑众、蔡伦并在《宦者传》,唯郭愿不收。蔡伦,即用树肤、麻头始造为纸者。

马、蔡、杨、卢 《后汉书·袁术传》注:《决录注》曰:马日䃅,字翁叔,融之族子。与杨彪、卢植、蔡邕典校中书,历位九卿,遂登台辅。蔡邕、杨彪、卢植,并见《核才》篇。诸人著作各互见。《彪传》注:彪与日䃅、植、邕著作东观。《植传》:植与日䃅、邕、彪补续《汉纪》。《邕传》:董卓被诛,王允收邕,日䃅驰谓允曰:伯喈旷世逸才,多识汉事,当续成后史,为一代大典。且忠孝素著,所坐无名乎?允不听。日䃅退而告人曰:王公其不长世乎?善人,国之纪也;著作,国之典也。灭纪废典,其能久乎?邕死狱中。适作《灵纪》及十意,又补诸列传四十二篇。因李傕之乱,湮没多不存。

秘书丞司马彪至《续汉书》 并与《晋书·司马彪传》同文。按:彪,字绍统,高阳王穆之长子也。泰始中为秘书郎,转丞。

散骑常侍至九十七篇 与《晋书·华峤传》所次篇目同。峤,见《二体》篇。又按本传:峤以皇后配天作合,前史作《外戚传》以继末编,非其义也。故易为《皇后纪》,以次帝纪;又改"志"为"典",以有《尧典》故也。而改名《汉纪》为《汉后书》,奏之。诏朝臣会议,咸以峤有实录之风,藏之秘府。

范晔 《宋书·范晔传》:晔,字蔚宗,彭城王义康冠军参军,迁尚书郎。左迁宣城太守,乃删众家《后汉书》为一家之作。后以狂悖诛。狱中与甥侄书自序曰:吾狂衅覆灭,岂复可言。常耻作文士。文患其事尽于形,情急于藻,义牵其旨,韵移其意。常谓情志所托,故当以意为主,以文传意。此中曲有成理,自谓颇识其数云云。

十志未成 《直斋书录解题》:志三十卷,司马彪撰。梁刘昭补注,晔本书未尝有志也,乃借旧志注以补之。其后纪传孤行,而志不显。至本朝乾兴初,判国子监孙奭始建议合之,而不著其为彪书也。今考章怀《注》所引称《续汉志》者,文与今志同,信其为彪书不疑。按:唐时范史,其补志本与纪传合行,见《编次》篇。又范纪《注》载《宋书·谢俨传》云:十志托俨搜撰,晔败,悉蜡以覆车,今阙。《容斋四笔》亦及之。异说备考。

《后汉纪》 《晋书·文苑传》:袁宏,字彦伯。父勖,临汝令。谢尚镇牛诸,引宏参其军事。语见《点烦》篇。后出为东阳郡,撰《后汉纪》三十卷。《隋》《唐志》编年类:先有张璠撰者,前于《左传》家见之,宏即采摭璠《纪》为之也。宏《纪·自序》:史传之兴,所以通古今而笃名教也。丘明之作,广大悉备。史迁剖判建立,班固源流因籍,荀悦经纶,足为嘉史。今因前代遗事,略举义教所归,末吏区区注疏而已。

卫觊 《魏志·卫觊传》:觊,字伯儒,拜侍中。与王粲并典制度,受诏典著作,又为《魏官仪》。

缪袭 《魏志·刘劭传》:劭同时东海缪袭亦有才学,多所述叙。《注》:《文章志》曰:袭,字熙伯,辟御史大夫。

韦诞 《魏志·刘劭传》附:光禄大夫京兆韦诞。《注》:《文章叙录》曰:诞,字仲将,善属辞章。

应璩 《魏志·王粲传》附:应璩,官至侍中。《注》:《文章叙录》曰:璩,字休琏,善书记。齐王即位,典著作。

王沈 见《叙事》篇。《晋书·王沈传》云:与荀𫖮、阮籍共撰《魏书》。

阮籍 《晋书·阮籍传》:籍,字嗣宗,为步兵校尉。又《王沈传》:沈与阮籍共撰《魏书》。

孙该 《魏志·刘劭传》附:陈郡太守任城孙该。《注》:《文章叙录》曰:该,字公达。年二十为郎中,著《魏书》。

傅玄 《晋书·傅玄传》:魏除郎中,与东海缪施俱以时誉选入著作,撰集《魏书》。又见《书事》篇。按:缪施或即《魏志》之缪袭?俟考。

吴大帝至召莹续史 按:大段皆华覈疏文,见《吴志·薛莹传》。其中韦曜、薛、华三人见《史官》篇。丁孚、项峻、周昭、梁广四人见覈疏,《吴志》皆无传。

曜终其书 按:曜终其书,史无明文。据裴松之《注》,有称韦曜《吴书》者,可知终之者曜矣。

著作陈至写其书 与《陈寿传》同文。陈寿,见《六家》。

夏侯湛 《晋书·夏侯湛传》：湛，字孝若，与潘岳友善，每行止同舆接席，市都谓之连璧。除散骑常侍。著论三十余篇，别为一家之言。

异闻错出 按：裴松之《注》所引汉、晋间群书，凡百有余种。其录魏事者，有鱼豢《魏略》，孙盛《魏氏春秋》，王沈《魏书》，阴澹《魏纪》，荀勖《文章叙录》，《曹瞒传》《魏武故事》《褒赏令》《汉魏春秋》《典论》《魏末传》《魏名臣奏》《魏世谱》等。其录蜀事者，则有王隐《蜀记》，谯周《蜀本记》，陈寿《益都耆旧传》又《杂记》，常璩《华阳国志》，郭冲《五事》，张俨《嘿记》等。其录吴事者，有张勃《吴录》，吴冲《吴历》，韦曜《吴书》，虞溥《江表传》，环氏《吴记》，《会稽典录》等。其统录者，则有司马彪《续汉书》《九州春秋》，谢承《后汉书》，张璠、袁宏《后汉纪》，华峤《汉后书》，孔衍《汉魏尚书》，习凿齿《汉晋春秋》，《献帝春秋》《献帝纪》《献帝起居注》《山阳公载记》《汉末名士录》《先贤行状》《英雄记》等。皆所述异辞，故言异闻错出。

陆机、束晳 陆机撰《晋纪》，见《隋》《唐志》。其书已见《本纪》篇。束晳，见《史官》篇，撰帝纪、十志。

王铨、隐、虞预 并见《二体》及《曲笔》篇。

私录晋事 见《二体》篇"王、虞"注。

干宝《晋纪》 见《六家》。按：干宝是编年体，自《新晋书》行，而其书遂废也。

邓粲 《晋书·邓粲传》：粲，长沙人，以高洁著名。著《元明纪》十篇。按：元、明谓晋中兴初中宗元帝、肃宗明帝。

孙盛 《晋书·孙盛传》：盛，字安国，太原人。十岁避难渡江，及长，善言名理。补长沙太守，迁秘书监。著《魏氏春秋》《晋阳秋》。

檀道鸾 《南史·文学·檀超传》：超叔父道鸾，字万安。国子博士，永嘉太守，撰《续晋阳秋》。

王韶之 《宋书·王韶之传》：韶之父伟之，有志尚。泰元、隆安时事，小大悉录。韶之因此私撰《晋安帝阳秋》。既成，时人谓宜居史职，即除著作佐郎,使续后事,讫义熙九年。按:又见《杂述》篇。

远两帝近八朝 按:东晋凡十一帝,起元、明,尽安、恭。邓粲止撰《元明纪》,是远两帝也。其后王韶之续至安帝之义熙,而恭帝不入纪,是近八朝也。

何法盛 《宋书》无传。《隋书·经籍志》:《晋中兴书》七十八卷,起东晋,宋湘东太守何法盛撰。

臧荣绪 《齐书·高逸传》:臧荣绪,东莞莒人,纯笃好学。括东、西晋为一书,纪、录、志、传百一十卷。隐居京口,教授南徐州。太祖为扬州,征为主簿,不到。

贞观纂录 《旧唐书·房玄龄传》:贞观十八年,玄龄与褚遂良受诏重撰《晋书》。于是奏请许敬宗、来济、陆元仕、刘子翼、令狐德棻、李义府、薛元超、上官仪等八人,分功撰录。以臧荣绪《晋书》为主,参考详洽。然史官多文咏之士,好采碎事,竞为绮艳。李淳风修《天文》《律历》《五行》三志,最可观。太宗自著宣、武二帝,陆机、王羲之四论,于是总题曰"御撰",凡一百三十卷。《通志略》:古者修书,成于一家。至唐始用众手,《晋》《隋》二书是也。

《晋史》十八家 按:《隋·经籍》《唐·艺文志》正史部凡八家,其撰人则王隐、虞预、朱凤、何法盛、谢灵运、臧荣绪、萧子云、萧子显也。编年部凡十一家,其撰人则陆机、干宝、曹嘉之、习凿齿、邓粲、张盛、刘谦之、王韶之、徐广、檀道鸾、郭季产也。据《志》,盖十九家。岂缘习氏书独主汉斥魏,以为异议,遂废不用欤?又按:《杂说》篇有"曹、干、孙、檀皆不之取"之语,是就既修后言。此云十八家,则兼举之,是就敕修之始,罗致群书言。

何承天 《宋书·何承天传》:五岁失父,母徐博学,幼渐义训,儒史该览。除著作佐郎,撰国史。

山谦之 见《徐爰传》。

裴松之 见《补注》篇。《传》:领国子博士,续何承天国史,未及撰述。

孙冲之 见《臧质传》。晋秘书监盛曾孙也。又见《邓琬传》,以附逆败诛,不及撰史事。

苏宝生 见《徐爰传》。又见《王僧达传》,云:苏宝者,名宝生,本寒门,有文义之美。官至南台侍御史、江宁令。坐知高阇反,不启闻,诛。按:高阇者,与沙门释昙相诳为乱者也。

徐爰 《宋书·恩幸传》:爰,本名瑗,字长玉。历治吏劳,迁左丞。先是,元嘉中,使著作郎何承天草创国史。世祖初,又使奉朝请山谦之、南台御史苏宝生踵承之。六年,又以爰领著作,使终其业。爰虽因前作,而专为一家之书。爰便僻善事人,长于傅会,故委寄尤重。前见《二体》篇。

臧鲁王诸传 在《宋书》列传第三十四、三十五。诸人皆称兵为乱者。

沈约 见《二体》篇。

裴子野 见《六家》。

江淹十志 《梁书·江淹传》:淹,字文通,起家南齐州从事。建元初,为建安王记室,参掌诏册,并典国史。郑樵《通志》序:江淹有言:修史之难,无出于志。诚以志者,宪章之所系,非老于典故不能为也。按:《隋志》:江淹《齐纪》十三卷,亡。《南史》本传云:与司徒左长史檀超共为条例,为王俭所驳,所撰十三篇竟无次序。即指此也。其传末云:《齐史》十志行于世。

沈约《齐纪》 见《二体》篇。又《梁书》:沈约所著《齐纪》三十卷。

萧子显启撰齐史 "启撰"诸句,见《梁书·萧子显传》。按:沈《纪》、萧《书》,各自为史。旧本脱去"梁天监中,太尉录事萧子显启撰齐史"八句,遂与沈约混为一书。而本文"二十篇"之下,缀"有纪八、志十一、列传四十,合成五十九篇"凡十六字,不可通矣。兹特补正。

吴均《齐春秋》 见《六家》。

沈约 《梁书·沈约传》:著《高祖纪》十四卷。

周兴嗣 《梁书·文学传》:兴嗣,字思纂,为员外散骑郎,佐撰国史。迁给事中,撰史如故。《唐书·艺文志》:周兴嗣《梁皇帝实录》五卷。

鲍行卿 《梁书》无传。《唐书·艺文志》:鲍行卿《乘舆飞龙记》二卷。

谢昊 《梁书》无传。见《史官》篇。

何之元、刘璠合撰《梁典》 按：《陈书·何之元》《周书·刘璠》二传，各言撰《梁典》三十卷。《隋》《唐》二志，亦皆分载二典。而《史通》以为二人合撰，则《梁典》只是一书耳，足正二志之岐出。

顾野王 见《正史》篇。《唐书·艺文志》：顾野王《陈书》三卷。

傅縡 《陈书·傅縡传》：縡，字宜事，北地人。梁太清末，携母南奔。俄丁母忧，在兵乱之中居丧礼，哀毁骨立。世祖召为撰史学士。《唐书·艺文志》：傅縡《陈书》三卷。

陆琼续撰 《陈书·陆琼传》：琼，字伯玉。有至性，从祖襄叹曰：此儿必荷门基，所谓一不为少。领大著作。《隋书·经籍志》：《陈书》四十二卷，讫宣帝，陈吏部尚书陆琼撰。

姚察 见《题目》篇。

思廉 《唐书·姚思廉传》：思廉，本名简，以字行，陈吏部尚书察之子。授秦王府文学。王即位，改著作郎、弘文馆学士。诏与魏徵共撰《梁》《陈书》。思廉采谢炅、顾野王等诸家言，推究综括，为梁、陈二家史，以卒父业。按：谢炅，《隋志》作"谢昊"。

十六国史 《史通》所记诸零杂短卷，当时已多刊落，无从蔓引。然细寻节中诸所勾勒，恰与《隋》《唐》二志历历相符。《隋志》前赵则《汉记》十卷，《唐志》作十四卷，和苞撰。后赵则《赵书》十卷，《唐志》作二十卷，伪燕太傅长史田融撰。又《二石传》二卷，《二石伪事》二卷，《唐志》作六卷，晋北中郎参军王度撰。前燕则《燕书》二十卷，记慕容隽事，伪燕尚书范亨撰。南燕则《南燕录》六卷，记慕容德事，伪燕中书郎王景晖撰。蜀成则《唐志》有《汉之书》十卷，《蜀李书》九卷，《华阳国志》十三卷，并常璩撰。前凉则《隋志》有《凉书》十卷，《敦煌实录》十卷，《唐志》作二十卷，并刘景撰。唐讳"昞"，刘景即刘昞也。前秦则《秦记》十一卷，宋殿中将军裴景仁撰，杜惠明注。后秦则《秦记》十卷，记姚苌事，魏左民尚书姚和都撰。夏则《隋》《唐》二志皆无书。西凉、西秦，二志亦无书。后凉则二志皆有《凉记》十卷，记吕光事，伪凉著作佐郎段龟龙撰。北凉则二志皆有《凉书》十卷，注云"沮渠国史"，不著撰人。据本文及史，当即是宗钦。南凉则二志皆有《托跋凉录》十卷，撰人缺，今作失名。北燕则二志皆有《燕志》十卷，记冯跋事，并云魏侍中高闾撰。而《魏书·韩显宗传》有撰《冯志》十卷之文，与本文合，恐即与高闾合作。已上十六国史，《史通》人书俱缺者，惟夏与西凉、西秦也，而二志亦此三国无书。其余虽有失名，互证皆合。

崔鸿《十六国春秋》 见《探赜》篇。《魏书·崔鸿传》：子子元，永安中，奏其父书曰：臣亡考鸿，任属记言，刊著赵、燕、秦、夏、凉、蜀等遗载，为之赞序。先朝之日，草构悉了，唯有李雄《蜀书》，搜索未获，阙兹一国，迟留未成。去正光三年，购访始得，讨论适讫，而先臣弃世。凡十六国，名为《春秋》，一百二卷。今缮写一本，敢以仰呈。倪或浅陋，不回睿赏，乞藏秘阁，以广异家。

附录 按：屠氏不著采录书名，难据以为正证，要其语决非无本。《史通》所列人氏，与于史事者四十二人，不与史事者一人。今就屠书有者附见之，又有别见诸史及本集他篇者，亦拈出之。前赵公师彧，善相人，刘渊深相崇敬。后官太中大夫，为刘聪所诛。和苞、刘曜时谏营寿陵，封平舆子。二人《史官》篇亦见。后赵徐光，字季武，顿丘人，石勒记室参军。迁中书令，领秘书监。傅畅，字世道，北地人，为大将军右司马。谙识朝仪，勒器之。作《晋诸公叙赞》二十卷、《公卿故事》九卷。南燕王景晖，苻秦太史令高鲁之甥也。鲁遣晖随献玉玺于慕容德，留仕德。著《南燕录》六卷。蜀成常璩，亦作"据"。屠《录》与《补注》等篇所记略同。前凉索绥，字士艾，敦煌人。幼举孝廉，又举秀才，为儒林祭酒。张骏命集阁内外事付绥。著《凉春秋》五十卷。刘昞，屠《录》与《点烦》篇略同。前秦李威，字伯龙，苟太后之姑子也。威有辟阳之宠，史官载之。后苻坚见其事，将罪。著作郎车敬等已死，乃止。赵整，字文业，一名正。年十八，为坚著作郎。情度敏达，信佛法，遁迹商洛山。专精经律。后秦姚和都，仕至左兵尚书，撰《晋纪》十卷，记姚苌时事。赫连夏赵逸，字思群，天水人，仕姚兴。为勃勃所虏，拜著作郎。张渊，不知何处人，自云尝仕苻坚。坚败,仕姚兴父子。泓灭入夏,为太史令。北凉宗钦,字景若,金城人,博综群言。仕沮渠蒙逊,为中书郎,撰《凉记》十卷。已上名见屠本者凡十五人。又别见者:范亨见《魏书·崔浩传》。吉翰,《宋书》有传。冯翊,池阳人。裴景仁,见《南史》及《世说注》。韩显宗,见《魏书》,韩麒麟子也,字茂亲。又散见本集者:董统,见《直书》篇。刘庆,见《史官》篇。余阙考。

邓渊国记 《魏书·邓渊传》:渊,字彦海。太祖定中原,擢为著作郎,诏渊撰国记。渊造十余卷,惟次年月起居行事而已,未有体例。

崔浩等撰国书 事见《直书》篇。《魏书·崔浩传》:初,太祖诏尚书郎邓渊著国记,未成。逮于太宗,废而不述。神䴥二年,诏集诸文人撰录,浩及弟览、高谠、邓颖、晁继、范亨、黄辅等共参著作,叙成国书三十卷。按:邓颖,即邓渊子。

中书郎高允至模有力焉 事详《魏书·高允传》及《儒林·张伟传》,刘模即附《允传》中。本文皆撮取传语也。再按《允传》:浩之被收也,允直中书省。时恭宗为太子,召允留宿。翌日,命允骖乘,至宫门,谓曰:入当见至尊,吾自导卿。脱有问,但依吾说。既入见,恭宗曰:高允自在臣宫,虽与浩同事,制由于浩。世祖召允曰:国书皆崔浩作否?允对曰:臣与浩同作,臣多于浩。世祖大怒,恭宗曰:天威严重,允迷乱失次耳。臣向备问,皆云浩作。允曰:臣谬参著作,今已分死,不敢虚妄。殿下哀臣失命耳,实不问臣,臣无此言。世祖曰:直哉!临死不移,贞臣也,宜宥之。按:允,字伯恭,年九十八。

李、崔始为纪传 《魏书·李彪传》:彪,字道固。参著作事。自成帝以来,浩、允编年序录,为《春秋》之体。彪始奏从迁、固之体,创为纪、传、表、志之目焉。《魏书·崔光传》:光,本名孝伯,字长仁,高祖赐名。拜中书博士,转著作郎,与秘书丞李彪参撰国书。按:光,即鸿父也。

宣武时至号为秽史 其间所称引诸人,以《北齐书·魏收传》对证之,事语咸具。邢峦,字洪宾,中书侍郎、尚书。王遵业,著作佐郎。温子昇,见《叙事》篇。晖业,魏济阴王新成曾孙。四人《魏书》有传。刁柔,国子博士。辛元植,司空、司马。房延祐,通直常侍。睦仲让,不著官秩。裴昂之,国子博士。高孝幹,尚书郎。六人皆无传。杨遵彦,杨愔字。《北齐书·杨愔传》:尚太原长公主,尚书右仆射,封开封王。

《辨宗室录》 《魏书·宗室传》:济阴王晖业,涉子史,有志节。齐文襄尝问之,对曰:数寻伊、霍之传,不读曹、马之书。晖业以时运渐谢,不复图全,在晋阳也,无所交通。撰魏藩王家世,号为《辨宗室录》,四十卷。

魏澹 见《本纪》篇。《隋书·魏澹传》:太祖以魏收书褒贬失实,平绘《中兴书》事不伦序,诏澹别成魏史。澹自道武下及恭帝为十二纪、七十八传,别为史论及例一卷,并目录合九十二卷。书甚简略,大矫收、绘之失。上览而善之。

颜之推 《北齐书·颜之推传》:之推,字介。隋开皇中,太子召为学士,甚见礼重。按:颜介共撰《魏书》之文,本传不载。

辛德源 《隋书·辛德源传》:德源,字孝基。高祖受禅,隐于林虑山。秘书监牛弘以德源才学奏,与著作郎王劭同修国史。

杨素别撰 《隋书·杨素传》:素,字处道。高祖受禅,加上柱国,封越国公。大业元年,改封楚公。有集十卷,别撰事见下。

潘、褚、欧阳 《隋书·文学传》:潘徽,字伯彦,吴人。炀帝嗣位,诏徽与太常博士褚亮、欧阳询等,助越公杨素撰《魏书》,会素薨而止。褚亮,字希明。欧阳询,字信本。《唐书》有传。

祖孝徵 祖珽字也。《北齐书·祖珽传》:后主拜珽尚书左仆射,监修国史,加特进。入文林馆,总监撰书。按:《黄初传天录》是珽所创起居实录书名,以比魏文受禅,媚献武也。或误从"传"字截句,读作去声,遂改"录"为"禄",疑是年号。时实无此元也。

陆元规 见《祖珽传》。

阳休之 《北齐书·阳休之传》:休之,字子烈。齐受禅,除散骑常侍,修起居注。天统初,为光禄卿,监国史。

杜台卿 见《隋书·李德林传》。旧注:字少山,齐中书侍郎。

祖德儒 旧注：斑族弟也。武平末，通直常侍。

崔子发 《隋书·经籍志》：《齐纪》三十卷，纪后齐事，崔子发撰。

王劭 王劭齐书即《六家》所引。按：十六卷，《唐书·艺文志》作十七卷。

李德林 见《探赜》篇。

《齐志》十六卷 原注：其序云二十卷，今传于世者，唯十六卷焉。

百药 见《本纪》篇"李安平"注。

柳虯 见《史官》篇。《周书·柳虯传》：大统十四年，除秘书丞，领著作。

牛弘 见《世家》篇。

令狐德棻 见《史官》篇。又见本篇"五代纪传"注下。

岑文本 《旧唐书·岑文本传》：文本，字景仁。擢拜中书舍人。时中书侍郎颜师古免，温彦博奏请复用。太宗曰：我自举一人，公勿忧也。于是以文本为中书侍郎，专典机密。又先与令狐德棻撰周史，其史论多出于文本。至十年史成。

王劭书 王劭《隋书》即《六家》所引，与《齐志》体例殊科。

王胄 《隋书·文学传》：王胄，字承基。大业初，为著作佐郎。《唐书·艺文志》有《开皇起居》，无《大业起居》，散逸故也。

颜师古 《旧唐书·颜籀传》：籀，字师古，齐黄门郎之推孙也。少传家业。武德初，为秦王府记室。迁中书舍人。《令狐德棻传》：高祖诏中书舍人颜师古修隋史。

孔颖达 《旧唐书·孔颖达传》：颖达，字仲达。尤明《左氏传》《郑氏尚书》《王氏易》《毛诗》《礼记》，兼善算历，解属文。太宗即位，除国子司业。迁太子右庶子，仍兼司业，与魏徵撰成隋史。

贞观三年创造 原注：唯姚思廉贞观二年起，功多于诸史一年。

《五代纪传》 《旧唐书·令狐德棻传》：德棻言于高祖曰：近代都无正史。梁、陈及齐犹有文籍，周、隋遭大业离乱，多有遗阙。当今耳目犹接，更十数年后恐湮没。如臣愚见，并请修之。高祖然其奏，诏曰：自有魏南徙，乘机抚运，周、隋禅代，梁氏称邦，齐迁龟鼎，陈建皇宗，立言著绩，无乏于时。而简牍未编，炎凉已积。朕握图驭宇，方立典谟，有怀撰次，实资良直云云。诏下数年，竟不能就。贞观三年，太宗敕德棻与岑文本修周史，李百药修齐史，姚思廉修梁陈史。魏徵修隋史，与房玄龄总监。德棻又奏引崔仁师佐修周史，德棻仍总知类会。《魏徵传》：徵，字玄成。初，令狐德棻等撰诸史，徵受诏总加撰定，《隋书》序论皆徵所作。按：《隋书》本颜、孔合撰，与十七节并下条注会看乃全。又按：《宋》《齐》《北魏》三书，前代已成，故唐修止于五。

《五代史记》 《史通》列同修四人。《新》《旧》书可证合者，《李淳风传》则云除太史丞，预撰《五代史》。其天文、律历、五行志，皆淳风作。《李延寿传》则云补崇贤馆学士，受诏同敬播修《五代史志》。而《于志宁传》但云预修礼、修史等功赏赐，不言所修何史。至韦安仁则无传，当用《史通》语证补之。《直斋书录解题》：《隋志》，高宗时始成，上总梁、陈、齐、周之事，俗号《五代志》。

《创业起居注》 《旧唐书·温大雅传》：大雅，字彦和。武德元年，历黄门侍郎，撰《创业起居注》三卷。《郡斋读书志》：纪高祖起义至受隋禅用师、符谶、受命、典册事。

房玄龄 《旧唐书·房玄龄传》：房乔，字玄龄。任秦府中常典管记。贞观三年，代长孙无忌为尚书左仆射，监修国史。

许敬宗 见《史官》篇。

敬播 见《史官》篇。《旧唐书·敬播传》：与许敬宗撰《高祖》《太宗实录》，自创业至贞观十四年，为二十卷。后又撰《太宗实录》，从贞观十五年至二十三年，为二十卷。

姚、长孙等撰纪传 姚思廉，《新》《旧》本传不书撰国史。长孙无忌、于志宁、令狐德棻三人传，止云监修国史。《唐书·文苑·刘胤之传》：永徽中，累转著作郎，与令狐德棻、著作杨仁卿等撰成国史，封阳城县男。其从孙即知幾也。杨仁卿无传。《顾胤传》：以撰武德、贞观两朝国史八十卷成，加朝散大夫。按：《新》《旧》二书凡书国史，或统言，或专以纪传言，或竟阙书。《史通》此等处，可当史补。

犹张衡之蔡邕　《商芸小说》：张衡死日，蔡邕母始孕。二人才貌相类，人云邕是张衡后身。按：《史通》是语，盖反辞以况也。后汉灵帝尝问侍中杨奇曰：朕何如桓帝？奇对曰：陛下之于桓帝，亦犹虞舜比德唐尧。语意正相似。

李仁实　见《史官》篇。

牛凤及　见《史官》篇。

朱敬则、徐坚、吴兢　三人并见《自叙》篇。按：此云撰《唐书》八十卷、《则天实录》三十卷，可补知几本传。又按：《崇文总目》：吴兢撰《唐史》，自创业迄开元，凡一百一十卷。韦因其本，更加笔削云云。正与八十、三十之数相合。但云一百十卷，不分纪传、编年，又专属之吴兢，皆当以此文正之。

惑经

昔孔宣父以大圣之德，应运而生，生人已来，未之有也。故使三千弟子、七十门人，钻仰不及，请益无倦。然则尺有所短，寸有所长。其间切磋酬对，颇亦互闻得失。何者？睹仲由之不悦，则矢天厌以自明；答言偃之弦歌，则称戏言以释难。斯则圣人设教，其理含宏，或援誓以表心，或称非以受屈。岂与夫庸儒末学，文过饰非，使夫问者缄辞杜口，怀疑不展，若斯而已哉？（眉批：亦善立言。）嗟夫！古今世殊，师授路隔，恨不得亲膺洒扫，陪五尺之童；躬奉德音，抚四科之友。而徒以研寻蠹简，穿凿遗文，菁华久谢，糟粕为偶。遂使理有未达，无由质疑。（眉批："理有未达"二句语极分明，凡所指陈皆求其说而不得者耳。）是用握卷踌躇，挥毫悱愤。倪梁木斯坏，魂而有灵，敢效接舆之歌，辄同林放之问。但孔氏之立言行事，删《诗》赞《易》，其义既广，难以具论。今惟摭其史文，评之于后。

案：夫子所修之史，是曰《春秋》。窃详《春秋》之义，其所未谕者有十二。（眉批："未谕"二字亦分明。）何者？赵孟以无辞伐国，贬号为人；杞伯以夷礼来朝，降爵称子。虞班晋上,恶贪贿而先书;楚长晋盟,讥无信而后列。此则人伦臧否,在我笔端,直道而行,夫何所让？奚为齐、郑及楚,国有弑君,各以疾赴,遂皆书卒？夫臣弑其君,子弑其父,凡在含识,皆知耻惧。苟欺而可免,则谁不愿然？且官为正卿,反不讨贼;地居冢嫡,药不亲尝。遂皆被以恶名,播诸来叶。必以彼三逆,方兹二弑。躬为枭獍,则漏网遗名;迹涉瓜李,乃凝脂显录。嫉恶之情,岂其若是？其所未谕一也。

盖明镜之照物也,妍媸必露,不以毛嫱之面或有疵瑕,而寝其鉴也;虚空之传响也,清浊必闻,不以绵驹之歌时有误曲,而辍其应也。夫史官执简,宜类于斯。苟爱而知其丑,憎而知其善,善恶必书,斯为实录。观夫子修《春秋》也,多为贤者讳。狄实灭卫,因桓耻而不书;河阳召王,成文美而称狩。斯则情兼向背,志怀彼我。苟书法其如是也,岂不使为人君者,（眉批:"为人君者"四字,当以旧作"贤人君子"为是,盖此条本论为贤者讳也。）靡惮宪章,虽玷白圭,无惭良史也乎？其所未谕三也。

诸国臣子,非卿不书,必以地来奔,则虽贱亦志。斯岂非国之大事,不可限以常流者耶？如阳虎盗入于讙,拥阳关而外叛。《传》具其事,《经》独无闻,何哉？且弓玉中亡,犹获显记;城邑失守,反不沾书。略大存小,理乖惩劝。其所未谕五也。

案:诸侯世嫡,嗣业居丧,既未成君,不避其讳。此《春秋》之例也。何为般、野之殁,皆以名书;而恶、视之殂,直云"子卒"。其所未谕六也。

夫臣子所书,君父是党,虽事乖正直,而理合名教。如鲁之隐、桓戕弑,昭、哀放逐,姜氏淫奔,子般夭酷。斯则邦之孔丑,讳之可也。如公送晋葬,公与吴盟,为齐所止,为邾所败。盟而不至,会而后期,并讳而不书,岂非烦碎之甚？且案汲冢竹书《晋春秋》及《纪年》之载事也,如重耳出奔,惠公见获,书其本国,皆无所隐。唯《鲁春秋》之记其国也,则不然。何者？国家事无大小,苟涉嫌疑,动称耻讳,厚诬来世,奚独多乎！其所未谕八也。

案:昭十二年,齐纳北燕伯于阳。"伯于阳"者何？公子阳生也。子曰:

"我乃知之矣。"在侧者曰："子苟知之,何以不革?"曰:"如尔所不知何?"夫如是,夫子之修《春秋》,皆遵彼乖僻,习其讹谬,凡所编次,不加刊改者矣。何为其间则一褒一贬,时有弛张;或沿或革,曾无定体。其所未谕九也。

又书事之法,其理宜明。使读者求一家之废兴,则前后相会;讨一人之出入,则始末可寻。如定六年,书"郑灭许,以许男斯归"。而哀元年,书"许男与楚围蔡"。夫许既灭矣,君执家亡,能重列诸侯,举兵围国者何哉?盖其间行事,必当有说。《经》既不书,《传》又阙载,缺略如此,寻绎难知。其所未谕十也。

案:晋自鲁闵公已前,未通于上国。至僖二年,灭下阳已降,渐见于《春秋》。盖始命行人自达于鲁也,而《琐语·春秋》载鲁国闵公时事,言之甚详。斯则闻事必书,无假相赴者也。盖当时国史,它皆仿此。至于夫子所修也则不然。凡书异国,皆取来告。苟有所告,虽小必书;如无其告,虽大必阙。故宋飞六鹢,小事也,以有告而书之;晋灭三邦,大事也,以无告而阙之。用使巨细不均,繁省失中,比夫诸国史记,奚事独为疏阔?寻兹例之作也,盖因周礼旧法,鲁策成文。夫子既撰不刊之书,为后王之则,岂可仍其过失,而不中规矩者乎?其所未谕十一也。

盖君子以博闻多识为工,良史以实录直书为贵。而《春秋》记它国之事,必凭来者之辞;而来者所言,多非其实。或兵败而不以败告,君弑而不以弑称,或宜以名而不以名,或应以氏而不以氏,或春崩而以夏闻,或秋葬而以冬赴。皆承其所说而书,遂使真伪莫分,是非相乱。其所未谕十二也。

凡所未谕,其类尤多,静言思之,莫究所以。岂"夫子之墙数仞,不得其门"者欤?将"某也幸,苟有过,人必知之"者欤?如其与夺,请谢不敏。

杞伯降称子　《春秋》僖公二十七年:杞子来朝。《左传》:杞桓公来朝,用夷礼,故称子。

虞班晋上　《春秋》僖公二年:虞师、晋师灭下阳。《左传》:先书虞,贿故也。《注》：虞非倡兵之首，而先书之，恶贪贿也。

楚长晋盟 《春秋》襄公二十七年：叔孙豹会晋赵武、楚屈建、蔡公孙归生、卫石恶、陈孔奂、郑良霄、许人、曹人于宋。《左传》：将盟，楚人衷甲。伯州犁曰：合诸侯之卿以为不信，是弃所以合诸侯也。子木曰：事利而已，苟得志焉，焉用有信？盟先楚人，书先晋，晋有信也。《注》：盖孔子追正之。

齐、郑、楚弑以疾赴 《春秋》哀公十年：齐侯阳生卒。《注》：以疾赴，故不书弑。襄公七年：郑伯髠顽卒于鄵。《注》：实为子驷所弑，以疟疾赴，故不书弑。昭公元年：楚子麇卒。《注》：楚以疟疾赴，故不书弑。

反不讨贼 《春秋》宣公二年：晋赵盾弑其君夷皋。《左传》：晋侯饮赵盾酒，公嗾夫獒焉。斗且出，遂自亡也。赵穿攻灵公于桃园。宣子未出疆而复。太史书"赵盾弑其君"，以示于朝。宣子曰：不然。对曰：子为正卿，亡不越境，反不讨贼，非子而谁？

药不亲尝 《春秋》昭公十九年：许世子止弑其君买。《左传》：许悼公疟，饮太子止之药，卒。太子奔晋。书曰"弑其君"。

凝脂 《旧唐书·崔仁师传》：凝脂犹密，秋荼尚烦。按：盖谓刑峻。

齐乞楚比 《春秋》哀公六年：齐阳生入于齐。齐陈乞弑其君荼。《左传》：陈乞与大夫以甲入于公宫，公战于庄，败。陈僖子使召公子阳生，立之。悼公使胡姬以安孺子如赖。使朱毛告于陈子曰：君不可以二。僖子不对而泣。公使毛迁孺子于骀，杀诸野幕之下。昭公十三年：楚公子比自晋归于楚，弑其君虔于乾溪。《左传》：楚子次于乾溪。群丧职之族启越大夫常寿过作乱。观起之死也，其子从在蔡，以蔡公之命召子干、子皙，盟于邓，以入楚，杀太子禄及公子罢敌。公子比为王，公子黑肱为令尹，公子弃疾为司马，使观从从师于乾溪。王闻群公子之死也，自投于车下，缢于芋尹申亥氏。《注》：楚比劫立，陈乞流涕，皆疑于免罪。《春秋》明而书之，以为弑主。按：悼公即阳生，安孺子即荼，比即子干，黑肱即子皙，弃疾即蔡公。

邯郸围池鱼及 《庄子·胠箧》有"鲁酒"句。郭《注》：楚宣王朝诸侯，鲁后至,酒薄。宣王欲辱之,不辞而行。王怒,攻鲁。梁惠王常欲击赵,畏楚救。楚以鲁为事,梁得围邯郸。《清波杂志》张无尽一表,有"鲁酒""城门"二句。上句出《庄子》,下句不知所出。《广韵》以池仲鱼为人姓名。白乐天诗:火发城门鱼水里,救火竭池鱼失水。不主姓名说。

邾之阍者 《春秋》定公三年:邾子穿卒。《左传》:邾子在门台,临廷。阍以瓶水沃廷,邾子怒。阍曰:夷射姑旋焉。命执之,弗得。兹怒,自投于床,废于炉炭,烂,遂卒。庄公卞急而好洁,故及是。《注》:旋,小便。废,堕也。

灭卫不书 《春秋》闵公二年:狄入卫。《穀梁》范《注》:不言灭而言入者,《春秋》为贤者讳。齐桓不能攘夷狄,故为之讳。

召王称狩 《春秋》僖公二十八年:天王狩于河阳。《左传》:是会也,晋侯召王,以诸侯见,且使王狩。仲尼曰:以臣召君,不可以训。故书云云:言非其地也,且明德也。《注》:隐其召君之阙,欲明晋之功德。

为人君者 此四字或作"贤人君子",或作"夫君子",皆误。

以地来则志 《春秋》襄公二十一年:邾庶其以漆、闾丘来奔。昭公五年:莒牟夷以牟、娄及防、兹来奔。昭公三十一年:邾黑肱以滥来奔。《左传》:贱而书名,重地故也。以土地出,求食而已,不求其名,贱而必书。

入谨无闻弓玉获记 《春秋》定公八年:盗窃宝玉、大弓。《左传》:阳虎欲去三桓,戒都车曰:癸巳至。公敛处父与孟孙以壬辰为期,与阳氏战于棘下。阳氏败,阳虎说甲如公宫,取宝玉、大弓以出。入于谨、阳关以叛。《注》:叛不书,略家臣。

般野以名书 《春秋》庄公三十二年:子般卒。《左传》:孟任生子般焉。公薨于路寝。子般即位,次于党氏。共仲使圉人荦贼子般于党氏。《注》:先君未葬,不称爵,不书杀,讳之也。襄公三十一年:子野卒。《左传》:公薨于楚宫,立胡女敬归之子子野。癸巳,卒,毁也。《注》:哀毁以致灭性。

恶视云"子卒" 《春秋》文公十八年:子卒。《左传》:公薨,襄仲杀恶及视,而立宣公。书曰:子卒,讳之也。详《编次》篇。

隐、桓戕弑 《春秋》隐公十一年：公薨。《注》：实弑，书薨。又不地者，史策所讳也。桓公十八年：公会齐侯于泺，公与夫人姜氏遂如齐。公薨于齐。《左传》：公及文姜如齐，齐侯通焉。公谪之，以告。使公子彭生乘公，公薨于车。《经·注》：不言戕，讳之也。戕例在宣公十八年：邾人戕鄫子于鄫。《传》：凡自虐其君曰弑，自外曰戕。

昭、哀放逐 《左传》昭公二十五年：公伐季平子，季氏反兵逐公徒，公出奔。《经》书公孙于齐，次于阳州。《注》：讳奔，故曰孙，若自逊让而去位者。哀公二十七年附《传》：公患三桓之侈也，三桓亦患公之妄也，故君臣多间。公欲以越伐鲁而去三桓，因孙于邾，乃逐如越。按：哀之出，非逐也，且在《经》后。《惑经》不惑无《经》者，盖牵纽属对之病。

姜氏淫奔 《春秋》庄公元年：夫人孙于齐。《注》：内讳奔，谓之孙。

子般夭酷 即子般卒。

送晋葬 《春秋》成公十年：晋侯獳卒，公如晋。《左传》：公如晋，晋止公，使送葬，诸侯莫在。鲁人辱之，故不书，讳之也。《注》：讳不书，晋葬也。

与吴盟 见前。

为齐止 《春秋》僖公十六年：公会齐侯、宋公、陈侯、卫侯、郑伯、许男、邢侯、曹伯于淮。又十七年：公至自会。《左传》：淮之会，齐人止公。九月，公至。书曰：至自会。犹有诸侯之事焉，且讳之也。《注》：耻见执，故托会以告庙。

为邾败 《春秋》僖公二十二年：及邾人战于升陉。《左传》：我师败绩。邾人获公胄，县诸鱼门。《注》：深耻之，不言公，又不言师败绩。

盟不至 《春秋》文公十五年：诸侯盟于扈。《左传》：凡诸侯会，公不与，不书，讳君恶也；与而不书，后也。《注》：不书，谓不国别序诸侯。

会后期 《春秋》文公七年：公会诸侯、晋大夫，盟于扈。《左传》：公后至，不书所会。凡会诸侯，不书所会，后也。后至不书其国，辟不敏也。《注》：不书所会，谓不具列公侯及诸大夫。

伯于阳公子阳生 《春秋》昭三年：北燕伯款出奔齐。又十二年：齐高偃帅师纳北燕伯于阳。《公羊传》：伯于阳者何云云。《注》：断三字问之孔子。案：《史记》，知"公"误为"伯","子"误为"于","阳"在"生"刊灭，阙。按：《公羊》自创为例，谓犯父命出者夺其国。如哀公二年，晋纳卫世子蒯聩于戚而不言卫是也。款非犯父命，不当言"于阳"。又谓小国出入不两书。如僖公二十五年，楚纳顿子于顿，其出奔不书是也。北燕小国，不当两书。遂以"伯于阳"三字为误，而创为说曰，史不可革。可谓臆说者矣。而托之孔子之语，夫岂其然？刘敞云：《公羊》谓孔子作《春秋》，用百二十国宝书。百二十国书悉如是残缺乎？

其间行事不书 郭《评》：《春秋二十国年表》：定公六年，郑灭许，以斯归，元公成立。是则斯虽执，许未亡也。哀公元年围蔡之许男，即元公成也。子玄失考。按：《春秋》阙书，刘摘非过。《年表》之文，当取以补《经》《传》，不必驳刘。

未通于上国 "上"当作"宗"。

晋灭三邦 《左传》闵公元年：晋侯作二军，公将上军，太子申生将下军。赵夙御戎，毕万为右，以灭耿、灭魏、灭霍。《注》：三国皆姬姓。

不以败告 《左传》隐公十一年：凡诸侯有命，告则书，不然则否。虽及灭国，灭不告败，胜不告克，不书于策。

不以弑告 即篇首齐、郑、楚弑君而以疾赴之事也。

宜名不名 按：如隐公七年《传》：滕侯卒，不书名，未同盟也。又庄公二十五年《传》：陈女叔来聘，嘉之，故不名。又宣公十年《经》：齐崔氏出奔卫。《传》言"非其罪也，且告以族，不以名"之类是也。

应氏不氏 按：如成公十五年：宋杀其大夫山。《注》云"不书氏"，《传》言"背其族"之类。

春崩、夏闻、秋葬、冬赴 按：此言赴闻逾期耳。春夏秋冬字不必泥。如僖公八年：十有二月丁未，天王崩。《注》云：实以前年闰月崩，以今年十二月丁未告。是即崩闻之不以时也。至诸侯书葬,则但有往会、不会,书、不书,葬缓、葬速、葬阙月之文。而赴不以时,竟无的考。

申　左

古之人言《春秋三传》者多矣。战国之世,其事罕闻。当前汉专用《公羊》,宣皇已降,《穀梁》又立于学。至成帝世,刘歆始重《左氏》,而竟不列学官。大抵自古重两传而轻《左氏》者固非一家,美《左氏》而讥两传者亦非一族。互相攻击,各用朋党,嚣聒纷竞,是非莫分。

夫解难者以理为本,如理有所阙,欲令有识心伏,不亦难乎？今聊次其所疑,列之于后。

盖《左氏》之义有三长,而二传之义有五短。案：《春秋》昭二年：韩宣子来聘,观书于太史氏。见《鲁春秋》,曰："周礼尽在鲁矣。吾乃今知周公之德与周之所以王也。"然《春秋》之作,始自姬旦,成于仲尼。丘明之《传》,所有笔削及发凡例,皆得周典,传孔子教,故能成不刊之书,著将来之法。其长一也。又案：哀三年,鲁司铎火,南宫敬叔命周人出御书,其时于鲁文籍最备。丘明既躬为太史,博总群书,至如梼杌、纪年之流,《郑书》《晋志》之类,凡此诸籍,莫不毕睹。其《传》广包它国,每事皆详。其长二也。《论语》子曰："左丘明耻之,某亦耻之。"夫以同圣之才,（眉批："才"字未安,"耻"不是"才"一边事。）而膺授经之托,加以达者七十,弟子三千,远自四方,同在一国,于是上询夫子,下访其徒,凡所采摭,实广闻见。其长三也。

如《穀梁》《公羊》者,生于异国,长自后来,语地则与鲁产（眉批："产"字旧作"史"字,亦通,二田以史为书之名,不以为官名,故改之尔。浦氏本颇周密,惟轻改是其一病。子曰：吾犹及史之阙文也。）相违,论时则与宣尼不接。安得以传闻之说,与亲见者争先乎？其短一也。

《左氏》述臧哀伯谏桓纳鼎,周内史美其谠言；王子朝告于诸侯,闵马父嘉其辨说。（眉批："闵马父嘉其辨说","嘉其"二字,二田疑是"加之"之讹。"加"讹"嘉",

近之，"其"字不误。）凡如此类，其数实多。斯盖当时发言，形于翰墨；立名不朽，播于他邦。而丘明仍其本语，就加编次。亦犹近代《史记》载乐毅、李斯之文，《汉书》录晁错、贾生之笔。寻其实也，岂是子长稿削，孟坚雌黄所构者哉？观二传所载，有异于此。其录人言也，语乃龃龉，文皆琐碎。夫如是者何哉？盖彼得史官之简书，此传流俗之口说。故使隆促各异，丰俭不同。其短二也。

寻《左氏》载诸大夫词令、行人应答，其文典而美，其语博而奥，述远古则委曲如存，征近代则循环可覆。必料其功用厚薄，指意深浅，谅非经营草创，出自一时，琢磨润色，独成一手。斯盖当时国史已有成文，丘明但编而次之，配经称传而行也。如二传者，记言载事，失彼菁华；寻源讨本，取诸胸臆。夫自我作故，无所准绳，故理甚迂僻，言多鄙野，比诸《左氏》，不可同年。其短三也。

案：二传虽以释《经》为主，其缺漏不可殚论。如《经》云："楚子麇卒"，而《左传》云：公子围所杀。及公、穀作《传》，重述《经》文，无所发明，依违而已。其短四也。

《汉书》载成方遂诈称戾太子，至于阙下。隽不疑曰：昔卫蒯聩得罪于先君，将入国，太子辄拒而不纳，《春秋》是之。遂命执以属吏。霍光由是始重儒学。案：隽生所引，乃《公羊》正文。如《论语》冉有曰：夫子为卫君乎？子贡曰：夫子不为也。何则？父子争国，枭獍为曹，礼法不容，名教同嫉。而《公羊》释义，反以卫辄为贤，是违夫子之教，失圣人之旨，奖进恶徒，疑误后学。其短五也。

儒者苟讥左氏作传，多叙《经》外别事。如楚、郑与齐三国之贼弑，隐、桓、昭、哀四君之篡逐。其外则承告如彼，其内则隐讳如此。若无左氏立传，其事无由获知。然设使世人习《春秋》而唯取两传也，则当其时二百四十年行事，茫然阙如，俾后来学者兀成聋瞽者矣。

且当秦、汉之世，《左氏》未行，遂使五经、杂史、百家诸子，其言河汉，无所遵凭。故其记事也：当晋景行霸，公室方强，而云屠岸攻赵，有程婴、杵臼之事；鲁侯御宋，得俊乘丘，而云庄公败绩，有马惊流矢之祸；楚、晋相遇，唯在邲役，而云二国交战,置师于两棠;子罕相国,宋睦于晋,而云晋将伐宋,觋哭于阳门;鲁师灭项,晋止僖公,而云项实桓灭,《春秋》为贤者讳;襄年再盟,君臣和叶,而云诸侯失政,大夫旨执国权。其记时也:盖秦缪居春秋之始,而云其女为荆平夫人;韩、魏处战国之时,而云其君陪楚庄葬马;《列子》书论尼父,而云生在郑穆公之年;扁鹊医疗虢公,而云时当赵简子之日;栾书仕于周子,而云以晋文如猎,犯颜直言;荀息死于奚齐,而云观晋灵作台,累棋申诫。或以先为后,或以后为先,日月颠倒,上下翻覆。古来君子,曾无所疑。及《左传》既行,而其失自显。语其宏益,不亦多乎?而世之学者,犹未之悟。所谓忘我大德,日用而不知者焉。

然自丘明之后,迄于魏灭,年将千祀,其书寝废。至晋太康年中,汲冢获书,全同《左氏》。故束皙云:"若使此书出于汉世,刘歆不作五原太守矣。"于是挚虞、束皙引其义以相明,王接、荀颛取其文以相证,杜预申以注释,干宝借为师范。由是世称实录,不复言非,其书渐行,物无异议。故孔子曰:吾志在《春秋》,行在《孝经》。于是授《春秋》于丘明,授《孝经》于曾子。《史记》云:孔子西观周室,论史记旧闻,次《春秋》。七十子之徒口授其旨,有刺讥褒讳之文,不可以书见也。鲁君子左丘明惧弟子人各异端,失其真意,故因孔氏史记,具论其语,成《左氏春秋》。夫学者苟能征此二说以考三传,亦足以定是非、明真伪者矣。何必观汲冢而后信者乎?从此而言,则三传之优劣见矣。

哤聒 《文选·蜀都赋》:喧哗鼎沸,则哤聒宇宙。李善《注》:管子曰:杂处则其言哤。《说文》曰:聒,讙言也。

铎火 《左传》哀公三年:司铎火。火逾公宫,桓、僖灾。救火者皆曰:顾府。南宫敬叔至,命周人出御书俟于宫。子服景伯至,命宰人出礼书以待命。按:"御书"下宜并收"子服景伯命宰人出礼书"十字,文义方足,今脱。

授经之托 《后汉书·陈元传》:《议立左氏疏》曰:丘明至贤,亲受孔子,公羊、穀梁传闻于后世。

周内史 《左传》桓公二年:取郜大鼎于宋,纳于太庙,非礼也。臧哀伯谏云云。周内史闻之曰:臧孙达其有后于鲁乎!君违,不忘谏之以德。

闵马父 《左传》昭公二十二年:王子朝作乱。又二十六年:王子朝奔楚,使告于诸侯云云。闵马父闻子朝之文辞,曰:文辞以行礼也。无礼,文辞何为?按:闵马父嘉其辨说,"嘉其",疑是"加之"二字之讹。

文典而美,语博而奥 原注:如僖伯谏君观鱼,富辰谏王纳狄,王孙劳楚而论九鼎,季札观乐而谈国风,其所援引,皆据礼经之类是也。

述远古则委曲如存 原注:如郯子聘鲁,言少昊以鸟名官;季孙行父称舜举八元、八凯;魏绛答晋悼公,引《虞人之箴》;子革讽楚灵王,诵《祈招之诗》。其事明白,非是厚诬之类是也。

征近代则循环可覆 原注:如吕相绝秦,述两国世隙;声子班荆,称楚材晋用;晋士渥浊谏杀荀林父,说文公败楚于城濮,有忧色;子服景伯谏吴云:楚围宋,易子而食,析骸而爨,犹无城下之盟;祝佗称践土盟晋重耳,鲁申、蔡甲午之类是也。

自我作故 《外传·鲁语》:哀姜至,公使大夫宗妇觌,用币。宗人夏父展曰:非故也。公曰:君作故。韦《注》:言君所作则为故事。按:此"故"字所本。集中此语屡见,有作"古"者,传讹也。

公、穀依违 《左传》昭公元年:《经》:楚子麇卒。《传》:楚公子围闻王有疾,入问疾,缢而弑之。葬王于郏,谓之郏敖。《公》《穀经》:楚子卷卒。俱无传,不见弑杀之文,故曰"依违"也。二传《注》:卷,音权,《左传》作"麇"。

成方遂 《汉书·隽不疑传》:不疑,字曼倩。始元五年,有一男子,乘黄犊车,建黄旐,衣黄襜褕,着黄冒,诣北阙,自谓卫太子。诏杂识视。京兆尹不疑叱收缚,曰:昔蒯聩云云。廷尉验治,竟得奸诈。本姓成,名方遂,居湖,以卜筮为事。有故太子舍人尝从卜,谓曰:子状似卫太子。方遂心利其言,即诈自称。坐要斩。

隽引《公羊》 《公羊传》哀公二年:辄者曷为者也?蒯聩之子也。辄之义可以立乎？曰：可。不以父命辞王父命，以王父命辞父命，是父之行乎子也。不以家事辞王事，以王事辞家事，是上之行乎下也。按：其义与夫子"不为""必也正名"相违反。

其言河汉 《庄子·逍遥游》：吾闻言于接舆，吾惊怖其言，犹河汉而无极也。

晋霸、屠岸 此言国未失霸，不应有权臣擅攻事也。《左传》宣公十二年：晋荀林父帅师及楚战于邲，败绩，归请死。士贞子曰：林父，社稷之卫也，其败何损？晋侯使复其位。杜《注》：言晋景所以不失霸。按：是岁晋景公三年也。《史记·赵世家》：晋景公之三年，大夫屠岸贾不请而擅攻赵氏于下宫，杀赵朔，灭其族。朔妻成公姊走公宫，生男。贾闻之，索于宫中，不得。程婴、公孙杵臼谋匿赵孤。

鲁俊、马惊 此言战方获俊，不应有马惊败绩事也。《左传》庄公十年：齐师、宋师次于郎。公子偃曰：宋师不整。蒙皋比而先犯之。公从之，大败宋师于乘丘。齐师乃还。又十二年：凡师得俊曰"克"。《檀弓》：鲁庄公及宋人战于乘丘，县贲父御，马惊，败绩，遂死之。国人浴马，有流矢在白肉。

遇邲、两棠 此就邲战一事而言，见书地多讹也。遇邲，即前宣公十二年晋、楚战事。杜《注》：邲，郑地。按：今开封府郑州东有地名邲城是。贾谊《新书·先醒》篇：昔楚庄王即位，自静三年，以讲得失。宋、郑无道，庄王围宋伐郑。郑伯肉袒牵羊，奉簪而献国。庄王曰：非利之也。弗受。乃南与晋人战于两棠，大克晋人。按：地或有两名者，但晋、郑在北，乃反云南，失之远矣。

睦晋、觇哭 此据弭兵修睦之文，见觇伐非情也。《左传》襄公二十七年：宋向戌善于赵文子，又善于令尹子木，欲弭诸侯之兵以为名。如晋，告赵孟。韩宣子曰：兵，民之残也。将或弭之，必许之。按：是时宋子罕方为司城。《礼·檀弓》：阳门之介夫死，司城子罕入而哭之哀。晋人之觇宋者反，报于平侯曰：民悦，殆不可伐也。

灭项、为讳 此则鲁灭、齐灭之异其文。《左传》僖公十六年：会于淮。又十七年:灭项。淮之会,公有诸侯之事,未归而取项。齐人以为讨而止公。《公羊传》:孰灭之?齐灭之。曷为不言齐灭之?为桓公讳也。《春秋》为贤者讳。此灭人之国,何贤尔?君子之恶恶也疾始,善善也乐终。桓公尝有继绝存亡之功,故君子为之讳也。

再盟、失政 此则继霸、失政之岐其说。《左传》襄公三年:夏,盟于长樗。又:单顷公及诸侯盟于鸡泽,陈成公使袁侨如会。诸侯之大夫及陈袁侨盟,陈请服也。按:时晋悼方继霸为盟主。《穀梁传》:诸侯盟,又大夫相与私盟,是大夫张也。故鸡泽之会,诸侯始失正矣,大夫执国权。曰袁侨异之也。

秦穆、荆平 此言一前一后,年不相及。《左传》僖公十三年:晋乞籴于秦。又十五年:晋侯与秦伯战于韩原。文公三年:秦伯伐晋,遂霸西戎,用孟明也。按:秦穆见《春秋》鲁僖、文之交。《列女传》:伯嬴者,秦穆公之女,楚平王之夫人,昭王之母也。昭王时,吴入郢,王亡。吴尽妻其后宫,伯嬴持刀曰:诸侯外淫者绝,卿大夫放,士庶人宫割。妾以死守,欲为乐而妾死,何益!吴王惭,遂退舍。按:秦女,即楚平为太子建取而自取者,事去秦穆时逾百年矣。

韩魏、楚庄 此言一后一前,事不相及。按:《左传》尽鲁悼之四年,其文云:知伯贪而愎,韩、魏反而丧之。是先事究言之文。《史记·滑稽传》:优孟者,故楚之乐人也。楚庄王有所爱马死,欲以大夫礼葬之。优孟曰:薄,请以人君礼葬之,齐、赵陪位于前,韩、魏翼卫其后。裴骃《注》:楚庄时未有韩、魏、赵三国。

《列子》、郑穆 此言列生于尼父后,称郑穆年,非也。《左传》哀公十六年:夏四月己丑,孔某卒。《注》:鲁襄公二十二年至今七十三也。《列子·天瑞》篇:孔子见荣启期行乎郕之野,鹿裘带索,鼓琴而歌。又有仲尼名篇,盖其书举孔子者非一。刘向《诸子略》:所校《列子》,定著八篇,皆杀青书。列子者,郑人也,与郑缪公同时,盖有道者也。按:《左传》:穆公有疾,刈兰而卒,在宣公三年。又五十五年始有孔子,岂书称孔子者,反在前乎?

虢公、简子 此言虢亡于赵简前,活太子事妄也。《左传》僖公五年:晋侯复假道于虞以伐虢。十二月丙子朔,晋灭虢。《春秋·诸国兴废说》:虞、虢纪不录,俱早亡。《史记·扁鹊传》:赵简子疾,五日不知人,召扁鹊。扁鹊入视病,出曰:血脉治也。居二日半,简子寤。其后过虢,虢太子死,扁鹊曰:臣能生之。虢君闻之,出曰:幸而举之。扁鹊厉针砥石,以取外三阳五会,太子苏。按:赵简子,赵鞅也,春秋定、哀间人,于时虢亡久矣。

栾书、晋文 此言本国后世之臣误移前世也。《左传》成公四年:晋栾书将中军。又六年:栾书救郑,侵蔡,楚救蔡。赵同、赵括欲战,请于武子。《注》:武子,栾书。按:在晋景年。刘向《新序·杂事》:晋文公逐麋而失之,问于农夫老古。老古曰:一不意人君如此也。君放不归,人将君之。文公恐,归遇栾武子。武子曰:猎得兽乎?曰:得善言。曰:取人之善而弃其身,盗也。文公还,载老古与俱归。按:文公,景公之祖。

荀息、晋灵 此言本国前代之臣误移后代也。《左传》僖公九年:晋献公使荀息傅奚齐。及公卒,里克杀奚齐于次,又杀公子卓于朝,荀息死之。《文选·西征赋》注:《说苑》云:晋灵公造九层之台,孙息上书求见,曰:臣能累十二博棋,加九鸡子其上。公曰:危哉!息曰:复有危于此者。公即坏九层之台。按:孙息即荀息,避宣帝讳,改孙也。又按:今本《说苑》无此条。史云知几子贶著《续说苑》,广向所遗而刊落怪妄。今岂其刊本邪?又曾巩《序》更有不全之说,见《杂说》。《注》:《史记·晋世家》:灵公,献公曾孙。

汲冢书 见《六家》。《晋书·束晳传》:太康二年,汲郡人不准盗发魏襄王墓,或言安釐王冢,得竹书数十车。其《纪年》十三篇,记夏以来,至周幽王为犬戎所灭,以事按之。三家分□,仍述魏事,至安釐王之二十年。盖魏国之史书,大略与《春秋》皆多相应。其中经、传大异,则云夏年多殷,益干启位,启杀之;太甲杀伊尹,文丁杀季历;自周受命至穆王百年,非穆王寿百年也;幽王既亡,有共伯和者摄行天子事,非二相共和也。其《易经》二篇,与《周易》上下经同。《易繇·阴阳卦》二篇,与《周易》略同,繇辞则异。《卦下易经》一篇,似《说卦》而异。《公孙段》二篇,公孙段与邵涉论《易》。《国语》三篇,言楚、晋事。《□名》三篇,似《礼记》,又似《尔雅》《论语》。《师春》一篇,书《左传》诸卜筮,"师春"似是造书姓名也。《琐语》十一篇,诸国卜梦妖怪相书也。《梁丘藏》一篇,先叙魏之世数,次言丘藏金玉事。《缴书》二篇,论弋射法。《生封》一篇,帝王所封。《大历》二篇,邹子谈天类也。《穆天子传》五篇,言穆王游行四海,见帝台、西王母。《图诗》一篇,画赞之属也。又杂书十九篇:《周食田法》《周书》《论楚事》《周穆王美人盛姬死事》。凡七十五篇,七篇简书折坏,不识名题。冢中又得铜剑一枚,长二尺五寸。漆书科斗字。初发冢者,烧策照取宝物,及官收之,多烬简断札。文既残缺,不复诠次。武帝取其书,付秘书校缀次第,寻考指归,而以今文写之。皙在著作,得观竹书,随疑分释,皆有义证。

刘歆作五原守 《汉书·楚元王传》:歆以为左丘明亲见夫子,而公羊、穀梁在七十子后,传闻之与亲见,详略不同,欲建立《左氏春秋》。哀帝令与五经博士讲论,博士不肯置对。歆移书让之,诸儒皆怨讪。歆惧诛,求出补吏,乃守五原。

王接 《晋书·王接传》:接,字祖游。时秘书丞卫恒考正汲冢书未讫,束皙述而成之,陈留王庭坚难之。散骑潘滔谓接曰:卿足解二子之纷。接遂详其得失。挚虞、谢衡皆博物多闻,咸以为允当。

荀颛 《晋书·荀勖传》:勖,字公曾,汉司空爽孙也。时得汲冢中古文竹书,诏勖撰次之,以为《中经》。按:《荀颛传》中无汲冢书语。"颛",疑当作"勖"。

志在春秋四句 何休《公羊传·序》:昔者孔子有云:吾志在《春秋》,行在《孝经》。《疏》:案《孝经钩命决》云:孔子在庶,德无所施,功无所就,志在云云。又《疏》:《孝经说》云:孔子曰:《春秋》属商,《孝经》属参。《困学纪闻》:《中庸》郑《注》云:大经,《春秋》也;大本,《孝经》也。泥于纬书,其说疏矣。

杂说上

春　秋

案：《春秋》之书弑也，称君，君无道；称臣，臣之罪。如齐之简公，未闻失德，陈恒构逆，罪莫大焉。而哀十四年，书"齐人弑其君壬于舒州"。斯则贤君见抑，而贼臣是党，求诸旧例，理独有违。但此是绝笔获麟之后，弟子追书其事。岂由以索续组，不类将圣之能者乎？何其乖剌之甚也。

案：《春秋左氏传》释《经》云：灭而不有其地曰"入"，如入陈、入卫、入郑、入许，即其义也。至柏举之役，子常之败，庚辰吴入，独书以郢。夫诸侯列爵，并建国都，惟取国名，不称都号。何为郢之见入，遗其楚名，比于他例，一何乖踳！寻二传所载，皆云入楚，岂《左氏》之本，独为谬欤？

称君、称臣　《春秋》宣公四年《左传》：凡弑君，称君，君无道也；称臣，臣之罪也。杜《注》：称君，谓唯书君名，而称国以弑，言众所共绝也。称臣者，谓书弑者之名，以示来世，终为不义。改杀称弑，辟其恶名，取有渐也。

齐人弑　《春秋》哀公十四年《经》：六月，齐人弑其君壬于舒州。《左传》：齐简公之在鲁也，阚止有宠焉。及即位，使为政。陈成子惮之，骤顾诸朝。子我欲尽逐陈氏，成子兄弟四乘如公。子我在幄，出，遂入。公与妇人饮酒于檀台，成子迁诸寝。子我归，陈氏追之，杀诸郭关。庚辰，陈恒执公于舒州。甲午，陈恒弑其君壬于舒州。孔丘三日斋，而请伐齐三。按：子我即阚子。

释《经》曰"入"　《左传》襄公十三年《经》：夏，取邿。《传》：凡书取，言易也。用大师焉曰灭，弗地曰入。《注》：谓胜其国邑，不有其地。

入陈、卫、郑、许　《左传》宣公十一年：楚子入陈。闵公二年：狄入卫。隐公十年：宋人、卫人入郑。隐公十一年：公及齐侯、郑伯入许。

吴入书郢　定公四年《左氏·经》：庚辰，吴入郢。《传》：吴从楚师，及清发，败诸雍澨，五战及郢。庚辰，吴入郢，以班处宫。

并见国都 　国谓楚,都谓郢。

二传云入楚 　定公四年《公羊·经》:庚辰,吴入楚。《传》:曰入,易无楚也。易无楚者,坏宗庙,徙陈器,挞平王之墓。《榖梁·经》:庚辰,吴入楚。《传》:吴何以不称子?反夷狄也。其反夷狄奈何?君舍于君室,大夫舍于大夫室。

史　记

《史记·邓通传》云:"文帝崩,景帝立。"向若但云景帝立,不言文帝崩,斯亦可知矣,何用兼书其事乎?又《仓公传》称其"传黄帝、扁鹊之脉书,五色诊病,知人死生,决嫌疑,定可治"。诏召问其所长,对曰:"传黄帝、扁鹊之脉书。"以下他文,尽同上说。夫上既有其事,下又载其言,言事虽殊,委曲何别?

太史公撰《孔子世家》,多采《论语》旧说。至《管晏列传》,则不取其本书。以为时俗所有,故不复更载也。案:《论语》行于讲肆,列于学官,重加编勒,只觉烦费。如管、晏者,诸子杂家,经史外事,弃而不录,实杜异闻。夫以可除而不除,宜取而不取,以斯著述,未睹厥义。

昔孔子力可翘关,不以力称。何则?大圣之德,具美者众,不可以一介标末,持为百行端首也。至如达者七十,分以四科。而太史公述《儒林》,则不取游、夏之文学;著《循吏》,则不言冉、季之政事;至于《货殖》为传,独以子贡居先。掩恶扬善,既忘此义;成人之美,不其阙如?

《汉书》载子长《与任少卿书》,历说自古述作,皆因患而起。末云:"不韦迁蜀,世传《吕览》。"案:吕氏之修撰也,广招俊客,比迹春、陵,共集异闻,拟书《荀》《孟》,思刊一字,购以千金,则当时宣布,为日久矣。岂以迁蜀之后,方始传乎?且必以身既流移,书方见重,则又非关作者本因发愤著书之义也。而辄引以自喻,岂其伦乎?若要多举故事,成其博学,何不云虞卿穷愁,著书八篇?斯盖识有不该,思之未审耳。

《魏世家》太史公曰:"说者皆曰魏以不用信陵君,故国削弱至于亡。余以为不然。天方令秦平海内,其业未成,魏虽得阿衡之徒,曷益乎?"夫论成败者,固当以人事为主，必推命而言，则其理悖矣。（眉批：正论不刊。）盖晋之获也，由夷吾之愎谏；秦之灭也，由胡亥之无道；周之季也，由幽王之惑褒姒；鲁之逐也，由稠父之违子家。然则败晋于韩，狐突已志其兆；亡秦者胡，始皇久铭其说；屦弧箕服，彰于宣、厉之年；征褰与襦，显自文、武之世。恶名早著，天孽难逃。假使彼四君，才若桓、文，德同汤、武，其若之何？苟推此理而言，则亡国之君，他皆仿此，安得于魏无讥者哉？

夫国之将亡也若斯，则其将兴也亦然。盖妫后之为公子也，其筮曰：八世莫之与京。毕氏之为大夫也，其占曰：万名其后必大。姬宗之在水浒也，鸑鷟鸣于岐山；刘姓之在中阳也，蛟龙降于丰泽。斯皆瑞表于先，而福居其后。向若四君德不半古，才不逮人，终能坐登大宝，自致宸极矣乎？必如史公之议也，则亦当以其命有必至，理无可辞，不复嗟其智能，颂其神武者矣。

夫推命而论兴灭，委运而忘褒贬，以之垂诫，不其惑乎？自兹以后，作者著述，往往而然。如鱼豢《魏略议》、虞世南《帝王论》，或叙辽东公孙之败，或述江左陈氏之亡，其理并以命而言，可谓与子长同病者也。

文帝崩，景帝立 《史记·佞幸·邓通传》：文帝尝病痈，邓通尝为帝唶吮之。太子入问病，文帝使唶痈，唶痈而色难之。已而闻邓通尝为帝唶吮之，心惭，由此怨通矣。及文帝崩，景帝立，邓通免，家居。按：此事连观太子已心怨之文，则知"文帝崩"三字可省。

不取本书 原注：谓《管子》《晏子》也。

列于学官 北平评：作《史记》时，《论语》未尝行于讲肆，列于学官。按：《汉书·艺文志》：《古论语》二十一篇，《齐》二十二篇，《鲁》二十篇。其总论云：汉兴，有齐、鲁之学。是则汉初师承讲授，固在坏宅发壁之前矣。即以《孔子世家》验之，所采略具，而如传首《伯夷》篇亦屡述之，可见其不绝于时也。再按：《唐书》薛放云：汉时《论语》首列学官，更当有据也。

孔子翘关 《列子·说符》：孔子之劲，能招国门之关，而不肯以力闻。

《集韵》：招，祁尧切，音翘，举也。

《货殖》 按：《史记·货殖列传》卷在六十九，次当末篇，亦意所羞称也。传本范蠡居首，子赣第二，《汉书》因之。

不韦 见《六家》篇。

春、陵 谓春申、信陵也。班固《西都赋》：节慕原、尝，名亚春、陵。

虞卿 见《六家》篇。

败晋于韩 《左传》僖公八年：晋侯改葬共太子。狐突适下国，遇太子。太子曰：夷吾无礼，余得请于帝也。将以晋畀秦。七日，新城西偏，将有巫者而见焉。遂不见。及期而往，告之曰：帝许我伐有罪矣，敝于韩。又十三年：晋荐饥，秦输粟于晋。十四年：秦饥，乞籴于晋，晋人弗与。庆郑曰：背施幸灾，民所弃也。弗听。十五年：秦伯伐晋，晋侯卜右，庆郑吉，弗使。战于韩原，晋戎马还，泞而止。公号庆郑，庆郑曰：愎谏违卜，固败是求，又何逃焉。

亡秦者胡 《史记·秦本纪》：燕人卢生使入海还，以鬼神事，因奏录图书曰：亡秦者，胡也。裴《注》：郑康成曰：胡，胡亥，秦二世名也。秦见图书，不知此为人名，反备北胡。

檿弧箕服 周宣王时童谣，《国语》文也，见《书事》篇。盖述褒姒祸周事，《史记》本纪亦载之，其文略同。

征褰与襦 《左传》昭公二十五年：有鸲鹆来巢，书所见也。师己曰：异哉！吾闻文、武之世，童谣有之。谣见《言语》篇。九月，公伐季氏。平子请以五乘亡，弗许。子家子曰：君其许之。政之自出久矣，隐民多取食焉，为之徒者众矣。日入慝作，君必悔之。弗听。孟氏遂伐公徒，公孙于齐，次于阳州。按："文、武之世"，《史记》作"文、成之世"。贾逵《注》：鲁文公，成公也。但二公非接世者，宜以《左传》为正。

妫后莫京 《左传》庄公二十二年：陈公子完奔齐，齐侯使敬仲为卿。初，懿氏卜妻敬仲，其妻占之，曰：吉。是谓凤凰于飞，和鸣锵锵。有妫之后，将育于姜。五世其昌。八世之后，莫之与京。

毕万必大 《左传》闵公元年：晋侯赐毕万魏，以为大夫。卜偃曰：毕万之后必大。万，盈数也。魏，大名也。以是始赏，天启之矣。初，毕万筮仕于晋，遇屯之比，辛廖占之，曰：吉。公侯之子孙，必复其始。

水浒鹙鸰 《诗·大雅》：率西水浒，至于岐下。《外传·周语》：周之兴也，鹙鸰鸣于岐山。

中阳蛟龙 《汉书·高帝纪》：高祖，沛丰邑中阳里人。父太公，母刘媪。刘媪尝息大泽之陂，梦与神遇。是时雷电晦冥，太公往视，则见蛟龙于其上。已而有身，遂产高祖。

《魏略议》 原注：鱼豢《魏略议》曰：当青龙、景初之际，有彗星出于箕而上彻，是为扫除辽东而更置也。苟其如此，人不能违，则德教不设，而淫滥首施，以取族灭，殆天意也。按：《魏略》见《题目》篇。其曰《魏略议》者，犹《史》《汉》之论赞体。旧本无"议"字，盖脱文也。《三国》裴《注》，亦有引《魏略议》之文。

帝王论 原注：虞世南《帝王论略》曰：永定元年，有会稽人史溥为扬州从事，梦人着朱衣武冠，自天而下，手执金版，有文字。溥看之，有文曰：陈氏五主，三十四年。谅知冥数，不独人事。按：《唐书·艺文志》：虞世南《帝王略论》五卷。宋《中兴书目》：唐贞观间，太子中书舍人虞世南承诏撰。起太昊讫隋，凡帝王事迹，皆略纪载，假公子答问以考订云。

诸汉史

自汉已降，作者多门，虽新书已行，而旧录仍在。必校其事，可得而言。案：刘氏初兴，书唯陆贾而已。子长述楚、汉之事，专据此书。譬夫行不由径，出不由户，未之闻也。然观迁之所载，往往与旧不同。如郦生之初谒沛公，高祖之长歌鸿鹄，非唯文句有别，遂乃事理皆殊。班氏一准太史，曾无弛张。静言思之，深所未了。

司马迁之《叙传》也，始自初生，及乎行历，事无巨细，莫不备陈，可谓审矣。而竟不书其字者，岂墨生所谓大忘者乎？而班固仍其本传，了无损益，此又韩子所以致守株之说也。如固之为《迁传》也，其初宜云"迁，字子长，冯翊阳夏人，其序曰"云云。至于事终，则言"其自叙如此"。著述之体，不当如是耶？

马卿为《自叙传》，具在其集中。子长因录斯篇，即为列传。班氏仍旧，曾无改夺。寻固于马、扬传末，皆云迁、雄之自叙如此。至于《相如》篇下，独无此言。盖止凭太史之书，未见文园之集，故使言无画一，其例不纯。

苏子卿父建，行事甚寡；韦玄成父贤，德业稍多。《汉书》编苏氏之传，则先以苏建标名；列韦相之篇，则不以韦贤冠首，并其失也。

《汉书》断章，事终新室。如叔皮存殁，时入中兴，而辄引与前书共编者，盖《序传》之恒例者耳。荀悦既删略班史，勒成《汉纪》；而彪《论王命》，列在末篇。夫以规讽隗嚣，翼戴光武，忽以东都之事，擢居西汉之中。必如是，则《宾戏》《幽通》，亦宜同载者矣。

由径、由户　《列子·说符》：稽度皆明而不道也，譬之出不由门，行不从径也。"径"字作"路"字解。

郦生初谒　按：《史记·郦生传》，初叙沛公略地陈留郊，及郦生先属沛公骑士语。次叙沛公召生入谒，据床洗足，生长揖激沛公语。次叙沛公骂生竖儒，生责沛公倨见长者语。次乃叙沛公辍洗，摄衣延坐事。至卷末朱建附传之后，复取陆贾所叙郦生入谒事并载之，与前文迥别。同事异词，即于一卷中见之。

歌鸿鹄　《史记·留侯世家》：上欲易太子，立戚夫人子赵王如意。上有不能致者四人，太子请以为客，从入朝。上乃大惊。四人为寿已毕，趋去。上目送之，召戚夫人，指示四人者曰：羽翼已成，难动矣。戚夫人泣，上曰：为我楚舞，吾为楚歌。歌曰：鸿鹄高飞，一举千里。羽翮已就，横绝四海。横绝四海，当可奈何！虽有矰缴，尚安所施？《容斋三笔》：陆贾书当时事，多与《史》不合，师古屡辩之。《楚汉春秋》今不复见。按：本条辩语阙。

大忘　墨生，前已有此语。《鹖子》：文王问于鹖子：敢问人有大忘乎？

马卿《自叙》　可取隋刘炫语参之，见《序传》篇。

文园　《汉书·司马相如传》：相如从上还，过宜春宫，奏赋以哀二世行失，其辞云云。拜为孝文园令。

苏建　《汉书·苏建传》：建，杜陵人。以校尉从大将军青击匈奴，封平陵侯云云。传止八十三字，故曰"行事甚寡"。

韦贤　按：韦贤，旧误作"韦孟"。《汉书·韦贤传》：贤，字长孺，鲁国邹人也。贤为人质朴少欲，笃志于学。兼通《礼》《尚书》，以《诗》教授，号称邹、鲁大儒。征为博士、给事中，进授昭帝《诗》云云。宣帝即位，贤以与谋议，安宗庙，赐关内侯，食邑云云。传凡一百七十八字，故曰"德业稍多"。至其述孟之文，止是传前原世系之体，附见事行，不过二十字而已，安得云稍多乎？"孟"字之误，无疑矣。又按：唐本《汉书》当是以玄成名篇，故刘氏云"不以韦贤冠首"也。

彪《论》列末篇　荀悦《汉纪》第三十卷之末云：王莽既败，天下云扰。隗嚣据陇拥众，收集英雄，班彪在焉。彪即成帝婕妤之弟之稚子也。嚣问彪曰：往者周亡，天下分裂。纵横之事，复起于今日乎？将乘运迭兴，在一人也。愿先生论之。论曰云云。嚣曰：愚人习识刘氏，而谓汉家重兴，疏矣。彪感其论，又闵祸患之不息，乃著《王命论》，以救时难。

《宾戏》《幽通》　按：《汉书·叙传》，叙父彪，载《王命论》。固自叙，载《答宾戏》《幽通赋》二篇。此二篇荀《纪》不收，故借诘之。

卷 四

杂说中

诸晋史

臧氏《晋书》,称苻坚之窃号也,虽疆宇狭于石虎,至于人物则过之。案:后石之时,张据瓜、凉,李专巴、蜀,自辽而左,人属慕容,涉汉而南,地归司马。逮于苻氏,则兼而有之。《禹贡》九州,实得其八。而言地劣于赵,是何言欤?

夫学未该博,鉴非详正,凡所修撰,多聚异闻,其为踳驳,难以觉悟。案:应劭《风俗通》,载楚有叶君祠,即叶公诸梁庙也。而俗云孝明帝时,有河东王乔为叶令,尝飞凫入朝。及干宝《搜神记》,乃隐应氏所通,而收流俗怪说。又刘敬叔《异苑》称晋武库失火,汉高祖斩蛇剑穿屋而飞,其言不经。致梁武帝令殷芸编诸《小说》,(眉批:"致"字原作"故"字,不误。梁武方撰通史,故以其不经而载之《小说》耳。)及萧方等撰《三十国史》,乃刊为正言。既而宋求汉事,旁取令升之书,唐征晋语,近凭方等之录。编简一定,胶漆不移。故令俗之学者,说凫履登朝,则云《汉书》旧记;谈蛇剑穿屋,必曰晋典明文。遮(眉批:"遮"字,一作"摭"字,是。)彼虚词,成兹实录。语曰:"三人成市虎。"斯言其得之者乎!

近者,宋临川王义庆著《世说新语》,上叙两汉、三国,及晋中朝、江左事。刘峻注释,摘其瑕疵,伪迹昭然,理难文饰。而皇家撰《晋史》,多取此书。遂采康王之妄言,违孝标之正说。以此书事,奚其厚颜!

杨王孙布囊盛尸,裸身而葬。伊籍对吴,以"一拜一起,未足为劳"。求两贤立身,各有此一事而已。而《汉书》《蜀志》,为其立传。前哲致讥,言之详矣。然杨能反经合义,足矫奢葬之僭。伊以敏辞辨对,可免"使乎"之辱。列诸篇第,犹有可取。近者皇家撰《晋书》,著《刘伶》《毕卓传》。其叙事也,直载其嗜酒沉湎,悖礼乱德,若斯而已。为传如此,复何所取者哉?

后石 原注:田融《赵史》谓勒为前石,虎为后石也。

凉、蜀、辽、汉,苻氏兼之 《前凉录》:张天锡十三年,苻坚遣苟苌来伐,天锡拒战赤岸,为秦所败,面缚降秦,凉亡。又《前秦录》:甘露十二年,凉州平,以梁熙持节镇姑臧。按:此苻氏之兼瓜、凉也,而后石时则张重华据之。《蜀录》:李特起兵,至势,降晋。《晋书》载记:苻坚以王猛为中书令,风化大行。仇池氏杨世以地降于坚。是岁,有赤星见于西南。于占,明年当平蜀。坚命秦、梁密严兵备。晋梁州刺史杨亮退守磬险。坚遣王统、朱彤寇蜀,毛当、徐成率步骑入自剑阁。杨安进据梓潼。当遂陷益州。于是邛、筰、夜郎等皆归之。坚以安为益州牧,镇成都。按:此苻氏之兼巴、蜀也,而石氏则未能有蜀。《前燕录》:慕容廆世居辽左。廆子皝迁都龙城,号新宫曰和龙。皝子儁取邺,自蓟迁业。儁子暐。十一年,秦来伐,拔邺城,徙暐并诸鲜卑四万户于长安。《前秦录》:坚入邺宫,阅其图籍,凡郡百五十七,县千五百七十九。以王猛为冀州牧,镇邺。按:此苻氏之兼辽左也。而石虎时,慕容方兴,虎尝兵挫辽西,弃甲而遁。《晋书》载记:坚遣其尚书令丕率慕容暐等寇襄阳,杨安将樊、邓之众为前锋,石越出鲁阳关,慕容垂、姚苌出南乡,苟池、王显从武当继进,大会汉阳。师次沔北,遣池、越、当屯江陵。太元四年,苻丕陷襄阳。坚以其中垒梁成都督荆州诸军事,领护南蛮校尉,配兵一万,镇襄阳。按:此苻氏之兼汉南也。而石氏虽累寇襄阳,卒未得志。

殷芸《小说》 《梁书·殷芸传》:芸,字灌蔬。不妄交游,博洽群书。《隋书·经籍志》:《小说》十卷,梁武帝敕司徒左长史殷芸撰。《直斋书录解题》:《邯郸书目》云:或题刘悚撰,非也。此书首题秦、汉、魏、晋、宋诸帝,注云"殷芸撰",非刘悚明矣。故其叙事止宋初,盖于诸史传记中抄集。或称商芸者,宣祖庙未祧时避讳也。按:刘,即知幾子也。征之此条,或题之非,更不待辩矣。

萧方等 《困学纪闻》:萧方等为《三十国春秋》,以晋为主,附列刘渊以下二十九国。《通鉴》:晋元兴三年引方等论。《纲目》但云萧方,误削"等"字。按:《梁书》忠壮世子方等,字实相,世祖长子也。贞惠世子方诸,字智相,世祖第二子也。愍怀太子方矩,字德规,世祖第四子也。方乃昆弟二名之共字也。世祖,谓元帝。《唐书·艺文志》亦误削"等"字。又按:《隋书·经籍志》作"萧萬等",则又讹"方"为"万",再误"万"为"萬"也。

宋求汉事 原注:谓范晔《后汉书》。

唐征晋语 谓皇家撰《晋书》。

市虎 《韩非·内储说》:庞恭谓魏王曰:今一人言市有虎,王不信。二人言,王不信。三人言,王信之。夫市之无虎也,明矣。然三人言而成市虎,愿王察之。

杨王孙 见《品藻》篇。

伊籍 《三国·蜀志·伊籍传》:籍,字机伯,随先主入益州。遣使于吴,孙权欲逆折以辞。籍适入拜,权曰:劳事无道之君乎?籍即对曰:一拜一起,未足为劳。籍之机捷,类皆如此。权甚异之。

刘伶 《晋书·刘伶传》:伶,字伯伦。放情肆志,与阮籍、嵇康欣然神解,携手入林。常乘鹿车,携一壶酒,使人荷锸随之,曰:死便埋我。尝求酒于其妻,妻捐酒,泣谏。伶曰:吾不能自禁,当祝鬼神自誓耳。可便具酒肉。妻从之,伶祝曰:天生刘伶,以酒为名。一饮一斛,五斗解酲。妇儿之言,切不可听。仍饮酒御肉,块然复醉。

毕卓 《晋书·毕卓传》:卓,字茂世。为吏部郎,尝饮酒废职。比舍郎酿熟,卓因醉,夜至其瓮间盗饮之,为掌酒者所缚,明旦视之,乃毕吏部也。余见《书事》篇。

宋 略

裴幾原删略《宋史》,定为二十篇。芟烦撮要,实有其力。而所录文章,颇伤芜秽。如文帝《除徐傅官诏》、颜延年《元后哀册文》、颜峻《讨二凶檄》、孝武

《拟李夫人赋》、裴松之《上注国志表》、孔熙先《罪许曜词》，凡此诸文，是尤不宜载者。

何则？羡、亮威权震主，负芒猜忌，将欲取之，必先与之。既而罪名具列，刑书是正，则先所降诏，本非实录。而乃先后双载，坐令矛盾两伤。夫国之不造，史有哀册。自晋、宋已还，多载于起居注，词皆虚饰，义不足观。必以"略"言之，故宜去也。昔汉王数项，袁公檄曹，若不具录其文，难以暴扬其过。至于二凶为恶，不言可知，无俟檄数，始明罪状。必刊诸国史，岂益异同？孝武作赋悼亡，钟心内宠，情在儿女，语非军国。松之所论者，其事甚末，兼复文理非工。熙先构逆怀奸，矫言欺众，且所为稿草，本未宣行。斯并同在编次，不加铨择，岂非芜滥者邪？

近代国史，通多此累，有同自郐，无足致讥。若裴氏者，众作之中，所可与言史者，故偏举其事，以申掎摭云。

《除徐傅官诏》《宋书·徐羡之传》：字宗文。高祖践阼，进号将军，加散骑常傅，封南昌县公。少帝失德，羡之等废之，迁于吴郡，遂加害。太祖即位，进司徒，改封南平郡公。又《傅亮传》：字季友。宋国初建，从还寿阳。高祖有受禅意，亮悟旨，曰：臣暂宜还都。至都，即征高祖入辅。至于受命，进尚书仆射、中书令。少帝废，亮至江陵迎太祖。既至，太祖问少帝薨废本末，悲号呜咽。亮于是布腹心于到彦之等，深自结纳。太祖登阼，加左光禄大夫，仪同三司，进爵始兴郡公。按：太祖，即文帝也。其二人《除官诏》，沈《书》不载。元嘉三年，二人皆受诛。

《元后哀册》《宋书·后妃传》：文帝袁皇后，讳齐妫，左光禄大夫敬公湛之庶女也。生子劭。上待后恩礼甚笃，后潘淑妃爱倾后宫，因称疾不复见上。元嘉十七年，疾笃，上执手流涕，因引被覆面。崩，上甚悼痛，诏前永嘉太守颜延之为哀策，文甚丽云云。按：延之，字延年。

《讨二凶檄》《宋书》二凶本传：元凶劭，文帝长子也。有女巫严道育，自言通灵，劭姊东阳公主白上，托言善蚕，召入。劭与始兴王濬敬事之，号曰"天师"，遂为巫蛊。上知，惊惋，须检核，废劭，赐濬死。以语濬母潘淑妃，妃以告濬，濬报劭。劭诈上诏，入宫行弑。世祖及南谯王义宣、随王诞举义兵，檄京邑云云。又《颜竣传》：父光禄大夫延之。竣为世祖抚军主簿。世祖镇浔阳，迁记室参军。世祖入讨，任总内外，并造檄书。《南史》：延之为劭光禄大夫，劭以檄文示延之曰：此笔谁造？延之曰：竣之笔也。劭曰：何乃至尔？曰：竣尚不顾老臣，何能为陛下？

《拟李夫人赋》　《宋书·孝武十四王传》：始平王子鸾，母殷淑仪宠，子鸾爱冠诸子。淑仪薨，追进贵妃，谥曰"宣"。上痛爱不已。《拟汉李夫人赋》曰：朕以亡事弃日，阅览前王词苑，见《李夫人赋》，凄其有怀，亦以嗟咏久之，因感而会焉云云。

《注国志表》　见《补注》篇。

《罪许曜词》　《宋书·范晔传》：孔熙先有纵横才志，父默之下廷尉，彭城王义康保持之，得免。义康被黜，熙先密怀报效。素善天文，云太祖必以非道晏驾，江州应出天子，以为义康当之。有法静尼出入义康家，熙先善胗脉，法静尼妹夫许耀领队在台，宿卫殿省。尝病，熙先为合汤一剂，耀疾即损，因成周旋。熙先以耀胆干，因告逆谋，耀许为内应。熙先使晔作义康书与徐湛之，宣示同党。湛之封上。凡所连及，并伏诛。按：《罪许词》，沈《书》亦不载。又按：《裴略》不可得见，而以全史较之，所收浮文反简于裴，故《史通》云尔。

北齐诸史

或问曰：王劭《齐志》，多记当时鄙言，为是乎？为非乎？

对曰：古往今来，名目各异。区分壤隔，称谓不同。所以晋、楚方言，齐、鲁俗语，六经诸子，载之多矣。自汉已降，风俗屡迁，求诸史籍，差睹其事。或君臣之目，施诸朋友；或尊官之称，属诸君父。曲相崇敬，标以处士、王孙；轻加侮辱，号以仆夫、舍长。亦有荆楚训"多"为"夥"，庐江目"桥"为"圯"。南呼北人曰"伧"，西谓东胡曰"虏"。渠、们、底、个，江左彼此之辞；乃、若、君、卿，中朝汝我之义。斯并因地而变，随时而革，布在方册，无假推寻。足以知氓俗之有殊，验土风之不类。

然自二京失守，四夷称制，夷夏相杂，音句尤媸。而彦鸾、伯起，务存隐讳；重规、德棻，志在文饰。遂使中国数百年内，其俗无得而言。盖语曰："知古而不知今，谓之陆沈。"（眉批："知古"二句出《论衡·谢短》篇。）又曰："一物不知，君子所耻。"（眉批："一物"二句出《陶弘景传》。）是则时无远近，事无巨细，必籍多闻以成博识。如今之所谓者，若中州名汉，关右称羌，易臣以"奴"，呼母云"姊"。主上有大家之号，师人致儿郎之说。凡如此例，其流甚多。必寻其本源，莫详所出。阅诸《齐志》，则了然可知。由斯而言，劭之所录，其为宏益多矣。足以开后进之蒙蔽，广来者之耳目。微君懋，吾几面墙于近事矣，而子奈何妄加讥诮者哉！

皇家修《五代史》，馆中坠藁仍存，皆因彼旧事，定为新史。观其朱墨所图，铅黄所拂，犹有可识者。或以实为虚，以非为是。其北齐国史，或以武定臣佐降在成朝，或以河清事迹擢居襄代。故时日不接而隔越相偶，使读者瞽乱而不测，惊骇而多疑。嗟乎！因斯而言，则自古著书，未能精说。书成绝笔，而遽捐旧章。遂令玉石同烬，真伪难寻者，不其痛哉！

处士、王孙 《后汉书·祢衡传》：衡为江夏太守黄祖作书记，各得体宜。祖持其手曰：处士正得祖意。《楚辞·招隐士》：王孙游兮不归，春草生兮凄凄。《汉书·韩信传》：吾哀王孙而进食，岂望报乎？《注》：苏林曰：王孙，如言公子也。

仆夫、舍长 按：仆夫，疑当作"役夫"。《左传》文公元年：潘崇曰：享江芈而勿敬也。楚太子商臣从之。江芈怒曰：呼，役夫！宜君王之欲杀女而立职也。《史记·扁鹊传》：扁鹊，姓秦氏，名越人。少时为人舍长。《注》：守客馆之司，故云舍长也。

"多"为"夥" 《史记·陈涉世家》：涉既王，故人入见，曰：夥颐！涉之为王沉沉者。楚人谓多为夥,故天下传之。

"桥"为"圯" 《史记·留侯世家》:良尝间从容步游下邳圯上。《注》:徐广曰:圯,桥也。东楚谓之"圯",音怡。

南呼北"伧" 《晋书·周玘传》:杀我者,诸伧子。《宋书·索虏传》:伧人谓换易为博。《世说·雅量》:褚公乘估客船,投钱唐亭住。时县令当送客出,亭吏驱公移牛屋下。令问牛屋下是何物人,吏云:昨一伧父来寄亭中,有尊贵客,权移之。按:所指皆北人也。

西谓东"虏" 《史记·高祖纪》:项羽伏弩射中汉王,伤胸,乃扪足曰:虏中吾指。又《娄敬传》:敬谏伐匈奴,上骂曰:齐虏!以口舌得官。《后汉书》:光武击尤来、大枪,反为所败。笑曰:几为虏嗤。《北史·僭燕传》:关中谣曰:太岁南行当复虏。西人呼徒河为白虏。按:所指皆东人也。

渠、们、底、个 郭《注》:《汉书》云:渠有其人乎?《集韵》:们,莫奔切。今填词家言俺们、我们。郭《注》:《隋唐嘉话》:崔湜为中书令,张嘉贞为舍人。湜轻之,常呼为张底。扬子《法言》:个,枚也。《仪礼》三个注:今俗名"枚"曰"个"。《左传》昭公三年:二惠竞爽,又弱一个焉。《南史·王镇之传》:若遣一个,有以相存。按:渠、们、底、个,并可两字连说。渠们,犹言他们。底个,犹言那个。

乃、若、君、卿 《祭统》:卫孔悝之鼎铭曰:若纂乃考服。郑《注》:若、乃,犹汝也。按:乃,亦作"迺"。《汉书·张良传》:竖儒几败迺公事。《唐韵古音》:古人读"若"为"汝"。《史记》云吾翁即若翁,《汉书》云吾翁即汝翁,可据也。东坡《墨君堂记》:凡人相与称谓,贵之则"公",贤之则"君"。《韵会》:敌体相卿,隋、唐以来下己则称卿。按:隋前已然。《晋·庾峻传》:峻子敳。王衍不与敳交,敳卿之不置。衍曰:君不得为尔。敳曰:卿自君我,我自卿卿。

必籍多闻 籍,与"藉"通。

中州名汉 《北齐书》帝后传:受汉老妪斟酌。《崔季舒传》:汉儿文官连名总署。按:古来威慑边朔,惟汉最久,遂袭以为华称。

关右称羌　师旷《禽经》：张华"杜宇"注曰：鳖灵凿巫山，蜀人住江南，羌住江北，号曰"西州"。《北史·儒林传》：李业兴师事徐遵明。鲜于灵馥曰：李生久逐羌博士，何所得也？又《北史》：周尉迟迥袭洛阳，齐将段韶曰：西羌窥逼，膏肓之病。按：二传言羌，正指关右言。

臣奴　《宋书·鲁爽传》：魏主焘南寇，爽与弟秀从渡河，谋归南。请曰"奴与南有仇"云云，下自释云：群下于其主称奴，犹称臣也。

母姊　姊，本作"姉"。《北齐书》：文宣皇后李氏，武成践祚，逼淫，有娠。太原王至阁，不得见。愠曰：儿岂不知耶，姊姊腹大，故不见。

主上、大家　蔡邕《独断》：天子，亲近侍从称为大家。《北齐书·神武纪》：何故触大家？又《恩幸传》：大家正作乐。

师人、儿郎　《尔雅·释言》：师，人也。郭《注》：谓人众。《左传》：师人多寒。《旧唐书·封常清传》：高仙芝呼谓所召募兵曰：我于京中召儿郎辈，得少许物，装束未能足。

朱墨所图　图，与"涂"通。

武定　《魏书》：孝武既入关，齐神武迎清河王亶世子立之，是为东魏孝靖帝。天平四年，改元武定。

河清　《北齐书》：武成帝湛，改元河清。

周　书

今俗所行周史，是令狐德棻等所撰。其书文而不实，雅而无检，真迹甚寡，客气尤烦。寻宇文初习华风，事由苏绰。至于军国词令，皆准《尚书》。太祖敕朝廷他文，悉准于此。盖史臣所记，皆禀其规。柳虬之徒，从风而靡。案：绰文虽去彼淫丽，存兹典实，而陷于矫枉过正之失，乖夫适俗随时之义。苟记言若是，则其谬逾多。爰及牛弘，弥尚儒雅。即其旧事，因而勒成。务累清言，罕逢佳句。而令狐不能别求他述，用广异闻，唯凭本书，重加润色。遂使周氏一代之史，多非实录者焉。

客气　《左传》定公八年：公侵齐，门于阳州。士皆坐列，曰：颜高之弓六钧。皆取而传观之。师退，冉猛伪伤足而先。又：侵齐，攻廪丘之郛。主人出，师奔。冉猛逐之，顾而无继，伪颠。阳虎曰：尽客气也。

苏绰词令　《周书·苏绰传》：绰，字令绰，历官大行台左丞。自有晋之季，文体浮华。周文因魏帝祭庙，群臣毕至，乃命绰依《尚书》体为《大诰》。自是之后，文笔皆依此体。按：今取其书覆之，颇有类《王莽传》者。后阅王应麟语，亦云苏绰《大诰》近于莽矣。

柳虬　见《史官》篇。

牛弘　见《世家》篇。

唯凭本书，重加润色　原注：按：宇文氏事，多见于王劭《齐志》、《隋书》及蔡允恭《后梁春秋》。其王褒、庾信等事，又多见于萧韶《太清记》、萧大圜《淮海乱离志》、裴政《太清实录》、杜台卿《齐纪》。而令狐德棻了不兼采，以广其书。盖以其中有鄙言，故致遗略。

隋　书

案：《隋史》讥王君懋撰齐、隋二史，叙录烦碎。至如刘臻还宅，访子方知；王劭思书，为奴所侮。此而毕载，为失更多。可谓尤而效之，罪又甚焉者矣。

刘臻还宅　《隋书·刘臻传》：臻，字宣挚。位仪同三司。臻性多忘。有刘讷亦仕仪同，臻欲寻讷，谓从者曰：汝知刘仪同家乎？从者不知，谓臻还家，于是引之而去。既扣门，臻尚未悟。据鞍大呼曰：刘仪同可出矣。其子迎门，臻惊曰：汝亦来耶？其子曰：此是大人家。顾盼久之，方悟。

王劭思书　《隋书·王劭传》：劭笃好经史，用思既专，性颇恍惚。每至对食，闭目凝思，盘中之肉辄为仆从所啖。劭弗之觉，唯责肉少，数罚厨人。厨人以白劭。劭依前闭目，伺而获之。其专固如此。

杂说下

诸 史

夫盛服饰者,以珠翠为先;工缋事者,以丹青为主。至若错综乖所,分布失宜,则彩绚虽多,巧妙不足者矣。观班氏《公孙弘传赞》,直言汉之得人,盛于武、宣二代,至于平津善恶,寂蔑无睹。持论如是,其义靡闻。必矜其美辞,爱而不弃,则宜微有改易,列于《百官公卿表》后。庶寻文究理,颇相附会。又沈侯《谢灵运传论》,全说文体,备言音律,此正可为《翰林》之补亡,《流别》之总说耳。如次诸史传,实为乖越。陆士衡有云:"离之则双美,合之则两伤。"信矣哉!(眉批:持论微有固意,缘子玄但主褒贬,不论文章故也。论其一家之学,则所论可存,若论意旨于行墨之外,则更有说焉。黄氏、浦氏之评,皆持平之论也。)

昔刘勰有云:"自卿、渊已前,多役才而不课学;向、雄已后,颇引书以助文。"然近史所载,亦多如是。故虽有王平所识,仅通十字;霍光无学,不知一经。而述其言语,必称典诰。良由才乏天然,故事资虚饰者矣。案:《宋书》称武帝入关,以镇恶不伐,远方冯异;于渭滨游览,追思太公。夫以宋祖无学,愚智所委,安能援引古事,以酬答群臣者乎?更有甚于此者,睹周、齐二国,俱出阴山,而牛弘、王劭,并掌策书,其载齐言也,则浅俗如彼;其载周言也,则文雅若此。夫如是,何哉?非两邦有夷夏之殊,由二史有虚实之异故也。世称近史编语,唯《周》多美辞。夫以博采古文而聚成今说,是则俗之所传有《鸡九锡》《酒孝经》《房中志》《醉乡记》,或师范五经,或规模三史,虽文皆雅正,而事悉虚无,岂可便谓南、董之才,宜居班、马之职也?

自梁室云季,雕虫道长。平头上尾,尤忌于时;对语俪辞,盛行于俗。始自江外,被于洛中。而史之载言,亦同于此。假有辨如郦叟,吃若周昌,子羽修饰而言,仲由率尔面对,莫不拘以文禁,一概而书,必求实录,多见其妄矣。

夫晋、宋已前,帝王传授,始自锡命,终于登极。其间笺疏款曲,诏策频烦。虽事皆伪迹,言并饰让,犹能备其威仪,陈其文物,俾礼容可识,朝野具瞻。逮于近古，我则不暇。至如梁武之居江陵，齐宣之在晋阳，或文出荆州，假称宣德之令；或书成并部，虚云孝靖之敕。凡此文诰，本不施行，必也载之起居，编之国史，岂所谓撮其机要，翦截浮辞者哉？但二萧《陈》《隋》诸史，通多此失，唯王劭所撰《齐志》，独无是焉。

《公孙弘传赞》 见《编次》篇。按：彼言宜居《武》《宣纪》末，此言宜列《公卿表》后，两论皆通。

《谢灵运传论》 其略曰：六义所因，四始攸系。屈、宋导于前，贾、马振于后。王、刘、扬、班、崔、蔡之徒，异轨同奔。建安曹氏，纬文被质。自汉至魏，文体三变。原其飙流所始，莫不同祖《风》《骚》。降及元康，潘、陆特秀。自建武暨于义熙，仲文革孙、许之风，叔源变太原之气。爰逮宋代，灵运兴会标举，延年体裁明密。夫五色相宣，八音协畅，若前有浮声，则后须切响。妙达此旨，始可言文。

《翰林》补亡二句 原注：李充撰《翰林论》，挚虞撰《文章流别集》。

卿、渊二句 本《文心雕龙·才略》篇。

仅通十字 《蜀志·王平传》：平，字子均。生长戎旅，手不能书，其所识不过十字，而口授作书，皆有意理。

霍光无学 《汉书·霍光传赞》：光不学亡术，暗于大理。

镇恶方冯异 《南史·王镇恶传》：镇恶，猛之孙也。宋武帝北伐，以镇恶领前锋。及陷长安，于灞上迎武帝，帝劳之。谢曰：此明公之威，诸将之力，镇恶何功之有焉？帝曰：卿欲学冯异耶？《后汉书·冯异传》：每所止舍，诸将并坐论功，异独屏树下，军中号曰"大树将军"。

渭滨思太公 《南史·宋武帝纪》：帝至渭滨，叹曰：此地宁复有吕望耶？郑鲜之曰：明公以旰日待士，岂患海内无人？

宋祖无学 《宋书·郑鲜之传》：帝少事军旅，不涉经学，时或谈论进难，帝时有惭恶。《南史·裴昭明传》：昭明罢郡，无宅，帝曰：我不读书，不知古人谁可比之?

《鸡九锡》等 王《训故》:袁淑《俳谐记》有《鸡九锡文》,皇甫松著《酒孝经》《房中志》,王绩著《醉乡记》。《困学纪闻》:《鸡九锡》封浚稽山子。

平头上尾、对语俪辞 原注:何之元《梁典》称议纳侯景,高祖曰:文叔得尹遵之降而隗嚣灭,安世用羊祜之言而孙皓平。夫汉、晋之君,事殊僭盗,梁主必不舍其谥号,呼以字名。此由须对语俪辞故也。又按:姚最《梁后略》称高祖曰:得既在我,失亦在予,不及子孙,知复何恨。夫变我称"予",互文成句,求诸人语,理必不然。此由避平头上尾故也。又萧韶《太清记》曰:温子昇《永安故事》言尔朱世隆之攻没建业也,怨痛之响,上彻天阍;酸苦之极,下伤人理。此皆语非简要,而徒积字成文,并由趋声对之为患也。或声从流靡,或语须偶对,此之为害,其流甚多。《南史·陆厥传》:厥好为文章,沈约、谢朓、王融类相推毂,汝南周颙善识声韵,皆用宫商,将平、上、去、入四声制韵,有平头、上尾、蜂腰、鹤膝。五字之中,音韵悉异;两句之内,角徵不同。世呼为"永明体"。《诗苑类格》:沈约云:诗病有八:平头、上尾、蜂腰、鹤膝、大韵、小韵、旁纽、正纽,唯上尾、鹤膝最忌。

辨如郦叟 《汉书·郦食其传赞》:高祖以征伐定天下,而缙绅之徒骋其知辩,并成大业。郦生自匿监门,待主然后出。

吃若周昌 《史记·周昌传》:高帝欲废太子,昌为人吃,又盛怒,曰:臣口不能言,然臣期期知其不可。陛下即欲易太子,然臣期期不奉诏。

文出荆州 《南史·梁武帝纪》:齐南康王即帝位于江陵,遥废东昏为涪陵王,以帝加征东军,镇石头。王珍国斩东昏。二年正月,进帝为梁公,备九锡。二月,进爵为王。三月丙辰,齐帝下诏禅位。四月辛酉,宣德皇后令曰:西诏至,宪章前代,敬禅神器于梁,明可临轩,授玺绂。

书成并部 《通鉴》:渤海高得政善图谶,劝高洋受禅。洋还晋阳,令左右陈山提赍事条,并密书与杨愔。山提至邺,愔即召太常卿邢劭等撰仪注,秘书监魏收草九锡、禅让、劝进诸文。洋至邺,孝靖禅位于齐。

别 传

刘向《列女传》云:"夏姬再为夫人,三为王后。"夫为夫人则难以验也,为王后则断可知矣。案:其时诸国称王,唯楚而已。如巫臣谏庄将纳姬氏,不言曾入楚宫,则其为后当在周室。盖周德虽衰,犹称秉礼。岂可族称姬氏,而妻厥同姓者乎?又以女子一身,而作嫔三代,求诸人事,理必不然。寻夫春秋之后,国称王者有七。盖由向误以夏姬之生,当夫战国之世,称三为王后者,谓历嫔七国诸王。校以年代,殊为乖剌。至于他篇,兹例甚众。故论楚也,则昭王与秦穆同时;言齐也,则晏婴居宋景之后。今粗举一二,其流可知。

观刘向对成帝,称武、宣行事,世传失实,事具《风俗通》,其言可谓明鉴者矣。及自造《洪范》《五行》,及《新序》《说苑》《列女》《神仙》诸传,而皆广陈虚事,多构伪辞。夫传闻失真,书事失实,盖事有不获已,人所不能免也。至于故为异说,以惑后来,则过之尤甚者矣!案:苏秦答燕易王,称有妇人将杀夫,令妾进其药酒,妾佯僵而覆之。又甘茂谓苏代云:贫人女与富人女会绩,曰:"无以买烛,而子之光有余,子可分我余光,无损子明。"此并战国之时,游说之士,寓言设理,以相比兴。及向之著书也,乃用苏氏之说,为二妇人立传,定其邦国,加其姓氏,以彼乌有,持为指实,何其妄哉!至如伯奇化鸟,对吉甫以哀鸣;宿瘤隐形,干齐王而作后。此则不附于物理者矣。复有怀嬴失节,目为贞女;刘安覆族,定以登仙。立言如是,岂顾丘明之有传,孟坚之有史哉!

扬雄《法言》,不依仲尼之笔,非书也。自序又云,不读非圣之书。然其撰《甘泉赋》,则云"鞭宓妃"云云,刘勰《文心》已讥之矣。然则文章小道,无足致嗤。观其《蜀王本纪》,称杜魄化而为鹃,荆尸变而为鳖,其言如是,何其鄙哉!所谓非言之难,而行之难也。

自战国已下,词人属文,皆伪立客主,假相酬答。至于屈原《离骚》辞,称遇渔父于江渚;宋玉《高唐赋》,云梦神女于阳台。夫言并文章,句结音韵。以兹叙事,足验凭虚。而司马迁、习凿齿之徒,皆采为逸事,编诸史籍,疑误后学,不其甚邪!必如是,则马卿游梁,枚乘谮其好色;曹植至洛,宓妃睹于岩畔。撰汉、魏史者,亦宜编为实录矣。

嵇康撰《高士传》,取《庄子》《楚辞》二渔父事,合成一篇。夫以园吏之寓言,骚人之假说,而定为实录,斯已谬矣。况此二渔父者,较年则前后别时,论地则南北殊壤,而辄并之为一,岂非惑哉?苟如是,则苏代所言双擒蚌鹬,伍胥所遇渡水芦中,斯并渔父善事,亦可同归一录,何止揄袂缁帷之林,濯缨沧浪之水,若斯而已也。

庄周著书,以寓言为主;嵇康述《高士传》,多引其虚辞。至若神有混沌,编诸首录,苟以此为实,则其流甚多。至如蛙鳖竞长,蚿蛇相怜,鹦鸠笑而后言,鲋鱼忿以作色。向使康撰《幽明录》《齐谐记》,并可引为真事矣。夫识理如此,何为而薄周、孔哉?

杜元凯撰《列女记》,博采经籍前史,显录古老明言,而事有可疑,犹阙而不载。斯岂非理存雅正,心嫉邪僻者乎?君子哉,若人也!长者哉,若人也!(眉批:杜元凯撰《烈女记》,此条当连上,浦氏未及改正。)

《李陵集》有《与苏武书》,词采壮丽,音句流靡。观其文体,不类西汉人,殆后来所为,假称陵作也。迁《史》缺而不载,良有以焉。编于李集中,斯为谬矣。

夏姬 《左传》成公二年:楚之讨陈夏氏也,庄王欲纳夏姬。申公巫臣曰:不可。君召诸侯,以讨罪也。今纳夏姬,贪其色也。君其图之。王乃止。

昭王、秦穆同时 昭王当云平王,即《申左》篇秦穆女为荆平夫人事,两引俱误作"昭王",彼篇已刊正。

晏婴居宋景后 《列女传》:齐伤槐衍之女,名婧,景公有所爱槐,令曰:伤槐者刑。于是衍醉而伤槐,景公且加罪焉。婧惧,乃造晏婴之门曰:昔者宋景公时大旱,卜以人祀。景公曰:必以人祀,寡人请自当之。今杀婧之父,邻国皆谓君爱树而贼人,其可乎?郭《评》:宋景公头曼在齐景公杵臼后三十余年。

世传失实 《风俗通·正失》:成帝问:文帝治天下,孰与孝宣皇帝?刘向曰：世之毁誉，莫能得实，审形者少，随声者多。世间言文帝祭代东门，期日再中，集上书囊为帷，粟一升一钱。凡此皆俗人妄传，言过其实。

进药酒 《战国·燕策》：有远为吏者，其妻私人。其夫且归，私者忧之，其妻曰：勿忧也，吾已为药酒待之矣。后二日，夫至，妻使妾奉卮酒进之。妾知其为药酒也，进之则杀主父，言之则逐主母，乃阳僵，弃酒。《列女传》：周主忠妾者，周大夫妻之媵妾也。大夫仕于周，其妻淫于邻人。其下文略与《策》同。

分余光 《史记·甘茂传》：贫人女与富人女会绩，曰：子可分我余光云云。《列女传》：齐女徐吾者，东海贫妇人也。与邻妇李吾会烛夜绩，徐吾烛数不属，李吾曰：请无与夜也。徐吾曰云云。

伯奇化鸟 陈思王《令禽恶鸟论》：昔尹吉甫用后妻之谗，杀孝子伯奇。吉甫后悟，追伤伯奇。出见鸟，鸣声嗷然，吉甫动心，曰：伯劳乎？乃其音尤切。吉甫曰：伯劳乎？是吾子，栖吾舆；非吾子，飞勿居。鸟寻声而栖于盖。按：《史通》所纠，乃谓刘向书也，而今本《说苑》《新序》皆不见斯事。曾巩二书序云：《新序》三十篇，隋、唐之世，尚为全书，今可见者十篇而已。《说苑》二十篇，《崇文总目》存者五篇，又间得者十有三篇。然则所纠，皆在亡篇欤？

宿瘤隐形 郭《注》：宿瘤无隐形事。《列女传》：宿瘤女者，齐东郭采桑之女也。项有大瘤，故号宿瘤。闵王出游，百姓尽观，宿瘤采桑如故。王曰：奇女也。遂以为后。黄本《补注》：《新序》云：齐有妇人，极丑无双，号曰无盐女。自诣宣王曰：窃尝喜隐。王曰：试一行之。言未卒，忽然不见，宣王大惊。是隐形乃无盐事，非宿瘤也。按：事亦见《列女传》，又谓女号钟离春，无盐乃其邑名。

怀嬴 郭《注》：怀嬴，秦穆公女也。初事晋怀公圉，后事晋文公重耳，故曰失节。按：《列女传》不及妻晋文事。

刘安 按：《汉书》：淮南王安谋反被诛，而以为仙去者，葛洪《神仙传》有之，亦不见刘向书。

鞭宓妃 王《训故》：扬雄《羽猎赋》云：鞭洛水之宓妃兮，饷屈原与彭胥。

刘勰《文心雕龙·夸饰》篇云:子云校猎,鞭宓妃以饷屈原。娈彼洛神,既非罔两,而虚用滥形,不其疏乎?

杜魄、荆尸 王《训故》:扬雄《蜀王本纪》云:荆人鳖令死,尸化随江水上至成都,见蜀王杜宇。杜宇立以为相。杜宇号望帝,自以德不如鳖令,以其国禅之。又《说文·成都记》云:望帝死,其魄化为鸟,名曰"杜鹃"。《路史·余论》:鳖,水名也,亦作鳖县,在牂牁。故知几以子云之说为妄。

渔父 王逸《注》序:《渔父》者,屈原之所作也。渔父避俗,时遇屈原,怪而问之,遂相应答。

神女 《高唐赋》:昔者先王尝游高唐,梦一妇人,去而辞曰:旦为朝云,暮为行雨。朝朝暮暮,阳台之下。楚襄王使玉赋高唐之事,又作《神女赋》。

马卿好色 相如《美人赋》:相如游梁,梁王悦之。邹阳谮之曰:相如服色妖丽,游王后宫,王察之乎?王问相如:子好色乎?相如曰:臣不好色也。臣气服于内,心正于怀,信誓旦旦,秉志不回。按:枚、邹互异,有误。

曹植至洛 曹植《洛神赋》:余从京城,言归东藩,容与乎阳林,流盼乎洛川。于是精移神骇,忽焉思散,睹一丽人于岩之畔。

宓妃 黄《补注》:《汉书音义》如淳曰:宓妃,宓羲氏之女也,死洛水,为洛神。

二渔父 《庄子·渔父》:孔子游于缁帷之林,弦歌鼓琴。奏曲未半,有渔父者下船而来,须眉交白,被发揄袂,行原以上,距陆而止。左手据膝,右手持颐以听,曲终。《楚辞·渔父》篇:渔父莞尔而笑,鼓枻而去,歌曰:沧浪之水清兮,可以濯吾缨;沧浪之水浊兮,可以濯吾足。遂去,不复与言。

擒蚌 《战国·燕策》:赵且伐燕,苏代为燕,谓赵王曰:臣过易水,蚌方出曝,而鹬啄其肉,蚌合而钳其喙。鹬曰:今日不雨,明日不雨,即有死蚌。蚌亦曰:今日不出,明日不出,即有死鹬。不肯相舍,渔者并擒之。《天禄识余》:"雨",谓辟口,或改"雨"作"雨",非。愚谓作"雨"者不惟失义,且失韵。

渡芦中 《吴越春秋》:伍员奔吴,至江,渔父渡之,有饥色,曰:为子取饷。

子胥乃潜身深苇之中。有顷，父来而呼之曰：芦中人，芦中人，岂非穷士乎？子胥出应，食毕，曰：请丈人姓字。渔父曰：今日凶凶，两贼相逢，何用姓字为？

混沌 《庄子·应帝王》：南海之帝为儵，北海之帝为忽，中央之帝为混沌。儵与忽时相遇于混沌之地，混沌待之甚善。儵与忽谋报混沌之德，曰：人皆有七窍，以视听食息，此独无有，尝试凿之。日凿一窍，七日而混沌死。按：与《言语》篇各意。

其流甚多 《庄子·秋水》：坎井之蛙谓东海之鳖曰：吾跳梁乎井干之上，入休乎缺甃之崖，此亦至矣，夫子奚不时来观乎？东海之鳖左足未入，右膝已絷。于是蛙闻之，规规然自失也。又：蚿怜蛇，蛇怜风。蚿谓蛇曰：吾以众足行，而不及子之无足，何也？蛇曰：夫天机之所动，何可易邪！吾安用足哉！又：鹫鸠见《逍遥游》。

薄周、孔 嵇康《绝交书》：自惟至熟，有必不堪者七，甚不可者二。每非汤、武而薄周、孔，在人间不止，此事会显，世教所不容。此甚不可一也。

《列女记》 《晋书·杜预传》：撰《女记赞》，当时论者谓文义质直。《隋书·经籍志》：《女记》十卷，杜预撰。在"杂传类"。

杂　识

夫书名竹帛，物情所竞，虽圣人无私，而君子亦党。盖《易》之作也，本非纪事之流，而孔子《系辞》，辄盛述颜子，称其"殆庶"。虽言则无愧，事非虚美，亦由视予犹父，门人日亲，故非所要言，而曲垂编录者矣。既而扬雄寂寞，师心典诰，至于童乌稚子，蜀汉诸贤，《太玄》《法言》，恣加褒赏，虽内举不避，而情有所偏者焉。夫以宣尼睿哲，子云参圣，（眉批："子云参圣"语见《论衡·超奇》篇。）在于著述，不能忘私，则自中庸以降，抑可知矣。如谢承《汉书》偏党吴、越，魏收《代史》盛夸胡塞，复焉足怪哉？（眉批：此论最允。）

夫所谓直笔者，不掩恶，不虚美，书之有益于褒贬，不书无损于劝诫。但举其宏纲，存其大体而已。非谓丝毫必录，琐细无遗者也。如宋孝王、王劭之徒，其所记也，喜论人帷簿不修，言貌鄙事，讦以为直，吾无取焉。

夫载笔立言，名流今古。如马迁《史记》，能成一家；扬雄《太玄》，可传千载。此则其事尤大，记之于传可也。至于近代则不然。其有雕虫末伎，短才小说，或为集不过数卷，或著书才至一篇，莫不一一列名，编诸传末。事同《七略》，巨细必书，斯亦烦之甚者。

子曰："齐景公有马千驷，死之日，人无德而称焉。伯夷、叔齐，饿于首阳之下，民到于今称之。"若汉代青翟、刘舍，位登丞相，而班史无录；姜诗、赵壹，身止计吏，而谢《书》有传，即其例也。今之修史者则不然。其有才德阙如，而位宦通显，史臣载笔，必为立传。其所记也，止具其生前历官，殁后赠谥，若斯而已矣。虽其间伸以状迹，粗陈一二，么麽恒事，曾何足观？始自伯起《魏书》，迄乎皇家《五史》，通多此体。流荡忘归，《史》《汉》之风，忽焉不祀（眉批："祀"字，一作"嗣"字，是。）者矣。

童乌　《法言·问神》篇：育而不苗者，吾家之童乌乎？九龄而与我玄文。《注》：童乌，子云之子也。

蜀汉诸贤　原注：谓严、李、郑、司马之徒。《法言·问明》篇：蜀庄沈冥，蜀庄之才之珍也，不作苟见，不治苟得。吾珍庄也，居难为也。按：庄即注之所谓严，即严君平也。《渊骞》篇：或问子蜀人也，请人？曰：有李仲元者，人也。不夷不惠，可否之间也。见其貌者，肃如也；闻其言者，愀如也；观其行者，穆如也。《问神》篇：谷口郑子真，不屈其志，而耕乎岩石之下，名震于京师。按：谷口，汉中地，与所云蜀汉恰合。旧作"柳"，不知何人，雄书亦无，定误。《君子》篇：必也儒乎，文丽用寡，长卿也。

子云参圣　本陆绩《述玄》，见《自叙》篇。

或为集不过数卷　原注：如《陈书·阴铿传》云，有集五卷，其类是也。

著书才至一篇　原注：如《梁书·孝元纪》云，撰《同姓名人录》一卷，其类是也。

列名传末　原注：如《梁书·孝元纪》云，撰《研神记》；《陈书·姚察传》

云,撰《西征记》《辨茗酪记》;《后魏书·刘芳传》云,撰《周官音》《礼记音》;《齐书·祖鸿勋传》云,撰《晋祠记》。凡此,书或一卷、两卷而已。自余人有文集,或四卷或五卷者,不可胜记,故不具列之。

青翟、**刘舍** 《汉书·申屠嘉传》:自嘉死后,开封侯陶青、桃侯刘舍、柏至侯许昌、平棘侯薛泽、武强侯庄青翟、商陵侯赵周,皆踽踽廉谨,为丞相备员而已,无所能发明功名著于世者。

姜诗 按:后汉广汉人。姜诗事母至孝。永平三年,察孝廉,拜中郎,除江阳令。其事,范《书》具诗妻《庞氏传》中。《史通》不征范而征谢,盖谢《书》则诗自有传也。

赵壹 范《书》亦有传,见《载文》篇。

《汉书·五行志》错误

班氏著志,牴牾者多。在于《五行》,芜累尤甚。今辄条其错缪,定为四科:一曰引书失宜,二曰叙事乖理,三曰释灾多滥,四曰古学不精。又于四科之中,疏为杂目,类聚区分,编之如后。

第一科

引书失宜者,其流有四:一曰史记、《左氏》,交错相并;二曰《春秋》、史记,杂乱难别;三曰屡举《春秋》,言无定体;四曰书名去取,所记不同。

其志叙言之不从也,先称史记周单襄公告鲁成公曰,晋将有乱。又称宣公六年,郑公孙曼满与王子伯廖语,欲为卿。案:宣公六年,自《左传》所载也。夫上论单襄,则持史记以标首;下列曼满,则遗《左氏》而无言。遂令读者疑此宣公,亦出史记;而不云鲁后,莫定何邦。是非难悟,进退无准。此所谓史记、《左氏》交错相并也。

《志》云:史记成公十六年,公会诸侯于周。案:成公者,即鲁侯也。班氏凡说鲁之某公,皆以《春秋》为冠。何则?《春秋》者,鲁史之号。言《春秋》则知公是鲁君。今引史记居先,成公在下,书非鲁史,而公舍鲁名。胶柱不移,守株何甚？此所谓《春秋》、史记杂乱难别也。

案：班《书》为志，本以汉为主。在于汉时，直记其帝号谥耳。至于它代，则云某书、某国君，此其大例也。至如叙火不炎上，具《春秋》桓公十四年；次叙稼穑不成，直云严公二十八年而已。夫以火、稼之间，别书汉、莽之事。年代已隔，去鲁尤疏。泊乎改说异端，仍取《春秋》为始，而于严公之上，不复以《春秋》建名。遂使汉帝、鲁公，同归一揆。必为永例，理亦可容。在诸异科，事又不尔。求之画一，其例无恒。此所谓屡举《春秋》，言无定体也。

案：本《志》叙汉已前事，多略其书名。至于"服妖"章，初云晋献公使太子率师，佩之金玦。续云郑子臧好为聚鹬之冠。此二事之上，每加《左氏》为首。夫一言可悉，而再列其名。省则都捐，繁则太甚。此所谓书名去取，所记不同也。

单襄告鲁 《史记·鲁世家》：周单襄公与晋郤锜、郤犨、郤至、齐国佐语，告鲁成公曰：晋将有乱，三郤其当之乎。

曼满语 《左传》宣公六年：郑公子曼满与王子伯廖语，欲为卿。伯廖告人曰：无德而贪，其在《周易·丰》之《离》，弗过之矣。间一岁，郑人杀之。

会于周 本《志》：史记成公十六年，公会诸侯于周。单襄公见晋厉公视远步高，告公曰：晋将有乱。鲁侯问：天道人故？对曰：吾非瞽史，焉知天道。吾见晋君之容，殆必祸者也。按：此会《史记》周简王纪及鲁、晋二世家皆不载。《左氏》成公十六年《经》《传》亦不书。其文乃在《外传·周语》下卷。然亦不言成公十六年，但曰"柯陵之会"云云。是则"史记成公"以下十三字，乃班《志》自撰之文。本当云《国语》而误书"史记"也。又按：柯陵之盟在成公十七年。杜《注》：柯陵，郑西地。亦非会于周也。

火、稼之间 本《志》前言火失其性，首举其文曰：《春秋》桓公十四年八月壬申，御廪灾。已下历述火事，至汉平帝末，高祖原庙灾，明年，莽居摄而止。其下更端言稼穑不成，乃举"严公二十八年冬，大水，亡麦禾"之文，中间隔越甚多。其前"春秋"二字管不及此也。

严公 原注:严公即庄公也。汉避明帝讳,故改曰"严"。

佩金玦 《左传》闵公二年:晋献公使太子申生帅师,公衣之偏衣,佩之金玦。后四年,申生缢。

聚鹬冠 《左传》僖公二十四年:郑子臧好聚鹬冠,郑文公恶之,使盗杀之。

第二科

叙事乖理者,其流有五:一曰徒发首端,不副征验;二曰虚编古语,讨事不终;三曰直引时谈,竟无它述;四曰科条不整,寻绎难知;五曰标举年号,详略无准。

《志》曰:《左氏》昭公十五年,晋籍谈如周葬穆后,既除丧而燕。叔向曰:王其不终乎!吾闻之,所乐必终焉。今王一岁而有三年之丧二焉,于是乎与丧宾燕,乐忧甚矣。礼,王之大经也。一动而失二礼,无大经矣,将安用之?案:其后七年,王室终如羊舌所说,此即其效也,而班氏了不言之。此所谓徒发首端,不副征验也。

《志》云:《左氏》襄公二十九年,晋女齐语智伯曰:齐高子容、宋司徒皆将不免。子容专,司徒侈,皆亡家之主也。专则速及,侈则将以力毙。九月,高子出奔北燕。所载至此,更无他说。案:《左氏》昭公二十年,宋司徒奔陈。而班氏采诸本传,直写片言。阅彼全书,唯征半事。遂令学者疑丘明之说,有是有非;女齐之言,或得或失。此所谓虚编古语,讨事不终也。

《志》云:成帝于鸿嘉、永始之载,好为微行,置私田于民间。谷永谏曰:诸侯梦得田,占为失国。而况王者蓄私田财物,为庶人之事乎?已下弗云成帝悛与不悛,谷永言效与不效。谏词虽具,诸事阙如。此所谓直引时谈,竟无它述者也。

其述庶征之恒寒也,先云釐公十年冬,大雨雹。随载刘向之占,次云《公羊经》曰"大雨雹",续书董生之解。案:《公羊》所说,与上奚殊,而再列其辞,俱云"大雨雹"而已。又此科始言大雪与雹,继言殒霜杀草,起自春秋,讫乎汉代。其事既尽,仍重叙雹灾。分散相离,断绝无趣。夫同是一类,而限成二条。首尾纷拏,而章句错糅。此所谓科条不整,寻绎难知者也。

夫人君改元,肇自刘氏。史官所录,须存凡例。案:斯《志》之记异也,首列元封年号,不详汉代何君;次言地节、河平,具述宣、成二帝。武称元鼎,每岁皆书;哀曰建平,同年必录。此所谓标举年号,详略无准者也。

三年之丧二 《左传》昭公十五年:六月,王太子寿卒。秋八月,王穆后崩。叔向曰:王一岁而有三年之丧二焉。《注》:天子绝期,唯服三年。故后虽期,通谓之三年。顾炎武《日知录》:礼,为长子三年。妻丧虽期年,而传曰:父必三年而后娶,达子之志也。是亦有三年之义。

鸿嘉、永始 荀悦《汉纪》:成帝鸿嘉二年,行幸云阳。大司马音上言:陛下即位十五年,继嗣不立,而日夜出游。外有微行之害,内有疾病之忧。是时谷永亦上疏谏。按:成帝十三年改元鸿嘉,十七年改元永始。

釐公 原注:即僖公。

大雨雹 今《志》作"雪",疑唐初本作"雹"也。

刘占、董解 《志》:釐公十年,大雨雪。刘向以为阴气盛也。《公羊经》:大雨雹。董仲舒以为有所渐胁。《注》:阴气胁也。按:刘向所举,盖《左·经》也。《左》无传。

始言、继言 《志》:刘歆以为大雨雪,及未当雪而雪,及大雨雹,陨霜杀草,皆常寒之罚。桓公八年十月雪,刘、董皆有占。按:此一段在釐公十年,《左》雪、《公羊》雹、仲舒占之前。又昭公四年及文帝四,景帝中六,武帝元狩元、元鼎二三,元帝建昭二四,阳朔四等年夹志雪。又定公元、釐公三及武帝元光四、元帝永光元等年夹志霜。又釐公二十九、昭公三及武帝元封三、宣帝地节四等年复志雹。按:此三段并在釐十年《志》文之后。

具述宣成 原注:宣帝地节四年,成帝河平二年,其纪年号如此。

每岁皆书 原注：始云元鼎二年，又续云元鼎三年。按：三年宜除元鼎之号也。

同年必录 原注：始云哀帝建平三年，复云哀帝建平三年。案：同是一年，宜云是岁而已，不当重言其年也。

第三科

释灾多滥者，其流有八：一曰商榷前世，全违故实；二曰影响不接，牵引相会；三曰敷演多端，准的无主；四曰轻持善政，用配妖祸；五曰但伸解释，不显符应；六曰考核虽说，义理非精；七曰妖祥可知，寝嘿无说；八曰不循经典，自任胸怀。

《志》云："史记周威烈王二十三年，九鼎震。""是岁，韩、魏、赵篡晋而分其地，威烈王命以为诸侯。天子不恤同姓，而爵其贼臣，天下不附矣。"案：周当战国之世，微弱尤甚。故君疑窃斧，台名逃债。正比夫泗上诸侯，附庸小国者耳。至如三晋跋扈，欲为诸侯，虽假王命，实由己出。譬夫近代莽称"安汉"，匪平帝之至诚；卓号"太师"，岂献皇之本愿？而作者苟责威烈以妄施爵赏，坐贻妖孽，岂得谓"人之情伪尽知之矣"者乎！此所谓商榷前世，全违故实也。（眉批：此亦一说也。温公论理，子玄论势。论理者为万世之大防，论势者谅一时之情事。或严或恕，义可两存。）

《志》云：昭公十六年九月，大雩。先是，昭母夫人归氏薨，昭不戚而大搜于比蒲。又曰：定公十二年九月，大雩。先是，公自侵郑归而城中城，二大夫围郓。案：大搜于比蒲，昭之十一年。城中城、围郓，定之六年也。其二役去雩，皆非一载。夫以国家恒事，而坐延灾眚，岁月既遥，而方闻响应。斯岂非乌有成说，扣寂为辞者哉！此所谓影响不接，牵引相会也。

《志》云：严公七年秋，大水。董仲舒、刘向以为严母姜与兄齐侯淫，共杀桓公。严释父仇，复娶齐女，未入而先与之淫，一年再出会，于道逆乱，臣下贱之之应也。又云：十一年秋，宋大水。董仲舒以为时鲁、宋比年有乘丘、鄌之战，百姓愁怨，阴气盛，故二国俱水。案：此说有三失焉。何者？严公十年、十一年，公败宋师于乘丘及鄑。夫以制胜克敌，策勋命赏，而反愁怨贻灾邪？其失一也。且先是数年，严遭大水，校其时月，殊在战前。而云与宋交兵，故二国大水，其失二也。况于七年之内，已释水灾，始以齐女为辞，终以宋师为应。前后靡定，向背何依？其失三也。夫以一灾示眚，而三说竞兴，此所谓敷演多端，准的无主也。

其释"厥咎舒，厥罚恒燠"，以为其政弛慢，失在舒缓，故罚之以燠，冬而亡冰。寻其解《春秋》之无冰也，皆主内失黎庶，外失诸侯，不事诛赏，不明善恶。蛮夷猾夏，天子不能讨；大夫擅权，邦君不敢制。若斯而已矣。次至武帝元狩六年冬，亡冰，而云先是遣卫、霍二将军穷追单于，斩首十余万级，归而大行庆赏。上又闵悔勤劳，遣使巡行天下，存赐鳏寡，假与乏困，举遗逸独行君子诣行在所。郡国有以为便宜者，上丞相、御史以闻。于是天下咸喜。案：汉帝其武功文德也如彼，其先猛后宽也如此，岂是有懦弱凌迟之失，而无刑罚戡定之功哉！何得苟以无冰示灾，便谓与昔人同罪。矛盾自己，始末相违，岂其甚邪？此所谓轻持善政，用配妖祸也。

《志》云：孝昭元凤三年，太山有大石立。眭孟以为当有庶人为天子者。京房《易传》云："太山之石颠而下，圣人受命人君虏。"又曰：石立于山，同姓为天下雄。案：此当是孝宣皇帝即位之祥也。夫宣帝出自闾阎，坐登宸极，所谓庶人受命者也。以曾孙血属，上纂皇统，所谓同姓雄者也。昌邑见废，谪居远方，所谓人君虏者也。班《书》载此征祥，虽具有剖析，而求诸后应，曾不缕陈。叙事之宜，岂其若是？此所谓但申解释，不显符应也。

当春秋之时，诸国贤俊多矣。如沙鹿其坏，梁山云崩，鹢退蜚于宋都，龙交斗于郑水。或伯宗、子产，具述其非妖；或卜偃、史过，盛言其必应。盖于时有识君子，以为美谈。故左氏书之不刊，贻厥来裔。既而古今路阻，闻见壤隔，至汉代儒者董仲舒、刘向之徒，始别构异闻，辅申它说。以兹后学，陵彼先贤，盖今谚所谓"季与厥昆，争知嫂讳"者也。而班《志》尚舍长用短，捐旧习新，苟出异同，自矜魁博，多见其无识者矣。此所谓不循经典，自任胸怀也。

窃斧、逃债 《汉书·诸侯王表·叙论》：自幽、平之后，日以陵夷，分为二周。有逃债之台，被窃斧之言。《注》：服虔曰：周赧王负责，主伯责急，乃逃于此台，后人因以名之。师古曰：铁钺，王者以为威也。周衰，政令不行，虽有铁钺，无所用之，是私窃隐藏之耳。《陈书·高祖纪》：九锡诏云：窃铁逃债，容身之地无所。

莽称"安汉" 《汉书·王莽传》：莽讽益州令塞外蛮夷献白雉。群臣盛称莽功德，致周成白雉之瑞，莽有定国安汉家之功，宜赐号安汉公。

卓号"太师" 《后汉书·董卓传》：卓徙都长安，讽朝廷使光禄勋宣璠持节拜卓为太师，位诸侯王上。

二国俱水 原注：谓七年鲁大水，今年宋大水也。

眭孟 《汉书·眭弘传》：弘，字孟。从嬴公受《春秋》，为议郎。孝昭元凤三年，泰山莱芜山南有大石自立。孟推《春秋》之意，以石乃阴类，下民之象。泰山乃王者易姓告代之处，此当有从匹夫为天子者。霍光恶之，诛。后五年，孝宣帝兴于民间，征孟子为郎。

沙鹿坏 《左传》僖公十四年：秋八月，沙鹿崩。晋卜偃曰：期年将有大咎，几亡国。杜《注》：沙鹿，山名。

梁山崩 《左传》成公五年：梁山崩。晋侯以传召伯宗，伯宗辟重。重，绛人也。问焉，曰：国主山川，山崩川竭，君为之不举，降服，乘缦，彻乐，出次，祝币，史辞以礼焉，如此而已。伯宗以告而从之。

鹢退飞 《左传》僖公十六年：六鹢退飞，过宋都，风也。周内史叔兴聘于宋，宋襄公问焉，曰：是何祥也，吉凶焉在？对曰：君将得诸侯而不终。退而告人曰：君失问。阴阳之事，非吉凶所生也。此云"史过"，《传》作"叔兴"。

龙交斗 《左传》昭公十九年：郑大水，龙斗于时门之外洧渊，国人请禜焉。子产弗许，曰：我斗，龙不我觌也。龙斗，我独何觌焉？禳之则彼其室也。吾无求于龙，龙亦无求于我。乃止。

董、刘别构异闻 《志》：沙麓崩。《穀梁》曰：林属于山曰麓。沙，其名也。刘向以为背叛散乱之象，齐桓霸道将废。《公羊》以为沙麓，河上邑也。董仲舒说略同。又：梁山崩。《穀梁》曰：壅河三日不流，晋君率臣哭之，乃流。刘向以为山阳，君也。水阴，民也。丧亡象也。董说略同。又：六鹢退蜚，过宋都。刘歆以为风发它所，至宋而高。鹢高蜚而逢之，则退。象宋襄与强楚争盟。后六年，为楚所执，应六之数云。又：龙斗于郑洧渊。刘向以为近龙孽也。郑以小国摄乎晋、楚之间，重以强吴，郑当其冲。子产任政，郑卒无患，能以德消变之效也。按：龙之占，后又见《杂驳》篇。

争知嫂讳 原注：今谚曰：弟与兄，争嫂字。以其名鄙，故称文饰之。

第四科

古学不精者，其流有三：一曰博引前书，网罗不尽；二曰兼采《左氏》，遗逸甚多；三曰屡举旧事，不知所出。

《志》云：庶征之恒风，刘向以为《春秋》无其应。刘歆以为釐十六年，《左氏传》释六鹢退飞是也。案：旧史称刘向学《穀梁》，歆学《左氏》。既祖习各异，而闻见不同，信矣。而周木斯拔，郑车偾济，风之为害，备于《尚书》《春秋》。向则略而不言，歆则知而不传。又详言众怪，历叙群妖。述雨氂为灾，而不录赵毛生地；书异鸟相育，而不载宋雀生鹯。斯皆见小忘大，举轻略重。盖学有不同，识无通鉴故也。且当炎汉之代，厥异尤奇。若景帝承平，赤风如血；于公在职，亢阳为旱。惟纪与传，各具其详，在于《志》中，独无其说者，何哉？此所谓博引前书，网罗不尽也。

案：《太史公书》自《春秋》已前，所有国家灾眚，贤哲占候，皆出于《左氏》《国语》者也。今班《志》所引，上自周之幽、厉，下终鲁之定、哀。而不云《国语》，唯称史记，岂非忘本徇末，逐近弃远者乎？此所谓屡举旧事，不知所出也。

所定多目，凡二十种。但其失既众，不可殚论。故每目之中，或时举一事。庶触类而长，他皆可知。又案：斯志之作也，本欲明吉凶，释休咎，惩恶劝善，以戒将来。至如春秋已还，汉代而往，其间日蚀、地震、石陨、山崩、雨雹、雨鱼、大旱、大水、犬豕为祸，桃李冬花，多直叙其灾，而不言其应。此乃鲁史之《春秋》，《汉书》之帝纪耳，何用复编之于此志哉！昔班叔皮云：司马迁叙相如则举其郡县，著其字。萧、曹、陈平之属，仲舒并时之人，不记其字，或县而不郡，盖有所未暇也。若孟坚此《志》，错缪殊多，岂亦刊削未周者邪？不然，何脱略之甚也？亦有穿凿成文，强生异义。如蜮之为惑，麋之为迷。陨五石者，齐五子之征；溃七山者，汉七国之象。叔服会葬，郕伯来奔，亢阳所以成妖；郑易许田，鲁谋莱国，食苗所以为祸。诸如此比，其类宏多。徒有解释，无足观采。知音君子，幸为详焉。

木拔　见《金縢》。

车偾　《左传》隐公三年：冬，庚戌，郑伯之车偾于济。杜《注》：既盟而遇大风，传记异也。

歆知而不传　传，恐当作"博"。

雨氂　《志》中上：天汉元年，天雨白毛。三年八月，天雨白氂。京房《易传》曰：前乐后忧，厥妖天雨羽。

赵毛生地　《风俗通·皇霸》篇：赵王迁信秦反间，杀李牧，遂为所灭。先此童谣曰：赵为号，秦为笑，以为不信，视地上生毛。谣亦见《史记·赵世家》。

鸟相育　《志》中下：成帝绥和二年三月，天水平襄有燕生爵，哺食至大，俱飞去。京房《易传》曰：燕生爵，诸侯销。一曰：生非其类，子不嗣世。

宋雀生鹯　王《训故》：贾谊《新书》曰：宋康王时，有雀生鹯于城之陬。占曰：吉。小而生大，必霸天下。康王喜，于是灭滕，伐诸侯，射天，笞地，灭社稷。齐侯伐之，王逃于倪侯之馆而死。按：即宋王偃也。

赤风如血　《汉书·孝武纪》：建元四年夏，有风赤如血。此云景帝，误。

亢阳为旱　《汉书·于定国传》：父于公为郡决曹。东海太守杀孝妇，郡中枯旱三年。后太守至，卜其故。于公曰：孝妇不当死，前太守强断之，倪在是乎？于是太守祭孝妇冢，表其墓，天立大雨。

叙灾不言应 原注：载《春秋》时蚀三十六，而二不言其应。汉时日蚀五十三，而四十不言其应。又惠帝二年、武帝征和二年、宣帝本始四年、元帝永光三年、绥和二年，皆地震。陨石凡十四，总不言其应。又高后二年，武都山崩。成帝河平二年，楚国雨雹，大如斧，蜚鸟死。成帝鸿嘉四年，雨鱼于信都。孝景之时，大旱者二。昭、成二代，大雨水三。河平元年，长安有如人状，被甲持兵以弩击之，皆狗也。又鸿嘉中，狗与豕交。惠帝五年，桃李花，枣实。皆不言其应也。

蜮为惑 《志》下上：严公十八年秋，有蜮。刘向目为蜮，生南越。越地男女同川浴，乱气所生，故名之曰"蜮"。蜮，犹惑也。

麋为迷 《志》中上：严公十七年冬，多麋。刘向以为麋色青，近青祥也。麋之为言，迷也。盖牝兽之淫者也。

五石、五子 《志》下下：釐公十六年正月，陨石于宋，五。刘歆以为正月日在星纪，厌在玄枵。玄枵，齐分野也。石，山物。齐，太岳后。五石象齐威卒而五公子作乱。

七山、七国 《志》下上：文帝元年，齐、楚地山二十九所大发水，溃出。刘向以为水渗土，天戒，勿盛齐、楚之君。后十六年，帝分齐地，立悼惠王庶子六人皆为王。至景帝三年，齐、楚七国起兵，汉皆破之。汉七国众山溃，咸被其害。按：文言溃七山者，七国之山皆水溃也。

叔服、郲伯 《志》中上：文公二年，自十二月不雨，至于秋七月。天子使叔服会葬。按：事详《杂驳》首条。又十三年，自正月不雨，至于秋七月。先是，曹、杞、滕来朝，郲伯来奔，秦使来聘。城诸及郓。二年之间，五国趋之，内城二邑，炕阳失众。

易田谋莱 《志》下上：隐公八年，九月，螟。时郑伯以郲将易许田，有贪利心。京房《易传》曰：贪，厥灾虫。虫食根。又中下：桓公五年，螽。刘向以为介虫之孽。易邑，兴役。宣公六年，螽。刘向以为宣比再如齐，谋伐莱。

《五行志》杂驳

　　鲁文公二年,不雨。班氏以为自文即位,天子使叔服会葬,毛伯赐命,又会晋侯于戚。上得天子,外得诸侯,沛然自大,故致亢阳之祸。(眉批:此条已见《书志》篇,而其文未详,故此仍并存。)案:周之东迁,日以微弱。故郑取温麦,射王中肩。楚绝苞茅,观兵问鼎。事同列国,变《雅》为《风》。如鲁者,方大邦不足,比小国有余。安有暂降衰周使臣,遽以骄矜自恃,坐招厥罚,亢阳为怪?求诸人事,理必不然。天高听卑,岂其若是也。

　　《春秋》釐公十二年,日有蚀之。刘向以为是时莒灭杞。案:釐十四年,诸侯城缘陵。《公羊传》曰:曷为城?杞灭之。孰灭之?盖徐、莒也。如中垒所释,当以《公羊》为本耳。然则《公羊》所说,不如《左氏》之详。《左氏》襄公二十九年,晋平公时,杞尚在云。

　　《春秋》文公元年,日有蚀之。刘向以为后晋灭江。案:本《经》书文四年,楚人灭江。今云晋灭,其说无取。且江居南裔,与楚为邻;晋处北方,去江殊远。称晋所灭,其理难通。

　　《左氏传》鲁襄公时,宋有生女子赤而毛,弃之堤下。宋平公母共姬之御者见而收之,因名曰"弃"。长而美好,纳之平公,生子曰"佐"。后宋臣伊戾,谮太子痤而杀之。先是,大夫华元出奔晋,华合比奔卫。刘向以为时则有火灾赤眚之明应也。案:灾祥之作,将应后来;事迹之彰,用符前兆。如华元奔晋,在成十五年,参诸弃堤,实难符会。又合比奔卫,在昭六年,而与元奔,俱云"先是"。惟前与后,事并相违者焉。

　　《春秋》成公五年,梁山崩。七年,鼷鼠食郊牛角。襄公十五年,日有蚀之。董仲舒、刘向皆以为自此前后,晋为鸡泽之会,诸侯盟,大夫又盟。后为溴梁之会,诸侯在而大夫独相与盟,君若缀旒,不得举手。又襄公十六年五月,地震。刘向以为是岁三月,大夫盟于溴梁,而五月地震矣。又其二十八年春,无冰。班固以为天下异也。襄公时,天下诸侯之大夫,皆执国权,君不能制,渐将日甚。案：春秋诸国，权臣可得言者，如三桓、六卿、田氏而已。如鸡泽之会、溴梁之盟，其臣岂有若向之所说者邪？然而《穀梁》谓大夫不臣，诸侯失政。讥其无礼自擅，在兹一举而已。非是如"政由宁氏，祭则寡人"，相承世官，遂移国柄。若斯之失也，若董、刘之徒，不窥《左氏》，直凭二传，遂广为它说，多肆夸言。仍云"君若缀旒"，"臣将日甚"，何其妄也。

哀公十三年十一月，有星孛于东方。董仲舒、刘向以为周之十一月，夏九月，日在氐。出东方者，轸、角、亢也。或曰：角、亢，大国之象，为齐、晋也。其后田氏篡齐，六卿分晋。案：星孛之后二年，《春秋》之《经》尽矣。又十一年，《左氏》之《传》尽矣。自《传》尽后八十二年，齐康公为田和所灭。又七年，晋静公为韩、魏、赵所灭。上去星孛之岁，皆出百余年。辰象所缠，氛祲所指，若相感应，何太疏阔者哉？且当《春秋》既终之后，《左传》未尽之前，其间卫弑君、越灭吴、鲁逊越，贼臣逆子破家亡国多矣。此正得东方之象，大国之征，何故舍而不述，远求他代者乎？又范与中行，早从殄灭。智入战国，继踵云亡。辄与三晋连名，总以六卿为目，殊为谬也。寻斯失所起，可以意测。何者？二传所引，事终西狩获麟。《左氏》所书，语连赵襄灭智。汉代学者，唯读二传，不观《左氏》。故事有不周，言多脱略。且春秋之后，战国之时，史官阙书，年祀难记。而学者遂疑篡齐分晋，时与鲁史相邻。故轻引灾祥，用相符会。白圭之玷，何其甚欤？

《春秋》釐公三十三年十二月，陨霜不杀草。成公五年，梁山崩。七年，鼷鼠食郊牛角。刘向以其后三家逐鲁昭公，卒死于外之象。案：乾侯之出，事由季氏。孟、叔二孙，本所不预。况昭子以纳君不遂，发愤而卒。论其义烈，道贯幽明。定为忠臣，犹且无愧；编诸逆党，何乃厚诬？夫以罪由一家，而兼云二族，以此题目，何其滥欤？

《左氏传》昭公十九年，龙斗于郑时门之外洧渊。刘向以为近龙孽也。郑，小国，摄乎晋、楚之间，重以强吴，郑当其冲，不能修德，将斗三国，以自危亡。是时，子产任政，内惠于民，外善辞令，以交三国，郑卒亡患，此能以德销灾之道也。案：昭之十九年，晋、楚连盟，干戈不作。吴虽强暴，未扰诸华。郑无外虞，非子产之力也。又吴为远国，僻在江干，必略中原，当以楚、宋为始。郑居河、颍，地匪夷庚，谓当要冲，殊为乖角。求诸地理，不其爽欤？

《春秋》昭公十五年六月，日有蚀之。董仲舒以为时宿在毕，晋国象也。又云："日比再蚀，其事在《春秋》后，故不载于《经》。"案：自昭十五年，迄于获麟之岁，其间日蚀复有九焉。事列本《经》，披文立验，安得云再蚀而已，又在《春秋》之后也？且观班《志》编此九蚀，其八皆载董生所占。复不得言董以事后《春秋》，故不存编录。再思其语，三覆所由，斯盖孟坚之误，非仲舒之罪也。

《春秋》昭公九年，陈火。刘向以为先是陈侯之弟招杀陈太子偃师，楚因灭陈。《春秋》不与蛮夷灭中国，故复书陈火也。案：楚县中国以为邑者多矣，如邑有宜见于《经》者，岂可不以楚为名者哉？盖当斯时，陈虽暂亡，寻复旧国，故仍取陈号，不假楚名。独不见郑裨灶之说乎？裨灶之说斯灾也，曰："五年，陈将复封。封五十二年而遂亡。"此其效也。自斯而后，若颛顼之墟，宛丘之地，如有应书于国史者，岂可复谓之陈乎？

会葬、赐命、会戚 本《志》师古《注》：会葬，葬僖公。赐命，赐以命圭为瑞信也。会戚，大夫公孙敖会之。戚，卫地。

变《雅》为《风》 《黍离》郑《笺》：幽王之乱，宗周灭。平王东迁，政遂微弱，下列于诸侯。其诗不能复《雅》，而同归于《国风》焉。

杞尚在 《左传》襄公二十九年：晋侯使司马女叔来治杞田，弗尽归也。晋悼夫人愠。叔侯曰：杞，夏余也，而即东夷。鲁，周公之后也，而睦于晋。何必瘠鲁以肥杞。《注》：夫人，杞女也。

伊戾谮 《左传》襄公二十六年：宋寺人惠墙伊戾为太子内师，无宠。楚客聘于晋，过宋。太子野享之，伊戾从。至则欲用牲，加书征之，而骋告公，曰：太子将为乱，既与楚客盟矣。公使视之，信有焉。太子缢。

华元奔晋 《左传》成公十五年：华元曰：吾为右师，公室卑而不能正，吾罪大矣，敢赖宠乎！乃出奔晋。

合比奔卫 《左传》昭公六年：宋寺人柳有宠，太子佐恶之。华合比曰：我杀之。柳闻之，告公曰：合比将纳亡人之族。公逐华合比，合比奔卫。

鸡泽之会 《左传》襄公三年：六月，公会单顷公及诸侯，同盟于鸡泽。陈成公使袁侨如会求成。晋侯使和组父告于诸侯。秋，叔孙豹及诸侯之大夫及陈袁侨盟，陈请服也。杜《注》：其君不来，使大夫盟之，匹敌之宜。

溴梁之盟 《左传》襄公十六年：晋平公即位，改服修官，烝于曲沃。警守而下，会于溴梁，命归侵田。晋侯与诸侯宴于温，使诸大夫舞，曰：歌诗必类。于是，叔孙豹、晋荀偃、宋向戌、卫宁殖、郑公孙虿、小邾之大夫盟曰：同讨不庭。

政由宁氏二句 《左传》襄公二十六年：卫献公自夷求复国，使子鲜与宁喜相要之言也。

二传为说 襄公三年《穀梁》：会鸡泽，下即注中云云。又十六年：会溴梁，下即注中"又曰"云云。又《公羊》：会溴梁，诸侯皆在是。其言大夫盟何？信在大夫也，君若赘疣然。

夸言 《字书》：夸言，犹夸言也。唐《陆贽传》：夸言无验。

卫弑君 《左传》哀公十七年：卫侯贞卜，其繇曰：如鱼窥尾，衡流而方羊。裔焉。公使匠久。公欲逐石圃，石圃因匠氏攻公。公逾于北方而坠，折股。公入于戎州，谓己氏曰：活我，我与女璧。己氏曰：杀女，璧将焉往？遂弑之。

越灭吴 《左传》哀公二十二年：冬十一月，越灭吴。请使吴王居甬东。辞曰：孤老矣，焉能事君？乃缢。

鲁逊越 在哀公二十七年，语见《惑经》篇。

昭子发愤 《左传》昭公二十五年：季氏逐昭公，叔孙昭子自阚归，平子稽颡，曰：苟使意如得改事君，所谓生死而肉骨也。昭子从公于齐，与公言。公使昭子自铸归。平子有异志。十月辛酉，昭子齐于其寝，使祝宗祈死。戊辰，卒。

郑居河、颍 《外传·郑语》：桓公为司徒，问于史伯曰：王室多故，余惧及焉，其何所可以逃死？史伯对曰：其济、洛、河、颍之间乎？是其子男之国，君若寄孥与贿焉，不敢不许。

夷庚 《左传》成公十八年：塞夷庚。《注》：吴、晋往来之要道。《疏》：夷，平地也。《诗序》云：由庚，以庚为道也。束晳《补亡诗》：荡荡夷庚，物则由之。

九蚀八占 按：本《志》志日蚀，自昭十五年之后，于昭又有十七、二十一、二十二、二十四、三十一，凡五蚀。于定则有五年、十二、十五，凡三蚀。下至哀十四之蚀，而《春秋》尽，总九蚀也。董之占惟哀十四无占，总八占也。

陈火 《左传》昭公九年：夏四月，陈灾。郑裨灶曰：五年，陈将复封。封五十二年而遂亡。陈，水属也。火，水妃也，而楚所相也。今火出而火陈，逐楚而建陈也。妃以五成，故曰五年。岁五及鹑火，而后陈卒亡，楚克有之。天之道也。故曰五十二年。杜预《经·注》：天火曰灾。陈既为楚县，而书陈灾者，犹晋之梁山、沙麓崩，不书晋灾，系于所灾，故以所在为名。

招杀偃师 《左传》昭公八年《经》：陈侯之弟招杀陈世子偃师。《传》：陈哀公元妃郑姬生悼太子偃师，二妃生公子留。二妃嬖，留有宠，属诸司徒招。哀公有废疾，招杀偃师而立留。哀公缢。干征师赴于楚。楚灭陈。按：灭陈事见上。

暗 惑

夫人识有不烛，神有不明，则真伪莫分，邪正靡别。昔人有以发绕炙，误其国君者，有置毒于胙，诬其太子者。夫发经炎炭，必致焚灼，毒味经时，无复杀害。而行之者伪成其事，受之者信以为然。故使见咎一时，取怨千载。夫史传叙事，亦多如此。其有道理难凭，欺诬可见，如古来学者，莫觉是非，盖往往有焉。今聊举一二，加以驳难，列之如左。

《史记》本纪曰：瞽叟使舜穿井，为匿空旁出。（眉批：观"为匿空""为"字，似别穿一穴，伏匿于旁而出，不言神怪也。子玄此论似固，然其言则甚伟。）瞽叟与象共下土实井。瞽叟、象喜，以舜为已死。象乃止舜宫。

难曰：夫杳冥不测，变化无恒，兵革所不能伤，网罗所不能制，若左慈易质为羊，刘根窬形入壁是也。时无可移，祸有必至，虽大圣所不能免，若姬伯拘于羑里，孔父厄于陈、蔡是也。然俗之愚者，皆谓彼幻化，是为圣人。岂知圣人智周万物，才兼百行，若斯而已，与夫方内之士，有何异哉！如《史记》云重华入于井中，匿空出去。此则其意以舜是左慈、刘根之类，非姬伯、孔父之徒。苟识事如斯，难以语夫圣道矣。且案：太史公云：黄帝、尧、舜轶事，时时见于他说，余择其言尤雅者，著为本纪书首。若如向之所述，岂可谓之雅邪？

又《史记·田敬仲世家》曰：田常成子以大斗出贷，以小斗收。齐人歌之曰："妪乎采芑，归乎田成子。"

难曰：夫人既从物故，然后加以易名。田常见存，而遽呼以谥，此之不实，明然可知。又案：《左氏传》，石碏曰："陈桓公方有宠于王。"《史记》，家令说太上皇曰："高祖虽子，人主也。"诸如此说，其例皆同。然而事由过误，易为笔削。若《田氏世家》之论成子也，乃结以韵语，纂成歌词，欲加刊正，无可厘革。故独举其失，以为标冠云。

又《史记·仲尼弟子列传》曰：孔子既殁，有若状似孔子，弟子相与共立为师，师之如夫子。他日，弟子进问曰："昔夫子当行，使弟子持雨具，已而果雨。""商瞿年长无子，母为取室。孔子曰：'瞿年四十后，当有五丈夫子。'已而果然。敢问夫子何以知此？"有若嘿然无应。弟子起曰："有子避，此非子之坐也！"

难曰：孔门弟子七十二人，柴愚参鲁，宰言游学，师、商可方，回、赐非类。此并圣人品藻，优劣已详，门徒商榷，臧否又定。如有若者，名不隶于四科，誉无偕于十哲。逮尼父既殁，方取为师。以不答所问，始令避坐。同称达者，何见事之晚乎？且退老西河，取疑夫子，犹使丧明致罚，投杖谢愆。何肯公然自欺，诈相策奉？此乃童儿相戏，非复长老所为。观孟轲著书，首陈此说；马迁裁史，仍习其言。得自委巷，曾无先觉，悲夫！

又《史记》《汉书》皆曰：上自雒阳南宫，从复道望见诸将往往相与坐沙中语。上曰："此何语？"留侯曰："陛下所封，皆故人亲爱，所诛皆平生仇忌。此属畏诛,故相聚谋反尔。"上乃忧曰:"为之奈何?"留侯曰:"上平生所憎,谁最甚者?"上曰:"雍齿。"留侯曰:"今先封雍齿,以示群臣。群臣见雍齿封,则人人自坚矣。"于是上置酒,封雍齿为侯。

难曰:夫公家之事,知无不为,见无礼于君,如鹰鹯之逐鸟雀。案:子房之少也,倾家结客,为韩报仇。此则忠义素彰,名节甚著。其事汉也,何为属群小聚谋,将犯其君,遂嘿然杜口,俟问方对?倘若高祖不问,竟欲无言者邪?(眉批:此驳无答。)且将而必诛,罪在不测。如诸将屯聚,图为祸乱,密言台上,犹惧觉知;群议沙中,何无避忌?为国之道,必不如斯。(眉批:明允之论。)然则张良虑反侧不安,雍齿以嫌疑受爵,盖当时实有其事也。如复道之望、坐沙而语,是说者敷演,妄溢其端耳。

又《东观汉记》曰:赤眉降后,积甲与熊耳山齐云云。

难曰:案:盆子既亡,弃甲诚众。必与山比峻,则未之有也。昔《大誓》云:"前徒倒戈","血流漂杵"。孔安国曰:盖言之甚也。如"积甲与熊耳山齐"者,抑亦"血流漂杵"之徒欤?

又《魏志·注》:《语林》曰:匈奴遣使人来朝,太祖令崔琰在座,而己握刀侍立。既而,使人问匈奴使者曰:"曹公何如?"对曰:"曹公美则美矣,而侍立者非人臣之相。"太祖乃追杀使者云云。

难曰:昔孟阳卧床,诈称"齐后";纪信乘蠡,矫号"汉王"。或主遘屯蒙,或朝罹兵革。故权以取济,事非获已。如崔琰本无此急,何得以臣代君者哉?且凡称人君,皆慎其举措,况魏武经纶霸业,南面受朝,而使臣居君座,君处臣位,将何以使万国具瞻,百寮金瞩也!又汉代之于匈奴,其为绥抚勤矣。虽复赂以金帛,给以亲姻,犹恐虺毒不悛,狼心易扰。如辄杀其使者,不显罪名,复何以怀四夷于外蕃,建五利于中国?且曹公必以所为过失,惧招物议,故诛彼行人,将以杜兹谤口,而言同纶綍,声遍寰区,欲盖而彰,止益其辱。虽愚暗之主,犹所不为,况英略之君,岂其若是?夫刍荛鄙说,闾巷谰言,凡如此书,通无击难。而裴引《语林》斯事,编入《魏史·注》中,持彼虚词,乱兹实录。盖曹公多诈,好立诡谋,流俗相欺,遂为此说。故特申掎摭,辩其疑误者焉。

又魏世诸小书,皆云文鸯侍讲,殿瓦皆飞云云。

难曰:案:《汉书》云:项王叱咤,慑伏千人。然则呼声之极大者,不过使人披靡而已。寻文鸯武勇,远惭项籍,况侍君侧,固当屏气徐言,安能檐瓦皆飞,有逾武安鸣鼓!且瓦既飘陨,则人必震惊,而魏帝与其群臣,焉得岿然无害也?

又《晋阳秋》曰:胡质为荆州刺史,子威自京都省之,见父十余日,告归。质赐绢一匹,为路粮。威曰:"大人清高,不审于何得此绢?"质曰:"是吾俸禄之余。"

难曰:古人谓方牧为二千石者,以其禄有二千石故也。名以定体,贵实甚焉。设使廉如伯夷,介若黔敖,苟居此职,终不患于贫馁者。如胡威之别其父也,一缣之财,犹且发问,则千石之俸,其费安施?料以牙筹,推以食箸,察其厚薄,知不然矣。(眉批:此自深文。然天下实有此一种人。)或曰观诸史所载,兹流非一。必以多为证,则足可无疑。然人自有身安弊缊,口甘粗粝,而多藏镪帛,无所散用者。故公孙弘位至三公,而卧布被,食脱粟饭。汲黯所谓齐人多诈者是也。安知胡威之徒,其俭亦皆如此,而史臣不详厥理,直谓清白当然,缪矣哉!

又《新晋书·阮籍传》曰:籍至孝。母终,正与人围棋。对者求止,籍留与决。既而饮酒二斗,举声一号,吐血数升。及葬,食一蒸独,饮二斗酒。然后临穴,直言"穷矣!"举声一号,因复吐血数斗。毁瘠骨立,殆致灭性。

难曰:夫人才虽下愚,识虽不肖,始亡天属,必致其哀。但有苴绖未几,悲荒遽辍,如谓本无戚容,则未之有也。况嗣宗当圣善将殁,闵凶所钟,合门惶恐,举族悲咤。居里巷者,犹停舂相之音;在邻伍者,尚申匍匐之救。而为其子者,方对局求决,举杯酣畅。但当此际,曾无感恻,则心同木石,志如枭獍者,安有既临泉穴,始知摧恸者乎?求诸人情,事必不尔。又孝子之丧亲也,朝夕孺慕,盐酪不尝,斯可至于癯瘠矣。如甘旨在念,则筋肉内宽;醉饱自得,则饥肤外博。况乎溺情狁酒,不改平素,虽复时一呕恸,岂能柴毁骨立乎?(眉批:持论公允,切中事情。)盖彼阮生者,不修名教,居丧过失,而说者遂言其无礼如彼。又以其志操本异,才识甚高,而谈者遂言其至性如此。惟毁及誉,皆无取焉。

又《新晋书·王祥传》曰:祥汉末遭乱,扶母携弟览,避地庐江,隐居三十余年,不应州郡之命。母终,徐州刺史吕虔檄为别驾,年垂耳顺,览劝之,乃应召。于时,寇贼充斥,祥率励兵士,频讨破之。时人歌曰:"海沂之康,实赖王祥。"年八十五,太始五年薨。

难曰:祥为徐州别驾,寇盗充斥,固是汉建安中徐州未清时事耳。有魏受命,凡四十五年,上去徐州寇贼充斥,下至晋太始五年,当六十年已上矣。祥于建安中年垂耳顺,更加六十载,至晋太始五年薨,则当年一百二十岁矣。而史云年八十五薨者,何也?如必以终时实年八十五,则为徐州别驾,止可年二十五六矣。其未从官已前,安得复有三十余年乎?必谓祥为别驾在建安后,则徐州清晏,何得云"于时,寇贼充斥,祥率励兵士,频讨破之"乎?求其前后,无一符会也。

凡所驳难,具列如右。良由作者情多忽略,识惟愚滞。或采彼流言,不加铨择;或传诸缪说,即从编次。用使真伪混淆,是非参错。语曰:信书不如无书。盖为此也。夫书彼竹帛,事非容易,凡为国史,可不慎诸!

发绕炙 王《训故》:《韩非子》:文公之时,宰臣上炙而发绕之,文公召宰夫而谯之。宰夫顿首再拜曰:奉炽炉炭,火尽赤红,炙熟而发不焦,臣之罪也。堂下得微有嫉臣者乎!公乃召堂下而谯之,果然。

毒胙 《左传》僖公四年:晋太子申生祭于曲沃,归胙于公。公田,置之宫。六日,公至。毒而献之。公祭之地,地坟;与犬,犬毙;与小臣,小臣亦毙。姬泣曰:贼由太子!杜《注》:毒酒经宿辄败,而经六日,明公之惑。

匿空旁出 《史记·虞本纪》注:《正义》曰:言舜潜匿穿空,旁从他井而出也。《括地志》云:舜井在妫州怀戎县西外城,其西又有一井。《耆旧传》云:并舜井也,舜自中出。按:此等皆出傅会。

左慈易质　见《采撰》篇。

刘根窜形　《后汉书·方术传》：刘根隐嵩山，诸好事者就根学道。太守史祈以根为妖妄，收执诣郡。根曰：实无它异，颇能令人见鬼。祈曰：促召之。根于是左顾而啸，有顷，祈之亡父祖近亲皆返缚，向根叩头，曰：小儿无状。祈惊惧悲哀，顿首流血。根嘿而不应。忽然俱去，不知在所。

田常成子　《史记·田齐世家》：陈敬仲之如齐，以陈氏为田氏。五世孙田釐子乞事齐景公，其收赋税于民，以小斗受之，予民以大斗。由是田氏得齐众心，宗族益强。乞卒，子常代立，是为田成子。齐简公立，田常修釐子之政，齐人歌之云云。常卒，谥为成子。按：《史》缀后句，尤露破绽。

陈桓有宠　语见《左传》隐公四年。

高祖虽子　语见《史记·高祖纪》。

西河取疑　《檀弓》：子夏丧其子而丧其明。曾子吊之曰：吾与女事夫子于洙、泗之间，退而老于西河之上，使西河之民疑女于夫子，尔何无罪与？子夏投其杖而拜曰：吾过矣，吾过矣！郑《注》：言有师而不称师也。《疏》：使西河疑与夫子相似，皇氏言疑子夏是夫子之身，非也。

雍齿　《史记·留侯世家》：雍齿与我故，数尝辱我，我欲杀之，为功多，故不忍。又：封为什方侯，《注》：《括地志》云益州什邡县。

知无不为　《左传》僖公九年：晋荀息曰：公家之事，知无不为，忠也。

鹰鹯之逐　《左传》文公十八年：季文子出莒仆之语。

将而必诛　《公羊传》庄公三十二年：公子牙今将尔，辞曷为与亲弑者同？君亲无将，将而诛焉。

赤眉盆子　《后汉书》：刘盆子者，太山式人，城阳景王章之后。琅邪人樊崇起兵于莒，王莽遣廉丹、王匡击之。崇恐其众与莽兵乱，乃皆朱其眉相识别，由是号曰"赤眉"。赤眉将兵西求刘氏，共尊立之，遂立盆子为帝，自号建始元年。入长安城，更始来降。赤眉贪财物，出大掠。时三辅饥，引而东归。光武要其还路，赤眉惊震，乞降，曰：盆子将百万众降，陛下何以待之？帝曰：待女以不死耳。樊崇乃将盆子肉袒降。积兵甲宜阳城西，与熊耳山齐。

崔季珪 《魏志·崔琰传》：琰，字季珪，清河人。为东西曹掾属，迁中尉。声姿高畅，眉目疏朗，须长四尺，甚有威重。朝士瞻望，而太祖亦敬惮焉。按：《语林》事，亦见《世说·容止》篇。魏武将见匈奴使，自以形陋，使崔季珪代，帝自捉刀立床头云云。匈奴使曰：床头捉刀人，乃英雄也。

孟阳卧床 《左传》庄公八年：齐侯田于贝丘，坠车，反。徒人费遇贼于门，先入，伏公而出斗，死于门中。遂入，杀孟阳于床，曰：非君也，不类。

纪信乘纛 《史记·项羽本纪》：汉王食乏，夜出女子荥阳东门。楚兵四面击之，纪信乘黄屋车，傅左纛曰：汉王降。楚皆呼"万岁"。汉王与数十骑从西门出。项王见纪信，问：汉王安在？信曰：已出矣。项王烧杀纪信。

文鸯 按：文鸯有二：一在魏高贵乡公时，即文钦子；一在西晋末，辽西鲜卑段务勿尘子，匹䃅弟也。文乃指魏时者。《通鉴》：高贵正元二年，鸯夜袭司马师营。甘露三年，降于司马昭。《晋书·景帝纪》：鸯勇冠三军。景帝目有瘤，割之。鸯来攻，惊而目出，即其人也。小书侍讲事，无考。

武安鸣鼓 《史记·廉蔺传》：秦伐韩，军于阏与。王令赵奢将，救之，兵去邯郸三十里。秦军军武安西，鼓噪勒兵，武安屋瓦尽振。

胡质并子威 《晋书·良吏传》：胡威，字伯武。父质，以忠清著称。仕魏至征东将军、荆州刺史。威早厉志尚。质之为荆州也云云，与《晋阳秋》略同。威历徐州刺史，入朝，武帝语平生，曰：卿孰与父清？对曰：臣父清，恐人知；臣清，恐人不知。是臣不及远也。

介若黔敖 《檀弓》：齐大饥，黔敖为食于路。有饿者贸贸然来，黔敖曰：嗟！来食！曰：予惟不食嗟来之食，以至于斯也。按：介当属饿者，文似误。恐当作"黔娄"。《法言·重黎》篇：或问贤，曰：颜渊、黔娄。皇甫谧《高士传》：黔娄死，妻以"康"为谥。曾子曰：先生食不充肤，衣不盖形，何乐而为康？妻曰：昔君尝赐粟三千钟，先生辞不受，甘天下之淡味，求仁而得仁，谥为"康"不亦宜乎？亦见《列女传》。

史载非一 原注引张、吴二事。按：《后汉书·张堪传》：堪在蜀，公孙述破，珍宝足富十世，而堪去职之日，乘折辕车，布被囊而已。《晋书·良吏传》：吴隐之将嫁女，谢石知其贫素，令助厨帐。使至，方见婢牵犬卖之，此外萧然无办。

布被、脱粟 《汉书·公孙弘传》：汲黯曰：弘位三公，奉禄甚多，然为布被，此诈也。又：弘身食一肉，脱粟饭。《西京杂记》：弘故人高贺告人曰：公孙内服貂蝉，外衣麻枲，内厨五鼎，外膳一肴。岂可示天下！于是朝廷疑其矫焉。弘闻之，叹曰：宁逢恶宾，勿逢故人。

阮籍 见《史官》篇。按：《晋书·阮籍传》："殆致灭性"之下云：裴楷往吊之，籍散发箕踞，醉而直视。楷吊唁毕便去。或问曰：籍既不哭，君何为礼？楷曰：阮籍方外之士，我俗中之人。时人叹为两得。愚谓：此一段语，乖诞尤甚。

舂相 《檀弓》：邻有丧，舂不相。《史记·商君传》：赵良曰：五羖大夫死，秦国男女流涕，童子不歌谣，舂者不相杵。

王祥 《晋书·王祥传》：祥，字休徵，琅琊临沂人。继母朱氏不慈，每使扫除牛下，祥愈恭敬。母尝欲生鱼，冰冻忽解，双鲤跃出。母又思黄雀炙，黄雀数十入其幕。乡里称为孝感焉。汉末遭乱云云。

沂除寇贼 建安初年，则有吕布、袁术之乱，是在魏之初起。至高贵乡公时，则有毌丘俭、文钦、诸葛诞等据淮阳檄讨司马氏事，是在魏之末造。按：《祥传》为徐州别驾，在吕、袁等事后。从讨毌丘俭，是为司隶校尉时，非为别驾时。

忤　时

孝和皇帝时，韦、武弄权，母媪（眉批：确是"媪"字，用《史记》文也。子玄，唐之臣子，决不敢用赵王母事。一本作"娼"，非。）预政。士有附丽之者，起家而绾朱紫，予以无所傅会，取摈当时。会天子还京师，朝廷愿从者众。予求番次在大驾后发日，因逗留不去，守司东都。杜门却扫，凡经三载。或有谮予躬为史臣，不书国事，而取乐丘园，私自著述者。由是驿召至京，令专执史笔。于时小人道长，纲纪曰坏,仕于其间,忽忽不乐,遂与监修国史萧至忠等诸官书求退,曰:仆幼闻《诗》《礼》,长涉艺文,至于史传之言,尤所耽悦。(眉批:"仆幼闻《诗》《礼》"云云,即接"求退"句,不应令节。)寻夫左史、右史,是曰《春秋》《尚书》;素王、素臣,斯称微婉志晦。两京、三国,班、谢、陈、习阐其谟;中朝、江左,王、陆、干、孙纪其历。刘、石僭号,方策委于和、张;宋、齐应箓,惇史归于萧、沈。亦有汲冢古篆,禹穴残编。孟坚所亡,葛洪刊其《杂记》;休文所缺,荀绰裁其《拾遗》。凡此诸家,其流盖广。莫不赜彼泉薮,寻其枝叶,原始要终,备知之矣。

若乃刘峻作传,自述长于论才;范晔为书,盛言矜其赞体。斯又当仁不让,庶几前哲者焉。然自策名仕伍,待罪朝列,三为史臣,再入东观,竟不能勒成国典,贻彼后来者,何哉?静言思之,其不可有五故也。

何者?古之国史,皆出自一家。如鲁、汉之丘明、子长,晋、齐之董狐、南史,咸能立言不朽,藏诸名山。未闻借以众功,方云绝笔。唯后汉东观,大集群儒,著述无主,条章靡立。由是伯度讥其不实,公理以为可焚。张、蔡二子,纠之于当代;傅、范两家,嗤之于后叶。今者史司取士,有倍东京。人自以为荀、袁,家自称为政、骏。每欲记一事,载一言,皆阁笔相视,含毫不断。故头白可期,而汗青无日。其不可一也。

前汉郡国计书,先上太史,副上丞相。后汉公卿所撰,始集公府,乃上兰台。由是史官所修,载事为博。爰自近古,此道不行。史官编录,唯自询采,而左、右二史,阙注起居,衣冠百家,罕通行状。求风俗于州郡,视听不该;讨沿革于台阁,簿籍难见。虽使尼父再出,犹且成于管窥;况仆限以中才,安能遂其博物!其不可二也。

昔董狐之书法也,以示于朝;南史之书弑也,执简以往。而近代史局,皆通籍禁门,深居九重,欲人不见。寻其义者,盖由杜彼颜面,防诸请谒故也。然今馆中作者,多士如林,皆愿长喙,无闻齰舌。傥有五始初成,一字加贬,言未绝口而朝野具知,笔未栖毫而搢绅咸诵。夫孙盛实录,取嫉权门;王劭直书,见仇贵族。人之情也,能无畏乎?其不可三也。

古者刊定一史,纂成一家,体统各殊,指归咸别。夫《尚书》之教也,以疏通知远为主;《春秋》之义也,以惩恶劝善为先。《史记》则退处士而进奸雄,《汉书》则抑忠臣而饰主阙。斯并曩时得失之列,良史是非之准,作者言之详矣。顷史官注记,多取禀监修,杨令公则云"必须直词",宗尚书则云"宜多隐恶"。十羊九牧,其令难行;一国三公,适从何在?其不可四也。

窃以史置监修,虽古无式,寻其名号,可得而言。夫言监者,盖总领之义耳。如创纪编年,则年有断限;草传叙事,则事有丰约。或可略而不略,或应书而不书,此刊削之务也。属词比事,劳逸宜均,挥铅奋墨,勤惰须等。某帙某篇,付之此职;某传某志,归之彼官。此铨配之理也。斯并宜明立科条,审定区域。倪人思自勉,则书可立成。今监之者既不指授,修之者又无遵奉,用使争学苟且,务相推避,坐变炎凉,徒延岁月。其不可五也。

凡此不可,其流实多,一言以蔽,三隅自反。而时谈物议,安得笑仆编次无闻者哉!比者伏见明公,每汲汲于劝诱,勤勤于课责,或云:"坟籍事重,努力用心。"或云:"岁序已淹,何时辍手?"切以纲维不举,而督课徒勤,虽威以刺骨之刑,勖以悬金之赏,终不可得也。语曰:"陈力就列,不能者止。"所以比者布怀知己,历抵群公,屡辞载笔之官,愿罢记言之职者,正为此尔。

当今朝号得人,国称多士。蓬山之下,良直差肩;芸阁之中,英奇接武。仆既功亏刻鹄,笔未获麟,徒殚太官之膳,虚索长安之米。乞已本职,还其旧居,多谢简书,请避贤路。唯明公足下,哀而许之。

至忠得书大惭,无以酬答。又惜其才,不许解史任。而宗楚客、崔湜、郑愔等,皆恶闻其短,共仇嫉之。俄而萧、宗等相次伏诛,然后获免于难。

萧至忠　《唐书·萧至忠传》:至忠同中书门下平章事,以韦后党出。太平公主用事,附纳丐还,复为中书令。主谋逆,至忠遁入南山,捕诛之。至忠外方直而内无守,因武三思得中丞,附安乐主为宰相。《旧唐书》:代韦巨源为侍中,仍依旧修史。按:《巨源传》云:至忠仍旧监修国史。则此云修史,即谓监修也。

素王、素臣 《家语》：齐太史子余叹美孔子曰：天其素王之乎！按：又见《庄子》董子《对策》，贾、郑《序》《论》。又杜预《左传序》：说者谓仲尼自卫反鲁，修《春秋》，立素王，丘明为素臣。答曰：异乎余所闻。子路欲使门人为臣，孔子以为欺天。而云仲尼素王、丘明素臣，非通论也。

葛洪《杂记》 《晋书·葛洪传》：洪著述不辍，抄《五经》、《史》、《汉》、百家之言，力校杂事三百一十卷。

荀绰《拾遗》 按：《隋书·经籍志》：《宋拾遗》十卷，梁少府谢绰撰。《书事》篇亦云"谢拾沈遗"。此处作"荀绰"，误。

东观群儒 详《汉书》家及《正史》篇。

伯度讥其不实 《华阳国志》：李法，字伯度。桓帝时，为侍中。数表宦官太盛，椒房太重，史官记事，无实录之才，虚相褒述，必为后笑。

公理以为可焚 《后汉书·仲长统传》：统，字公理。博涉书记，每论说古今及时俗行事，恒发愤叹息。著论名《昌言》，凡三十四篇。又作诗见志曰：百家杂碎，请用从火。

王劭见仇 《困学纪闻》：《文粹》云：王韶直书，见仇贵族。宋王韶之为晋史，叙王珣货殖，王廞作乱。珣子宏、廞子华皆贵，韶之惧为所陷，深附结徐、傅等。当从《文粹》。按：《旧唐书》亦作王韶。然观《史通》于《叙事》《曲笔》等篇，及《杂说》中北齐、隋史等节，累累言王劭直书犯时忌，从本文作"劭"，亦合。

杨令公 《唐书·杨再思传》：再思为人佞而智。张昌宗坐事，武后问：昌宗于国有功乎？再思言：昌宗为陛下治丹，饵而愈，此为有功。戴令言赋《两脚狐》讥之。中宗立，拜中书令，监修国史。

宗尚书 《唐书·宗楚客传》：楚客，字叔敖。武后从姊子，同凤阁鸾台平章事。韦后、安乐公主亲信之，与纪处讷为党，世号"宗、纪"。韦氏败，诛。楚客冒于权利，尝讽陈延禧陈符命以媚帝，曰：陛下承母禅，周、唐一统。知幾本传：楚客亦领监修。

删正帝京景物略

〔明〕刘侗
〔明〕于奕正　修
〔清〕纪昀　删正

编校说明

纪氏《删正帝京景物略》以清乾隆年间刻本为底本,今以古典文学出版社1957年版为底本。

原　叙

都，应垣也。燕之应极，垣有三焉，极一而已矣。日东出，躔十有二。极北居，指十有二，以柄天下之魁杓。天险设于坎，地势厚于坤，皇建而人民会归于极，有进矣。帝北宅南向，威夷福夏，玉食航焉。盖用西北之劲，制东南之饶；亦用东南之饶，制西北之劲。饶劲各驭，势长在我。若欲饶其所劲，劲其所饶，则不识先皇之远算矣。又进矣，燕云割而中华蹙，岭可界也，界之；河可界也，界之；江可界也，界之。岂无远猷，川邅阻修，科堕从枝，弓挠于觖尔。中宅天下，不若虎视天下；虎视天下，不若挈天下为瓶，而身抵其口。雒不如关，关不如蓟，守雒以天下，守关以关，守天下必以蓟。文皇帝得天子自守边之略，于厥初封，都燕陵燕，前万世未破斯荒，后万世无穷斯利，捶勒九边，橐箧四海，岂偶哉！三百年来，率土臣民，罔不辐辏，红尘白日，无有闲人。日指所及，风高沙飞，土刚水硙，幽岩胜迹，非所经心，辄有小警，而怀都意轻矣。夫都燕，天人所合发也。阴阳异特，眷顾维宅，吾知之以天。流泉膴原，士烝民止，吾知之以人。此《帝京景物略》所为著也。致中原之山势，江北主，江南宾。古圣先王，笃生必于江北。江北之山，归结泗凤，蒂从山后，奥区莫过之。本同末异者，山也；本异末同者，水也。天下之水，东趋沧海，沧海所涯，号称天津，故山水之攸结，莫并我帝京者也。于焉神人萃，物爽冯，成周鼓文，汉代瑞像，胫翼谓何，气先符应。他若潭云塔影，龙螺洞光，木石幻气精，熙游盛今古，虽留更仆，未可悉数已。

侗北学而燕游者五年。侗之友于奕正，燕人也，二十年燕山水间，各不敢私所见闻，彰厥高深，用告同轨。奕正职搜讨，侗职摘词。事有不典不经，侗不敢笔；辞有不达，奕正未尝辄许也。所未经过者，分往而必实之，出门各向，归相报也。所采古今诗歌，以雅、以南、以颂，舍是无取焉，侗之友周损职之。三人挥汗属草，研冰而成书。其卷八，其目百三十有奇。

崇祯八年乙亥冬至后二日，麻城刘侗撰

序

游名山者耐曲径，不曲不幽，不幽不奇；不耐则山之佳处不见，然使枯朽槎枒，翳塞耳目，则山之佳处亦不见，是在所必芟夷矣。明之末年，士风佻，伪体作，竟陵、公安，以诡俊纤巧之词，递相唱导。刘同人者，楚产也，故宗楚风。于司直棅与同人游，故其习亦变而楚。所作《帝京景物略》八卷，其胚胎，则《世说新语》《水经注》；其门径，则出入竟陵、公安；其序致冷隽，亦时复可观。盖竟陵、公安之文，虽无当于古作者，而小品点缀，则其所宜。寸有所长，不容没也。独恨其每篇之后，必赘题咏数十章。司直自称，得诸本集者十有七，碑刻十有一，钞传十有五，秘笥十有二。初得五千有奇，经周损者删汰之，尚一千有奇，其用力亦勤矣。而所录诸作，古人不免疏舛，如刘中山《蜀先主庙》诗，改为《过先主故宅》诗，并改诗中"蜀故伎"为"燕故伎"，以就楼桑村之类。明代尤为猥杂，非邑志而有邑志习，非诗社而有诗社习，自秽其书，阅之使人格格不快。长夏无事，悉割取摧烧之，独留正文一百三十余篇。用纸粘缀，葺为二册。秽杂既除，神志开朗，逐处延赏，颇足留连，是亦芟夷翳塞之道矣。他时傥有余赀，以此本刻之，或以廓清为删者功，未可知也。或此本竟渐行，原本竟隐，使人知有诗而不得见，以庸妄为删者诟，亦未可知也。然使人不见其诗，以庸妄为删者诟，则删者之有功于二君也更大矣。

乾隆丙戌六月十七日，河间纪昀书

略　例

　　至尊内苑，非外臣见闻传闻所得梗概。四坛诸陵，臣庶瞻望焉，罔敢至止，今略。所记帝京景物，厥惟游趾攸经，坐谭攸析者。苍莽朝曛攸至也，近百里而瞻言之；丰碑孤冢攸存也，远千年而凭吊之。粤有僻刹荒荒，家园琐琐，游莫至，至莫传矣，略之。

　　长安，都秦称也，都燕，非所称也。战国曰"燕"，金曰"燕京"，元曰"大都"，我明而袭古称，奚可哉？我明曰顺天，迄八府而一称之，曰"北京"。对南京而二称之。今约略古甸服内也，称曰"帝京"。

　　纪载有体尔，草则有疏，射则有策。今帝京名篇，而所记山水、园林、刹宇也。若指画经济，娓娓不休，谓其言有伦脊乎？编中如大学之典则，首善书院之讲学，三忠祠之运漕，卢沟桥之河道，嵇山馆之沼习，偶谭及之，用志欣慨，盖不尽不详焉。

　　翼《顺天府志》而传者，《燕史》咸伯坚。《宛署杂记》沈榜。《长安客话》蒋仲舒。《长安可游记》宋启明。等，或杂失伦，或讹，或漏，或漫，或俚。兹编人征其始末，事核其有无，博采约修，一新旧观。

　　疑乃传疑，信乃传信，必也。成书有据，碑版今存，虽故老称说，尚憖置焉。况乎东野齐谐，敢为怪邮哉？然而多僻多异，其钟孕洋溢弘远矣。

　　地从石晋割后，不隶中土六百余年，而辽、金、元递都之，故奇迹异闻，事多三史。编中为表旧事，不尽删削。

山之名，水之名，寺院家园之名，书土人所习呼，便游者询问也。城九门有赐名，而土人或仍旧呼，则非王制。今悉遵门额，不曰"海岱""顺城"。惟述金、元时语，则仍其称。

西山巨刹，创者半中珰。金碧鳞鳞，区过六百，编所列梵宫，间存创者姓氏，志滥也。晏公一祠，学圣尊儒，大书特书之。

书纪帝京，庙号祖讳，森然维列。故先辈巨公，或称名而冠以官，或称名而冠以籍。僧道隐逸，名不可稽也，俗称之。

昔称古人碑碣，山川眉目。兹地汉、唐、宋碑，存者一二，余所骈列，辽、金、元物也，文字荒芜，仅志岁月，但存碑目，不录原文。

是编著作在叙记间，篇有幅，幅有其首尾，或体致弗合，则亦舍弃旧闻。如报国寺，述游所属目，以成其篇，而他碑记，即不可阑入。按记，英宗周后弟吉祥，幼祝发，昼游市陌，夜宿报国寺伽蓝殿中。英宗忽夜梦伽蓝神来告，后弟今在某所，后梦亦同，即日求得之。然吉祥愿为僧，不可强。乃改"报国寺"曰"大慈仁寺"。今西之伽蓝殿，梦所告处也。

编所主者，地也。如汉前将军，玉泉解池，著异甚众，而述止北征一事，事在燕市也。他若文山鄱湖之助战，忠肃武林之兆梦，事不在燕，一无旁及。

闾里习俗，风气关之，语俚事琐，必备必详。盖今昔殊异，日渐淳浇，采风者深思焉。春场附以岁时，弘仁桥附以酬香，高粱桥附以熙游，胡家村附以虫嬉。

名公游纪，为光山泽，要其命笔，则一日偶然之玄对。岁月先后，致人人殊，虽甚鸿篇，不仍不载。

关庙、狄祠等，不录本传，以国史炳然，无烦具述。他惟事隐轶、论淆讹者，务表章而辩白之。

园林寺院，有名称著而骈列以地，如净业寺、莲花庵之附水关，李园、米园之附海淀者。有名称隐而特标著之，如水关之太师圃、卧佛之水尽头者。有昔著今废，犹为指称焉，如高粱桥之极乐寺、玉泉山之功德寺者。

梵宇,亟称十刹海也;园馆,亟称太师圃也;山林薮泽,亟称滴水岩、云水洞也。人工崇饰,非所贵。

奕正,燕人也,好游,而游详于燕。刘子,楚客也,好游,而燕中游者五年。是编,奕正摭事,疑者罔滥,信者罔遗;刘子属辞,怪匪撰空,夸匪溢实。

成斯编也良苦。景一未详,裹粮宿舂;事一未详,发箧细括;语一未详,逢襟捉问;字一未详,动色执争。历春徂冬,铢铢缣缣而帙成。

山川记止夷陵,刹宇记止盛衰,令节记止嬉游,园林记止木石,比事属辞,不置一褒,不置一讥。习其读者,不必其知之,言外得之。

志山水古欤,得《水经注》焉。志梵刹古欤,得《洛阳伽蓝记》焉。志熙游古欤,得《武林旧事》焉。杨、周怀音瞻道,其苦也易工;郦子轮周方域,其博也易奥。是编,盛明拜手之扬言,畿郊千里之观听也。枯菀致异,广狭量殊,难矣,难矣。且其布体瞅词,不更蹑向人一步。

周二京,汉两都,非其盛也。我朝两京峙建,方初方盛,犹欤胜矣。《帝京》编成,适与刘子薄游白下,朝游夕述,不揆固陋,将续著《南京景物略》,已属草矣,博物吾友,尚其助予。

景物而追昔游,征后至,则附以诗。编所得诗,五千有奇。本集十有七,碑刻十有一,钞传十有五,秘笥十有二。奕正与刘子未暇选定,以属周子损。逸四千篇,存千篇有奇。其征诗未至者,俟之。

前记志者,陈诗不备,采诗无择焉。天宁寺之在中州,朝天宫之在金陵,秘魔岩之在五台,文山祠之在江右,忠肃祠之在武林,景异物殊,悉从删汰。

诗因时以次,例也。有因地者,先海淀,而李园,而米园。先瓮山,而耶律墓,而圆静寺。三忠祠,先祠,而通惠河。报国寺,先松,而像,而阁。各有类凡,取便阅者。

燕土著,无论已。流寓,远者数世;客久者数十年,读斯编也,耳目一惊,未也。吾耳及矣,趾未及,吾阙焉。趾及而事理疑,吾阙焉。若夫非吾阙之,而选胜选事,寡闻又多矣。以语周子,周子曰:"未也。先辈之题其地也,匪石不传也。其集也,匪木不传也。传矣,而吾目周之,十有二耳。"以语刘子,刘子曰:"吾续之,吾续之,吾恶知后且续者之不倍今兹乎。"

宛平于奕正述

卷之一

城北内外

太学石鼓

都城东北艮隅，瞻其坊曰"崇教"，步其街曰"成贤"，国子监在焉。国初本北平府学，永乐二年改国子监。左庙右学，规制大备。彝伦堂之松，元许衡手植也，《查浦辑闻》曰：虞文靖谓许文正没后，国子监始立官府，刻印章。盖文正为祭酒时，尚在旧学，所谓王宣抚宅也。今国学彝伦堂前树，传是文正手植，恐未必然。庙门之石鼓，周宣王猎碣也。其质石，其形鼓，其高二尺，广径一尺有奇；其数十，其文籀，其辞诵天子之田。初潜陈仓野中，唐郑余庆取置凤翔之夫子庙，而亡其一。皇祐四年，向傅师得之民间，十数乃合。宋大观二年，自京兆移汴梁，初置辟雍，后"后"下当有一"徙"字。保和殿。嵌金其字阴，错错然。据复斋碑录，嵌金在移保和殿之前，金石史及王子充集并同。靖康二年，金人辇至燕，剔取其金，置鼓王宣抚家，复移大兴府学。元大德十一年，虞集为大都教授，得之泥草中，始移国学大成门内，左右列矣。石鼓，自秦汉无传者。《郡邑志》云："贞观中，吏部侍郎苏勉纪其事曰：'虞、褚、欧阳，共称古妙。'"盖显闻于唐初，自是表章代有已。唐自虞、褚、欧阳外，则有苏勗，苏勗，即苏勉，宋人讳"勗"，以"勗"为"勉"耳。一简之中，不应二名并见。应改"勉"字为"勗"字，而移此"苏勗"二字于"则有"之上，则顺矣。李嗣真、张怀瓘、窦臮、徐浩、杜甫、韦应物、韩愈；宋则有薛尚功、杨文昺、欧阳修、梅询、苏轼、黄庭坚、张师正、王顺伯、王应麟、赵明诚、郑樵；元则有杨桓、熊朋来、吾衍、潘迪、虞集、周伯温。而我朝杨修撰慎，以为鼓发闻已先，晋王羲之、唐章怀太子尝言之。言鼓者,表厥攸始也,言人人殊。谓周宣王之鼓,韩愈、张怀瓘、窦臮也;谓文王之鼓,至宣王刻诗焉,韦应物也;谓秦氏之文,宋郑樵也;谓宣王而疑之,欧阳修也;谓宣王而信之,赵明诚也;谓成王之鼓,程琳,《雍录》亦主成王之说,此程琳恐是程大昌,再考。董逌也;谓宇文周作者,马子卿也。鼓文今剥漫,而可计数其方,要当六百五十七言。先所存无考。在宋治平中,存字四百六十有五。此《集古录》所记。元至元中,存字三百八十有六。此潘恮山所音训。杨慎乃曰:"正德中存字仅三十余。据今拓本,则甲鼓字六十一,乙鼓字四十七,丙鼓字六十五,丁鼓字四十七,戊鼓字一十二,己鼓字四十一,庚鼓字八,壬鼓字三十八,癸鼓字六,共三百二十五字存。惟辛鼓字无存者。"嘉兴李尚宝日华又曰:"东坡有手钩石鼓文,篆籀全,音释备,远胜潘迪等所录,世有传者。"此据杨升庵伪托之说,朱竹垞辨之最详,见《日下旧闻》四十二。或曰:"勒石而鼓之何?"曰:前此矣,今衡阳县合江亭石鼓书院,有石鼓一焉。其大覆钟,其字禹篆,其文禹禋祀文也,盖三代之铭制:此程大昌《雍录》之说。文德于彝鼎,武功于钲鼓,征伐之勋,表于兵钺,田狩以阅武也。武王初集大统,因伐兽,陈天命,策命诸侯。故武成之记事也,以策;岐阳之记猎也,以鼓。

文丞相祠

今顺天府学,因宋文丞相义尽之柴市,祠丞相学宫中,曰"教忠坊"。丞相庐陵人,庐陵人祠丞相学宫外,曰"怀忠会馆"。教忠,长上志;怀忠,臣子志也。洪武九年,北平按察使司副使刘崧,始请建祠。永乐六年,太常寺博士刘履节奉命正祀典,始春秋祭于有司。祠二碑:一杨士奇,一罗伦。按公授命,至元壬午十二月初九日,风沙昼晦,宫中皆秉烛行;百官入,亦秉烛前导。世祖以问天师张,悔之,赠公特进金紫光禄大夫、赵弼《文信公传》"大夫"下有"开府仪同三司检校"八字。太保、中书平章政事、庐陵郡公,谥忠武。命王积翁书神主,洒埽柴市,设坛祀。丞相孛罗行初奠礼,旋风起,卷神主云中。云中雷哼哼如怨声,昼逾晦。乃改前宋少保右丞相、信国公,天乃霁。明日,欧阳夫人从东宫得令旨收公。江南十义士,舁柩藁都城小南门外五里道傍,志其处。大德三年,继子昇至都,顺城门内,见石桥织绫人妇,公旧婢绿荷也,为升语。刘牢子乃引到柩处,大小二僧塔。其大塔小石碑,刻"信公"二字。柩塔南石址焉。至元二十年,归葬庐陵。

水 关

京城外之西堤海淀,天涯水也;皇城内之太液池,天上水也。游则莫便水关。志有之,曰"积水潭",曰"海子"。盖志名,而游人不之名。游人诗有之,曰"北湖";盖诗人名,而土人不之名。土人曰"净业寺",曰"德胜桥",水一方耳。土人曰"莲花池",水一时耳。盖不该不备,不可以其名名。土人曰"水关",是水所从入城之关也。玉河桥水亦关矣,而人不之名,是水所从出城之关也。或原焉,其委焉者举之。水一道入关,而方广即三四里,其深矣,鱼之;其浅矣,莲之,菱芡之;即不莲且菱也,水则自蒲苇之,水之才也。北水多卤,而关以入者甘,水鸟乘集焉。沿水而刹者、墅者、亭者,因水也,水亦因之。梵各钟磬,亭墅各声歌,而致乃在遥见遥闻,隔水相赏。立净业寺门,目存水南。坐太师圃、晾马厂、镜园、莲花庵、刘茂才园,目存水北。东望之,方园也,宜夕。西望之,漫园、湜园、杨园、王园也。望西山,宜朝,深深之太平庵、虾菜亭、莲花社,远远之金刚寺、兴德寺,或辞众眺,或谢群游矣。岁初伏日,御马监内监,旗帜鼓吹,导御马数百,洗水次。岁盛夏,莲始华,晏赏尽园亭,虽莲香所不至,亦席,亦歌声。岁中元夜,盂兰会,寺寺僧集,放灯莲花中,谓灯花,谓花灯。酒人水嬉,缚烟火作凫、雁、龟、鱼,水火激射,至菱花焦叶。是夕,梵呗鼓铙,与宴歌弦管,沉沉昧旦。水秋稍闲,然芦苇天,菱芡岁,诗社交于水亭。冬水坚冻,一人挽木小兜,驱如衢,曰冰床。雪后,集十余床,垆分尊合,月在雪,雪在冰。西湖春,秦淮夏,洞庭秋,东南人自谢未曾有也。东岸有桥,曰"海子桥",曰"月桥",曰"三座桥"。桥南北之稻田,倍于关东南之水面。

定国公园

环北湖之园,定园始,故朴莫先定园者。实则有思致文理者为之。土垣不垩,土地不甃,堂不阁不亭,树不花不实,不配不行,是不亦文矣乎。园在德胜桥右。入门,古屋三楹,榜曰"太师圃"。自三字外,额无扁,柱无联,壁无诗片。西转而北,垂柳高槐,树不数枚,以岁久繁柯,阴遂满院。藕花一塘,隔岸数石,乱而卧,土墙生苔,如山脚到涧边,不记在人家圃。野塘北,又一堂临湖,芦苇侵庭除,为之短墙以拒之。左右各一室,室各二楹,荒荒如山斋。西过一台,湖于前,不可以不台也。老柳瞰湖而不让台,台遂不必尽望。盖他园,花树故故为容,亭台意特特在湖者,不免佻达矣。园左右多新亭馆,对湖乃寺。万历中,有筑于园侧者,掘得元寺额,曰"石湖寺"焉。

金刚寺

金刚寺,即般若庵也。背湖水,面曲巷,盖舍弃光景,调心坊肆庵者;泊然猛力,使人悲仰。旧有竹数丛,小屋一区,曲如径在村,寂若山藏寺。僧朴野,如自未入城市人。万历中,蜀僧省南大之,前立大殿,后立大阁,廊周室密,奂焉。工未竟,南殁,方僧争宇以讼,桐城诸绅,迎蕴璞住之。蕴璞同省南师雪浪者,雪浪具大辩才,讲经四十年,然不著一字。蕴璞居此八年,则著《金刚筏喻》《心经钵柄》等书。蕴璞殁,方僧又讼焉。寺西庑石刻《金刚经》,人书一分,署宰官名,代笔也。士大夫看莲北湖,来憩寺中,僧竟日迎送,接谈世事,折旋优娴,方内外无少差别。

英国公新园

夫长廊曲池,假山复阁,不得志于山水者所作也,杖履弥勤,眼界则小矣。崇祯癸酉岁深冬,英国公乘冰床,渡北湖,过银锭桥之观音庵,立地一望而大惊,急买庵地之半园之,构一亭、一轩、一台耳。但坐一方,方望周毕,其内一周，二面海子，一面湖也。一面古木古寺，新园亭也。园亭对者，桥也。过桥人种种，入我望中，与我分望。南海子而外望，云气五色，长周护者，万岁山也。左之而绿云者，园林也。东过而春夏烟绿、秋冬云黄者，稻田也。北过烟树，亿万家甍，烟缕上而白云横。西接西山，层层弯弯，晓青暮紫，近如可攀。

三圣庵

德胜门东，水田数百亩，沟洫浍川上，堤柳行植，与畦中秧稻，分露同烟。春绿到夏，夏黄到秋，都人望有时，望绿浅深，为春事浅深；望黄浅深，又为秋事浅深。望际，闻歌有时：春插秧歌，声疾以欲；夏桔槔水歌，声哀以啭；秋合酺赛社之乐歌，声哗以嘻。然不有秋也，岁不辄闻也。有台而亭之，以极望，以迟所闻者。三圣庵，背水田庵焉。门前古木四，为近水也，柯如青铜亭亭。台庵之西，台下亩，方广如庵，豆有棚，瓜有架，绿且黄也。外与稻杨同候，台上亭曰"观稻"，观不直稻也。畦陇之方方，林木之行行，梵宇之厂厂，雉堞之凸凸，皆观之。

崇国寺

大隆善护国寺，都人呼崇国寺者，寺初名也。都人好语讹语，名初名。寺始至元，皇庆修之，延祐修之，至正又修之。元故有南北二崇国寺，此其北也。我宣德己酉，赐名"隆善"。成化壬辰，加"护国"名。正德壬申，敕西番大庆法王领占班丹、大庆法王着肖藏卜等居此，寺则大作。中殿三，旁殿八，最后景命殿。殿傍塔二，曰佛舍利塔。成化七年敕碑二，正德七年敕碑二，梵字碑二。梵字不知其工焉否也，济济历历然，此必工矣。梵语乃不可识，矧可解，以不识解，生人齐邀。天顺二年碑二：西天大辣麻桑渴已辣行实碑其一，大国师智光功行碑其一。元遗碑三：断碑一；至元十一年重修崇国寺碑其一，沙门雪磵法禛撰；至正十四年皇帝敕谕碑其一。学中国字，而手未忘乎笔，波画弱硬，其排置甚难也。译为中国语，而舌未伸于齿，期期支支，笑且读之。皇庆元年崇教大师演公碑其一，赵孟𫖯撰并书也。断碑者，断为七，环铁束而立之，至正二十四年，隆安选公传戒碑，危素撰并书也。寺为脱脱丞相故宅，今千佛殿傍立一老髯，幞头朱衣，一老姁，凤冠朱裳者，脱脱夫妇也。后僧录司，司右姚少师影堂。少师佐成祖，为靖难首勋，侑享太庙。嘉靖九年，以中允廖道南请，罢侑享，移祀大兴隆寺，俄寺灾，移此。今一像一主，主题"推忠报国协谋宣力文臣、特进荣禄大夫、上柱国、荣国公姚广孝"。像精峭，满月面，目炯炯，露顶，袈裟趺坐，有题偈，署独庵老人自题。独庵，少师号也。少师释名道衍，字斯道，吴之相城里人，葬房山县东北四十里，地名圣冈塔。成祖御制神道碑。盖少师生不冠而髡，不受赐第而寺处，葬不墓而塔，故享不侑庙而亦寺矣。

古墨斋

古墨斋，在宛平县署。万历初，河南内乡李公荫<small>李字袭美，见《耳谈》，朱孟震诗作"子美"，未详孰是。</small>令宛平，发地得柱础六，<small>据《耳谈》，此六础乃得之良乡学官署中，李委曲从良乡令求得之。</small>微有字迹，洗视之，唐李北海云麾将军碑也。字画轻逸而正得老，如颜鲁公体，至迟重而正得媚。观此碑，悟古人笔法脱换，与子瞻先后学二人书，以意参互处。碑存百八十余字，碑首存"唐攸云"三字。公因筑小室，砌碑壁间，曰"古墨斋"，傍置花柳以韵之。《春明梦余录》曰：此碑后移少京兆署中，止有二础，其四础相传万历末，为王京兆惟俭携之大梁。

龙华寺

成化三年，锦衣卫指挥佥事万贵自创寺成，疏请寺额于朝，宪宗赐额曰"龙华寺"，部覆报可。<small>"部覆"句，应在"宪宗"句上。</small>成化八年，沙门道深碑记焉；万历某年，修撰朱之蕃碑又记焉。寺小构，像亦备威仪尔。其缘起奇，其所致天下古德又奇。万历之初中，遍融大师自蜀，达观大师自吴，憨山大师自金陵，月川大师自五台，云栖大师自武林，锡先后止焉。寺之规，必择方外贤者主方丈事。佛二六时之香灯，僧日中之粥饭，晨昏之钟鼓，二时之课诵，皆修洁，不间不爽也。寺门稻田千亩,南客秋思其乡者,数来过,闻稻香。

十刹海

京师梵宇,莫十刹海若者。其供佛,不以金像广博丹碧宇嶒嶒也;以课诵礼拜号称,以钟磬无远声,香灯无远烟光,必肃必忱,警人见闻,发人佛心。其供僧,不以精凿致恭,竹木致幽,童侍致容也;以单无偃僧,院无喧众,休恣不过伏腊,参静不过板,粥饭不过中。其洁除于龙华寺之前,方五十亩,室三十余间,比如号舍,木扉砖牗,佛殿亦分一僧舍,不更广也。其创作者,三藏师。师,陕人也,幼事遍融大师。终身一衲,终身未尝寝,多立少坐,危坐即其休卧时。主十刹海二十年,终未饭长住一颗,日出乞食,归立钟板侧。其乞也,持珠,佩一瓢,未饭仰之,既饭覆之。翁妪孺子,见其瓢仰,曰:师未饭。争饭之。不入人家,饭门外去。今一瓢,一数珠,犹挂庵中也。绅衿敬问,师直突语,如村师训教村童,不少回避。一宦眷作礼问,师喝曰:"女子,夫朝贵人,念佛家中也得,何得出见僧人?那畔无家法在,者畔无佛法在,将回檀施去。"万历甲寅,师示寂。荼毗竟,一中贵言:"苦行和尚,乃无舍利?"忽爆一粒著其掌上。神宗时,帑施日出,师定规止晨粥午饭,典作白言:"米麦幸多方便,为十方念佛子作朝时饭。"师曰:"米多不饱,米少不散。"后神宗升遐,帑施不出,方僧他寺散略尽,而此十方给仍前也。京师梵宇,莫十刹海若者。

千佛寺

孝定皇太后,建千佛寺于万历九年。殿供毗卢舍那佛,座绕千莲,莲生千佛,分面合依,金光千朵。时朝鲜国王贡到尊天二十四身,阿罗汉一十八身,诏供寺中。其像铜也,而光如漆,非漆也。尊天二十四像,穆肃慈猛,相具神足,衣冠法故,范镏质良。所执持器,乘海脱失,筑氏补之,非其国制也,厥工逊焉。阿罗汉一十八像,梵相,非东土形模,而与天人示现威仪又别。而十八表异,非一意一手为之,努即怒色,瞑即定神,披卷若诵,听物若审也。时西蜀遍融和尚，以诬受讯。讯次，师称华严佛号一声，刑具断裂，飞掷屋端，讯者惊阻，诬乃得白。乃延请住寺，法席大振。寺在德胜门北八步口。寺南一里，有小千佛寺焉。

火神庙

北城日中坊火德真君庙，唐贞观中址，元至正六年修也。我万历三十三年，改增碧瓦重阁焉。前殿曰"隆恩"，后阁曰"万岁景灵阁"，左右"辅圣""弼灵"等六殿。殿后水亭，望北湖，建庙北而滨湖焉，以水济而胜厌也。先是，皇极殿灾，乾清宫又灾，哕鸾殿又灾，上命道录司左元义、吕元节主祝事，月给帑五十清醮也。殿墀二碑：一右春坊朱之蕃撰，一礼部侍郎翁正春撰。天启六年五月初六日巳刻，北安门内侍忽闻粗细乐先后过者三，众惊而迹其声自庙出。开殿审视，忽火如球，滚而上于空。众方仰瞩，西南震声发矣。望其光气，乱丝者，海潮头者，五色者，黑灵芝者，起冲天，王恭厂灾也。东自阜成门，北至刑部街，亘四里，阔十三里，宇坍地塌，木石人禽，自天雨而下，屋以千数，人以百数，燔臭灰眯，号声弥满。死者皆裸，有失手足头目，于里外得之者，物或移故处而他置之。时崇文门火神庙，神亦焰焰欲起，势若下殿出。祝跪而抱曰："外边天旱，不可走动。"神举足还住而震发。

英国公园

英国公赐第之堂，曲折东入，一高楼，南临街，北临深树，望去绿不已。有亭立杂树中，海棠族而居。亭北临水，桥之。水从西南入，其取道柔，周别一亭而止。亭傍二石，奇质，元内府国镇也，上刻元年月，下刻元玺。当赐第时，二石与俱矣。亭北三榆，质又奇，木性渐升也。谁揠令下，既下斯流耳；谁掖复上，左柯返右，右柯返左，各三四返，遂相攫拿，捺捺撇撇，如蝌蚪文，如钟鼎篆，人形况意喻之，终无绪理。亭后，竹之族也，蕃衍硕大，子母祖孙，观榆屈诘之意。用是亭亭条条，观竹森寒。又观花畦以豁，物之盛者，屡移人情也。畦则池,池则台,台则堂,堂傍则阁,东则圃。台之望,古柴市,今文庙也。堂之楸,朴老不好奇矣,不损其古。阁之梧桐,又老矣,翠化而俱苍,直干化而俱高严。东圃方方,蔬畦也,其取道直,可射。

大隆福寺

大隆福寺,恭仁康定景皇帝立也。三世佛、三大士处殿二层三层,左殿藏经,右殿转轮。中经毗卢殿,至第五层,乃大法堂。白石台栏,周围殿堂,上下阶陛,旋绕窗棂,践不藉地,曙不因天,盖取用南内翔凤等殿石栏干也。殿中藻井,制本西来,八部天龙,一华藏界具。景泰四年,寺成,皇帝择日临幸,已凤驾除道。国子监监生杨浩疏言,不可事夷狄之鬼。礼部仪制司郎中章纶疏言,不可临非圣之地。皇龙览疏,即日罢幸。敕都民观,缁素集次,忽一西番回回蹒跚舞上殿,斧二僧,伤傍四人。执得,下法司,鞠所繇,曰:"轮藏殿中,三四缠头像,眉棱鼻梁,是我国人;嗟同类苦辛,恨僧匠讥诮,因仇杀之。"狱上,回回抵罪。考西竺转轮藏法,人诵经檀施,德福满一藏,为转一轮。一贫女不能诵经,又不能施,内愧自悲,因置一钱轮上,轮为转转不休。今寺众哗而推轮,轮呀呀如鼓吹初作。

满 井

出安定门外,循古壕而东五里,见古井,井面五尺,无收有干。干石三尺,井高于地,泉高于井,四时不落,百亩一润,所谓滥泉也。泉名则劳,劳则不幽,不幽则不蠲洁。而满井傍,藤老薛,草深烟,中藏小亭,昼不见日。春初柳黄时,麦田以井故,鬵毿毵且秀,游人泉而茗者,罍而歌者,村妆而蹇者道相属,其初春首游也。

卷之二

城东内外

于少保祠

崇文门内东半里，有祠曰忠节，祀少保兵部尚书于公谦也。公一臂一肩，定正统己巳之变。其被刑西市也，为天顺元年。九年复官，为成化二年。又二十三年，赐谥肃愍，为弘治三年。又一百一年，改谥忠肃，为万历十八年。凡百有三十三年而论定。祠三楹，祀公塑像。岁春秋，遣太常寺官致祭。按：谦，二祖列宗之社稷臣也。人臣以功名为富贵资，常事而作为非常，社稷之臣，以不变处变。夫英宗之出狩而复辟也，以社稷；景帝之立也，亦以社稷，祖宗在上，臣无二心。可曰功在景泰者，为英宗谋则未忠；功在天顺者，为景帝谋则未忠哉。变摄让自然之情形，为夺取反侧之状，而捷居功，徐、徐有贞。石、石亨。张、张轨。曹曹吉祥。所为，自求口实者也。北狩之际，侍讲徐珵妄言占象，倡议南迁，公痛哭曰："京师天下根本，宗庙社稷山陵在焉，足今日动，明日事去矣。"乃决战守，一切出公处分。也先乃沮。乃迎归大驾，惟公功。英庙知之，宪宗不能忘之，即徐、石、张、曹，可得泯之乎？复辟之先，向议南迁者徐珵，更名有贞，复以占象主夺门议，而曰："不杀于谦，今日之事无名。"情谓不名以夺，则无功；不杀公，不得实其名夺，一语本色，不觉状公冤矣。李学士贤之言曰："天位，陛下固有，景帝不起，群臣表请复位，何至以夺为功？"上为悚然。西北边棘，恭顺侯吴瑾曰："于谦不死，虏不至此。"上为悚然。无何，曹、石矜功，后先以逆抵法，于斯时，公忠且冤，徘徊于英庙胸中也久。宪庙初立，遣官祭焉，曰：

"先帝已知其枉，朕心实怜其忠也。"景、顺间人，好掇拾新旧衅瑕，为坚功赏，奚有善处骨肉大臣如公，从容言君臣大义兄弟至情，当遣奉迎者欤！英庙复辟后二日，自为廷臣言："弟弟好矣，吃粥矣。"上喜见眉色，而亨等默然，以此仰见宫中孔乐孔怀，则是未尝夺也。高岱言："公失在景帝易储，不以死争。"李梦阳曰："此留侯不能得之汉高，公能乎哉！"是未尽然。方易储加官，而公疏再辞，隐约以示讽，社稷臣其道岂效偾事一言，慷慨自为地者。景帝不豫，公与学士商辂等草疏请立元良，其略曰："天下者，太祖、太宗之天下，传之于宣宗，陛下宣宗之子，见深<small>宪宗御名</small>。宣宗之孙，则是未尝易也。"英庙、宪庙既心知公，社稷无疆，贞邪无朽，则是未尝死也。公被刑日，阴霾翳天，行路嗟叹。夫人流山海关，梦公曰："吾形殊而魂不乱，独目无光明，借汝眼光，见形于皇帝。"翌日，夫人丧其明。会奉天门灾，英庙临视，公形见火光中。上悯然念其冤，乃诏贷夫人归。又梦公还目光，目复明也。公遗骸，都督陈逵密属瘗藏。继子冕请葬钱塘祖茔，既得旨奉柩，徙倚市中，见鬻画者，视之，公像也，因奉以归。后大司马王一鹗，梦公来诵一诗，中云："空山清泪凭谁诉，万里忠魂独自归。"适傅孟春抚浙，疏请改谥，王乃更谥"忠肃"。公墓祠在杭之湖上，曰"旌功"，四方祈梦，至者踵接，而答如响。

吏部古藤

吴文定公手所植藤，在吏部右堂。质本蔓生，而出土便已干直。其引蔓也，无骫骳之意，纵送千尺，折旋一区，方严好古，如植者之所为人。方夏而花，贯珠络璎，每一鬟一串，下垂碧叶阴中，端端向人。蕊则豆花，色则茄花，紫光一庭中，穆穆闲闲，藤不追琢而体裁，花若简淡而隽永，又如王文恪之称公文也。公植藤时，维弘治六年，距今几二百年矣，望公逾高以邈，而藤逾深芜。莆田方公兴邦有《古藤记》，刻石藤下。又仁和郎公瑛、秀水李公日华所记，礼部仪制司有优钵罗花焉，金莲花也，开必自四月八日，至冬而实，如鬼莲蓬，脱去其衣，中金色佛一尊者，核也。花不知何人植之，而奇以其花。今其种不存，亦不更传。然唐岑嘉州有《优钵罗花歌》，则是花东渡久矣。吏部司厅亦藤，无奇者，重以其人。文定诸所服用砚石，一竹冠，一竹杖，人间传宝之。士尚介尚元者，或记或铭之。

泡子河

京城贵水泉而尊称之，里也，海之矣；顷也，湖之矣；亩也，河之矣。崇文门东城角，洼然一水，泡子河也。积潦耳，盖不可河而河名。东西亦堤岸，岸亦园亭，堤亦林木，水亦芦荻，芦荻下上亦鱼鸟。南之岸，方家园、张家园、房家园。以房园最，园水多也。北之岸，张家园、傅家东西园。以东园最，园水多，园月多也。路回而石桥，横乎桥而北面焉。中吕公堂，西杨氏泌园，东玉皇阁。水曲通，林交加，夏秋之际，尘亦罕至。岁中元鬼节，放灯亦如水关。北去贡院里许，春秋试者士，"士"字应在"春"字上。祷于吕公，公告以梦，梦隐显不一，而委细毕应。祠后有物，白气竟丈，夜游水面，人或见之，则倒入水，作鼓桨声，或曰"水挂也"。

成国公园

园有三堂，堂皆荫，高柳老榆也。左堂盘松数十科，盘者瘦以矜，干直以壮，性非盘也。右堂池三四亩，堂后一槐，四五百岁矣，身大于屋半间，顶嵯峨若山，花角荣落，迟不及寒暑之候。下叶已兔目鼠耳，上枝未萌也。绿周上，阴老下矣。其质量重远，所灌输然也。数石经横其下，枝轮脉错，若欲状槐之根。树傍有台，台东有阁，榆柳夹而营之，中可以射。繇园出者，其意苍然。园曰"适景"，都人呼"十景园"也。

宜　园

堂室则异宜已，幽曲不宜宴张，宏敞不宜著书。垣径也亦异宜，蔽翳不宜信步，晶旷不宜坐愁。冉驸马宜园，在石大人胡同，其堂三楹，阶墀朗朗，老树森立,堂后有台,而堂与树交蔽其望。台前有池,仰泉于树杪堂溜也,积潦则水津津,晴定则土。客来,高会张乐,竟日卜夜去。视右一扉而扃,或启焉,则垣故故复,迳故故迂回。入垣一方,假山一座满之,如器承餐,如巾纱中所影顶髻。山前一石,数百万碎石结成也。风所结,霣为石;卤所结,硇为石;波所结,浮为石;火所结,灰为石;石复凝石,其劫代先后,思之杳杳。园创自正德中咸宁侯仇鸾,后归成国公朱,今庚归冉。石有名曰"万年聚",不知何主人时所命名也。

灯　市

张灯之始也,汉祀太乙,自昏至明。僧史谓西域腊月晦日,名"大神变",烧灯表佛,汉明因之,然腊月也。梁简文有《列灯赋》,陈后主有《山灯诗》,亦复未知岁灯何时、月灯何夕也。张灯之始上元,初唐也:睿宗景云二年正月望日,胡人婆陀请燃千灯,帝御安福门纵观。上元三夜灯之始,盛唐也:元宗正月十五前后二夜,金吾弛禁,开市燃灯,永为式。上元五夜灯之始,北宋也:乾德五年太祖诏曰:"朝廷无事,年谷屡登,上元可增十七十八两夜。"上元六夜灯之始,南宋也:理宗淳祐三年请预放元宵,自十三日起,巷陌桥道,皆编竹张灯。而上元十夜灯,则始我朝:太祖初建南都,盛为彩楼,招徕天下富商,放灯十日。今北都灯市起初八,至十三而盛,迄十七乃罢也。灯市者:朝逮夕,市;而夕逮朝,灯也。市在东华门东,亘二里,市之日,省直之商旅,夷蛮闽貊之珍异,三代八朝之骨董,五等四民之服用物皆集。衢三行,市四列,所称九市开场,货随队分,人不得顾,车不能旋,阗城溢郭,旁流百廛也。市楼南北相向,朱扉绣栋,素壁绿绮疏,其设氍毹帘幙者,勋家、戚家、宦家、豪右家眷属也。向夕而灯张,灯则烧珠料,丝则夹画堆墨等,纱则五色,明角及纸及麦秸,通草则百花、鸟、兽、虫、鱼及走马等。乐作,乐则鼓吹、杂耍、弦索,鼓吹则橘律阳、撼东山、海青、十番,杂耍则队舞、细舞、筒子、觔斗、蹬坛、蹬梯,弦索则套数、小曲、数落、打碟子,其器则胡拨四、土儿密失、义儿机等。烟火施放。烟火则以架以盆,架高且丈,盆层至五,其所藏械:寿带、葡萄架、珍珠帘、长明塔等。于斯时也,丝竹肉声,不辨拍煞,光影五色,照人无妍媸,烟冒尘笼,月不得明,露不得下。永乐七年,令元宵节赐百官假十日。今市十日,赐百官假五日。内臣自秉笔篆近侍,朝臣自阁部正,外臣自计吏,不得过市,犹古罚斋幕盖帷意。其他例得与吏士军民等过市。楼而檐齐,衢而肩踵接也。市楼价高,岁则丰,民乐。楼一楹,日一夕赁至数百缗者。童子捶鼓,傍夕向晓,曰"太平鼓"。二童子引索略地,如白光轮,一童子跳光中,曰"跳白索"。妇女相率宵行,以消疾病,曰"走百病",又曰"走桥"。

曲水园

驸马万公曲水家园,新宁远伯之故园也。燕不饶水与竹,而园饶之。水以汲灌,善渟焉,澄且鲜。府第东入,石墙一遭,径迢迢皆竹。竹尽而西,迢迢皆水,曲廊与水而曲,东则亭,西则台,水其中央。滨水又廊,廊一再曲,临水又台,台与室间,松化石攸在也。木而化欤,闻松、柏、槐、柳、榆、枫焉,闻化矣,木尚半焉。化石,非其化也,木归土而结石也。松千岁为茯苓,茯苓,土之属也;又千岁为琥珀,又千岁为璺,琥珀与璺,石之属也。夫石亦有形似,不可以化言之,洞壑中有禽若兽若者矣,可谓之物化乎?古丈夫仙佛若者矣,人天化乎?楼若、城若、塔若者矣,人所构造以化乎?然石形也松,曰"松化石",形性乃见,肤而鳞,质而干,根拳曲而株婆娑,匪松实化之不至此。

东岳庙

庙在朝阳门外二里,元延祐中,建以祀东岳天齐仁圣帝。殿宇廊然,而士女瞻礼者,月朔望日晨至,左右门无间阈,座前拜席为燠,化楮钱炉,火相及,无暂熄。帝像巍巍然,有帝王之度,其侍从像,乃若忧深思远者,相传元昭文馆学士艺元手制也。元,宝坻人,初为黄冠,师事青州把道录,得其塑土范金抟换像法。抟换者,漫帛土偶上而髹之,已而去其土,髹帛俨成像云。始元欲作侍臣像,久之未措手,适阅秘书图画,见唐魏徵像,矍然曰:"得之矣,非若此莫称为相臣。"遽走庙中为之，即日成。今礼像者，仰瞻周视，一一叹异焉。元仁宗尝敕元，非有旨，不许为人造他神像也。殿前丰碑三：赵孟頫楷书一，孟頫弟世延楷书一，虞集隶书一。正统中，益拓其宇，两庑设地狱七十二司。后设帝妃行宫，宫中侍者十百，或身乳保领儿婴以嬉，或治具，妃将膳，春匦梳为妃装，纤纤缝裳，司妃之六服也。宫二浴盆，受水数十石，道士赞洗目无目诸疾，入者辄洗。帝妃前悬一金钱，道士赞中者得子，入者辄投以钱，不中不止，中者喜，益不止，罄所携以出。三月廿八日帝诞辰，都人陈鼓乐、旌帜、楼阁、亭彩，导仁圣帝游。帝之游所经，妇女满楼，士商满坊肆，行者满路，骈观之。帝游聿归，导者取醉松林，晚乃归。

春　场

东直门外五里为春场，场内春亭，万历癸巳府尹谢杰建也。故事，先春一日，大京兆迎春，旗帜前导，次田家乐，次勾芒神亭，次春牛台，次县正佐、耆老、学师、儒府、上下衙，皆骑，丞尹舆。官皆衣朱簪花，迎春自场入于府。是日，塑小春牛芒神，以京兆生昇入朝，进皇上春，进中宫春，进皇子春。毕，百官朝服贺。立春候，府县官吏具公服礼勾芒，各以彩仗鞭牛者三，劝耕也。退，各以彩仗赠贻所知。按造牛芒法，日短至辰日，取土水木于岁德之方，木以桑柘，身尾高下之度，以岁八节四季，日十有二时，踏用府门之扇，左右以岁阴阳，牛口张合，尾左右缴。芒立左右，亦以岁阴阳，以岁干支纳音之五行三者色，为头身腹色，日三者色，为角、耳、尾，为膝胫，为蹄色，以日支孟仲季为笼之索，柳鞭之结子之麻苎丝。牛鼻中木曰"拘脊子"，桑柘为之，以正月中宫色为其色也。芒神服色，以日支受克者为之，克所克者，其系色也，岁孟仲季，其老壮少也。春立旦前后五日中者，是农忙也，过前，农早忙；过后，农晚闲也。而神并乎牛，前后乎牛分之，以时之卯后八日"燠"，亥后四日"寒"，为罨耳之提且戴，以日纳音，为髻平梳之顶耳前后，为鞋裤行缠之悬著有无也。田家乐者，二荆笼，上着纸泥鬼判头也。又五六长竿，竿头缚桴如瓜状，见僧则挥使避匿，不令见牛芒也。又牛台上花绣衣帽,扮四直功曹立,而儿童瓦石击之者,乐工四人也。考汉《郊祀志》:迎春祭青帝勾芒,青车旗服,歌青阳,舞云翘,立青幡,百官衣皆青,郡国县官,下至令史,服青帻。今者朱衣,唐制。立春日,郎官御史长贰以上,赐春罗幡胜,宰臣亲王近臣,赐金银幡胜,入贺,带归私第。民间剪彩为春幡簪首。今惟元旦日,小民以鬃穿乌金纸,画彩为闹蛾簪之。

正月元旦五鼓时,不卧而嚏,嚏则急起;或不及衣,曰:"卧嚏者,病也。"不卧而语言,或户外呼,则不应,曰:"呼者,鬼也。"夙兴盥漱,啖黍糕,曰"年年糕"。家长少毕拜,姻友投笺互拜,曰"拜年"也。烧香东岳庙,赛放炮杖,纸且寸。东之琉璃厂店,西之白塔寺,卖琉璃瓶,盛朱鱼,转侧其影,大小俄忽,别有衔而嘘吸者,大声咮咮,小声唪唪,曰"倒掖气"。旦至三日,男女于白塔寺绕塔。旦至晦日,家家竿标楼阁,松柏枝荫之,夜灯之,曰"天灯"。是月也,女妇闲,手五丸,且掷且拾且承,曰"抓子儿"。丸用象木银砾为之,竞以轻捷。八日至十八日,集东华门外,曰"灯市"。贵贱相遝,贫富相易贸,人物齐矣。妇女着白绫衫,队而宵行,谓无腰腿诸疾,曰"走桥"。至城各门,手暗触钉,谓男子祥,曰"摸钉儿"。击太平鼓无昏晓,跳百索无稚壮,戴面具耍大头和尚,聚观无男女。有以诗隐物,幌于寺观壁者,曰"商灯",立想而漫射之,无灵蠢。十一日至十六日,乡村人缚秫秸作棚,周悬杂灯,地广二亩,门迳曲黠,藏三四里,入者误不得迳,即入迷不出,曰"黄河九曲灯"也。十三日家以小盏一百八枚,夜灯之,遍散井灶门户砧石,曰"散灯"也。其聚如萤,散如星,富者灯四夕,贫者灯一夕止,又甚贫者无灯,小儿共以绳系一儿腰,牵焉,相距寻丈,迭于不意中拳之以去,曰"打鬼"。不得为系者儿所执,执者,哄然共捉代系,曰"替鬼"。更系更击,更执更代,终日击,不为代,则佻巧矣。又绳以为城,二儿帕蒙以摸,一儿执敲城中,辄敲一声,而辄易其地以误之,为摸者得,则蒙执敲儿,曰"摸虾儿"。望前后夜,妇女束草人,纸粉面,首帕衫裙,号称"姑娘",两童女掖之,祀以马粪,打鼓歌马粪芗歌,三祝,神则跃跃,拜不已者休,倒不起,乃咎也。男子冲而仆。十九日,集白云观,曰"耍燕九",弹射走马焉。廿五日大啖饼饵,曰"填仓"。

二月二日曰"龙抬头",煎元旦祭余饼,薰床炕,曰"薰虫儿";谓引龙,虫不出也。燕少蜈蚣而蝎,其为毒倍焉;少蚊而蝇,其为扰倍焉;蚤虱之属,臭虫又倍焉。所苦尤在编户,虽预薰之,实未之有除也。小儿以木二寸,制如枣核,置地而棒之,一击令起,随一击令远,以近为负,曰"打柭柭";古所称"击壤者"耶？其谣云:"杨柳儿活,抽陀螺;杨柳儿青,放空钟;杨柳儿死,踢毽子;杨柳发芽儿,打柭儿。"空钟者,剜木中空,旁口,荡以沥青,卓地如仰钟,而柄其上之平。别一绳绕其柄,别一竹尺,有孔度其绳,而抵格空钟,绳勒右却,竹勒左却。一勒,空钟轰而疾转,大者声钟,小亦蛄蜣飞声,一钟声歇时乃已。制径寸至八九寸,其放之,一人至三人。陀螺者,木制如小空钟,中实而无柄,绕以鞭之绳而无竹尺,卓于地,急擎其鞭,一擎,陀螺则转,无声也,视其缓而鞭之,转转无复住,转之疾,正如卓立地上,顶光旋旋,影不动也。

三月清明日,男女扫墓,担提尊榼,轿马后挂楮锭,粲粲然满道也。拜者、酹者、哭者,为墓除草添土者,焚楮锭次,以纸钱置坟头;望中无纸钱,则孤坟矣。哭罢,不归也,趋芳树,择园圃,列坐尽醉。有歌者,哭笑无端,哀往而乐回也。是日,簪柳游高梁桥,曰"踏青",多四方客未归者,祭扫日感念出游。廿八日,东岳仁圣帝诞。倾城趋齐化门,鼓乐旗幢为祝,观者夹路。是月,小儿以钱泥夹穿而干之,剔钱,泥片片钱状,字幕备具,曰"泥钱"。画为方城,儿置一泥钱城中,曰"卵儿";拈一泥钱远掷之,曰"撇"。出城则负,中则胜,不中而指权相及,亦胜;指不及而犹城中,则撇者为卵。其胜负也以泥钱,别有挑用苇,绷用指者,与撇略同。有撇用泥丸者,与钱略同,而其画城廓远。

四月一日至十八日,倾城趋马驹桥,幡乐之盛,一如岳庙,碧遐元君诞也。立夏日启冰,赐文武大臣,编氓得卖买,手二铜盏叠之,其声磕磕,曰"冰盏"。冰着湿乃消,畏阴雨天,以绵衣盖护,燠乃不消。八日,舍豆儿,曰"结缘",十八日亦舍。先是捻豆念佛,一豆佛号一声,有念豆至石者。至日熟豆,人遍舍之,其人亦一念佛,啖一豆也。凡妇不见答于夫姑婉若者,婢妾摈于主及姥者,自咎曰："身前世不舍豆儿,不结得人缘也。"是日耍戒坛,游香山、玉泉,茶酒棚、妓棚,周山湾涧曲。闻初说戒者,先令僧了愿如是,今不说戒百年,而年则一了愿。是月榆初钱,面和糖蒸食之,曰"榆钱糕"。

五月一日至五日,家家妍饰小闺女,簪以榴花,曰"女儿节"。五日之午前,群入天坛,曰"避毒"也,过午出。走马坛之墙下,无江城系丝投角黍俗,而亦为角黍;无竞渡俗,亦竞游耍。南则耍金鱼池,西耍高梁桥,东松林,北满井,为地不同,饮醵熙游也同。太医院官,旗物鼓吹,赴南海子捉虾蟆,取蟾酥也。其法:针枣叶,刺蟾之眉间,浆射叶上,以蔽人目,不令伤也。渍酒以菖蒲,插门以艾,涂耳鼻以雄黄,曰"避虫毒"。家各悬五雷符,簪佩各小纸符,簪或五毒,五瑞花草。项各彩系,垂金锡,若钱者,若锁者,曰"端午索"。十三日,进刀马于关帝庙,刀以铁,其重以八十斤,纸马高二丈,鞍鞯绣文,辔衔金色,旗鼓头踏导之。

六月六日晒銮驾,民间亦晒其衣物,老儒破书,贫女敝缊,反覆勤日光,晡乃收。三伏日洗象,锦衣卫官以旗鼓迎象出顺城门,浴响闸。象次第入于河也,则苍山之颓也,额耳昂回,鼻舒纠吸嘘出水面,矫矫有蛟龙之势。象奴挽索据脊,时时出没其髻。观者两岸各万众,面首如鳞次贝编焉。然浴之不能须臾,象奴辄调御令起,云浴久则相雌雄,相雌雄则狂。

七月七日之午,丢巧针,妇女曝盎水日中,顷之,水膜生面,绣针投之则浮。则看水底针影,有成云物、花头、鸟兽影者,有成鞋及剪刀、水茄影者,谓"乞得巧"。其影粗如槌,细如丝,直如轴蜡,此拙征矣。妇或叹,女有泣者。十五日,诸寺建盂兰盆会,夜于水次放灯,曰"放河灯"。最胜水关,次泡子河也。上坟如清明时,或制小袋以往,祭甫讫,辄于墓次掏促织,满袋则喜,秫竿肩之以归。是月始斗促织,壮夫士人亦为之。斗有场,场有主者,其养之又有师,斗盆筒罐,无家不贮焉。立秋日相戒不饮生水,曰"呷秋头水,生暑痱子"。

八月十五日祭月,其祭果饼必圆,分瓜必牙错瓣刻之,如莲华。纸肆市月光纸,缋满月像,趺坐莲华者,月光遍照菩萨也。华下月轮桂殿,有兔杵而人立,捣药臼中,纸小者三寸,大者丈,致工者金碧缤纷。家设月光位,于月所出方,向月供而拜,则焚月光纸,撤所供散家之人必遍。月饼月果,戚属馈相报,饼有径二尺者。女归宁,是日必返其夫家,曰"团圆节"也。

九月九日,载酒具、茶炉、食榼,曰"登高"。香山诸山,高山也;法藏寺,高塔也;显灵宫、报国寺,高阁也。释不登。赁园亭,闯坊曲,为娱耳。面饼种枣栗,其面星星然,曰"花糕"。糕肆标纸彩旗,曰"花糕旗"。父母家必迎女来食花糕;或不得迎,母则诟,女则怨诧,小妹则泣望其姊姨,亦曰"女儿节"。

十月一日,纸肆裁纸五色,作男女衣,长尺有咫,曰"寒衣"。有疏印缄识其姓字辈行,如寄书然,家家修具,夜奠呼而焚之其门,曰"送寒衣"。新丧,白纸为之,曰新鬼不敢衣彩也。送白衣者哭,女声十九,男声十一。是月,羊始市,儿取羊后胫之膝之轮骨,曰"贝石",置一而一掷之。置者不动,掷之不过,置者乃掷;置者若动,掷之而过,胜负以生。其骨轮四面两端,凹曰"真",凸曰"诡",勾曰"骚",轮曰"背",立曰"顶骨律"。其顶,岐亦曰"真",平亦曰"诡"。盖真胜诡负而骚背间,顶平再胜,顶岐三胜也,其胜负也以贝石。

十一月冬至日,百官贺冬毕,吉服三日,具红笺互拜,朱衣交于衢,一如元旦。民间不尔,惟妇制履舄上其舅姑。日冬至,画素梅一枝,为瓣八十有一,日染一瓣,瓣尽而九九出,则春深矣,曰"九九消寒图"。有直作圈九丛,丛九圈者,刻而市之,附以九九之歌,述其寒燠之候。歌曰:"一九二九,相唤不出手。三九二十七,篱头吹觱篥。四九三十六,夜眠如露宿。五九四十五,家家堆盐虎。六九五十四,口中呵暖气。七九六十三,行人把衣单。八九七十二,猫狗寻阴地。九九八十一,穷汉受罪毕,才要伸脚睡,蚊虫虼蚤出。"

十二月一日至岁除夜,小民为疾苦者,奉香一尺,宵行衢中,诵元君号,自述香愿,其声乌乌恻恻,曰"号佛"。行过井、过寺庙,则跪且拜而诵,香尽尺乃归。八日,先期凿冰方尺,至日纳冰窖中,鉴深二丈,冰以入,则固之,封如阜。内冰启冰,中涓为政。凡蘋婆果入春而市者,附藏焉。附乎冰者,启之如初摘于树。离乎冰则化如泥。其窖在安定门及崇文门外。是日,家效庵寺,豆果杂米为粥,供而朝食,曰"腊八粥"。廿四日,以糖剂饼、黍糕、枣栗、胡桃、炒豆祀灶君，以糟草秣灶君马，谓灶君翌日朝天去，白家间一岁事。祝曰："好多说，不好少说。"记称灶老妇之祭，今男子祭，禁不令妇女见之。祀余糖果，禁幼女不令得啖，曰"啖灶余，则食肥腻时口圈黑也"。廿五日，五更焚香纸，接玉皇，曰"玉皇下查人间也"。竟此日，无妇姬詈声。三十日五更，又焚香楮送迎，送玉皇上界矣，迎新灶君下界矣。插芝麻秸于门檐窗台，曰"藏鬼秸中，不令出也"。门窗贴红纸葫芦，曰"收瘟鬼"。夜以松柏枝杂柴燎院中，曰"烧松盆炉岁"也。悬先亡影像，祀以狮仙斗糖、麻花馓枝，染五色苇架竹罩陈之，家长幼毕拜；已，各自拜，曰"辞岁"。已，聚坐饮食，曰"守岁"。是月，小儿及贱闲人，以二石球置前，先一人踢一令远，一人随踢其一，再踢而及之，而中之为胜。一踢即及焉，即过焉，与再踢不及者，同为负也。再踢而过焉，则让先一人随踢之。其法初为趾踵苦寒设，今遂用赌，如博然，有司申禁之不止也。

凡岁时不雨，家贴龙王、神马于门，磁瓶插柳枝挂门之傍，小儿塑泥龙，张纸旗，击鼓金，焚香各龙王庙，群歌曰："青龙头，白龙尾，声作以。小孩求雨天欢喜。麦子麦子焦黄，起动起动龙王；大下小下，初一下到十八，声作巴。摩诃萨。"初雨，小儿群喜而歌曰："风来了，雨来了，禾场背了谷声作古。来了。"雨久，以白纸作妇人首，剪红绿纸衣之，以苕帚苗缚小帚令携之，竿悬檐际，曰"扫睛娘"。日月蚀，寺观击钟鼓，家击盆盎铜镜，救日月，声嘈嘈屯屯满城中。蚀之刻，不饮不食，曰"生噎食病"。幼儿见新月，曰"月芽儿"，即拜，笃笃祝，乃歌曰："月月月，拜三拜，休教儿生疥。"小儿遗溺者，夜向参星叩首，曰："参儿辰儿，可怜溺床人儿。"见流火则唾之，曰"贼星"。夜不以小儿女衣置星月下，曰："女怕花星照，儿怕贼星照。"亦不置洗濯余水，为夜游神饮马也，曰"不当价"。<small>如吴语云罪过。</small>初闻雷则抖衣，曰"蚤虱不生"。见霓曰"杠"，戒莫指，谓生指顶疮，曰"恶指"也。初雪戒不入口，曰"毒"；再雪则以炖茶；积雪以塑于庭。燕旧有风鸢戏，<small>俗曰"毫儿"。</small>今已禁，风则剖秫秸二寸，错互贴方纸其两端，纸各红绿，中孔，以细竹横安秫竿上，迎风张而疾走，则转如轮，红绿浑浑如晕，曰"风车"。

三忠祠

出崇文门三里，曰"大通桥"。运河数千里，闸七十二，抵桥下闸，不复通矣。大通云者，著有成也。水从昌平白浮村之神山泉，过双塔榆河，会一亩、玉泉诸水，入城，汇积水潭，繇玉河中出，桥下闸而滩之，洶洶沌沌，撄怒则鸣。过滩贸然，汎汎活活，水乃疾行；疾者去之，缓以洄者取之，吱吱轧轧，林间之桔槔也。倚高城，临运河，一二园亭而东之。三忠祠祀三忠：汉武侯、宋鄂王、信国也。祠后濯缨亭，亭即河之岸，泊船千艘，亭槛艘橹，日与摩拂。河故元通惠河，都水监郭守敬浚者，即今辽故河也。我成化正德中，再疏之再未就。嘉靖丁亥，御史吴仲请修，修三月，告成功，上舟观之，廛居夹岸二十里，柳垂垂蘸河，漕舟上下达。大学士张璁等联句以闻，上喜，给光禄馔，又分御膳赐焉。万历中岁运，二月徂五月，冻粮至，去年粮也；夏徂秋，逮乎冬而至，本年分粮也。十年来饷用急，漕政渐修，闸河一线，无守冻船。每花信麦秋时，亭阴闲闲，岸草静好。出都门，半取水道；送行人，闲者别张家湾，忙者置酒此祠亭，去住各荒率。亭所阅少闲人。对岸鹿园，金章宗故园也，今曰"蓝靛厂"。下流十里小圣窝，龙湫也。崇祯壬申四月二十一日，大通桥下有声如雷，有白物如犬，拥波而驰，至小圣窝而伏。

蒯文通坟

人鬼而千年不泯，不必其天神地祇也，不必仙佛，果位中也。犹之人或久而名氏，不必其人；诗文传者，不必其诗其文也，或数存焉，其精神亦有然矣。蒯文通坟，在广渠门外北八里庄南坡上。古埠高四尺，而蒯时出没其坟，高冠广衫，道人装，一童子携纱灯随之。坟百步外一井，蒯向井汲乃返。昼阴晦日见，鬼之能也。见或立半空中，非鬼之能矣。万历初，丘太守攒坟其侧，遂不复见尔，地脉哉！丘先欲发视，坚不可，乃止也。寻梦蒯幞头朱衣来言："生身一先辈人，尺寸地不见让耶？"丘悔之，今其子孙微矣。读《蒯彻传》，说武信淮阴，殆任数者；及对汉高，殆任质者；性情縻至，殆有道者。传又云，蒯说韩不用，佯狂燕市，盖殁而葬此。蒯所著《隽永》八十一篇不传矣，而坟传。

将 台

洪武元年闰七月，左丞相徐达师至通州，距城三十里，筑台驻军。翌日天雾，设伏战，擒其梁王孛罗等。元主闻报，夜开建德门，北如上都。达兵遂至燕京，攻齐化门入，执其监国帖木儿不花等。今州西土埠，高半里，方广半里者，所筑台也。或曰"唐薛仁贵征辽驻军台也"，达因之。后成祖靖难而南，驻跸焉。嘉靖中，都门一道人，称言遇中山王将台边，授贾力法，以授人也。其法：用意蓄气，周其身，处处运之，挺直立，彻顶踵无懈骨，卷肱，掌指稍诎。两足齐，踵相去数寸，立定。两手从上，如按物难下状，几至地，转腕从下，托物难上也。过其顶，两手植，则又攀物难下，而至肩际，转腕，掌向外，微拳之，则卷肱立如初。乃卷两肱，开向后者三，欲令气不匿膺间也。却舒右肱，拦物之欲右者以左，逮乎左，左之爪相向己，如将及之，则左手撑而极左，右手拉而却右，左射引满，引满，右肱卷如初矣。则舒左肱拦，右手撑，左手拉且满，以右法，左右互者，各三之，则卷两肱立如初。左手下拊左外踝，踝掌竞劲相切也。则以右手腕，推植物使左倾，倾矣，顾曳之，使右倚肩际，如是者三之。则右手下，以左法，左推曳之以右法者三，则卷两肱立如初。平肱，掇重者举之，势极则扳，盖至乳傍而拳矣。握固，腹左右间，不附腹也，高下视脐之轮，则劈右拳，扼右肩傍一强物，至左足外踵，转腕托上，托尽而肱且右植，则扳而下，至右肩际，拳之，反拳，据右腰眼，左右互者各三之，徐张后两拳而前，交叉指上举，势极则转腕。举者，掌下，十指端上也。转者，掌上，十指端下也。叉掌上拱首项负筐，腋以下皆卓焉。就其势倒而左，几左足外地，以前势起，倒而右，左右互者各三之。凡人倒左者，左膝微诎也。倒右者，右膝微诎也。不诎者，法也。乃取盐汤壮温者，濯右手，掌背指濡之，平直右肱，横挥之而燥，则濯左左挥，左燥复右，互者各三之。计挥且数十矣，自是两肱不复卷矣。乃蹬右足数十，左仍其数,蹬以其踵,或抵之,踽以其趾,或绊之也则屹立,敛足,举前举踵,顿地数十,已而两足蹲立,相去以尺,乃挥右拳,前击数十,左如之,乃仰卧,复卷肱如立时然,作振脊欲起者数十,而工竣焉。凡用势左右,必以其脊俱。凡蓄气,必迄其工。凡工日二三,必微饮后及食后一时行之。时则以拳遍自捶,毋使气有所不悉。时揸五指头,捣户壁几案,久而作木石拊声焉。坐,屈肘上之,屈拳前之。卧必侧面,上手拳而杵席。坐卧各因其左右,其拳皆握固。

黄金台

黄金台名,后人拟名也。其地,后人拟地也。《史记》:昭王为郭隗改筑宫而师事之。《新序》《通鉴》皆言筑宫,不言筑台。后汉孔文举谓昭王筑台以延隗。梁任昉谓台在幽州燕王故城中,土人或呼"贤士台""托贤台"。有台名,无黄金名。李善引《上谷郡图经》曰:"黄金台在易水东南十八里,燕昭王置千金其上,延天下士。"《水经注》云:"固安县有黄金台遗址。《图经》云然,始有黄金台名。"今易州易水边二黄金台,都城朝阳门外东南又一黄金台。三黄金台,岿然皆土阜。

卷之三

城南内外

关帝庙

关庙自古今遍华夷。其祠于京畿也，鼓钟接闻，又岁有增焉，又月有增焉。而独著正阳门庙者，以门于宸居，近左宗庙右社稷之间，朝廷岁一命祀，万国朝者退必谒，辐辏者至必祈祷也。祀典：岁五月十三日，祭汉前将军关某。先十日，太常寺题，遣本寺堂上官行礼，凡国有大灾，祭告之。万历四十二年十月十一日，司礼监太监李恩赍捧九旒冠、玉带、龙袍、金牌，牌书敕封三界伏魔大帝神威远震天尊关圣帝君，于正阳门祠，建醮三日，颁知天下。然太常祭祀，则仍旧称。史官焦竑曰："称汉前将军，侯志也。"天启四年七月，礼部覆题得旨，祭始称帝。先是成祖北征本雅失理，经阔滦海，至斡难河，击败阿鲁台，勒铭擒胡山。军前每见沙蒙雾蔼中，有神前我军驱，其巾袍刀仗，貌色髯影，果然关公也，独所跨马白。凯旋，燕市先传：车驾北发日，一居民所畜白马，晨出立庭中，不动不食，晡则喘汗，定乃食，回跸则止。事闻，乃敕崇祀。祠有修撰焦竑碑，庶吉士董其昌书之。碑辞曰："桓桓关侯，天挺神武。流连草昧，归心汉绪。逸群绝伦，为帝御侮。勇摧七将，气吞群旅。报曹讵盭，罥吴非忤。炳炳丹心，天高日午。郁郁遗魂，骇霆怒雨。蒸哉文皇，幽燕启土。侯呵护之，如栋斯础。晻霭阴风，弓刀楚楚。伏腊朝昏，有来士女。卜以筳茅，如答枹鼓。子孝臣忠，弟友兄序。匪耳提之，凛面相语。义举长信，奸谋遄沮。侯其冥冥，有纷獯虏。侯甲皑皑，亦赭其马。乘风奋扬，天兵鬼斧。永祚皇图，为百神主。牲牷既齰，既歌且舞。孔盖祇临，霓幢纷下。敬勒铭词，浩然终古。"祠签，跪而摇，报而顿首谢者，恒数人；旁跪而代者，恒数人；挨挤而俟者，恒数十人，日无虚刻。签语答一如其来事，各惕然去。休咎后无爽者。

药王庙

天坛之北药王庙，武清侯李诚铭立也。庙祀伏羲、神农、黄帝，而秦汉来名医侍。伏羲尝草治砭，以制民疾，厥像蛇身、麟首、渠肩、达掖、鬣目、珠衡、骏毫、翁鬣、龙唇、龟齿、叶掩体，手玉图文八卦。神农磨厴，鞭荄，察色，嗅尝草木而正名之，病正四百，药正三百六十有五，爰著《本草》，过数乃乱。厥像弘身、牛颐、龙颜、大唇、手药草。黄帝咨于岐雷而《内经》作，著之玉版。厥像附函、挺朵、修髯、花瘤、衮冕服。左次孙思邈，曾医龙子，出《千金方》乎龙藏者。右次韦慈藏，左将一丸，右蹲黑犬，人称药王也。侧十名医：三皇时之岐伯、雷公，秦之扁鹊，汉之淳于意、张仲景，魏之华陀，晋之王叔和、皇甫谧、葛洪，唐之李景和，盖儒道服不一矣。药者、勿药者、药效、罔效者，月朔望，焚楮香，祈报弭焉。男女彭彭然，晨夙兴，午余罢。左墀碑文书丹，俱恭顺侯吴惟英也。天坛临溪，溪当门，门瞻之，黄垣一周，树头屯屯，方殿猗猗，圜丘苍苍，瞻乎坛，而妇人孺子，有扬步漫指，踊笑错立族谈者，人或闵然为作怖畏。西天庆寺，宣德十年僧达庵建。西慈源寺，成化二年指挥朱善建。东关庙一楹，俗传吴将姚彬盗公马而获，强不屈，庙塑缚彬像，臂弩出于缚。公戎巾服，作色左顾彬。彬反面，色不屈。侍将七，怒色，视听指归乎彬。摇者瞋彬，色作努，缚彬者仰公而色然受命。马回望公，其色喷沫。人曰隋像也，呼姚彬关王庙云。

金鱼池

金故有鱼藻也，旧志云：池上有殿，榜以"瑶池"。殿之址，今不可寻。池泓然也，居人界而塘之，柳垂覆之，岁种金鱼以为业。鱼之种，深赤曰"金"，莹白曰"银"，雪质黑章，赤质黄章，曰"玳瑁"。其鱼金，贵乎其银周之；其鱼银，贵乎其金周之,而别以管若箍。管者,鬣下而尾上,周其身者也。箍者,不及鬣,周其尾者也。鱼有异种者,白而朱其额曰"鹤珠",朱而白其脊曰"银鞍",朱脊而白点七曰"七星",白脊而朱画八曰"八卦"。有虾种者,银目、金目、双环、四尾之属。种故善变,饲以渠小虫。鱼则白,白则黄,黄则赤,无生而赤者。鱼病二:曰虱,曰瘟。瘦而白点,生虱也,法以粪浸新砖投之。鳞张如脱者,瘟也,法以新蓝布擦之。鱼死三:吞肥皂水得一死,橄榄柤得二死,核桃皮水得三死。天将雨,鱼拍拍出水面,水底蒸如热汤也。岁谷雨后,鱼则市。大者,归他池若沼;小者,归盆若盎。若琉璃瓶,可得旦夕游活耳。岁盛夏,游人携罍饮此,投饷饵,唼呷有声,其大者,衔饵竟去。按:金鱼古未闻,《鼠璞》曰:惟杭六和寺池有之。故杜工部诗:"沿桥待金鲫,竟日为迟留。"苏子瞻曰:"我识南屏金鲫鱼。"今亦贵鲫不售鲤,盖鱼寿莫如鲤,金鲤则夭,且拚身而鸿,且投饵不应,且游迟迟,不数掷出波间也。池阴一带,园亭多于人家,南抵天坛,一望空阔。岁午日,走马于此。关西胡侍曰:"端午走马,金元躤柳遗意也。"躤柳,今名"射柳"。

明因寺

僧之律,不得俗家居。独而团瓢,众而丛林,有时过都市,视都市寺院,顾犹俗家无逾也。正阳门外三里河东之明因寺,乃行僧乐居之。万历二十九年,紫柏大师自五台来,夜梦十六僧,请挂瓶钵。亭午,有负巨轴售者,轴十六,贯休所画罗汉也。轴轴展视,面面若旧曾识,夜请挂瓶钵者僧俱是也。师叹异购之,各系以赞,传寺中。今绢素敝,墨如蜕痕,缥黄如现身烟云中。非承日光展视,则苍苍无所见。乃日下视久,眩眩目睛劳,目前见黑矣,无能竟阅十六轴者。寺先是有李伯时渡海尊者卷,不知何年何人脱赚去,存者赝本,而僧不知。天启二年,董宗伯其昌过此,书佛成道记,笔秀劲似李北海。宗伯三十年前,见紫柏此寺中,索书成道记,寻前诺也。今拓石矣,置寮左壁。寺僧雪崖,以讲宗仰崖,以讲经著都门。而僧乾峰,念佛三十年,都人无知者。崇祯四年正月十六,乾峰曰:灯夕也,邀湖州章孝廉日炘茗饮。饮次,叹浮生者再,呼童子歌中峰《皮袋子歌》。歌竟立化，年七十，僧腊五十。

李皇亲新园

三里河之故道，已陆作乂，然时雨则淳潦，泱泱然河也。武清侯李公疏之入其园，园遂以水胜。以舟游，周廊过亭，村暧隍修，巨浸而孤浮。入门而堂，其东梅花亭，非梅之以岭以林而中亭也。砌亭朵朵，其为瓣五，曰"梅"也。镂为门为窗，绘为壁，甃为地，范为器具，皆形以梅。亭三重，曰"梅之重瓣"也，盖米太仆之漫园有之。亭四望，其影入于北渠，渠一目皆水也。亭如鸥，台如凫，楼如船，桥如鱼龙。历二水关，长廊数百间，鼓枻而入，东指双杨而趋诣，饭店也。西望偃如者，酒肆也。鼓而又西，典铺、饼炸铺也。园也，渔市城村致矣，园今土木未竟尔。计必绕亭遍梅，廊遍桃、柳、荷渠、芙蓉，夕又遍灯，步者、泛者，其声影差差相涉也。计必听游人各鲜典，且酒，且食，醉卧汀渚，日暮未归焉。

法藏寺

北地高以风，故能塔不能空。天宁寺，隋塔也；妙应寺，辽塔也；慈寿寺，明塔也。远可以望，近或礼之，无人登焉者。他岌岌，支提塔耳。法藏寺弥陀塔，独空可登。塔十丈，窗面面，级盘盘，人蚁上而窥观，窗窗方望，九门之堞全焉。窗置一佛，佛设一灯，凡窗八，凡级七，凡五十八佛，凡五十八灯。岁上元夜，塔遍灯，僧遍绕奏乐乐佛。金光明空，乐作天上矣。寺旧名"弥陀"，金大定中立。景泰二年，太监裴善静修之，更曰"法藏"。有祭酒胡濙，沙门道孚二碑。道孚，戒坛第一代戒师，世人称"鹅头祖师"也。

隆安寺

隆安寺，天顺间废寺也。僧何年去，殿何年欹，垆何年不烟，龛何年不镫，尘面佛何年金不浴。比邻人登座闲谭，脱帽、除履袜，看童子踏佛肩，探雀雏去。行人系马金刚臂上，枕罗汉以卧，如是者百年。万历己酉，僧翠林自蜀来，闵叹弥日。乃制巨铁索，与韦驮共锁项，曝烈日中，而韦驮汗出于面，珠珠下滴。金钱大集，殿佛得更新。殿后堂三楹，曰"净土社"。堂列龛五十三，结僧念佛，六时观想，六时称号。其称号也，为哀曼声，一字数转，千号半百刻，渊渊悠悠，如大江海波也。林曰："称佛名号，声促则观想不备，声舒则有昏杂心者。首座端听，乃可识之，戒尺及其顶。"堂广纵五丈，砖方以尺，火道旋其下，垆窗外四端，日焰煤三百斤，堂温始满。温周昼夜而冷定，又新煤矣，以燠念佛者，曰"地炕"也。岁元旦，设果饵享佛，盘千数，费各一金，此千金已，曰"千盘会"也。林殁乃罢。其后一阁，则崇祯元年僧大为立者。都城诸寺僧律，隆安为犹肃。

报国寺

送客出广宁门者，率置酒报国寺二偃松下。初入天王殿，殿墀数株已偃盖，既瞻二松，所目偃盖松，犹病其翘楚。翘楚者，奇情未逮，年齿未促迮也。左之偃，不过檐甃。右之偃，不俯栏石。影无远移，遥枝相及，鳞鳞蹲石，针针乱棘。睐叹久，松理出，盖藤胫而蔓枝，旁引数丈，势不得更前，急却而折，纡者亦轮转，然无意臻上也，被于地则已耳。人朱柱支其肘，乃得踽踽行影中。僧视客颜定，导之上毗卢阁。望三殿日光，四坛雨色，意气始得扬。每日霁树开，风定尘短，指卢沟，舆骑载负者井井。下阁，礼观音，僧前通曰"窑变也"。像可尺，宝冠绿帔，瞑而右倚，偃左膝，膝承左手，手梵字轮，植右膝，膝植右肘，右腕支颐焉。右倚不端坐者，晏坐也。右肘微鸿者，肘屈植也。准颊微偏右者，支颐也。维化身自定故，岂意匠所能识，所敢攦指。礼罢送客，别意满胸，奇情满胸。

长椿寺

万历中，归空和尚自伏牛入京。和尚平生苦行，为迷参学，为悟调心欤？

而人所知者，在其能一再七不食，日饮水数升，持之至五年，遂众号之曰"水斋"也。水斋名明阳，自孩幼，好抟颡天地，出家慈氏寺。后三十年行脚，不袜不席。曾跪行至五台，足膝血流不知痛。为参古松，燃一指以供文殊。再礼普陀，参大智，燃一指以供观音。后礼峨眉，印通天，燃一指以供普贤。至北京时，誉者众，孝定皇太后闻而创寺居焉。神宗赐额曰"长椿"，并赐紫衣金顶凡三。吉水邹都宪南皋问："十指今七，那三指何处？"和尚曰："十指依然。"又曰："老宿遍参，所得何事？"曰："是慈氏寺明阳。"崇祯甲戌岁九月朔，和尚端坐，宣偈四句而寂焉。寺有渗金多宝佛塔，高一丈五尺，《妙法莲华经·宝塔品》中所说"自地涌出者像"也。金色光不可视，而梵相毕具，势态各极，视之，又不可算，不可思。寺有僧性柔，能言和尚始末，可竟日听。

悯忠寺

悯忠寺者，悯战亡将卒，以蜡封骼骴，为无所知；复借资冥冥，慰其死忠魂魄也。唐史称贞观十八年，太宗以张亮、李世勣为行军大总管，诏亲征高丽。十九年七月，攻安市城不下，诏班师。十月，帝还至营州，诏战亡士卒遗骸集柳城，帝自为文祭之，临哭尽哀。抵幽州，复作佛寺以资冥福，赐名"悯忠寺"。有高阁著闻，故志称"悯忠阁"也。谚云："悯忠寺阁，去天一握。"自贞观至今，九百八十七年，寺非复旧。高阁者，其趾竟无，止三断碑，砌今殿壁间。一碑上半断裂，可读者其下段字，有净光宝塔颂，有至德二载十月十五日建，有参军张不矜撰、参军苏灵芝书。苏灵芝者，李北海自镌名也。文书石不书丹，故从左读。有御史大夫史思明名。夫然，寺尝塔矣。一碑下半断裂，可读者其上段字，有燕京大悯忠寺观音地宫舍利函记，有金大安十年沙门善制撰。一碑也全，而剥其字殆尽，不可读。其年月处又剥，字惟有重藏舍利函记，采师伦书，则塔且舍利矣。寺经我明正统七年重修，改额"崇福"，有翰林院待诏陈赞碑。万历三十五年又修，有谕德公鼐碑。至万历四十六年，镇江大会和尚，开律堂寺中，依式说戒，受者数百人。注菩萨忏，未竟而卒。于斯时，寺几可复兴之，而中废，注未竟者，亦不复传。其在今无阁，无塔，无舍利，寺直仅存。然而战亡将卒，其悯之及其身后且千年，无如贞观东征将卒者！

草　桥

右安门外南十里草桥，方十里，皆泉也。会桥下，伏流十里，道玉河以出，四十里达于潞。故李唐万福寺，寺废而桥存，泉不减而荇荷盛。天启间，建碧霞元君庙其北。岁四月，游人集醵且博，旬日乃罢。土以泉，故宜花，居人遂花为业。都人卖花担，每辰千百，散入都门。入春而梅，九英、绿萼、红白绸。而山茶，宝珠、玉茗。而水仙，金钱、重胎。而探春。白玉、紫香。中春而桃李，而海棠。上西府，次贴梗，次垂丝，赝者木瓜。辨之以其叶，木瓜花先叶，海棠叶先花。春老而牡丹，栽之法，分之法，接之法，浇之法，医之法，一如博州、雒下，近有藤花而牡丹叶者，曰"高丽牡丹"。而芍药，而李枝。北种或盆而南，南人嚼其梗味正似杏，乃接以杏，此种遂南。入夏，榴花外皆草花。花备五色者，蜀葵、莺粟、凤仙；三色者，鸡冠；二色者，玉簪；一色者，十姊妹、乌斯菊、望江南。秋花耐秋者，红白蓼；江乡花也，此地高几以丈。不耐秋者，木槿、朝鲜夕萎。金钱，午后仅开，向夕早落。耐秋不耐霜日者，秋海棠。一名"断肠"，或曰"思妇泪所凝也"。木樨，南种也，最少。菊，北种也，最繁。种菊之法，自春徂夏，辛苦过农事。菊善病，菊虎类多于螟螣贼蟊，瘿头者菊蚁，瘿枝者黑蚰，伤根者蚯蚓，贼叶者象干虫。菊蚁以鳖甲置傍，引出弃之；黑蚰以麻裹箸头抒出之；蚯蚓以石灰水灌河水解之；象干虫磨铁线穴搜之。圃人废晨昏者半岁，而终岁衣食焉。凡花无根茎花叶俱香者，夏荷秋菊也。凡花历三时者，长春也，紫薇也，夹竹桃也。香历花开谢者，玫瑰也。非花而花之者，无花果也。草桥惟冬花支尽三季之种，坏土窖藏之，蕴火坑烜之。十月中旬，牡丹已进御矣。元旦进椿芽、黄瓜，所费一花几半万钱。一芽一瓜，几半千钱。其法自汉已有之。汉世大官园冬种葱韭菜茹，覆以屋庑，昼夜燃煴，菜得温气皆生。召信臣为少府，谓物不时不宜供奉，奏罢之。盖水腹坚，生气蛰，蛰者伏其毒，贾火气以怒之，木挟骄而生，不受风雨，非膳食所宜齐。今紫姹江妖，目交鼻取，其中人精微，于滋味正等矣。草桥去丰台十里,中多亭馆,亭馆多于水频圃中。而元廉希宪之万柳堂,赵参谋之匏瓜亭,栗院使之玩芳亭,要在弥望间,无址无基,莫名其处。

胡家村

永定门外五里,禾黍巍巍然被野者,胡家村。禾黍中荒寺数出,坟兆万接,所产促织,矜鸣善斗,殊胜他产。秋七八月,游闲人提竹筒、过笼、铜丝罩,诣丛草处、缺墙颓屋处、砖壁土石堆磊处,侧听徐行,若有遗亡,迹声所缕发而穴斯得。乃捻以尖草,不出;灌以筒水,跃出矣,视其跃状而佳,逐且捕之。捕得,色辨形辨之;辨审,养之。养得其性若气,试之;试而才,然后以斗。《促织经》曰:虫生于草上者,身软;砖石者,体刚;浅草瘠土者,性和;砖石、深坑及地阳向者,性劣,若是者穴辨。凡促织,青为上,黄次之,赤次之,黑又次之,白为下,号红麻头、白麻头、青顶金翅、金丝额、银丝额,上也。黄麻头,次也。紫金、黑色又次也。若是者色辨。首项肥,腿胫长,背身阔,上也。不及欺次,反斯下也,其号之油利挞、蟹壳青、枣核形、土蜂形、金琵琶、红沙、青沙、绀色为一等;长翼、梅花翅、土狗形、螳螂形、飞铃为一等;皂鸡、蝴蝶形、香狮子为一等。若是者形辨。养有饲焉,有浴焉,有病用医焉。鳗鱼、稻撮虫、水蜘蛛、匾担虫、沟红虫、蟹白、栗黄、米饭,食养也。榨小青虫汁而糖调之以浴,随净甜水以涤,水养也。虫病而治之,水畔红虫主积食,蛆蜕厕上曰棒槌虫。蚊带血者主冷,主热,粉青小青虾主斗后,自然铜浸水点者主斗损,茶姜点者主牙损,童便调蚯蚓粪点者主咬伤,竹蝶主气弱,蜂主身瘦,医养也。如是,促织性良气全矣。中则有材焉者,间试而亟蓄其锐以待斗。初斗,虫主者各内虫乎比笼,身等,色等,合而内乎斗盆。虫胜主胜,虫负主负,胜者翘然长鸣以报其主,然必无负而伪鸣,与未斗而已负走者,其收辨,其养素,其试审也。虫斗口者,勇也;斗间者,智也。斗间者俄而斗口,敌虫弱也;斗口者俄而斗间,敌虫强也。考促织,《尔雅》曰:"螽,天鸡。"李巡曰:"酸鸡。"郭璞曰:"沙鸡,一曰樗鸡。"《方言》曰:"蛣蜥,一曰蜻蚓。"《尔雅翼》曰:"蟋蟀生野中,好吟于土石砖甓下。斗则矜鸣,其声如织,故幽州谓之促织也。"促织感秋而生,其音商,其性胜,秋尽则尽,今都人能种之,留其鸣深冬。

其法土于盆养之，虫生子土中。入冬以其土置暖炕，日水洒绵覆之，伏五六日，土蠕蠕动，又伏七八日，子出，白如蛆然。置于蔬叶，仍洒覆之，足翅成，渐以黑，匝月则鸣，鸣细于秋，入春反僵也。凡都人斗促织之俗，不直闾巷小儿也，贵游至旷厥事，豪右以销其赀，士荒其业，今亦渐衰止。惟娇姹儿女，斗嬉未休。然嬉之虫又不直促织。有虫黑色，锐前而丰后，须尾皆岐，以跃飞，以翼鸣，其声蹬棱棱，秋虫也。暗即鸣，鸣竟刻，明即止。瓶以琉璃，饲以青蒿，状其声名之曰"金钟儿"。有虫便腹青色，以股跃，以短翼鸣，其声聒聒，夏虫也，络纬是也。昼而曝，斯鸣矣；夕而热，斯鸣矣；秸笼悬之，饵以瓜之饷。以其声名之曰"聒聒儿"。其先聒聒生者，曰"叫蚂蚱"。以比于聒聒，腹太似，恨骞；翅太似，恨长；鸣太似，恨细。有蜘蟟者，蜩也。马蜘蟟者，蝉也。名以听者之所为情，寂寥然也。鸣盖呼其候焉。三伏鸣者，声噪以急，如曰"伏天、伏天"。入秋而凉，鸣则凄短，如曰"秋凉、秋凉"。取者以胶首竿承焉，惊而飞也，鸣则攸然。其粘也，鸣切切，如曰"吱吱"。入乎手而握之，鸣悲有求，如曰"施施"。促织之别种三：肥大倍焉者，色泽如油，其声呦呦呦，曰"油胡卢"。其首大者，声梆梆，曰"梆子头"。锐喙者声笃笃，曰"老米嘴"。三者不能斗而能声，摈于养者，童或收之，食促织之余草具。蚂蚱之种三：俱不鸣，青翼而黄身，跃近而飞远，飞则见其袭羽，或红焉，或黄焉，曰"蚂蚱"。其青而长身者，曰"匾蜡"，嬉者股系而提之，使飞不止，以观其袭羽。其扁身长胫，昂首出目者，刀郎，螳螂也。性怒无所畏让，嬉者亦股系而触之，以观其怒也。蜻蜓之类三：大而青者，曰"老青"。红而黄者，曰"黄儿"。赤者，曰"红儿"。好击水而飞飞，童圈竹结彩线网，曰"绞"。循水次群逐而扑之，名呼以祝，曰"栖栖"。扑着，曰"绞着"。得一，曰"一朵"，以色玩如花也。别有鳖身象鼻而贝色，大如朱樱，曰"椿象"。生椿，其臭椿也，不可触。有若半赤豆而革麻点者，曰"瓢儿"。生蔬畦，捉之则溺腥黄，污不可脱，而童手之不已也。有金光而绿色，甲坚而须劲以动，曰"金牛儿"。黑色白点，曰"春牛儿"。无所可娱也，系而毙之则已。有玄身而两截，形刚而性媚，掐其后，首则前顿，声嚗嚗然，仰置之，弹而上，还复其故处，不能遂覆而走也，曰"叩头虫"，一曰"捣碓虫"焉。

韦公寺

京师七奇树，韦公寺三焉。天坛拗榆钱也。榆春钱，天坛榆之钱以秋。显灵宫折枝柏也，雷披一枝，屏于雷中，折而不殊，二百年葱葱。报国寺矬松也，干数尺，枝横数丈，如浅水荇，如蛀架藤。卧佛寺古娑罗也，下根尽出，累瘿露筋，上叶砌之，雨日不下。与韦公寺内之海棠也，蘋婆也，寺后五里之柰子而七也。寺在左安门外二里，武宗朝常侍韦霖建。赀竭不能竟，诏水衡佐焉。赐额弘善寺。寺东行一折，有堂，堂三折。有亭，亭后假山，亭前深溪。溪里许，芦荻满中，可舟尔，而无舟。寺无香火田地，以果实岁。树周匝层列，可千万数。寺南观音阁，蘋婆一株，高五六丈。花时鲜红新绿，五六丈皆花叶光。实时早秋，果着日色，焰焰于春花时，实成而叶渴矣，但见垂累紫白，丸丸五六丈也。寺内二西府海棠，树二寻，左右列，游者左右目其盛，年年次第之，花不敢懈。寺后五里柰子树，岁柰花开，柰旁人家，担负几案酒肴具，以待游者，赁卖旬日，卒岁为业。树旁枝低亚，入树中，旷然容数十席。花阴暗日，花光明之，看花日暮，多就宿韦公寺者。海棠、蘋婆、柰子，色二红白。花淡蕊浓，跗长多态，海棠红于蘋婆，蘋婆红于柰子也。崇祯己巳冬之警，我师驻寺，海棠蘋婆以存；柰子树，敌薪之。

弘仁桥

地气萃止，神人以灵，西北地，无少隆下，而气坚瑕，视水避趋，其水环者，避坚也。乘其轮，句于矩，郁乎冲冲已。出左安门东行四十里，石桥五丈，曰"弘仁桥"。桥下水，从琉璃河一支西来，余百里，过桥，水东北去，不足百里，入于运河为一支。桥东头元君庙，西向临桥，若梯阶之。桥左右，水若特意环之，避其雷中。按稗史：元君者，汉时仁圣帝前有石琢金童玉女。至五代，殿圮，石像仆。至唐，童泐尽，女沦于池。至宋真宗封泰山还，次御帐，涤手池内，一石人浮出水面，出而涤之，玉女也。命有司建小祠安奉，号为"圣帝之女"，封天仙玉女碧霞元君。后祠日加广，香火自邹、鲁、齐、秦以至晋、冀。而祠在北京者，称泰山顶上天仙圣母。麦庄桥北，曰"西顶"；草桥，曰"中顶"；东直门外，曰"东顶"；安定门外，曰"北顶"。盛则莫弘仁桥若，岂其地气耶！夫亿万姓所皈礼，以俗教神道焉，君相有司不禁也。岁四月十八日，元君诞辰，都士女进香。先期，香首鸣金号众，众率之，如师，如长令，如诸父兄。月一日至十八日，尘风汗气，四十里一道相属也。舆者、骑者、步者、步以拜者、张旗幢鸣鼓金者。舆者，贵家豪右家。骑者，游侠儿、小家妇女。步者，婆人子酬愿祈愿也。拜者，顶元君像，负楮锭，步一拜，三日至，其衣短后，丝裩，光乍袜履；五步、十步至二十步拜者，一日至，群从游闲，数唱吹弹以乐之。旗幢鼓金者，绣旗丹旐各百十，青黄皂绣盖各百十，骑鼓吹步伐鼓鸣金者，称是。人首金字小牌，肩令字小旗，舁木制小宫殿，曰"元君驾"，他金银色服用具称是。后建二丈皂旗，点七星，前建三丈绣幢，绣元君号。又夸儇者，为台阁，铁杆数丈，曲折成势，饰楼阁崖木云烟形，层置四五儿婴，扮如剧演。其法，环铁约儿腰，平承儿尻，衣彩掩其外，杆暗从衣物错乱中传下，所见云梢烟缕处，空坐一儿，或儿跨像马，蹬空飘飘，道旁动色危叹，而儿坐实无少苦。人复长杆掇饼饵，频频哕之。路远，日风暄拂，儿则熟眠。别有面粉墨，僧尼容，乞丐相，逼伎态，憨无赖状，闾少年所为喧哄嬉游也。桥傍列肆，抟面角之，曰"麻胡"。饧和炒米圆之，曰"欢喜团"。秸编盔头幞额，曰"草帽"。纸泥面具，曰"鬼脸、鬼鼻"。串染鬃鬣，曰"鬼须"。香客归途，衣有一寸尘，头有草帽，面有鬼脸，有鼻，有须，袖有麻胡，有欢喜团。入郭门，轩轩自喜。道拥观者，啧啧喜。入门，翁妪妻子女，旋旋喜绕之。然或醉则喧，争道则殴，迷则失男女；翌日，烦有司审听焉。

南海子

城南二十里，有囿，曰南海子。方一百六十里，海中殿，瓦为之。曰幄殿者，猎而幄焉尔，不可以数至而宿处也。殿旁晾鹰台，鹰扑逐以汗，而劳之，犯霜雨露以濡,而煦之也。台临三海子,水泱泱,雨而潦,则旁四淫,筑七十二桥以渡,元旧也。我朝垣焉。四达为门,庶类蕃殖,鹿、獐、雉、兔,禁民无取,没海户千人守视。永乐中,岁猎以时,讲武也。天顺二年,上出猎,亲御弓矢,勋臣、戚臣、武臣,应诏驰射,献禽,赐酒馔,颁禽从官,罢还。正德十二年,上出猎。隆庆二年三月,上幸南海子。先是,左右盛称海子,大学士徐阶等奏止不听。驾至,榛莽沮洳,宫幄不治,上悔之,遽命还跸矣。海子西北隅,岁清明日,蚁亿万集,叠而成丘,中一丘,高丈,旁三四丘,高各数尺,竟日而散去。今土人每清明节往群观之,曰"蚂蚁坟"。传是辽将伐金,全军没此,骨不归矣,魂无主者,故化为虫沙,感于节序,其有焉。岁五日,中侍例同太医院官来捕虾蟆。嘉靖中,御用监奉御来定,五日方捕。至羊房南大柳下,坐柳根午食。顾旁一髑髅,来濡肉蒜盘,内髑髅口,戏问:"辣否?"髑髅曰:"辣。"来惊去肉,辣音不已。骤驰而归,辣辣音追之。数日,来卒。海子西墙,有沙岗委蛇,岁岁增长,今高三四丈,长十数里矣。远色如银,近纹若波,土人曰"沙龙"。

聚燕台

采育东南二十里,有埠高丈,广三四十尺,曰"聚燕台"。岁秋社,燕辞巢日,京畿城村燕,必各将其成雏数千百,聚此台,呢喃竟二日,然后乃能去之。为话将别,为语约所群归也。闻燕归有国矣;又曰藏焉。伏气穴土,及树中空,然明中春来,复葺乳其旧巢者,定故燕尔;盖主人曾以彩线约足而识之。

白云观

白云观,元太极宫故墟。出西便门,下上古隍间一里,麦青青及门楹者,观也。中塑白晰皱皱无须眉者,长春丘真人像也。观右有阜,藏真人蜕。像,假也;蜕者,亦假也;真人其存欤?真人名处机,字通密,金皇统戊辰正月十九日生。有日者相之曰:"神仙宗伯。"年十九,辞亲居昆仑。二十,谒重阳王真人,请为弟子。道成,而成吉思皇帝,自乃蛮国手诏致聘。诏文云:"朕居北野,嗜欲莫生，每一衣一食，与牛竖马圉，共弊同享，谋素和，恩素畜。是以南连赵宋，北接回纥，东夏西夷，悉称臣佐。念我单于国，千载百世，未之有也。访闻丘师先生，体真履规，怀古君子之肃风，抱真上人之雅操，朕仰怀无已，避位侧身，选差近侍官刘仲禄，备轻骑素车，谨邀先生，不以沙漠悠远为念。"真人庚辰正月，乃北至燕。令从官曷剌驰奏："登州栖霞县志道丘处机，近奉宣旨远召，海上居民，心皆恍惚。处机自念，同时四人出家，三人得道，惟处机虚名，憔悴枯槁。比到燕京，听得车驾遥远，风尘顿洞，天气苍黄，老弱不堪，伏望圣裁。龙儿年三月日奏。"十月，曷剌回，复敕师前。壬午四月，达行在所。雪山之阳，设座黄幄东，与讲钧礼而不名，延问至道。真人大略答以节欲保躬，天道恶杀，治尚无为之理。命史书策，赐号神仙，爵大宗师。赐金印章，曰"神仙符命"，掌管天下道教。夜醮焚简，五鹤翔焉。寻乞还，诏居大都太极宫，改从真人号，曰"长春"。真人每晨起，呼果下骝，其徒数十，徜徉山水间，日暮返。年八十，时北山口崩，太液池竭，真人曰："其在我乎？"七月九日，留诵而逝。逝之明年，其徒尹清和，始以师入龛，葬于处顺堂之后。今都人正月十九，致浆祠下，游冶纷沓，走马蒲博，谓之"燕九节"。又曰"宴丘"。相传是日，真人必来，或化冠绅，或化游士冶女，或乞丐。故羽士百十，结闉松下，冀幸一遇之。西十余里，为唐太宗哀忠墓。西南五六里，为萧太后运粮河，泯然湮灭，无问者。

观音寺

杭州上天竺观音大士古像，晋天福年，僧道翊，见瑞光发涧，得奇木以刻也。后汉乾祐年，僧从勋自雒阳奉佛舍利，安大士顶。妙相既备，昼而白光。宋建炎四年，兀术入临安，高宗逊于海。兀术问知像缘，遂与玉帛图籍，尽航而北。僧智完率徒以从，至燕，舍都城西南五里之玉河乡，建寺奉之，此观音寺也。我天顺壬午，土人权五修之。成化丁酉，僧德显又修之。因得石土中，金大定十七年刻，载天会七年梁王徙像，甚悉。今寺所奉，乃又非晋像，岂天兴初曾颠沛于兵，抑至正末，复崎岖而北也？寺有成化二十三年学士程敏政碑。至今游杭天竺者,僧仍指大士曰"晋像",不知徙此已四百八十二年矣。

天宁寺

释迦舍利珠,八斛四斗,其三之一,住人间也。阿育王置塔八万四千,东震旦得塔十九,其粒不可得计也。康僧会恳佛七日,得七。昙荣恳之,自三粒至三百粒。隋文帝遇阿罗汉,授舍利一裹,与法师昙迁数之,数多数少莫能定。乃七宝函,致雍、岐等三十州,州各一塔。天宁寺塔,其一也。塔高十三寻,四周缀铎以万计,风定风作,音无断际。寺僧云:"音敛则光见,或岁一见,或数岁见。"嘉靖庚戌三月廿八夕,娄东王司寇世贞宿寺中,微雨籔籔,塔铎忽敛,他声作于下,籽籽然类蛮鼓翼者。视相轮表,青白光晶溇,大于五斗瓮,上下闪歙,间一射人衣,亦青白色,可炊黍时乃定。则铎声发,他籽籽声息也。塔倒影,在大士殿。日方中,阖殿中门,日入门罅,塔全影倒现石上。昔人云:"影从罅入,空中物则旁碍,碍则影束,影束则倒。"段成式云:"海水倒翻故尔。然是舍利珠影也,珠光上聚,摄入塔影,影入隙光,光则倒受;倒者,光中塔影,非此塔影也。"今悬镜中像,过傍镜,其物正倒也。阳燧倒影者,日光倒入也;又光从上来,层十三具,光一再传,物体则小也。佛光,日也;舍利珠光,月也,光色青白,每见,以夜及晦及雨也。佛光恒在,人目体阴,避光日中,克影门隙。今穿竹至丈,承目指空,方昼见星也。塔前一幢,隋开皇中立,书体遒美。杨升庵云:"最似欧、褚笔法。"寺在唐开元名天王寺,正统始名天宁。或曰:京师,古幽州也,隋所建塔藏舍利者,幽之弘业也。幽今无弘业,天宁之先又不为弘业,意者志轶之。志轶之,安知弘业不为天宁也?

卢沟桥

卢沟桥跨卢沟水,金明昌初建,我正统九年修之。桥二百步,石栏列柱头,狮母乳,顾抱负贄,态色相得,数之辄不尽。俗曰:"鲁公输班神勒也。"桥北而村数百家,己巳岁,兵焚掠略尽。村头墩堡,循河婉婉,望去如堞。考卢沟水,出太原天池，伏流至马邑，从雷山阳，发为浑泉，是曰"桑干水"。雁门云中水皆会，经太行，经宛平东南，至看丹口。支为二：其东支，通州注白河；其南支，霸州会易水，又南经丁字沽，注运河。是水过怀来，委委两山间，磬折回射，不得自左右，惟所束之，乃亦挟其愬怒，迤宛平而西四十里。石景山东，地衍土疏，惟触斯受，水雷奔云泄，意左趋左，意右趋右。永乐十年七月，河溃岸八百二十丈，修焉。洪熙元年七月，溃狼窝口百丈，修焉。宣德三年六月，溃百丈，修焉。正统元年七月，溃小屯厂，修焉。正德元年二月，溃岸六百丈，修焉。盖河至无状，而意所欲食，前可知也。淫为淤者，其所舍也。其所咀啮，有堤廓如，然趾窘危立。成化十七年，允霸州知州蒋恺请，从三角淀抵小直沽，修筑堤岸。而宪宗朝，卢沟无患也。其积津盛势，久噎不泄，河不自得止，则务支之；不可支也，诱之；不可诱也，归之。嘉靖十年，命工部郎中陆时雍修卢沟河，以支流导入于海。三十四年，命修卢沟河，从柳林通鸡鹅房，导入草大河。四十一年，命工部尚书雷礼修卢沟河，先浚大河，令岔河水归故道，从丽庄园入直沽下海。凡三易治，而世宗朝，卢沟无患也。俗言卢沟数溃，罔决圮于桥，桥有神焉。万历三十五年，阴霖积旬，水滥发，居民奔桥上数千人，见前水头过桥且丈，数千人喧号，当无活理。未至桥，水光洞冥间，有巨神人，向水头按令下伏，从桥孔中去。

卷之四

西城内

首善书院

都门讲学,始首善书院。首善书院,始天启二年十一月,阅月二十,至天启四年六月罢讲。罢逐主讲者都察院都御史吉水邹先生元标、副都御史三原冯先生从吾。两先生万历初各以建言予杖去,里居讲学四十年。泰昌初征入京,寻总副台宪。公暇,辄会讲城隍庙百子堂,自绅衿氓隶,听者数百人。始议建书院宣武门内城下,御史周公宗建董之。讲堂三楹,后堂三楹,供先圣,陈经史典律。院碑一,大学士叶公向高文,礼部尚书董公其昌书也。讲有期,日必竟。讲未几,崔、魏盛,党祸深,御史倪文焕等,诋为伪学斥逐,请碎其碑。有疏曰:"聚不三不四之人,说不痛不痒之话,作不深不浅之揖,啖不冷不热之饼。"乃碎碑,暴其碎于门外,乃毁先圣主,焚弃经史典律于堂中,院且拆矣。会今上改元,倪等伏法,院遂以存。后礼部尚书徐公光启,率西洋人汤如望等,借院修历,暂署曰"历局"。时亦有议复书院,立先圣主,设经史典律,起所碎碑讲学者。

天主堂

堂在宣武门内东城隅,大西洋奉耶稣教者利玛窦,自欧罗巴国航海九万里入中国,神宗命给廪,赐第此邸。邸左建天主堂,堂制狭长,上如覆幔,傍绮疏,藻绘诡异,其国藻也。供耶稣像其上,画像也,望之如塑,貌三十许人;左手把浑天图,右叉指若方论说次,指所说者。须眉竖者如怒,扬者如喜,耳隆其轮,鼻隆其准,目容有瞩,口容有声,中国画缋事所不及。所具香镫盖帏,修洁异状。右圣母堂,母貌少女,手一儿,耶稣也。衣非缝制,自顶被体,供具如左。按《耶稣释略》曰:耶稣,译言救世者,尊主陡斯,降生后之名也。陡斯造天地万物,无始终形际,因人始亚当,以阿袜言,不奉陡斯,陡斯降世,拔诸罪过人。汉哀帝二年庚申,诞于如德亚国童女玛利亚身,而以耶稣称,居世三十三年。般雀比剌多,以国法死之。死三日生,生三日升去。死者,明人也;生而升者,明天也。其教,耶稣曰"契利斯督",法王曰"俾斯玻",传法者曰"撒责而铎德",如利玛窦等。奉教者曰"契利斯当"。如丘良厚等。祭陡斯以七日,曰"米撒",于耶稣降生升天等日,曰"大米撒"。刻有《天学实义》等书行世。其国俗工奇器,若简平仪,仪有天盘,有地盘,有极线,有赤道线,有黄道圈,本名范天图,为测验根本。龙尾车,下水可用以上,取义龙尾,像水之尾尾上升也。其物有六:曰轴、曰墙、曰围、曰枢、曰轮、曰架。潦以出水,旱以入,力资风水,功与人牛等。沙漏,鹅卵状,实沙其中,颠倒漏之,沙尽则时尽,沙之铢两准于时也,以候时。远镜,状如尺许竹笋,抽而出,出五尺许,节节玻璃。眼光过此,则视小大,视远近。候钟,应时自击有节。天琴铁丝弦,随所按,音调如谱。之属。玛窦亡,其友庞迪峨、龙华民辈代主其教。教法,友而不师。师,耶稣也。中国有学焉者,奉其厄格勒西亚七式。

石镫庵

庵旧名吉祥,万历丙午,西吴僧真程自云栖来,葺之而居,发古甃下,得石幢一,式如灯台,傍镌《般若心经》一部,唐广德二年少府裴监施,朝请郎赵偃书。适黄仪部汝亨过其地,以庵甫治而镫适出,遂手书额,自是称"石镫庵"焉。程居此无华饰,朝梵夕呗,二十余年无懈日,日无懈声。绅衿缁素,月八日就此放生,笼禽雀,盆鱼虾,筐螺蚌,罗堂前。僧作梵语数千相向,纵羽空飞,孽者落屋上,移时乃去。水之类,投皇城金水河中,网罟笱饵所希至。人谓庵"小云栖"云。

李文正公祠

祠近皇城迤西,孝宗赐第也。第久析为民居。嘉靖乙酉,麻城耿公定向首议,赎还为公祠,祀公像。传双履,履二寸许,绊系之。一粗纻小衫,公举奇童时,着以见景帝者。耿为具箧,撰文镂箧,盖衣已半敝。履朱,斓然熟桃痕,履系乃不知色。今守祠者,人敛数钱,则出示之。按公当国,正逆瑾擅政时,刘公健、谢公迁致政去,人以独留长短公;或以阴用救正,与狄梁公比。而公实未尝委曲自存也,且瑾辈固未易委曲为救正者。违少从多,适来嫚侮,于否剥何赖,伺其且败而一击,亦市贾智焉。惟公朴忠忍节,大服之,识又夺之,气又夺之,诸所力救。荷较者:尚宝卿崔璿,给事中方奎,御史姚祥、张彧,主事张伟。逮者:都御史杨一清。诸所力争大狱者:有投匿名书罪瑾,群臣悉逮诏狱,以公言得释。平江伯陈熊湿米事觉,瑾欲置之死,乃兴大狱,以公言得释。盖事事执争,气未少下之,公所为执不可者。在孝庙时,有细必争。中官李广,炼药被宠,公疏引唐柳泌、宋郭京为鉴。有为李广乞祠额者,公执言不可。在武庙时,有大必争。四川镇守太监罗籥,以既革巡抚,请得便宜行事,瑾主之力。公谓兵马钱粮,祖制无归一人者,执言不可。瑾异谋卒败,于此折其首谋。后张永发瑾奸状,太监温祥持永疏至阁,公曰:"天下望此久矣。"遂拟旨伏法。盖公始终在位,而卒诛夷瑾。公先世茶陵人。父淳,金吾卫军余,为武清渡子,有叟来言,汝有善念,当为择瘗亲地,指一山曰:"有白狐卧处是。"李夕往,见卧白狐,因折树枝有声,狐惊,耸身三立去,即其穴瘗。明日,叟来曰:"俟狐自起尔,今惊去,当中衰。然汝子三公矣。"果生公,四岁能大书。景帝召见,命书龙、凤、龟、麟十余字,书奏,上喜,抱置膝上,赐珍果宝锭。六岁、八岁两召,试《尚书·益稷》篇,命肄京庠。十九岁,举进士,历事三朝,官大学士。一日朝退,沉思休致,袍带未及解;有道士服紫玉环来见,指公所服带,并自指曰:"何如我环,其能弃却入山?"公曰:"久服无味,入山须之岁月耳。"道士笑,出庭中微吟,踏剑飞去,时正德七年也。上欲调边军入卫,公疏谏不听,遂乞休。卒年七十。著有《怀麓堂集》百卷。公名东阳，字宾之，号西涯，赠太师，谥文正。墓在畏吾村。万历中，邻人取土，几露前和。宛平方公从哲封树之，坎掩而已。公子兆先夭，世荫皆侄。殁甫百年而中衰，如叟言。

双塔寺

西长安街双砖塔，若长少而肩随立者，其长九级而右，其少七级而左。九级者，额曰"特赠光天普照佛日圆明海云佑圣国师之塔"。七级者，额曰"佛日圆照大禅师可庵之灵塔"。或乃曰："地，元之旧狱，夜多冤苦鬼声，塔以镇之。"又曰："地，唐悯忠寺之坟院，二师者，悯忠寺一二代祖。"非矣。双塔地，元庆寿寺也。海云、可庵，元僧也。寺今僧室中有碑矣。燕京编修所次二官王万庆撰，略云：海云，名印简，山西之宁远人，七岁入学，授《孝经》之首章，遽问开者何宗？明者何义？父异之，以见传戒颜公，祝发。明年，礼中观沼公，受戒，修童子行。一日披中和五条衣，升座为同列演说，见者叱之，师曰："佛言三世诸佛所说之法，吾今四十九年，不加一字；童子所说，非妄有加。"年十一，纳具足戒，已能开众讲义，济众凶岁。金宣宗闻之，赐号"通玄广惠大师"。宁远城陷，师与中观皆执，元成吉思帝，遣使语太师国王曰："卿言老长老、小长老，是告天之人，可好存济。"自是天下称小长老焉。一夕，梦神速其行，乃来燕。夜宿松铺岩下，击火大悟，年二十也。至景州，参本无玄禅师，玄曰："孟八郎又恁么去也？"时中和老人章公，住燕京之庆寿寺，梦僧杖而入门，踞狮子座。是日师至，中和以向上键锤，差别机智，一一勘验，曰："已到大安乐地。"年三十，合罕帝遣阿先脱兀怜赐以"称心自在行"之诏，每言于大官人忽都护：孔子者，生民圣人，宜世封以祀。复言颜子、孟子后，及习周孔学者，皆宜免差役，勤服其业。从之。诏试僧道，不通经者，还编户。往见厦里丞相曰："山僧年三十六，一字不识。"丞相曰："一字不识，何名为僧？"曰："方今大官人，识字也无？"因言僧以悟为第一，岂与聘士同科？丞相以闻。所著语录，曰《杂毒海》。前后得其法乳者十四人，可庵朗公继主庆寿寺，事焉。今寺尚有海云、可庵二像，衣皆团龙鱼袋。海云像,门弟子刘秉忠赞之。按今射所,亦庆寿寺址也。文皇初欲为姚少师建第,少师固辞,居庆寿,后更大兴隆名。旧有石刻金章宗"飞渡桥、飞虹桥"六大字。嘉靖十七年寺灾,石刻亦毁。二十九年,锦衣卫都督陆炳请改大兴隆寺址为射所,寻以金鼓声彻大内,拟改建玄明宫,其射所别于大慈恩寺址,在海子桥,今废为厂。炳言慈恩亦近禁城,请移民兵教场安定门外,移射所民兵教场,而兴隆故地,于以演象良便,得旨允行。今人并称射所、演象所云。

城隍庙市

京师市各时日:朝前市者,大明门之左右;日日市,古居贾是也。灯市者,东华门外,岁灯节,十日市,古赐铺是也。内市者,东华门内,月三日市,今移灯市张矣,犹称"内市"也。穷汉市者,正阳桥,日昃市,古贩夫贩妇之夕市是也。城隍庙市,月朔望,念五日,东弼教坊,西逮庙墀庑,列肆三里。图籍之曰古今,彝鼎之曰商周,匜镜之曰秦汉,书画之曰唐宋,珠宝、象玉、珍错、绫锦之曰滇、粤、闽、楚、吴、越者集。夫我列圣,物异弗贵,器奇弗作,然而物力蕴藉,匠作质良,古未有,后不磨,当代已稀重购。故簪、佩、钩、环之靡者、害者,市无传也。其坛庙服用之器具则传。器首宣庙之铜,宣铜炉其首,炉之制有辨焉,色有辨焉,款有辨焉。制所取,宜书室,登几案,入赏鉴,则莫若彝乳炉之口径三寸者,其制百折、彝炉、乳炉、戟耳、鱼耳、蜒蚰耳、薰冠、象鼻、兽面、石榴足、橘囊、香盒、花素、方圆鼎等,上也。角端象头鬲、判官耳、鸡腿脚扁炉、翻环、六棱、四方、直脚炉、漏空桶炉、竹节、分裆、索耳等,下也。**铸耳者**,宣炉多仿宋窑,中有身耳逼近,施错无余地者,乃别铸耳,磨冶钉入,分寸始合也。钉耳多伪,宣炉铸耳不称者,拣去更铸,十不一存,故伪者但能钉耳也。**色种种:仿宋烧斑者,初年色也**;尚沿永乐炉制。**蟹茶本色,中年色也**;中年愈工,谓烧斑色掩其铜质之精,乃尚本色,用番碙浸擦熏洗为之。**本色愈淡者,末年色也**。末年愈显铜质,着色愈淡。后人评宣炉色五等,栗色、茄皮色、棠梨色、褐色,而藏经纸色为最。**鎏金色者次本色,为掩铜质也**;鎏腹以下,曰涌祥云。鎏口以下,曰覆祥云。鸡皮色者,覆手色,火气久而成也。迹如鸡皮，拂之实无迹。本色之厄二：嘉隆前有烧斑厄，时尚烧斑，有取本色真炉，重加烧斑者。近有磨新厄，过求铜质之露，取本色炉磨治一新，至有岁一再磨者。款亦制辨色辨之，阴印阳文，真书"大明宣德年制"，字完整，地明润，与炉色等旧，非经雕凿熏造者。后有伪造者，有旧炉伪款者，有真炉真款而钉嵌者。伪造者，有北铸，嘉靖初之学道，近之施家。施不如学道远甚，间用宣铜别器改铸。然宣别器，铜原次于炉，且小冶单铸，气寒俭无精华。有苏铸，有南铸，苏蔡家，南甘家。甘不如蔡远甚，蔡惟鱼耳一种可方学道。旧炉伪款者，有永乐之烧斑彝。耳多宽索，腹多分裆。景泰、成化间之狮头彝等，厚赤金作云鸟片帖铸之，原款用药烧"景泰年制"等字，二者价逊宣炉，后人伪凿宣款，以重其价。真炉真款而钉嵌者，宣呈样炉，宣他器款也。当年监造者，每种成，不敢铸款，呈上准用，方依款铸，其制质特精。流传至后，谓有款易售，取宣别器款色配者，凿空嵌入，其缝合在款隅边际，但从覆手审视，觉有微痕。宣炉惟色不可为伪，其色黯然，奇光在里，望之如一柔物，可接捪然。迫视如肤肉内色，蕴火蘸之，彩烂善变；伪者外光夺目，内质理疏，槁然矣。传宣庙时内佛殿灾，金银铜像浑而液，因用铸器，非也。宣庙欲铸炉，问工：铜何法炼而佳？工奏："炼至六，则现殊光宝色，异恒铜矣。"上曰："炼十二。"炼十二已，条之，置铁钢筛格，赤炭溶之，其清者先滴，则以铸；存格上者，以作他器。故宣他器，先不极量于铜，后不致养于火，其入赏鉴亚之。次窑器，古曰柴、汝、官、哥、均、定；在我朝，则永、宣、成、弘、正、嘉、隆、万、官窑。首成窑，次宣，次永，次嘉，其正、弘、隆、万，间有佳者。其时饶土入地未恶，其土骨紫白料法，泑药水法，底足火法，花青画彩法，雅既入古，致又尽今，故悬日无多，而购市重直，传世永宝焉。永窑之压手杯，传用可久，价直甚高。坦口折腰，沙足滑底，外深青花，内双狮球，球内篆书"永乐年制"，细如粒米。鸳鸯心次之，花心次之。近者仿之以蠢厚，约略形似耳。宣窑之祭红杯盘，浑身者，红鱼者，百果者，发古未有，末西红宝石，涂泑内烧出，泑上宝红凸起紫黑者，火候失也。青花茶靶杯，画龙、松、梅。酒靶杯，画人物海兽。朱砂小壶、大碗，色红鲜，白锁口。竹节卤壶、小壶、匾罐，皆罩盖者。炉、瓶、盘、碟、敞口花尊，蜜渍桶罐，多五彩者。白坛盏，心有"坛"字。暗花白茶盏，瓮肚、釜底、绵足，里有龙凤暗花，底有"大明宣德年制"暗款。坐墩等，有漏花填彩，有实花填彩，皆深青地，有蓝地填彩，有白地青花，有冰裂纹。各有精者，而以花款，青色，泑光，品次之。他则水注、五彩桃注、石榴注，彩色双瓜注、双鸳注、鹅注。笔洗、鱼藻洗、葵斑洗、磬口洗、螭洗。两台灯架、雀食罐、蟋蟀盆等。成窑之草虫可口、子母鸡劝杯，人物莲子酒盏、草虫小盏、青花酒盏，薄才如纸。葡萄靶杯、五色，敞口匾肚。齐箸小碟、香合、小罐。皆五彩者。成杯，茶贵于酒，采贵于青，其最者斗鸡可口，谓之鸡缸。神庙光宗，尚前窑器，成杯一双，值十万钱矣，成宣靶杯，俱非所贵。嘉窑，泡杯其最，低小磬口者。花三友者，泡杯之最，水藻次之，灵芝又次之。适用曰"坛盏"，大、中、小三号。内字曰"茶"，为坛盏最，酒枣汤次之，姜汤又次之，姜汤不恒有。盏色正白，如玉斯美，泑嫩则近青，泑不净则近黄。其青花五彩，二窑制器悉备焉。有三色鱼匾盏、磬口、馒心、圆足。红铅小花合子等。大如钱，有青花，有红花。盖永尚厚，成尚薄，宣青尚淡，嘉青尚浓，成宣用青之漂，去其沉脚，嘉青全用浓者。成青未若宣青，苏渤泥青也。宣彩未若成彩，浅深入画也。嘉万之回青，特为幽菁，鲜红土尽绝，色止矾红，而回青盛作。隆窑之春宫，不入鉴藏，是其别已。其同者，汁水莹厚如堆脂，汁纹鸡橘也。质料腻实，不易茅蔑也。官窑土骨坯，干经年，重用车碾，薄上泑水，候干，数次而厚入骨，最坚。出火口足泑漏者，谓之骨，则碾去，上泑更烧之，故鸡皮橘皮纹起，久用口不茅，身不蔑焉。其发棕眼蟹爪纹者，泑中小疵，反以验火候之到，亦如宣炉冷热充补，他铸无及者。磨弄岁深，火色退净也。今市所争购，多当年不中御用者。其有龙纹五爪，不落民间，或碾去一爪而亦市之。次漆器，古犀毗、剔红、戗金、攒犀、螺钿，市时时有，而国朝可传则剔红、填漆、倭漆三者。剔红，宋多金银为素，国朝锡木为胎，永乐中果园厂制，合盘匣不一，合有蔗段、蒸饼、河西、三撞、两撞等式。蔗段人物为上，蒸饼花草为次。盘有圆、方、长、八角、绦环、四角、牡丹瓣等式，匣有长方、四方、二撞、三撞四式。其法朱漆三十六次，镂以细锦，底漆黑光，针刻"大明永乐年制"字。以比元作者，张成、杨茂。剑镮香草之式，似为过之。宣庙青宫时，剔红等制，原经裁定；立后，厂器终不逮前。工屡被罪，因私购内藏盘合，款而进之，磨去永乐针书细款，刀刻"宣德"大字，浓金填掩之。故宣款皆永器也。间存永乐原款，则希有矣。填漆，款亦如之。填漆刻成花鸟，彩填稠漆，磨平如画，久愈新也。其合制贵小，深者，五色灵芝边。浅者，回文戗金边。其古色苍然莹然，其器传绝少，故数倍贵于剔红，故伪者亦多剔红。倭漆，国初至者，工与宋倭器等。胎轻漆滑，铅钤口，金银片，漆中金屑，砂砂粒粒，无少浑暗，有圆三五七九子合，有方四六九子匣。其小合匣，重止三分。有三撞合，有粉扇笔等匣，有水铫，有角盨，以方长可贮印者贵。香合次之，大可容梳具为最，然不恒有。中国尽其技者，称蒋制倭漆与潘铸倭铜。然倭用碎金入漆，磨漆金现，其颗屑圜棱，故分明也。蒋用飞金片点，褊薄模糊耳。正统中，杨埙之描漆，汪家之彩漆，设色如画，用粉入漆，久乃如雪，或曰，真珠粉也。隆庆中，方信川之堆漆螺钿，黄平沙之剔红，人物精采，刀法圆滑。云南雕法虽细，用漆不坚，刀不藏锋，棱不磨熟矣。伪剔红者，用矾朱或灰，团起，外朱漆二层，曰"罩红"也。次纸墨，纸不如旧，墨不如新。宣纸至薄能坚，至厚能腻，笺色古光，文藻精细。有贡笺，有绵料，式如榜纸，大小方幅，可揭至三四张，边有宣德五年造素馨纸印。后则有白笺，坚厚如板，两面研光如玉。有洒金笺，有洒金五色粉笺，有金花五色笺，有五色大帘纸，有磁青纸。坚韧如段素，可用书泥金。宣纸，陈清款为第一，外则薛涛蜀笺、镜面高丽笺、松江谭笺、新安仿宋藏经笺等，皆市。墨欲黑，古墨色光如漆，浓不湮沁，淡不脱神，今其法不可得。国朝御用内墨，则宣庙之龙凤大定，光素大定，青填金填"大明宣德年制"字，别有朱、蓝、紫、绿等定。外则国初之查文通、龙忠迪、碧天龙气、水晶宫二种。方正、牛舌墨。苏眉阳，卧蚕小墨。嘉万之罗小华、小道士等。汪中山、太极十种，元香太守四种，客卿四种，松滋侯四种。邵青丘、墨上自印小像。青丘子格之、方于鲁、青麟髓等，其子封曰"羲仓篆"。程君房、玄元灵气等，方程墨各有谱。汪仲嘉、梅花图。吴左干、元渊、髻珠二种。丁南羽父子，一两可染三万笔。今之潘嘉客、紫极龙光。潘方凯、开天容。吴名望、紫金霜。吴去尘，不可磨、未曾有等。而市品价尤重者，始方罗，中方程，今两吴也。罗尚珠宝，增墨之光，亦减墨之黑，罗不如方。宣墨亦太多香料。程尚胶轻，宜南不宜北，程不如方。两吴质轻烟细，易松以桐，佐桐以脂，烟百两，油三石，今五石矣。远烟独草，今茜染四剖矣。胶用鹿麋，熟而悬之经年矣。夫焰头蚀烟则白，角以时解，胶则凝释，若遂能县之侧縠，使轮旋而受烟，法古干漆，取代胶泥，徐铉、李廷珪何至殊异哉。有内府扇曰"宫扇",带曰"宫带",香曰"宫串"。外夷贡者,有乌斯藏佛,有西洋耶稣像,有番镫,有倭扇,有葛巴剌碗。数珠则有顶骨禄,有番烧,有腻红,有龙充,有鳅角。段帛,有蜀锦,有普鲁,有猩猩毡,有多罗绒,有西洋布,有琐附,有左机等。市之日族族,行而观者六,贸迁者三,谒乎庙者一。庙建自永乐初,正统中,重修。洪武初,神有封号,曰"鉴察司民城隍显佑公"。今称都城隍之神。岁春秋,祀于有司。二门列十三省城隍,冠笏立侍。庙有石刻"北平府"三字,字径尺,半埋土中。

鹫峰寺

城隍庙之南,齐檐小构者,鹫峰寺。以旃檀像应化集此,缁素瞻礼无虚日,寺遂以名。像高五尺许,寒暑晨昏不一色,大抵近沉碧,万历中,慈圣太后始傅以金。相传为旃檀香木,似木耳,扣之磬然者石。濡者石,坚者金,轻者髹漆,柔可受爪者乃木。鹄立上视,后瞻若仰,前瞻若俯,衣纹水波,骨法见其表,左手舒而植,右手舒而垂,肘掌皆微弓,指微张而肤合,三十二相中鹅王掌也。勇猛、慈悲、精进、自在,各以意求之,皆备,调御丈夫哉。按《瑞像记》云:释迦如来初为太子,诞七日,母摩耶弃世,生忉利天。佛既成道,思念母恩,遂升忉利,为母说法。优填国王欲见无从,乃刻旃檀为像,目犍连尊者,以神力摄三十二匠升忉利天,谛观相好,三返乃成。及佛返人间,王率臣庶,自往迎佛。此像腾步空中,向佛稽首。佛为摩顶受记曰:"我灭度千年,汝从震旦,利人天。"像繇是飞历西土一千二百八十五年,龟兹六十八年,凉州一十四年,长安一十七年,江左一百七十三年,淮安三百一十七年,复至江南二十一年,北至汴京一百七十七年,北至燕京十二年,北至上京二十年,南还燕京内殿五十四年。燕宫火,迎还圣安寺一十九年,元世祖迎入仁智殿十五年,迁于万安寺一百四十余年,以上元学士程钜夫记。复居庆寿寺一百二十余年。嘉靖戊戌,庆寿寺灾,奉迎鹫峰寺,迄天启丁卯,共居八十八年。计优阗造像,当周穆王辛卯,至我熹宗丁卯,凡一千六百一十余年。以上蜀僧绍乾续记。万历己未,寺僧济丹,在殿诵经次，一士人礼拜墀下。僧睹仪观有异，乃迎上殿，士固不可，僧固迎不已。士自通曰："城隍也，殿有戒神呵护，我小神，敢轻入？"语罢不见。

灵济宫

皇城西，古木深林，春峨峨，夏幽幽，秋冬岑岑柯柯，无风风声，日无日色，中有碧瓦黄甍，时脊时角者，灵济宫。永乐十五年，文皇帝有疾，梦二真人授药，疾顿瘳，乃敕建宫祀，封玉阙真人、金阙真人，封其配曰"仙妃"。十六年，改封真君。成化二十二年，改封上帝。像机胎，木体被衣，首机其项，手机髃肘，足机髋膝，撼之动巍巍，取福州原像也。岁元旦，日短至，及真人诞辰，遣太常寺堂上官行礼。朔望，宫道士行礼。岁四孟，更服，祭告，冕衮服，平时冠巾袍襕，私衵袜系履綦服，服各以其时。福州先有灵济宫，自永乐十五年例，每六年，遣博士，赍袍服往祭告。万历四年，奏罢，命本省潘司祭告，具袍服。其北京灵济宫，礼如初。万历二十二年，大学士王锡爵病，上特发帑五十两，命灵济宫道官白昭忻建醮三日夜，锡爵上疏谢，病寻愈。相传二真人，徐姓，知证、知谔名，五代时义祖徐温子也。按《南唐书》：徐知证，义祖第五子，仕吴，历州刺史，至节度使。烈祖，姓李，名昪，吴丞相徐温养子，晋天福二年称帝，国号唐。子璟嗣，璟子煜降宋。封徐氏与李氏同，知证初封江王，改魏王，元宗嗣位，内宴王，起舞拜跪为寿，王亦叔父自处，无所让，卒年四十二。知谔，义祖第六子，初封饶王，进梁王，镇润州，兼中书令。好珍异物，所蓄不可计。尝曰："人年七十为修，吾生王家，穷极欢乐，一日可世人二日，年三十五其死乎？"至期卒，如其言。二王皆不至闽及燕，亦不闻雅意道术，其殁也，则为明神。

显灵宫

永乐中，道士周思得行灵官法，知祸福，先文皇帝数试之，无爽也。至招弭祓除，神鬼示魅，逆时雨，禬灾兵，远罪疾，维影响，乃命祀王灵官神于宫城西。世传灵官藤像，文皇获之东海，崇礼朝夕，对如宾客，所征必载。及金河川，舁不可动，就礼而秘问之，曰：上帝有界，止此也。成化初，灵应愈著，敕所司拓其宇，曰"大德显灵宫"，大建弥罗阁，以祀上帝。嘉靖初，复于阁左，建昊极通明殿，以祀净德王、宝月光后。东辅萨君，殿曰"昭德"；西弼王帅，殿曰"保真"。西殿二柏有异，枝去干委地，其擘若手，枝干胧连处，望止丝发，视他柏无恙，交枝接叶乃倍焉。观者手约枝叶乃得入，观日所穿射，深深澹澹，如夜月纷纷。都人云：王帅盖萨君弟子，乃像对相望也。百年前，夜雨霹雳，晓见柏垂当门为屏，知神意隐蔽，遂仍弗殊，而柏不更枯。

万松老人塔

万松老人，金元间僧也。兼备儒释，机辩无际，自称万松野老，人称之曰"万松老人"。居燕京从容庵。漆水移刺楚材，一见老人，遂绝迹屏家，废餐寝，参学三年。老人以湛然目之，后以所评唱《天童颂古》三卷，寄楚材于西域阿里马城，曰《从容录》。自言着语出眼，临机不让也。楚材序而传至今。老人寂后，无知塔处者。今乾石桥之北，有砖甃七级，高丈五尺，不尖而平，年年草荣其顶，群号之曰"砖塔"，无问塔中僧者。不知何年，人倚塔造屋，外望如塔穿屋出，居者犹闷塔占其堂奥地也。又不知何年，居者为酒食店，豕肩挂塔檐，酒瓮环塔砌，刀砧钝，就塔砖砺；醉人倚而拍拍，歌呼嫚骂，二百年不见香灯矣。万历三十四年，僧乐庵讶塔处店中，入而周视，有石额五字焉，曰"万松老人塔"，僧礼拜号恸，募赀赎而居守之。虽塔穿屋如故，然豨肩、酒瓮、刀砧远矣。

嵇山会馆唐大士像

都中之古像二：优阗王造旃檀像，自周，二千六百一十余年至今。尉迟敬德造观音像，自唐贞观，一千一十二年至今。观音古铜身，三尺，不以髹塑，不以金涂饰，妙相慈颜端若，而丈夫概具，磊磊然也。下刻"大唐贞观十四年，尉迟敬德监造"字。旧供宣武门外晋阳庵，庵废，内侍朱，移像受水塘，创古佛庵供之。庵今又废,像复移置稽山会馆也。尝考会馆之设于都中,古未有也,始嘉、隆间。盖都中流寓十土著,游闲屣士绅,爰隶城坊而五之。台五差,卫五缉,兵马五司,所听治详焉。惟是四方日至,不可以户编而数凡之也。用建会馆,士绅是主,凡入出都门者,藉有稽,游有业,困有归也。不至作奸,作奸未形,责让先及,不至抵罪,抵于罪,则藉得之耳,无迟于捕。会馆且遍,古法寝失,半据于胥史游闲,三奸萃焉,居间曰"攬纤",指称曰"撞太岁",勒胁曰"拿讹头"。继自今,内城馆者,绅是主;外城馆者,公车岁贡士是寓。其各申饬乡藉,以密五城之治,斯亦古者友宗主藪,两系邦国意欤?

帝王庙

世宗肃皇帝之九年,命建历代帝王庙,如留都。越岁庙成,上亲诣致祭。厥后岁春秋,遣大臣祭。庙在阜成门内大市街之西,故保安寺址也。庙设主不像。庙五室:中三皇伏羲、神农、黄帝座。左帝少昊、帝颛顼、帝喾、帝尧、帝舜座。右禹王、汤王、武王座。又东汉高祖、光武。又西唐太宗、宋太祖。凡十有五帝。庑从祀臣四坛:东一坛九臣,风后、力牧、皋陶、夔、龙、伯夷、伯益、伊尹、傅说。二坛十臣,周公旦、召公奭、太公望、召虎、方叔、张良、萧何、曹参、陈平、周勃。西一坛八臣,邓禹、冯异、诸葛亮、房玄龄、杜如晦、李靖、李晟、郭子仪。二坛五臣,曹彬、潘美、韩世忠、岳飞、张浚。凡三十有二臣。庙初,元世祖犹列,十年九月,翰林院修撰姚涞奏言,部议:太祖睿断有确,不从。二十四年二月,礼科给事中陈棐奏言,遂罢元世祖祀。相传南京帝王庙成,太祖亲祀,见元世祖像,面痕如泪,上笑曰:"尔失天下,失尔漠北所本无;我取天下,取我中原所本有,复何憾?"泪则止。今世宗从群臣议撤主,南京亦撤其像祀矣。其帝王陵寝,诏地方官春秋祀,如太祖制。

白塔寺

凡塔级级笋立,白塔巍然蹲也。三异相,二异色,下廉以栏,为莲九品相。

中丘以圜，为佛顶光相。上盖以雷，为尊胜幢相。其白垩色，非石也，今垩有剥而白无减。铜盖上顶，一小铜塔也，盖铜色青绿矣。顶灿然黄黄。塔自辽寿昌二年，相传藏法宝种种，有光静夜，疑是塔然。至元八年，世祖发视之，舍利二十粒，青泥小塔二千，石函铜瓶，香水盈满，前二龙王跪而守护。案上，《无垢净光陀罗尼》五部，轴以水晶。金石珠琢异果十种，列为供；瓶底一钱，钱文"至元通宝"四字也。世祖惊异，乃加崇饰，铜网石栏焉。元初有童谣曰："塔儿红，北人来作主人翁。塔儿白，南人作主北人客。"谣载《草木子·古今谚》。世祖时，塔色焰赤。及我太祖兵起淮阳，塔白如故。天顺元年，赐额"妙应寺"，更造百八灯龛也。塔上有树生之，花时亦花，高不甚辨，久久落熟烂果，其核杏也。岁元旦，士女绕塔，履屣相躩，至灯市盛乃歇。或言辽主于燕京五方，方镇以塔，塔五色，兵燹后惟白塔灵异特存。今四色中，黑塔、青塔废，其寺在，人呼黑塔寺、青塔寺云。

朝天宫

太祖高皇帝于冶城旧址，建朝天宫，奉上帝，时维洪武十有七年。宣宗章皇帝仿南京式，建宫皇城西北，靓深亢爽，百物咸具。建三清殿，以奉上清、太清、玉清。建通明殿，以奉上帝。建普济、景德、总制、宝藏、佑圣、靖应、崇真、文昌、元应九殿，以奉诸神。东西建具服殿，以备临幸。于是两京两朝天宫。宫成于宣德八年闰八月戊午，是夕，景星见西北方。西北方，天门也，御制诗文，勒碑纪事，诗曰："巍巍太极至道宗，元始一气开鸿蒙。上元清都九天重，勾陈环御紫微宫。帝居玉清天之中，主宰气机权化工。妙运合辟无终穷，仁存发育万汇同。居高视听明且聪，颒衿下土氓蚩蚩。简命有德兼君师，有克敷仁训以治。惠溥中夏暨四夷，恒申锡之祥与祺。国家受命式九围，三圣昭事肃以祗。薄海内外跻雍熙，骈见叠出承蕃釐。予嗣大宝御兆民，好生惓惓体帝仁。靡间遐迩视惟均，秉恪夙夜坚忱忳。一心绥怀副高旻，都城乾位宫宇新。精洁祀事居明神，既落厥夕瑞应臻。景星煌煌烛天门，惟天至仁锡嘉祥。予谅菲薄谒克当，所笃虔志祈穹苍。七庙在天绥明灵，圣母万寿长乐康。巩固社稷宁家邦，时和岁稔民物亨。二仪奠位七政明，一统八表皆升平。"爰诏正旦、冬至、圣节，百官习仪宫中。先是，习仪庆寿寺、灵济宫也。宪宗纯皇帝承太祖、宣宗朝天之心，于成化十七年六月重修，御制诗文，勒碑纪事，诗曰："元气鸿蒙帝所居，三清景界神所都。星辰环拱天之枢，风雷鼓荡天之隅。龟蛇蟠结昭灵符，文昌道化尔玄虚。诸祖通明如可呼，诸真妙应无时无。矜怜万姓本来愚，长养万物同洪垆。眷兹玄教匪妄传，古今崇事殊精虔。琳宫玉宇在在然，金身宝像霞光连。麒麟不断焚龙涎，胆瓶高插璃葩鲜。春祈秋报清镫前，朝瞻夕礼幡幢边。禁城西北名朝天，重檐巨栋三千间。创自我祖宣皇时，朕今承继载新之。辉煌不减先成规，神祇下上鸾凤随。百官预于兹肄仪，羽士日于兹祝釐。祝我祖庙明灵绥，祝我慈闱乐耆颐。祝我皇图民物熙，千秋万岁无穷期。"天启六年六月廿夜，朝天宫灾，有异状，无火而延，十三殿齐火，不以次第及，烬不移刻，无所存遗。后天师府，旁近道房民屋，不燠不焦，罔所殃累。天师府有赵孟頫张天师像赞碑、大道歌碑，虞集黄篆大醮碑。宫之址，元旧也。府设道箓司，主天下之道教。

卷之五

西城外

高梁桥

水从玉泉来，三十里至桥下，荇尾靡波，鱼头接流。夹岸高柳，丝丝到水。绿树绀宇，酒旗亭台，广亩小池，荫爽交匝。岁清明，桃柳当候，岸草遍矣。都人踏青高梁桥，舆者则寨，骑者则驰，蹇驱徒步，既有挈携，至则棚席幕青，毡地藉草，骄妓勤优，和剧争巧。厥有扒竿、觔斗、唎喇、筒子、马弹解数、烟火水嬉。扒竿者，立竿三丈，裸而缘其顶，舒臂按竿，通体空立移时也。受竿以腹，而项手足张，轮转移时也。衔竿，身平横空，如地之伏，手不握，足无垂也。背竿，髁夹之，则合其掌，拜起于空者数也。盖倒身忽下，如飞鸟堕。觔斗者，拳据地，俯而翻，反据仰翻，翻一再折，至三折也。置圈地上，可指而仆尔，翻则穿一以至乎三，身仅容而圈不动也。叠案焉，去于地七尺，无所据而翻空，从一至三，若旋风之离于地，已则手两圈而舞于空，比卓于地，项膝互挂之，以示其翻空时，身手足尚余闲也。唎喇者，掐拨数唱，谐杂以诨焉，鸣哀如诉也。筒子者，三筒在案，诸物械藏，示以空空，发藏满案，有鸽飞，有猴跃焉。已复藏于空，捷耳，非幻也。解数者，马之解二十有四，弹之解二十有四。马之解，人马并而驰，方驰，忽跃而上，立焉，倒卓焉，鬣悬，跃而左右焉，掷鞭忽下，拾而登焉，镫而腹藏焉，鞦而尾赘焉，观者岌岌，愁将落而践也。弹之解，丸空二三，及其堕而随弹之，叠碎也；置丸童顶，弹之碎矣，童不知也。踵丸，反身弹之，移踵则碎，人见其碎，不见其移也。两人相弹，丸适中遇而碎，非遇，是俱伤也。烟火者,鱼、鳖、凫、鹭形焉,燃而没且出于溪,屡出则爆,中乃其儿雏,众散,亦没且出,烟焰满溪也。是日游人以万计,簇地三四里。浴佛、重午游也,亦如之。

极乐寺

高梁桥水,来西山涧中,去此入玉河。辞山而平,未到城而净,轻风感之,作青罗纹纸痕。两水夹一堤,柳四行夹水。松之老也秃,梅之老也秃,柳之老也,逾细叶而长丝。高梁堤上柳,高十丈,拂堤下水,尚可余四五尺。岸北数十里,大抵皆别业,僧寺低昂疏簇,绿树渐远,青青漠漠,间以水田,界界如云脚下空。距桥可三里,为极乐寺址。寺,天启初年犹未毁也。门外古柳,殿前古松,寺左国花堂牡丹。西山入座,涧水入厨。神庙四十年间,士大夫多暇,数游寺,轮蹄无虚日,堂轩无虚处。袁中郎、黄思立云:小似钱塘西湖然。

白石庄

白石桥北,万驸马庄焉,曰"白石庄"。庄所取韵皆柳,柳色时变,闲者惊之。声亦时变也,静者省之。春,黄浅而芽,绿浅而眉,深而眼;春老,絮而白。夏,丝迢迢以风,阴隆隆以日。秋,叶黄而落,而坠条当当,而霜柯鸣于树。柳溪之中,门临轩对,一松虬,一亭小,立柳中。亭后,台三累,竹一湾,曰"爽阁",柳环之。台后,池而荷,桥荷之上,亭桥之西,柳又环之。一往竹篱内,堂三楹。松亦虬。海棠花时,朱丝亦竟丈;老槐虽孤,其齿尊,其势出林表。后堂北,老松五,其与槐引年。松后一往为土山,步芍药牡丹圃良久。南登郁冈亭,俯瞰月池,又柳也。

惠安伯园

都城牡丹时,无不往观惠安园者。园在嘉兴观西二里,其堂室一大宅,其后牡丹,数百亩一圃也。余时荡然藁畦耳。花之候,晖晖如目不可极,步不胜也。客多乘竹兜周行塍间,递而览观,日移晡乃竟。蜂蝶群亦乱相失,有迷归径,暮宿花中者。花名品杂族,有标识之,而色蕊数变。间着芍药一分,以后先之。

真觉寺

成祖文皇帝时,西番板的达来贡金佛五躯,金刚宝座规式,诏封大国师,赐金印,建寺居之。寺赐名"真觉"。成化九年,诏寺准中印度式,建宝座,累石台五丈,藏级于壁,左右蜗旋而上,顶平为台。列塔五,各二丈,塔刻梵像、梵字、梵宝、梵华。中塔刻两足迹,他迹陷下廓摹耳。此隆起,纹螺若相抵蹲,是繇趾着迹涌,步着莲生。灯灯焰就,月满露升,法界藏身,斯不诬焉。按《西域记》:五塔因缘,拘尸那揭罗国,即中印土。娑罗林精舍,有塔,是金刚神甓地处。次侧一塔,是停棺七日处。次侧一塔,是阿泥楼陀,上天告母,母降哭佛处。次一塔,是佛涅槃般那处。次侧一塔,是佛为大迦叶波现双足处。又按《僧祇律》,亦五塔因缘,云塔,有舍利者,支提;无舍利者,凡人。起塔于佛生处、得道处、转法轮处、佛泥洹处、菩萨像、辟支像、佛像、佛脚迹处,得安华盖供养。上者,供养佛塔;下者,供养支提也。寺因缘者,寺因山水,缘贤圣熏修也。塔前有成化御制碑,曰:"寺址土沃而广,泉流而清,寺外石桥,望去绕绕,长堤高柳,夏绕翠云,秋晚春初,绕金色界。"

万寿寺

慈圣宣文皇太后,所立万寿寺,在西直门外七里广源闸之西。万历五年时,物力有余,民已悦豫,太监冯保奉命大作。虽大作,役不逾时,公私若无闻知。中大延寿殿五楹,旁罗汉殿各九楹。后藏经阁,高广如中殿。左右韦驮、达摩殿各三楹,如中傍殿。方丈后,辇石出土为山,所取土处为三池。山上,三大士殿各一,三池共一亭。僧云:万历十六年,上幸寺,尚食此亭也。山后圃百亩,圃蔬弥望,种莳采掇,晨数十僧。寺成,赐名"万寿"。万寿者,文武吏士、商旅井陌,燕私之诵声,四十八年如一日也。寺之碑,大学士张居正奉诏撰,其词曰:"惟君建极,敛福锡民。民有疾苦,如在其身。巍巍大雄,转轮弘教。毗卢光明,大千仰照。佛力浩衍,君亦如然。共以悲智,济彼颠连。琅函贝叶,藏之天府。以翊皇度,自我列祖。沿及我皇,跻民极乐。祇奉慈命,复轸民瘼。毋烦将作,乃发帑储。鸠工庀材,龙宫蔚如。翼翼峨峨,有截其所。仰俾神造,俯瞰净土。凡斯钜丽,前武之绳。聿追来孝,旋观厥成。景命有仆,永锡纯嘏。既相烈考,亦佑文母。保兹天子,亿万斯年。本支百世,蛰蛰绵绵。"先是,文皇帝铸大铜钟,侈弇齐适,舒而远闻。内外书《华严》八十一卷,铣于间。书《金刚般若》三十二分,字则铸欤,点画波捺楚楚,如碾如刻,复如书楷,其笔法必沈度、宋克也。向藏汉经厂,于是敕县寺,日供六僧击之。每击,八十一卷,三十二分,字字皆声。是一击,竟华严一转,般若一转矣。内典云:人间钟鸣未歇际,地狱众生刑具暂脱此间也。天启年中,钟不复击,置地上,古色沉绿,端然远山。

西域双林寺

万历四年,西竺南印土僧,左吉古鲁,东入中国,初息天宁寺。后过阜成门外二里沟,见一松盘覆,趺坐其下,默持陀罗尼咒,匝月不食不动。僧耳环,手钵,红罽衣,苍紫面而虬鬈,古达摩相也。毕长侍奏之,赐织金禅衣,赐日斋万僧,赐酥燃灯,赐松地居焉,赐寺名"西域双林寺"。闻禅二:性宗、相宗。学二:见地、行地。经二:论部、律部。法二:摄义、折义。摄受义者,示现哀悯;折服义者,示现忿怒,二义一义也。忍与不忍为根,慈亦太慈之贼,其为梵相狞异,正尔低眉垂手矣。寺殿所供,折法中三大士,西番变相也。相皆裸而跣,有冠有裳,有金璎珞,狐、象各出其座下。中金色,勇猛丈夫也,五佛冠。上二,交而杵铃。下二,趺而坐。左右各蓝色,三目,彩眉,耳旁二面,顶累二首,乃髻。首三项腰,各周以髑髅,而带以蛇。左喙鼻耳角,牛也。三十二臂,一十六足,中二手交,把髑髅半额,而铲取其脑。其三十手所执械:号者,旗幡鼓铃焉。御者,牌金火轮焉。缚者,绳。击者,桓杵。杀者,刀、叉、枪、剑、铁钺、弓矢焉。

其所执残身头手足肉骨,血淋淋皆新。其有陈者,髑髅也。足左踏皆若凤,右踏皆若马。各有人金冠合掌,腰腹承之,其一人两手拍捧而悲也。右,魔王鬼神像也。其耳环,一十八臂而四足,手二交而托,十四仰而托,托皆葛巴剌碗。左之碗盛菩萨,右盛虎、狮、象、驼、犀、海马,三色焉。葛巴剌碗者,解顶颅骨而金络,瓣棱尖如莲房也。足踏人四色,前仰后伏之。殿壁所遍绘,亦十方如来,示现忿怒尊者像也。有鞯人革其面爪趾宛然者。有倒络人首而为缨,蹬髑髅口而为镫者。有载人面首,若猎而狐兔雉累者。有尸三刃穿,有戟三首贯者。有方啖人半身,而披发垂于吻者。其计令瞻而众怖,思而猛省欤?忿怒变像,乌斯藏每贡之,曰"马哈剌佛"。寺后一土山,山前一塔,傍皆朱樱。实时,火齐靺鞨,的的灼灼,绕塔怀山。寺东,兴教寺,成化二十一年建,以居大兴法王结干领占者。西,昭应宫,元至元建也,龟蛇兆焉。正德八年修,蛇复驯出,赤质黑章,金文烂然,大学士费宏碑文记之。西又二里三虎桥,亦曰"神虎桥"。桥四石虎,万历中,其一虎夜逸,晓得之田间;北去桥一里,不更返也。

利玛窦坟

万历辛巳,欧罗巴国利玛窦入中国。始到肇庆,刘司宪某,待以宾礼。持其贡,表达阙庭。所贡耶稣像、万国图、自鸣钟、铁丝琴等,上启视嘉叹。命冯宗伯琦,叩所学,惟严事天主,谨事国法,勤事器算耳。玛窦紫髯碧眼,面色如朝华。既入中国,袭衣冠,译语言,躬揖拜,皆习。越庚戌,玛窦卒,诏以陪臣礼葬阜成门外二里嘉兴观之右。其坎封也,异中国,封下方而上圜,方若台圮,圜若断木。后虚堂六角,所供纵横十字文。后垣不雕篆而旋纹。脊纹,螭之岐其尾。肩纹,蝶之矫其须。旁纹,象之卷其鼻也。垣之四隅,石也,杵若塔若焉。祔左而葬者,其友邓玉函。函善其国医,言其国剂草木,不以质咀,而蒸取其露,所论治及人精微。每尝中国草根,测知叶形花色、茎实香味,将遍尝而露取之,以验成书,未成也。卒于崇祯三年四月二日。按西宾之学也,远二氏,近儒,中国称之曰"西儒"。尝得见其徒而审说之,大要近墨尔。尊天,谓无鬼神也。非命，无机祥也。称天主而父，传教者也。器械精，攻守悉也。墨也，墨乃近禹。今其徒晷以识日，日以识务，昼分不足，夜分取之，古之人爱日惜寸分，其然欤。墓前堂二重，祀其国之圣贤。堂前晷石，有铭焉，曰："美日寸影，勿尔空过；所见万品，与时并流。"

慈慧寺

万历己丑，黄南充辉，是入词林，其词翰见天下。时其友楚僧愚庵，自蜀弘法北上，曰："京城内外巨刹，四事之奉甲东土，而释子问法至者，无弛担所。"乃募建寺，檀施半出宫中。壬寅寺成，赐名慈慧。安像安藏，安十方僧单、十方僧供，而愚庵饮水啜蕉其中，若客然。陶祭酒望龄，乃撰寺碑，南充乃书。寺周匝列大树，墙百堵，乱砌石，曰"虎皮墙"，随其奇角，块块礧礧，龙鳞虎斑。寺后有阁，供栴檀佛，南充手定坯范，铸成，居然瑞像也。蜘蛛塔碑、甘井碑、金刚塔碑，皆南充书。蜘蛛塔者，南充诵《金刚经》次，一蜘蛛缘案上，正中立，向佛而伏。驱之，盘跚复来，就前位伏。南充曰："听经来者。"为诵经终卷，为说情想因缘竟，蜘蛛寂然矣。举之而轻，视之，遗蜕耳。以沙门法龛之，塔之，碑之。

摩诃庵

近市焉，非庵所也；近名焉，非僧事也，远之而后可。有游者，为招寻计矣。庵近不欲市，远不欲山；僧高不至圣，卑不至伧。郊外庵，韵中僧，聊可娱耳。阜成门外八里之摩诃庵，嘉靖丙午建也。高轩待吟，幽室隐读，柳花、榆钱、松子飞落时，满院中。诗僧非幻，琴僧无弦，与客耦俱。万历中，宇内无事，士大夫朝参公座，优旷阔疏，为与非幻吟，为听无弦琴。住斯庵也，浃日浃辰，盖不胜记。留诗庵中，久久成帙焉。庵有楼以望西山。天启中，魏珰过庵下，偶指楼曰："去之。"即日毁。自是人相戒不过。僧日畏不测，渐逃死，庵则渐废。东法藏庵，无弦别院也。西大乘庵，与摩诃庵，盛相妒，衰相后先。

钓鱼台

近都邑而一流泉，古今园亭之矣。一园亭主，易一园亭名，泉流不易也。园亭有名，里井人俗传之，传其初者。主人有名，荐绅先生雅传之，传其著者。泉流则自传。偶一日园亭主，慎善主之，名听士人，游听游者。出阜成门南十里花园村，古花园。其后村，今平畴也。金王郁钓鱼台，台其处。郁前玉渊潭，今池也。有泉涌地出，古今人因之。郁台焉，钓焉，钓鱼台以名。元丁氏亭焉，因玉渊以名其亭。马文友亭焉，酌焉，醉斯舞焉。饮山亭、婆娑亭，以自名。今不台，亦不亭矣。堤柳四垂，水四面，一渚中央，渚置一榭，水置一舟，沙汀鸟闲，曲房人邃，藤花一架，水紫一方。自万历初，为李皇亲墅。

皇姑寺

皇姑寺，英宗睿皇帝复辟建也。正统八年，驾出紫荆关，亲征也先，陕西吕尼迎驾谏行，曰"不利"。上怒，叱武士交捶，尼趺坐以逝。及蒙尘虏营，数数见尼，娓娓有所说，时时授上饼饵。驾返，居南宫，数数见尼，娓娓有所说。复辟后诏封皇姑，建寺，赐额曰"顺天保明寺"。或曰："隐也，明保天顺焉。"后殿祀姑肉身，趺生愁容，一媪也。万历初年，像未饰以金，顶犹热尔。姑着绣帽，制自宫中。殿悬天顺手敕三道，廊绘己巳北征之图。今寺尼皆发，裹巾，缁方袍，男子揖。

慈寿寺

万历丙子，慈圣皇太后，为穆考荐冥祉，神宗祈胤嗣，卜地阜成门外八里，建寺焉。寺成，赐名"慈寿"，敕大学士张居正撰碑。时瑞莲产于慈宁新宫，命阁臣申时行、许国、王锡爵赋之，碑勒寺左。寺坏朽丹漆，与梵色界诸天，与龙鬼神诸部，争幻丽，特许中外臣庶，畏爱仰瞻。有永安寿塔，塔十三级，崔巍云中。四壁金刚，振臂拳臂，督睢据踏，如有气呇呇，如叱叱有声。天宁寺隋塔摹也。中延寿殿，后宁安阁，阁扁慈圣手书。后殿奉九莲菩萨，七宝冠帔，坐一金凤，九首。太后梦中，菩萨数现，授太后经，曰"九莲经"。觉而记忆，无所遗忘，乃入经大藏，乃审厥像，范金祀之。寺有僧自言，梦或告曰："太后，菩萨后身也。"

海　淀

水所聚曰"淀"。高梁桥西北十里，平地出泉焉，滮滮四去，漎漎草木泽之，洞洞磬折以参伍，为十余奠潴。北曰"北海淀"，南曰"南海淀"，或曰"巴沟水"也。水田龟坼，沟塍册册，远树绿以青青，远风无闻而有色。巴沟自青龙桥东南入于淀。淀南五里，丹陵沜。沜南陂者六，达白石桥，与高梁水并。沜而西，广可舟矣，武清侯李皇亲园之。方十里，正中，挹海堂。堂北亭，置"清雅"二字，明肃太后手书也。亭一望牡丹，石间之，芍药间之，濒于水则已。飞桥而汀，桥下金鲫长者五尺，锦片片花影中，惊则火流，饵则霞起。汀而北，一望又荷蕖，望尽而山，剑铓螺蠡，巧诡于山，假山也。维假山，则又自然真山也。山水之际，高楼斯起。楼之上斯台，平看香山，俯看玉泉，两高斯亲，峙若承睫。园中水程十数里，舟莫或不达；屿石百座，槛莫或不周。灵壁、太湖、锦川百计，乔木千计，竹万计，花亿万计，阴莫或不接。园东西相直，米太仆勺园，百亩耳，望之等深，步焉则等远。入路，柳数行，乱石数垛。路而南，陂焉。陂上，桥高于屋；桥上，望园一方，皆水也。水皆莲，莲皆以白。堂楼亭榭，数可八九，进可得四，覆者皆柳也。肃者皆松，列者皆槐，笋者皆石及竹。水之，使不得径也。栈而阁道之，使不得舟也。堂室无通户，左右无兼径，阶必以渠，取道必渠之外廊。其取道也，板而槛，七之。树根槎枒，二之。砌上下折，一之。客从桥上指，了了也。下桥而北，园始门焉。入门，客憎然矣。意所畅，穷目。目所畅，穷趾。朝光在树，疑中疑夕，东西迷也。最后一堂，忽启北窗，稻畦千顷，急视，幸日乃未曛。福清叶公台山，过海淀，曰："李园壮丽，米园曲折；米园不俗，李园不酸。"西园之北有桥，曰"娄兜桥"，一曰"西勾"。

黑龙潭

黑龙潭，入金山口，北八里。未入金山，有甃垣方门中，绿树幽晻，望暧暧然，新黄甓者，景帝寝庙也。世宗谒陵毕过此，特谒景帝，易黄甓焉。庙初碧瓦也。又北二里，一丘一碑，碑曰："天下大师之墓。"仁和郎瑛曰："建文君墓也。"通纪称建文自滇还京，迎入南内，号曰"老佛"，卒葬西山。又北，小山累累，小冈层层，依冈而亦碧殿，亦丹垣者，龙王庙也。庙前为潭，干四丈，水二尺，文石轮轮，弱荇缕缕，空鸟云云，水有光无色，内物悉形，外物悉影。土人传黑龙潜中，曰"黑龙潭也"。夫龙而潭浅居耶？万历初，上谒陵还，眷顾山形，观其清泉，驻跸潭上。二十六年夏四月，旱太甚，遣正一嗣教张真人国祥，兆潭而祷于龙，致雨泽如期，加护国敕号，碑勒之。嗣是旱祷辄应，辄复纪勒。今数丰碑，各碧瓦小亭，覆潭庙周隅。悲夫，龙出云为风雨矣，而浅潭居耶？又北十五里，曰"大觉寺"，宣德三年建。寺故名灵泉佛寺，宣宗赐今名，数临幸焉，而今圮。金章宗西山八院，寺其清水院也。清水者，今绕圮阁出，一道流泉是。

温　泉

西堂村而北，曰画眉山。产石墨色，浮质而腻理，入金宫为眉石，亦曰黛石也。山北十里，平畴良苗，温泉出焉。泉如汤未至沸时，甃而为池，以待浴者。泉虽温乎，其出能藻，能虫鱼，禾黍早成，早于他之秋再旬。林后涧，草色久驻，晚于他之秋再旬。资泉之民，无苦疡躄。泉前数武，有碧霞殿，单楹板扉。泉而东六十里，大汤山，又一温泉。再东三里，小汤山，又一温泉。

法云寺

过金山口二十里，一石山髻髻然，审视，叠千百石小峰为之，如笋张箨。石根土，被千年雨溜洗去，骨棱棱不相掩藉。小峰屏簇，一尊峰刺入空际者，妙高峰。峰下法云寺，寺有双泉，鸣于左右，寺门内甃为方塘。殿倚石，石根两泉源出：西泉，出经茶灶，绕中霤。东泉，出经饭灶，绕外垣，汇于方塘，所谓香水已。金章宗设六院游览，此其一院。草际断碑，"香水院"三字存焉。塘之红莲花，相传已久，而偃松阴数亩，久过之。二银杏，大数十围，久又过之。计寺为院时，松已森森，银杏已蟠蟠矣。章宗云："春水秋山，无日不往也。"

卷之六

西山上

香山寺

京师天下之观,香山寺当其首游也。一曰作者心,当二百年游人目,为难耳。丽不欲若第宅,纤不欲若园亭,僻不欲若庵隐,香山寺正得广博敦穆。岗岭三周,丛木万屯,经涂九轨,观阁五云,游人望而趋趋,有丹青开于空际,钟磬飞而远闻也。入寺门,廓廓落落然,风树从容,泉流有云。寺旧名甘露,以泉名也。泉上石桥,桥下方池,朱鱼千头,投饵是肥,头头迎客,履音以期。级石上殿,殿五重,崇广略等,而高下致殊,山高下也。斜廊平槛,两两翼垂,左之而阁而轩。至乎轩,山意尽收,如臂右舒。曲抱过左,轩又尽望,望林抟抟,望塔芊芊,望刹脊脊。青望麦朝,黄望稻晚,晶望潦夏,绿望柳春。望九门双阙,如日月晕,如日月光。世宗幸寺,曰:"西山一带,香山独有翠色。"神宗题轩曰"来青"。来青轩而右上,转而北者,无量殿,其石径廉以阔,其木松。转而右西者,沃憩亭,其石径渐渐,其木也,不可名种。山多似脱一"古"字。迹,葛稚川井也,曰丹井。金章宗之台、之松、之泉也,曰祭星台,曰护驾松,曰梦感泉。仙所弈也,曰棋盘石。石所形也,曰蟾蜍石。山所名也,曰香炉石。或曰:香山,杏花香,香山也。香山士女,时节群游,而杏花天,十里一红白,游人鼻无他馥,经蕊红飞白之旬。寺始金大定,我明正统中,太监范弘拓之,费钜七十余万。今寺有弘墓,墓中衣冠尔。盖弘从幸土木未归矣。

碧云寺

天巧不受人分，人工不受天分。云山一簇，惟缺略荒寒，结茆数椽，宜耳。东西佛土，有满月莲华境界，备诸庄严，比丘僧尼，优婆男女，发愿愿生，而碧云寺僧，不事往生也，住是界中矣。然西山林泉之致，到此失厥高深。寺从列槐深径，崔巍数百石级，烂其三门。入门，回廊纳陛，围绣步玉。目营营，不舍廊，足滑滑，不支阶。降升阤六，赞绕厢六，稽首殿三。网拱丹丹，琐闼青青，四闉八牖，庑承廊巡。毳不屑雕，而髹之以金，罨画金上，日月飞光。其有晕蔼，壁不屑画，而隆洼之以塑，桥孔洞阴，诸天鬼神，其有窟宅矣。殿后，端正一阁，金色四合，黛漆时施，僧秋盆桂周乎阁。炉香交桂，灯光交月，香光圜满，人在月轮，钟磬吉祥，捧号缤纷。左侧有泉，屋之，纳以方池，吐以螭唇，并泉为洞，砌方丈耳，洞其名。洞前而亭，对者亦亭，肃如主宾。填荷池，伐竹苑所落成也。螭唇施泉，既给僧厨，回向殿前，方池朱鱼，红酣绿沉，饵之则争。泉去乎寺，乃声呦呦，越涧而奔焉。寺二元碑：一至顺二年立，一元统三年立。白石黑章，碑俚不文，而石文也以存。碧云庵于元耶阿利吉，寺于正德十一年，饰于天启三年，土之人亦曰于公寺云。

洪光寺

寺香山之最上，洪光寺，犹夫山夫寺耳。所繇径也奇，径以外不见径也。柏左右茸之，空其间三尺，俾作径。柏有直者干矣，奇在枝横，干不尽修也。枝旁修，干不尽壮也。枝股壮，干有叶，缀焉尔。叶掌掌片片，枝又枝，交生之，干柱焉，枝栏焉，叶屏障焉。人行径中，上丁丁雨者，柏子也；下跄跄碎者，柏枯也。耳鼻所引受，目指所及，柏声光香触也。径而上，百步一折，每尽一折，坐磴手柏息焉。从枝叶隙中，指相语，上指玉华寺，再上指玉皇阁；下指碧云寺，再下指弘法寺。凡折且息十有八而径尽。至寺门，香山乃在其下。寺建自郑长侍同。长侍生高丽，其国王李裪贡入中国，得侍宣宗。后复使高丽，至金刚山见千佛绕毗卢之式,归结圆殿,供毗卢,表里千佛,面背相向也。自为碑文,自书之。

卧佛寺

香山之山,碧云之泉,灌灌于游人。北五里曰游卧佛寺,看娑萝树也。山转凹,寺当山之矩,泉声不传,石影不逮。行老柏中数百步,有门瓮然,白石塔其上,寺门也。寺内即娑罗树,大三围,皮鳞鳞,枝槎槎,瘿累累,根拵拵,花九房峨峨,叶七开蓬蓬,实三棱陀陀,叩之丁丁然。周遭殿墀,数百年不见日月,西域种也。初入中国,崟山、天台,与此而三。游者匝树则返矣,不知泉也。右转而西,泉呦呦来石渠,出地已五六里。寺僧分泉入花畦,泉不更出。寺长住,花供之,不知泉也,又不知石。泉注于池,池前四五古杨,散阴云云。池后一片石,凝然沉碧,木石动定,影交池中。石上观音阁,如屋复台层。阁后复壁,斧刃侧削,高十仞,广百堵。循壁西去,三四里皆泉皆石也。寺,唐名兜率,后名昭孝,名洪庆,今曰永安。以后殿香木佛,又后铜佛,俱卧,遂目卧佛云。寺西广慧庵,东五花阁。更西南弘法寺,寺内外槐皆龙爪。更南张公兆,张公一女二子,女文皇帝妃;子封彭城、惠安二伯,其封也,以军功。

水尽头

观音石阁而西,皆溪,溪皆泉之委;皆石,石皆壁之余。其南岸皆竹,竹皆溪周而石倚之。燕故难竹,至此林林亩亩,竹丈始枝,笋丈犹箨,竹粉生于节,笋梢出于林,根鞭出于篱,孙大于母。过隆教寺而又西,闻泉声,泉流长而声短焉,下流平也。花者,渠泉而役乎花;竹者,渠泉而役乎竹,不暇声也。花竹未役,泉犹石泉矣。石镵乱流,众声澌澌,人踏石过,水珠溅衣,小鱼折折石缝间,闻跫音则伏。于苴于沙,杂花水藻,山僧园叟,不能名之。草至不可族,客乃斗以花,采采百步耳,互出,半不同者。然春之花,尚不敌其秋之柿叶,叶紫紫,实丹丹,风日流美,晓树满星,夕野皆火。香山曰"杏",仰山曰"梨",寿安山曰

"柿"也。西上圆通寺，望太和庵前，山中人指指水尽头儿，泉所源也。至则磊磊中，两石角如坎，泉盖从中出。鸟树声壮，泉喑喑不可骤闻。坐久始别，曰：彼鸟声，彼树声，此泉声也。又西上广泉废寺，北半里，五华寺，然而游者瞻卧佛辄返，曰"卧佛无泉"。

中峰庵

中西山而领焉，莫高中峰庵。峰意在顾，其左支，张而左，左涧水从之。晏公祠、翠岩寺、永寿庵，宅山阴，门水阳。其右支，逐而亦左，右涧水舍之。弘教寺，宅山阳，门水阴。两涧右会而桥，桥边而门，门冠塔三尺，弘教寺门也。入中峰左右嶂，率是门也。游者，难岭上之永寿庵，而乐翠岩之麓，今去去，不欲入矣。翠岩先有老梧桐数株，游人诗多成其下，择梧叶书之。寺有僧，怪客不携金钱，劘桐卖琴肆中。又一夕，火其精舍，以绝读书者。自是僧榻厨间，客来，坐佛殿也。竟过翠岩，则入晏公祠。出乎祠，坡数十步，蹋危磴十百者三，中峰庵矣。庵地尽石，无土，阶磴墀径，尽可枕藉卧，不生一尘，实无尘也。不以风拚，不以雨盥濯。松满院，响谡谡然。左右故涧，涧涸，石曾当疾流，堕者，偃者，横直卧者，泐者，背相负者，未止辄止者，方转未毕转者，犹怒。松鼠出入石根中，净滑诡曲，不可扑矣。涧南上，弘教寺，废寺也，三木欢喜佛，蹲右配殿中。游者往往稽其重腹下，曰宜男也。

晏公祠

二氏，野祀也。儒，国家典祀也。天子亲幸，行释奠礼，直省郡州县卫，莫或不庙。诏天下守臣，春秋，天下儒臣，朝夕，天下生徒，诵晨昏，骏奔走，固不屑与寒林空谷，争锡鹤飞栖地矣。寒林空谷，固亦不可无一。趋中峰庵者，不得越晏公祠。祠，正德中晏长侍忠所立也。过涧，石桥，过桥，石门，曰"道统门"。石殿三楹，像皆石。上像，三皇、五帝、三王。左像，周、召、孔、孟诸圣贤。右像，周、程、张、朱诸大儒。壁五石龛，一龛标一经名，维以藏其经。殿外一石亭,亭壁列钟虡、干戚、钱镈、弁裳之属,一如五经,以便治是经者。左龙马,马毛旋,五十五数具,一如河图。右雒龟,龟甲四十五数具,一如雒书。东堂三盈,壁列忠臣龙逢以下,孝子曾、闵以下,右图而左书其行事,以告观者。凡石像石壁所形勒,浑然茂朴,中国古初制也,非汉以后西域像法,务金色为好,务变相为幻也。堂后累石为洞,洞壁标先儒格言及咏道诗,几性理之半,以待游者观感省发。祠今居守者,一僧也,仍于其私室设彼教像,诵彼教文字焉。逾岭而北三里,三教堂,守者亦僧也。析其堂木植瓦石,尽卖以去,三像露处久之。香山寺僧过,载释迦归,已而玉皇阁道士,亦载去老君像。逾年,惠安伯乃过,惊宣圣野处,乃迎供山庄。而野僧道,先是私窃自夸也,曷往观乎黉宫矣。

卢师山

石子凿凿,故桑干河道也,曰"卢师山";有寺,曰"卢师寺"。正统十一年,更名清凉,今佛无殿已。一梵相,坐风露中,左右迦叶、阿难,风露中侍,乔朴非中土威仪,又端好无风露色。僧曰唐天宝制焉。过寺半里者,秘魔崖,是卢师晏坐处。相传隋仁寿中,师从江南棹一船来,祝曰:船止则止。船至崖下止,师遂崖居。居数岁,二童子来,曰大青、小青,愿侍不去。岁大旱,所司征祷雨者,童子白师,乘师愿,愿施雨,雨一方也。遂乘云气去,俄雨大注,知大青、小青是乃龙也。龙归投潭中,潭广丈,巨石覆之,深黝不可测。二龙有时出,云气仍随之。崖下塑二童子侍师像。崖上一柏,产石面,长尺,不凋不荣,是卢师手植。今临崖轩三楹,俯深涧,树声逄逄,尚棹船水声也。东证果寺,寺傍有亭,望浑河。下善应寺,殿佛不结跌,高几危坐,仪如中土。两庑塑罗汉五百,穿崖踏海,游戏极态,摹吴伟画卷也。吴号小仙,受知宣庙,东北昌化寺壁,其手迹。

平坡寺

秘魔崖而西,行碎石中一里,息龙泉庵而上,平坡寺也。寺为仁宗敕建,曰"大圆通寺"。制宏丽,宫阙以为规,今圮坏。而僧说宏丽当年,指故物道新,指旧阶所道丹碧,客叹息如将见之。后殿,藤胎大士七尺,清古具丈夫相,像广不可围,轻可举也。宪宗驾幸寺,见金刚面正黑,上笑曰:"似火里金刚。"一夕火起,金刚毁焉。寺上一里,宝珠洞,洞石黑,白点糁之,珠名以此。僧乃说,夜有珠光照岩也。上洞登攀绝苦,然蔽山大小石,苔绣其上,如古锦,如番橙,虽肩息据木,而瞻眺不休。山初名翠微,以山半得地,差平可寺,曰"平坡"矣。

嘉禧寺

阜成门外二十五里,有嘉禧寺焉。土沃水肥,址高林深,到寺如到一城。有门铁叶,其钉乳乳,入门如入一垒。门者数十人,蓄犬数百,狂夫阑入,獒焉,无能搏者。一道榆柳中,地无日影。至里,朱碧一片,别为山门。殿像座供备物丰洁,而方丈特壮丽,无寮不松阴,无户不朱帘也。方丈悬神宗御书联,笔法用颜真卿。僧云,初年笔也。贴梗海棠高于槐,牡丹多于薤,芍药蕃于草。危墙三重,墙中阱获,内以蒺藜。崇祯己巳冬,敌薄都城,来攻寺,不克而去。先是万历末年,一人如班役者,传三四绅弁来游,投刺,字各大如拳,肃而出迓。舆者三四,从骑数十,所携食槾三四抬,揖让入座。语次,怒咤一声,食檩尽发,器械在手,堂尽执,门尽守,绅者提而反接僧肘,疾出所藏,满量,举手别而去。自是住持不狎近客也。缘寺非仰檀施为者,亦非如他僧列肆载捃,混缁素,事商贾事,其一切资地力,所为本富,计诚得也。寺西二里,金万寿王冢,一穹碑子子田畔。东三里,福田寺,富与嘉禧略等。

罕　山

出阜成门三十六里者,罕山,志称"韩家山",汉循吏韩延寿家焉。罕,韩音讹也。俗呼"黑山汇",黑,罕又讹也。山黄壤,一平岗耳,不石亦不水泉。山阳二寺,曰"灵福",曰"延寿"。灵福以二松著,北之松,不善林,而善偃蹇盘躄,惟长年无徒,颓然自特异也。延寿,太监刚铁墓前寺也。铁从长陵靖难,把百斤铁枪,好先登陷阵,枪今存寺中。铁本名炳,长陵每呼以"铁",刚铁遂名。

铁墓无石表，无石翁仲，惟石墩六。僧云：长陵赐铁坐凡六，故六墩也。一碑，无文字，惟"皇明司礼监太监刚炳之墓"十一字。铁后，凡掌司礼者，祀寺左堂。韩延寿墓，在山之南，砖甓埠高以丈，非汉砖也。后吊古者甃之。志云：有故碑剥落。今剥落碑复不存。

石景山

山而石其骨者，皆有峰岩壁穴也。每跋山有声，应杖及履，琅然而弦，其下峰壁也。礚然而钟，其下岩洞也。即事涤凿，实罕人功，无有全乎人事者也。积土曰"岳"，潴水曰"海"，穿顽石曰"洞天"，迹身而远思，为寄焉而已。出阜成门而西二十五里，曰"石景山"。山故石耳，无景也。土人伐石，岁给都人，石田是耕，不避坚厚，久久，岩若洞若焉。万历中，董常侍建元君庙，栖羽士，而石景山以著。山最上，金阁寺。寺最远眺望，望苍黄一道，如带南缀者，浑河也。浑河，古桑干水，从保安旧城，过沿河口，过石港口，达卢沟。浑河，如云浊河也。卢沟，如云黑沟也。浊且黑，一水也。水雷殷而云涌，亦曰"小黄河"。河迅岸危，石不得趾，而桥之以板。行板者委身空中，无傍籍，踏踏闪闪，无详步，而目下见水，水势愗目。桥则蜿蜒，强者欲趋，苦前；怯者欲蹲，苦后。万历戊子九月十六日，驾还自寿宫，驻跸功德寺。明日，幸石景山，观浑河。上先登板桥，诸臣翼而趋。中流顾问辅臣："水从何来？"申时行对曰："从大漠，经居庸，下天津，则朝宗于海矣。"上曰："观此水，则黄河可知。"因敕河臣，亟修堤岸，毋妨漕计。诸臣顿首谢。

卷之七

西山下

西 堤

水从高梁桥而又西,萦萦,入乎偶然之中。岸偶阔狭,而面以阔以狭。水底偶平不平,而声以鸣不鸣。偶值数行柳垂之,傍极乐、真觉诸寺临之,前广源闸节之,土麦庄桥越之,而以态写,以疏密致,以明暗通。过桥,水亦已深,偶得溃衍,遂湖焉。界之长堤,湖在堤南,堤则北,稻田豆场在堤北,堤则南。曰西堤者,城西堤也。堤,官堤,人无敢亭,无敢舫,无敢渔。荷年年盛一湖,无敢采采。凡荷藕恶石及水,芊恶泥,蒂恶流水,花叶恶水而乐日,故水太深以流,泥太深浅者,不能花也。西堤望湖,不花者,数段耳。荷花时即叶时,花香其红,叶香其绿,香皆以其粉,荷风姿而雨韵。姿在风,羽红摇摇,扇白翻翻。韵在雨,粉历历,碧琤琤,珠溅合,合而倾。荷,朵时笔植,而花好偃仰,花头每重,柄每弱,盖每傍挤之。菱砌芡铺,簪之慈菇,鹭步䴔投,浮鹥没凫,则感荷而愁鱼矣。堤行八九里,龙王庙,庙之傍黑龙潭,隔湖一堤,而各为水。又行一里,堤始尾,湖始濒,荷香始回。右顾村百家,上青龙桥,即玉泉山下也。万历十六年,上谒陵还幸湖,御龙舟。先期,水衡于下流闸水,水平堤。内侍潜系巨鱼水中,处处识之,则奏举网,紫鳞银刀,泼剌水面,上颜喜。

功德寺

山好下影于湖,静相好也。湖好上光于水田,旷相好也。道西堤,行湖光中,至青龙桥,湖则穷已。行左右水田,至玉泉山,山则出已。际湖山而刹者,功德寺。寺,今一搭间地也,存者门耳。瓦垄燕麦,屋脊鹳巢,声假假,余悲生恐,在当年昏定晓报钟时也。门外二三古木,各三四十围,根半肘土外。喝荫者,坐差差,如几,如凳,如养和,滑其上肤及骨,虫鼠穴其下,亦滑,垤壤峦如,不知几十国蚁。古干支日,老叶鼓风,两侧偃柏,不成盖阴,亦助其响。傍地余水田,僧无寺,业农事。每日西晼,山东阴,肩锸者,锸挂畚者,仰笠者,野歌而归,蛙语部传,田水浩浩。僧归破屋数楹,供一木球,施以丹垩,寺初兴时,募使者也。李西涯记云:寺故金护圣寺,寺七殿,殿九楹,楹以金地,彩其上。宣德中,板庵禅师重建也。师能役木球,大如斗,轮转行驰,登下委折,如目胫具,逢人跃跃,如首稽叩。师曰:"入某侯门。"则入,募金若干。曰:"入某戚里。"则入,募金若干。宣宗召入,命为木球使者,赐金钱,遂建巨刹,曰功德寺,时临幸焉。成化中,僧戒静,以南都报恩寺,文皇曾瘞其副塔,疏请舟载置此寺,台省劾之,不果。然犹建一阁,重檐叠角,虚堂曲房,为累朝驻跸地。世宗幸景陵,经过此,怒金刚狰狞,命撤毁。

玉泉山

山,块然石也,鳞起为苍龙皮。山根碎石卓卓,泉亦碎而涌沝,声短短不属,杂然难静听,絮如语。去山不数武,遂湖,裂迸湖也。泉迸湖底,伏如练帛,裂而珠之,直弹湖面,涣然合于湖。盖伏趋方怒,虽得湖以散,而怒未有泄,阳动而上,泡若沫若,阴阳不相受。故油中水珠,水中亦珠,动静相摩,有光轮之。故空轮流火,水亦轮水,及乎面水则泄,是固然矣。湖方数丈,水澄以鲜,深而浮色,定而荡光,数石朱碧,屑屑历历,漾沙金色,波波萦萦,一客一影,一荇一影,客无匿发,荇无匿丝矣。水拂荇也,如风拂柳,条条皆东。湖水冷,于冰齐分,夏无敢涉,春秋无敢盥,无敢啜者。去湖遂溪,缘山修修,岸柳低回而不得留。石梁过溪,亭其湖左,曰"望湖亭",宣庙驻跸者,今圮焉。存者,南史氏庄。又南,上下华严寺,嘉靖庚戌房阑入,寺毁焉。寺存者二洞:华严、七真。

洞壁刻元耶律氏词也,人曰楚材者,讹。又南,周皇亲别墅,今方盛。迤而西,观音庵。庵洞曰"吕公",今存。昔吕仙憩此,去而洞名也。又北,金山寺,寺今荒破,未废尔。寺亦洞,曰"七宝"。是诸洞者,惟一华严,洞中度以丈,丈三之,其六曰"洞",可狸鼠相蔽窥也。径寺登乎山,望西湖,月半规,西堤柳,虹青一道,溪壑间,民方田作时,大河悠悠,小河箭流,高田满岬,低田满罐。今湖日以亭圃,堤柳日以浓,田日以开。山旧有芙蓉殿,金章宗行宫也。昭化寺,元世祖建也。志存焉,今不可复迹其址。

瓮　山

瓮山,去阜成门二十余里,土赤坟,童童无草木。山南若洞而圮者,小鬲台也。山初未名瓮也,居此一老父语人曰:"山麓魁大而凹秀,瓮之属也。"凿之得石瓮一,华虫雕龙,不可细识。中物数十,老父则携去,留瓮置山阳。又留谶曰:"石瓮徙,贫帝里。"嘉靖初,瓮忽失,嗣是物力渐耗。传者谓弘治时世臣富,正德时内臣富,嘉靖时商贾富,隆万时游侠富,然流寓盛,土著贫矣。度山前小桥而南,人家傍山,临西湖,水田棋布,人人农,家家具农器,年年农务,一如东南,而衣食朴丰,因利湖也。使畿辅他水次,可田也,皆田之;其他陆壤,可陂塘也,田而水之;其他洼下,可堤苑也,水而田之,一一如东南,本富则尊,土著其重。山后一亩泉,今失去。山上一老寺,破瓦堍垣尘像,几无烟火,有额曰"圆静"。弘治七年,助圣夫人罗氏建也。山下数十武,元耶律楚材墓。墓前祠,祠废像存,像以石存也。石表碣、石马虎等已零落,一翁仲立未去。天启七年,夏夜,有萤十百集翁仲首,土人望见,夜哗曰:"石人眼光也。"质明,共踏而争碎之。后夜萤来,无所集,集他树。人复望见,夜复哗,锄耰夜往,树上乃萤也,而墓前无余器矣,突然一丘。

戒　坛

都城中西望,一山高秀如驼脊上峰、如侧方山冠子者,戒坛后五里极乐峰也。游者至戒坛止，无问向峰者，则于望未至时，习指曰："戒坛山。"凡望山，正犹积翠，一片一垛尔。又远之，而黛浅；又近之，翠则微矣。极乐峰远黛有增焉，近翠独不减。出阜成门四十里，渡浑河，山肋叠，径尾岐，辨已。又西三十里，过永庆庵，盘盘一里而寺，唐武德中之慧聚寺也。正统中，易万寿名，敕如幻律师说戒，坛于此。殿墀二松，数百年矣。坊西向，曰"选佛场"，殿中坛焉，白石台三级也。周列戒神数百，神高三尺者二十四，胄弁戎服，或器械具；高以尺者甚众，妖鬼男女逻焉，其部也。异灯异香，颁自内府。设香木座十。上三座：中，衣钵传灯本坛和尚坐。左，羯磨阿阇黎坐。右，教授阿阇黎坐。旁左三右四座，尊证阿阇黎坐也。坛而南，优波离殿，供优波离尊者，佛十大弟子，持戒第一也。殿外金、辽碑各一。上千佛阁，俯浑河，正曲，勾其三面，如玦然。阁之下，幻师安禅处，其遗衣钵藏焉。西上，石径植县，可以任杖，云段复段，而径截截见其际，上极乐峰道也。道，岩壁不可计，而洞者八。初观音洞，大于室半间，居者僧，无鸟雀粮，磬钵亦设。至化阳洞，洞口垂紫绿幕之，花藤也，百年矣。褰藤，炬而右入，始也石，渐而土，幸燥不苔，行行如窨井。半里，有龙跃，有鱼游，有狮坐，石所凝也。龙之爪则深，目则出，鳞则张，髯鬣则作。鱼洋洋，腮颊所唫喁，尾所摇，鬐所鼓，石则为之波皱。狮首昂鼻张，虽无声焉，知是吼也。再入，广可旋绕，有石佛危坐，拜而谛观，曾受凿矣。西罅一穴，冥冥然，下与浑河通者。洞一，名"庞涓洞"。又有洞名孙膑者，在此洞西，其广也二十笏，一石龟伏焉。洞传是同学各所居也。考二子师鬼谷，在扶风。然膑故燕人，房山上乐村，有孙膑墓，碑志存焉。以二洞故，指山下枯涧为马陵川，是山适名马鞍，相互谬也。西又五里，始极乐峰。峰下又洞，石乳痕滴，如蛟斯缠，轩然可列坐，坐而远峰、近峰竞供之，顾终岁无至坐者，维岁岁盛于戒坛。故事，戒师登坛，必奉敕命，天下缁俗集听。戒坛今久不开。每四月八日，芦棚满山，集僧无赖者，妓无赖者，给钱拥醉入，士庶群姗之。陈司成仁锡曰："多乎哉，斁法谤佛，于法为邦诬，用大戛，于佛法亦沦堕。"

潭柘寺

谚曰:"先有潭柘,后有幽州。"夫潭先柘,柘先寺,寺奚遽幽州论先,潭柘则先焉矣。潭柘而寺之,寺莫先焉矣。寺去都雉西北九十里,从罗睺岭而险径,登下不可数。过定国公兆,十余里,一道蓁棘中,仰天如线,可五六里,赪山四合,东西顾,树古树,壁绝壁,赪山青矣,不见寺也。里许,一山开,九峰列,寺丹丹碧碧,云日为其色。望寺,即已见双鸱吻,五色备,鳞而作,匠或梯之。云五色者,鱼、龙、虾、蟹、荇、藻,各现其形其色,非匠可手。鸱若置地,过人髻五尺许。山故海眼,今佛殿基,故潭也。华严师时,潭龙日听法,苦不得师貌,山神教龙,师嗔则着相,则天龙鬼神得见之。乃伪泼饭藉践,师乃怒,龙乃见师,作礼具言,许施其宅。一夕,大风雨,潭则平地,两鸱吻涌出,今殿角鸱也,寺自是不潭矣。柘,则今瓦亭覆者一枯,长不能丈。志所称虬龙形,僧所说林林千万章者,乌有。此枯其犹最晚发,特后凋者也。柘枯,然不朽;鸱高危,然不摇;潭徙,然涓涓者不辍。龙舍宅去,然龙子日依僧众。龙子者,青蛇服,大如碗,长五尺,僧抚其脊,回首舐僧臂,人龙驯扰,去来可呼,曰龙子、龙子云。佛殿左壁之画祖,三圣殿左侧之石佛,大士殿中之拜砖,旁之立像。画祖者,水墨画华严祖也,坐蕉竹下,骑老龙,画蕉苦雨,竹若烟,龙若雾,出其甲,祖若定未出。石佛者,白石唐佛也,有黄连树生石座,横过两座,根菌纷纠,使像愈苦辛然者。拜砖,元妙严公主持观音文,礼大士,拜痕入砖欲穿也。额、手、足五体皆印,岁久砖坏,两足痕存。万历壬辰,孝定太后匣取入览,后遂匣藏之。紫柏系以赞像四,林立大士前,辫发胡笠。左前,元世祖。右前,其后。左次,其子。右次,妙严也。妙严祝发是,老于是,塔是山之下。寺碑六。金碑二:明昌五年,僧重玉诗;大定十三年,杨节度记。元碑二:至正八年,葛天麟记;至正某年,危素记。明碑三:正统某年,胡濙记;弘治十年,谢迁记;万历中,紫柏送龙子归潭文也。寺,晋、梁、唐、宋,代有尊宿,而唐华严为著。元至正间,顺帝赐雪涧酒,皇姊致膳。我明永乐间,则姚少师道衍;万历间,则达观大师真可。少师逃墨为元勋,潭柘是终。大师庚死,预为诗辞潭柘,一往坐化,于法,俱曰息机善逝者。寺先名嘉福,后名龙泉,独潭柘名传久不衰。

雀儿庵

雀儿庵,在潭柘后山五里。在千峰万峰中,在四时树色、四时虫鸟声中。庵方丈耳,一镫满光,一香满烟。然佛容龛,容供几;僧容席,容榻,容厨;客来,容坐庵矣。山田给粥饭,叶给汤饮,蔬果给糇饵,庵矣。庵名雀儿者,金章宗幸此,弹雀。弹往雀下,发百不虚。盖山无人,雀无机,树有响,弦无声也。章宗喜,即行幄庵之,曰雀儿。后方僧来住,未悉本所名义,以臆造佛母孔雀明王佛像。又后僧曰:明王佛修行处。或又曰:显化处也。今者僧确然对客曰:"孔雀庵也,雀儿名为当更。"而人呼雀儿庵如初。

仰 山

仰山去京八十里,从磨石口,西过隆恩寺。寺,金大定四年,秦越公主建,名昊蒦寺。正统四年,太监王振修,改隆恩名。寺一松一桧奇,二三百年,雪霜所蟠结故。一大士,古唐像也。一亭竹间幽朗,竹修林矣。数里至三家邨,村数百家。村尽,出浑河崖,河水赤浊如血,沸涌声力,动摇两岸,岸草木错愕立。八里,过军庄,道如栈,内倚绝壁,外临绝壁。下窥,水作仄浪,不得流。其声战战,逢潭鼓钟,过石擂炮。凡行者,正面目前,履逐目处,壁左右容肘,乃行也。步步余地,踵约趾开,踝左右交过,容两足并,乃行也。崖道窄,又窄处,不成行已。拊壁移踵以过,既过,相顾胁息,目乃瞬睫,色青黄乃定。上一峡,截然流中,波弱者回,怒者啸,盛者飞崖上作雨。二里,望一林,棘棘薱薱,枣园也。渐河声小,入山深矣。崖壁无有断处,是名仰山岭。绕岭数十,入桃源村。山多岩洞,昔人避兵岩洞中。又入峭壁,又见涧流。壁上秋开花五色,菊也,紫铎也,金铃也。石色忽紫忽碧,涧石中边泉,空空,见水中石,不见水也。涧左右度,泉石亦左右变。有村焉,是名仰山村。曲折上而北,一峰东南,有瀑练下,涧水源也。又上又折，是名仰山。山上栖隐寺，金大定寺也。峰五，亭八，章宗数游，有诗刻石，亡数十年矣。断石三，其一山场榜，上刻"大兴府西连山"等字。相传药王、药上二童子炼药此。今药碾、药池存苑草中。宣德间重修之，而学士刘定之记。又莲花峰下，有小释迦塔。岁梨花时，山则银色；实时，所苦险僻，市不得致，僧熟梨餐之，干梨糗之。不胜食，以供雀鼠，雀鼠亦不胜也。落而为泥，以粪树，树益勤花实。

滴水岩

过仰山村，舍涧，行碎石中。石没故道，履剥其面，芒鞋割其耳。蹄翻石，溅如雪，火星星，春碾声应四谷。又腰望嵯岈天一行，壁高气阴，登虽惫，不汗而栗。上黄牛岗口，壁益恣不度，两柱，白白及天，路益峻又滑也。周望无路，折而忽通者，十八叠，移步亦折，或数里折，叠叠之石，体色竞异，亦十八法。望烟一缭有朱垣如，绀屋如，上上益力，路折不通矣。壑其前，直下视，漆漆无所见。度人以栈，人无敢栈度者。能度此，步蹞，有洞而僧，有殿而佛，休休止止。又栈度只，则岩也。岩额覆，争上让下，日月不流。天光侧入者，岩中空也，其深广三丈，如斧之而成。石更无隙，水渗渗生石面，既乳乃垂，既珠乃移，既就乃滴。上百千点，下百千声，乱不成听。剟剟密于棋方酣，局欲阑。删删疏于秋雨去，檐疑住。身岩滴中，视滴透莹，如失串珠，如侧下冰帘，散未编也。岩而冬也，冰则凝，肥纤柱之，柱垂未竟之，岩中边满之。岩旁石洞，深三十余丈，燃炬入，北一石壁，如覆半敦，喤喤亦滴声。西一石坳，水清且甘。石床中央，龙年年见床上。西北一垂石，下有窦，人蜿蜒入，级级下行，石巧出于泉，泉巧贯于石，人跷跷蹑石，阔狭其步，时见有光如星。再入，石隙一潭，幽不可以测，龙所蛰也。僧云："山中二白猿，高俱五尺，有时来坐岩下听泉。"

百花陀

家园名种，其初野花草也。瞥见移植而命名之，乃传耳。然不至百花陀，则不知从经物色者,犹未能十一矣。府西一百二十里,繇王平口,过汉匈奴分界处,曰"大汉岭"。抵沿河口,元女庙,是百花山足也。山翠跃来引人,渡石涧,上马栏山,折旋其径,左右周转百步,当直上十步以登。所苦石磊磊,承趾不以土柔,素车马人,趾茧生之。所喜树阴云影,荫盖密稠,不至曝酷。迳此至法幢庵,五里,迳折旋如前,幸容骑,而马奔奔喘喘,汗淫淫,多不忍骑者。上下诸嶂,纵横一翠,迎送目步,不觉五里,篱径坦然矣,妙庵也。岭而西行数里,千佛山。又数里,观音山。迳折旋如前。山旧有菩提树、仙人桥、望海石。盗伐树矣,桥石则存。过此,山石尽于空际态变矣。下上岭者七,迎前壁立者,鹤子山也。此去千佛岩,山石态变者,尽作人形。度阎王嶰,是百花山腰也。百花者,红紫翠黄,不可凡数,不可状喻,不可名品,即一色中,瓣萼跗异,不可概之。土人指一种尊之,曰"天花"。艳光而幻质,佛诸经每所称天雨曼陀罗花、天雨曼殊沙花也。行百花中一里,进篱门石洞,礼佛殿上,礼文殊阁上,礼文殊法身塔下,登菩萨顶累石,凡三峰,登者必以小石累而尖之,种佛因故。石小风大,不能吹去,以示旷劫无动转故。坐立顶上,俯诸山,揩如圭,东西二灵山也。乃旁四望:东,京师也。南,冉冉者,浑河也。西,郁乎荼露顶,居庸诸山。北,荡荡乎,边城外,沙漠际无穷也,是百花山顶也。下顶未半,又入百花中,不可名状数者,多于前。游此者,或曾见文殊光,风云作,雷一声,山灏灏如海,忽左涧一圆光,轮右壑遍,初白,次红,次五色,具木石人鸟塔宇,摄入光中,如镜受像。我闻文殊表智,故放光莫勤五台,智光也。东之龙王颓庙,列五龙王,中位龙母。北之大士殿,发髯须鬖然。下千佛岩,南之、东之,又入百花中。花被迳八里,多于前。过白水庵,行泉声二里,一松标瑞云寺。寺,即五代时李克用建亭故处,俗今曰"百家寺"也。寺有摩诃祖师法身,用像法装之若新。有摩诃煮石铛,非石非铁,莹如漆光,宣宗曾取视,赐以龙袱归寺也。有摩诃摔龙石,龙逸,祖追摔之,今龙迹宛于石也。志称山暖肥,产杉漆药草,春夏烂红紫,香袭人。则百花者,药草花耶?然《本草图经》中,亦无从物色之。

卷之八

畿辅名迹

狄梁公祠

过沙河二十里，至新井庵。松有林，声能鼓能涛，影能阴亩。西数里，有台曰"景梁台"，土人立以思狄梁公也。柳林如新井庵松，照行人衣，白者皆碧。柳株株皆蝉，噪声争夕，无复断续，行其下，语不得闻。又五里，始梁公祠。祠自唐，草间不全碑碣，犹唐也。元大德间，重建之。我正统间，重修之。其碑云："梁公为昌平县令，有媪，子死于虎。媪诉，公为文檄神，翌日虎伏阶下，公肆告于众，杀之。土人思公德，立祠也。"祠前一古木，仆地，如伏者虎，相传木亦唐时也。木傍数株，柏也，盘结不可以绪。南数武，道上立二石幢，镌梵语，字法类李北海，唐贞观中幢也。过西废寺，石数段，亦幢。其二幢，唐玄奘手书。

刘司户祠

昌平刘蕡，唐文宗时愤宦官恃功专权，应制对策，极言祸福。第策官左散骑长侍冯宿等，读蕡对嗟服，而畏忌不敢取。时参军李邰登第，乃上书自劾，乞回所授，以旌蕡直。后七年，甘露难作，令狐楚、牛僧孺，皆表蕡幕府，师礼礼之。而宦官深嫉蕡，诬以罪，贬柳州司户参军，卒。后昭宗感罗衮言，赠谏议大夫，谥文节，封昌平侯。元泰定间，建祠州西南五里，曰"谏议书院"。至正间，又建祠旧州东，参政许有壬撰碑。我明弘治间，谈本彝移建学宫内，今圮焉。

世多谓蒉策不利于时哉。身前为宰相师,以有畏不取者;身后感动人主,以有嫉之、诬之、贬之者。矢激则远,水洄则深也。一下第举子,赠谥封侯,祠祀百世,令当年收策登上第,亦复一李郜耳。且郜故因蒉传,久远至今,为自劾一书,不为一第矣。即冯宿、令狐楚、牛僧孺,当年祸福升沉,亦何至响景,盖荏直殊意,而蒉名以彰。志称蒉宅、蒉墓,在昌平,今其址俱不可寻。崇祯五年,刘京兆荣嗣,谋于董宗伯其昌,为撰碑,手书之,以风策士。宗伯曰:蒉已追赠谏议矣,犹司户称,存愤也。

九龙池

泉得山英,石得山雄。不知其地中土也,视其石,濡而密致,泐之而柔,五土四备已。不知其气行地中也,酌其泉而甘,权他泉而重焉,熟之速,凉之迟焉,四气春夏备已。九龙水,出翠屏山之阳。泉出为池,池方十丈。池出为溪,溪五里。谒泉者,沿溪入,石濑左右,溪以浅深,蒲苇以浅深。溪行者,以盘折藏露,望前菁林中,晃晃黄甓,出缭絙上,九龙池也。望林端百尺,云头层层,瞰池危立,大声出其间者,池上壁,壁间泉也。泉脉乎石者怒,而其脉九,凿九龙吐之;非龙,其势亦吐,不缭缭而帛,则珠珠而帘耳。吐泉破池,池面创,水虨散,雾沫所及,桧竹桃李,夹池丛丛。水之定处,见峰影苍黑,当池之南,稍东而池影又动,水趋关逐渠,绕绕西入山田,去作农务矣。世宗谒陵过池,命构一亭、一台于池之北,亭曰"粹泽"也。今陵卒夥颐,道列圣驻跸事。

屿屿崖

昭陵之北,曰"屿屿崖",旋旋蟠蟠,望若梯磴,石丑怪若鬼面。泉为绕陵而幽幽,树为禁陵而郁郁。下崖之庵,曰"瑞峰",一曰"麻尼"。崖高危立,庵逼其踵。南山前逼庵,而又高危。冬前后两月,蔽不见日,惟短至日,景一线透之。崖三峰而三庵,两峰翼,中峰首。自盘道庵以之东峰庵,壁与石与树也,西若有奇焉。自渡津桥以之西峰庵,壁与石与树也,东若有僻焉。自东西峰以之中峰庵，壁与石与树也，东西若有高焉。天启中，陵监饰五庵，新矣，三峰失其朴。

银　山

天寿山东北六十里，曰"银山"。或曰望也，非金方镕于冶，非月下之潮方至，非镜甲练刃，西来万骑，而日方东，山之光也，曰银山矣，或曰矿焉。银山近皇陵，故禁樵采。松不胜其柯而偃，柏拂地而已枝，橡子落而无人收，榆柳条繁而禁老秋，壁生树顶，泉流叶间。山最高曰"中峰"，悬索升之，三四里，上石栏，供石佛。唐邓隐峰禅师，修于此山，道成此山，故多隐峰迹。峰下石岩，隐峰晏坐处。岩上石如台也，隐峰说法台。岭边一松，曲如椸枷也，隐峰挂衣树。峰有妹，与俱出家。夕定岩下，冥府摄峰，鬼诣峰前，觅不得见而去。末山尼开堂说法，峰挟刃夜试所守。尼惮失志，取其衵服，集众晓之，其徒立散。峰参马祖得悟，因游五台。路出淮西，属官军讨吴元济。锋方交，峰掷锡空中，飞身而过，两军齐见而哗。后入金刚窟，将示寂，问众曰："诸方迁化，坐去、卧去，还有立化也无？"曰："有。""还有倒化也无？"曰："无。"师乃倒立而化，亭亭然，衣亦顺体，斩斩然。舁就荼毗，不可动，屹屹然。其妹咄曰："兄生不循法律，死更惑人。"推之而仆。中峰下有寺，金天会三年建，曰"大延圣寺"。殿三重，墀皆僧瘗骨塔，自佛觉禅师下，凡七。正统十二年，太监吴亮重修，请赐名曰"法华"。二碑皆吴亮自撰，并书。其一碑曰"感恩"，感英宗丁卯三月三日，谒陵毕，幸寺降香，赐僧白金彩币碑也。按亮逮事建文，比建文自滇入京，无识者。英宗遣亮往，建文遥见即曰："吴亮也。"亮漫曰："非。"建文曰："亮，尔昔进食，掷鹅赐尔，尔两手各有执，乃就地餂以食，尔忘之矣！"亮泣，伏地不能起。复命，退而缢焉。又金大定六年碑，刻隐峰银山十咏。又弘治十年碑，翰林学士汪谐净业堂记，今断。寺西上半里，松棚庵。门内外各一松，松正似，俱轮盖，内阴满院，外阴满崖。北上一里，铁壁寺。塔曰"延圣塔"，弘治四年建。塔前弘治八年释行伦诗碑，记称法华寺，领七十二庵。今庵自松棚下，二十五尔。

出山北四十里，并儿峪。庵峪中，一山蹙其额，终岁不承日光。又一里，玉峰山，山尽石，石尽白，树尽频婆果。果林中大万圣寺，土人呼张开寺。寺久颓落，像设皆石，今露而坐立也。殿前一大松，僧云，备五种叶，二种耳，侧掌柏也，针松也。入山者取道二：从白泛岭入者，壁奇，松柏奇，而路险难；从三思岭、牛蹄岭入者，路则平，木石亦平矣。

驻跸山

山在昌平州西南二十五里，高十余丈。石嶟沓危立，相与趋走，状不可驻，西北袤二十里。自金章宗游此，镌"驻跸"字，人呼"驻跸山"，遂逸其初名。上有台，章宗自题"栖云啸台"四字。下观野燎而猎，召其酋长大人击球。俄而自击，自赏叹曰："美乎哉！无人见之。"须臾，石群起若观。章宗益自喜，灌以酪，故石顶至今白存。山下有洞，名寒崖，奥邃中乃多异草奇木。草木资风日雨露也，今洞生，外霜时，亦自落洞中也。西曰"虎峪"，幢幢水出焉。瀑飞下二四里，至鹁鸽岩下，伏矣。人或谓昌平旧县虎眼泉，是幢幢水复出处，其有据欤？其无据欤？凡从啸台过虎峪者，盖惆怅不决而返。

上方山

地生初，岩壑具已。其为怀襄，荡荡汤汤；其为天龙神物，倾塌排触，孰测所然欤？人游游处处，言言语语，山受名伊始焉。有初古名者，有傍幽人炼士名以名者，有都邑郊焉，近晚名者，有人古莫至，山今未名者。名不厌熟，山不厌生，至不若所不至者深矣。大房诸山，宿名也，而上方山，晚得名，一二百年，续续有过从者。循孤山口而西，峰横涧束，涧上侧径，如古墙边趾，人如行衙中。村落林烟，水田麦畦，时时有，大略似外人，闲叟姬，壮农馌妇，樵牧竖子，见人无不喜畏远窥之。十二三里，至下接待庵。两壁巉截，中隐一罅，可狄蛇径耳，不自意容步过身也。穿不断罅光，前前万万，不成准绳，三"三"字疑是"一""二"字。步则旋，四五步则折，仰天青苍，日一丸白，跳而东西。至此，坐愁叹，或悔焉,望一平可息歇处,喜矣。曰欢喜台也。奇峰环台,台环视之。有敌楼似者,睥睨栏楯具。有莲华似者,青莲而黄其趺,竟似矣,非依约拟似也。欢然行二里,过兜率门一里,得石级以升。级三百,升九綮,毗卢顶也,别一国土矣。暘然犹故天日,远风平畴,泉流维缓。计里方五十,庵寺一百二十。入岩嵌石,出壑斗空者,最药师殿、华严龛、珠子桥,行行半里,则上方寺矣。寺不知当山外何方,记入时上又上,是上方也。寺左,起一峰,百数十丈,石质润滑,黄间五采色,上有冠若、柱若,久当堕矣,未堕也。峰下泉,曰"一斗泉"。泉于峰为下,于上方寺,高踞百尺也。清则流水,渟则止水,澹焉凝焉,则雪雨露水。相传注泉熟腥,便伏;忏谢,复蠕蠕矣。峰有名者,大摘星峰,小摘星峰,望海峰。寺数碑,皆明,无隋唐,亦无辽金。夫幽僻,故碑应无毁者。其山自古,其寺自今兹哉。

云水洞

登大小摘星岭,西望胡良、拒马大小河,如练,如带,如游丝,在拄杖下,颠则落河中耳,而隔山不知其几十里。望且行,缘岭四五降升,达云水洞口。买炬种火,脱帽襪,结履袜,薄饮且饭,倩土人导,秉炬寻杖,队而进洞。洞门高丈,入数十丈,乃暗,乃炬,乃卑,乃伛行。又数十丈,鹿豕行,手足掌地,肩背摩石。又鳖行,肘膝着地,背腹着石。又蜥蜴行,背膺着石,鼻颔着泥,以爪勾而趾蹲之。乃卑渐高矣,则苦煤,从前入者炬灰也。触焰飞而眯,触手黟不脱,导者帚除之,后者袖左右麾以入。渐见垂钟乳,入渐高。虽高,然曲盘,且仄罅也。则前炬张如鳌,后屈曲,又蟹行螾行焉。入又渐张,垂乳甚众,冰质雪肤,目不接土石色,心忔忔痒痒,谓过一天地,入一天地矣。左壁闻响,如人间水声,炬之,水也。声落潭底,不知其归。又入,有黄龙白龙盘水畔,爪怒张。导者曰:"乳石也。"焠炬其上,杖之而石声。乃前,扬炬,望钟楼、鼓楼,栏栋檐脊然,各取石左右击,各得钟声、鼓声、磬声、木鱼声。声审已,导者曰:"塔。"共掷石而指塔,塔层层,大三围,其半折。导者曰:"雪山也。"果一山纷如,光霏霏者芒如,磴益侧不属,石益滑。乃又臂引猿行,又入而左,有天光透入,定想之,洞口外昼光也。光所及,壁上有字,可行可数,若梯可致也,尚其可辨识。左侧高广,有光乱乱,乃众泉潴,分受炬光。泉深莫测,而穴复洼小,从前入者,亦无更进此,凛然议且出。凡洞行得一爽丛,而息;得一遗炬履,而壮;得一形似外人造者物,而嘉叹;得一光,知犹天也,而心安然。凡入洞,三易炬;出,杀炬三一。凡入洞,伏仆仄援,七易其行;出,杀行十一。出洞矣,趋接待庵。中道一石,小儿足迹,僧曰:"善财也。"按志:大房山下孔水洞,时见白龙出,辄化为鱼,尝又闻乐作。唐胡詹记:有人构火浮舟,行五六日莫究,但仙鼠旋飞,赪鱼来近火光也。开元间旱,每遣使投玉璧。金泰和中,忽桃花流出,瓣如当五钱。今山下别无孔水洞,其即云水洞欤?而入不可以舟,而洞中潭,亦不得所从出也。

石经山

房山县西南四十里,有山好着白云,腰其半麓,曰"白带山"。所生芯题草,他山实无,曰"芯题山"。藏石经者,千年矣,始曰石经山,至今也,亦曰小西天云。北齐南岳慧思大师,虑东土藏教有毁灭时,发愿刻石藏,闷封岩壑中,以度人劫。岳坐下静琬法师,承师付嘱,自隋大业,迄唐贞观,《大涅槃经》成。其夜山为三吼,为生香树三十余。六月水涨,为浮大木千统至山下,构云居寺焉。唐玄宗第八妹金仙公主修之,我洪武二十六年又修之,正统九年又修之。山上雷音洞,高丈有余,纵横于高有倍,上幔覆。壁四刻经,柱四刻像。前石有扉,维以开闭。几案瓶垆皆石。石台有栏,横与堂亘。堂左洞二,右洞三,堂下洞二,皆经。唐迄元,代有续刻,经目列石幢。人传洞之初穿,火龙也。今石壁凹凹处,犹烧痕矣。洞中燥而北潴,池之,井之。洞北有泉瀜瀜。窦石迳石,下山始润于土。木根石而资泉,藤腹乎木,亦资泉。自古幂泉上,径泉之南,旋旋登登。山五顶,号之曰"五台"。金仙公主,各自石小塔以峰之。东台壁上,掌印四,号之曰"文殊印"也。别峰冠石,后广前锐,出于空虚,号之曰"曝经台"。

山下左右，东峪寺、西峪寺。西峪寺后，香树林，香树生处也。梦堂庵，唐梦堂师居处也。林后，琬公塔也。万历壬辰，达观和尚睹像设衰颓，石版残蚀，拊幢号痛，率僧芟除。是夜，为来风雷，光照岩壑。翌日启洞，拜经石，石下有穴，藏石函一尺，上刻"大隋大业十二年，岁次丙子，四月丁卯朔，八日甲子，于此函内，安置佛舍利三粒，愿住持永劫"三十六字。发视际，异香发于函，盖石银金函。三发而得小金瓶，舍利现矣。状黍米，色紫红。师悲恋礼赞，闻于慈圣太后，迎入供养。函瓶以玉，外函复之，安置故处。僧憨山撰《雷音窟舍利记》，刻之石。按《法苑珠林》："白色，骨舍利。黑色，发舍利。赤色，肉舍利。"兹三粒者，其肉色也。山古碑多于林木，著者二隋碑：一仁寿元年王臣暕碑，一仁寿元年王邵碑。五唐碑：一开元十年梁高望碑，一开元十五年王大说碑，一元和四年刘济碑，一景云二年宁思道碑，一太极元年王利贞碑。二辽碑：一清宁四年赵遵仁碑，一天庆八年沙门志才碑。二元碑：一至正元年贾志道碑，一至元二年释法稹碑。山半有庵，曰"半山庵"。庵上半里，蹄迹宛于石，号之曰"果老驴迹"，或碑实之。

红螺岭

山头苦乱，目不给瞬也，正复爱其历乱。山涧苦喧，耳不给聆也，正复爱其怒喧。山路苦陡，趾不给错也，正复爱其陡绝尔。乃樵夫牧儿，释厥苦辛，来助游人，矻矻惘惘，盖险思僻情，夫人而有之已。上方山之险僻，未险僻也。东去三十里，有红螺岭焉。山通体一恋锷，而恋诸相具。循九龙峪，度八达岭，犯云雾而上，上牛羊迳，非人迳也，曰"桃叶口"。入五里，数十人家，苑随崖起，户随涧开，远望云会门，两峰立矣。到门，而坠石开裂，真若门然。荒荒落落，亦有僧烟，如是者下崄。下崄而上里余，凑凑出石罅中者，龙潭水也。过此径穷而梯，垂铁绠挽而下上。久之，梯穷，又迳。洞曰"红螺"，当年有红螺放光也。洞石作古色，下土穹然，当年有人饮此，霹雳骤至也，龙窟欤？如是者中崄。中崄复上半里，崄意渐弛，僧渐拓其宇，峰蹙者渐列，面面见其巧，然势仍仄逼。

直上视，莫及列峰之顶。右松棚庵，一松横阴，广轮四五丈，半覆庵，半覆空。僧聚石松根，为松御风也。再右百磴，观音洞，曲而容坐，深而朗朗。如是者上崄。出崄，有宇翼翼差差，花竹簇簇者，嘉遁庵，中贵山栖焉。崄旧名"幽岚山"，一曰"宝金山"。樵迳之，成化年始。僧宇之，嘉靖年始。游人传之，万历年始。

贾岛墓

房山县南十里，睪然而土埠，唐诗人贾岛墓也。榛芜不可识。弘治中，御史卢某，访得于石楼村。读仆断碑有据，乃植碑，辟地三亩，大学士西涯李公，别树一碑记焉。按：岛，字浪仙，范阳人，僧名无本。初祝发法善寺，一曰"云盖寺"，在瀛州城南。今芜没，无一椽，夜或闻铃铎梵呗音焉。岛之入东都时，吟"落叶满长安"句，卒求一联未得。因突京尹刘栖楚，被系一夕释。又一日，苦吟驴上，指画错然，遇韩京兆愈，不觉冲至第三节。左右拥至尹前，具云："某方得句'僧推月下门'，欲易'敲'字未安，引手作推敲势耳。"尹立马良久，曰："作'敲'字。"遂教岛为文，举进士，然举辄不第。文宗时，得除长江簿，卒年五十六。岛常以岁除，取一年诗，祭以酒脯曰："劳吾精神，以是补之。"岛至老无子。李洞慕其诗，范铜事之，常诵贾岛佛。今房山有石庵，曰"贾岛庵"。景州西南五十里，有贾岛村，一曰"贾岛峪"。盖诗人丘里名，岛为多；身后名，岛为久。

楼桑村

涿州西南十五里，道右大桑，高十丈，层荫如楼，其荫百亩，汉昭烈故居桑也。昭烈儿时，与宗中儿戏桑下，指谓帝王羽葆，后因名邨，千五百年矣。椹大倍于恒桑，实时，土人相馈遗也。桑侧，昭烈古庙，唐乾宁五年建者。前将军关、桓侯张，配焉。像不君臣坐立，而兄弟列，像其侧陋时也。然昭烈王者服。桓侯亦涿人，今州城西五里洗马潭，桓侯迹也。嘉靖中，庙傍王氏，田间废石碓，一道流购以重价，王疑未售。后兄弟以失价相诟，斧破之，中空，涵水少许。婢偶窃饮，遂知未来事，远近询问，塍垄就平。事闻中使，往征，婢忽不见。兄弟坐妖妄，论死。隆庆中，巡按贺一桂，以怪异恍惚，奏免，得释。

督亢陂

督亢陂，在涿州东南十五里，沃美之名闻天下。燕太子丹乃遣荆轲进秦王图也。地经安史乱后，石晋割置，四百余年。至我国初，入中国编户。然而枣栗之民，粒食东南，东南之粒，能饱九边士，亦能荒三辅土。今过问上谷四五百里间，水流时断，林烟时见，禾黍时有，乌睹所称沃美者哉。或曰："督亢陌，幽州南界也，以要致重，不以沃美。"《风俗通》曰："沆，漭也。言乎淫淫漭漭，无崖际也。沆，泽之无水，斥卤之谓耳。"陂有故亭址，高丈，周七十步，土人称之曰"督亢亭"，时掘得瓦砾金钱也。亭址南去二百里，古故安县，今之易州。荆轲赍督亢图，为将刺秦，太子丹饯送轲易水上，轲为易水寒之歌。后人乃迷其饯处。计所从渡，当燕中都，西入函关道也。今指安州城北者曰易水，不知今官道为即丹祖道与否？郦道元《水经注》，一曰："迳孔山钟乳冗，东历荆陉者是。"一曰："在武阳者是也。"盖郦之注易水，往往凭吊太子丹云。易水出西山宽中谷，东历燕之长城，又东迳渐离城南，太子丹馆渐离处。又东出范阳，合濡水，迳樊于期馆西，是其授首荆轲处。又东南流迳荆轲馆北，丹纳田生言，尊轲上卿，馆之于此。

郦亭

今所传郦道元故居者，涿州楼桑村南三里，曰"郦亭"。而楼桑村，则涿西南十五里也。居无址，无碑诵，有好古者，将碑且亭之，而疑其处。尝考之，郦亭不因道元名。道元宅郦亭西北，非即亭焉。且涿北宅，不应涿南也。道元之注巨马河曰："郦亭沟水，上承督亢沟，历紫渊东，余六世祖乐浪府君，自涿之先贤乡，爰宅其阴。西带巨川，东翼兹水，其水东南流，名之为'郦亭沟'。又西南,转入巨马水也。"然则道元之先六世,郦亭沟水名矣。宅涿阴,西河而东沟矣。且水承督亢沟,支注于逎县东,而督亢自迳逎北,又迳涿县郦亭楼桑里南耳。楼桑南,即郦宅,为无征矣。夫土德久载,水行多迁,人道尚著,隐者先湮。巨马河,旧霸州北,流合界河,今徙州南,流合霸水矣。道元云:"枝流津通,缠络墟圃,田渔之赡可怀。"今涿故多水田,土泉淡以甘,田渔孔乐,往怀不殊焉。道元,袭父范永宁侯爵,执法清刻,治尚威猛,历有能称。好学,博览古图书,所注《水经》四十卷,《本志》十三卷,行世。祖嵩,曾祖绍,世以仕显。其六世祖乐浪府君,名不可考,然郦亭名,实攸肇之。

张华宅

范阳故处,曰张华宅者二:其一,卢沟河北岸,指是焉耳,更无址迹可寻;其一,固安县东北八里,张华村头,村人指石井栏八角焉,曰:故宅处也。村今多张姓,云是华后,亦不复有博辩强记其人者。盖华范阳故有二宅,皇初中,居隐约而赋鹪鹩。及泰康中,又出督幽州久久也。尝徙居,载书籍三十乘也。及元康中,华难将作,昼梦屋坏,朝见剑穿屋飞去者,雒阳监省舍,非范阳屋矣。剑当即丰城得者干将。传曰:"华被害,失干将所在。"飞去不应更一剑也。华事载《晋书》及《固安旧志》,其所著《博物志》,今犹有传。然其初四百卷,非今十卷也。华捃采天下遗逸,书契以来,图纬秘异,及闾里所说,成四百卷,奏于武帝。帝诏诘问:"卿上综万代,博识绝伦,惊所未闻,异所未见,将恐繁芜耳目,可更芟截浮疑,分为十卷。"乃赐御前青铁砚,是于阗国所献;麟角笔,是辽西国所献;侧理万番,是南越所献,海苔为之。固安户册,有曰张华里者。万历中,胡令其俊,编审次,重其姓讳,更唱曰贤,今则编张贤里矣。张墓在卢沟东南六十里,回城故基。

彭小仙墓

固安县南十八里之彭村,武庙初,忽一童子诣村长者言,童子李,请彭姓,为长者牧。自是牧三十年，尚童，不更长也。每日中，忽驱牛归，霍霍收场曝，俄则雨。雨中，忽拔栏放牛出，俄则晴。故村之人，渐问童子以旱溢，岁所宜畜植，已渐涉休咎征。号之曰"彭小仙"。有以妖闻于郡，捕者至，童子谓其家，无恐。自为具给捕者，给众观者，莫测所从致。则就系，别其村人曰："百年后兵来，白旗下者生矣。"去，中道拾茎草周于项，身首异焉。捕者以状报。人乃收瘗村北头，曰"彭小仙墓"。岁清明，十月朔，祭扫节也。人辄闻鼓乐声出是墓下。十年后，村有人见小仙金陵道中，叩所鬻生，笑不言，归相与验其藏，一履耳。仍封而像祀之，雨晴祷焉。崇祯己巳岁，敌掠犯固安，忆小仙言者，望白旗下窜。旗书白旗都三周满机去。周，蓟人，叛而将敌也，其所掠偶无馘杀，比去，则纵还之。

燃灯佛塔

古有曰佑圣教寺者，今通州学宫也。宫墙外片地，故塔存焉。塔级十三，高二百八十尺，围百四尺，中空，供燃灯古佛。塔今剥尽，所存肤寸，则金碧琉璃也。今人自谓曰文巧已，然此古塔，工花纹，妍色泽，后世实莫及。佛，石佛也，石面亦剥尽，复存其坯未装时。塔有碣，楷书，续续字间存，周某号几年，矜古者相哗洧曰："成周也！"佛法入中国，先汉明帝时，殆三四百年，不知此北朝后周宇文氏也。成周纪年无建号，亦无今楷书。塔别存石一方，唐贞观某年尉迟敬德修。又一方，元至德某年笃烈图述再修。塔顶一铁箭贯之，传为金将杨彦升射者。天气清霁，塔影飞五里外，现白河水面，蠕蠕摇摇然。而旁近河乃无影。

盘　山

山有不可登，盘而登之，曰"盘山"。盘山丰石而歉于土，石也，土同泽焉。树圻石礴生者，根偾棰瘇，身载斗甖，柯轮搏而辐引，历渌如也。山固石矣，而石群起于山者，又戴石焉。层絫之而逾出，上若堕不堕，下若仆未仆，古迳出其下，人至今栗焉。其下又多奔泉，泉动而触乎石，溅鸣日夜，与石之锐下而广额者,势相摇倾,所为盘泉也。盘泉十里,金沙其底,石所洁也。鱼鱼影影,不可匿,亦不可捉,石为之窦塞也。峰危壁削,岚气到地,苔湿到天,千古一翠。有石欲飞欲坠,凭空而久住,所为悬空石也。两岩久立相肃,光润相及者,天门开也。门开得迓,门容臂,迓容掌,岩肘其右,壑虚其左,大石阻绝,屡缒而登。僧所诩传,戚将军继光、袁吏部宏道登焉。凡登天门开者,至上方寺,望而止,则舍之。西上二十里,登焉,所为盘顶也。顶为笋为樵,又立塔以为之纤颖。日过之,影落塞外;风过之,铃振空半;雨过之,雷奔趾下;欲少伫不可得。故云照寺高洁而僧肃如。盘有三,下盘泉,上盘塔,中盘寺,少林寺也。寺旁红龙池,水鲜崖老,肤寸可惜,乃凿龙于壁而朱之,因名以讹,非所繇名也。逾四岭而西者,李靖庵。有峰,高二里,顶广四丈而平,李靖舞剑台。靖往伐高丽,过此台也。台石特坚,后之人不可得凿。有唐李从简来游,数字刻焉,字各径五寸。岭上一石,如人着幞头,坐而叉腰,土人嘲之曰"石尉迟"。东过十里,双峰寺有李仙脚迹石,则又因形以讹,非所繇形也。而记盘山者曰:李愿盘谷也。蓟之山矣,豫之谷耶? 益讹矣。盘谷在怀庆府之济源县。

千像寺

　　山之青,积空色也。山之紫,日色、秋色、暮色也;山之绿,草树色;山时白时苍矣,云烟色也。山自无色,而有所自为色者,光五色晕焉,九华顶也。顶于盘山之麓,一峰出云,凝然而动势,耸然而媚容。下有寺,曰"千佛",唐开元寺也,今颓矣。殿佛岁愁风雨,房僧日泣灶烟。客无所坐,坐山门,看九华顶则去。寺后半里,一石米粉色,纵二丈,广丈有五尺,曰"摇动石"。试一人悄然推之,飐飐动,众则不动。试作语曰:我共摇,则不动。初动,看日影移处知之。次看石,知动也。然石根山连,无纤罅焉。寺无山田,僧得目眚方,人就治,辄脱然愈,香火以之。僧所取砺若砧者,断唐人诗碑,字碌碌然,而时贵诗碑,辈立俨如,字波捺无损者。寺而北半里,感化寺。金人碑,完好矣,番字也,如篆符,乃不可识其岁月。

汤　泉

汤泉在遵化县北四十里，泉从山坡下，沸而四出。魏氏《土地记》曰："徐无城东，有温汤水，出北山溪，即温源也。"养疾者，不能澡其炎漂，以其过灼。万历五年，戚大将军继光，甃石池之。深二丈，方四寻，覆以堂，曰"九莲"。水东出于石，为之龙吻，喷甚怒。未至泉数十步，气燺燺，声汹汹，其不可即。即之，静若鉴，投钱池中，翻翻若黄蝶，百折而下，至底，宛然钱也。以熟生物，与炊者等候。数十年前，有小卒滑而入，不一反侧，糜焉。堂壁刻武宗宫人王氏怨诗。导而左，远之为小塘，塘阴有窦，以通寒水，浴者时启而剂泉之温。寒水者，亦泉也，去汤泉数武，出于泥沙。汤泉，有石根若焦釜者出之，石不及，则寒矣。泉前唐寺，贞观二年建，名福泉寺，人则呼汤泉寺。考汤泉，或曰："赤道经之。"王褒《汤泉铭》曰："白礜上彻，丹砂下沉。"或曰："下有硫黄，以为之根。其臭硫也，而味正淡。"西洋熊三拔《水法》曰："汤泉，硫之华，疾寒服硫，不如服汤泉。其寔繇地气煽沍，温凉之征变，故壤为之硫，泉为之汤，岂根硫也？西国有山焉，七十余泉皆汤，国王试得其性味气，各所主治，各标厥泉，以教国人，不独硫焉。苏门答剌国境，布那姑儿山，产皆硫黄，不闻其汤泉也。又水火者，阴阳之袭精。阴得质而阳得气，为泉，为汤。阳得质而阴得气，为焰，为凉。然而水性非热，火性非凉，汤泉以贮器还凉，萧丘之凉焰，以燃物还热。"唐刘悚曰："江宁县寺，有晋长明灯，岁久，火色变青而不热。质存气易，此其征矣。"汤泉，最著骊山，最洁香溪，最热遵化，他而分宁，而临川，而崇仁，而安宁，而宁州，而白崖，而德胜关，而浪穹，而宜良，而邓州，而庐陵，而京山，而新田等。

延祥观柏

平谷县城东，延祥观柏，古质而叶幽光，再生柏也。柏初生何代何年，其再生也，异代矣，几四百年矣。元至元中，丘真人住燕京长春宫，弟子遍京东西。岁丁亥，迎往盘山作醮事。过观中，见枯柏，扶而摩之，曰："怜惜，怜惜，去。"

柏乃叶生，茂至今焉。观东北十五里，冈窿然，如大冢，渔子山也。世传是轩辕陵，或呼之轩辕台也。旧有轩辕庙焉，今圮也。夫轩辕，鼎成乘龙上升矣，其小臣扳龙髯拔，抱弓以号，今陵所寝，鼎欤？龙之髯欤？弓、蠋、冠、剑、佩、舄欤？鼎湖，荆山；陵，桥山也，而渔阳又陵欤？

沙岩寺塔

塔多以光影示异，亦有塔身自异者，有其物异者。丰润县村沙岩寺，有塔，故十三级。洪武中，雾弥三日，塔失所在，今其址存南关外。玉皇阁石塔，自元时，塔六角，角一石龙。成化中，南北角龙，乘雨飞去，今缺焉。涿州旧塔，立桑干河中，名镇河塔。嘉靖中，塔崩，内古钱飞空如蝶，尔后河水时溢矣。大兴县故安村塔，万历初，大雷雨过，其下段存，其上段著一里外，土人呼"半截塔"也。过沙岩寺北，曰"浭水"，出崖儿口，繇运河入于海。凡水东流，而此水也西，人谓"还乡河"也。河在梁鱼务，旧有桥，宋徽宗北辕，过桥，驻马四顾，泫然曰："吾过此向大漠，安得似此水还乡矣！"已而曰："赵氏子孙，文弱耳！"仰而曰："天，兴后圣，雪吾耻仇。"因不食而去，人乃谓桥"思乡桥"也。

种玉田

种玉田，一迹也，两其方；一氏一字也，两其名；一事也，两其说。《搜神记》曰："汉之阳雍伯，雒阳人，至性笃孝，葬父母无终山。山高而上无水，雍伯置饮焉。有人就饮，与石一斗，令种之，玉生其田。伯求北平徐氏女，要以白璧一双。伯至玉田，求得五双，妻之。"县西北有阳公坛社，其故居也。阳氏谱叙，言翁伯，周景王之孙，春秋之末，爱宅无终，食采阳樊而易氏焉，爱仁博施，天祚玉田。其碑文云，居于县北六十里翁同之山，后路徙西山之下。阳公又迁，而受玉田之赐，情不好宝，玉田自去。后阳千宝，作石柱，四角各丈，中央一顷之地，名曰"玉田"。今相传云玉田之揭，然今无终山玉田，在县东北三十里。山下之溪有砂焉，曰"玉田砂"。晳质而腻，以拭器也，有光烂然，天下冶氏资之。

红螺山

怀柔县北二十里,有山高二百仞,石山也。众山皆青,沉沉独黑,日午丽之,不秋而紫。山有潭,当山之顶,潭有螺二,如斗,色殷红,时放焰光,照射林麓,以是故名红螺山。有寺,土人呼红螺寺。宇废像仆,而尘不集,高风穿殿过,无尘也。僧则曰:"辟尘珠藏焉。"有泉,趵趵如颗,时一定动,曰"珍珠泉"。寺左二里,复寺,曰"定慧",亦久废。中一台,琉璃、鸱角、檐牙、窗门悉形具,而实闷,额有字曰"擦擦殿"。不知殿何藏?名何义?建何年?有石井,井植铁柱,柱绕铁索,若有锢者,时一隐见。或曰蛟焉,或曰螺焉。

跋

　　初削是书，仅削其诗。迨黏缀重编，《太学石鼓》篇中，复削五百三十三字。《首善书院》篇中，删一千二十八字。而《李卓吾墓》篇则全削。夫伪书始汉，百两篇托名而已。割裂古书始汉，《诗序》散篇首，《易传》入卦中而已。窜易古书亦始汉，《周礼》奇字而已。传刻古人之书，而连篇累牍删窜之，明以前未之闻也；故士莫妄于明，而明季所刊之古书，类不足据。二三同志，每相与咨嗟太息之，兹毋乃尤而效之耶？然古之人去今日远，其沉思奥义，类非后人所解；即其句格语助，亦往往与今日殊。后人所赏，尚未必古人之自赏，而妄礖其瑕，不亦傎耶！若后人与后人，则相去伯仲间矣，其佳处吾知之，其累处吾亦得知之。此《景物略》耳，石鼓，古迹也，因石鼓而谀颂学制，不类也；首善书院，李卓吾墓，并非古迹矣，而杂记语录，标榜道学，不类也。表东林而又及温陵，益不类也。去其不类者，而佳者益出，是又芟夷翳塞之道矣。若夫改窜旧本，默不自言，附益己说，恬不自怪，则明季经生之长技。仆虽庸陋，义不出此矣。

　　　　　　　　　　　　　是岁七月二十四日，昀又书